4 Lk 2 3286 2

Grenoble
1878

Lesdiguières, François de Bonne, connétable de

Actes et correspondances

Tome 1, 2

DOCUMENTS HISTORIQUES

INÉDITS

POUR SERVIR

A L'HISTOIRE DU DAUPHINÉ

TIRÉ A 375 EXEMPLAIRES

dont 250 sur papier ordinaire
et 125 sur papier hollande teinté.

ACTES ET CORRESPONDANCE

DU CONNÉTABLE

DE LESDIGUIÈRES

PUBLIÉS SUR LES MANUSCRITS ORIGINAUX

PAR

le Cte DOUGLAS et J. ROMAN

MEMBRES DE PLUSIEURS SOCIÉTÉS SAVANTES.

TOME Ier.

GRENOBLE
ÉDOUARD ALLIER, IMPRIMEUR

GRANDE-RUE, 8.

1878

PRÉFACE

L'ouvrage que nous présentons aujourd'hui au public est destiné à combler une lacune souvent signalée dans l'histoire de la province de Dauphiné ; puisqu'on ne paraît pas avoir songé encore à ériger dans son pays une statue à François de Bonne, duc de Lesdiguières, maréchal et dernier connétable de France, nous avons voulu lui élever, dans la mesure de nos forces, un monument historique destiné à faire mieux connaître cet illustre enfant de notre province, dont l'épée a tracé plus d'une page glorieuse pour la France et dont le passage a laissé dans l'histoire un ineffaçable souvenir. Ses victoires et ses conquêtes ont été plus d'une fois racontées dans les ouvrages qui traitent des guerres religieuses dans le sud-est de la France, mais l'homme lui-même avec ses passions, ses grandeurs et ses faiblesses, n'est pas suffisamment connu.

L'intérêt que présente sa volumineuse correspondance a été depuis longtemps aperçu et le dessein de la publier a plus d'une fois été repris et abandonné. Pour parler seulement du dernier projet de cette nature, de celui qui a été le plus voisin de sa réalisation, nous devons signaler la tentative due à l'initiative de l'Académie delphinale de Grenoble qui, après avoir choisi dans son sein une commission chargée de recueillir les éléments d'une publication complète des œuvres de Lesdiguières, a offert pendant plusieurs années une honorable récompense à l'auteur de la meilleure étude sur ce célèbre Dauphinois, examinée surtout au point de vue politique et diplomatique[1]. Ce projet est venu avorter, comme tant d'autres, hélas! devant l'indifférence et l'inertie de la province et prouver une fois de plus que, pour mener à bonne fin une pareille entreprise, le travail collectif est tout-à-fait impuissant et manque de l'esprit de suite indispensable à de telles études.

A défaut de publication complète, nous trouvons un certain nombre de lettres de Lesdiguières disséminées dans les ouvrages assez nombreux qui traitent des guerres de religion en Dauphiné et en Provence et dans les mémoires sur l'histoire de France au XVIIe siècle. Sans parler des lettres imprimées du vivant de leur auteur, et généralement par son ordre, pour être répandues dans le public sous forme de brochures légères, l'ouvrage le plus ancien qui en renferme un certain nombre est l'*Histoire de la vie du connétable de Lesdiguières,* par Louis Videl, son secrétaire (Paris, 1638). Videl a eu entre les mains les originaux de la plupart des documents qu'il publie, mais il ne s'est malheureusement fait aucun scrupule d'en modifier le style et même les dates, suivant sa fantaisie; c'est dire avec quelle défiance on doit accepter ce que nous avons trouvé dans son seul ouvrage. Nous citerons ensuite les *Lettres et Mémoires de Duplessis Mornay* (Paris, 1647), qui contiennent la correspondance de Lesdiguières avec cet homme d'État, et enfin, à une date plus récente, vingt-

---

[1] Ce programme était excellent sauf en un point, c'est que la réalisation en était impossible. En effet, pour faire un travail quelque peu complet, les concurrents auraient dû avoir entre les mains tous les documents que nous publions aujourd'hui et qui, à cette époque, étaient encore enfouis dans la poussière des archives et des bibliothèques. Réduits au seul Videl et à quelques lettres disséminées çà et là, les érudits auxquels s'adressait l'appel de l'Académie delphinale se tinrent prudemment à l'écart et aucun concurrent ne se présenta pour disputer le prix.

huit lettres publiées d'après les manuscrits de la Bibliothèque nationale, par Champollion-Figeac, dans son *Album historique du Dauphiné* (Paris, 1846-1847, 2ᵉ partie). Dans ces deux derniers ouvrages les lettres sont imprimées par ordre chronologique, sans notes ni commentaires. En ajoutant aux sources précédentes quelques rares lettres insérées dans l'*Histoire de la Réforme et des Guerres de religion en Dauphiné*, par le Dʳ Long (Paris, 1856), dans les *Guerres de religion et la Société protestante dans les Alpes*, par M. Charronet, archiviste (Gap, 1861), et quelques autres encore disséminées çà et là dans les revues et bulletins des sociétés savantes de la province de Dauphiné, on aura la liste à peu près complète de ce que peut, à l'heure actuelle, connaître le public de la correspondance de Lesdiguières. En le réunissant en un seul faisceau on n'aurait encore qu'un tout fort incomplet et incohérent.

Lorsque nous avons repris le projet abandonné par l'Académie delphinale, notre premier soin a été de faire un dépouillement complet des divers dépôts publics de Paris; nulle part, en effet, on ne peut espérer de trouver avec plus d'abondance de plus précieux documents. C'est par centaines qu'existent en original ou en copie les lettres de Lesdiguières à la Bibliothèque nationale, malheureusement l'absence d'un catalogue détaillé et complet rend souvent les recherches très longues et très difficiles, et sans l'extrême obligeance avec laquelle MM. les Conservateurs s'empressent d'aider de leur expérience les travailleurs sérieux, beaucoup de documents d'un très haut intérêt nous auraient échappé. Les bibliothèques de l'Institut, de l'Arsenal, des villes de Grenoble, d'Aix et de Carpentras nous ont également fourni un large contingent de pièces nouvelles et intéressantes.

Les archives départementales et communales contiennent un

grand nombre d'autographes de Lesdiguières ; à l'aide de ce que nous avons pu nous procurer d'inventaires imprimés ou manuscrits, nous avons fait dans ces diverses archives une recherche attentive. Là où les catalogues nous ont fait défaut nous nous sommes souvent transportés sur les lieux nous-mêmes, ne voulant négliger aucune occasion de compléter notre œuvre. C'est ainsi que nous avons consciencieusement fouillé la plupart des archives communales du Dauphiné dans lesquelles nous pensions qu'il pouvait exister des documents de nature à prendre place dans notre recueil. Nos recherches ont été souvent couronnées de succès, et parmi les archives qui nous ont livré le plus de trésors nous signalerons celles des départements de la Drôme, des Hautes-Alpes, des villes de Lyon, Gap, Vienne, Embrun, Briançon, Romans, Tallard, Saint-Cyr, etc.

Nous savions que Lesdiguières avait entretenu une vaste correspondance avec l'étranger, et malgré les difficultés que présentent souvent les recherches de cette nature, nous avons pu, dans les archives des pays voisins, recueillir une ample moisson de lettres originales provenant principalement de Turin, Milan, Genève, Berne, Zurich et Fribourg.

Enfin beaucoup de familles françaises ont religieusement conservé les lettres écrites par le Connétable à leurs aïeux et les ont mises à notre disposition avec une extrême bienveillance ; nous avons puisé à pleines mains dans les archives de **MM.** le duc de la Trémouille, marquis de Florent, comtesse d'Estienne de Saint-Jean, vicomte de Sallemard, Paul de Faucher, etc., et dans les collections si riches de **MM.** Eugène Chaper, baron de Girardot, docteur Guillaud, Viaud, abbé Vincent, etc.

Une fois entrés en possession d'un nombre inespéré de documents signés de Lesdiguières, nous avons dû nous demander si nous les publierions tous intégralement ou si nous ferions simplement parmi eux un choix judicieux. Les érudits qui veulent bien nous aider de leurs conseils n'étaient pas à cet égard d'un avis unanime : les uns auraient voulu nous voir restreindre notre publication à la seule correspondance de Lesdiguières, d'autres désiraient au contraire qu'à ses lettres missives fussent jointes toutes celles qui lui avaient été adressées, ses comptes personnels, ses actes passés par-devant notaires, et, en un mot, tout ce qui, de près ou de loin, touchait à sa personnalité. Ces deux systèmes nous ont paru également trop exclusifs; pour bien connaître Lesdiguières ce n'est point uniquement dans ses lettres qu'il faut l'étudier, il est telle ordonnance, telle réponse à une requête qui sont de précieux documents historiques; nous ne devions donc pas les négliger. D'un autre côté il nous a paru fastidieux, ou tout au moins inutile, de reproduire les actes dans lesquels la signature de Lesdiguières ne paraît qu'accidentellement comme témoin, ses actes d'acquisition de propriété, ses quittances et ses comptes personnels qui offrent un médiocre intérêt et feraient perdre à notre publication son caractère historique. Toutes ses lettres, la plupart de ses ordonnances ont trouvé place dans ce recueil; nous avons reproduit également une bonne partie de ses réponses aux requêtes qui de toute part lui étaient adressées en si grand nombre, mais nous n'avons eu garde de donner *in extenso* les requêtes elles-mêmes souvent fort longues; pour la plupart nous nous sommes contentés d'en placer sous les yeux du lecteur une brève analyse [1]. Nous avons tâché autant que possible de

---

[1] Jusqu'en 1590, les documents sur Lesdiguières ne sont pas communs, aussi nous avons reproduit tout ce qui émane de lui jusqu'à cette époque; après cette date nous

joindre aux lettres de Lesdiguières celles de ses contemporains qui leur servent de réponse ou en ont motivé l'envoi. On reconnaîtra ces documents étrangers au caractère de l'impression qui diffère de celui du texte ordinaire.

L'écriture de Lesdiguières et de ses secrétaires est presque toujours correcte et d'une lecture facile ; il n'en est pas de même des copies qui souvent sont incomplètes, incorrectes et demandent à être révisées et collationnées avec soin. Nous avons tenu le plus possible à voir les originaux des pièces que nous publions et à collationner les copies faites par nos correspondants ; nous nous sommes souvent applaudis de nos scrupules à cet égard en corrigeant bon nombre de fautes échappées à la négligeance de nos copistes ou des éditeurs précédents [1]. La plupart des pièces dont nous n'avons pu examiner l'original offrent des garanties très suffisantes d'authenticité et de bonne lecture, grâce au savoir et au caractère bien connu des personnes qui ont bien voulu nous les communiquer. Est-ce à dire que notre œuvre sera parfaite et ne sera déparée par aucune faute ou aucun oubli? Nous sommes loin de l'espérer et faisons d'avance amende honorable pour les

---

avons supprimé un certain nombre de pièces dont on trouvera la nomenclature à la fin du second volume, jointe à celle des pièces dont l'existence nous est connue mais que nous n'avons pu nous procurer. Quant aux requêtes, plusieurs pourront paraître sans intérêt, elles ont cependant souvent l'avantage de préciser par leurs dates les marches si compliquées de Lesdiguières et de combler à cet égard plusieurs lacunes existant dans les journaux de ses opérations militaires.

[1] C'est principalement dans les copies prises à la Bibliothèque nationale, provenant des premières recherches de l'Académie delphinale et faites par l'intermédiaire de certaines agences bien connues que le nombre des fautes était le plus considérable : telle lettre de trois pages contenait quarante-cinq fautes de lecture, telle autre était composée de plusieurs lettres incomplètes fondues ensemble, telle autre était écourtée, deux pages ayant été sautées dans le milieu. Enfin, dans certains volumes de manuscrits contenant plusieurs lettres de Lesdiguières, toutes avaient été copiées sauf une ou deux qui, grâce à cette négligence, auraient fort bien pu nous échapper.

erreurs qui nous auront échappé, priant nos lecteurs de nous signaler celles, de quelque nature qu'elles soient, qu'ils pourront découvrir, ainsi que les pièces nouvelles qui seraient en leur possession, de manière à nous permettre d'utiliser leurs communications et de leur faire prendre place dans un supplément ou un errata.

En tête de chaque pièce nous avons placé la date : souvent elle manque dans les copies et quelquefois même dans les originaux ; il n'est point rare heureusement qu'une main contemporaine, probablement celle du destinataire, ait inscrit une date au dos de la lettre, près de la suscription ; nous nous sommes alors laissés guider par ce renseignement dont nous avons presque toujours reconnu l'exactitude. Quant aux pièces où la date fait absolument défaut, nous avons généralement comblé cette lacune à l'aide du précieux secours des journaux des guerres de Lesdiguières qui nous ont permis de classer méthodiquement la plupart d'entre elles, à un ou deux jours près, et de contrôler efficacement les dates douteuses.

Immédiatement au-dessous de la date nous avons indiqué la source de laquelle nous avons tiré le document que nous publions, en ayant soin de spécifier s'il est autographe, original ou copie, et à côté nous avons signalé les publications antérieures à la nôtre avec le titre de l'ouvrage, le nom de l'auteur, le volume et la page où on pourra le rechercher[1]. Nous nommons autographes,

---

[1] Nous n'avons pas indiqué toutes les publications antérieures à la nôtre, telle lettre publiée par Videl ou Charronet a été republiée trois ou quatre fois en peu d'années par ces auteurs de seconde et de troisième main dont heureusement le nombre tend à décroître et qui prétendent faire de l'histoire uniquement à l'aide de ce qu'ont publié leurs devanciers. Nous ne citons que les publications sérieuses et les travaux originaux. D'autre part, certaines lettres existent en original et en copie, dans ce cas nous ne citons que le dépôt où se

les pièces écrites en entier de la main de Lesdiguières; originales, celles où le corps même de la lettre émane de ses secrétaires et où la courte salutation qui la termine ou quelque brève annotation sont seules, avec la signature, écrites de sa propre main. Les réponses aux requêtes sont presque toutes autographes; dans les ordonnances, au contraire, la signature seule est de Lesdiguières.

Il nous a paru utile de reproduire *in extenso* la suscription; nous y avons suppléé quand elle n'existe plus, soit à l'aide de notes du temps existant sur la lettre elle-même, soit en la comparant aux autres lettres qui lui sont juxtaposées dans les recueils manuscrits où nous les avons trouvées.

Pour l'orthographe, nous avons cru devoir la respecter scrupuleusement dans les originaux et même dans les copies; pour l'époque celle de Lesdiguières peut passer pour fort régulière et est préférable à celle de la plupart des gentilshommes de son siècle. Nous nous sommes contentés de supprimer les abréviations, de rétablir les lettres capitales là où elles manquaient et de suppléer dans une juste mesure à l'accentuation et à la ponctuation qui font généralement défaut.

Certaines pièces originales étaient lacérées ou illisibles, certaines copies étaient évidemment tronquées et incomplètes par le fait d'un copiste négligent : malgré notre respect pour le texte nous avons été contraints en ce cas d'introduire quelques mots pour compléter le sens de la phrase et suppléer à ce qui avait disparu. Du reste tout ce que nous avons ajouté, ne fût-ce qu'une portion de mot, est placé entre crochets.

---

trouve l'original. D'autres existent en plusieurs copies, nous nous sommes servis de celle qui nous a paru la plus fidèle, et si d'autres offrent des variantes intéressantes, nous les donnons en note.

Nous avons été en général, ainsi qu'on pourra le voir, très sobres de notes; nous nous sommes surtout abstenus avec soin de celles qui sont uniquement le commentaire du texte ou qui contiennent des appréciations d'un caractère général, et nous avons cru devoir laisser à chacun de nos lecteurs le soin de juger suivant ses opinions et ses croyances.

Si nous avions voulu placer en notes tous les documents intéressants et ayant, de près ou de loin, quelque rapport avec la correspondance que nous publions, il nous aurait fallu tripler le nombre de nos volumes ; nous nous sommes contentés d'imprimer *in extenso* quelques pièces d'un intérêt tout-à-fait exceptionnel, nous en avons reproduit un certain nombre d'autres par extraits et surtout nous nous sommes efforcés d'indiquer la plupart des sources imprimées ou manuscrites où l'on pourra étudier d'une manière plus complète les événements auxquels fait allusion Lesdiguières dans sa correspondance.

Nous avons relégué dans le troisième volume des documents dont l'importance n'échappera pas à nos lecteurs, mais qui, à cause de leur étendue et parce qu'ils n'émanaient pas de Lesdiguières, ne pouvaient prendre place dans les volumes précédents. Ce sont les divers journaux des guerres de Lesdiguières, parmi lesquels celui du capitaine Arabin et celui généralement nommé Journal de Calignon tiennent la première place; l'enquête faite par Lesdiguières et les autres commissaires délégués pour l'exécution de l'édit de Nantes en Dauphiné, et d'autres documents du même genre. A la suite nous avons réuni, dans un appendice, la description de ses médailles, de ses sceaux, une notice bibliographique et iconographique, et enfin une généalogie très complète de toutes les branches de la famille de Bonne, dressée sur des pièces originales nouvellement découvertes.

Enfin un album contiendra une série de portraits, de médailles, de sceaux, de cartes et de *fac simile* d'autographes, etc., complément nécessaire d'une publication comme la nôtre. Nous avons confié l'exécution de ces gravures à d'excellents artistes déjà connus par de nombreux travaux du même genre.

On trouvera à la fin de chacun des trois premiers volumes un index des noms d'hommes et des noms de lieux : nous y avons rejeté toutes les indications biographiques et géographiques qui eussent allongé inutilement nos notes et exigé des redites et des renvois incessants. Nous avons fait tous nos efforts pour rendre nos notices biographiques aussi complètes que possible et nous sommes parvenus à restreindre à un nombre insignifiant les personnages sur lesquels nous manque tout renseignement. Les difficultés inhérentes à ce travail nous ont été bien diminuées par la bienveillance avec laquelle MM. Brun-Durand, de Crest, Marin de Quarenrey, archiviste-adjoint de Marseille, et Grivel, archiviste de Genève, ont bien voulu nous aider de leurs notes et de leurs conseils. Sans leur aide nous eussions fait à cet égard une œuvre très incomplète.

Les autres savants qui nous ont prêté l'appui de leur savoir et nous ont soutenus de leurs encouragements voudront bien recevoir ici le tribut de notre reconnaissance. MM. L. Lalanne, bibliothécaire de l'Institut ; U. Robert, employé à la Bibliothèque nationale ; Barrès, conservateur de la bibliothèque d'Inguimbert, à Carpentras ; Gariel, bibliothécaire de Grenoble ; Lacroix, archiviste de la Drôme ; Long, archiviste des Hautes-Alpes ; Chaper, ancien député de l'Isère ; Alliod, procureur de la République à

Bourg, ont bien voulu faire pour nous des recherches nombreuses et nous ont signalé beaucoup de pièces intéressantes qui, sans leur bienveillance, nous seraient restées inconnues. Si notre travail a quelque mérite ils doivent en prendre la meilleure part.

Nous ferons remarquer en terminant que la correspondance du Connétable de Lesdiguières fait suite au volume récemment publié par les soins de M. le comte Douglas, intitulé : *Vie et Poésies du Chancelier Soffrey de Calignon* [1]. Malgré les travaux très consciencieux qui ont été publiés en Dauphiné sur le protestantisme et les guerres de religion, entre lesquelles l'ouvrage si intéressant de M. le pasteur Arnaud [2] tient le premier rang, on peut affirmer sans exagération que cette histoire est encore à faire. C'est par milliers, en effet, que les documents du plus haut intérêt sont demeurés inconnus aux écrivains précédents, et c'est en les publiant qu'on rendra possible un travail complet et approfondi sur cette époque. Nous espérons donc que le public lettré fera un accueil bienveillant à ce nouvel ouvrage, en comprendra l'intérêt et nous encouragera à poursuivre la série de ces publications sur les personnages les plus illustres de la province de Dauphiné au xvie siècle.

---

[1] Un vol. in-4º. Grenoble, Allier, 1873.   Paris, Grassart, 1875-1876, 3 vol. in-8º.
[2] *Histoire des Protestants en Dauphiné.*

INTRODUCTION

Les jugements que l'on a coutume de porter sur les événements amenés par l'introduction du protestantisme en France au XVIe siècle sont trop souvent dictés par la passion et l'esprit de parti : suivant leur foi politique ou religieuse, la plupart des historiens se sont cru obligés, bien à tort selon nous, d'exalter outre mesure ou de condamner d'une manière beaucoup trop absolue les hommes et les choses de ce temps, les premiers dans leurs aspirations, les autres dans leurs conséquences. Les uns voient dans la réforme l'émancipation de la pensée, la liberté de conscience obtenue et l'approuvent; les autres la considèrent seulement comme une révolte contre l'église catholique et la condamnent. Nous pensons que pour juger cette époque si tourmentée il faut se placer à un point de vue plus élevé et plus général, et surtout l'envisager sous tous ses différents aspects. En effet, si un grand nombre chercha dans les discordes civiles le moyen d'obtenir la liberté de conscience, l'aristocratie crut y trouver l'occasion de reconquérir son autorité, les provinces de ressaisir leur autonomie, et la petite noblesse y vit surtout une circonstance favorable pour s'enrichir aux dépens des biens du clergé. Toutes les passions et tous les mobiles, depuis les plus nobles jusqu'aux moins avouables, eurent leur part d'influence sur ces événements.

Quel que soit, du reste, le jugement que l'on porte sur cette période de notre histoire, on ne saurait nier qu'elle n'ait été le résultat d'une agitation profonde et l'occasion d'une révolution considérable dont la vieille société française a été bouleversée jusque dans ses fondements : l'autorité royale en est sortie plus forte et plus absolue, la noblesse amoindrie, les libertés municipales et provinciales diminuées, en un mot les changements subis alors par l'ancienne constitution de notre pays ne sauraient échapper même à l'observateur le plus superficiel. Toute l'histoire de la seconde moitié du xvie siècle en France se résume donc dans ce mouvement irrésistible des idées nouvelles qui commence à Luther pour se terminer à l'Édit de Nantes, qui entraîne à sa suite, dans des voies opposées, toutes les forces vives de la nation et auquel nul personnage contemporain, à quelque degré de l'échelle sociale qu'il fût placé, n'a pu rester étranger. Aucune province ne fut, à cette époque, à l'abri de la guerre civile, qui dégénéra parfois en guerre sociale [1], le fer et le feu furent promenés sur toute la surface du pays ; les catholiques, aussi bien que les protestants, ont leur part de responsabilité dans les excès de ce temps, mais dans l'un et l'autre parti se révélèrent également de mâles courages et de hautes vertus.

La province de Dauphiné, grâce à l'apostolat de Guillaume Farel, au vieux levain vaudois qui fermentait encore dans les vallées des Hautes-Alpes et à l'esprit novateur qui s'était répandu dans les universités de Grenoble et de Valence, s'engagea, l'une des premières, dans la voie de la réforme, et du milieu des rangs protestants comme du sein des bataillons catholiques, on vit s'élever de hardis capitaines et d'habiles politiques ; on vit dans l'un et l'autre parti des héros tomber en confessant leur foi. De Gordes, qui refusa de faire exécuter la Saint-Barthélemy; Maugiron, son successeur dans le gouvernement du Dauphiné ; le baron des Adrets, Montbrun et Lesdiguières, tous trois chefs des réformés ; les ministres Guillaume Farel et Daniel Chamier; Guillaume de Saint-Marcel d'Avançon, archevêque d'Embrun;

---

[1] Il y eut en Dauphiné, en 1579-1580, un terrible soulèvement de paysans affolés par la misère et les exactions dont ils étaient victimes. Cette nouvelle jaquerie mit la province à deux doigts de sa perte et fut éteinte dans des flots de sang. Voir sur cet épisode de l'histoire du Dauphiné un récit contemporain publié par M. Roman (*Bulletin de la Société de statistique de la Drôme*. 1877, p. 22).

INTRODUCTION.

Soffrey Calignon, chancelier de Navarre, et quelques autres encore, ont mérité, à des degrés divers, d'arriver à la renommée, et l'histoire, maintenant dégagée des partialités contemporaines, peut porter un jugement équitable sur le but qu'ils ont poursuivi et les moyens qu'ils ont employés pour l'atteindre.

L'histoire des réformés en Dauphiné pendant cinquante ans se résume dans trois noms qui ont eu le rare privilége de trouver place presque aussitôt dans les légendes populaires : le baron des Adrets, Montbrun et Lesdiguières ; tous trois égaux en courage, ils furent pour tout le reste bien différents l'un de l'autre. Le baron des Adrets, soldat brutal et ignorant, devenu protestant par ambition et par colère, accumulant autour de lui les ruines et les morts avec une joie sinistre, a laissé un terrible renom que la légende s'est plu à exagérer encore ; après avoir trahi, mais sans succès, les protestants qu'il avait si puissamment contribué à soulever, il mourut maudit et abandonné de tous, traître à toutes les causes qu'il avait successivement embrassées. Montbrun, surnommé *le brave*, dans un siècle où pourtant la bravoure était si commune, sacrifia tout, au contraire, jusqu'à sa vie, à la défense de sa foi religieuse ; son existence fut un long combat contre la fortune dans lequel il ne fut pas toujours heureux, et lorsque, trahi une dernière fois par le sort, il porta sa tête sur l'échafaud, il couronna par une mort admirable une vie qui n'avait été exempte ni de faiblesses ni de violences, mais qui ne fut jamais souillée de crimes [1]. Lesdiguières fut étranger aux vices du premier comme au désintéressement du second : parti de bas, son ambition s'accrut et grandit à mesure que sa personnalité s'élevait plus haut, mais jamais il n'aspira à rien qu'il ne pût raisonnablement atteindre ; il dépensa pour arriver à ses fins des trésors de courage, de ruse et de persévérance, mais son

---

[1] On cite une seule garnison que Montbrun fit passer au fil de l'épée, celle de Mornas dans le Comtat, encore était-ce par représailles des vols et des brigandages commis par elle.

but ne fut jamais criminel ; peu scrupuleux sur le choix des moyens pour amasser de grands biens, il sut cependant employer souvent sa fortune d'une manière utile et glorieuse pour la France ; véritable roi du Dauphiné pendant quarante ans, son autorité fut quelquefois dure et despotique, mais il maintint toujours l'intégrité de la province contre de puissants voisins, la dota d'établissements utiles et la conserva inébranlablement dans l'obéissance du roi : ainsi que Henri IV, son maître et son ami, et la plupart des grands personnages de son temps, il considéra les guerres religieuses comme un moyen de satisfaire ses vues ambitieuses et professa une profonde indifférence en matière de religion, mais aussi n'a-t-on point à lui reprocher de persécutions, de vengeances, de ruines et de sang inutilement versé, et l'on peut dire de lui, en renouvelant le mot célèbre du roi Louis XII, que le connétable de Lesdiguières ne se souvint plus des injures faites à François de Bonne, capitaine protestant; il réalisa enfin très complétement le type de ce que l'on appelait alors *le politique*, homme de peu de conviction, mais habile, sachant ployer ses opinions aux circonstances et tirer parti des événements; il ne fut ni meilleur ni pire que son siècle, mais il se distingua de ses contemporains par un véritable amour pour la France et pour le roi Henri IV ; ces deux titres doivent suffire, croyons-nous, pour que l'histoire ne lui soit point sévère.

I.

Les premières années de Lesdiguières sont à peu près inconnues ; ses panégyristes ont jeté sur ses humbles débuts un voile officieux, ne comprenant pas que l'un des principaux titres de gloire de leur héros est d'avoir été l'artisan de sa propre fortune. Né en 1543 à Saint-Bonnet en Champsaur, d'une famille de petits gentilshommes qui, de père en fils, exerçaient depuis le commencement du xiiie siècle un office de notaire [1], il fut élevé à Avignon aux dépens de François de Castellane, prieur de Saint-André, son oncle et son parrain, qui le destinait à l'étude des lois. Il abandonna bientôt cette carrière pour celle des armes, qui lui paraissait plus digne d'un gentilhomme, et entra comme archer dans la compagnie de Bertrand Raymbaud de Simiane, seigneur de Gordes, lieutenant général en Dauphiné. On ne sait point d'une manière positive à quelle époque il abandonna le catholicisme pour embrasser la religion protestante : Videl, son historien, attribue sa conversion aux exhortations de l'un de ses professeurs d'Avignon qui pratiquait secrètement la religion nouvelle, et son entrée dans les bataillons réformés à l'influence qu'avait su prendre sur son esprit Antoine Rambaud, surnommé le capitaine Furmeyer, premier chef des réformés dans les Alpes [2]. Tout en reconnaissant ce qu'il peut y avoir de fondé dans ces affirmations, nous pensons que l'autorité de Guillaume Farel, son allié, alors tout puissant dans le Gapençais dont il avait su gagner presque toute la noblesse aux idées nouvelles, ne dut pas être sans influence sur cette double détermination qui décida de son avenir.

Jusqu'en 1561 le haut Dauphiné avait joui du calme le plus complet, la guerre civile n'avait point encore ensanglanté ces paisibles contrées et aucun symptôme extérieur ne venait révéler le trouble profond que les prédications occultes des réformés avaient produit dans la conscience d'un grand nombre de ses habitants. Deux hommes d'énergie, Guillaume Farel et Antoine Rambaud, capitaine Furmeyer, allumèrent l'incendie qui dura quarante ans. Le premier, né à Gap, doué d'un tempérament ardent et d'un grand talent oratoire, revint en 1561 dans sa patrie, après avoir été répandre les idées nouvelles à Genève et à Neuchâtel : une propagande occulte ne pouvait suffire à son esprit dominateur et exalté par de nombreux succès ; il s'empara

---

[1] Voir la *Généalogie de la famille de Bonne*, dans notre troisième volume.

[2] Voir Videl. *Histoire de la vie du Connétable de Lesdiguières*. Paris, 1638, pp. 7 et 9.

d'une chapelle, y fit publiquement le prêche, évita avec une habileté et un bonheur inouïs les poursuites des autorités catholiques, convertit à la réforme presque toute la noblesse de la contrée, dans les rangs de laquelle il comptait de nombreux parents [1], et couronna son œuvre en recevant l'apostasie de Gabriel de Clermont, évêque de Gap, de Jacques Rambaud de Furmeyer, prévôt du chapitre, et de plusieurs autres ecclésiastiques.

Depuis quelque temps déjà leurs partis se mesuraient des yeux et se préparaient au combat, ces derniers événements furent l'étincelle qui produisit l'explosion. Le chapitre de Saint-Arnoul de Gap, réuni en assemblée solennelle (22 avril 1562), chassa de son sein le prévôt apostat, le dépouilla de ses bénéfices, le déclara anathème et lui donna un successeur [2]. Jacques Rambaud se retira auprès de son frère Antoine, seigneur de Furmeyer, et fit passer dans son cœur la colère qui débordait dans le sien. Or, Furmeyer était depuis quelque temps le chef secret des réformés dans les Alpes ; proche parent de Farel, il agissait par son inspiration, avait groupé autour de lui toute la noblesse du Champsaur qui brûlait de combattre et dans les rangs de laquelle se trouvait le jeune Lesdiguières. Sous le prétexte menteur de venger l'injure faite à son frère, il se présenta le 2 mai aux portes de Gap à la tête de quatre ou cinq cents partisans bien armés, s'en empara

---

[1] Voir la *Généalogie de la famille Farel*, publiée par M. le pasteur Arnaud, d'après des notes remises par M. Roman (*Histoire des Protestants en Dauphiné*. (Paris, 1875, vol. I, p. 527.) Farel était allié avec les familles Rambaud, Montorcier, Montauban du Villard, Riquetti, Leydet, Richière, La Villette, de Bonne, de Beauvais, Cazeneuve, Champoléon, etc., qui toutes tenaient un rang honorable dans la noblesse des Alpes.

[2] Registre des assemblées capitulaires. Mutonis, notaire (Arch. des Hautes-Alpes). Le successeur de Jacques Rambaud fut Barthélemy Martin. Jacques Rambaud, qu'on a généralement confondu avec son frère Antoine, se maria, devint seigneur de Furmeyer après la mort de son frère et mourut sans enfants vers 1590 (Minutes de Souchon, notaire. Étude de Me Gaignaire, notaire à Gap). Les biens de la famille Rambaud passèrent dans celle de Montauban du Villard, sauf une petite partie qui fut léguée à Abraham Rambaud, fils naturel d'un troisième frère nommé Daniel, mort vers 1563, et dont la race s'éteignit dans le courant du XVIIe siècle.

par surprise, pilla le trésor du chapitre, détruisit plusieurs églises et la maison capitulaire, et pendant six mois fit peser sur la ville et les contrées voisines la plus dure des tyrannies [1]. Telle fut la première entreprise où Lesdiguières se trouva mêlé : les détails en ont été jusqu'à ce jour à peu près ignorés par tous les historiens.

A partir de cette journée le jeune Lesdiguières suivit pendant plusieurs années la fortune de Furmeyer, qui l'avait pris, disent ses biographes, en affection singulière : il fut son élève dans le métier des armes, et à ses côtés il prit part au siége de Sisteron, à la délivrance de Grenoble, à la prise de Romette [2] et à tous ces combats, maintenant à peu près oubliés, dans lesquels les partis se disputaient pied à pied le terrain et dépensaient une énergie et une vitalité qui eussent été bien mieux employées sur d'autres champs de bataille. Il suivit ensuite Montbrun en Guyenne et fut l'un des vaincus de Montcontour. A son retour en Dauphiné il trouva la situation bien changée en Gapençais : Furmeyer venait d'être assassiné, les protestants des Alpes n'avaient plus de chef; on jeta les yeux sur Lesdiguières pour le remplacer, et c'est ainsi qu'il gravit le premier échelon de la fortune (1570). Il avait été naturellement désigné au choix de ses coréligionnaires par son activité, son énergie et surtout par l'estime particulière dont Furmeyer l'avait toujours honoré.

Son premier soin fut de se rendre absolument maître de la partie montagneuse du Gapençais et de s'y ménager un lieu de retraite assuré et presque inaccessible aux catholiques. La noblesse du Champsaur, vallée longue, étroite et environnée de

---

[1] Voir *Inventaires du Trésor du Chapitre de Saint-Arnoul*, par J. Roman. Grenoble, 1874. Une preuve de la terreur que Furmeyer avait répandue dans le Gapençais c'est que pendant six mois toute espèce de transactions furent suspendues ; du mois de mai au mois de novembre les notaires de Gap ne reçurent presque aucun acte.

[2] Voir *Histoire des Protestants en Dauphiné*, par M. le pasteur Arnaud. Paris, 1875, vol. I, pp. 137-184. Les opérations militaires de cette époque y sont exposées d'une façon claire et précise.

toutes parts de hautes montagnes, lui était, ainsi que nous l'avons dit, absolument dévouée ; celle du Trièves, également en majorité protestante, obéissait à Morges, son beau-frère ; Lesdiguières fortifia avec soin le château de Corps, situé au centre de ces deux contrées, repoussa avec succès les efforts des capitaines catholiques et établit là son quartier général, d'où il ne fut plus jamais délogé [1].

A partir de cette époque son constant objectif fut la réduction des places d'Embrun et de Gap ; il comprenait fort bien, en effet, que son autorité serait précaire et mal obéie tant que les catholiques pourraient trouver dans l'enceinte de leurs murailles un refuge et des secours après leurs défaites. Nous ne le suivrons pas dans ses courses continuelles autour de ces deux villes, s'emparant des châteaux environnants, resserrant de plus en plus autour d'elles le cercle de fer dont il les entourait, battant en retraite quand il avait à faire à trop forte partie, mais massacrant les petites troupes, enlevant les convois, interceptant les communications et accourant, grâce à sa profonde connaissance du pays, là où sa présence était le plus nécessaire et le moins attendue. Ces faits d'armes sont assez connus et les historiens du Dauphiné en ont parlé trop souvent pour qu'il soit nécessaire d'en donner même un résumé succinct. Dès 1573 toutes les petites places fortifiées des Alpes étaient tombées aux mains de Lesdiguières ; Corps, Serres, la Mure, Orpierre, Saint-Bonnet, avaient des garnisons protestantes ; Laborel, gouverneur du Gapençais pour le parti catholique, était réduit par des échecs successifs à se tenir sur la défensive. La mort de Montbrun vint ouvrir une voie nouvelle à l'ambition de notre héros et le placer à la tête du parti protestant en Dauphiné.

Peu de mois auparavant Montbrun avait eu l'audace de secourir Livron, assiégé par le roi Henri III en personne, et même de

---

[1] Deux fois les catholiques s'emparèrent de Corps par surprise, mais Lesdiguières leur reprit presque aussitôt leur conquête.

contraindre ce prince à en lever honteusement le siége; il avait poussé l'insolence jusqu'à piller les bagages de son souverain, et lorsqu'on lui en demanda la restitution il répondit par ce mot devenu célèbre : « Les armes et le jeu font les hommes égaux; « lorsqu'on a la lance au poing et le cul sur la selle tout le monde « est compagnon. » Cette boutade lui coûta cher. Le 13 juin 1575 il attaqua, quoique très inférieur en nombre et malgré les conseils de Lesdiguières [1], mais avec une audace qui souvent lui avait donné le succès, une troupe de trois mille catholiques qui venait débloquer Gordes, gouverneur du Dauphiné, enfermé dans Die; la fortune le trahit, il fut battu, blessé et fait prisonnier. Le roi ne put cacher sa joie en apprenant cette bonne nouvelle : « A cette heure je vais lui montrer, dit-il, si je suis son compa- « gnon. » On avait promis à Montbrun la vie sauve, mais cette promesse fut violée [2]; transféré de Crest dans les cachots de Grenoble, son procès fut conduit par ordre royal avec une extrême célérité, et le lendemain même du jour où fut prononcé le jugement qui le condamnait à mort, sa tête tombait sur l'échafaud [3] (13 août 1575).

La situation du parti protestant était à cette époque très amoindrie en Dauphiné; avec son chef il avait perdu son audace et son prestige; dans le Graisivaudan, dans le Viennois, dans le Valentinois il possédait à peine quelques petites places fortes; il était au contraire en majorité dans les contrées montagneuses du haut Dauphiné, mais là encore les villes principales étaient aux mains des catholiques; enfin les capitaines protestants étaient divisés entre eux et disposaient de peu de soldats et de moins

---

[1] Montbrun répondit aux observations de Lesdiguières : « Passez ou me laissez passer, « Monsieur des Diguières! Où est le cou- « rage? » Videl. *Histoire de la vie du Connétable de Lesdiguières*. Paris, 1638, p. 26.

[2] Ourches et du Puy, auxquels il avait rendu son épée, lui promirent qu'il serait en sûreté et en serait quitte pour payer rançon comme prisonnier de guerre, suivant les lois militaires de cette époque. Malgré leurs protestations, de Gordes l'enleva de leurs mains sur un ordre formel du roi.

[3] Voy. l'arrêt du Parlement : *Petite Revue des Bibliophiles dauphinois*, p. 88.

d'argent encore. Il importait avant tout de se choisir un nouveau chef dont l'autorité fût unanimement reconnue ; or, le désintéressement n'était point la qualité dominante de cette époque et le titre de chef de la noblesse réformée en Dauphiné tentait bien des ambitions. Heureusement le maréchal de Montmorency-Dampville, plus tard connétable de France, était alors brouillé avec la Cour, ou pour mieux dire avec les Guyses, qui y régnaient sous le nom du roi ; il comprit quel parti ces princes allaient tirer des divisions prêtes à éclater en Dauphiné, et, de son autorité privée, nomma Lesdiguières chef de la noblesse protestante (5 avril 1577). On pourrait se demander pourquoi il jeta les yeux sur ce capitaine plutôt que sur bien d'autres qui joignaient à une valeur égale une bien plus illustre naissance. La réponse est facile si l'on considère que Lesdiguières était le seul parmi les chefs protestants dont les forces fussent intactes, le seul qui commandât à un corps d'armée organisé et le seul dont la situation dans le haut Dauphiné fût inattaquable.

II.

L'autorité de Lesdiguières comme chef des réformés en Dauphiné fut lente à s'établir ; malgré l'approbation donnée par le roi de Navarre et le prince de Condé à la nouvelle dignité qui lui était conférée, il se forma tout d'abord contre lui un parti puissant qui, sous le nom de *Désunis*, comptait dans ses rangs presque tous les capitaines du Viennois et du Valentinois ; il fallut plusieurs années de succès, il fallut aussi quelques désastres partiels, tels que la perte de la Mure, occasionnés par ces dissensions intestines, pour lui rallier ces dissidents. Parmi ceux-là même qui avaient reconnu la légalité de sa nomination, ses ordres étaient obéis avec une extrême répugnance. Sa correspondance en fait foi ; pendant les premières années de son commandement il essaya rarement de parler en maître, mais plutôt en ami et en compagnon; ce n'étaient pas des ordres, mais des avis et des conseils qu'il donnait, trop heureux encore que ses subordonnés voulussent bien en tenir compte et ne pas continuer, malgré ses supplications, à rançonner les voyageurs et à piller les villageois. Ces commencements difficiles furent une rude école à laquelle il puisa la plupart des qualités qui plus tard le signalèrent comme chef de la province, l'humanité vis-à-vis des populations, la justice dans les commandements, l'art de manier les esprits; c'est là aussi qu'il apprit la nécessité d'une obéissance absolue dans les choses militaires; dès qu'il en eut le pouvoir il l'exigea sans merci de tous ceux qui furent sous ses ordres.

A peine investi du commandement, Lesdiguières frappa un coup décisif en s'emparant de vive force de la ville de Gap (3 janvier 1577 [1]), il en chassa l'évêque, séquestra tous les bénéfices et revenus ecclésiastiques dont la recette, autrefois à la merci du premier occupant, fut centralisée entre les mains d'un trésorier : il acquit ainsi à la fois une place forte et des ressources. Ses efforts pour organiser l'administration de la justice dans les contrées qui lui étaient soumises ont laissé des traces dans sa correspondance; ils aboutirent, quelques années plus tard, à la création d'un conseil souverain établi à Die en opposition au parlement de Grenoble. Ainsi on peut affirmer sans exagération que Lesdiguières apporta l'ordre et une organisation forte là où il n'avait trouvé qu'insubordination et désordre.

L'édit de Poitiers, destiné à mettre un terme aux guerres civiles et promulgué en 1578, fut accepté avec une extrême répugnance par le parti protestant : Lesdiguières était alors engagé dans le siège de Tallard et quelques autres entreprises qu'il désirait mener à bonne fin, et en outre il se défiait de la sincérité des promesses

---

[1] La prise de Gap est antérieure à la nomination de Lesdiguières par Montmorency (5 avril 1577), mais déjà quelques mois auparavant il avait été choisi par les gentilshommes du haut Dauphiné pour remplacer Montbrun.

des catholiques. Il commença par s'allier étroitement, par l'intermédiaire de Calignon, le futur chancelier de Navarre, avec le maréchal de Bellegarde qui se préparait à s'emparer du marquisat de Saluces ; il l'aida dans cette usurpation, et les deux parties se promirent mutuellement de ne traiter avec la Cour que d'un commun accord. Puis il envoya, au nom des églises réformées du Dauphiné, le même Calignon porter à Nérac, à la reine mère, un cahier de doléances et proposer à son approbation une série d'articles qui, sous prétexte de rendre plus facile l'exécution du nouvel édit, concédaient aux protestants dauphinois de nombreux priviléges et des droits tout nouveaux [1]. Pressée d'en finir et séduite par l'éloquence persuasive de Calignon, la reine les accepta presque intégralement. Bientôt ce premier succès ne suffit plus à Lesdiguières : à peine la reine eut-elle mis les pieds en Dauphiné (16 juillet 1579), que les délégués des églises réformées formulèrent de nouvelles prétentions et lui présentèrent de nouveaux articles à signer [2]. La reine comprit aussitôt que si elle entrait dans la voie des concessions, ses adversaires en deviendraient plus hardis à lui en imposer tous les jours de nouvelles, et elle se refusa absolument à écouter encore leurs doléances. Pendant deux mois que dura le séjour de Catherine de Médicis en Dauphiné, ce fut entre elle et Lesdiguières un assaut perpétuel de ruses et de diplomatie ; le plus vif désir de la reine était de pouvoir conférer avec lui : « Le principal, écrit-elle à son fils, est « d'attirer ici ledit des Diguières, qui est le chef principal de tous « & qui commande aux autres absolument. » [3] Elle lui envoyait messagers sur messagers, auprès desquels il protestait de son profond respect pour sa Majesté et de son vif désir d'exécuter ses ordres ; elle lui adressait des lettres de sauvegarde et lui offrait toutes les garanties imaginables, qu'il ne trouvait jamais suffi-

---

[1] Ces articles additionnels, avec les réponses de la reine datées du 19 décembre 1578, existent en copie à la Bibliothèque nationale (MS. F. 3319, p. 123).

[2] Ce sont ceux que nous publions sous la date du 11 août 1579.

[3] Lettre au roi du 19 juillet 1579 (B. N. MS. F. 3319).

santes, et cependant il ne bougeait pas de Gap, inventant chaque jour un nouveau prétexte pour ne pas obéir. La reine comprit qu'elle ne gagnerait rien avec lui et qu'elle était jouée : « Ils sont « résolus, écrit-elle au Roi, de ne rendre aucune des villes qu'ils « tiennent... pour gaigner... le temps & veoir les neiges aux mon- « taignes affin de nous oster l'esperance de se pouvoir ceste année « atacquer aux villes qu'ils tiennent & les contraindre d'y souffrir « l'exécution de vostre edict de pacification. Avec tout cela je « pense qu'ils attendent qu'il advienne quelque grand éclat dans « votre royaume. »[1] La reine, voyant enfin qu'elle perdait son temps, partit pour Montluel. Lesdiguières avait promis de l'y rejoindre, mais il se garda bien de le faire et y envoya seulement quelques négociateurs avec ordre de ne rien conclure de définitif.

La reine avait vu clair dans les projets de Lesdiguières. A peine eut-elle quitté le Dauphiné qu'il jeta le masque, usa de toute son influence sur ses coreligionnaires pour les persuader de ne pas déposer les armes, d'exiger des sûretés nouvelles et de garder les villes dont ils s'étaient emparés durant les troubles précédents ; il leur rappelait à cette occasion les sanglants souvenirs de la Saint-Barthélemy et leur prédisait une ruine complète s'ils refusaient d'écouter ses avis.

Ils furent si bien écoutés, et les choses vinrent en Dauphiné à un tel point de désordre, que la Cour jugea prudent d'y envoyer le duc de Mayenne, à la tête d'une armée de dix mille hommes, pour imposer par la force cette paix que la persuasion ne suffisait pas à établir. Le prince lorrain trouva un appui et des alliés dans le parti des *Désunis*, qui préféraient leur propre ruine au triomphe de Lesdiguières. Il leur suffisait que celui-ci conseillât la guerre pour qu'ils voulussent la paix : ils déposèrent les armes et remirent entre les mains de Mayenne la plupart des places du Viennois et du Valentinois. Mayenne lui-même s'étonnait de voir la lutte si facile : « Ils ont été si honnestes, dit-il dans une de ses

---

[1] Lettre au roi du 4 septembre 1579 (B. N. MS. F. 3319).

« lettres [1], qu'ils ont voulu nous conserver leurs munitions, de « sorte qu'ayant netoyé cette rivière (l'Isère), je me suis ache-« miné vers ce lieu (Grenoble), où nous trouvons bien à qui « parler, car nous sommes dans des montaignes si estranges que « nous ne savons par quel bout commencer. » En effet, Mayenne mit, peu de jours après, le siége devant la Mure, défendu par les soldats et les capitaines de Lesdiguières, et trouva, comme il le disait, à qui parler. Il réussit cependant à s'en emparer, mais seulement après une longue et héroïque résistance qui lui coûta beaucoup de temps et de sang versé (novembre 1580), ayant néanmoins, dit-il dans une de ses lettres, « grand occasion de « louer Dieu pour m'avoir tant favorisé en ceste saison et en ce « païs. »[2] Il retourna ensuite à Grenoble et, après avoir fait reposer son armée, se dirigea sur Gap. Trop faible pour lui tenir tête, Lesdiguières alla à sa rencontre, lui ouvrit lui-même les portes de la ville et feignit une obéissance absolue aux ordres du roi. Mayenne, après avoir visité Embrun, après avoir fait à travers les Alpes une promenade pacifique, acclamé par le peuple qui espérait la paix, et recevant sur sa route les protestations de dévouement peu sincères des chefs réformés, reprit le chemin de Grenoble; trop fin politique pour être dupe de la mauvaise foi de ses adversaires, il appréhendait, non sans raison, un nouveau soulèvement.

Cependant les deux partis étaient fatigués d'une si longue lutte; d'un commun accord ils déposèrent les armes et, pendant trois ans, la paix de Poitiers fut tant bien que mal observée dans la province. Ces années de répit ne furent pas perdues pour Lesdiguières, il les employa habilement à rallier à son autorité les chefs protestants dissidents dont le mauvais vouloir avait paralysé trop souvent ses efforts dans la campagne précédente. Le roi de Navarre l'y encourageait de toutes ses forces: « Je scay et je

---

[1] A M. de Nemours, 1580, 24 septembre (B. N. MS. F. 3390, p. 59).

[2] A M. de Nemours, 1580, 14 novembre (B. N. MS. F. 3390, p. 71).

« cognois de jour à aultre, lui écrivait-il, que ce pays de Daul-
« phiné ne se pert que par ceste occasion, que si vos volontés et
« affections étaient unies il ne serait besoing que je m'adressasses
« à vous comme principal chef de toute vostre noblesse pour
« vous prier d'apporter remède à ce mal et vous prier très
« instamment comme je fais..... que vous advisiez à assoupir
« tellement en vostre pais les querelles, rancunes, inimitiés et
« mescontantements qui sont en ceulx de nostre religion, que
« Dieu en soit loué, son église s'en réjouisse et nos ennemis
« n'aient occasion de triompher de nous. Croyez que si cela ne
« se fait je ne puis prévoir qu'une totale ruine d'un corps dont
« les membres sont divisés [1]. » Avec l'aide et par l'entremise de
Soffrey de Calignon, futur chancelier de Navarre, Lesdiguières fit
preuve de tant de souplesse dans ces négociations que son
triomphe fut complet, et désormais aucune dissidence ne vint
troubler en Dauphiné l'accord du parti réformé.

La paix de Poitiers n'était considérée comme définitive par
personne : le roi de Navarre appela Lesdiguières près de lui au
commencement de l'année 1584 et lui donna ses instructions
pour le soulèvement qui se préparait [2]. A peine en eut-il reçu le
signal que, sans perdre un instant, il se jette sur Chorges et s'en
empare ; investit Montélimar et le réduit en quinze jours, sous
les yeux d'une armée de secours commandée par Maugiron; au
commencement de l'année suivante, enfin, il fit sauter un soir,
à l'aide du pétard, les portes de la ville d'Embrun, s'en saisit et
y établit son quartier général. Melchior de Castellane, baron
d'Allemagne, son allié et chef des réformés de Provence,
l'appelle à son secours ; il accourt, atteint les catholiques près de

[1] Berger de Xivrey. *Correspondance de Henri IV*, t. I, p. 462, 1er juillet 1582.

[2] On doit dire, à l'éloge de Lesdiguières, que ce ne fut pas lui mais le parti de la Ligue qui viola le premier la paix de Poitiers : d'Albigny, Saint-Jullin et Auriac, dès le mois de mai 1585, prirent les armes, s'emparèrent de plusieurs places dans le haut Dauphiné et tentèrent même une expédition en Provence, d'où ils furent chassés et poursuivis jusqu'à Gap par le Grand-Prieur.

Riez et les met en fuite avec une perte de douze cents hommes.

Épernon et La Valette, gouverneurs de Provence, sont chargés par le roi de faire respecter son autorité en Dauphiné; ils entrent dans la province à la tête d'une armée de dix mille hommes, ravitaillent Tallard, Gap, et investissent le bourg de Chorges (1586). Après un siège de trois mois, rendu plus pénible par la rigueur de la saison et les attaques continuelles de Lesdiguières, ils s'en emparent enfin, mais se hâtent de regagner la Provence, harcelés par les troupes protestantes, ayant perdu la moitié de leur effectif et écrasés sous le poids d'un triomphe qui équivalait à la plus complète des déroutes.

En peu de mois Lesdiguières avait réussi à chasser les troupes catholiques de l'Embrunais, du Diois, du Champsaur, du Trièves, il avait fortifié les passages du Briançonnais, il possédait les plus fortes places du Valentinois et poussait ses avant-postes jusqu'aux portes de Grenoble; enfin il mettait le siége devant Gap, qui seule avec Briançon restait aux catholiques dans le haut Dauphiné (1588). L'édit d'union constituant officiellement la sainte ligue vint rendre ses succès plus faciles et plus rapides encore, en groupant à ses côtés un grand nombre de magistrats, de gentilshommes, de personnages considérables appartenant au parti catholique, mais refusant de défendre leur cause avec l'aide des armes et de l'argent de l'Espagne [1]. Désormais la religion n'était plus qu'un prétexte destiné à colorer l'ambition effrénée de la maison de Lorraine, dont les regards osaient s'élever jusqu'au trône de France [2]. Nulle part, en effet, les tendances de la Ligue ne furent plus nettement

---

[1] Le roi ordonna à toutes les autorités d'abandonner Grenoble tenu par les ligueurs et d'aller à Romans qui lui était fidèle. La moitié du Parlement et de la Chambre des Comptes allèrent y siéger, ainsi que le vibailli du Graisivaudan et beaucoup d'autres fonctionnaires. Avant d'employer les armes, les deux partis se combattirent à coups d'arrêts et de jugements.

[2] La république de Venise, État cependant essentiellement catholique, demandait au Pape de s'entremettre pour pacifier la France en lui disant : « qu'ils cognoissoient bien qu'il « n'estoit question de relligion ains d'ung « changement d'estat pour l'oster au legitime « successeur et soubs ledict pretexte le faire « tumber à ceulx qui de droict n'y ont rien. » (B. N. MS. Dupuy. Vol. 61, p. 274.)

accentuées qu'en Dauphiné : le duc de Savoie, gendre de Philippe II, avait noué des intrigues dans le parlement de Grenoble, et ses agents répandaient l'or à pleines mains et provoquaient la trahison ; Guillaume de Saint-Marcel d'Avançon, chef politique de la Ligue dans la province, lui était tout dévoué ; plusieurs châteaux du Graisivaudan étaient occupés par ses soldats, et d'Albigny, gouverneur de Grenoble, avait sous ses ordres des troupes italiennes et piémontaises.

La Valette, lieutenant général en Provence, menacé par les armées de la Ligue unies à celles du duc de Savoie, et d'Ornano, lieutenant général en Dauphiné, chassé honteusement de Grenoble par les ligueurs qui refusaient de reconnaître son autorité [1], concluent un traité d'alliance avec Lesdiguières : toutes les places du Valentinois se rendent aux protestants ; Gap et Tallard ne tardent pas à les imiter (1589) ; les armées réunies d'Ornano et de Lesdiguières réduisent tous les châteaux qui entourent Grenoble et resserrent le blocus de cette ville.

Sur ces entrefaites, d'Ornano ayant été fait prisonnier, Lesdiguières conclut une trêve avec la garnison de Grenoble (1590) et porte ses armes en Provence, au secours de La Valette, aux côtés duquel il combat, durant six semaines, les ligueurs provençaux, puis sur les frontières de la Savoie qui étaient menacées. Il chasse les troupes ennemies de la vallée de Barcelonnette, reçoit à composition Briançon, dont les portes allaient être ouvertes au duc de Savoie par La Cazette, qui paya de sa vie sa trahison [2], et enfin

---

[1] Ornano se vengea de cette offense en massacrant jusqu'au dernier les officiers de la garnison de Moras, dévoués à la Ligue, et en faisant achever leur chef, Gaspard de Bonne-Fonclère, qui était blessé.

[2] Ce serait une figure intéressante à étudier que celle de Georges de Ferrus, capitaine La Cazette ; vieux soldat des guerres d'Italie, catholique ardent, d'une bravoure à toute épreuve, il fut pendant vingt ans le maître absolu du Briançonnais. Quoiqu'il fût simple châtelain d'Exilles, il sut s'imposer de telle sorte aux autorités et aux populations que rien ne se faisait sans son autorisation. Il défendit avec acharnement et avec succès le Briançonnais contre Lesdiguières et les bandes vaudoises, il luttait encore quand tous avaient cédé, et pour avoir raison de lui on fut obligé de le faire assassiner.

remporte une victoire éclatante à Exilles : l'ennemi est poursuivi jusqu'aux portes de Suze. Rassuré du côté des frontières d'Italie, Lesdiguières revient à Grenoble, l'investit de nouveau et la reçoit enfin à composition dans les derniers jours de l'année 1590.

Désormais le Dauphiné lui obéissait tout entier : d'Ornano avait, il est vrai, le titre de gouverneur, mais tout le pouvoir et la direction des affaires étaient entre les mains de Lesdiguières. Les guerres de religion étaient à peu près terminées dans notre province, mais de nouveaux événements allaient surgir et lui permettre de tourner ses armes toujours victorieuses contre le duc de Savoie, l'ennemi héréditaire du Dauphiné.

III.

Si l'on jette un coup d'œil sur la carte du Dauphiné à la fin du XVIe siècle, on voit que les possessions du duc de Savoie pénétraient jusqu'au cœur de cette province : par la Bresse et le Bugey il touchait à Vienne, par la vallée de l'Isère à Grenoble, par celle de Barcelonnette à Embrun et à Gap; le duc de Nemours, cousin du duc de Savoie, était maître absolu de Lyon qu'il gouvernait au nom de la Ligue; le marquisat de Saluces, cette sentinelle avancée de la France en Italie, était depuis longtemps perdu pour elle; enfin les troupes de la Ligue, unies à celles du duc de Savoie, occupaient une bonne partie de la Provence; telle était la situation lorsque la guerre civile cessa en Dauphiné. Du reste, celle des provinces voisines n'était pas meilleure; La Valette, gouverneur de Provence, serré de près par l'ennemi, ne cessait de demander du secours. Prenant à peine le temps de pourvoir à la sûreté de ses récentes conquêtes, Lesdiguières entre en Provence avec quelques milliers d'hommes, joint l'armée de Savoie à Esparron et lui fait essuyer une déroute complète : quinze cents morts restent sur le champ de bataille, cinq cents prisonniers et quinze drapeaux tombent aux mains des Dauphinois (15 avril 1591).

Après quelques jours passés à Grenoble pour remettre de l'ordre dans l'administration de la province, il repasse en Provence, espérant y attirer à sa suite le duc de Savoie, qui reformait son armée, et épargner ainsi au Dauphiné les ravages d'une invasion; mais ce prince devine son intention, entre dans le Graisivaudan et menace Grenoble. Lesdiguières rebrousse chemin en toute hâte et, avec six mille hommes d'élite, se porte à la rencontre des ennemis jusqu'à Pontcharra. Don Alphonse de Savoie l'y attendait avec plus de dix mille soldats espagnols et italiens; après un combat acharné il est battu et s'enfuit presque seul à travers les bois, laissant derrière lui près de trois mille morts, mille prisonniers, trente-cinq étendards et pour plus de deux cent mille écus de butin (6 septembre 1591).

Cependant Lesdiguières ne donne pas de répit à l'ennemi et repasse en Provence au secours de La Valette : la vallée de Barcelonnette, Digne et toutes les places situées sur les rives de la Durance tombent entre ses mains; il porte ses armes sur les bords de la Méditerranée et jusqu'en vue de Nice; la Ligue et la Savoie ne conservent plus qu'Aix et Marseille. La prise de ces places eût délivré la Provence et terminé la guerre, mais au moment où Lesdiguières songeait à en entreprendre le siège, il est rappelé en toute hâte en Dauphiné; le duc de Nemours avait profité de son absence pour s'emparer de Vienne, de Saint-Marcellin, et sa cavalerie avait ravagé tout le Viennois[1]. La seule présence de Lesdiguières lui fit abandonner la plupart de ses conquêtes et l'obligea à se renfermer dans Vienne.

Depuis longtemps Lesdiguières sollicitait du roi Henri IV la permission de porter la guerre en pays ennemi; c'était, à ses yeux, le seul moyen d'attirer le duc de Savoie hors du Dauphiné et de

---

[1] Cette prise d'armes du duc de Nemours (juillet 1592) était une pure trahison : deux mois auparavant (23 mai) il avait conclu avec le Dauphiné une trêve d'un an.

soulager ainsi cette province ruinée par trente ans de combats. Le marquisat de Saluces, fief relevant de la couronne de France, avait été, depuis le règne de Henri III, occupé par le duc de Savoie, il fallait le lui reprendre. Du reste, cette conquête était facilitée par les habitants eux-mêmes; la plupart appartenaient à la religion protestante et étaient persécutés par le duc de Savoie, aussi avaient-ils noué, par l'intermédiaire de leurs ministres, des relations avec Lesdiguières, et n'attendaient-ils qu'un signal pour se prononcer en faveur du roi de France.

Lesdiguières rassemble ses troupes près de Briançon, descend en Italie, s'empare sans difficulté des châteaux forts qui barraient son passage, attaque le Duc lui-même au Vigon, et, après une lutte de deux jours, tue ou fait prisonniers mille soldats ennemis et enlève dix drapeaux (4 novembre 1592). Le Duc, peu rassuré, veut amuser Lesdiguières et lui faire perdre en feintes négociations un temps précieux destiné à permettre aux secours qu'il attendait d'Espagne de joindre son armée; mais le général français refuse de rien entendre et met le siége devant Cavours; il repousse les attaques furieuses du Duc, qui cherche à lui faire abandonner la partie, et s'empare de la place après quelques jours de tranchée. Les troupes envoyées par le roi d'Espagne au secours de son gendre arrivent enfin, sous le commandement de don Rodrigues de Toledo, et, au nombre de quatre mille hommes, elles attaquent Lesdiguières près de Salebertrand. Très inférieur en nombre, mais sachant habilement profiter des accidents de terrain, le général français parvient à envelopper l'ennemi; quinze cents morts jonchent le champ de bataille, mille prisonniers et quinze drapeaux tombent aux mains des Français. Rodrigues de Toledo lui-même y perdit la vie, ayant préféré la mort à la honte de rendre son épée à un simple soldat (7 juin 1593).

Tant de désastres effraient le duc de Savoie; il sollicite et obtient une trève de trois mois.

Cette trève permit à Lesdiguières d'accomplir une mission difficile et toute de confiance dont le roi l'avait chargé. Après la mort de La Valette, gouverneur de Provence, tué au siége de Roquebrune, son frère d'Épernon lui avait succédé à la tête de la province, mais il n'avait pas tardé à s'aliéner la noblesse et le peuple. D'un caractère hautain, il affectait de mépriser l'aristocratie du pays; il s'était entouré d'aventuriers gascons, auxquels il livrait toutes les places fortes au détriment des gentilshommes provenceaux; il avait fait construire à Aix une citadelle dont la garnison opprimait les habitants de cette ville et des contrées voisines; il accablait les populations de contributions énormes et aspirait même, disait-on, à se rendre tout-à-fait indépendant de la couronne de France. Il se forma bientôt contre son autorité un parti puissant sous la direction du comte de Carces et de la comtesse de Sault: les révoltés prirent les armes et demandèrent directement au roi l'éloignement de d'Épernon. Henri IV négocia d'abord avec lui par l'intermédiaire de La Fin, cherchant à obtenir qu'il modifiât sa façon d'agir ou consentît à se démettre de son gouvernement, moyennant une juste compensation; tout fut inutile, et Lesdiguières reçut l'ordre d'entrer en Provence et d'employer au besoin la force pour faire respecter les ordres du Roi. Il fut assez heureux pour éviter une collision dans laquelle le sang français eût coulé des deux côtés; il suit d'Épernon, le force à abandonner Aix, dont la citadelle est rasée, puis il prêche la concorde aux trois ordres de la province; d'Épernon, de son côté, envoie sa soumission au roi et obtient de demeurer en Provence. Lesdiguières se flattait d'avoir rétabli la paix dans le pays; il se trompait: nous le verrons bientôt contraint d'intervenir une seconde fois.

La trève de Savoie venait d'expirer et les affaires de la France prenaient en Italie une tournure défavorable; le Duc avait mis le siége devant Cavours et Briqueras et s'était emparé de cette dernière ville avant qu'on pût la secourir. Manquant d'hommes et d'argent, Lesdiguières dut se contenter de fortifier les passages des Alpes en abandonnant toutes ses conquêtes des années précédentes (1595). Au reste, on ne saurait accuser Lesdiguières en cette circonstance d'imprévoyance et de présomption; il ne cessa, sa correspondance en fait foi, de présenter à la Cour la situation sous son aspect véritable; le vrai coupable était le connétable de Montmorency qui, fort mécontent de l'énergie avec laquelle Lesdiguières avait contraint d'Épernon, son allié, à obéir aux ordres du Roi, non-seulement fut sourd à toutes ses demandes de secours, mais refusa même de laisser traverser le Languedoc, dont il était gouverneur, à des troupes levées aux frais du général dauphinois et allant le rejoindre.

En Dauphiné la campagne s'engagea et se poursuivit d'une manière plus heureuse pour les armes françaises : Morestel, les Échelles et enfin Vienne, dernière possession du duc de Nemours dans la province, tombèrent aux mains des troupes royales, et une nouvelle trêve fut conclue avec la Savoie.

D'Épernon n'avait pas su profiter du premier avertissement que lui avait donné le Roi par l'intermédiaire de Lesdiguières : il s'était uni étroitement à la Savoie et à l'ancien parti de la Ligue, le pays entier était en feu. Bien décidé à ne rien ménager désormais, Henri IV envoya en Provence le jeune duc de Guise pour en prendre le gouvernement et enjoignit à Lesdiguières de le soutenir avec ses troupes. Sisteron est emporté après un sanglant combat, toutes les places se soumettent, et enfin le duc de Guise entre en vainqueur dans Marseille, dernier refuge de la Ligue dans ces contrées. Le duc d'Épernon, contraint de céder à la force, consentit à abandonner le gouvernement de Provence et reçut en échange, de la clémence royale, ceux de Picardie, Saintonge et Limousin. Lesdiguières, qui avait eu une influence prépondérante sur ces heureux événements, fut le seul à n'en recevoir aucune récompense [1].

Henri IV venait de déclarer la guerre à l'Espagne et se préparait à porter ses armes dans la Flandre; il appela Lesdiguières à

---

[1] Il se dédommagea en occupant par ses troupes le faubourg de la Baume-les-Sisteron qu'il rendit seulement contre le paiement d'une somme de vingt mille écus.

Paris, près de lui, lui donna ses instructions et le renvoya en Dauphiné avec le titre de lieutenant général aux armées de Piémont et Savoie. Il devait mettre obstacle au passage des troupes espagnoles se dirigeant du Milanais en Flandre à travers la Savoie et la Franche-Comté. Mais, si on l'avait investi d'un commandement considérable, on avait complétement négligé de lui donner de l'argent et des soldats. Cette considération ne devait pas l'arrêter : il engage ses biens et ceux de ses amis, emprunte de grandes sommes et lève à ses frais sept mille hommes, avec lesquels il envahit la Maurienne à travers les âpres défilés des montagnes de l'Oisans (juillet 1597). Il entre en vainqueur à Saint-Jean-de-Maurienne, chassant devant lui don Sancho Salinas, général espagnol à la solde de la Savoie, et reçoit à composition la plupart des places de la contrée. Le duc de Savoie, pour contraindre Lesdiguières à sortir de ses États, envahit lui-même le Graisivaudan, fait construire un fort à Barraux, en plein Dauphiné, et, à la tête de huit mille hommes, marche sur Grenoble. La Cour s'étonne de l'inertie de Lesdiguières, le Roi le blâme : « Depuis longtemps, répond-il, je son-
« geais à faire élever un fort à Barraux; le Duc en épargne la
« dépense à votre Majesté, car je saurai bien le prendre quand
« il sera terminé. » Il repasse en Graisivaudan et prend position en face du Duc, aux Molettes, se laisse attaquer, et après deux jours de lutte tue à l'ennemi quinze cents soldats et le force à déloger. Le Duc tente une pointe hardie sur Grenoble, privé de garnison, et, espérant s'en emparer par un coup de main, il en prend le chemin à marches forcées, laissant Lesdiguières derrière lui. Mais quelques escarmouches désavantageuses et surtout la crainte de voir sa retraite coupée le contraignent à rebrousser chemin; il se jette dans la Maurienne et réussit à reprendre quelques-unes des places dont Lesdiguières s'était emparé. La promesse de Lesdiguières relative au fort Barraux ne tarda pas à s'accomplir : trois cents hommes de ses gardes l'escaladèrent un beau soir avec une audace inouïe

et s'en emparèrent en moins d'une heure (17 mars 1598).

Le Roi, pour récompenser Lesdiguières, lui donna enfin la charge tant désirée de lieutenant général au gouvernement de Dauphiné ; d'Ornano, qui en était titulaire, reçut en échange le gouvernement de Guyenne [1].

Le traité de Vervins signé avec les Espagnols fit déposer les armes aux deux partis (2 mai 1598), mais, en ce qui concernait la Savoie, cette suspension d'armes fut de courte durée. Le Duc ayant désiré faire avec la France sa paix particulière, il avait été décidé que la question du marquisat de Saluces serait laissée à l'arbitrage du Pape, dont le jugement devait être rendu dans le délai de trois mois ; ce délai fut prolongé de plusieurs mois encore, mais inutilement, car le Duc ne voulut jamais entendre parler de restitution et ne consentit pas à donner à la France des compensations territoriales. Décidé à en finir à tout prix, le Roi se rend lui-même à Grenoble : Biron entre dans la Bresse, Lesdiguières en Savoie ; Chambéry et tout le pays tombent aux mains de l'armée royale. Henri IV en personne fait le siège de Montmélian, forteresse qui passait pour imprenable, et s'en empare (1600). Le Duc implore alors la médiation du Pape et cède à la France la Bresse et le Bugey en échange du marquisat de Saluces.

Lesdiguières n'approuva pas ce traité : on lira dans sa correspondance les raisons par lesquelles il cherche à justifier son opinion. Son avis n'était certainement pas dégagé de préoccupa-

---

[1] Depuis 1580 d'Ornano était lieutenant général en Dauphiné ; Lesdiguières, au contraire, en exerçait le pouvoir sans en avoir le titre. Une lutte sourde et constante ne tarda pas à s'établir entre ces deux hommes, jaloux de leur autorité et si différents l'un de l'autre. Lesdiguières ne prononce presque jamais le nom d'Ornano, pour lui il n'existe pas ; Ornano, au contraire, ne cesse d'accabler le Roi et le Connétable de ses plaintes. C'était en effet un brave gentilhomme, d'un courage éprouvé, mais il n'avait nulle prétention à l'habileté diplomatique. Aussi, entre celui qui se rendait nécessaire par d'excellents services et celui qui parlait toujours de ses droits et de son épée, le Roi finit par se prononcer pour le plus habile, et d'Ornano, auquel il avait été d'abord interdit de séjourner dans le Dauphiné, dut accepter en échange, et à son grand déplaisir, le gouvernement de Guyenne qu'il refusait depuis plusieurs années avec obstination.

tions personnelles, et il se garda bien de faire connaître la raison qui devait avoir le plus de poids à ses yeux : c'était que la Bresse et le Bugey devaient être annexés au gouvernement de Bourgogne, tandis que le marquisat de Saluces devait nécessairement faire retour au Dauphiné. Le Roi consentit, comme compensation, à prendre fait et cause pour lui à propos de sommes considérables qu'il prétendait avoir à réclamer au duc de Savoie, il le fit intervenir personnellement dans le traité de Lyon et eut soin qu'il fût intégralement remboursé.

IV.

Ici se termine la première partie de la vie de Lesdiguières, période de lutte et de continuels combats ; elle embrasse, ainsi que nous venons de le voir, un espace de trente-huit ans (1562-1600). A celle-ci succède la période que l'on pourrait appeler d'organisation. Désormais maître absolu du Dauphiné, dégagé de tout souci du côté de la guerre étrangère, Lesdiguières va pouvoir pendant quinze ans s'occuper uniquement des affaires de la France, de celles de la province et des siennes propres. Il noue des relations amicales et entretient une correspondance diplomatique avec la République de Venise, les cantons Suisses, les princes d'Italie, tient Henri IV au courant de tout ce qui se passe sur les frontières du Dauphiné, donne à tous d'excellents conseils et des avis précieux, et poursuit sous cette nouvelle forme les Espagnols, les grands ennemis de son maître, en travaillant de tout son pouvoir à faire échouer leurs desseins ambitieux en Italie. Les hommes les plus éminents à cette époque dans la politique européenne tenaient à honneur de correspondre avec lui ; la plupart de ces lettres ont malheureusement disparu ou ont échappé à nos recherches, mais ce que nous en publions suffira, du moins l'espérons-nous, pour donner une idée juste des vues politiques de Lesdiguières. Les grands desseins de Henri IV trouvèrent en lui un collaborateur dévoué; l'abaissement de la maison d'Autriche, la suppression de l'influence de l'Espagne en Italie, l'alliance avec la Savoie, la protection des cantons Suisses, telles furent les idées auxquelles il consacra les dernières années de sa vie : il parvint à les faire triompher en partie et eut l'honneur d'être, dans une certaine mesure, l'un des précurseurs de Richelieu, dont le génie supérieur exécuta la plupart des projets que notre héros avait conçus.

Le rôle joué par Lesdiguières dans la politique intérieure de la France se caractérise par une obéissance absolue et exclusive aux volontés du Roi et par un soin jaloux de faire respecter son autorité. Sa haute situation le mettait nécessairement au courant de toutes les intrigues qui se tramaient : lorsque Biron prépare sa trahison, Lesdiguières se hâte d'en prévenir Henri IV par l'intermédiaire du chancelier Calignon ; lorsque les protestants s'agitent, il entame avec eux une lutte de tous les instants, emploie tour à tour la persuasion et la menace et s'efforce, mais souvent sans succès, de les plier aux désirs de la Cour ; lorsque Marie de Médicis est sur le point, par ses démêlés avec son fils, de bouleverser l'État, c'est encore à côté du trône que se range Lesdiguières. Et cependant que de faveurs, de hautes récompenses n'eût-il pas obtenu de l'Espagne, de la reine ou de ses coreligionnaires s'il avait consenti à leur prêter son appui, et qui peut dire si son épée, mise dans la balance, n'eût pas changé la fortune et fait triompher la cause qu'il aurait embrassée ! Aussi les récompenses ne tardèrent pas à lui être prodiguées par le Roi : déjà lieutenant général en Dauphiné (1597), on lui accorde la survivance de gouvernement pour son gendre Charles de Créqui (1609), à la mort d'Ornano on le crée maréchal de France (1609), et enfin duc et pair (1611). Certes, il ne dédaignait pas ces faveurs et même les recherchait avidement, car, ainsi que nous l'avons dit, il était fort jaloux de son autorité et n'avait pas de grandes prétentions au désintéressement ; mais eût-on trouvé alors quelqu'un qui ne les ambitionnât pas et en fût aussi digne ?

L'administration intérieure de la province de Dauphiné était pour lui une occupation de tous les instants. Depuis l'édit de Nantes la situation des protestants avait été singulièrement modifiée ; cet acte politique leur avait conféré des droits qu'il importait de régulariser. Nous publierons dans notre dernier volume la grande enquête à laquelle Lesdiguières prit part comme commissaire chargé de l'exécution de l'édit, parcourant lui-même toute la contrée, recevant les requêtes des deux partis et rendant ses décisions avec une remarquable impartialité. Devenu l'un des personnages les plus considérables du royaume, rien ne s'agitait dans les assemblées protestantes sans qu'on lui demandât son avis ; nous le voyons cherchant à modérer les passions parfois trop violentes de ses coreligionnaires, et les maintenant autant qu'il le pouvait dans le respect de la légalité et l'obéissance du Roi, même au prix de sa popularité parmi eux. Car il faut bien le reconnaître, son obéissance absolue aux ordres de la Cour, même dans ce qu'ils avaient de contraire aux intérêts du protestantisme, ne tarda pas à le rendre suspect à ses anciens compagnons d'armes, qui l'accusaient, non sans vraisemblance, de se laisser uniquement diriger par d'ambitieux calculs.

Les synodes protestants du Dauphiné ne craignirent pas de censurer à plusieurs reprises, avec une indépendance vraiment admirable, la conduite privée de Lesdiguières, laquelle en effet prêtait fort à la critique. Du vivant même de sa femme Claudine de Berenger il vivait publiquement avec la belle Marie Vignon, épouse d'un marchand de soie de Grenoble : un matin l'infortuné mari fut trouvé assassiné, et Lesdiguières fit évader l'assassin, déjà renfermé dans les prisons du Parlement, ce qui le rendit fort suspect de complicité dans un crime commis si à propos pour le débarrasser d'un surveillant incommode [1]. Le synode de Man-

---

[1] Ce qui augmenta encore les soupçons c'est que Lesdiguières, parti de Grenoble la veille de l'assassinat, y revint le lendemain. Le meurtrier était un colonel Allard, savoyard, chargé d'une mission auprès de Lesdiguières par le duc de Savoie, son maître.

toules (1612) s'en émut : « Considérant, lisons-nous dans ses « procès-verbaux, le desordre de la maison de Monsieur le « Marechal, pour lequel tous les fidèles redoutent avec beaucoup « de crainte et aprehention les jugements extraordinaires de Dieu, « la compagnie..... a nommé Messieurs Perron, etc...., lesquels « chercheront à l'arrivée dudict seigneur pour lui parler à bon « escient de la part de l'Éternel et mesmes procéderont contre « lui par censures selon la rigueur de la discipline en cas d'im- « penitence et comme ils verront être à faire pour l'acquit de leur « conscience et pour l'édification de l'Église [1]. » Lesdiguières n'ayant pas tenu compte de ce premier avis, on le renouvelle en termes plus formels et plus énergiques en 1613 et 1614 : enfin il jugea à propos de faire cesser ce scandale en épousant sa maîtresse (1617). Les protestants dauphinois furent en cette circonstance, nous nous plaisons à le reconnaître, de vigilants gardiens de la morale publique, mais ils furent de médiocres courtisans. A partir de cette époque Lesdiguières se détacha peu à peu de leur parti, et lorsqu'il embrassa le catholicisme il n'était déjà plus protestant que de nom.

Le Dauphiné, ruiné par de longues guerres, avait besoin de paix et de repos : Lesdiguières contribua d'une manière efficace à rétablir sa prospérité. Les troupes furent licenciées, l'ordre le plus parfait ne cessa de régner dans la province, les voies de communication furent améliorées, des ponts construits en grand nombre, la ville de Grenoble mise à l'abri des inondations du Drac et de l'Isère par des travaux considérables et fortifiée avec soin contre une attaque possible du duc de Savoie.

Lesdiguières, au temps même de sa plus haute fortune, fut accessible à tous : il accueillait favorablement les requêtes que lui adressaient les villes ou même les simples particuliers, répondait à toutes, et ses décisions étaient en général équitables : les sentences qu'il rendit souvent comme arbitre de parties qui préfé-

---

[1] Synodes du Dauphiné. MS à M. Arnaud, pasteur à Crest.

raient sa justice à celle du parlement, sont dictées la plupart par un louable esprit de conciliation.

Vis-à-vis de la noblesse du Dauphiné, si fière et si jalouse de ses priviléges, son attitude fut empreinte de cette perspicacité merveilleuse qui jamais ne lui fit défaut : il entretenait une correspondance suivie avec les chefs des familles les plus considérables de la province, était le confident de leurs secrets, l'arbitre de leurs différends, l'intermédiaire obligé de leurs demandes à la Cour; il nouait les mariages, proposait les anoblissements à faire et il réussit enfin à faire oublier qu'il était un parvenu : on doit juger de la prodigieuse autorité qu'il sut rapidement acquérir dans la province. Nous ne prétendons pas qu'il n'ait jamais abusé de son pouvoir; il remplissait les charges de ses créatures et n'y voulait personne qui ne dépendît absolument de lui [1]; il exigeait de tout ce qui l'entourait une obéissance passive et était dur même à ses plus intimes amis [2]; il se montrait souvent trop peu respectueux des décisions de la justice et tenait le Parlement dans une dépendance indigne de cette compagnie; il faisait peu de cas des remontrances des États quand elles traversaient ses projets, alors il n'agissait qu'à sa guise, sûr qu'il était d'obtenir gain de cause auprès de Henri IV, trop son obligé pour ne pas lui céder sur des questions secondaires.

Au fond le Roi avait son opinion faite sur le compte de Lesdiguières et n'approuvait point toutes ses façons d'agir : les allures indépendantes qu'il affectait dans son gouvernement l'avaient souvent blessé et elles faillirent amener, en 1603, une rupture et

---

[1] « Il ne veut point permettre autrement, dit Morges son neveu dans une lettre à Villeroy du 25 avril 1606 (B. N. MS. F. 15579, p. 14), que toutes personnes soient establyes aux charges, quelles qu'elles soient indifferemment, qu'il ne les y admette, affin qu'elles ne puissent depandre que de luy seul pour les gouverner à son plaisir et absolument. »

[2] « Saint-Jullien (secrétaire de Lesdiguières et président de la Chambre des Comptes), dit encore Morges (30 avril 1606, à Villeroy, B. N. MS. F. 15579, p. 16), meurt de peur des continuels soupçons du seigneur que savez, lequel n'a que des menasses ordinaires à la bouche de fere m'ourir tous ceux qui le faschent et qui ne sont pas faits à sa fantaisie. »

une disgrâce dont on trouvera la trace dans sa correspondance [1]. Aussi, lorsque le Roi accorda à Créqui la survivance de la charge de gouverneur de Dauphiné, il eut soin de glisser dans les instructions qu'il lui donna à cette occasion : « Que Monsieur de « Créqui doit user de prières lorsqu'il commandera et que sa « façon de gouverner doit être différente d'avec celle de Monsieur « des Diguières, lequel a comme conquis la province par armes « et par son âge même peut user d'autorité absolue et que les « vieillards parlent toujours en grondant [2]. » Au reste, Henri IV eut pour Lesdiguières, malgré ses travers, la plus vive et la plus constante amitié ; les faveurs qu'à diverses reprises il lui avait prodiguées n'étaient pas à ses yeux une récompense suffisante pour ses services rendus ; il méditait d'y mettre le comble en mariant sa fille naturelle, Mlle de Verneuil, avec le comte de Canaples, petit-fils du Maréchal. Un jour, après l'avoir entretenu de ses projets pour l'établissement de ses enfants, il ajouta que :

« Pour le regard de Mademoiselle de Verneuil, il avait dessin
« de la marier à un gentilhomme ; qu'il la voulait mettre en une
« bonne maison et accomodée ; qu'il avait jetté les yeux sur le
« petit fils de Monsieur des Diguières ; qu'il était fils d'un père
« et d'un grand père qui avaient du courage ; que sa Majesté
« croyoit qu'il fallait mieux honorer un gentilhomme de son
« alliance que non pas un prince..... qu'il donneroit des charges
« et honneurs à Monsieur de Canaples, que ce sera du consente-
« ment de Monsieur le Mareschal de voir son petit fils destiné
« gouverneur d'une province en laquelle il a été lieutenant

---

[1] Lesdiguières dut de rentrer en faveur auprès du Roi à l'intervention de Saint-Jullien, président des Comptes et son chargé d'affaires à la cour.

[2] *Ce qui s'est passé à la réception de serment de M. de Créqui* (B. N. MS. Dupuy. Vol. 89, p. 191). Le rusé Béarnais complète ses conseils en ajoutant ces avis caractéristiques : « Quand vous verrez Gouvernet ou « autres vieux cavaliers comme cela, il faut « dire : Mon père, c'est vous en effet qui « commandez ; nonobstant l'autorité que le « Roi m'a mise entre les mains je defererai « toujours à votre âge. Que cela oblige telle-« ment ces gens là qu'ils font tout ce qu'on « veult et sont les plus prompts à obeyr. »

« général..... qu'il se voulait tout fier à Monsieur le Mareschal et
« lui tesmoigner l'honneur de ses bonnes grâces..... Monsieur le
« Maréchal remercia le Roi lui disant que ni Madame la Com-
« tesse, ni Monsieur de Créquy, ni lui, n'eussent eu garde d'espérer
« un tel honneur, et qu'en un mot le Roy avoit tout pouvoir de
« lui commander et qu'ils obéiraient en touttes ses volontés [1]. »
La mort du Roi vint malheureusement rompre ce projet si honorable pour Lesdiguières.

La fortune personnelle de Lesdiguières avait suivi une progres-
sion rapide : ses biens, consistant jadis en deux petits arrières-fiefs,
les Diguières et Laye en Champsaur, seul héritage que lui eût trans-
mis son père, et dont le revenu n'excédait pas quelques centaines
d'écus, n'avaient pas tardé à s'accroître, et il était très rapidement
devenu énormément riche : le duché de Champsaur, composé de
plus de vingt paroisses, Serres, Rozans, Vizille, l'Oisans, Moirans,
Maubec et une foule d'autres seigneuries en Dauphiné, Coppet en
Suisse ; Treffort, Pont-de-Veyle et Châtillon en Bresse ; Pont-d'Ain
en Bugey ; Villemur en Languedoc ; Seyne en Provence, etc., etc.,
lui appartenaient ; il donnait sept cent mille livres de dot à ses filles,
marchait avec un train royal, avait des gardes, des compagnies
d'ordonnance, des pages, des secrétaires, en un mot il était devenu
un très puissant seigneur. La source de cette fortune était loin
d'être pure, les biens ecclésiastiques et les contributions de guerre
en avaient fait presque tous les frais : non-seulement il acheta des
terres à beaux deniers comptants avec les revenus des bénéfices
du Gapençais, de l'Embrunais et du Diois, dont il eut la libre
disposition pendant vingt ans [2], et qu'il fut loin d'employer

---

[1] *Ce qui s'est passé le vendredi XVII° d'octobre MDCIX entre le Roy et M. le Mareschal des Diguières dans la galerie de la Reine, à Fontainebleau.* (B. N. MS. Du-puy. Vol. 89, p. 288.)

[2] Lesdiguières était trop habile pour paraître lui-même lorsqu'il s'agissait d'affermer un bénéfice ou d'en palper les revenus, il se faisait représenter par un prête-nom. Dans le Gapençais, les capitaines protestants Claude de Chappan, Joseph de Martinel, Balthazard Autard dit Bragard et Raymond de Grégoire, sieur du Boucher, lui rendirent tour à tour ce service.

exclusivement à l'entretien des troupes protestantes, mais il s'empara sans plus de façons de plusieurs fiefs ecclésiastiques, entre autres de ceux de l'évêque de Gap en Champsaur; ce prélat n'obtint la permission de rentrer dans sa ville épiscopale que contre une cession en bonne forme de tous ses droits sur ces seigneuries (1599). Lesdiguières était devenu en outre, à peu de frais, engagiste de plusieurs terres domaniales dans le Champsaur, l'Oisans et le Serrois; le Roi ne pouvait refuser cette modeste récompense à son vieux compagnon d'armes.

La conservation de sa fortune et le souci de ses intérêts le préoccupaient fort; on verra dans sa correspondance avec quelle scrupuleuse exactitude il exige de ses débiteurs le remboursement de leur dette, on verra également avec quel acharnement il réclame sans cesse au Roi et au Connétable le paiement des sommes qui lui sont allouées pour l'entretien de ses troupes, se disant toujours à bout de ressources et sur le point de tout abandonner faute d'argent. Il y avait certainement beaucoup d'exagération intéressée dans ces plaintes continuelles; il faut reconnaître pourtant à sa louange qu'il avança dans plusieurs circonstances des sommes considérables au trésor royal et n'hésita pas à lever à ses frais, pour le service de la France, dans quelques occasions, de petites armées de cinq ou six mille hommes. Néanmoins ce n'est point là, il faut l'avouer, le brillant côté de la personnalité de Lesdiguières; trop souvent chez lui la rapacité de l'homme d'affaires obscurcit la gloire du capitaine.

A l'heure de sa mort il eut comme un tardif regret de s'être montré si peu scrupuleux, et lui qui n'avait rien restitué, eut soin de recommander à ses héritiers de restituer en son nom; Créquy, son gendre, promit tout et ne rendit rien, quitte à faire les mêmes recommandations à ses héritiers quand viendrait l'heure de sa mort. Au fond, l'un pas plus que l'autre n'avait le désir de rien restituer, et ils jouèrent très certainement une indigne comédie concertée entre eux à l'avance pour tromper à la fois le public et l'Église.

V.

Après l'assassinat de Henri IV, son protecteur et son ami, Lesdiguières, quoique comblé d'honneurs par la Cour, ne paraît pas y avoir conservé la même influence que par le passé ; il dut sans doute se ressentir de la disgrâce où étaient tombés les Sully, les Villeroy, les Jeannin et tous les anciens et illustres ministres du feu roi dont la nouvelle Cour se moquait en les traitant de *barbons*. On le respectait, on appréhendait surtout l'usage désastreux qu'il eût pu faire, pendant la minorité si troublée de Louis XIII, de l'autorité qu'il avait acquise sur la noblesse du Dauphiné et des provinces voisines, mais il n'y avait pas, entre la Cour et lui, la même communauté de vues et le même échange de correspondance amicale, tant le souvenir des services rendus est prompt à s'effacer de la mémoire des rois. Ajoutons, à l'honneur de Lesdiguières, qu'il ne tenta jamais de se rendre trop indépendant et de se faire payer son obéissance.

Ses relations avec le maréchal d'Ancre furent courtoises mais passagères ; il eut, au contraire, à se plaindre plus d'une fois des procédés du duc de Luynes, qui le jalousait, l'empêcha, en 1620, d'être élevé aux fonctions de connétable, et avait même conçu le projet, lors du soulèvement des protestants, de s'assurer de sa personne. Il ne pouvait rien y avoir de commun entre ces ministres éphémères, issus des intrigues d'une Cour, et le rude soldat dont tous les grades avaient été conquis à la pointe de l'épée ; aussi Lesdiguières montra-t-il dans diverses circonstances, à la fin de sa vie, une indépendance et un souci de la dignité du pays qui lui font le plus grand honneur.

Après la prise de Montmélian et le traité de Lyon (1601), les relations de la France avec la Savoie n'avaient pas tardé à prendre une tournure amicale et pacifique : le Duc aspirait à s'affranchir de la tutelle de l'Espagne qui, depuis de longues années, lui imposait une protection ruineuse et tyrannique [1]. Lesdiguières entra en relations suivies avec lui, le poussa fort habilement dans cette voie, lui démontra les avantages d'une alliance avec la France et finit par le déterminer à rompre avec ses anciens amis. Le duc de Mantoue, gendre du duc de Savoie, mourut en 1612, ne laissant qu'une fille de quatre ans dont la tutelle fut enlevée à sa mère, sa tutrice naturelle, et confiée à son oncle le cardinal de Mantoue, soutenu par les Espagnols. Le duc de Savoie prend les armes pour venger l'injure faite à sa fille [2], mais la France et l'Espagne s'entremettent et la paix est faite en 1613. Bientôt le cardinal de Mantoue ne se contente plus du titre de régent, il dépouille sa nièce de ses états, se marie et se fait proclamer duc. Le duc de Savoie envahit le Montferrat, les Espagnols soutiennent ouvertement le duc de Mantoue, le gouverneur de Milan entre en Piémont, et il faut une nouvelle intervention de la France pour faire signer la paix à Asti (21 juin 1615). Dès le début, Lesdiguières avait été peu partisan des velléités belliqueuses de la Savoie, ainsi qu'on en jugera par sa correspondance ; bientôt, au contraire, il comprit la nécessité de soutenir ce petit état contre la puissance de l'Espagne et usa de toute son influence dans ce sens auprès des conseils du gouvernement.

On avait stipulé, dans le traité d'Asti, qu'une fois mis à exécution par le duc de Savoie, si les Espagnols refusaient de l'exécuter en ce qui les concernait, le maréchal de Lesdiguières passerait les monts et irait au secours du Duc sans avoir besoin d'autre commandement et nonobstant ordres contraires. A la suite de cet acte politique, les relations du duc de Savoie avec Lesdiguières

[1] Une garnison espagnole occupait la ville de Turin elle-même, ainsi que plusieurs autres places fortes de Piémont.

[2] « L'envoyé du duc de Savoie, écrit Morges à Villeroy, ne m'a sceu fere autre responce, sinon que le duc de Manthoue a si mal traitté et tant offancé la duchesse de Manthoue, infante de Savoie, que le Duc son père n'a pas peu de moings que de s'en ressentir. » (B. N. MS. F. 15580, p. 101.)

prirent un caractère d'intimité tout-à-fait exceptionnel et du meilleur augure. Les Espagnols, sentant leur ancien allié leur échapper, lui suscitèrent mille tracasseries, voulurent le contraindre à désarmer, à licencier ses Suisses et à laisser entre leurs mains certaines places fortes : le Duc, se sentant soutenu par la France, refusa, et le gouverneur de Milan envahit de nouveau le Piémont (1616). Lesdiguières autorisa le Duc à recruter une partie de son armée en Dauphiné et fut délégué avec Béthune par la cour de France pour tâcher de ménager un accommodement ; ils obtinrent seulement une courte suspension d'armes, l'Espagne, comptant sur la faiblesse du gouvernement français, s'était refusé à toute concession. Le Duc rappela alors à Lesdiguières les stipulations du traité d'Asti et le somma d'exécuter ses promesses. Le Maréchal en référa à la Cour qui lui refusa l'autorisation de passer en Italie. On lira la correspondance échangée à ce sujet et on verra de quel côté est la droiture, la franchise et le souci de l'honneur national. Les Espagnols, à leur tour, firent à Lesdiguières les offres les plus magnifiques s'il voulait consentir à abandonner le Duc à ses propres forces ; ils allèrent jusqu'à lui promettre, affirme Videl [1], de lui attribuer le duché de Savoie en toute souveraineté. Le Maréchal n'hésita pas à faire honneur à sa signature et à celle de la France, leva à ses frais une armée de sept mille hommes et entra en Piémont, où il fut reçu comme un sauveur ; la Cour le désavoua, mais n'osa l'empêcher de partir ni le contraindre à rebrousser chemin (19 décembre 1616) [2]. Les Espagnols furent repoussés par les deux armées alliées et demandèrent et obtinrent presque aussitôt une suspension d'armes, rendue nécessaire par la saison.

---

[1] Voy. Videl. *Histoire de la vie du Connétable de Lesdiguières*. Paris, 1678, p. 284.

[2] Les chercheurs d'anecdotes, qui assignent toujours de petites causes aux événements, attribuent l'intervention de Lesdiguières à l'influence de sa maîtresse Marie Vignon, secrètement gagnée par le duc de Savoie. Cette opinion n'est pas justifiée, mais si elle l'était, il faudrait avouer que jamais Marie Vignon n'eût été plus heureusement inspirée et que Lesdiguières lui devrait une des plus brillantes pages de son histoire.

La guerre recommença au printemps suivant et Lesdiguières traversa de nouveau les monts. La Cour, ne voulant pas s'exposer à une désobéissance semblable à celle de l'année précédente, autorisa de mauvaise grâce ce qu'elle ne pouvait empêcher, mais entoura son autorisation de restrictions qui l'eussent rendue illusoire si le Maréchal s'y fût conformé. Les alliées s'emparèrent de vive force de Pelissan, contraignirent les généraux espagnols à battre en retraite et à demander une trêve nouvelle qui fut bientôt suivie d'une paix définitive ; les Espagnols durent restituer toutes leurs conquêtes en Piémont, et l'union entre les couronnes de France et de Savoie fut cimentée par le mariage de la princesse Chrétienne, sœur du roi Louis XIII, avec le fils aîné du Duc, mariage auquel Lesdiguières eut la plus grande part (1618).

Là ne se termina pas, au reste, le rôle de Lesdiguières en Italie : les Espagnols, fidèles à leur politique séculaire, aspiraient à joindre leurs possessions Italiennes avec les terres de l'Empire, et convoitaient depuis longtemps la Valteline, étroite vallée faisant partie de la ligne des Grisons et chemin direct du duché de Milan au Tyrol [1]. Le premier acte par lequel ils signalèrent leur désir d'envahissement fut la construction d'une forteresse commandant l'entrée de la vallée du côté de l'Italie. Cette question eut le privilége de préoccuper singulièrement l'opinion publique à cette époque et émut les états voisins qui craignaient à juste titre pour leur indépendance. Les Vénitiens, le duc de Savoie, les cantons suisses surtout, envisageaient la construction de ce fort comme une menace perpétuelle à leur liberté. Lesdiguières, fidèle allié des Suisses et de Venise, les encouragea dans leur résistance, et, sans l'occupation que lui donnèrent durant plusieurs années les

---

[1] La Valteline, qui faisait autrefois partie du duché de Milan, avait été cédée par les ducs aux Grisons, au commencement du XVIe siècle. Les Espagnols, profitant de la différence de religion entre les Valtelins catholiques et les Grisons protestants, pratiquèrent des intelligences parmi les premiers ; le 19 février 1620, Robustelli, noble valtelin, chassa les Grisons, et les Espagnols ne tardèrent pas à avouer que c'était par leur ordre.

affaires de France et l'attitude du parti protestant, il eût sans doute décidé Louis XIII à leur accorder des secours plus effectifs. Les Espagnols profitèrent de l'inaction de la France et s'emparèrent bientôt de toute la Valteline. Ce fut en 1624 seulement que Louis XIII, uni au duc de Savoie, se décida à trancher cette difficulté par les armes [1] et ordonna à Lesdiguières, alors connétable, de passer en Italie. Le Connétable avait depuis longtemps médité un plan de campagne excellent : concentrer l'armée la plus forte qu'il serait possible, ne pas s'attarder à des siéges inutiles, envahir tout-à-coup le duché de Milan sans laisser à l'ennemi le temps de se reconnaître et de faire venir de Naples ou d'Espagne des soldats et des munitions, en un mot frapper fort et rapidement. Si ce plan était adopté, Lesdiguières se proposait non-seulement de chasser les Espagnols de la Valteline, mais de rendre à la France le duché de Milan. Malheureusement il n'en fut rien, et cette dernière campagne, fruit de la vieillesse de notre héros, ne fut ni heureuse ni brillante. Lesdiguières se trouva d'abord aux prises avec les hésitations de la cour de France, qui voulait bien intervenir, mais non pas ouvertement, désirant laisser aux Espagnols la responsabilité de la rupture, et qui finit par lui interdire formellement d'attaquer le duché de Milan ; puis il eut à lutter contre l'ambition du duc de Savoie, qui ne tenait aucunement à aider la France à s'emparer du Milanais, mais aspirait avec ardeur à faire, sous le prétexte de la Valteline, la conquête du comté de Gênes. Au lieu de marcher droit à Milan, il fut résolu, contrairement à l'avis du Connétable, que l'on tournerait les armes contre Gênes. Toute l'année 1625 se passa en siéges de peu d'importance et en promenades militaires. Les Espagnols, encouragés par la mollesse de leurs adversaires, prirent bientôt l'offensive, dirigèrent sur Gênes une armée de secours et firent reculer les troupes alliées. Le seul fait d'armes

---

[1] Bassompierre avait été, dès 1621, envoyé à Madrid en ambassade extraordinaire pour négocier la restitution de la Valteline aux Grisons.

brillant de cette campagne fut le siége de Verrue ; la garnison française renfermée dans cette forteresse soutint un siége long et terrible, fit des prodiges de valeur et donna à Lesdiguières le temps de créer une armée, de secourir la place et de forcer honteusement les ennemis à la retraite. Le Connétable repassa bientôt en France, fort malade mais non découragé ; il s'efforçait de ramener la cour de France et le duc de Savoie à son premier projet, dont l'abandon avait été si fatal. Dans son ardeur toute juvénile il se proposait de reprendre vigoureusement l'offensive au printemps contre les Espagnols, démoralisés par l'issue du siége de Verrue, et se faisait fort de rendre en peu de mois le Milanais à la France. Eût-il réussi? Il est permis d'en douter ; la cour de France ne considéra pas ce projet comme praticable et ne lui permit pas d'y donner suite. A Richelieu seul devait appartenir de résoudre la question de la Valteline.

VI.

Il nous reste à parler du rôle rempli par Lesdiguières à l'égard du parti protestant. Nous l'avons vu, d'abord, révolutionnaire pendant toutes les guerres de religion, devenir à la conclusion de la paix l'un des plus fermes soutiens de l'autorité ; nous l'avons vu également commissaire délégué pour assurer l'exécution de l'édit de Nantes en Dauphiné, remplir ces difficiles fonctions avec une largeur de vues et un esprit de justice qui doivent être approuvés par tous les esprits impartiaux. Son autorité [1] dans le

---

[1] Il était cependant plutôt le tyran que le protecteur des protestants. Voici, d'après son neveu Morges, l'un de ses procédés à leur égard : « Il s'est tenu ung sinode des ministres de la religion de Dauffiné dans la ville de Saint-Marcellin ces jours passés, sous le pretexte de leurs affaires ecclésiastiques. Ils y hont créhé et nommé le sieur de Montbrun, qui y a esté adcistant, pour leur sindic en cette province......, ce qui n'a pas esté faict néantmoins au gré du seigneur que savez, lequel au contraire advoit proposé qu'il suffisoit que

parti réformé était grande alors, il passait pour un protestant zélé, et le Pape pouvait considérer comme un manque d'égards le choix de Lesdiguières par la cour de France pour discuter avec le nonce les préliminaires de la paix de Savoie (1600). Ses relations amicales avec les protestants de Suisse, l'énergie avec laquelle il soutint les Genevois contre le duc de Savoie, les secours qu'il leur prêta en toute occasion, les donations considérables qu'il fit aux ministres, aux temples et aux universités protestantes du Dauphiné, enfin le soin avec lequel il avait implanté la religion réformée dans toutes ses terres étaient bien faits pour rassurer ses coreligionnaires. Le mariage de ses filles avec des catholiques, son attitude hostile aux protestants dans l'affaire de la citadelle d'Orange, insignifiante à ses débuts mais considérable par la suite à cause du rôle qu'y jouèrent Gouvernet, Montbrun et Blacons, chefs des réformés en Dauphiné (1603), ses relations fréquentes avec saint François de Sales et le R. P. Coton, de la compagnie de Jésus, enfin les désordres de sa vie privée, inconciliables avec le zèle religieux qu'il affectait, ne tardèrent pas à lui faire perdre une partie de l'influence acquise par ses services passés. Le dissentiment s'accentua bientôt à propos de l'assemblée de Grenoble (1615).

A peine Henri IV eut-il cessé de vivre que le régime inauguré par l'édit de Nantes, loin d'être loyalement accepté, fut battu en brèche par la Cour comme par le parti protestant. Les droits dont ce parti était investi lui paraissaient tout-à-fait insuffisants, tandis qu'ils étaient exorbitants aux yeux de l'entourage du Roi; il ne faut donc pas s'étonner que les uns aient cherché à les amoindrir, les autres au contraire à les augmenter par des moyens détournés. Aussi, tandis que le Roi s'efforçait de suppri-

ladicte charge de sindic fut donnée à quelque simple advoquat et fesoit antandre qu'il fut tel qu'il le nommeroit de ses créatures, ne voulant point permettre autrement que toutes personnes soient establies aux charges quelles qu'elles soient indifféremment qu'il ne les y admete, affin qu'elles ne puissent dependre que de luy seul pour les gouverner à son plaisir absolument. » (25 avril 1606, à Villeroy. B. N. MS. F. 15579, p. 14.)

mer les assemblées politiques, ou tout au moins de les restreindre à la simple formalité d'un choix de délégués porteurs de doléances dont on n'était pas obligé de tenir compte, le parti réformé, au contraire, tendait à rendre ses assemblées permanentes et surtout à traiter directement et presque d'égal à égal avec le souverain. De là des luttes continuelles où l'autorité royale fut compromise plus d'une fois et dans lesquelles le parti protestant perdit peu à peu tous ses priviléges pour disparaitre bientôt par la révocation de l'édit de Nantes.

Les protestants, confiants dans la bienveillance de Lesdiguières, avaient demandé de convoquer à Grenoble leur réunion politique, mais dès le premier jour le Maréchal se montra entièrement dévoué aux ordres de la Cour et très décidé à faire exécuter ses moindres volontés. Il s'opposa d'abord avec la plus grande énergie à ce qu'aucune délibération ne fût prise contraire aux lois et à l'intérêt du Roi, puis, après la nomination des délégués, il engagea l'assemblée à se dissoudre. Après quelques jours de lutte parlementaire, les députés protestants quittèrent Grenoble où ils ne se trouvaient pas assez libres, emportant contre leur ancien chef le plus amer ressentiment. Malgré les ordres les plus formels lui enjoignant de se séparer, l'assemblée se transporta d'abord à Nîmes, puis à la Rochelle. Lesdiguières n'épargna pas ses instances pour lui persuader d'obéir, promettant d'intercéder auprès du Roi et de soutenir ses réclamations dans ce qu'elles pourraient avoir de fondé; il ne fut pas écouté.

La guerre des princes, qui éclata vers cette époque, lui procura une nouvelle occasion de faire preuve de son dévouement au Roi : il refusa de prêter l'oreille à aucune de leurs propositions et se contenta de les transmettre à Louis XIII sans y répondre.

Dès ce jour il fut évident pour tous les esprits clairvoyants que la conversion de Lesdiguières au catholicisme était une simple question de temps. Déageant, président de la Chambre des Comptes de Dauphiné et négociateur habile, se chargea de traiter avec le Maréchal cette délicate affaire sans compromettre la personne du Roi (1620). Ses mémoires nous fournissent à cet égard les détails les plus circonstanciés [1], détails qui font peu d'honneur à la sincérité des convictions de Lesdiguières et mettent à nu son immense ambition, qui fut décidément sa seule passion comme sa seule croyance. Lesdiguières promit de rentrer dans le giron de l'Église catholique, et en échange on lui assura l'épée de connétable, seulement ce marché fut tenu secret et l'exécution renvoyée à une époque postérieure : en effet, le duc de Luynes, alors tout-puissant, voulait lui-même être connétable, et il feignait de croire que Lesdiguières n'avait pas encore assez donné de gages de son dévouement et de sa sincérité.

Cependant l'assemblée protestante de Loudun (1621) fatiguait la Cour de ses demandes et de ses incessantes réclamations; elle insistait surtout sur la nécessité d'organiser les chambres de l'Édit que la plupart des parlements s'étaient encore refusés à instituer, mais que les haines religieuses, si violentes à cette époque, rendaient tout-à-fait nécessaires. Lesdiguières voulut être l'intermédiaire entre le trône et les délégués de l'assemblée, et fit tous ses efforts pour leur persuader d'obéir aux ordres du Roi en se séparant; par contre il assurait que leurs demandes seraient sérieusement examinées par le conseil privé et promettait que réponse y serait faite dans un délai de six mois; il insistait surtout sur la confiance que l'on devait avoir dans sa parole et dans son zèle bien connu pour la religion réformée. L'assemblée ne trouva point, paraît-il, la garantie suffisante, et se transporta à la Rochelle. Là encore le Maréchal la poursuivit de ses conseils sages et prudents, mais trop visiblement intéressés; il n'obtint que des respects et de vagues paroles, et dut comprendre que désormais son autorité sur ses coreligionnaires était fort amoindrie sinon entièrement détruite. Employant aussitôt une autre tactique, il chercha à attirer au parti de la Cour, par des promesses ou des menaces, les principaux d'entre les gentilshommes réformés, sur-

---

[1] *Mémoires de Déageant.* Grenoble, 1668, in-12, p. 230 et suiv.

tout les plus jeunes, tels que Coligny-Chatillon et La Trémouille, sur lesquels son âge et son expérience lui donnaient une grande influence : là, ses démarches eurent plus de succès, mais elles furent rendues publiques et leur premier résultat fut d'augmenter les défiances dont il était déjà l'objet [1].

Cependant le parti protestant s'agitait et parlait de demander aux armes ce que les prières ne pouvaient obtenir. Un frémissement général présageait une explosion prochaine : la Cour, prenant les devants, dépouillait, par force ou par ruse, les gentilshommes réformés du gouvernement des places de sûreté à eux accordé par l'édit de Nantes. Les chefs du mouvement qui se préparait, pour acheter le concours ou tout au moins la neutralité de Lesdiguières, lui offrirent le commandement d'une armée de vingt mille hommes et trois cent mille livres. Il refusa ; mais la Cour, redoutant de lui voir accepter quelque proposition plus avantageuse, lui intima l'ordre de se joindre à l'armée royale avec le titre, créé spécialement en sa faveur, de maréchal de camp général. Cette défiance de la Cour à son égard lui permit de jouer fort habilement le rôle de martyr: tandis qu'il secondait bravement le Roi aux siéges de Saint-Jean-d'Angély, Clarac et Montauban, guidant sans scrupule ses soldats contre ses anciens compagnons d'armes, il faisait répandre sous main en Dauphiné des bruits de captivité déguisée destinés à lui conserver quelque lambeau de son crédit sur le parti protestant de cette province.

Le Dauphiné, qui jusque-là était demeuré en paix, s'émut à cette nouvelle ; les chefs réformés contenus dans le devoir par la crainte de Lesdiguières, mais ne cherchant qu'un prétexte pour prendre les armes, se soulevèrent pour courir, disaient-ils, à sa

---

[1] A partir du moment où son abjuration fut décidée en principe, Lesdiguières fit imprimer et répandre à profusion dans le public de petites brochures chargées de préparer sa conversion. L'assemblée de la Rochelle et le soulèvement du Dauphiné lui fournirent à cet égard une occasion qu'il n'eut garde de négliger. La plupart de ces brochures, de quelques pages à peine, sont maintenant des raretés bibliographiques. Voy. au IIIe vol., article *Bibliographie*.

délivrance, et s'assemblèrent dans le Trièves et les Baronnies. Montbrun et Blacons assiégent le Buis, le Trièves est envahi par les bandes du vicomte de Pasquiers ; les catholiques, menacés, s'arment et se préparent à se défendre : les plus grands malheurs étaient à craindre.

Lesdiguières accourt et fait déposer les armes aux deux partis, puis, rassemblant à la hâte quelques troupes, il s'embarque sur le Rhône, attaque le Pouzin et Baix, dont s'était emparé Blacons, et sur un ordre du duc de Rohan, chef reconnu des protestants de France, reçoit ces places à composition sans tirer un seul coup de canon.

Le connétable de Luynes était mort sur ces entrefaites (25 décembre 1621), et les gages donnés par Lesdiguières à la Cour étaient désormais suffisants : il avait combattu ses anciens amis et avait absolument perdu leur confiance, il ne lui restait plus qu'à embrasser le catholicisme. C'est en effet ce qu'il fit solennellement, le 26 juillet 1622, dans l'église Notre-Dame de Grenoble, entre les mains de Guillaume d'Hugues, archevêque d'Embrun. Le lendemain il reçut le collier de l'ordre du Saint-Esprit et l'épée de connétable. Toute sa maison se convertit avec lui ; il changea en chapelles les temples de ses châteaux et remplit désormais tous les devoirs d'un excellent catholique.

Les protestants lui exprimèrent, par l'organe du conseiller Vulson, la crainte que, dans l'avenir, son attitude vis-à-vis d'eux ne se ressentît de ses nouvelles croyances. Il les rassura à cet égard et leur répondit que, pourvu qu'ils fussent respectueux des lois du royaume, sa bienveillance ne leur ferait jamais défaut, et il tint parole, nous devons le reconnaître. Étrange contradiction de la nature humaine ! il sembla même s'éprendre, à partir de ce moment, d'une nouvelle affection pour le parti réformé ; non-seulement il ne négligea aucune occasion d'intercéder auprès du duc de Savoie en faveur des protestants vaudois, mais on le verra, même dans ses lettres confidentielles, exprimer sa tristesse à la vue des injustes traitements et de la guerre acharnée que ses anciens coreligionnaires avaient à subir en France.

La campagne de Gênes, dont nous avons parlé plus haut, occupa les années qui suivirent son élévation à la dignité de connétable : à son retour en Dauphiné, à la fin de l'année 1625, il trouva les protestants fort émus et craignant de se voir arracher par la Cour leurs derniers priviléges. Presque aussitôt Montbrun, La Tour-Montauban et Brizon prirent les armes, fortifièrent leurs châteaux et s'emparèrent de quelques petites places fortes. Le Connétable fit preuve en cette occasion d'une indulgence extraordinaire : il eût pu emporter en quelques jours ces bicoques incapables de résister au canon, mais il préféra traiter et ne point répandre le sang. Il acheta le château de Mevouillon à La Tour-Montauban pour une somme de cent mille livres, et à Brizon le Pouzin pour quarante mille livres et un brevet de maréchal de camp.

Au reste, son âge (il avait alors quatre-vingt-quatre ans) ne lui aurait pas permis d'entreprendre une nouvelle campagne ; sa santé, épuisée par une vie d'une extraordinaire activité, était détruite, et il se soutenait grâce seulement à son énergie peu commune [1]. A son passage à Valence il ressentit les premières atteintes du mal qui devait le conduire au tombeau, et se coucha pour ne plus se relever. Il s'inquiéta jusqu'à la fin des affaires de la province, et rendit le dernier soupir entouré de sa famille [2], des principaux d'entre la noblesse et des chefs du Parlement de Dauphiné, après avoir reçu les sacrements de l'Église (23 septembre 1626).

Par une étrange coïncidence, la maison où il mourut était celle à la porte de laquelle avait été pendu, soixante-quatre ans auparavant (27 avril 1562), le malheureux La Motte-Gondrin,

---

[1] Depuis de longues années il éprouvait de violentes douleurs rhumatismales et prenait comme remède des bains de vendanges presque chaque année, au château de la Frette.

[2] Marie Vignon seule n'assista pas à ses derniers moments ; Videl prétend qu'elle était fort malade elle-même.

son prédécesseur au gouvernement du Dauphiné, par ordre du baron des Adrets, son prédécesseur comme chef du parti réformé.

VII.

Lesdiguières se maria deux fois : de son premier mariage avec Claudine de Berenger (1566) il eut plusieurs enfants, entre autres Henri-Emmanuel, filleul du duc de Savoie, mort bien jeune encore au grand désespoir de son père; sa fille Madelaine, mariée en 1595 à Charles de Créqui-Blanchefort, comte de Sault, fut la seule qui survécut. De Marie Vignon, sa seconde femme, il eut deux filles naturelles : Catherine et Françoise; quoiqu'elles fussent nées du vivant du mari de leur mère, il obtint pour elles du Roi des lettres de légitimation. Catherine épousa François de Créqui-Blanchefort, fils de sa sœur Madelaine et de Charles de Créqui; Françoise, la seconde, d'abord fiancée à René du Puy-Montbrun, fils de l'ancien chef des protestants en Dauphiné, fut démariée, suivant la pittoresque expression de Videl, et épousa son beau-frère Charles de Créqui, alors veuf de sa sœur aînée Madelaine. Ces mariages conclus par l'ambition, dans le but d'empêcher aucune partie de l'immense fortune du Connétable de sortir de la famille de Créqui, et considérés par tous les contemporains comme incestueux à cause de la parenté rapprochée des époux, ne furent pas heureux; Madelaine seule eut des enfants, son fils aîné fut substitué au nom et aux armes de Lesdiguières, mais sa race ne tarda pas à s'éteindre, et en 1703 les biens du Connétable tombèrent entre les mains de collatéraux.*

Des autres branches de la famille de Bonne, trois, celles d'Auriac, Vitrolles et La Motte, disparurent au commencement du XVIIe siècle; une quatrième, celle de Lazer, s'est éteinte de nos jours, dans un état voisin de l'indigence.

Les portraits les plus authentiques de Lesdiguières le représentent avec un visage allongé et régulier, des traits maigres et énergiques, un front très large, un regard calme et sérieux ; on remarque au bas de son front cette ride profonde, indice presque certain d'un caractère fortement trempé et de l'habitude constante de penser, de vouloir et de commander. Comme la plupart des gentilshommes de son temps il portait les cheveux ras [1] et la barbe taillée en pointe. Il était d'une taille moyenne, d'une constitution sèche et nerveuse ; si l'on en croit la tradition, il eût voulu être supérieur à son entourage aussi bien par la taille que par l'intelligence, aussi se fit-il peindre très grand pour tromper au moins sur ce chef la postérité, puisqu'il n'avait pu faire illusion à ses contemporains [2]. Il avait su acquérir une grande habileté au maniement des armes, et n'hésitait pas, lorsqu'il le fallait, à payer de sa personne, chargeant l'ennemi à la tête de toute sa maison et frappant d'estoc et de taille comme un simple gendarme. A la bataille de Pontcharra il se défendit seul contre six cavaliers italiens et les força à tourner bride après avoir tué leur chef d'un coup d'épée dans la visière de son casque. Sa bravoure était froide et n'excluait pas le calcul : il savait punir les imprudents et les faux braves en les forçant à se promener en sa compagnie aux endroits les plus dangereux, où pleuvaient les boulets et les mousquetades. A plusieurs reprises il se présenta seul et loin des siens à des assassins envoyés pour le tuer et les désarma par son sang-froid et son audace. L'activité de son esprit et l'énergie de sa volonté étaient prodigieuses : on peut dire sans exagération qu'il passa trente ans de sa vie à cheval, parcourant dans une course effrénée le Dauphiné, la Provence

---

[1] Dans les dernières années de sa vie il laissa pousser ses cheveux, ou, ce qui est plus probable, il porta une perruque.

[2] Cela est surtout visible sur son très remarquable portrait du musée de Grenoble, faisant pendant à celui de Henri IV ; les têtes de ces deux portraits sont très petites, tandis que les jambes s'allongent avec une exagération évidente. Près de Lesdiguières, et pour faire ressortir encore sa haute taille, par un habile contraste le peintre a placé un page microscopique portant le gantelet du Connétable.

et la Savoie, bravant l'intempérie des saisons et conduisant ses soldats par des sentiers inconnus et périlleux, à peine fréquentés avant lui par les bergers des Alpes. Le calme et la présence d'esprit ne lui firent jamais défaut : il les conservait entiers dans les heures les plus critiques et savait juger du moment précis où il devait démasquer l'embuscade qui jetterait le désordre dans les rangs ennemis, faire donner sa cavalerie pour leur porter les derniers coups, exécuter enfin le mouvement qui devait décider du sort de la journée. A la différence de beaucoup de capitaines de son temps, il préparait avec le plus grand soin ses plans de bataille, les traçant sur la carte [1], prenant toujours l'avis de ses lieutenants et considérant une campagne à l'égal d'une partie d'échecs, où le plus habile triomphe toujours et non le plus aventureux [2]. Il ne s'obstina jamais dans une entreprise mal engagée, ou lorsqu'il se reconnut le plus faible, il sut toujours se retirer à temps et sans désordre : cela explique comment il remporta de grands succès et ne subit jamais de grands échecs. Il savait concevoir, persévérer et ne rien livrer au hasard ; dans beaucoup d'hommes supérieurs il y a souvent un joueur épris de la tentation de courir la chance d'une défaite pour remporter plus de gloire ; Lesdiguières n'était pas de cette nature d'esprit, il était un composé de prévision, de précision et de ténacité.

Il fut presque toujours heureux dans les surprises des villes. Un pétard sous la porte, des cris et de nombreuses arquebusades pour effrayer les habitants et les forcer à rester dans leurs maisons, le

---

[1] Plusieurs jours avant la bataille de Pontcharra Lesdiguières en avait tracé le plan sur une carte et l'avait montré à ses officiers. Lors de la prise d'Embrun, il fit exécuter, longtemps à l'avance, un plan en relief de la ville et de la citadelle, et le montra au capitaine Gentil, de Florac, son pétardier, avec lequel il combina l'attaque, et qui raconte le fait dans ses mémoires.

[2] La disposition de son esprit à prendre souvent le parti le plus long mais le plus sûr, se peint bien dans l'anecdote suivante que l'on raconte encore aux Diguières : Un laquais qu'il affectionnait se noya en voulant traverser le Drac à la nage au lieu de passer par un pont qui lui occasionnait un long détour : « Pauvre « diable, dit Lesdiguières lorsqu'il se trouva « en présence du cadavre, tu serais déjà de « retour si tu avais pris le plus long chemin. » Et il lui tourna le dos sans rien ajouter.

feu et une fausse alerte dans un quartier éloigné pour y attirer la garnison, tels étaient les moyens très primitifs, mais excellents pour cette époque, qui lui donnèrent presque toujours le succès. Dans les siéges il s'avançait au contraire avec une extrême prudence, mais était assuré de venir avec le temps à bout de ses entreprises: son premier soin était de se retrancher solidement, de manière à ne pas avoir à redouter l'approche d'une armée de secours, puis il s'avançait pas à pas, manœuvrait son artillerie avec une extrême habileté [1], ruinant successivement les ouvrages des assiégés et pouvant fixer le jour précis où ils seraient obligés de se rendre : il donnait l'assaut alors seulement que la réussite en était presque certaine, et préférait la vie de ses soldats à un triomphe plus rapide mais plus sanglant.

La composition de ses armées le préoccupait fort ; il en choisissait lui-même les cadres avec le plus grand soin : tous les vieux capitaines dont il avait su apprécier le mérite pendant les guerres civiles y trouvaient place à la tête de leurs anciens soldats [2]. Ces

---

[1] Il faut lire à ce sujet le passage que Bassompierre consacre à Lesdiguières dans ses Mémoires (Paris, Renouard, 1870, t. I, p. 85). Il assure que, lors de la campagne du Roi en Savoie, en 1600, toute l'armée fut émerveillée de la sûreté et de la précision avec laquelle les batteries de Lesdiguières étaient dressées sur les plus hautes cimes, chose que l'on n'avait pas encore vue en France.

[2] La petite noblesse et la bourgeoisie du Gapençais, du Champsaur et du Trièves fournirent à Lesdiguières, dès le début des guerres civiles, un corps d'officiers d'élite qui l'accompagna dans toutes ses campagnes. Parmi les officiers d'infanterie nous citerons : Balthazard et Honoré Autard-Bragard, Aymar Chevalier capitaine Pin, Sébastien de Roux capitaine Bastien, Salomon Arabin capitaine Roure et Barthélemy son frère, Claude et Louis de Chappan, Raymond de Grégoire capitaine Bouchier, Georges du Serre capitaine Maubec, Louis et Philibert de Suau capitaines La Croix, Gabriel de Genton, François Philibert le cadet de Charance, Antoine Fulcon-Saint sieur de Villeneuve et son frère Jean sieur des Herbeys, Jean Vial capitaine Vialet, François Isnel capitaine Le Ribière, Pierre de Beaufort, Balthazard Abel sieur du Chevalet, Samuel Maréchal sieur de La Croix, Jean Le Blanc dit Le Perce, Joseph de Martinel, Jean et Gaspard de Bonne, etc. ; parmi les capitaines de cavalerie nous citerons : Georges de Bardel sieur de Montrond, Pierre de Bardel sieur de Chenevières, Honoré de Bardel sieur de La Plaine, François Bouchailler capitaine La Broussaille, Joseph Richière capitaine Saint-Bonnet, Antoine de Blosset, Henri Philibert sieur de Venterol, etc.; l'artillerie était conduite par Gaspard de Montauban sieur du Villard ; les ingénieurs étaient : Jean Sarrazin, Laurent Arabin, Esprit Michel de Beauregard ; l'artificier ou pétardier : Jean-Baptiste Gentil, de Florac. Nous ne parlons

terribles donneurs de coups d'épée, intraitables pour tout autre que pour Lesdiguières, lui obéissaient aveuglément, tel était l'ascendant qu'il avait su prendre sur leur volonté. Il avait établi dans ses camps la plus stricte discipline, le jeu et le blasphème en étaient bannis et le plus léger manquement était puni avec sévérité. Les officiers et les soldats l'adoraient : les seconds étaient sûrs d'obtenir justice en s'adressant à sa personne, les premiers savaient qu'avec lui une belle action ne restait jamais sans récompense [1]. Avec de telles armées il pouvait tenter les plus grandes choses, mais pour marcher l'égal de nos plus illustres capitaines il lui a manqué de vivre à une autre époque, de combattre sur un autre théâtre et de commander à des armées plus nombreuses.

Lesdiguières, quoi qu'on en ait dit, fut toujours humain et ne versa jamais le sang inutilement. On lui a reproché d'avoir, à deux ou trois reprises, fait pendre les garnisons des châteaux dont il s'était emparé : mais que l'on se reporte au xvie siècle, où les garnisons, ramassées au hasard, n'étaient souvent autre chose que des bandes de voleurs commandés par les plus criminels d'entre eux, rançonnant, pillant et assassinant sur les grandes routes, et l'on comprendra combien il était nécessaire de faire quelquefois justice sommaire et de pendre quelques capitaines et quelques soldats, non comme militaires, mais comme voleurs, pour servir d'exemple aux autres. On l'a accusé également d'avoir commis un acte indigne d'un soldat en faisant tuer par surprise le capitaine La Cazette, chef de la Ligue en Briançonnais, pour forcer

---

pas de Gouvernet, Morges, Le Poët, Blacons, qui furent plutôt des lieutenants de Lesdiguières que des officiers sous ses ordres.

[1] Lors des dernières guerres de Piémont (1617 et 1625), il fut de mode à la cour d'envoyer les jeunes gentilshommes se former au métier des armes dans l'armée et sous les yeux de Lesdiguières, tant sa réputation et son expérience étaient bien établies à cette époque. La plupart des capitaines qui s'étaient distingués sous ses yeux furent anoblis à sa requête : la noblesse des familles Autard de Bragard, Abel du Chevalet, Michel de Beauregard, de Philibert, Leblanc de Percy, Tholosan de la Magdelaine, Vial de Daillon et de bien d'autres, date de cette époque.

la contrée à se soumettre. La Cazette, courageux capitaine, mais mauvais Français, prévoyant une capitulation inévitable et prochaine, avait quitté Briançon et était entré en pourparlers avec le duc de Savoie, auquel il allait ouvrir les portes de cette ville si Lesdiguières ne l'eût prévenu. Que l'on calcule les désastres qu'eût entraînés inévitablement la remise de cette place, si importante pour la défense des frontières du Dauphiné, entre les mains du gendre du roi d'Espagne. Au reste, les soldats envoyés pour se saisir de La Cazette auraient voulu non le tuer, mais le faire prisonnier : il refusa de se rendre et se défendit jusqu'à la mort.

On a beaucoup exagéré également les excès commis par les soldats de Lesdiguières : on leur attribue à tort la destruction d'une foule de monuments religieux dont ils ne sont point coupables. La démolition des églises Saint-Arnoul et Saint-Jean-le-Rond, à Gap, date de 1562, et fut consommée par les soldats de Furmeyer [1], la ruine de l'admirable église de Saint-André-de-Rosans est le fait des troupes de Montbrun (1572), cependant la plupart des chroniqueurs et les traditions populaires en font peser la responsabilité sur Lesdiguières. Lors de la prise d'Embrun (1585), non-seulement il en conserva la cathédrale, mais il fit réparer avec soin le toit incendié par les catholiques pendant le combat [2].

Pendant la première partie de son commandement en Dauphiné, alors que, sans ressources et sans budget, Lesdiguières était obligé de soutenir des combats de tous les jours, de payer ses soldats et de se fournir d'armes et de munitions, il traita nécessairement la province en pays conquis, entretenant ses troupes aux dépens des habitants et se procurant de l'argent par

---

[1] Voy. *Inventaire du Trésor du Chapitre de Saint-Arnoul*, par J. Roman. Grenoble, 1874.

[2] Il est de tradition à Embrun que Lesdiguières entra à cheval dans la cathédrale, mais les pieds de derrière de son coursier se déferrèrent et il ne put aller plus avant. On vous montre à l'appui de cette légende deux fers de *mulet*, ex-voto de quelque pèlerin, cloués à la porte de l'église et que l'on prétend être ceux du *cheval* du Connétable.

tous les moyens possibles. Lorsque les guerres civiles sont terminées, on le voit au contraire tenir compte des réclamations des syndics des communautés, y faire droit et régler la marche et les séjours de ses armées de façon à ce qu'elles fussent le moins possible à charge à la province. Les violences dont on l'accuse vis-à-vis des paisibles habitants des campagnes, les excessives corvées dont on prétend qu'il les chargeait, les impôts énormes dont il les accablait, toutes ces accusations, en un mot, sont empreintes d'une évidente exagération, et le célèbre billet écrit par lui aux syndics d'un village pour les convoquer à la corvée et se terminant par ces mots significatifs : « Viendrez, ou brûlerez. » n'est bien certainement qu'une invention.

Certes, l'ambition de Lesdiguières fut immense, et il arriva à ses fins grâce à une persévérance remarquable, mais l'excès même de cette ambition, qui demeura sa préoccupation constante, le préserva de la plupart des vices qui déshonorèrent les hommes de guerre ses contemporains ; il n'aima avec excès ni le jeu, ni les femmes, ni la bonne chère : sa passion pour Marie Vignon est une épisode unique dans sa vie, et l'influence que cette femme habile sut prendre sur l'esprit de son amant jusqu'à se faire accorder tous les honneurs dus à une épouse avant d'en avoir le titre, puis à se faire épouser à la face de toute la province, est bien moins une preuve de la dépravation de Lesdiguières que de son inexpérience et de la puissance inexorable d'une tardive passion. Au reste, si nous cherchons à atténuer ses fautes, loin de nous la pensée de les excuser entièrement : ses relations avec Marie Vignon du vivant de Claudine de Berenger [1], la mort mystérieuse d'Ennemond Matel, la légitimation de ses deux filles

---

[1] Claudine de Berenger, femme vertueuse et dévouée, ne joua aucun rôle à côté de son mari ; d'une santé délicate et d'un caractère timide, elle passa la fin de sa vie dans le triste château de Puimaure près de Gap. Elle ne paraît pas avoir été heureuse en ménage, et lorsqu'en 1598 elle fit frapper un jeton à ses armes, elle y plaça les devises suivantes qui peignent bien la disposition de son âme : *J'espère et crains. Mon désir n'est point mortel. Patience victorieuse.*

nées d'un double adultère, sont, aussi bien que sa conversion trop bien récompensée pour qu'on la puisse regarder comme sincère, des taches dans la vie de notre héros, dont sa mémoire ne peut être lavée.

Grâce à l'éducation libérale reçue à l'Université d'Avignon, Lesdiguières était supérieur en instruction à la plupart des hommes d'épée de son temps ; son style est simple et précis, ses lettres sont presque toujours graves et sérieuses, et ses rapports militaires d'une remarquable clarté [1]. Il aimait les belles choses et les bâtiments somptueux, ses châteaux de Vizille et des Diguières, son palais et son beau parterre de Grenoble furent construits et ornés par son ordre et pour ainsi dire sur ses plans. Il avait rempli sa résidence de Vizille de tableaux, de statues, de meubles de prix et d'objets d'art de toute sorte : quelques-uns existent encore et témoignent d'un goût éclairé. Sa bibliothèque renfermait des manuscrits précieux, des livres d'histoire et de chevalerie dont le moindre se paierait aujourd'hui au poids de l'or [2].

Plusieurs années avant sa mort il fit sculpter sous ses yeux

---

[1] Il manque à la correspondance de Lesdiguières une qualité que l'on rencontre chez des hommes qui lui furent bien inférieurs, tels que de Gordes et Maugiron. On voudrait trouver dans ses lettres un peu plus d'émotion et de conviction dans certaines circonstances ; il s'y montre toujours tacticien et homme d'affaires consommé, mais rarement homme de cœur.

[2] Nous citerons parmi les objets d'art provenant de Lesdiguières sa statue équestre, bas-relief au château de Vizille ; son buste au musée de Grenoble ; la statue d'Hercule sur l'une des promenades de la même ville, trois bronzes excellents ; plusieurs remarquables tableaux au musée de Grenoble. Voici les principaux manuscrits que contenait sa bibliothèque : *Le Songe du Pèlerinage de la vie humaine.* — *La Légende dorée*, en vers français. — *La Légende de Notre-Dame*, en provençal et italien. — *Autre Légende de Notre-Dame*, en vers français. — *Contemplation de la vie et miracles de Jésus-Christ*, en provençal. — *Le Combat du corps et de l'âme*, en vers français. — *La Vie de saint Honoré*, en vers provençaux. — *Les Romans de Diocletian et Samarinde.* — *De la Destruction de Troye*, en français.— *De Tristan.* — *Du Chevalier Artus.* — *D'Athis et Porfirias*, en vers français. — *De Barlaam et Josaphat*, également en vers français. — *D'Ogier le Danois.* — *De Guion de Bourgogne.*— *Les Prophéties de Merlin.*— *Vieilles chansons provençales.* — *Le Grand Livre de la Vénerie.* — *Le Livre de la Faulconnerie*, et enfin un recueil de vers allemands de 1418 (Bibl. de Carpentras, MS. Peiresc. Reg. II, fol. 276). Plusieurs de ces volumes sont aujourd'hui conservés à la bibliothèque de Tours.

son tombeau et celui de Claudine de Berenger : il voulut qu'on y représentât les principaux épisodes de ses guerres. Richier, sculpteur lorrain, avait été choisi pour faire cet ouvrage, et s'il faut en croire la tradition, il eut plus d'une fois à se plaindre de l'impatience et des exigences de toute sorte de son illustre modèle[1].

Lesdiguières réforma et maintint dans un rang honorable l'Université de Valence ; il en choisit plusieurs fois lui-même les professeurs et ne dédaigna pas, à plusieurs reprises, d'y venir assister aux leçons et à la discussion des thèses : c'était pour lui un souvenir de sa première jeunesse et de la carrière qu'il avait été sur le point d'embrasser.

Lesdiguières à peine descendu au tombeau, la légende s'empara de son nom et en fit comme la personnification des excès et des violences de toute nature, fatales conséquences de nos guerres civiles et religieuses. Tous les crimes, les destructions et les brûlements de cette triste époque lui furent attribués : nous avons démontré combien il y avait d'exagération dans ces jugements. On considère également comme son œuvre une foule de routes, de ponts, de châteaux dont les uns sont bien antérieurs et les autres bien postérieurs à son temps. Maintenant encore l'habitant du Champsaur, dans ses récits fantastiques des longues veillées d'hiver, associe son nom à celui des puissances surnaturelles : un incendie avait dévoré Saint-Bonnet, sa patrie, le jour de sa naissance et celui de sa mort ; un personnage mystérieux avait prédit à sa mère ses hautes destinées ; pour faire élever sans bourse délier les murs de son parc de Vizille il avait fait un pacte avec le diable et, plus fin que Satan, s'était joué de lui ; enfin, on

---

[1] Ce tombeau n'est pas un chef-d'œuvre : Richier était plutôt un sculpteur d'ornements que de figures, aussi la statue de Lesdiguières couchée, sur laquelle se concentre tout d'abord l'attention, est pleine de défauts, ainsi que les statuettes d'anges qui supportent les draperies. Par contre les accessoires et les bas-reliefs sont traités de main de maître, avec un soin et une finesse d'exécution fort remarquable.

persuaderait difficilement aux gens des Diguières que son âme ne revient pas, les jours de tempête, parcourir silencieusement et vêtue de fer les murs croulants de son vieux château. C'est également de cette source populaire que découlent les accusations de cruauté pour le paysan [1] et de férocité dans les combats, admises trop légèrement par quelques historiens : toutefois, ces traditions et ces légendes sont une preuve manifeste de l'influence immense et persistante que sut prendre notre héros dans la province du Dauphiné.

Lesdiguières fut un singulier mélange de grandes qualités et de grandes faiblesses ; c'est une personnalité brillante, mais non pas un noble caractère, et il demeure bien inférieur à Sully et à Duplessis Mornay, ces hommes si vigoureusement trempés et d'une vertu si ferme et si austère : il fut, excepté dans quelques circonstances malheureusement trop rares, mais dont il faut savoir lui tenir compte, un sceptique ambitieux et un habile courtisan ; il possède peu de ce qui constitue les fiers caractères et les âmes viriles, mais, malgré tout, il reste encore la plus grande gloire, sinon la plus pure, de notre province. Il serait malaisé de contester sa valeur comme militaire : sa prise de possession du Dauphiné les armes à la main, son énergie à combattre la Ligue, ses vingt batailles presque toujours heureuses contre le duc de Savoie et le roi d'Espagne seraient là pour en témoigner au besoin devant l'histoire. Nous pensons le faire connaître aujourd'hui sous un nouvel aspect qui donnera plus complétement encore la clef de son étonnante fortune. La publication de sa correspondance ne l'amoindrira pas, nous l'espérons, dans l'esprit de nos lecteurs : ils y trouveront un montagnard

---

[1] C'est ainsi qu'il est de tradition au Champsaur que les femmes de la vallée perdirent toutes leur chevelure à force de porter sur leur tête des pierres pour construire le château des Diguières, tandis que leurs maris en élevaient les murs par corvée. Cette tradition, toute exagérée qu'elle est, repose sur un fond exact. En effet, Lesdiguières fit construire en 1571 son château par les vassaux de l'évêque de Gap, dont il avait saisi les fiefs.

rusé et persévérant, un fin politique digne de comprendre et d'aider Henri IV, et un patriote portant très haut l'amour de son pays et de notre province. Il ne reste rien des conquêtes faites par Lesdiguières en Italie au prix de tant de sang répandu, tandis que ses lettres, dont la publication était désirée depuis si longtemps par tous ceux qui s'intéressent à l'histoire du Dauphiné, seront, nous osons l'espérer, un monument durable, et elles restitueront son véritable caractère au dernier connétable de France.

Juillet-Octobre 1875.

ACTES ET CORRESPONDANCE

 DU CONNÉTABLE

DE LESDIGUIÈRES

ACTES ET CORRESPONDANCE

DU

CONNÉTABLE DE LESDIGUIÈRES

I.   1575 — 5 AOUT.

Cop. — Bibl. de l'Institut. MS. Godefroy, vol. 260, p. 1.
Imprimé inexactement : *Petite Revue des Bibliophiles dauphinois*, Grenoble, 1869, p. 25.

[A MONSIEUR DE GORDES, LIEUTENANT GÉNÉRAL POUR LE ROY EN DAUPHINÉ.]

Monsieur, nous sommes très scertains que vous n'ignores point que les cruaultés et mauvais traictemens que l'on a exercé des sy longtemps en noz endroicts & de noz semblables, en noz personnes & consciences, ne nous ayent contraincts d'avoir recours aux armes ; & combien que par les effects passés nous devions juger quels doibvent estre les subsequens, sy est ce que estant naturelement enclins a l'obeyssance du Roy & desirant que nos actions dementissent ceulx qui journellement luy preschent nostre infidelité nous avons volu entendre a la paix estant prests d'envoier noz deputtés en Languedoc pour la conclusion d'icelle ; il ne tient que a ung passeport. Toutesfois nous avons entendu que Monsieur de Montbrun ayant esté mis entre les mains de la Cour de Parlement & poursuivi criminellement, qui nous donne asseurance si cela est que quelque traicté de la paix qu'il y aye la mauvaise volunté que l'on nous porte ne diminue en rien estant tous resolus n'y appres n'entendre a trefve ny a paix s'il advient au dict sieur de Montbrun aultre traictement que celuy qu'on a

acoustumé faire aux prisonniers de guere. D'aultant que n'aiant luy
fally que comme nous & nous comme luy nous ne devons esperer que
le mesme traictement qu'il aura; vous protestant que s'il advient
aultres choses nous en aurons revanche, non tant seulement pour les
prisonniers que nous tenons en grande quantité mais par le feu & tous
autres moiens les plus cruels que nous pourrons pencer comme nous
en avons des moiens beaucoup & l'esperons d'heure a aultre plus
grands. Et pour ce que vous avez toute auctorité & pouvoir de garder
que la cruaulté ne soit point exercée en la personne du dict sieur de
Montbrun, d'aultant que vous estes amateur du repos de ce royaulme
et du bien & service du Roy, nous vous supplions humblement y tenir
la main affin que par ce moyen nous monstrions les effects de nostre
bonne volunté au service de Sa Majesté par le succès d'une bonne
paix; comme au contrere nous monstrerions la juste indignation que
la cruaulté de laquelle l'on pourroit user envers lui méritera, laquelle
nous mettra en perpetuelle desfiance. Nous sommes icy assemblés a
la requeste de damoiselle de Montbrun pour traicter d'une trefve. Nous
attendons vos intentions, laquelle ayant sceu nous vous ferons paroytre
que nous desirons, avec le bien de Monsieur de Montbrun, le repos de
ce païs & ne partirons de ces quartiers que vous ne nous ayes mandé
votre volunté & n'aions sceu le traictement que le dict sieur de
Montbrun recepvra. Et sur ce, Monsieur, nous prions Dieu vous
donner en parfaicte santé longue & heureuse vie. De Mens ce V^e
d'Aoust 1575.

Les soubs nommes qui desirent vous faire service sont signes icy
tant a leur nom que au nom de toutes les eglises de ce royaulme &
des catholiques de l'unyon ainsy signes.

   Lisle, Morges, Lesdiguières, Douraison, Gouvernet,
  Champoleon, St-Oblas, Blacons, Montorcier, Vercoiran,
  Le Poet, St-Aubans, Aspremont, Condorcet, Chamet,
  A. Thienne, De Pontevez, Le Mas, Rousset, Ferrier,
  Monront.

II.   1575 — 5 AOUT.

Cop. — Bibl. de l'Institut. MS. Godefroy, vol. 260, p. 2.
Imprimé inexactement : *Petite Revue des Bibliophiles dauphinois*, Grenoble, 1869, p. 27.

[A MESSIEURS DE LA COUR DE PARLEMENT DE DAUPHINÉ.]

Messieurs, estans assemblés en ce lieu, a la requeste de Madamoiselle de Montbrun, pour traicter d'une trefve de laquelle elle nous a faict rechercher, nous avons este advertis que vous procediez au procès de Monsieur de Montbrun, comme criminel, ce que nous monstre clairement le peu de changement de la mauvaise volunté que, de longue main, nous avons, a nos despens & pour nous estre trop fié, esprouvé; qu'est cause que nous vous avons volu faire ceste lettre par laquelle nous vous declairons que en cas qu'il mesadvienne au dict sieur de Montbrun nous sommes resolus de n'entendre en aulcune paix ou trefve. Mais estant le dict sieur de Montbrun traicté comme l'on nous a faict entendre il ne demeurera aulcun papiste de quelque qualité soit qui ne rescoive le mesme traictement; et d'aultant qu'il failly comme nous & nous comme luy & que nous nous asseurons de mesme traictement tumbans en mesme fortune, nous gaignerons le devant usant de feu & de toutes especes de cruaultés que nous porrons contre tous ceulx & par tous les lieux que nous porrons sans esperance de nous laisser desormais abuser en parolles et de cecy nous protestons que le mal qui en porroit advenir ne nous soit point imputé mais a ceulx qui nous ocasionnent, car ce seroit une trop grand injustice que les prisonniers de guerre soient traictés criminellement.

Messieurs, nous prions Dieu vous inspirer de sorte que nous n'aions ocasion d'user envers vos personnes & biens que de la mesme doulceur que nous avons faict jusque icy. De Mens le Ve d'Aoust 1575.

Les soubs nommés qui desirent vous fére service soubsignes icy tant a leur nom que au nom de toutes les eglises reformées de ce royaulme & des catholiques de l'unyon.

MORGES, LESDIGUIÈRES, DORAISON, LISLE, DU POET, VERCOIRAN, LE MAS, GOUVERNET, BLACONS, DU PONTEVES, SAINCT-OBLAS, CHAMPOLEON, A. THIENNE, MONROND, CONDORCET, FERRIER, MONTORCIER, CHAMET, ROUSSET.

III. 1575 — 10 Aoust.

Cop. — Bibliothèque nationale. MS. F. 15560, p. 36.

[A MESSIEURS DE LA COUR DE PARLEMENT DE DAUPHINÉ.]

Messieurs, nous avons entendu que vous desires estre esclarcis du party que nous vous voulons faire pour la delivrance de Monsieur de Montbrun. Pour vous parler clerement nous sommes tous resolus de esmanteller Livron, Serre ou Pontais, lequel des trois Monsieur de Gordes trouvera bon, mais pour ce que nous desirons negotier ce faict icy sans aulcun fard ou tromperie nous vous voudrions bien supplier et mondict sieur de Gordes de choisir ung gentilhomme ou deux comme bon vous semblera pour venir accorder avec nous des moiens que nous pourions prandre pour effectuer ce quy sera promis entre nous. Il vous plaira aussy d'envoier ung passeport a Madamoyselle de Montbrun pour aller visiter Monsieur son mary. Cependant nous vous supplions humblement vouloir faire tel traictement a Monsieur de Montbrun qu'ung gentilhomme vostre semblable le merite comme vous en estes coustumiers. Messieurs, etc. De Vif ce Xe Aost 1575.

Vos, etc.

D'ORESON, LESDIGUIERES, MORGES, VERCOYRAN, GOUVERNET, SAINCT-AULBAN [1].

---

[1] Ces trois lettres ne purent empêcher la mort de Montbrun : pris le 4 juillet, un arrêt du Parlement de Grenoble le déclara coupable de lèse-majesté le 12 août et il fut exécuté le 13. Nous n'avons reproduit de la correspondance échangée à ce sujet que les lettres qui portent la signature de Lesdiguières ; d'autres, qui présentent également un haut intérêt pour l'histoire de ce temps, ont été publiées par la *Petite Revue* (p. 11, 25 et 76). Ce sont une lettre du roi à Gordes, deux du parlement au même, une réponse de Gordes au parlement, une lettre de madame de Montbrun aux mêmes et enfin l'arrêt qui condamne Montbrun à perdre la tête. Nous signalerons en outre une lettre de Gordes (B. N. MSF. 15560, p. 32) à d'Haultefort-Bellièvre, une de Haultefort-Bellièvre concluant à ce que le procès ne fût pas fait (*id., id.*, p. 35) et une autre de Gordes au Parlement (B. de l'Institut. MS. Godefroy, vol. 260, p. 5) relatives à ce procès célèbre.

IV.   1577 — 9 février.

Orig. — Arch. des Hautes-Alpes.
Imprimé : *Les Guerres de religion et la Société protestante dans les Hautes-Alpes*,
par M. Charronet, archiviste. Gap, 1861, p. 124.

[NOMINATION DU SIEUR PARAT COMME COMMISSAIRE GÉNÉRAL POUR RECUEILLIR LES DIMES ET REVENUS DES BÉNÉFICES ECCLÉSIASTIQUES DU DIOCÈSE DE GAP.]

François de Bonne, seigneur des Diguières et de Serres, à tous ceux qui ces présentes verront, salut. Ayant reconnu pour avoir prins ceste ville de Gap[1] pour la garder et faire observer les édits de pacification derniers, que les catholiques dressaient compagnies de gens de guerre pour revenir, et mesme les ecclésiastiques d'icelle, son évêché et son diocèse y adhérant, s'en estant à ceste fin, ceux de ceste dicte ville absentés de leur gré pour faire la dicte guerre et offert, comme nous avons entendu, de leurs biens, rentes et revenus, pour les frais d'icelle, nous avons advisé, pour empescher l'exploit de leurs armes et leur oster tout moyen de rien faire et commettre, de faire réduire sous la main de Messeigneurs les Princes, protecteurs de l'estat de France, et mettre tous les fruicts et revenus des ecclésiastiques de ce diocèse et evêché, pour les deniers qui en proviendront etre employés pour la cause et le paiement des gens de guerre qu'il faudra lever et entretenir pour resister à leurs entreprises, à la conservation de la dicte ville et de la paix.

A cès causes savoir faisons........[2] le sieur Parat est constitué commissaire général pour recueillir les dimes, revenus des bénéfices ecclésiastiques, couvents, cures, chappelles, prieurés, commanderies, etc., etc. Il aura plein pouvoir et meme de requérir la force armée quand il sera besoin, et les officiers de justice et sergents sont requis de faire toutes exécutions requises, à peine de rebellion.

A Gap, le 9 febvrier 1577.

LESDIGUIÈRES.

---

[1] Gap fut surpris par Lesdiguières le 3 janvier 1577 au matin ; il conserva cette ville jusques au 17 septembre 1581, lors de la deuxième entrée du duc de Mayenne en Dauphiné.

[2] L'original de cette pièce n'ayant pu être retrouvé nous ignorons s'il y a ici une lacune dans le texte ou une suppression volontaire faite par le premier éditeur.

V. 1578 — 5 Mars.

Orig. — Autrefois chez M. le marquis de Cambis à Avignon.
Imprimé : *Additions au Mémoire historique et critique de la vie de Roger de Saint-Lary de Bellegarde*, par M. le marquis de C... Paris, MDCCLXVII, p. 29.

A MONSEIGNEUR, MONSEIGNEUR DE BELLEGARDE, MARESCHAL DE FRANCE.

Monseigneur, hier au soir, étant en ung village nommé Remollon, distant de trois lieues de cette ville, où j'étais allé coucher pour m'acheminer après la Brioule, afin de visiter quelques miens amis, je reçus environ minuit, votre premier despeche datée du deuxième de ce mois, que M. d'Anselme m'avoit fait tenir de Vercoiran, le quel ayant ouvert et vu par iceluy la voulanté qu'avez de continuer l'exécution de votre charge, je me deliberai dès lors de rebrousser chemin, comme j'ai fait, avec telle diligence que je me suis rendu sur les huit heures du matin en cette ville, où étant arrivé j'y ai trouvé le dit sieur d'Anselme, qui m'avoit prevenu d'une heure, étant de rechef renvoyé par vous avec lettres & créances, à la noblesse en général & à moi en particulier. Sur quoi je vous dirai, Monseigneur, que pour le regard de la réponse que vous esperez de la noblesse, je n'y oserai toucher, d'autant que je ne suis que gentilhomme privé, & l'un des moindres de cette province en temps de paix. Mais tel que je suis, je vous supplie très humblement de croire que je n'épargnerai ce peu de faveur que me peult rester entre les notres, pour les rendre capables de votre voulanté & les disposer entierement à recevoir ce que vous trouverez estre propre pour le repos et tranquillité publique. A quoi je m'assure qu'ils se rangeront, comme vous verrez par leur reponse, dès lors qu'ils seront assemblés, estant leur entrevue du tout necessaire, tant pour l'occurrence des choses survenues de nouveau, que pour autoriser l'envoi des députés qui ne peuvent ni doibvent départir de mon autorité privée, quelques delégations qu'ils ayent, comme quelques gentilshommes de ceux qui sont ici, l'ont fait entendre librement audit sieur d'Anselme, l'ancienne cognoissance & singuliere amitié duquel me donnant occasion sur le point de sa créance de discourir, à part des difficultés qui se pourront opposer à l'établissement de notre paix &

de trancher le nœud d'icelles. Je lui en ai proposé quelques unes de celles qui furent desduites à Cipierre & que nous plongent à un abysme de défiance comme la saisie de Fleuvrance & deux autres places en Guienne, le peu de justice qu'on fait de l'oltre Pesse de Perigueux, la garnison continuée dedans Brouage, & la fortification d'icelles, les compagnies entretenue au Marans, et le transport d'artillerie qu'on y a traîné, le peu de conte que l'on fait de casser les soldats qui sont dedans Lion & la Citadelle, encore que ce ne fut ville de frontière du temps du roi Henri; les vaines promesses de remettre M. le Prince en son gouvernement de Picardie : le refus de la ville de Bourdeaux de laisser entrer les notres dans icelle, les proches séditions que l'on y fait pour ébranler le ceptre de notre roi & le transferer aux mains des étrangiers, les armes encore droites par toute la France, les allées et venues des regiments de M. de Brisac et Le Archant, la frontière de Provence toute bourdée de gens de pied & de cheval ramassés par le commandement de M. le Grand prieur, ce qui nous tient perpetuellement en allarme, outre l'approchement des Corsses répandus aux environs de Sisteron, ses trames & entreprinses basties & consertées contre quelques turbulens de cette province, dont nous avons bonne mémoire en main & une infinité d'autres particularités, qui nous font soupçonner que telles brèches donneront enfin ouverture à la subversion entiere de l'édit, si le Roi n'y remedie en général, & vous particulierement en ces cartiers, ce que j'ai prié le dit sieur Anselme vous faire entendre, Monseigneur, avec ce que j'ai pu sonder de l'intention et voulanté de nos eglises, sur l'expédient de ces difficultés, qui encore que les raisons soient alleguées, nourrissent en elle une extrême defiance qui produit avec soi ung souci merveilleux de se conserver, ce qu'elles estiment ne pouvoir faire que par la rétention des armes, si les trouverez vous toujours prestes à recepvoir tout ce qui sera juste & raisonnable, voire à se désarmer entierement enfin, pourvu que cependant & en attendant l'exécution entiere de la paix, non seulement ici, mais généralement par toute la France, on leur veuille donner quelques assurances, ce qui se pourra faire aisément, si de tant de compagnies erigées de deux cotés à la ruine du pouvre peuple, il vous plait de choisir quelque petit nombre de soldats qui vous seront nommés réciproquement par les deux partis pour estre distribués par les villes & places frontieres &

entretenues aux dépens du pays : ce que nous releveront d'une intolérable despence, osteront tout ombrage de deffiance, achemineront les affaires en quelque meilleur train, combleront d'une extrême joie, & contentement tout le peuple soubs espérance de voir calmer entièrement l'ourage de nos troubles, & nous ramener en cette première tanquillité, dont les tempêtes civiles nous ont si longuement privés. Quant à la sommation que vous a plut de m'envoyer, je déclare ne l'accepter comme chef des eglises de Daulphiné ainsi que vous à plut me califier par icelle, ains comme gentil homme privé n'ayant aulcune charge sur les quelles églises, & comme tel je m'offre employer tous les moyens que Dieu me donnera pour l'establissement de la paix de ceste province, protestant au reste qu'il ne me tumbast jamais en pensée de vouloir tant soit peut déroger à l'autorité du Roy, ni m'opposer à l'exéquvtion de ses édits, sous l'obéissance des quels je veux vivre et mourir, comme je en ai fait preuve par le passé & ferai toujours à l'avenir. Sur quoi je prierai Dieu, Monsieur, de vous maintenir en sa sainte & digne garde. De Gap, ce 5 mars 1578.

Votre très humble et très obeissant serviteur.

LESDIGUIÈRES.

VI. 1578 — 7 MARS.

Orig. — Autrefois chez M. le marquis de Cambis, à Avignon.
Imprimé : *Additions au Mémoire historique et critique de la vie de Roger de Saint-Lary de Bellegarde*, par M. le marquis de C... Paris, MDCCLXVII, p. 34.

A MONSIEUR, MONSIEUR DE LESDIGUIERES, CHEF DES EGLISES
PRETENDUES REFFORMÉES DU PAYS DE DAUPHINÉ.

Monsieur de Lesdiguieres, ayant vu les lettres que vous m'avez escriptes par le sieur d'Anselme, à son retour vers moi, datées du 5 de ce mois, & entendu de lui, oultre le contenu d'icelle, les discours passés entre vous sur le sujet de la charge qu'il a plût au Roy me donner pour l'exéquution de son édit de pacification, je ai communiqué à Messieurs les dellegués du parlement de la Chambre des Comptes & du pays du Dauphiné qui m'assistent & tous ensemble, avons ung extrême regret de voir choses disposées de votre parti à quelques longueurs que vous fondés en substance sur les contreventions que présupposés avoir esté généralement faites audit édit par le Roy & ceux de son conseil, que vous particularisez entre aultre sur le fait de Brouage, de Maran, de Perigueux, de Flevranche, sur la citadelle de Lion, les régimens de Messieurs de Brisac de Larchamp sur l'armée que vous dites estre assemblés en Provence par Monsieur Grand Prieur, composés des Corses & autres forces, & sur plusieurs aultres choses [spé]cifiées par vostre lettre, & d'autant que ce sont des propositions sur lesquelles je n'ai [pou]voir de vous satisfaire, & dont je ne puis nullement vous répondre que après en avoir [don]né avis à sa Majesté, & reçu sur ce ses commandemens. Aussi que le dit sieur [A]nselme m'a dit de votre part que vous prétendiez faire assembler la noblesse & autres [de] votre parti à Nions pour plus amplement, avec toute deliberation me representer vos [rai]sons & prétentions de vous tenir en défiance et sur bonne garde, j'ai arresté avec les [dit]s sieurs délégués de vous prier de tenir promptement la dite assemblée, & de me [rép]ondre finablement de vos intentions par vous deputés dans le XV de ce mois à Thacon, où je m'en vais avec les dits sieurs délégués, les attendre & cependant prendre [pos]session du château que le Roy m'a donné, délibérer après avoir oy ce que par vous dits [de]putes me sera remontré de revenir incontinent, si besoing est en ce pays, pour y [exé]cluer ce qui sera convenu entre nous : neantmoins en attendant je advertirai sa [Ma]jesté de tout ce qui est pourté par votre lettre, & m'a este rapporté par le dit sieur [A]nselme, pour au plutôt etre resoulu de sa voulonté par les commandemens qu'il lui [pla]it me fère, vous priant, Monsieur de Lesdiguières, de monstrer & faire cognoistre à [cet]te fois, même en votre assemblée, non seullement à sa Majesté, mais à tous ses pauvres [suj]ets, l'affection que vous m'aviez toujours assuré d'avoir au bien repos et tranquillité [pu]blique de ce royaulme, & que toute cette noblesse que vous assistez, considère bien [ce] que à la fin nous peut apourter ceste longueur, le desespoir du pouvre affligé [co]mmun populaire pour les grandes oppressions qu'il souffre de touts costes, que si [en] ce désespoir il entre en quelque rage, & cognoist une fois sa force, ne sera l'avantage [de l]'accroissement de l'authorité des nobles, ains le préparatif de leur totale ruine, puis nous devons par obligation naturelle à prendre le repos publicq & le bien [co]mmung de nostre patrie, plutot que de mesurer nous devoirs à nous passions ou [dé]fiances ; à quoi je adjouterai en passant une réponse pertinente, & que j'e me pro[me]ts que trouverez bien raisonnable sur ce qui est escrit à la fin de votre lettre, que [ce] seroit combler la felicité du peuple de fère calmer l'orage des troubles & tempestes [de] nous guerres civiles, ce qu'à la verité, il ne se peult désirer au monde chose plus [né]cessere, & qui la desirera de votre cousté, il obtiendra de celluy du Roy qu'ainssin [fai]t, je vous ay offert & offre encore l'entiere et réelle effectuation de son dit édit en [l'ét]endue [des provinces] qui me sont départies, comme je crois que Messieurs les [ma]réchaux de Cossé et de Biron le feront en Guienne, avec punition des contreventions [qu'i]ls y trouveront avoir été faites, les quelles, comme vous pouvez panser et le sçavez, [son]t pour le moins aussi grandes de leur dit parti que au nostre soit de prinses de [pla]ces depuis le dit édit, en murtres, course, levées de deniers, ventes de ses établisse[me]ns de péages & subsides prins des biens ecclesiastiques & des catholiques, à la faveur [que] vous donnée aux subjets de notre Saint-Pere le Pape contre [luy] & qui est bien [ex]pressément deffendu par icelluy édit, & en infin des aultres choses dont je pourrois [fai]re un cathalogue d'une main de papier ; mais pour parvenir au bien, il fault oblier [le] mal de part et & d'autre, & enfin se resoudre de treuver la guerre par la paix, si [no]us ne voulons donner ce plaisir aux voysins de ce royaulme de nous voir entretenir en ruyne les ungs les aultres jusques à tant que n'i en reste un seul pour leur faire place ; à séparer de nous belles cités, maisons & commodités, ce que nous est aysé eviter, & le Roy le souhaite sur toutes choses, comme par ces effaits il a bien commencé de le vous fere connoitre, me semblant qu'il ne reste nul obstacle en ces afferes que faulte de bonne voulanté, d'autant qu'il ne peut y avoir aulcune défiance, si les armes sont mises bas de part & d'aultre, & moings en debvez vous avoir que les aultres, pour ce que vous avez gaige & force, entretenue pour votre particuliere sureté, ce que n'ont pas les ecclesiastiques ni catholiques : & sur ce vous mettez en avant pour le regard des Coursses & autres forces de sa Majesté qui sont en Provance & en ce pays, j'oserai vous promettre qu'attendant sur ce votre instance, qu'elle y pourvoira à votre contentement. Quant à la citadelle de Lion, je vous prie, sans passion & comme gentilhomme d'honneur, & que debvez par l'experience de la guerre juger de cella au bien & utilité du service du Roy, vous representer l'importance d'icelle pour la conservation de l'estat & qu'elle a esté construite & commandee longtemps y a eu opposité des forteresses de Bresse et de Savoye, aux quelles nous n'avons en France frontiere plus necessere d'estre gardee que la ville & citadelle de Lion, & tous unanimement le debvons désirer, joint que cela n'apporte aulcun prejudice particulier, avec un grand soulagement aux habitans de la dite ville & aulx finances du Roy à cause du grand nombre d'hommes qu'il conviendroit pour la garder, modérer & retrancher dans la dite citadelle. Touttesfois quelque chose que je en die je ne lerray de fere entendre à sa Majesté ce que vous m'en avez mandé & revenant à mes prières, si elles doibvent retrouver lieu en vous, le vous réiterant de mon cœur & de la singuliere dévotion que j'ai au service du Roy & à la conservation de son dit estat. Je vous exhorte & admoneste, & tous ceulx qui se treuveront à votre assemblée, aulsquels vous communiquerez la presente, pour leur servir comme à vous aultres, telle que je leurs escrits de prendre une bonne & honorable résolution, & vous particulierement immortalisez-vous de cette louange d'avoir commencé de faire gouster ce fruit de paix tant souhaitté, & donner ce contentement au roy & à ses subjets, rejettant toutes ces deffiances que fault faire cesser par une bonne confiance, qui ne sera manquée d'ung seul point à la teneur du dit edit en ce que m'est commis ; ainsin qu'il est à croire que chacun en usera de son cousté & me renvoyerez, si vous plait, ce pourteur que je vous despeche expressement au plustot avec de vous nouvelles, faisant toujours estat de moi comme de votre frère & tres fidelle amy, qui en cest endroit prie le Createur vous donner, Monsieur de Lesdiguieres, en bonne sancté longue vie. Escripte au Buys, ce VII mars 1578.

Votre fidelle amy et frère

ROGIER DE BELLEGARDE [1].

---

[1] Le maréchal de Bellegarde fut, cette année 1578 et la suivante, député en Provence et Dauphiné pour veiller à l'établissement de la paix qui fut proclamée à la suite du traité de Bergerac. Les deux lettres précédentes contiennent d'évidentes erreurs de transcription ; nous n'avons pas pu les corriger toutes, les originaux ayant disparu.

VII.   1578 — 5 Mai.

Orig. — Bibl. de Grenoble. Papiers du C¹ᵉ de Sault.

A MONSIEUR DE LA PRADE¹, COMMANDANT A CHASTEAUDOUBLE.

Monsieur de la Prade, encore que je vous ay desia escript par plusieurs fois pour l'eslargissement du sieur Jehan Guigue, marchant de Romans, néaulmoins pour ce que vous n'y aves sattisfaict ains le detenes encores, come il m'en survient tous les jours une infinité de plainctes, je vous ay bien voullu fère ceste-cy pour vous dire que le meilheur et plus agréable plaisir que vous me scauries fere, ce sera en eslargissant ledict Jehan Guigues aussi tot que vous aures reçeue la presante, a fin que il ne soye manques a la convention faicte avec Monsieur de Maugiron touschant l'eslargissement de tous prisonier de part & d'aultre² ; a quoy mondict sieur de Maugiron a sattisfaict de sa part comme je desire estre faict semblablement de la nostre, ainsy que la rayson le veult. Je vous prie donc que toutes excuses cessans vous metties en liberté ledit Guigues, monstrant par cet acte la comme vous desires vous conformer a l'ordre et a la rayson. Et n'estant ceste pour aultre je vois prier Dieu, Monsieur de la Prade, vous tenir en sa saincte garde. A la Mure le Vᵉ may 1578.

Vostre très affectionné frère et bon amy   LESDIGUIÈRES.

VIII.   1578 — 16 Mai.

Autog. — Bibl. de Grenoble. Papiers du C¹ᵉ de Sault.

A MONSIEUR, MONSIEUR DE LA PRADE, A CHASTEAUDOUBLE.

Monsieur de la Prade, i'ay prié Monsieur de Cugye³ d'aller vers vous pour trois resons lesquelles sont necesseres metre en execution

---

¹ Voir sur ce La Prade, qui fut pendu par ordre de Maugiron à la fin de l'année 1578, la note de la pièce imprimée plus loin sous la date du 22 mai 1579.

² Cette convention provisoire entre Maugiron et les chefs protestants du Dauphiné fut signée à Jarrie en attendant l'exécution définitive de l'édit de pacification de Bergerac. Maugiron était assisté de Jacques Faye d'Espeisses, célèbre jurisconsulte ; les délégués du parti protestant étaient Gentillet, Estables et Cugie. Les résolutions qui y furent prises ne reçurent jamais une exécution complète.

³ M. de Cugie était un des signataires de la convention de Jarrie ; c'est pour cela que Lesdiguières l'envoya près du capitaine de La Prade, qui refusait d'obéir aux prescriptions qui en étaient le résultat.

promptement : la premiere c'est la resollution prinze en l'assamblée generalle de Gap cellon laquelle il est de besoing que chasqun se conforme comme le dict sieur de Cugye vous fera entendre ; la seconde le rellayement[1] de Jehan Guiguon, sur lequel ie vous prie aultant que vous m'aimes n'y metre aulcune difficulté d'aultant que nous tous sommes enguagés de promestre envers Monsieur de Maugiron aiant luy effectué ce qu'il nous a promis. Oultre ce il a este prins par[2] neguotiant les afferes de Monsieur de Scavoye ; vous debves scavoir asses les commodittes que nous recepvons des terres de ce prince qui nous doibt occasioner et conserver son amitié en toutes choses. La troizième est l'accord que nous avons fet avec Monsieur de Maugiron suivant la pacification de ceste province, ja que Monsieur de Cugye vous communiquera les moyens que on nous donne pour l'entretien de quelques places sur lequel nous n'avons olié la vostre. Je me remets donc a Monsieur de Cugye a vous discourir bien long de toutes choses. Je vous prie encore ung coup pezer et considerer bien ce que dessus et de ce qui vous touche ne fere difficulté aulcune aultrement vous nous feries trouver menteurs et pariures oultre le mal qui en reviendroit aus eglizes et a tout le peuple. Vous croires donc ledict sieur de Cugye comme moy mesme et après vous avoir offert tous mes moyens et mes plus affectionnées recommandations a vos bonnes graces, ie prie Dieu, Monsieur de la Prade, qu'il vous tienne en sa sainte garde. C'est de Tresminis le 16 may 1578.

Vostre frère et parfect ami pour vous obeir.

LESDIGUIÈRES.

IX. 1578 — 11 Aout.

Orig. — Bibl. de Grenoble. Papiers du Cte de Sault.

A MONSIEUR, MONSIEUR DE LA PRADE, COMMANDANT A CHASTEAUDOUBLE : A CHASTEAUDOUBLE.

Monsieur de la Prade, après le despart de Monsieur Faure que j'ay despeché vers vous pour l'eslargissement de ceulx du païs de Suysse que vous tenes prisonnier ainsy qu'ils m'ont asseuré, ce jourd'huy

---

[1] Relachement, relaxation. [2] Pour.

Monsieur de Clervant venant de Suyse de [près du roi de] Navarre est arrivé ycy, lequel m'a appourté comandement de son [Altesse] de fere eslargir tant lesdicts Suysses que le sieur Jehan Guigues de Roma [ns qui est] leur fateur[1] & de Monseigneur le duc de Savoye. La dessus j'ay reçeu au mesme instant letre de son Altesse touchant ledict Jehan Guigues [avec] priere instante de le fere eslargir, comme de Messieurs des ligues des Suysses ont envoyé ycy vers moy un gentilhomme des [leurs] pour ce mesme faict. Je ne vous rediray point ycy l'impourtance de ce faict et combien cet emprisonnement pourra appourter de dommage aux afferes de ce party pour vous en avoir touché bien au long par ma precedente seullement je vous diray que tant moi que tous les gentilshommes de ceste province qui sont en ceste assemblée desirent que lesdicts prisonniers soyent mis en liberté sans payer aulcune chose dont nous vous en prions tous et moy particulierement de n'y fere aulcune difficulté comme aussi a leur fere randre tout ce qui leur aura esté prins. Je m'asseure que vous peserez les consi-[derations] de ce faict. Je ne vous feray ceste cy plus longue que en me recommandant a vous bonnes[2], priant Dieu Monsieur de la Prade, vous tenir en sa sainte garde. A Gap le XIe Aoust 1578.

Vostre meilleur et plus asseuré ami pour vous obeir.

LESDIGUIÈRES.

X.   1578 — 17 SEPTEMBRE.
Autog. — B. N. MS. F. 3382, p. 31.
Imprimé inexactement : *Album du Dauphiné*, par Champollion-Figeac. Paris, 1846-1847, p. 3.

A MONSEIGNEUR, MONSEIGNEUR LE PRINCE DAUPHIN, GOUVERNEUR ET LIEUTENANT GÉNÉRAL POUR LE ROY EN DAUPHINÉ.

Monseigneur, j'ay receu deux des vostres qu'il vous a pleu m'escrire par Bruny, l'un de voz vallets de chambre, touchant le faict des ducatz qui vous sont deubz en Briançonnoys[3] a quoi j'ay faict tout ce qui a

---

[1] Homme d'affaires.
[2] Suppléer : *grâces*.
[3] Par une transaction intervenue en 1343 entre les quatorze communautés du Briançonnais et le dauphin Humbert II, ce prince renonça pour l'avenir à tous impôts, droits et services féodaux, moyennant une rente annuelle de 4,000 ducats, qui furent plus tard réglés à trois livres sept sols et deux deniers la pièce. En 1481, Louis XI les donna au Chapitre de N.-D. d'Embrun, sous la condition que chaque jour une messe serait dite pour le repos de son âme. Charles VIII ne voulut pas ratifier la fondation de son père, la réduisit à 300 livres et affecta les ducats briançonnais au paiement des appointements du gouverneur du Dauphiné ; c'est à ce titre qu'il en est question dans cette lettre.

esté de mon pouvoir come vous dira plus amplement ledict Bruny. Il me reste, Monseigneur, qu'il vous plaise m'honnorer de vos commandementz ; je seray tousiours prest a vous randre le debvoir et service que je vous doibs, vous suppliant très humblement pour fin me conserver en voz bonnes graces et je prieray Dieu, Monseigneur, qu'il vous donne cy santé longue et heureuse vie. C'est des Diguières ce XVIIe septembre 1578.

Vostre très humble et très obeissant serviteur.

LESDIGUIÈRES.

XI. 1579 — 19 FÉVRIER.

Cop. — Arch. munic. de Briançon. Livre du roi.

[ANALYSE DU DISCOURS PRONONCÉ PAR M^r DES DIGUIÈRES A L'ASSEMBLÉE DE DYE.]

Du dix neufviesme febvrier 1579 a Dye en l'assemblée generalle de la noblesse. depputtée des villes et esglises du party de la religion refformée de ce pays de Daulphiné :

Monsieur des Diguières ayant droict de presenter en ladicte assemblée, comme général, sur les gardes des lieux qui tiennent pour ledict party, après que la priere a Dieu a esté faicte par le ministre de l'esglise de Heurre, a dict et remonstré qu'il a convocqué ceste presente assemblée pour adviser aux moyens de nous conserver & de parvenir a l'exécution d'une fixe & inviolable paix avec ceulx du party catholicque & aussi pour remedier aux desordres qui sont entre nous.

Et quand au premier poinct a dict & remonstré que nous devons nous resouldre de tendre a une paix qui soit a nostre conservation & non a nostre ruine car si la paix tendait à nous ruyner & non pas a nous conserver il la fauldroit plustot appeler de tromperie & d'attraperie que du nom de paix et seroit sans comparaison pire que la guerre & partant pour avoir une paix qui soit à nostre conservation il fault qu'elle soit ferme et inviolable.

Or le seul & vray moyen pour parvenir a une paix ferme & inviolable c'est de fere que ceulx qui la voudroyent violer et rompre ne le puissent faire et le moyen pour les garder de la pouvoir rompre &

violler c'est que nous soyons tousjours sur nous gardes car il est certain que la facilité à rompre les aultres paix a tousiours esté cy devant la cause de la roupture d'icelles par ce que les passionnés qui ayment les troubles ne manquent jamais de mauvaise vollonté a troubler le repos public quand ils ont le pouvoir de ce fere et de faict l'éxécution des aultres paix ayant tousjours esté par le desarmement cela a esté cause qu'elles n'ont jamais esté bien exécutées & qu'elles ont estés tousiours incontinant rompues.

L'impunité aussi de ceulx qui ont rompu icelles aultres paix par massacres et aultres infinies contreventions, peult tousiours asses exiter les mauvaises vollontes a ralumer les troubles sinon que par impossibilité on leur en couppe le chemin.

Les surprinses aussi des villes faictes sur nostre party aux aultres paix & mesures despuis la presente paix au gouvernement du Roy de Navarre, nous doibvent rendre saiges pour nous garder de surprinse.

Comme aussi ayant esté le point du desarmement tant du vivant de feu Monsieur de Gordes que despuis poursuivy fort instament par les catholicques et les aultres poincts de l'éedict fort lentement nous avons tant plus d'occasion de bien nous garder.

Joinct que nous scavons que l'on ne parle nullement d'éxécuter l'éedict sinon es provinces ou les nostres se gardent & qu'on ne tend principallement a éxécuter ledict éedict sinon touchant l'article du desarmement.

Nous scavons aussi que les provinces circonvoysines a ceste cy, ascavoir le Languedoc et la Provence sont armée & seroit bien aysé en peu de temps a en tirer de grandes forces que y sont toutes dressées pour nous accabler.

D'avantage nous scavons encores que nous sommes petit nombre et au contraire les catholicques sont en grand nombre & que oultre ce ils ont toute l'hauthorité et administration publique de leur cousté et les forces du roy entre leurs mains & en leur commandement et est chose notoire que tant en ceste province que aux environs y a dix ou douze compaignies d'ordonnances qui se peuvent facilement joindre, nous courir sus & tailher en pièces si nous ne nous gardions.

Et ne fault nous laisser persuader ce que aulcungs ont accoustumé de dire que on ne peult avoir paix si nous continuons la garde des lieux que nous tenons et si nous ne rendons les villes car en temps de plaine paix l'on peult bien garder les portes des villes sans commettre hostilité ny aultre acte que resemble la guerre et debvons croire que si sa Maiesté estoit bien informée des justes raisons pourquoy nous voullons nous tenir sur nous gardes qu'elle les treuveroit bonnes, d'aultant qu'elle scait bien que aux aultres paix contre sa vollonté et ses éedicts les catholicques passionnés ont massacré les nostres & leur ont faict infinies iniures et mal traictements sans que les magistrats en ayent faict aulcune punition tellement que n'est pas croyable que sadicte Maiesté voulust que par faulte de nous bien garder nous recheussions en mains & a la discretion de ceulx qui par le passé nous ont si mal traicté contre sa volonté et ses éedicts.

Et de faict sadicte Maiesté entend nous fere entierement exécuter sondict éedict & nous ouster toutes justes causes de desfiance avant que soyons contraincts de quiter nos gardes comme aussi messieurs les catholicques nos compatriotes et nous en sommes ainsi demeures d'accord aux derniers estats tenus a Grenoble.

Joinct a cela que sadicte Maiesté par la commission qu'il a donné a Monsieur de Maugiron, son lieutenant en ceste province, y a permis de laisser gardes aux villes ou il seroyt necessaire comme estant chose très raisonable de permetre a chascung ce que nature permet a tous animaux qui est de se garder & desfendre de toutes oppressions & violances et d'autant que nul ne peult doubter qu'il ne soit plus que necessaire aux places que nous tenons de bien se garder a peine qu'elles scoyent incontinant surprinses, et ceulx qui se treuveroyent dedans de nostre party traictés a la mode de St Barthellemy, a ceste cause nous debvons croyre que sadicte Maiesté quand elle sera bien informée treuvera tousiours bon que nous nous gardions.

D'avantage sadicte Maiesté nous tenans pour ses bons et fidelles subiects comme aussi nous sommes bons & naturels Francois & non Spagnols ny Italiens, il est vraysemblable qu'elle aymera aultant tenir & posseder les villes & lieux que nous avons et en tirer l'obeissance et les debvoirs qui luy apartiennent et a ses magistrats par nostre ministere que par celluy des catholicques.

Ceulx qui disent que nous debvons rendre les villes au Roy c'est a dire ez mains des catholicques nous taxent couvertement d'infidelité envers sadicte Maiesté comme si lesdictes villes estoyent plus mal asseurées au Roy entre nous mains que entre celles des catholicques ou comme si nous estions estrangiers & encore pire, veu qu'il y a des estrangiers en ce royaulme ausquels sa Maiesté fie bien des gouvernements & aultres grandes charges. Mais puisque sa Maiesté nous tient et advoue pour fidelles subiects nous ne debvons pas beaucoup nous soucier de ceulx qui nous veullent donner imputation d'infidelité et si bien aulcungs s'efforcent de luy donner impression que les lieux que nous tenons luy seroyent plus fidellement conserves par lesdicts catholicques que par nous nous ne debvons pas beaucoup nous soucier de cela car Dieu & nos consciences nous sont témoings de nostre fidelité et n'avons jamais en nous, graces a Dieu, aultre affection que de obeir entierement a sadicte Maiesté, nos consciences et noz vies saulves et ne fault doubter que ceulx qui donnent telles impressions contre nous a sadicte Maiesté ne soyent desireux de nostre ruyne advisants a nous oster le moyen de noz garder de surprinse & de nous priver de tous moyens de seurté et retraicte pour despuis nous attacquer & nous advoir a meilheur marché comme ils ont faict aux aultres paix et partant fault que la compagnie se resolve si nous debvons quicter la garde des lieux que nous tenons ou la conserver.

Sur quoy a esté oppiné & conclud unanimement que nous continuerons la garde des lieux que nous tenons jusques a ce que l'éedict de paix soit entierement éxécuté & fermement estably en tous ses aultres poincts par tout le royaulme & que toutes justes causes de desfience nous soyent ostées.

XII. 1579 — 20 Fevrier.
Cop. — Arch. munic. de Briançon. Livre du Roi.

[ANALYSE DU DISCOURS PRONONCÉ PAR M^r DES DIGUIÈRES A L'ASSEMBLÉE DE DYE.]

Du vingtiesme dudict moys de febvrier en ladicte assemblée :

Monsieur des Diguières a dict et remonstré que ceulx de nostre party tant de la religion que aussi les catholicques qui nous ont contribué durant les derniers troubles luy ont cy devant faict plusieurs plainctes des folles[1] & grandes charges qu'ils supportent par le moyen des tailhes imposées par messieurs les commis du pays & mesmes de la derniere tailhe de quinze escus pour feu en laquelle on a

[1] Foulles : oppressions.

couché environ quarante mille escus, a quoy ceulx de nostre dict party ne doibvent rien contribuer suyvant l'éedict par ce qu'ils sont imposés pour payer des vaccations, debtes & interests de debtes faicts & crées par ledict party catholicque durant les troubles et oultre ce ceulx dudict party catholicque font plusieurs grandes & excessives despenses a l'entretenement de plusieurs gouverneurs particulliers des villes et de plusieurs cappitaines et garnisons de chasteaulx oultre & par dessus les huict cens hommes accordés pour la garde de leurs villes par nostre accord de Jarries et en oultre ceulx de nostredict party se treuvent follés en ce qu'on les faict contribuer a l'entretenement du prevost des mareschaulx & de ses lieutenents par ce que nous n'en recepvons aulcung fruits n'ayant jamais peu obtenir dudict prevost ung lieutenent de nostre religion pour reprimer les insolences des soldats & aultres de nostre party & partant il est expedient de resouldre quelque bon moyen pour faire que le peuple de nostre party soit soullagé de toutes lesdictes excessives impositions, voire du tout deschargé si faire se peult en faisant que l'entretenement de noz gardes soit prins en quelque aultre nature de deniers que sur fougaiges suyvant ce que desja nous avons cy devant requis par les articles de nos negociations.

Car chascung scait bien que par nostre negociation du moys de septembre dernier desirans de fere soulager le peuple nous offrismes de faire troys choses pourveu que ceulx du party catholicque fissent de mesme : la premiere de desarmer vingt & troys de nos places, la seconde de casser tous gouverneurs particulliers de villes, cappitaines, lieutenents, enseignes & tambours & faire fere la garde des portes aux lieux qui nous restoyent par esquadres sans aulcung bruict avec toute liberté de l'entrée et issue desdictes portes sans aulcunement troubler la liberté du commerce et la troysiesme chose que nous offrismes ce fust de nous contenter de mille escus par moys pour l'entretenement de toutes nos gardes non comprins Serres et Nyons qui doibvent estre payes des deniers du Roy, lesquels mille escus n'eussent pas monté plus de quarante souls par feu pour moys a prendre tant seullement sur les feus que nous ont contribué durant la guerre.

Et neantmoings oultre ces offres nous requismes encores que l'entretenement des gardes tant d'ung parti que d'aultre fust prins plustost sur les peages qui auroyent esté imposés durant les troubles que sur les fouages estant choses plus raisonnable de soullager et supporter le pouvre peuple de la patrie que les marchands estrangers qui payent les peages, mais l'on ne voullust ny accepter nosdictes offres ny nous accorder nosdictes requisitions & de la est venu que le peuple a esté follé par impositions dont maintenant il crie et se plainct & partant fault adviser de fere que le peuple soit soullagé et mesmes celluy de nostre party.

Sur quoy a esté oppiné et conclud unanimement qu'on supplie Monsieur de Maugiron, lieutenant du Roy en ce pays, de faire payer à mondict sieur des Diguières ou a son recepveur la somme accordée par le dict accord de Jarrie sur aultre nature de deniers que sur fouage si faire se peult & que le peuple soit sollagé le plus que fere se pourra et que l'on fera entendre a Messieurs des troys estats du party catholicque que nous voulions avoir ung commis du pays du tiers estat a nostre nomination, oultre Monsieur de Cugy qui est pour la noblesse, lequel commis du tiers estat sera tenu prendre garde que ceulx de nostre dict party ne soyent chargés d'aulcune imposition indeue & dont nous devons estre exempts et en oultre que nous ne vollons rien contribuer a l'entretenement du prevost et son lieutenant sinon que nous ayons deux lieutenants de nostre religion a nostre nomination l'ung pour les montaignes et l'aultre pour le Vallentinoys & Dioys.

XIII.   1579 — 20 Fevrier.

Cop. — Arch. munic. de Briançon. Livre du Roi.

[ANALYSE DU DISCOURS PRONONCÉ PAR Mr DES DIGUIÈRES A L'ASSEMBLÉE DE DYE.]

Monsieur des Diguières a remonstré que pour parvenir a une bonne éxécution de paix il est tres necessaire que la chambre de l'éedict soit au plustost establie veu la grand necessité de justice que nous avons et que neantmoings il fault adviser que les magistrats d'icelle chambre & les gentilhommes et aultres qui la suyvront pour la poursuytte de leurs proces & actions soyent si bien asseures que mal ne leur puisse advenir & que elle soit aussi en lieu ou les magistrats & aultres de nostre religion ayent [1] bien l'exercice public d'icelle comme les catholicques de la leur & d'aultant qu'on ne peut estre bien asseuré en ung temps qui peult estre comprimé soubs l'hostilité, fault desliberer

---

[1] Pour le sens de la phrase il faut ajouter le mot *aussi*, oublié par le copiste.

s'il sera expédient de supplier Monsieur de Maugiron de fere publier les lettres patentes d'abolition de sa Maiesté sans prejudice de nos accords affin que ladicte chambre se puisse dresser avec plus grand seureté.

Sur quoy a esté oppiné & conclud que les magistrats de la religion ne pourront aller exercer leurs charges en lieu ou ne soit l'exercice public de ladicte religion sur peyne d'estre retranché de l'esglise et au surplus qu'on suppliera mondict seigneur de Maugiron de fère publier lesdictes lettres d'abolition sans preiudice de nos accords & qu'on pourchassera que par tous bons moyens les magistrats de ladicte chambre tant d'une que d'aultre religion & aussi les praticiens & parties plaidantes qui suyvront icelle chambre soyent tous en si bonne asseurance es villes ou sera tant la premiere que seconde seance qu'aulcung mal ne leur y puisse estre faict.

XIV.   1579 — 14 Mars.

Cop. — Arch. munic. de Vienne (Isère).

[REQUESTE DE NOBLE FRANÇOIS DE CAPRIS, D'UPAIX.]

A Monseigneur, Monseigneur des Diguières, commandant generalement en Daulphiné pour ceulx de la religion reformée, supplie humblement noble Francoys de Capris, docteur en droicts, cappitaine & chastelain pour sa Majesté au lieu et mandement d'Upaix, disant que jacoit qu'il soit et face profession de ladicte religion reformée et qu'il aye déclaré aux consulz dudict lieu d'Upaix et a Estienne Flour dudict lieu ses parties de ne vouloir subir jugement pardevant la cour du parlement de Grenoble ains pardevant la chambre ordonnée par l'esdict de paccification [1] et suyvant le bénéffice dudict edict, lesdicts consuls et Flour en meypris dudict esdict commenent ledict suppliant pardevant ladicte cour voulantz encore fere exécuter quelques arretz ou provisions qu'ils ont obtenus de ladicte cour par surprinse et sans ouyr partie au prejudice dudict suppliant et de son estat et office de cappitaine et chastelain audict lieu d'Upaix, contrevenants audict esdict de pacification par ce moyen. Ce considéré sera vostre bon plaisir en observation dudict esdict mander, faire inhibition ausdicts consulz

---

[1] L'adjonction au parlement de Grenoble d'une chambre tri-partie, c'est-à-dire composée de huit conseillers catholiques pour quatre protestants, fut réclamée par les délégués des églises réformées, réunis à Die le 20 février 1579, avec la plus grande énergie. La création de cette chambre promise par l'édit de Poitiers (1577) avait été définitivement ordonnée par le traité de Nérac (1579). Malgré tous les efforts des protestants on ne leur donna pas satisfaction avant 1582, et encore d'une façon tout à fait insuffisante, puisque la plupart des conseillers protestants ne furent jamais installés : l'organisation définitive des chambres de l'édit ne date que de la proclamation de l'édit de Nantes (1599). Consulter sur l'histoire de cette chambre en Dauphiné une étude très complète de M. Brun Durand (*Bulletin de la Société de statistique de la Drôme*, vol. VII, pp. 279 et 315), de l'obligeance duquel nous tenons la pièce ci-dessus et les cinq suivantes.

et a tous aultres qu'il appartient mesmement audict Flour de ne poursuivre par proces pardevant ladicte cour ledict suppliant ne exécuter ou fere executer lesdicts arretz ou provisions par eulx obtenus de ladicte cour, puis et durant les precedents troubles contre et au prejudice dudict suppliant et de son estat et office de cappitaine et chastelain jusques par Messeigneurs de la chambre soit aultrement dict & ordonné et sur peyne de la vye et aultre qu'il vous plaira arbitrer et vous ferez bien : Fr. de Capris.

Soyent faictes les inhibitions requises ausdicts consulz et Flour sur peyne d'estre punys comme infracteurs de l'esdict de paix.

Faict a Gap le XIIIIe Mars mil v^c LXXIX.

Lesdiguières.

XV.   1579 — 29 Avril.

Cop. — Arch. munic. de Vienne (Isère).

INSTRUCTIONS POUR MESSIEURS LES DEPPUTÉS PAR CESTE ASSEMBLÉE DE SERRES POUR ALLER TRAICTER ET CONFERER A LA MURE AVEC MESSIEURS DU PARTI CATHOLICQUE POUR PARVENIR A L'EXÉCUTION D'UNE FERME PAIX QUI NE SE PUISSE JAMAIS ROMPRE.

Premierement. Requerront que sa Majesté soit très humblement suppliee au nom de tout le pays que l'exercice des deux religions soit libre par toute ceste province et remonstreront les commodités qui en peuvent revenir pour le bien & paix et les incommodités prejudiciables a la paix provenantes de l'exercice limité et en oultre requerront que sadicte Maiesté soit très humblement suppliée audict nom d'accorder toutes choses necessaires et requises pour ledict exercice selon que lesdicts sieurs depputés adviseront de proposer et requerir.

Item requerront que sadicte Majesté soit très humblement suppliee audict nom de voloir declarer et ordonner que la chambre de l'edict de ceste province soit installée avec toutes les prerogatives & aultres qui ont este accordées a la chambre de Languedoc et aultres prerogatives & reglements que lesdicts sieurs depputés adviseront estre expedients et raisonnables.

Item plus requerront que ceulx de nostre religion soient admis a nostre nomination en l'administration du pays et des villes avec les catholicques et que la police soit mieulx reglée que faire se pourra pour l'assurance de la paix & soulagement du peuple.

Item plus requerront que la garde des places qui tiennent pour nostre parti soit continuée jusques a l'entière execution de l'edict par tout le royaulme aux depens qui se prendront sur les péages et les deniers d'aultre nature que d'impositions sur le peuple et en oultre toutes aultres seurtés requises nous soient accordées.

Sur lesquels quatre poincts de religion, justice, pollice & seuretés lesdicts sieurs depputés pourront dresser et proposer tous articles qu'ils adviseront estre expedients et necessaires pour parvenir au but d'une bonne paix qui ne se puisse jamais rompre et d'iceulx pourront traicter & accorder avec les sieurs deputés du parti catholicque a condicion touttefoys qu'ils ne puissent rien accorder qui ne tende a ce but de prononcer a une ferme paix qui ne se puisse jamais rompre. Faict en ladicte Assemblée de Serres le XXIXᵉ d'apvril 1579.

Extraict a son original par moy secretaire de Monseigneur des Diguieres subsigné.

GENTIL.

XVI.   1579 — 30 AVRIL.

Cop. — Arch. munic. de Vienne (Isère).

DU DERNIER D'APVRIL 1579 EN L'ASSEMBLÉE DES GENTILSHOMMES & AULTRES DU CONSEIL DES ESGLISES REFORMÉES DE CE PAYS DE DAULPHINÉ A SERRES EN LA MAISON DE MAISTRE ANTOINE BERNARD JUGE DUDICT LIEU :

A este oppiné et conclud que pour traicter en conferance avec lesdicts catholicques est prié Monsieur des Diguieres de se y voloir employer et que rien ne se traicte que en sa presence et par son advis attendu la bonne confidence que toutes les esglises ont a sa sincerité & bonne affection qu'il a tousiours faict apparoir par les effectz et en oultre ont nommé pour luy adsister Monsieur de Comps, s'il luy plaist s'y trouver et sy sa commodité le peult permecire et en oultre les sieurs Gentillet, Calignon et de Frize, officiers nommés pour la chambre de l'edict et Fabri ministre de l'esglise de Mens, lesquels pourront adsister a Monsieur des Diguieres pour traicter avec lesdicts catholicques des moyens pour establir l'exercice libre des deux religions par tout ce pays et pour ériger la chambre au plustost que faire se pourra en toute seurté & avec les prerogatives & auctorité qui ont esté et seront accordées aux chambres de Languedoc et de Guyenne et de tous aultres moyens necessaires et convenables pour ramener l'exécution de la paix a une seuretté & stabilité inviolable.

Extraict a son original par moi secretaire de Monseigneur des Diguieres soubzsigné.

GENTIL.

XVII.   1579 — 19 MAI.

Cop. — Arch. munic. de Vienne (Isère).

[DECLARATION DES DEPUTÉS DE L'ASSEMBLÉE DE SERRES.]

Nous deputés de ladicte religion, en premier lieu requerons que messieurs les depputés du parti catholicque nous promectent et jurent que les troys ordres dudict party se joingdront avec les nostres

pour supplier très humblement sa Maiesté d'accorder a ceste province
les choses que nous trouverons par raison et equité estre convenables
pour lui fere rendre une bonne et volontere obeyssance par tous ses
subiects tant de l'une que de l'aultre religion de cedict pays & les fere
jouyr esgallement des mesmes libertés et commodités publicques sans
que ceulx de l'un parti puissent estre de pire condition que ceulx de
l'aultre afin de concilier par cest egal traictement entre tous sesdicts
subiets une ferme et perdurable amitié et concorde. Et moyennant
ce nous depputés de ladicte religion promectons et jurons que tout
nostre parti se joindra reciproquement auxdicts catholicques pour
poursuivre envers sadicte Maiesté que les libertés Dalphinales et
mesmes les contenues a ce contract faict jadis entre feu de louable
memoyre Humbert, daulphin & Philippe, roy de France, l'hors seigneur,
sur le faict de la transaction et union de cedict pays de Daulphiné a
la couronne de France soient de poinct en poinct & inviolablement
observées et que les impos, subsides et aultres charges revenants a la
foule du peuple contrerement audictes libertés soient ostées et supprimées et que tous abus qui sont en l'estat public tant aux faicts des
offices royaulx qu'aux affaires et reiglements des troys estats de cedict
pays soient reformés & corrigés de maniere que par le soulagement du
peuple et par le maintien de chascun ordre et de tous les officiers aux
dedans des limittes que par raison doibvent chascun appartenir nous
puissions voir ceste province qui est nostre commune patrie ramenée
a son ancienne splendeur. Auquel effect ceulx de nostre parti non
seulement se joindront aux catholicques pour en faire poursuitte par
voye légitime mais aussi emploieront en icelle poursuitte tous leurs
moyens comme bons patriottes qu'ils sont et veulent estre.

Faict a la Mure le 19ᵉ may 1579.

LESDIGUIÈRES, COMPS, F. GENTILLET, DE FRIZE, A. FABRI.

XVIII. 1579 — 21 MAI.
Cop. — Arch. munic. de Vienne (Isère).

[PROJET DE DECLARATION COMMUNE AUX DÉPUTÉS TANT CATHOLIQUES
QUE PROTESTANTS.]

Au nom de Dieu soit, du 20ᵉ jour de may mil cinq cent septante neuf
a la Mure. Nous depputés soubzsignés tant du parti des catholicques

que de la religion pour entrer en conference aux fins d'establir en
ceste province de Daulphiné une ferme éxécution de paix qui ne se
puisse jamais rompre, promectons et jurons les ungs aux aultres respectivement de traicter et conferer de bonne foy de toutes choses qui
seront proposées en ceste dicte conference et d'accorder les ungs aux
aultres tout ce que nous trouverons juste et equittable et qui servira
en l'utillité publicque sans vouloir advantage les ungs sur les aultres
et que nous tendrons tous au but que chacun jouysse esgalement des
des commodités publicques sans que ceulx de l'un parti recoipvent
pire traictement que ceulx de l'aultre comme estants tous compatriotes, voysins, parents et amys esgallement subiects au Roy nostre souverain seigneur. Et pour parvenir au sainct & desirable effect et nous
depputés de ladicte religion promectons de proposer par escript nous
articles qui seront par nous signes pour estre examinés l'ung après
l'aultre distinctement en ceste dicte conferance avec les raisons sur
lesquelles nous pretendons les fonder et nous deputés du parti catholicque promectons de mectre aussi par escript et signer au pied de
chascun desdicts articles nous responses pertinantes et cathegoricques sans aulcune ambiguité avec les raisons sur lesquelles nous pretendons les fonder et de fere ratiffier nousdictes responses au corps
de chascun ordre de nostre parti respectivement et de tous ensemble,
promectons de ne nous despartir de la presente conferance que la
proposition et response desdits articles ne soient prealablement achevées et chascun parti debvoit avoir riere soi double deuement signé
comme dessous de tous les articles et responces pour servir ce que
de raison.

   Lesdiguières, Comps, Gentillet, A. Fabri, de Frize.

Nous depputés de ladicte religion soubsignés ayant entendu que
vous, messieurs les depputés du parti catholicque faictes difficulté si
vous avez pouvoir de signer le formulaire sur escript pour proceder a
nostre conferance nous declairons qu'il nous semble que vostre pouvoir dont vous nous avez donné copie est souffizant pour signer par
vous ledict formulaire ensemble le premier article que nous vous
avons consigné avec le susdict formulaire ledict jour d'hier et partant
nous vous requerons de signer et approuver ledict formulaire et ledict

premier article ou bien mectre au pied telle responce que bon vous semblera.

Faict a la Mure le 21e may 1579.

LEDIGUIÈRES, COMPS, GENTILLET, DE FRIZE, A. FABRI.

XIX.   1579 — 22 MAI.
     Cop. — Arch. munic. de Vienne (Isère).

[REPONSE DES DEPUTÉS DE LA RELIGION A L'ECRIT [1] DES DEPUTÉS CATHOLIQUES.]

Nous depputés du parti de la religion repondants à l'escript que vous messieurs les depputés du parti catholicque nous communicates hier au soir vous disons que la lecture propre de vostre pouvoir monstre assez qu'il est trop petit et limité et vous mesme l'avez jugé tel n'ayant vollu par faulte de pouvoir approuver la forme que nous desirions estre observée en la tenue de ceste conferance laquelle forme neanmoings toutes gens de jugement non passionnés trouveront bonne et convenable pour traicter de bonne foy & rondement affaires de consequence tels que ceulx que nous avons a traicter avec vous. Et combien que Monsieur de Maugiron nous heut asseuré par ses missives que vous entreriez en traicté avec nous en nous accordans toutes choses de raison et mesmes la jouyssance esgalle des commodittés publicques toutesfoys vous ayant leu en nostre premier escript a vous communiqué ce mot de commodités publicques vous avez esté du tout desgouttés de signer ny approuver ledict escript. Comme aussi vous avez appartement desclaré ne voulloir entrer en conferance a desbattre avec nous par la raison les poincts que nous avons a vous proposer vous tenants fermes sur les choses que dictes avoir ja esté décidées, disants que vostre pouvoir ne s'estend plus oultre. Vous dictes bien, Messieurs, que vous estes d'accord avec nous en ce que nous demandons une bonne & perdurable paix et en ce que nous disons que sa Maiesté pour l'utilité publicque peult amplier et restraindre son éedict de pacifficazion, mais cependant vous nous avez bien faict paroir en toutes nos precedentes negociations que vous ne tendez qu'a restriction de ce faict en nostre faveur et maintenant vous nous declares ouvertement que d'ampliation

[1] Cet écrit des députés catholiques n'a pas été retrouvé.

vous n'en voulez poinct ouyr parler non pas mesme debattre avec nous par la raison s'il seroit utile pour rendre la paix ferme & perdurable de supplier très humblement sadicte Maiesté de vouloir amplier quelques poincts pour ceste promesse. Tellement que voyants que vous, Messieurs, ne voulez entrer dans la lice & raison & equitté pour debattre avec nous de tous poincts expediens pour rendre la paix perdurable, nous ne pouvons de cela conjecturer aultre chose sinon que vous craignez que la justice de nostre cause soit cogneue et que par aprés ne puissiés persuader au peuple que nous soyons la cause des calamités de ceste nostre commune patrie. Sur quoy nous vous protestons que nous n'en avons esté ny serons jamais la cause & que nous voulons bien tout ce que nous avons a requerir et traicter avec vous pour parvenir a une perdurable paix soit tellement divulgué entendu veu et leu de tout chascun que tout le monde puisse juger de quel costé penchera le droict ou le tort et ne desirons rien de plus que sinon toutes nos actions soient publicques et notoyres à chascun et quant a la foy publicque de nos accords vous scavez quelle n'a esté nullement violée de nostre part mais de vostre costé. Il seroit malaisé de soubstenir par raison que la prinse de Roussas & et le meurtre des soldats qui y estoient, le razement du chasteau et muralhies de Chasteau double [1], l'exaction sur les nostres de plusieurs deniers imposes durant les troubles & le deny de nous payer les six mille et deux cens livres par moys suyvant nostre accorde de Jarrye ne soient evidentes infractions de ladicte foy publicque. Et quant a ce que vous nous requerez d'avoir pitié du pauvre peuple nous vous respondrons que ce sommes nous qui vous requismes au moys de septembre dernier de ne faire poinct d'emprunct sur le peuple, ains prendre sur les peages et aultre nature de deniers l'entretenement des villes de garde de part et d'aultre. Ce sommes nous qui offrismes casser les garnysons de vingt troys de nos places pour diminuer la despence dudict entretenement pourveu que vous feissies de mesme. Ce sommes nous

---

[1] Le capitaine La Prade, commandant à Châteaudouble, ne voulut pas obéir à la paix et continua à courir le pays, à dévaliser les habitants et à emprisonner les voyageurs, qu'il relâchait moyennant rançon. Une troupe de bourgeois et de paysans, révoltés de ses exactions et soutenus par Maugiron, investit Châteaudouble, s'en empara et il en rasa les fortifications. Le château de Roussas, voisin de Châteaudouble, était commandé par le capitaine La Cloche, il tomba également entre leurs mains : La Cloche parvint à s'échapper, mais ses soldats furent presque tous tués. La Prade, moins heureux que La Cloche, fut pendu.

qui despuis nostre accord de Jarrye avons cassé les estats et gages de tous nous gouverneurs de villes, cappitaines, lieutenants, enseignes et sergents pour nous restraindre a la moingdre despence ne restant justement qu'aultant de soldats qu'il nous estoient necessaires pour la gardes de nos portes. Ce sommes nous qui avons contenu les compaignies de nos soldats sans courir de village en village et sans piller ny manger le peuple et pourtant, Messieurs, vous avez deu prendre pour vous longtemps a la requisition que vous faictes maintenant de soulager le peuple lequel n'a pas esté sy beste qu'il n'aye bien sceu cognoistre de quel costé vient sont mal ores qu'on nous aye volu tourner sa rage dessus. Et quant a ce, Messieurs, que vous nous requerez de nous despartir de la saisie de ces beneffices et des peages, nous offrons le fere en nous donnant bonne asseurance de nous payer tous les moys les six mille deux cens livres avec les arreyrages suyvant vostre promesse faicte à Jarrie confirmée aux estats de l'année passée vous offrant tenir et rendre bon compte de tout ce que nous avons faict. Et quand a ce que vous vous tenez pour dispens de ladicte promesse par ce que vous estimez que l'edict seroit longtemps a executer & qu'il n'a tenu ny ne tient en vous qu'il ne le soit nous vous respondons qu'il est aisé de juger a quel parti il a tenu & tient si l'on considere que la cour par son arrest et homologation des conclusions de vous derniers estats a suspendu la veriffication de toutes lettres d'office de nouvelle érection sans aulcune exception et qu'en noz precedentes conferances vous ne nous aies jamais rien accordé que de restrictions et pressé le desarmement et que vous ne voulez encor a present nullement traicter ny accorder avec nous des moyens publiquement utiles et necesseres pour l'establissement de l'exercice de la religion, pollice, justice et seuretés, en quoy gist la vraye equitable et perdurable execution dudit edict, vous faisant fermes et roides en ce que dictes avoir desja esté décidé sur ces poincts sans vouloir traicter aultre chose. Voilà, Messieurs, la responce que nous faisons a vostre dernier escript que vous communicastes hier au soir & a celluy qu'avez mis au pied du formulaire que nous desirons estre signé en la tenue de ceste conferance, n'ayant volu recepvoir de vous deux aultres escripts que nous presentastes par ce que par yceulx vous traictes confusement des poincts que nous avons a proposer devant que vous eussiez entendu nous articles & raisons sur yceulx poincts. Au reste nous vous declairons et protestons que tous les gentilzhommes & aultres de nostre parti sont & seront tousiours prests a s'acheminer a l'execution & observation de la paix & d'accorder des moyens par lesquels elle puisse estre ferme et perdurable en ceste province comme aussi nous nous sommes resolus de ne recepvoir aulcune paix de troys jours qui puisse estre rompue a plaisir par un parti ny aultre, ayant aprins par l'experience que si les anciennes paix eussent esté bien cymentées des asseurances requises ce pauvre royaulme ne fust tant de foys retumbé en troubles et combustion et ne serions encore plongés aux calamités ou nous sommes, ains jouyrions tous, longtemps a, de la doulceur, du repos et tranquillité publicques.

Faict à la Mure ce 22 may 1579.

LESDIGUIÈRES, COMPS, GENTILLET, DE FRIZE, A. FABRI.

Nous soubzsignés avons receu copie du present escript le jour que dessus sans approbation de plusieurs choses & advances ausquelles seroit aysé de respondre de poinct en poinct et sur le champ s'il n'estoyt assez notoyre comme les affaires ont coulé jusques icy [et à qui] il a tenu et tient encore pour le jourd'huy que en ceste province la paix ne soit des long temps et assuramment establye et par ce moyen le pauvre peuple deslivré de toutes foules et surcharges.

SAULSAC, DEBOURG, PERROLIER, GUIGON, BONET, MONTANYS.

Nous soubssignes avons receu copie de la susdicte responce le jour que dessus qui ne requiert aulcune replicque la verite de nostre precedent escript estant toute notoyre.

LESDIGUIÈRES, COMPS, GENTILLET, DE FRIZE, A. FABRI.

XX. 1579 — 8 JUIN.

Orig. — A M. Roman, à Gap.

[REQUESTE DU Sr BOFFIER, DE St-ETIENNE D'AVANSON.]

A Monseigneur, Monseigneur des Diguieres, seigneur de Rosans, commandant pour ceulx de la relligion en Daulphiné, supplie humblement Marc Pierre Boffier, habitant Sainct Estienne d'Avanson sur ce qu'il a avec Claude Cache, hoste de Gap, un procès devant le juge de Gap dont le supplyant est appelant devant la cour. Mais d'aultant qu'il est inhibé d'aller a ladicte cour vous playse ordonner aux parties convenir d'arbitres dans tel dellay qu'il vous playra [1].

[1] Cette requête est simplement analysée.

Enjoignons aux parties de convenir d'arbitres et amiables compositeurs dans huit jours après signification faicte a partie suppliée pour decider et appoincter de leurdict different.

Faict a Gap ce 8 Juing 1579.

LESDIGUIÈRES.

XXI.   1579 [1] — 13 JUIN.

Orig. — A M. le Cte d'Agoult, à Voreppe.

A MONSIEUR, MONSIEUR DE GOUVERNET.

Monsieur, s'en allant ces porteurs je vous ay fet ce mot pour vous fere entendre de nos nouvelles lesquelles sont bonnes, Dieu graces. Les ligues bruient mais elles ne bougent; en Viverets ils sont biens esmeus, et Monsieur du Pont de Bays m'a escript qu'ils veullent fere le bast audit Bays, mais s'ils se mettent au champs ils seront bien accueillis, on leur apreste de besogne et pour cest effect je m'en pars pour aller à Dye au premier jour. Ne vous soucies de rien, car tout va bien par deça et tenes vous joyeusement et fettes promptement ce qu'est de fere pour Monsieur le Mareschal. Je retiens ycy ung homme pour quelques jours pour vous porter des nouvelles qu'à mon advis vous seront agréables; vous ferez sçavoir à Monsieur le Mareschal que la Royne a mandé ycy le sieur de Vatizon laquelle veult qu'on désarme promptement d'aultant que en Guienne et en Languedoc tout y est désarmé et en paix, mais nous sçavons assez de leurs nouvelles et de leur estat. Elle est extrémement marrie des troupes que vous avez mené et se fasche fort mais la responce est que j'estime que Monsieur le Mareschal ne fet rien que pour le service du Roy et bien de la coronne de France, estant luy ung des principaux officiers d'icelle. Nous avons besoing que Monsieur de Callignon s'en vienne en dilligence, je vous prie le renvoier incontinent. J'ai depeché ce jourd'huy à Nyons et fais entendre à Madamoyselle de Gouvernet de vostre bon portement et de tous voz compagnons. Pour fin je me recommande à voz

---

[1] La date de cette lettre nous est suffisamment indiquée par la présence de Gouvernet près du maréchal de Bellegarde. Gouvernet, à la tête d'une petite armée, avait passé les monts et aidé ce maréchal à s'emparer du marquisat de Saluces et à en chasser Birague, qui en était gouverneur pour le roi (1579).

bonnes graces pour ung million de foys et de touts les compagnons.
Je prie Dieu, Monsieur, qu'il vous conserve trestous. C'est de Gap le
13ᵉ Juing.

Vostre humble compère pour vous fère service.

LESDIGUIÈRES.

Ceste cy servira s'il vous plet pour Messieurs du Villar et d'Aspremont lesquels je sallue de mes plus affectionnées recommandations à leurs bonnes graces.

XXII.   1579 — 16 JUILLET.

Cop. — A M. de la Morte Felines, à Die.

[ORDONNANCE ENJOIGNANT AUX FERMIERS DES BÉNÉFICES DU DIOIS DE PAYER DANS LES TROIS JOURS LE TIERS DENIER COMPTANT A PEINE D'EMPRISONNEMENT.]

Le sieur des Diguières, lieutenant general du Roy de Navarre, sur la garde des lieux tenus par ceux de la Religion en Daulphiné, ayant heu l'advis des sieurs de la noblesse estant à Dye et du Conseil estably audict lieu, ordonne que tous ceux qui ont prins à ferme le revenu des bénéfices en Dyois avec condition de paier le tiers denier contant et ne se sont acquités de ce debvoir ayent à paier le dit tiers dans trois jours pour tous délais à peyne de tenir prison jusqu'à ce qu'ils ayent satisfaict, veu la nécéssité de la cause & pour ce fet est mandé au juge de Dye administrer justice contre les désfaillants.

Faict à Dye à l'assemblée, ce seiziesme juillet 1579.

LESDIGUIÈRES.

XXIII.   1579 — 15 JUILLET.

Orig. — Arch. du canton de Berne. Documents de France, t. III.

AUX MAGNIFIQUES ET TRÈS REDOUBTÉS SEIGNEURS LES ADVOYERS ET PETIT CONSEIL DE BERNE.

Magnifiques et très redoubtés seigneurs, j'ay entendu par le sieur de Vesin comme il avoit charge de vos excellances de poursuivre remboursement des deniers qu'on fit payer induement aux vostres à Lyvron du temps des troubles passés en laquelle poursuite je ne feray faulte de m'employer de tous les moyens et credict que je pourray avoir pour le grand désir de vous faire service agréable Vous asseurant que l'incertitude [de] la paix ou nous sommes et les troubles populaires nous ont empeché jusqu'à present en ce faict et plusieurs autres de nous acquitter de nostre debvoir mais la bonne volonté n'en est point amoindrie laquelle vos excellances cognoistront tousjours par les effects estre tres soubmis a recepvoir vous commandemens. Je me recommande trés humblement a vos bonnes graces, priant Dieu, magnifiques et trés redoubtés seigneurs qu'il vous donne trés bonne santé, longue et contente vie. A Dye ce XVe de juillet 1579.

Vostre bien humble et obeissant serviteur

LESDIGUIÈRES.

XXIV.   1579 — 11 AOUT.

Cop. — B. N. MS. F. 15561, p. 70.

INSTRUCTIONS POUR LES SIEURS DE CUGIE, DE COMPS, GENTILLET & BUOLC DES POINCTS QU'ILS POURSUIVRONT ENVERS LA ROYNE MÈRE DU ROY AU NOM DES GENTILSHOMMES & DÉPPUTÉS DE LA RELLIGION REFFORMÉE DE CE PAIS DE DAULPHINÉ.

Premierement protesteront trés humblement que nous n'entendons capituler avec sa Majesté, ains seullement luy remonstrer en toute humilité nos raisons & luy demander justice sur les poincts suivans.

DES ATTENTATS.

Puis supplieront trés humblement sadicte Majesté de nous voulloir fere reparer les infractions de la foy publicque promise & jurée solempnellement l'année passée en plains estats de ce pais entre les catholicques & nous laquelle foy nous a esté viollée en la prinse de Roussas & meurtre de nos soldats qui estoient dedans & du seigneur de Rousset, gentilhomme catholicque, qui estoit respondant de ladicte foy envers iceulx soldats & en la prinse de Tullette, Mevillon,

Ruynat, la Roche sur Buys & aultres semblables desquelles choses nous requerons trés humblement sadicte Majesté nous faire faire justice & reparation.

DE LA RELIGION.

Par ce que nostre principal devoir est de servir à Dieu, selon nos consciences, supplions trés humblement sadicte Majesté nous accorder l'exercice de nostre relligion en tous les lieux ou nous avons eu commandement & aucthorité pendant les derniers troubles.

Item en tous lieulx que nous choisirons au ressort de chascun siége de bailliage & de seneschaussée.

Item en tous lieulx ou ceulx de nostre religion font la plus grande ou [majeure] par des habitans du lieu.

Item en toutes les maisons des haults justiciers de nostre relligion presens ou absens.

Item au principal domicile de toutes personnes nobles, ores[1] qu'elles n'aient juridiction.

Item par ce que par le droict divin & anciens canons nous debvons paier les dixmes a ceulx qui nous monstrent la parolle de Dieu & les sacremens, qu'il plaise à sadicte Majesté nous permettre d'applicquer les dixmes de nos fruits à l'entretenement de nos pasteurs offrant de payer pour rate[2] les deniers du Roy.

DE LA JUSTICE.

Supplieront aussi trés humblement sadicte Majesté nous voulloir accorder la chambre mi-partye composée de seize magistrats sept conseillers et ung president de chascune relligion, audict ung substitut des gens du roy, & huissiers & commis aux greffes qui soient de nostre relligion ainsi que sadicte Majesté a accordé à ceulx de Languedoc laquelle chambre sera séante en la ville de Gap ou de Dye.

Et que ladicte chambre puisse recognoistre de toutes matières sans aucune exception lors que quelqu'un de nostre party sera en qualité au procés et aura interest a la matiere.

Et que ung bon reglement soit fait pour bien esclaircir l'authorité, jurisdiction & prérogatives qui debvoient appartenir a ladicte chambre.

---

[1] Pour : hors, à moins.   [2] Au prorata.

Et que pour la rendre bien obeye, executer ses decrets et jugements & purger la province de malvivans soient establis deux lieutenans de prevosts de mareschaulx l'un aux montaignes & l'autre au Valentinois et Dioys a nostre nomination & entretenus aux despens du pais avec six archers chascun d'eux.

Et que tous juges inferieurs à la court de parlement qui seront catholicques soient tenus prandre ung accesseur pour le moings de nostre relligion en tous proces ou leurs jugemens pour les ordonnances pourront estre souverains ou éxécutoires par dessus l'apel & en jugement d'incompetance.

DE LA POLICE.

Supplieront aussi trés humblement sadicte Majesté qu'en l'administration des afféres du pais il y ait autant de commis de nostre relligion que de la catholicques & que ceulx de nostre dicte relligion soient par nous esleus & les catholiques par les catholiques.

Item qu'en chascune maison consulaire des dix villes y ait ung ou deux consuls de nostre relligion sans l'assistance & consentement duquel ou desquels les actes & conclusions qui se feront soient nuls & de nul effect.

Item que ceulx de nostre relligion soient exempts de contribuer au payement des debtes créees par ceulx du party catholique durant les precedents troubles & des impenses faictes jusques a present contre nous ou pour afferes qui ne sont à nostre proffict.

Et que sur les tailles qui s'imposeront cy après sur l'universel du pais soient ostendus & alloués les deniers que ceulx de nostre dict party ont payé pour l'entretenement des gardes des places que nous tenons.

DES SURETÉS.

Supplieront aussi trés humblement sadicte Majesté nous accorder de continuer la garde des places que nous tenons jusques ad ce que l'edict soit éxécuté par tout le royaume en tous ses autres points et que les provinces circonvoisines a ceste-cy ayent desarmé.

Et après que ledict edict & les déclarations qui seront arrestés par icellui seront effectuées qu'il nous soit accordé oultre Nions & Serres la garde du chasteau de Livron & des deux maisons du sieur des

Diguières qui sont l'une à Gap & l'aultre à la Mure pour mesme terme avec vingt hommes entretenus pour chascune desdictes trois places et Chasteauneuf de Mazanc.

Et que le payement de la garde des susdictes places nous soit asseures sur bonnes assignations par advance de quartier en quartier.

Et qu'en la ville ou ladicte chambre sera séante soit establye garde aux despens du pais de cent Suisses Bernoys esleus et commandés par ung gentilhomme de la relligion que soit par nous nommé, lequel avec lesdicts Suisses soient tenus prester serment es mains de ladicte chambre pour le service des magistrats & autres qui seront dans ladicte ville tant d'une que d'autre relligion.

Et que par promesses solempnellement jurées & par establissement de griesves peynes soit obvié à tout renouvellement de troubles qui pouroient renaistre par saisies de villes ou autres places et par massacres, trahisons, connivence de magistrats & autres semblables moiens.

Finallement supplieront trés humblement sadicte Majesté de tout ce qui nous sera accordé nous octroyer ung edict en forme de déclaration de celles de pacifffication qui soit veriffyé par la court, ensemble aussi l'edict d'abolition & que lesdicts edicts soient incontinent après non seullement mis en realle & actuelle éxécution mais aussy maintenus perpetuellement en vive & inviolable observation par les magistrats qui a cest effect pourront le plus apporter d'aucthorité, moiens et prudence.

Faict a la Mure ce XIe jour d'Aoust mil V^c septente-neuf.

Lesdiguières, Morges, le Poet, Mirabel, Gouvernet [1].

---

[1] La pièce précédente et les six suivantes se rapportent au séjour que fit à Grenoble Catherine de Médicis pour chercher à faire accepter par les deux partis la paix de Poitiers. Après des pourparlers aussi longs qu'inutiles elle quitta le Dauphiné pour se retirer à Montluel en Bresse. Assistée du maréchal de Bellegarde, elle y parvint à faire promettre à une fraction des partis catholique et protestant de vivre en bonne intelligence, mais cette suspension d'armes dura très peu, fut repoussée par la plupart des chefs protestants, entre autres par Lesdiguières, et Mayenne fut obligé de venir l'année suivante imposer au Dauphiné la paix par la force.

XXV.   1579 — 18 Août.

Cop. — B. N. MS. F. 15561, p. 81.

[A MESSIEURS LES GENTILSHOMMES DE LA RELIGION REFFORMÉE DU DAULPHINÉ.]

Messieurs, vos depputés presents porteurs m'ont presenté ces jours icy vos lettres, depuis ils ont quazi tous les jours esté oys par moy & les princes & sieurs du conseil privé du Roy monsieur mon fils, qui sont icy, mais je ne veis jamais gens si desraisonnables et fault que je vous die que je trouve merveilleusement estrange que vous & eulx m'aies tenu icy ung mois entier qu'il y a que je y suis sans rien faire me remetant de jour a aultre sans que vous soies encores mis en aulcun debvoir d'obeir a l'éxécution de l'edict de paciffication & articles a vous accordés a la poursuitte du conseiller Calignon comme doibvent bons & loiaulx subiects que je veulx croire qu'estes. Mais pourtant ne vous pouvez vous excuser que vous n'avez usé d'ung grand mespris, d'avoir au préjudice de ce que je vous ay plusieurs fois escript & commandé continué a lever plusieurs indeues contributions & les fortifications des places que vous occuppies principallement a la Mure ; se sont toutes choses contre ledict edict de paciffication & articles accordés a la poursuitte dudict Calignon, vous asseurant que si vous ne les faictes cesser comme j'ay dict a vos dicts depputés je m'en resentiray comme je doibs & y scauray bien pourveoir par les voies de justice & de la force si bien qu'il en sera exemple memorable. Partant, si desirés faire chose qui soit agréable au Roy mondict seigneur & fils & a moy, donnez y ordre & pareillement de faire rendre & restituer, comme aussi pourvoiray-je qu'il sera faict incontinant par les catholicques, ce qui se trouvera en nature comme bestial, meubles & autres biens apartenans aux ungs & aux autres; faire aussi mectre tous prisonniers a l'occasion des troubles ou desdictes contributions en liberté. Cependant je vous diray que voiant vosdicts depputés entiers en leurs desraisonnables requestes & articles je leur ay permis de s'en retourner vers vous & de vous rassembler comme ils m'ont requise permectre affin qu'ils vous puissent faire entendre la responce que leur ay faicte, qui est que je suis icy venue pour faire éxécuter entierement suivant l'intention du Roy mondict seigneur & fils, icelluy edit de paciffication & le contenu esdicts articles a vous accordés a la poursuitte dudict Calignon en tous leurs poincts & non pour faire un autre edit ou y augmenter ou diminuer & que partant ils le vous declairent comme je le leur ay franchement dict pour vous & pour eulx & aussi pour tous ceulx de vostre religion residans en ce pais desirant que dedans mardy au soir qui est d'aujourd'huy en huict jours ou le lendemain matin qui sera mercredy ensuivant pour le plus tard ils aient a m'en venir faire responce & dire vostre deliberation que je desire estre conforme a ce qui a esté promis par vous & tous ceulx de vostre religion en faisant icelluy edit de paciffication, sinon je suis bien déliberée de le faire éxécuter en tous ses poincts & ce qui est porté par lesdicts articles a vous accordés a la poursuicte dudict Calignon. Vous declairant de rechef qu'il ne se peult augmenter ne diminuer comme aussi n'est-il raisonnable pour les grandes, apparentes & veritables raisons qui ont esté amplement représentées a vos dicts depputés & que je leur ay recommandé vous dire & m'en veoir sans faillir faire la responce dedans le temps dessus dict. Priant Dieu, Messieurs, vous avoir en sa saincte & digne garde. Escript a Grenoble le XVIIIe jour d'Aoust 1579.

CATHERINE.

XXVI. 1579 — 22 Aout.

Cop. — B. N. MS. F. 15561, p. 95.

[A LA ROYNE.]

Madame, nous avons receu la lettre qu'il a pleu a vostre majesté nous envoyer par nos deputés & entendu par eulx tant le faict de leur negociation et mesmes les raisons par lesquelles Messieurs de vostre conseil pretendent que les articles qui furent de nostre part presentés a vostre dicte Majesté le XVIe de ce mois ne sont conformes a la volunté du Roy & la vostre. Ce qui a esté cause que nous avons encores retranché beaucoup de choses de nosdicts articles vous asseurant, Madame, que nous n'en saurions du tout plus rien retrancher sans nous remettre en hazard evident de veoir bien tost la paix rompue en ceste province par nos adversaires à nostre totale ruine. Et d'autant que nous sommes bien asseures que c'est la volunté du Roy & la vostre que nous nous conservions sans plus estre exposés a la furie du populaire ny a la desvotion de ceulx qui ne manqueront jamais de mauvaise volunté a nous mesfaire cependant qu'ils en auront le pouvoir a ceste cause nous esperons aussi que vostre dicte Majesté trouvera bon que par les articles que nous vous envoyons & presentons en toute humilité nous aions prinse resolution pour tendre fermement a ce but. Comme aussi nous ne doubtons pas que vostre prudence saura tres bien cognoistre, se rememorant les choses passées & se representant l'estat des presentes, que nous avons une infinité de justes causes de desfiances. Ce seroit nous ramener entierement en desespoir de nous voulloir contraindre ny presser de nous departir plus avant des moiens du tout necessaires a nostre conservation; joinct aussi, Madame, qu'en ostant ce pouvoir de ramener les troubles à ceulx qui ne vizent a aultre chose qu'a les renouveller à nostre ruyne, ce sera rendre la paix ferme & commode tant pour les bons catholicques qui l'ayment que pour nous. Et combien que nous ne doubtions pas qu'on vouldroit persuader à vostre dicte Majesté que nos dicts articles ne sont conformes a l'equité & au but auquel tend ledict edit qui est la conservation en paix & repos des subiects du Roy & vostres nous vous asseurons que tous les chatholicques non passionnés de ceste dicte province en feront semblable jugement & ne dissertiront[1] a ce que nosdicts articles nous soient accordés par vostre dicte Majesté pour parvenir au bien de la paix & pour le service du Roy qui en sera mieulx obey. Et partant nous vous supplions trés humblement, Madame, de nous accorder nosdicts derniers articles affin que nous puissions joyr d'une bonne & seure paix par vostre faveur et clemence de laquelle nous attendons ce bien d'estre conservés & traictés comme bons & fidelles subiects tels que nous sommes, n'aians jamais aspirés a estre subiets a aultre domination que de nostre Roy & prince nationnal & qui aimerions mieulx mourir & estre abismes que d'avoir seullement pensé chose qui fut tant soit peu a la diminution de l'estat & grandeur de sa coronne, comme aussy il n'y en a jamais eu aucune marque en nous, graces a Dieu. Et d'autant que le sieur de Cugie, nostre deputé, pourra plus particulierement informer vostre dicte Majesté de ce que dessus nous ferons fin à la presente, priant le Createur qu'il vous veuille donner, Madame, en trés bonne santé longue & heureuse vye. A la Mure ce XXIIe d'Aoust 1579.

Vos trés humbles & trés obeissants subiets & serviteurs

Lesdiguières, Morges, de Frize.

XXVII. 1579 — 24 Aout.
Cop. — B. N. MS. F. 15561, p. 95.

[A LA ROYNE.]

Madame, nous avons reçeu la lettre qu'il a pleu a vostre magesté nous envoyer par le sieur baron de Saulsac, faisant mention de plusieurs plainctes qu'on faict contre ceulx de nostre party, sur quoy

---

[1] Ne s'opposeront.

nous supplions bien humblement vostre majesté ne croire que nous facions fere telles concussions & exactions comme l'on vous faict entendre. Bien est vray qu'il y a quelque temps, avant l'arrivée de vostre Majesté en ce pais, que nous feismes quelque estat de contribution pour lever justement ce qu'il nous falloit pour l'entretenement de la garde des places que nous tenons depuis qu'on nous a manqué de payer ce que l'on nous debvoit par l'accord de Jarrye & croions que les nostres ne font aucune levée que de cela. Toutesfois, Madame, nous avons desia escript & escripvons encores des aujourd'huy a Lyvron & au Pont de Royans pour entendre la verité de toutes les exactions & autres desordres dont l'on a faict plaincte a vostre dicte Majesté laquelle nous en advertirons incontinent après et s'il y a chose qui merite pugnition nous ferons tout nostre devoir de fere saisir les coulpables pour les remettre es mains de justice. Et quant est de meurtres & volleries nous n'avons poinct sceu que ceulx de nostre party en aient commis mais oy bien ceulx du party catholicque que depuis vostre arrivée en ce pais ont tué cinq ou six des nostres auprès de Tallard comme en avons adverty vostre dicte Majesté, laquelle aussi a entendu l'aggression faicte par certains harquebusiers sur nos deputés revenans de Grenoble mercredi dernier, comme ils passaient auprès du bois d'Eychirolles. Au reste, Madame, nous vous supplions de croire que c'est a nostre grand regret que tels desordres se font tant d'un party que d'aultre, mais vostre Majesté tient entre les mains le moien d'y remeddier en establissant en ceste province la paix en une bonne et perdurable fermeté. Pour a quoy parvenir nous renvoions le sieur de Cugie par devers vostre dicte Majesté qui vous presentera en toute humilité nos lettres et articles par le moien & octroy desquelles vostre benignité pourra contenter tant ceulx de nostre party que les catholicques mesmes qui ne seront demesurement passionnés a nous voulloir du tout incommoder et en attendant ce bien de vostre faveur & debonnaireté nous supplions de bon cœur le Createur, Madame, vous voulloir combler de plus en plus de ses sainctes bénédictions. A la Mure ce XXIIII Aoust 1579.

  Vos trés humbles & trés obeissants subiets & serviteurs

    LESDIGUIERES, LOYS DU VACHE, DE FRIZE.

XXVIII. 1579 — 24 Aout.
Cop. — B. N. MS. F. 15561, p. 97

[A LA ROYNE.]

Madame, nous avons reçeu les deux lettres qu'il a pleu a vostre Majesté nous rescrire, l'une par monsieur le president d'Aultefort & l'autre par le sieur de Cugie, nostre deputé, lesquels nous ont aussy dit de bouche ce qu'il a pleu à vostre dicte Majesté de leur commander de nous dire et combien que nous soions a present icy petit nombre et que la plupart des nostres qui s'estoient trouvés a nostre derniere assemblée à la Mure se soient retirés en leurs maisons, si est ce que nous n'avons voulleu differer de fere responce a vostre dicte Majesté suivant l'intention unanime de tous ceulx de nostre parti laquelle nous savons estre de vous supplier très humblement, Madame, voulloir trouver bon que nous demourions fermes aux moiens de nostre conservation soubs une bonne & perdurable paix, suivant le contenu en nos derniers articles comme nous sommes très certains & asseurés que le Roy & vostre dicte Magesté desire de nous conserver en une telle paix par le moien de laquelle sera rendue plus voluntaire obeissance & fidelle service à vostre Magesté que par le moien d'une paix qui nous seroit trop incommode & desavantageuse et nous asseurons que les catholicques paisibles de ceste province ne trouveront poinct mauvais que vostre dicte Majesté nous accorde ce que nous demandons par nosdicts derniers articles qui ne tendent à quelque petite ampliation d'icelle pour le grand bien & utilité publicque de ceste province ainsi que par cy devant nos députés l'ont remonstré par escript & de bouche, par devant vostre dicte Majesté & messieurs de vostre conseil. Au reste, Madame, nous n'ignorons pas que les catholiques mal affectionnés envers nous ne s'efforcent de persuader à vostre dicte Majesté qu'elle ne nous doibt accorder nos très humbles demandes ny en rien emplier l'edict en nostre faveur, ains plus tost le restraindre comme odieux, mais nous vous supplions très humblement, Madame, de considérer que nous sommes subietcs du Roy comme eulx & que leurs poursuittes sont iniustes en ce que ne se contentans de joir de toute telle liberté qu'ils sauroient desirer ils nous veullent encores priver de la nostre & de toutes nos commodités publicques & privées & tenans la place des aisnés ne peuvent souffrir que le Roy nostre prince & père commun nous tienne en rang de pauvres cadets, ains s'efforcent tant qu'ils peuvent de persuader à sa Majesté de nous rejetter & disgratier comme bastarts, chose qui nous seroit bien dure & difficile ne les recougnoissans en rien de plus grand calibre que nous & saichans bien que le Roy nous veult estre à tous esgallement bon prince. Au demourant, Madame, nous vous asseurons que nous avons rescript par tout pour fere cesser parmy les nostres tous desordres & suspendre toutes exactions en esperance que dans peu de jours vostre dicte Majesté nous aura mis en bonne paix & accordé quelques bons moiens pour continuer la garde des places que nous tenons sans que nous soions contraincts plus rien lever sur le peuple ny benfices et vous supplions très humblement de croire que ce sera la chose que plus nous desirons & que c'est l'extremité et faulte d'avoir moiens qui nous a faict recorir à telle levée pour nous conserver de nos ennemis & mesmes de l'eslevation du populaire, lequel, sans doubte, se feut efforcé & efforcera encores d'opprimer la noblesse & gens d'honneur tant de l'une que de l'autre relligion sans la garde que nous avons faict & faisons desdictes places. Et d'aultant que mondict seigneur le president d'Aultefort fera plus amplement entendre à vostre dicte Majesté la responce que nous luy avons faicte sur ce qu'il nous a faict entendre de vostre part nous ne vous ferons ceste plus longue, la finissant par prier à Dieu qu'il veuille donner à vostre Majesté, Madame, en parfaicte santé, très heureuse & longue vye. De Gap ce XXIIII*e* d'Aoust 1579.

Vos très humbles & très obeissants subiets & serviteurs.

LESDIGUIÈRES et autres.

XXIX. 1579 — 25 AOUT.
Cop. — B. N. MS. F. 15561, p. 99.

[A LA ROYNE.]

Madame, j'ay receu en l'absence des autres gentilshommes de nostre party qui se sont retires en leurs maisons la lettre qu'il a pleu a vostre Majesté nous escripre contenant semblables plainctes que celle que nous receusmes hier par le sieur Baron de Saulsac et outre plus le plainctif qu'on a faict a vostre dicte Majesté d'un faict qu'on dit estre naguères advenu à Villefranche près Meuillon. Quant aux précédents plainctifs nous en feismes hier responce à vostre dicte Majesté par ledict sieur Baron de Saulsac et quant au faict qu'on dit estre advenu à Villefranche je ne scay que c'est, mais je m'en informeray en toute dilligence pour y remedier de tout mon pouvoir & en tenir advertye vostre dicte Majesté. Bien vous puis-je asseurer, Madame, que la garnison dudict Meuillon faict ordinairement des courses & ravaiges sur ceulx de nostre party en ces quartiers la et pourroit estre que pour resister à leurs viollances & pilleries ils se seroient mis en quelque lieu en desfance, toutes fois je ne scay point encore qu'il l'aient faict. Au reste je vous diray librement, Madame, qu'il est aisé à voir que ceulx qui ne demandent qu'a rallumer les troubles & rompre le repos publicq de ceste province s'efforcent de tout leur pouvoir de nous rendre odieux envers vostre dicte Majesté & nous jetter la rage sus en vous faisant entendre beaucoup de choses qui ne sont poinct & en faisant paroir grandes les choses petites & se taisant cependant des meurtres, violances & indignités qui se font tous les jours sur les nostres qui sont des traits par lesquels ils descouvrent tousiours de plus en plus leur mauvaise volunté en nostre endroict & qui nous remettent touiours en plus grande deffiance d'eulx que jamais : de manière que cela nous occazionne de continuer à supplier tousiours vostre dicte Majesté ne volloir condampner les accusés sur la simple parole des accusateurs qui gagnent le devant pour se couvrir des maulx & oppressions qu'ils nous font & ne trouver mauvais que nous aspirions à vostre paix si asseurée que soubs prétexte d'icelle nos ennemis ne se puissent avantager de nostre ruine comme ils en ont la volunté. Et d'autant que vostre dicte Majesté aura entendu par le sieur de Cugie la charge que nous luy avons donnée sur ce faict nous espérons que vostre dicte Majesté nous donnera occasion de vivre cy après en bonne & seure paix soubs l'obeissance du Roy & par ce moien fera cesser les désordres qui sont en ceste province tant de un costé que d'autre et sur ce je prye la Createur qu'il vous veuille donner, Madame, en parfaicte santé très heureuse & longue vye. Aux Diguières, ce XXVe d'Aoust 1579.

Vostre très humble et très obeissant subiect et serviteur

LESDIGUIÈRES.

XXX. 1579. — 1er SEPTEMBRE.

Cop. — B. N. MS. F. 15561, p. 118.

[A MONSIEUR DES DIGUIÈRES.]

Monsieur des Diguieres, j'ay receu la lettre que vous & les cinq aultres députés de ceulx de vostre religion m'ont escripte par le sieur president de Haultefort & par le sieur de Cugy, ayant veu par icelle l'asseurance que me donnes d'avoir pourveu par tout & escript à tous ceulx de vostre religion pour faire cesser toutes exactions, et, quoy que ce soit vostre debvoir, vous m'avez toutesfois faict très grand plaisir, croyant que suivant vostre dicte lettre lesdictes exactions ne se feront plus ne aussy aulcuns actes d'hostilité & que nous mettrons bientost une bonne fin à l'entier establissement de la paix & exécution de l'edict de pacifiication en ce pais voullant bien, affin qu'il n'y ayt plus de retardement en cela que, suivant ce que m'avez tousiours offert de fere venir quand je vouldrois mon cousin le mareschal de Bellegarde[1], vous l'allies trouver & le facies advancer de venir, comme il m'a escript qu'il fera incontinant, affin que nous regardions à prendre une bonne résolution de toutes choses au bien de la paix en cedict pais. Et pour ce faire je vous envoie, suivant ce que ledict sieur de Haultefort & vous avez advisé ensemble & signé de vos mains, le passeport de mon frère Monsieur le duc de Savoie & le mien aussy ayant ces jours icy envoyé a mondict cousin le mareschal de Bellegarde les seuretés qui luy sont nécessaires pour son voyage, dont il s'est contenté, estant en la mesme forme que vous a dict icellui sieur de Haultefort & qu'il est contenu audict escript dont ledict sieur Mareschal m'a aussy escript estre content de sorte que le trouveres comme j'estime tout prest à partir ou peult estre desja en chemin pour s'acheminer devers moy. Cependant je prie Dieu, Monsieur des Diguieres, vous avoir en sa saincte & digne garde. Escript à Grenoble le premier jour de septembre 1579.

CATHERINE [2].

[1] Le maréchal de Bellegarde venait, avec une troupe commandée par Gouvernet, de s'emparer du marquisat de Saluces, dont il voulait faire une principauté indépendante. Trop faible pour le lui enlever, la cour voulait négocier avec lui : c'était l'une des causes de l'arrivée de la reine en Dauphiné.

[2] La reine fit également des instances près du maréchal de Bellegarde pour l'engager à venir à Montluel (B. N. MS. F. 15561) ; elle se fit appuyer de l'influence du duc de Savoie, qui écrivit une lettre au maréchal (B. N. MS. F. 15561, p. 153) et envoya un passeport à Lesdiguières (B. N. MS. F. 15561, p. 113). Le maréchal vint en effet à Montluel, et, après avoir reçu le meilleur accueil de la reine, il y mourut subitement peu de jours après, non sans soupçon d'empoisonnement. Lesdiguières, plus méfiant, avait trouvé plusieurs prétextes pour ne pas accompagner Bellegarde.

XXXI. 1579 — 15 Septembre.
Autog. — Arch. munic. du Noyer.

[AUX CONSULS DU NOYER.]

Consulz du Noyer, vous ferez bailher à Tony de Ventron six quintaus foing et quatre de paille et une charge aveyne que je luy ay ordonné pour l'entretien de son cheval et le tout fettes conduire en ceste ville et a ce n'y fettes faulte. Fet a Gap le 15 septembre 1579.

LESDIGUIÈRES.

XXXII. 1580 — 10 Janvier.
Orig. — Arch. munic. du Noyer.

[QUITTANCE AUX CONSULS DU NOYER]

J'ay recu vingt quatre escus sol par les mains de Claude Prel, consul du Noyer et ce pour la cense que mes subgets dudict lieu me debvoyent de l'année passée 1579, tellement que d'icelle cense je les tiens quite. En foy de ce me suis soubz signé. A Gap ce dix janvier 1580.

Pour vingt quatre escus.

LESDIGUIÈRES.

XXXIII. 1580 — 23 Fevrier.
Autog. — A M. Eug. Chaper, à Grenoble.

A MADAMOYSELLE MA SŒUR, MADAMOYSELLE DE VARCE.

Madamoyselle ma sœur, je vois par la vostre la pleinte que fettes pour estre rambourcée de cent livres que dittes vous estre deues sur les biens et héritage de madamoyselle de Miribel vostre sœur je ne vous puis dire sinon que tout cella procède de Monsieur de Gonas qui a tousiours tenu les biens de Vif et les meubles estimant qu'il vous en ferait part de la moitié, mais puisque cella n'est pas il vous plerra de patianter pour les diets cent frangs iusques qu'on ce puisse assambler pour résoudre ces afferes. Alors ceux qui aront prins plus que vous, faudra qu'ils vous ramboursent et en cella ie serai vostre solliciteur et serviteur en tout le reste ou il vous plerra moy commander et ce d'aussi bon cœur que je vous suplie de m'aimer et me tenir pour vostre bien humble frère prest a vous fere service.

C'est de Gap le 23 febvrier 1580. LESDIGUIÈRES.

XXXIV. 1580 — 26 MAI.
Orig. — Arch. de l'Etat à Milan.

A MONSIEUR, MONSIEUR DE BAUDISSE.

Monsieur, j'ay discouru avecque Monsieur de Servaint des propos que vous eustes dernièrement ensemble et l'ay prié de conférer avecque vous des discours que nous avons tenu sur ce suget. Je vous supplie donque de le croire de ce qu'il vous dira de ma part et me tenir pour l'un de vos plus entiers amis et affectionés serviteurs comme je vous le feray conoistre quand l'occasion s'en présentera et qu'il vous plaira me commander. Sur quoy après vous avoir salué de mes plus humbles et affectionées recommandations je prie Dieu, Monsieur, de vous tenir en sa sainte grace. De Gap ce XXVIe may 1580.

Vostre bien humble prest à vous fere service.

LESDIGUIÈRES.

XXXV. 1580 — 27 MAI.
Orig. — Arch. de l'Etat à Milan.

A MONSIEUR, MONSIEUR DE BAUDISSE.

Monsieur, le capitaine Loques m'a fait entendre quelque chose de votre part sur quoy je ne vous puis faire response que vous ne m'ayes premièrement decleré votre intention sur ce que Monsieur de Servaint vous dira de ma part. Cependant je vous prieray tousiours de continuer non seulement l'amitié que vous me pourtés mais aussi l'affection louable que vous avez de servir au public, dont l'occasion se présentera asses. Pour mon regard croyes que je vous suis intime et fidèle ami et serviteur et que quant il vous plaira l'esprouver vous conoitres ma syncérité. Sur ce, après vous avoir salué de mes plus humbles et affectionées recomandations je prieray Dieu, Monsieur, de vous tenir en sa garde. De Gap ce XXVII⁰ may 1580.

Vostre bien humble pour vous fere service

LESDIGUIÈRES.

XXXVI.   1580 — 3 JUIN.
Orig. — Arch. de l'Etat à Milan.

A MONSIEUR, MONSIEUR DE BAUDISSE.

Monsieur, j'ay receu celle qu'il vous a pleu m'escrire à laquelle je ne vous feray plus ample responce sinon que je vous prie de croire entièrement ce que ce porteur vous dira de ma part et vous asseurer qu'il n'y a gentilhomme au monde qui avec plus grande dévotion vous face service que moy, vous suppliant de le croire et en faire estat comme je fais de vostre amityé. Et sur ce après vous avoir humblement baisé les mains je prie Dieu vous donner, Monsieur, l'accomplissement de vos saints desirs. De Lestroit ce III⁰ juin 1580.

Vostre bien humble prest à vous fere service

LESDIGUIÈRES.

XXXVII.   1580 — 9 SEPTEMBRE.
Orig. — A M. le D⁰ Guillaud, à Chambéry.

A MONSIEUR, MONSIEUR DE SERVAIN.

Monsieur, vous entendrez par le S⁰ de Calignon l'occasion de son voyage et m'asseure que vous me feres le bien de l'informer de la mutation qui peut estre survenue aux estats de son Altesse despuis la mort de feu Monseigneur son père[1] auquel vous et nous avons faicte une perte remarquable. Vous luy dires s'il vous plait quel vent il faict en vostre court, quelles humeurs il y a et quel est le cours du marché.

[1] Emmanuel-Philibert, duc de Savoie, mourut à Turin le 30 août 1580.

Si son Altesse a retenu les mesmes conseillers et officiers que feu son père avait, ainsi que l'on m'a asseuré, et qu'il suyve le chemin que la prudence de son dict père luy avoit frayé, son gouvernement ne peut faillir d'estre heureux. Comme qu'il en soit, je vous recommande ce pourteur en sa négotiation qui est de grande importance, je vous prie donques l'assister de faveur et de conseil, suppliant le Createur, Monsieur, de vous tenir en sa saincte garde. De Gap ce IXe septembre 1580.

Vostre bien humble prest à vous fere service.

LESDIGUIÈRES.

XXXVIII.   1580 — 24 SEPTEMBRE.
Orig. — A M. le Dr Guillaud, à Chambéry.

A MONSIEUR, MONSIEUR DE SERVAIN.

Monsieur, aiant ce jourd'huy receu une lettre par laquelle j'ay advis du dessein de nos ennemys et comme ils font estat après nos avoir subiugué d'aller faire la guerre à Monsieur le duc de Savoye, estant trés humble serviteur de son Altesse, comme je suis, je n'ay voulu faillir aussy tost de la vous mander pour la luy faire voir quant vous verrez la commodité, vous priant de l'asseurer de ma devotion à son service et que je ne faudray de l'advertir de ce que je pourray apprendre et quy touchera sa grandeur et auctorité. Je vous diray ce mot en passant par forme d'advis qu'il me semble estre vraysemblable que le duc du Maine pour favoriser ses frères utérins (quy sont les plus proches de son altesse) se voudroit bien employer en ceste besongne et se servir pour cet effect des forces de France, car outre ce que la grandeur de ses frères utérins est la sienne, il pourroit beaucoup se prévaloir pour sa grandeur de la translation du duché es mains de ses dicts frères ou de leur père quy est encore vivant [1]. Et n'estant ceste pour autre fin, après vous avoir salué de mes plus humbles et affectionnées recommandations, je prie Dieu, Monsieur, vous donner en parfaicte santé heureuse et longue vye. De Gap le XXIIIIe sept^{re} 1580.

Vostre bien humble prest à vous fere service.

LESDIGUIÈRES.

---

[1] Charles-Emmanuel de Savoie, duc de Nemours, mort en 1595, et Henri de Savoie, marquis de Saint-Sorlin, mort en 1618, fils de Jacques de Savoie, duc de Genevois, étaient frères utérins du duc de Mayenne par leur mère Anne d'Este Ferrare.

XXXIX. 1580 — 25 Octobre.

Orig. — A M. de la Morte-Felines, à Die.
Imprimé : *La Réforme et les Guerres de religion en Dauphiné*, par M. le Dr Long. Paris, 1856, p. 278.

[LETTRES ACCORDANT REMISE AU CAPITAINE CHABANAS DES LODS ET CENSES QU'IL DEVAIT AUX ECCLÉSIASTIQUES DE DIE.]

Nous, François de Bonne, seigneur des Diguières, de Serres et Rozans, lieutenant général, sous l'autorité du roy de Navarre, en l'absence de Monseigneur le prince de Condé, sur ceux de la religion réformée en Dauphiné : pour les bons et agréables services faits à ce party par le capitaine Chabanas, et pour luy donner occasion de continuer de bien en mieux à l'advenir, luy avons faict et faisons don par ces présentes lettres des lods et censes qu'il peut debvoir aux ecclésiastiques de la ville de Dye, à cause d'une maison par luy acquise de damoiselle Magdelaine Jobert, veufve et héritière de feu sieur de Beaucastel, scituée audit Dye, ensemble des arreraiges des censes, pensions et autres services que le dit de Chabanas doibt aux dits ecclésiastiques pour raison de la dite maison, de tout le passé jusques à ce jourd'huy, sans qu'il soit tenu bailler aucun acquit que le susdit mandat ou copie vidimé d'iceluy. Défendons à tous qu'il appartiendra de ne le troubler ny empescher en la jouissance de ce susdit don, ains de l'en laisser jouyr paisiblement selon la forme et teneur du susdit don.

Faict à Saint-Jean-d'Herans ce XXVe jour d'octobre M Ve quatre-vingt.

LESDIGUIÈRES.

XL. 1581 — 10 Avril.

Orig. — A M. de la Morte-Felines, à Die.
Imprimé : *La Réforme et les Guerres de religion en Dauphiné*, par M. le Dr Long. Paris, 1856, p. 303.

A MESSIEURS LES CONSEILLERS DE LA VILLE DE DIE.

Messieurs, j'ay sceu que Monsieur de Vercoyran vous a mis en les mains une commission, signée par moy et contresignée par le secrétaire d'iceluy, pour les desmantellements de l'evesché de vostre ville.

et que, en sus, on vous a faict entendre qu'en traitant ce faict au conseil en ceste ville j'avois dit que, si j'estois aussi fort dans Dye comme je m'y estois veu par le passé, je feroys abattre cinq cents cannes de vos murailles. On vous a aussi rapporté que, quand je receus la lettre que vous m'escrivites pour ne convoquer l'assemblée en vostre ville, je dis au sieur de Vercoyran que vous estiez des marauds qui me vouliez donner la loy. Je ne sçais si le corps de vostre ville a adjouté foy à ce langage, tant y a qu'il a esté proposé en vostre conseil de ne me laisser entrer dedans Dye en cas que j'y volusse aller. Ce qui m'a donné occasion de vous despécher le capitaine Rostein, pour vous dire en premier lieu que le conseil des églises n'a point témérairement entrepris le desmantellement ou démolition de la dite evesché, ains par le commandement du Roy de Navarre, comme vous verrez par une lettre que le sieur de Saint-Ferreol m'a apportée de la part de sa Majesté, de laquelle ce porteur vous communiquera l'original, vous asseurant que tant s'en fault que j'aye poursuivi ni recherché ce commandement, ainsy que le dit de Saint-Ferreol vous pourra témoigner, qu'au contraire c'est la chose à laquelle je n'avois jamais pensé et feus tout estonné quand je vis le contenu de ladite lettre. Il est vray que, ressouvenant qu'autrefoys vous mesmes auriez esté d'opinion de la dite démolition, je consentis facilement, voyant la volonté dudit seigneur Roi de Navarre de faire despecher la commission que vous avez veue, laquelle toutesfoys je laissay en blanc expressement, afin que, si la dite démolition vous estoit agréable, vous remplissiez le blanc des noms de ceux que bon vous sembleroit, et, si elle ne vous venoit à gré, la chose fust suspendue jusqu'à ce que vos raisons fussent ouyes. Et telle feut mon opinion audit conseil auquel ceste résolution feut prinse unanimement par tous, comme les dits sieurs de Vercoyran et de Saint-Ferreol vous peuvent tesmoigner. Quand au langage qu'on vous a rapporté de moy, que je regrettois de n'estre plus le plus fort en vostre ville pour en faire abattre les murailles, c'est une pure calumpnie, comme aussi d'avoir tenu les propos injurieux susdits sur le contenu de vostre lettre et m'asseure que ceux qui cognoissent mon naturel n'estimeront jamais que j'aye tenu un langage si mal séant. Bien vous diray-je que je ne vous estimeray jamais de mes amys si vous ne me nommez ceux qui vous ont abreuvé de telles impostures, pour leur faire entendre qu'ils ont menty, comme ceux qui assisterent au dit conseil sçavent trez bien. Vray est que j'ay à me plaindre contre ceux d'entre vous qui ont estés si crédules à tels faulx rapportz que d'avoir opiné, sans s'informer de la vérité de ce fait, qu'il me falloit desnier l'entrée de vostre ville. Sur quoy je vous diray qu'aussy suis-je resolu de n'y aller nullement que je n'y sois appellé par vous et pour affaires urgentz, ou que je sois commandé par le Roy de Navarre ou Monseigneur le prince de Condé de ce faire. Cependant, d'autant que je doubte que tels rapports ne sont qu'artifices, je vous exhorte et commande, en vertu de l'autorité que j'ay du dit seigneur Roy de Navarre, de demeurer bien unis entre vous et à la généralité de nos églises, et vous bien garder, qui sera la chose qui puisse m'estre la plus agréable que vous sçaurriez faire pour moy. Quand à la démolition de la dite évesché, vous y adviserez et vous garderez de mesprendre, vous priant seulement de me faire un mot de response, afin de me servir de descharge envers le seigneur de Navarre. Et vous croirez aussy que je suis et serai toujours affectionné à vostre conservation de tous en général et en particulier, autant et plus que jamais, de mesme volonté qu'aprez vous avoir salué de mes plus humbles et affectionnées recommandations, je prie Dieu, Messieurs, vous donner une parfaite santé, une heureuse et longue vie. De Gap ce X⁰ d'apvril 1581.

Vostre bon voysin et meilleur amy à jamais.

LESDIGUIÈRES.

XLI. 1581 — 21 MAI.

Imprimé : *Documents inédits pour servir à l'histoire de la Réforme*, par J. Loutchitzky. Paris, 1875, p. 114 [1].

[A MESSIEURS, MESSIEURS DE LA COUR DE PARLEMENT DE DAULPHINÉ.]

Messieurs, ayant receu le passeport qu'il vous a pleu nous envoyer par nostre trompette, nous avons incontinant, suyvant notre premiere resolution, faict acheminer par devers vous les sieurs de Calignon et de Ségur, nos députez, pour vous déclarer que nous percistons tou-

---

[1] M. Loutchitzky dit avoir trouvé cette lettre dans la Bibliothèque nationale, MS. Brienne, vol. 208. Cette pièce n'existe pas dans ce volume.

jours aux offres que vous avons escript cy devant et que nous désirons d'en venir aux effectz aussy tost qu'il vous plairra disposer ceulx du parti catholicque à faire de mesmes. Et d'aultant que pour parvenir à ces effaictz reciproques nous prevoyons qu'il y echerra plusieurs particullaritéz à éclaircir, nous vous supplions bien humblement, Messieurs, nous faire cest honneur de déléguer quelques ungs de vostre part pour fère une briefve conferance au lieu de Mens ou aultre place plus commode pour vuyder lesdictes particullaritez qui sont du tout necessaires pour parvenir à l'exéquution de l'edict et pour cest effect nous avons depesché à ceulx qui sont de nostre party pour traicter de ces affaires de se rendre au vingt cinq de ce mois audict lieu affin d'estre plus prochains de vous, nous vous supplions donc de rechef, Messieurs, de fere que au plustost nous puyssions avoir ce bien et honneur de venir à ladicte conferance et croyre au reste ce que nos deputéz vous diront de nostre part. Sur lesquels nous remettans, prierons Dieu qu'il vous veuille donner, Messieurs, en très bonne santé, longue et heureuse vie. A Gap ce 21 mai 1581.

Vos bien humbles serviteurs,

LESDIGUIÈRES, F. GENTILLET [1].

XLII.   1581 — 12 JUILLET.

Cop. — B. N. MS. Brienne, vol. 203, f° 35.
Imprimé inexactement : *Documents inédits pour servir à l'histoire de la Réforme*, par J. Loutchitzky. Paris, 1875, p. 121.

PROPOSITIONS FAICTES EN L'ASSEMBLÉE GÉNÉRALLE DES ESGLISES DE DAULPHINÉ PAR LE SIEUR DES DIGUIÈRES, LIEUTENANT GÉNÉRAL SOUBZ L'AUCTORITÉ DU ROY DE NAVARRE EN L'ABSENCE DE MONSEIGNEUR LE PRINCE DE CONDÉ AUDICT PAIS ET LES RESOLUTIONS PRINSES SUR ICELLES.

En premier lieu d'autant que noz ennemis et plusieurs mesmes d'entre nous font courir le bruict qu'il tient à moy que la paix ne soit exécutée à faute que je ne veux desmanteller Puymore, je vous déclare que je n'ay jamais faict bastir et construire ladicte place que pour ser-

---

[1] A la suite de cette lettre est une courte harangue de Calignon à la Cour pour la persuader d'accorder aux réformés une suspension d'armes et une conférence.

vir d'asseurance génerallement à toutes les églises de ceste province et spéciallement à celle de Gap et non poinct pour mon particulier et que mesmes je n'eusse jamais entreprins ladicte forteresse sans la priere affectionnée qui m'en fut faicte par les consuls et conseil de la ville de Gap qui me prierent de retenir Hercules l'ingénieux pour y mettre la main lorsque Tallare estoit blocqué par nous et moy logé à la Sausse. Or puisque mon intention a esté de raporter ladicte fortiffication dudit lieu au bien et utilité des églises sy on juge maintenant qu'elle n'y serve de rien et qu'au contraire cela puisse empescher tant soit peu le repos et tranquilité desdictes églises je vous déclaire que je suis prest de faire raser et demolir ladicte fortification. Partant je vous supplie d'adviser en ce faict ce que vous trouverez estre expedient pour le bien et seureté de nous tous vous asseurant que ce que vous ordonnerez sera exécuté, car encores que par disposition de droictz fondez sur les priviléges notoires de ceste province ladicte place n'y doive estre desmantelée comme noz depputéz ont charge de le remonstrer au Roy sy ne veux-je pas qu'il soict dict que pour mon opinion ou utilité particulière le bien de paix qui concerne le général soit retardée. Le second poinct que j'ay à vous proposer, Messieurs, c'est de vous descouvrir l'artiffice de l'ennemy qui ne se contente pas de publier que j'empesche le bien de paix pour la retention de Puymore affin de vous desunir d'avec moy, mais encores pour estonner plus les infirmes et remplir toutes choses d'effroy il seme le bruict que le Roy n'en veut qu'à ceste province et que la guerre sera particuliere contre icelle. Sur quoy je vous diray qu'au mesme temps qu'on se prepare pour nous attacquer ceux du Languedoc sont menacéz aussy du Gast, vous attacquez par les surprinses de Carmaüs et autres places et entreprinses faillies sur Mazeres et Saverdun et de faict la guerre avoit esté resolue a Blois avant qu'on parlast jamais du faict de Puymore par ou les plus stupides peuvent appercevoir qu'encores que l'effort de la guerre semble tumber principallement sur ceste province comme il est advenu autres fois ce n'est poinct nous seulz a qui l'on en veult comme aussy nous ne serons poinct seulz en jeu ainsy que nous asseurent ceux de Languedoc qui s'offrent de nous secourir comme il appert par leurs lettres et plusieurs autres advis lesquelz je présente a l'assemblée pour estre leus et enregistrez affin de veriffier mon dire et me servir un jour de descharge, ou besoing sera.

Le troisième poinct et qui mérite bien d'estre considéré, c'est que puisque nous sommes encores en quelque espérance de paix estant allé pour ce faict le sieur de Cugie vers Monsieur de Maugiron et Messieurs de la Cour de nostre part et que neantmoins l'ennemy se prepare pour nous attacquer il me semble qu'à l'exemple mesme de l'ennemy on se doibt préparer en tout événement soict pour la paix s'il plaist à Dieu nous la donner soict pour nous deffendre sy nous sommes assailliz. Quand au faict de la paix vous adviserez, Messieurs, aux moiens d'en poursuivre l'exécution aux personnes qui la traitteront de vostre part et en quel temps et à qui on s'adressera et sur tout à l'ordre et forme que vous pourrez requérir pour la seureté de l'establissement reciproque d'icelle. Pour le regard de la guerre, je ne voy selon les voies humaines que deux moiens de susbister, s'il plaist à Dieu de les bénir; le premier est en pourvoyant sy bien à nos places que l'ennemy ne les puisse surprendre et empietter qu'il ne luy couste du sien dont la charge appartient proprement à moy et aux gentilzhommes qui font le conseil de guerre auprès de moy desquelz si [1] je suis assisté. Je feray, Dieu aidant, pour la défence des églises ce qui sera en mon pouvoir. Le segond moien de nous conserver c'est de pourvoir promptement à un secours estranger sans lequel je ne vouldrois asseurer que nos affaires allassent bien et de faict toutes les apparences sont au contraire. Or, d'autant que pour obtenir ce secours des le commencement de la guerre derniere on leva par emprunt quelques deniers sur les particuliers lesdicts deniers furent envoiez à Genève, revenant environ à la somme de sept mille escuz laquelle somme n'est à beaucoup près suffisante pour ledict secours. Ce que voiant Monseigneur le Prince, quand il passa dernierement en ce pais, ordonna qu'on feroit encores quelques levées sur la noblesse et que la paye des gens de guerre du mois de décembre seroit retenue pour ce faict. Quant à la noblesse je vous dy franchement qu'elle n'a rien encores payé et quant à la subvention du mois de decembre celle du hault conciste la plus part en obligations qui n'ont peu encores estre exigées et par ainsy ce n'est argent prest, et celle du bas [2], à ce que je puis entendre, a esté espuisée par assignations et mandemens

---

[1] Si, pour : ici.
[2] Celle du bas Dauphiné : Vallentinois et Diois. Celle du haut Dauphiné ou des montagnes : Embrunais, Gapençais et Briançonnais.

du conseil aux choses qu'il a semblé necessaires dont j'espere qu'il rendra bon compte. Bref pour ne nous flatter poinct les églises ne peuvent faire estat pour ledict secours que de la somme d'environ sept mille escuz, encores appartient-elle à des particuliers. Je scay bien qu'il y en a quelques uns qui disent que la saisye des biens des absens aux montagnes estoit affectée à ce secours estranger, ce qui est véritable, mais je respon qu'oultre ce que la somme n'en a jamais esté grande à cause d'une infinité de mainlevée, elle a d'ailleurs esté employée à bons usages comme pour les fraiz de Monseigneur le Prince et autres choses necessaires ainsy qu'il apparoistra par les comptes que le recepveur est prest à rendre. Il y en a d'autres qui estiment qu'en fouillant et recherchant aux comptes des receveurs il s'y trouveroit de grandz estats mesmes en la recepte de l'imposition de bestail, sur quoy je vous diray, Messieurs, qu'on se trompe grandement en cela car je m'asseure qu'il ne s'y trouvera pas grand fonds et n'en fault pas faire estat pour un secours estranger. Mais à celle fin que cella soit liquide pour une fois et qu'on ne prenne plus occasion de calomnier, comme quelques uns ont faict, tant les receveurs que ceux par les ordonnances desquelz les finances ont esté administrées, je requiers bien humblement et affectionneement la compagnie de depputer commissaires pour l'audition et closture des comptes desdicts receveurs autrement on me donnera occasion d'estimer qu'on se contente simplement de calomnier sans vouloir ouir aucune justification. Cependant puisque les choses en reviennent là qu'on ne peut fuier de secours estrangers sans nouveaux deniers, je vous supplie d'y pourvoir offrant de ma part d'y entrer pour telle somme qu'on advisera concurrente à mes moyens et afin que personne ne s'amuse plus sur la charge dont il vous a pleu m'honorer, je vous déclare, Messieurs, qu'en cas que l'assemblée ne pourvoye des à ceste heure aussy bien sur le faict de la guerre que sur celluy de la paix, je remetz des à présent entre les mains des églises la généralité qu'elles m'ont donnée, aymant beaucoup mieux, sy les choses ont à prendre une mauvaise inclination, que ce soict soubz le commandement d'un autre que de moy qui ne lairray pour cela de demeurer tousjours très humble serviteur des églises et d'employer ma vie et mon bien pour la conservation d'icelles. les supplians de m'octroyer acte de ceste mienne proposition.

Sur la remonstrance que dessus l'assamblée a arresté qu'on fera entendre à Messieurs du party catholicque que s'ils ont ombrage de Puymore et s'ils s'arrestent là dessus pour ne voulloir publier et exécuter la paix que ladite place sera desmantellée, pourveu que par ce moyen ils procedent de bone foy à la publication de la paix et qu'ils nous ostent aussy tous ombrages de leur costé, saouf le bon plaisir du Roy, s'il se trouve que sa Majesté eust accordé à nos depputez la retention de ladite place.

Item a esté arresté que le conseil orra les comptes des receveurs à Gap et se transportera là ou besoing sera pour la negociation de la paix.

Faict en ladicte assemblée tenue à Vayne le XIIe juillet 1581.

XLIII. 1581 — 19 Juillet.

Cop. — B. N. MS. Moreau, vol. 743, f° 121.
Imprimé inexactement: *Documents inédits pour servir à l'histoire de la Réforme*, par J. Loutchitzky. Paris, 1875, p. 125.

RESPONSE DU SIEUR DES DIGUIÈRES ET AULTRES GENTILHOMMES ET DEPUTÉZ DU PARTY DE LA RELIGION REFORMÉE DE CE PAYS DE DAUPHINÉ AUX INSTRUCTIONS DONT LE SIEUR DE SAINT-JULLIN LEUR A BAILLÉ COPIE DE LA PART DE MONSEIGNEUR LE DUC DE MAYENNE.

Le sieur des Diguières et aultres gentilhommes et deputes du party de la religion reformée de ce pays de Dauphiné soubsignés remercient très humblement Monseigneur le duc de Mayenne de la bone volonté qu'il a de les faire jouir du bénéfice de l'édit de paix et le recognoissants par ses actions passées prince de foy et de vertu, se sont resolus pour parvenir à la jouissance dudit bénéfice de fonder leur principale asseurance après Dieu sur sa foy et promesse.

Et partant le supplient très humblement de leur envoyer une promesse signée de sa main et sellée de son séel qu'il leur fera exécuter de bone foy en toute ceste province ledict édit et deliberation faittes sur iceluy par sa Majesté selon leur forme et teneur et ne faire ny souffrir estre faitte aucune chose contraire ou pardessus l'edit qui leur soit préjudiciable ou qui leur puisse doner juste soupçon et leur fere obtenir de ladite Majesté ample abolition pour eux et tous ceux qui ont suivy ou favorisé leur party.

Et suivant ladite promesse ilz offrent d'obéir de bone foy au contenu, aux instructions baillées par mondit seigneur au sieur de Saint Jullen et le supplient à ces fins de faire au plus tost publier ledit édit en la cour de Parlement et ailleurs, ou du moins faire suspension d'armes et envoyer quand il luy plaira celuy ou ceux que bon luy semblera pour voir exécuter eux mesmes ce qui est porté par lesdictes instructions.

Et parce que après cela restera de parachever l'exécution dudict édit lesdits de la religion supplient très humblement mondit seigneur de leur faire depescher bons et amples passeports pour les gentilhommes, gens de robbe longue et autres deputez qu'ilz luy pretendent envoyer afin de luy pouvoir humblement remonstrer les points dont ilz ont à requérir l'exécution.

Fait à Gap le XIX juillet 1581.

Lesdiguières, Morges, Champoleon, Furmeyer, Mirabel, Gentillet, Loys du Vache, Ballet, Valier, Du Puy.

XLIV. 1581 — 19 Août.

Orig. — A M. le Dr Guillaud, à Chambéry.

A MONSIEUR, MONSIEUR DE SERVAIN.

Monsieur, j'ay receu vostre lettre que Monsieur Grenny m'a faict tenir par laquelle vous m'escrives pour avoir paiement de la partie que Bonnier vos doist. Sur quoy je vous diray que depuis la responssion qu'il me feist de vous paier je ne l'ay depuis vu et n'a esté en lieu ou j'eusse pouvoir de le faire acquitter de sa promesse et qui pys est il a failly encore naguere de surprendre par trahison pour les catholiques la ville de Lyvron, avec lesquels il s'est retiré sa meschanceté estant descouverte. Vous pouvez estimer, Monsieur, si j'ay à ceste heure auctorité sur luy et ne pense pas vous pouvoir faire faire raison, de quoy je suis infiniment marry, vos asseurant qu'a toute autre chose ou je vos pourroy servir vos me trouverré tousiours prest et affectionné à vostre mesme dévotion, qu'après vos avoir salué de mes plus humbles recommandations je prie Dieu, Monsieur, vos donner heureuse prosperité. De Gap ce XIXe aoust 1581.

Vostre bien humble prest a vous fere service.

Lesdiguières.

XLV. 1581 — 5 Décembre.

Orig. — A M. l'abbé Vincent, à Serves (Drôme).

[LETTRES DE SAUVEGARDE EN FAVEUR DE NOBLE HERCULE DE LESPINE, SEIGNEUR D'AULANE.]

Le seigneur des Diguières, commandant général pour le Roy de là les montagnes : nous avons prins et mis, prenons et mettons en la protection et sauvegarde du Roy nostre noble Hercules de Lespine, seigneur d'Aulane, ensemble sa famille, serviteurs, grangers, grangeages, bestiaux, biens, fruicts et revenus quelconques, qu'il a en ses terres d'Aulane, de la Rochette, le Poet d'Anpercip aux Baronnies et en ses biens qu'il possède aux terres du comté Venessain, deffandant très expressément à tous gens de guerre et autres de quelle condition qu'ils soient, recognoissant notre authorité de luy donner aucun trouble, destourbier [1] ny empeschement en la c[onfection] de ses affaires, ny à ce quy luy appartient, à peyne de la vie, et ce vivant paisiblement et sans rien attenter au préjudice de sa Majesté.

Donné à Grenoble, ce cinquième de décembre mil cinq cents quatre vingts [un] [2].

Lesdiguières.

Par Monseigneur,
Mollier.

XLVI. 1582 — 12 Juin.

Orig. — A M. le Dr Guillaud, à Chambéry.

A MONSIEUR, MONSIEUR DE SERVAIN.

Monsieur, je vous envoye ce laquais exprès pour vous supplier de ne vous facher sy je manque pour un jour à me rendre à Beziers comme je vous avoys promis et vous asseurer que mercredi ou jeudy de bonne heure je m'y trouveroy aveq le cappitaine Monet quy a promis de nous faire boire frais et attendant de vous voir je vous

---

[1] Vexation.
[2] Nous avons rétabli cette date en partie détruite : en effet, en 1580 Lesdiguières n'alla pas à Grenoble, il s'y trouvait au contraire en décembre 1581, auprès du duc de Mayenne.

baizerai humblement les mains et demeureray s'il vous plait à iamais,
Vostre bien humble pour vous fere service.

LESDIGUIÈRES.

De Montpellier le 12 juing 1582.

Je vous suplie de permettre que Monsieur Blanchard trouve icy mes humbles recommandations à ses bonnes graces.

XLVII.   1582 — 29 SEPTEMBRE.

Orig. parch. — B. N. Cabinet des titres. V° Bonne.

[QUITTANCE AU SIEUR BILLARD, TRÉSORIER DE L'EXTRAORDINAIRE DES GUERRES EN DAUPHINÉ.]

Nous Françoys de Bonne seigneur des Diguières, Serres & Rozans, commandant pour ceulx de la religion pretendue refformée en la ville de Serres, confessons avoir eu & receu comptant de Maistre Pierre Billiard, conseiller du Roy et tresorier de l'extraordinaire de ses guerres, ou Maistre Loys Bajoue, tresorier provincial dudict extraordinaire en Daulphiné, la somme de trois cens quarante huit escus vingt sols........[1] à nous ordonnés tant pour nostre estat & appoinctement que solde nostre & entretenement de quatre vingts hommes de guerre à pied françoys estans en garnison soubs nostre charge audict lieu de Serres, pour le present moys de septembre; de laquelle somme III^c XLVIII^L XX^s nous nous tenons contans & bien payés et nous avons quicté & quictons lesdicts sieurs Billiard & Bajoue, tresoriers susdicts, & promettons acquiter le Roy nostre sire envers lesdicts soldats et aucuns qu'il appartiendra. En tesmoing de quoy nous avons signé la presente & à icelle faict apposer le cachet de nos armes.

Le XXIXe jour de septembre mil V^c quatre vingt deux.

LESDIGUIÈRES.

(Sceau.)

---

[1] Lacune dans l'original.

XLVIII. 1584 — 15 Juillet.

Imprimé : *Notice historique sur la ville de Valréas*, par M. Aubenas. Paris, 1838, p. 157.

[A MONSIEUR DU POËT.]

Monsieur, encores que je ne doubte pas que Monsieur de Blacons ne vous ayt faict part des nouvelles qu'il a, sy est-ce que je vous ay bien voulu mander la copie de celles que Monsieur de Chastillon et Monsieur de Serres m'escrivent ensemble de la part du Roy de Navarre à la noblesse des eglises de ceste province, par laquelle vous verres comme son voyage est retardé pour encores et qu'il ne sera sy tot en Languedoc comme l'on proposait : cela sera cause de nous faire arrester encores pour quelque temps nostre voiage. Toutesfois ne scay sy sa Magesté me commandera de l'aller trouver à l'assemblée de Montauban ; sy ainsy est, je ne manqueray de vous en donner avis et de tout ce que j'apprendray. Cependant je me recommanderay humblement et affectueusement à vostre bonne grace, s'il vous plaist, à jamais,

Vostre très humble voisin, ami et serviteur.

Lesdiguières.

Maison des Diguières ce 15 juillet 1584.

Il me semble qu'il serait bien de choisir quelque gentilhomme capable pour envoier à ceste assemblée d'autant qu'il s'y traitera d'affaires de grande importance. Vous me donnerez vostre advis sur ce, s'il vous plaist.

XLIX. 1585 — 30 Septembre.

Orig. — A M. Roman, à Gap.

[COMMISSION AU CAPITAINE FRANÇOIS PHILIBERT D'UNE COMPAGNIE D'ARQUEBUZIERS A CHEVAL.]

Françoys de Bonne, seigneur des Diguières, de Serres & Rozans, au cappitaine François Philibert salut : cognoissans vostre vertu, valleur & experience au faict des armes et les preuves que vous en avez faictes jusques icy, vous avons donné & donnons par ces presentes, une des compagnies de nos harquebouziers à cheval jusques au nombre de cinquante des plus aguerris & experimentés que pourrez recouvrer; le paiement & entretenement de laquelle vous sera faict par chacun moys suivant l'estat qui en a esté ce jourd'hui dressé & les reglemens qui seront baillés au commissaire des guerres de vostre departement. Mandant au trésorier général de la cause, Maître André du Faure, faire vostre paiement en luy baillant les roolles deuemant signés et raportant par ledit du Faure la presente ou vidimus d'icelle pour une foys seullement. Ce que par luy vous aura esté payé luy sera entré en ses comptes sans difficulté. De ce faire vous donnons pouvoyr, commission & mandement spécial par ces presentes ensemble de faire tous actes de guerre & d'hostillité aveque vostre dicte compagnye.

Donné à Montelaymar le dernier jour de septembre M V^c quatre vingts et cinq.

LESDIGUIÈRES.
Par Monseigneur,
REGNARD.

(Sceau.)

L.   1585 — 22 OCTOBRE.

Cop. — Archives de la Drôme. GG 22.

[ORDONNANCE DÉLÉGUANT LE SIEUR JACQUES DE SÉGUR POUR SAISIR ET ADMINISTRER LES BÉNÉFICES ET BIENS ECCLÉSIASTIQUES DES ÉVÊCHÉS DE VALENCE ET DE SAINT-PAUL-TROIS-CHATEAUX.]

Françoys de Bonne, seigneur des Diguières, Serres et Rozans, à Jacques de Segur salut : nous a plain confiant de vous sens, sufizance, loyaulté, prodomye, experiance et bonne diligence, vous avons commis et deputé, commetons et deputons par ces presantes pour saisir et sequestrer tous les bénéfices et biens des ecclésiastiques romains estans dans les resorts et juridictions de Montelimart, Saint Pol, compté de Grignan, Valence et le Crest; item bailher à ferme si besoing est et aultrement negocier en ce faict ainsin que mieux vous verrez estre à faire au proffict du party de la religion reformée de ce pays du Daulphiné dont vous nous donnerez advis; recepvoyr les deniers et revenus ou decimes qui proviendront desdicts bénéfices et biens des ecclésiastiques pour après les distribuer selon et ainsin qu'il vous sera par nous ordonné et en rendre par vous bon et loyal compte au droict d'ung sol pour livre pour la recepte desdicts deniers; cassant et revoquant [par ces] presentes toutes aultres commissions qui pour se regard pourroyent par [nous ou nostre recep]veur général avoyr esté expediées cy devant lesquelles [par les presentes] declarons nulles et de nul effect, mandant et commandant à tous qu'il apartiendra que à vous ce faisant ils obeissent et entendent diligemment et à vous de les y contraindre par toutes voyes comme pour les propres deniers & aferes du Roy. De ce fère vous avons donné & donnons par ces presentes plain pouvoir & authorité.

Donné au Monthelimard le vingt et deuziesme jour du moys d'octobre mil cinq cens quatre vingts et cinq.

Lesdiguières.

Par commandement de mondict seigneur,
Biard.

LI.   1585 — 20 Novembre.
Orig. — A M. Roman, à Gap.

[COMMISSION AU CAPITAINE FRANÇOIS PHILIBERT DE GOUVERNEUR DE LA CITADELLE D'EMBRUN.]

François de Bonne, seigneur des Diguières, de Serres et Rozans, au cappitaine Françoys Filibert salut : estant requis & necessaire de mectre quelque personnage de la vertu, valleur et fidelité duquel nous soyons asseurés, de longtemps cognoissans vostre zele et affection au bien de ce party & les preuves et demonstrations que vous en avez faict jusques à maincтенант vous avons donné & donnons par ces presentes le gouvernement & charge de la garde de la citadelle d'Ambrun [1] pour icelle garder & conserver, soubs l'authorité du Roy

---

[1] Lesdiguières attaqua Embrun le 19 novembre au matin et s'en empara dans la même journée, malgré la défense courageuse d'Antoine de Rame, seigneur des Crottes, gouverneur de la ville, et d'Aynard de Clermont Gessans de Chaste, commandant la citadelle. Dès le lendemain il nommait son cousin Gaspard de Bonne-Prabaud à la place du premier, et François Philibert à la place du second. On trouvera des détails intéressants sur la prise d'Embrun dans un mémoire

de Navarre & nostre, aux eglises reformées de ce pays de Daufiné, Aveque le nombre de soldats & aux gaiges & estats qui vous sont accordés par l'estat de l'Ambrunois quy a esté faict & dressé ce jourd'huy. Mandons au Tresorier général, Maître André du Faure, de vous payer par chacun mois suyvant icelluy et en raportant par luy la presente ou vidimus d'icelle pour une foys seullement aveque aquist par chacun mois, ce que par luy vous aura esté payé sera levé entré en ses comptes sans difficulté. De ce faire vous donnons pouvoir, puissance, authorité, commission & mandement special par ces presentes.

Données à Ambrun le XXe jour de novembre M V^c quatre vingtz & cinq.

LESDIGUIÈRES.

Par Monseigneur,
(Sceau.)   REGNARD.

LII.   1585 — 30 NOVEMBRE.
Orig. — Arch. munic. de Mondragon.

[LETTRES DE SAUVEGARDE POUR LA VILLE, MANANTS ET CONSULS DE MONTDRAGON.]

Le seigneur des Diguières : nous avons prins, mis et mettons en la protection et sauvegarde du Roy de Navarre et nostre, la ville, consuls, manants et habitans de Mondragon, leurs familles et domestiques, biens, grangeaiges, bestail, meubles, immeubles et toute autre chose à eux appartenant, vivans paisiblement ; déffendons généralement à tous tenant ce parti de ne leur faire aucun tort ni dommaige, ni en leurs personnes, familles, domestiques, biens, grangaiges, bestail ny attenter aucune chose contre leur ville à peyne de la vye.

Donné aux Villars de Briançon le dernier novembre 1585.

LESDIGUIÈRES.
Par Monseigneur,
REGNARD.

imprimé, dont l'auteur est J.-B. Gentil, de Florac, pétardier de Lesdiguières, qui appliqua lui-même le pétard à la porte d'Embrun (B. N. MS. Clérembault, vol. 361, p. 389). En voici le titre : *Les Prinses des villes et places exécutées par le cappitaine Gentil pour le service du Roy pendant les derniers troubles.* Petit in-8°, 24 pp. et 2 ff. s. l. n. d.

LIII. 1585 — 5 Décembre.

Orig. — Arch. munic. d'Embrun.
Imprimé inexactement : *Recherches sur les Pèlerinages des rois de France*, par M. le président Fabre. Grenoble, 1860, p. 262.

[LETTRES DE SAUVEGARDE POUR LES HABITANTS DE LA VILLE D'EMBRUN.]

Le seigneur des Diguières : nous avons prins et prenons en nos protection et sauvegarde les manans et habitans de la ville d'Ambrun et permis aux absens de se retirer et negocier leurs affaires librement et seurement tout ainsi qu'ils souloient faire avant la prinse d'icelle, moienant qu'ils vivent et se comportent paisiblement et sans attenter aucune chose au preiudice du party de la religion refformée et payent leurs contributions. Deffendons à tous gens de guere et autres dudict party de quelque qualité et condition qu'ils soient de troubler, molester et inquieter lesdicts habitans soyt en leurs personnes, familles, serviteurs ou biens quelconques ne d'iceulx prendre ou enlever aucuns vins, bestail, foins, pailles ne autres meubles quels qu'ils soient si non en payant au taulx par nous ordonné et de leur gré et consentement ou de nostre commandement exprès, à peyne de la vye.

Faict à Ambrun le cinquiesme jour du mois de decambre mil V^c quatre vingt et cinq [1].

LESDIGUIÈRES.
Par mondict seigneur,
BIARD.

(Deux sceaux semblables.)

---

[1] Après la prise d'Embrun les soldats de Lesdiguières se livrèrent à des excès nombreux : les richesses conservées dans le trésor de la cathédrale furent pillées, détruites ou vendues, la cathédrale elle-même, en partie brûlée pendant le combat, fut convertie en temple protestant, les terriers anéantis et les titres de propriété des églises, prieurés et communautés partagés entre seigneurs réformés des environs qui, par ce moyen, s'emparèrent de la plupart des biens ecclésiastiques. La sauvegarde précédente rendit la sécurité aux habitants, dont plusieurs avaient pris le chemin de l'exil, et assura le respect des propriétés privées.

LIV.   1586[1] — 4 Février.

Orig. — A M. Eug. Chaper, à Grenoble.

[ORDONNANCE POUR CONTRAINDRE LES NOBLES ET LES ECCLÉSIASTIQUES DE DIE DE CONTRIBUER AUX CHARGES DE LA VILLE.]

Nous avons ordonné et ordonnons que ceux de la noblesse et du clergé de la presente ville de Dye entreront aux gardes ordinaires de ladite ville comme aussi aux réparations & fortifications d'icelle, fourniture des fassines, bois et autres choses à ce necessaires le chacun selon sa rate part tout ainsi que font les autres habitans de ladite ville sans aucune difficulté et à ce faire seront contraints par les voyes en tel cas accoustumées.

Faict à Dye le [quatri]esme febvrier l'an mil cinq cens quatre vingt [six].

LESDIGUIÈRES.

LV.   1586 — 27 Avril.

Orig. — A M. Vallentin, juge à Montélimar.

[REQUETE DES CONSULS, MANANTS ET HABITANTS DE LA VILLE DE DIE.]

A Monsieur, Monsieur de Lesdiguières, supplyent humblement les consulz, manants et habitans de la ville de Dye et remonstrent :

Comme cy devant le repceveur général ayant dressé commission pour prandre impostz sur le blé, vin, bestal de toute spèce, sel et toute autre marchandize qu'entreroient dans la ville de Dye ; ycelle commission hauroit esté par vous supprimée, cependant seroit venu en noutice aux supplyantz que de rechef ledit repceveur ha dressé autre et samblable commission que seroit à la grand ruine du public veu que le commerce par ce moyen seroit ampêché, dont supplyent par vous de rechef estre supprimée.

Nous n'entendons qu'aucune chose paye impot à Dye que le sel et l'huille quy y passera, ensemble le bled quy se distribuera pour estre mené hors de la province.

[1] Nous avons restitué cette date 1586 en partie détruite à cause de l'analogie de cette pièce avec les deux suivantes qui portent cette date.

Remonstrent aussi qu'ayantz esté lesdits supplyants deschargés par votre saigneurie dez deux mille escus qu'ilz debvoient en considération de la fortification qu'ilz leur convient faire et ycelle somme remplacée allieurs, néanmoins le commis dudit repceveur général les veult contraindre au payement du droict de repcette de la dite somme, de quoy vous supplyent les vouloir descharger.

Nous déclarons qu'il n'est deu pour le regard du présent article aucun droict de recepte au trésorier général, et luy est défendu expressément de n'en demander, d'autant que semblable partye s'exige sur le pays.

Disent aussi qu'en la dernière assemblée tenue à Dye hauriés accorde auxdits supplyantz pour le bois et chandailles par eux fornies [1] des mois passés la somme de vinct et sept escus pour chascun desdits mois et qu'ycelle leur seroit payée par ledit repceveur général, néanmointz son commis leur refuze le payement à quoy requièrent pour ces t effect estre par vous ordonné.

En faisant aparoir du droict et ordonnances y sera prouveu.

Et considéré que la forliffication qu'il leur convient faire leur reviendra de cinq à six mille escus, ainsi que Monsieur de Gouvernet vous en pourra fidèlement rapporter vous supplyent heu esgard à telle despance les vouloir descharger des dix escus en dernier imposés et en tout leur prouvoyr vostre acoustumée bonté et justice et ilz pryeront Dyeu pour vostre prospérité et grandeur [2].

N'y a lieu quand au présent article.

Faict à Saincts-Jalles le 27 avril 1586.

Lesdiguières.

Par Monseigneur,
Regnard.

---

[1] Les consuls des villes devaient faire l'avance du bois et chandelles nécessaires pour les corps de garde des portes et citadelles, et elle leur était remboursée par le pays sur une ordonnance conforme du lieutenant général : il existe un grand nombre de ces ordonnances émanées de Lesdiguières que nous ne croyons pas utile de publier.

[2] Ce fut le sieur du Puy qui fut chargé de porter cette requête à Lesdiguières et d'en obtenir une réponse favorable ; on voit qu'il ne réussit que médiocrement. Les instructions données par le conseil de la ville de Die à du Puy appartiennent également à M. Vallentin ; nous ne les reproduisons pas, car elles ne sont qu'un commentaire de la pièce précédente.

LVI.   1586 — 14 Juin.

Orig. — A M. Vallentin, juge à Montélimar.

[REQUETE DES CONSULS ET HABITANTS DE LA VILLE DE DIE.]

A Monsieur, Monsieur de Lesdiguières, Lieutenant général en Daulphiné pour le Roy de Navarre, supplyent humblement les consulz de la ville de Dye et habitans d'ycelle et vous remonstrent :

Comme ilz dilligentent à la fortification que leur havez commandé de faire et que pour la construction d'ycelle jusqu'à présent ilz auroient ja faict grands despans revenantz à plus de dix et neuf cens escus et pour le parachèvement de la dite fortification leur conviendra payer trois fois plus que ja n'ont faict comme Monsieur de Gouvernet vous en pourra fidèlement rapporter et d'autant que le repceveur general leur demande à présent oultre les dix escus pour feu ja imposés quarante et cinq escus pour feu, somme à heux impossible de pouvoyr fournir, attandu la grand pauvreté et calamité du pauvre peuple, vous supplyent bien humblement les vouloir descharger des dictes impositions, car autrement il leur seroit de tout impossible et mesmes la dite fortiffication demoureroit par ceste cause imparfaicte.

Il y a lieu quand au deschargement requis par les suplians.

Vous remonstrent aussi qu'ilz hont jusques yci fourny pour le bois et chandelles necessaires pour la garde, notables et grandes sommes, sans qu'ilz hayent heu aulcune recompense dont vous requièrent leur vouloir accorder quelque somme et donner assignation d'ycelle ou les en descharger.

A esté par cy devant prouveu et faict ordonnance pour lesdits bois et chandelles, et en cas que ladite ordonnance ne se treuve, en le nous faisant entendre, nous y prouvoierons de nouveau.

Requièrent aussi en considération de la despance qu'ils ont faict et font journellement pour les messagiers allantz et venantz pour les affaires generaulx de la cause leur vouloir ordonner quelque recompance.

Il y a lieu que chaque ville porte en cela la despence.

Et attandu qu'il leur est venu en notice que plusieurs absantz de leurs maisons pour la religion vous veulent requerir dons des fruictz des biens des catholiques absantz ils vous supplyent que ce soit à quallité que les deniers des talhes, charges et subsides deubz par les dits catholiques et qui seront pour l'advenir soient premièrement levés et payés sur lesdits fruictz et à la charge aussi de supporter le logement des soldatz et autres charges de ladite ville sans que les consuls soient contraintz se payer des biens immeubles.

Et en tout vous supplyent leur vouloir prouvoyr selon votre acoustumée bonté et justice, et ils pryeront Dyeu pour votre prosperité et grandeur.

Nous n'accorderons aucun don desdicts fruictz et revenus qu'à la condition portée au présent article. Et en cas que par cy devant nous en ayons faict aucun nous déclarons que c'est avecque ceste quallité de suporter toutes charges, subsides, logemens et autres choses mentyonnées audict article.

Faict à Les Noyers, le XIVe jour de Juing 1586.

LESDIGUIÈRES.

Par Monseigneur,
REGNARD.

LVII.   1586 — 21 JUIN.

Orig. — Arch. de la Cour d'appel de Lyon.

A MONSYEUR, MONSYEUR D'EVENES

Monsieur, pour responce à celle qu'il vous a pleu m'escrire, je vous diray que jusques icy j'ay tousjours taché de conserver les biens et les sugetz de feu Monsieur de Gordes[1] comme les myens propres. Je vous prye de vous asseurer que tant que lesdits sugetz et ceulx qui sont en sa maison se contiendront de la sorte qu'ils ont fait jusques à maintenant j'y aporteray le mesme soing et seray fort ayse de le contynuer de mesme affectyon qu'apres mestre recommandé à votre bonne grace je prye Dieu, Monsieur, vous donner longue et heureuse vye. De Serres le XXI juing 1586.

Vostre humble et affectionné à vous servir.

LESDIGUIÈRES.

---

[1] De Gordes, lieutenant général au gouvernement du Dauphiné, mourut le 15 février 1578 : c'était l'un des hommes les plus remarquables de ce temps, et sa mémoire fut toujours respectée, même par les réformés, qui n'oublièrent jamais qu'il avait refusé de faire exécuter la Saint-Barthélemy dans la province qu'il gouvernait, tandis que Maugiron, son successeur, avait massacré, dans cette nuit fatale, les protestants logés au faubourg Saint-Germain.

LVIII.   1586 — 2 Juillet.

Orig. — Arch. munic. d'Embrun.

ETAT DES PARTYES QUY ONT ESTÉ ACCORDÉES A MONSEIGNEUR DES DIGUIÈRES PAR LES CONSULS, MANANTZ ET HABITANTZ DE LA VILLE D'AMBRUN, POUR ESTRE PAR EULX PAIÉES EN CONSIDÉRATION DE LA GRACE QUE LE DICT SEIGNEUR LEUR A FAITE A LA SURPRINSE DE LA DITE VILLE, TANT DE LEURS VYES QUE EMPÊCHEMENT DU SAC DE LA DITE VILLE.

Premierement : Pour le paiement de six vingtz gendarmes de la compagnie de mon dit seigneur des Diguieres, la somme de unze cent vingt escus.

Plus pour six vingtz arquebusiers à cheval conduitz par les cappitaines Prel et Cadet de Charence, la somme de 842 escus, 40 sous.

Plus à Monsieur de Morges tant pour lui que pour sa compagnie de gendarmes, 910 escus.

Plus au cappitaine Arthaud, tant pour luy que pour 56 arquebusiers à cheval, la somme de 487 escus.

Plus à Monsieur de Trève pour 110 arquebusiers la somme de 430 escus.

Plus à Monsieur de la Jonchière, pour six vingtz arquebusiers, la somme de 460 escus.

Plus à Monsieur de Saint-Jean pour cent arquebusiers à pied la somme de 400 escus.

Plus à Monsieur de Prabaud pour semblable nombre d'arquebusiers à pied la somme de 400 escus.

Plus à Monsieur Blusset, tant pour luy que pour 60 arquebusiers à pied, la somme de 330 escus.

Plus au cappitaine Roure, tant pour luy que pour mesme nombre d'arquebusiers à pied, la somme de 300 escus.

Plus pour aultres appointements tant des dicts gentilshommes que aultres estanz à la suite la somme de 1200 escus.

Plus la somme de 300 escus accordés pour certaines négociations.

Plus pour les secrétaires du sieur des Diguières la somme de 200 escus.

Plus, pour les douze prisonniers qui ne sont comprins en la grâce et exemption ci-dessus, pour avoir esté trouvés lachés, trois jours après la surprinse de la ville, la somme de 1200 escus [1].

Plus pour le cappitaine Coneu la somme de 100 escus.

---

[1] Lesdiguières, en s'emparant d'Embrun, exigea la remise entre ses mains de douze otages qui devaient lui garantir la soumission des Embrunais à ses ordres ; ces douze notables, dont il avait eu la faiblesse de confier la garde aux Embrunais eux-mêmes, s'enfuirent au bout de trois jours, et Lesdiguières frappa la ville à cette occasion d'une contribution de cent écus par otage.

Nous certiffions que le maistre André Faure, trésaurier général de ceste province a paié et acquitté les parties sus mentionnés montantz neuf mille quatre vingt dix escus qu'il avoyt receu, despuis la prise de ceste ville, de la quelle somme de neuf mil quatre vingtz dix escus, il demeurera deschargé moienant la presante.

Faict à Embrun, le vingt deuxiesme jour de Julhet mil cinq centz quatre vingtz et six.

Lesdiguières
pour neuf mille quatre vingtz dix escus.

LIX.   1586 — 6 Septembre.

Imprimé : *Histoire de la vie du Connétable de Lesdiguières*, par L. Videl. Paris, 1638, p. 60.

[A MADAME DES DIGUIÈRES.]

Mamie, j'arrivay hier icy, j'en pars aujourd'huy, les Provençaux ont esté deffaits, adieu [1].

LX.   1586 — 31 Décembre.

Cop. — Arch. munic. des Orres.

[REQUÊTE DES CONSULS DE SAINT-SAUVEUR.]

A Monseigneur, Monseigneur des Diguières, seigneur de Rouzans, gouverneur & lieutenant général pour le Roy de Navarre en Daulphiné, supplient très humblement les consuls de Saint-Salveur disant que depuis samedi dernier la compagnie de Monsieur de Blacons est logée et entretenue par eux, vous prient ordonner que les despences qu'ils font à ceste occasion leur seront imputées sur leurs charges à cause de leur misère et pouvreté [2].

La despence du sieur de Blacons & sa trouppe sera perequée sur Crevoulx, Urres et Sainct-Salveur, enjoignant aulx consuls desdicts lieux se presenter par devant les consuls de ceste ville [3] lesquels nous

---

[1] Videl, en publiant ce billet, fait remarquer combien il ressemble au célèbre message de César : « Veni, vidi, vici. » Nous le soupçonnons fort d'avoir inventé le billet pour favoriser le rapprochement. Quoi qu'il en soit, la date de ce billet nous est fournie d'une façon irrécusable par celle du combat d'Allemagne auquel il fait allusion et qui fut livré le 5 septembre.

[2] Analyse de la requête.

[3] D'Embrun.

comettons à ce que lesdicts de Sainct-Salveur puyssent estre remboursés.

Faict à Ambrun ce dernier de dexembre 1586.

LESDIGUIÈRES.

Par mondict seigneur,
FLOUR.

LXI.   1587 — 26 FÉVRIER.
Orig. — Arch. munic. des Orres.

[REQUÊTE DES CONSULS DES ORRES.]

A Monseigneur de Lesdiguières, lieutenant général du roy de Navarre en Daulphiné, supplient très humblement les pouvres consuls, manants et habitans du lieu des Orres disant qu'ils ont esté souvent surchargés de trouppes de gens de guerre passant du Dauphiné en Provence, qu'ils ont tenu ouverts les cols des montagnes, qu'ils ont transporté à leurs frais des armes et munitions, vous supplient vu leurs surcharges notoires esgalliser et compter leurs dites despenses avec leurs charges comme leurs voysins du lieu de Sainct-Salveur l'ont obtenu et les descharger de l'entretenement de la compagnie du sieur de Blacons[1].

Nous n'entendons que lesdicts habitans des Orres soient aulcunement comprins ny tenus contribuer à la despence faicte par la compagnie du sieur de Blacons nonobstant nostre precedent decret, lequel pour ce regard nous revocons.

Faict à Ambrun le XXVI° febvrier 1587.

LESDIGUIÈRES.

Par mondict seigneur,
BIARD.

LXII.   1587 — 8 JUILLET.
Cop. — Arch. de la Drôme. E.

[ORDONNANCE DE MAIN LEVÉE POUR LES BIENS ET BÉNÉFICES ECCLÉSIASTIQUES DU DIOCÈSE DE SAINT-PAUL-TROIS-CHATEAUX.]

Nous Françoys de Bonne, seigneur des Diguières, Serres et Rozans, gouverneur et lieutenant général soubs l'authorité du Roy de Navarre en Daufiné en faveur et considération de Monsieur le conte de Grei-

---

[1] Requête seulement analysée.

gnan et de la prière que faicte nous en a esté de sa part, avons octroyé et octroyons par ces presentes main levée à Messire Anthoine Gaume, évesque de Sainct Pol, des fruicts et reveneus tant dudict évesché de Sainct Pol que du prieuré de Pierrelate, tant pour la part dudict prieuré, qui le conserne, que pour celle que conserne le prieur; mandant aux receveurs de bénéfices establis es villes de Montelimar et aultres qu'il appartiendra que ledict Gaume, évesque de Sainct Pol, ils laissent plainement jouir des fruicts et revenus dudict évesché de Sainct Pol et prieuré de Pierrelate sens leur en rien demander et rapportant par lesdicts receveurs ces presentes tant seulement ou vidimus d'icelles deuement collationné lesdicts fruicts & revenus leur seront passés et alloués en la dépence de leur compte.

Donné à Serres le huictiesme jour du moys de juillet mil cinq cens quatre vingt & sept.

LESDIGUIÈRES [1].

Par mondict seigneur,
BIARD.

[1] Lesdiguières, au moment où il témoignait sa bienveillance à l'évêque de Saint-Paul-Trois-Châteaux par l'acte précédent, négociait avec Maugiron et cherchait à le séduire. Le projet de traité convenu entre ces deux seigneurs fut rédigé à Eybens, où les commissaires nommés par eux se réunirent le 25 octobre. Les protestants demandaient que l'on reconnût les droits du roi de Navarre à la succession éventuelle de la couronne, que l'on proclamât la liberté de conscience, que chaque parti, en attendant la paix générale, gardât les places qu'il possédait. Henri III, consulté par Maugiron, repoussa énergiquement tout projet de traité avec Lesdiguières par la lettre suivante :

« Monsieur de Maugiron, je ne veulx en sorte quelconque que l'on preste l'oreille au traitté que recherche Lesdiguières artificieusement. J'ay moien encor de proteger et defendre mes subgets [d'injure] sans luy et ses inventions. Je n'y veulx rien espargner & veulx mesmes avoir soin plus que jamais de mon pays du Daulphiné par ce que c'est la partie du corps [de] mon royaulme qui est plus mallade & qui a par ceste occasion plus grand bezoing de secours. Ne souffrez doncques que l'on en passe plus avant mais tenez pour ennemis & faictes proceder rigoureusement contre ceulx quy prennent des saulves-gardes des ennemis & compozent avec eulx. Donnez ordre aussi que les gens de guerre qui sont dedans le pays pour mon service s'en acquittent comme ils doibvent & qu'ils aient aultant de soing de leur devoir & de bien traitter le poure peuple qu'ils ont de leur solde & paiement, car j'entends que les abus qui se comettent en ces deux poincts ont mis le peuple en desespoir et les affaires de mes ennemis en credit & reputation. Quand j'auray rezolu avec la royne ma damme et mère et ceulx de mes conseilliers que j'ay laissés à Paris, où je m'acheminne presentement, ce que j'auray a fère tant pour secourir ledict pays que pour le bien général de mon royaulme, je vous en advertiray. Je prie Dieu, Monsieur de Maugiron, qu'il vous aye en sa saincte garde. Escripte à Cosne ce XVe jour de décembre 1587.

« HENRRY.
« DE NEUFVILLE. »

(Arch. munic. de Briançon. Livre du Roi.)

A la suite de cette lettre on en trouve aux mêmes archives une autre conçue en termes presque identiques par Villeroy. Maugiron répondit de la manière suivante : « En ce qui concerne la la trefve ou suspension d'armes qu'on desiroit de faire avec Desdiguières il n'y a rien esté resolu, aussy s'il s'y fust faict quelque chose ce n'eust esté que pour la recolte et soubs vostre bon plaisir. » (B. N. MS. F. 3358, p. 32.)

LXIII.   1587 — 18 Novembre.

Orig. — Arch. de la Drôme. E. 3392.

[REQUÊTE DES CONSULS DE PIERRELATTE.]

A Monseigneur, Monseigneur des Diguières, gouverneur et lieutenant général pour le Roy de Navarre en Daulfiné, supplient très humblement & vous remonstrent les consuls de Pierrelatte : Comme ils cherchent toujours à satisfaire à la somme imposée pour le payement de gens de guerre de Montelimart, cependant ceux de la trouppe de Monsieur de Blacons ne laissent de leur courir sus et leur ont pris depuis peu de jours quarante bœufs ou mules. Si cela continuait ils ne pourraient satisfaire à leurs contributions. En outre la garnison de Chasteauneuf de Rhosne leur a pris vingt saumées d'avoyne qui ont esté portées au Montellimart. Enfin Monsieur Monery, commis de la recepte de Dieulefit, leur reclame 60 escus pour leurs contributions des guerres passées; ils prient vostre seigneurie de les en faire descharger ainsy que des foin et avoyne qu'ils doivent au magasin de Montellimart [1].

N'y a lieu de descharger les suppliants du magasin du Montellimart sous les pretextes mentionnés en la requeste. Quant aux contributions à eux demandées par Monery escheues aux autres guerres est inhibé audict Monery d'en rien demander auxdicts suppliants jusqu'à ce qu'autrement ait esté par nous ordonné.

Faict à Montellimard ce XVIIIe de novembre 1587.

LESDIGUIÈRES.

LXIV.   1588 — 13 Janvier.

Orig. — Arch. munic. de Tallard.

[REQUÊTE DES CONSULS DE BARCILONETTE DE VITROLLES.]

[Dans la requête qui n'a pu être retrouvée les consuls de Barcilonette se plaignaient que ceux de Tallard s'étaient emparés de bestiaux leur appartenant et demandaient à Lesdiguières de les leur faire rendre.]

Si les consuls de Tallard ne font rendre le bestailh des suppliants de Barcelonette nous permettons aux dicts suppliants d'exercer des

---

[1] Cette requête est seulement analysée.

represailhes contre eux jusques et à la concurrence de ce qui leur a esté prins offrant de nostre part de fere rendre auxdicts de Tallard le bestailh de la prinse duquel ils se plaignent en la juste ballance.

Faict à Ventavon le 13 janvier 1588.

LESDIGUIÈRES.

LXV.   1588 — 25 Mai.

Cop. — B. N. MS. F. 15574, f° 152.

[A MONSIEUR LE CAPPITAYNE BEAUMONT, GOUVERNEUR DE CHASTEAU DAUPHIN.]

Monsieur de Beaumont, j'ay entendu par Meyre present porteur vostre affection et bonne volanté envers moy; je vous prie bien affectueusement de me la continuer & traicter du suject qu'il m'a parlé avecq le sieur de Perdiyer auquel j'an donné toute charge pour ce regard. Vous pouvant asseurer que j'observeray ce que vous arresterez ensemble comme sy moy mesme l'avoys promis & de cela je vous engage ma foy et mon honneur comme aussi je vous prie de croyre que je vous seray toute ma vie favorable. Atendant le loysir en fere preuve, je demeureray

Vostre plus parfaict & asseuré amy à vous servir.

De Piedmore ce XXVe may 1588.

LESDIGUIÈRES [1].

[1] Cette lettre est précédée de la copie des conditions proposées par le capitaine Beaumont pour remettre Château-Dauphin, dont il était gouverneur, entre les mains de Lesdiguières :

« COPPIE DE CE QUE LE SIEUR DE BEAUMONT, COMMANDANT DEDANS CHASTEAU-DAUPHIN, DEZIRE OBTENIR DES FAVEURS ET AUCTHORITÉ DE MONSIEUR DES DIGUIÈRES POUR L'ASSEURANCE TANT DE LUY, DE SON LIEUTENANT, SOLDATS & HABITANS DE LA VALLÉE DUDICT LIEU.

« Premier qu'il plaise à mondict sieur des Diguières de treuver bon que le sieur de Beaumont, son lieutenant & tous les habitans de la vallée de Chasteau-Dauphin demeurent soubs les commandements de mondict sieur en toute liberté de conscience sans que pour ce regard nul des susdicts en puissent estre recherchés ny molestés en aucune façon que ce soyt; aussy que les presbtres y servant leurs cures, ou autres en lieu et place puissent aussy jouyr, faisant leur office, du bénéfice de liberté & sauvegarde de mondict sieur.

« Aussy requiert ledict sieur de Beaumont à mondict sieur, tant pour sa personne, celle du cappitaine Roux Perrache que autres ses soldats ou de la vallée demeurants soubs ladicte obeissance ne puissent estre recherchés ny molestés en leurs personnes & biens pour aucune chose

LXVI.   1588 — 20 Juin.

Orig. — Arch. munic. de Mondragon.

[LETTRES DE SAUVEGARDES POUR LES HABITANTS DE BOLLÈNE.]

Le sieur des Diguières, gouverneur et lieutenant général sous l'autorité du Roy de Navarre en Dauphiné. Est deffendu très expressément à tous gens de guerre de ce party de ne faire aucun tor ni domaige aux habitans de Bollène ny les molester en leurs grangeages soit en allant ou venant en leur terroir ou travaillant à leur récolte à peyne de la vie.

Donné à Nostre Dame des Plans [1] le XX juin 1588.

LESDIGUIÈRES.

Par Monseigneur,
    FLORENS.

qu'il ayent faict ou faict fere contre ung party ou l'autre à l'occasion des guerres de relligion estant pardonné & oblyé comme chose non advenue jusques au jour present.

« Qu'il plaise aussy à mondict sieur des Diguières prendre asseurance de la fidellité & services de la personne dudict sieur de Beaumont en ce qui concerne la garde & commandement de Chasteau-Dauphin ou autre de la place que mondict sieur trouvera plus à propos demeurer sur pied en ladicte vallée soubs l'aucthorité & commandement de mondict sieur soubs lesquels ledict sieur de Beaumont promect s'y conserver & employer au prix de sa vie en toute fidellité et hobeissance susdicte avecq tel nombre de soldats qu'il plaira à mondict sieur luy ordonner.

« Requiert aussy à mondict sieur ledict Beaumont entière jouissance de ses biens & bénéfices qu'il a en Dioys ou Gappençoys maintenant & despuys l'entrée des presents troubles possédés jusques aujourd'huy par la cause.

« Requiert de mesmes ledict Beaumont pour tous ses soldats qui hont biens aux terres quy sont sous l'obeissance de mondict sieur.

« Et d'autant que ledict sieur de Beaumont est en arrière de plusieurs moys tant de l'année passée dernière que presente des payes à luy ordonnées pour ses garnisons comme il fera aparoir par ces rolles & comtes, supplie très humblement mondict sieur des Diguières en consideration que ledict Beaumont ne pourra maintenant recourre vers les threzoriers ny autres manians les affers dudict pays qu'il plaise à mondict sieur luy en ordonner ce qu'il luy plairra sur telles [assignations] à luy contribuables que bon luy semblera. »

Vient ensuite une lettre de Perdeyer, gouverneur de Château-Queyras, du 28 mai, annonçant au capitaine que toutes ses conditions sont acceptées. Une lettre du capitaine Roux, lieutenant de Beaumont, du 13 juin (B. N. MSF. 15574, p. 179), annonce à d'Yllins, premier président du parlement de Dauphiné, que le matin même, à dix heures, le commandant, dont les desseins avaient été connus, avait été chassé de la ville par lui et quelques amis fidèles.

[1] Lesdiguières, au mois de juin, quitta le siége de Gap qui l'occupait et alla mener un secours de 2500 hommes au duc de Montmorency-Damville qui avait entrepris le siége du Pont-Saint-Esprit; ce fut à cette occasion qu'il campa dans les environs de Bollène.

LXVII.   1588 — 20 Juin.

Orig. — Arch. munic. de Mondragon.

[LETTRES DE SAUVEGARDE POUR DEMOISELLE MIRACLE DE JOSSOYN, VEUVE DE NOBLE ANTOINE BERNOIN DE MONTDRAGON.]

Nous avons prins et mis, prenons et mettons en la protection et sauvegarde du seigneur Roy et la nostre, la grange, bien, bestail, que damoiselle Miracle de Jossoyn, veuve de noble Antoine Bernoin de Mondragon, a au terroir dudit Mondragon et aux environs, ensemble ses domestiques, serviteurs et toute autre chose à elle appartenant, défendons généralement à ceux tenant ce party de ne lui prendre ou enlever aucune chose à eux appartenant ni lui faire tort ny domaige à peyne de la vie.

Donné à Nostre Dame des Plans le 20 juin 1588.

LESDIGUIÈRES.
Par Monseigneur,
FLORENS.

LXVIII.   1588 — 14 Juillet.

Cop. — A M. Eug. Chaper, à Grenoble.

[TRAITÉ DE TRÊVE ENTRE MONSIEUR DES DIGUIÈRES ET LES CONSULS ET HABITANTS DES VILLES DE GAP ET TALLARD.]

Sur le traicté de la treve faicte entre Monsieur des Diguières, gouverneur et lieutenant général sous l'authorité du roy de Navarre en Dauphiné d'une part, et Monsieur de Saint-Jullin, gouverneur et commandant pour le service du roy en Gappençoys et les consuls et habitants de la ville de Gap et Tallard d'autre, pour éviter les ravages, degast de fruicts, ruynes et incommodités que reçoivent puis longtemps les habitans desdictes places par les troupes de la religion qui sont logées à l'entour et pour le bien et repos du pays et soulagement du pauvre peuple, a esté convenu que ledict sieur de Saint-Jullin et les consuls et habitants dedictes villes de Gap et Tallard jureront et

dans, propres detteurs et payeurs pour ledict sieur de Saint-Jullin en cas de ladicte contrevenance.

Ledict sieur des Diguières promettra et jurera aussy l'observation dudict traicté tant en son nom que de tous ceux de son party et de ne contrevenir en aucune à iceluy ayant prié Messieurs de Furmeyer et de Champoléon de se rendre respondans de sadicte promesse soubs semblable peine de vingt mille escus ce qu'ils ont fait volontairement et moyennant ce toutes les troupes dudict sieur des Diguières seront séparées et vuideront incontinant les terroirs dudict Gap et Tallard sans emporter aucune chose des habitans desdicts lieux.

Le present traicté et accord sera observé et gardé inviolablement d'un party et d'autre jusques à ce qu'il aye pleu à Dieu nous donner une paix géneralle en ce royaume.

Le tout sous le bon plaisir du Roy et de Monsieur de Maugiron, son lieutenant général en ceste province de Dauphiné et de la Cour de parlement dudict pays.

Et pour ce qui concerne ledict sieur des Diguières soubs le bon plaisir du roy de Navarre.

Faict le quatorziesme juillet mil cinq cens quatre-vingts et huict [1].

[LESDIGUIÈRES, SAINT-JULLIN.]

LXIX. 1588 — 6 AOUT.

Communiqué par M. Commarmond, en 1859, au Comité des travaux historiques.

[A MONSIEUR DE CALIGNON, CHANCELIER DE NAVARRE.]

Depuis vostre départ, noz ennemis ont poursuivy de fayre la trève. Messieurs de Cugie, d'Estables et Marquet ont esté deputés de nostre part, et à cest effect ont sejourné huict jours dans Grenoble, et après plusieurs discours ils ont faict entendre à nosdits deputés qu'ilz désiroyent qu'on fist long accord qui continuat jusqu'à la paix, et que par ce moyen ilz priront le duc du Mayne de prendre autre chemin [2].

---

[1] Ce traité de trève fut observé pendant treize mois, les villes de Gap et Tallard se rendirent définitivement à Lesdiguières le 24 août 1589. Voir à cette date les articles de la capitulation.

[2] Le duc de Mayenne devait venir faire une campagne en Dauphiné; il se rendit à Lyon seulement et de là rebroussa chemin.

Il a esté respondu qu'on ne pouvoit traiter de ceste façon sans l'exprès commandement du Roy de Navarre et que nous accorderions une suspension d'armes pour quatre mois, à condition qu'on ne levat sur la province que huit escus par feu par moys et que de ceste levée nous en prendrions vingt mille escus par moys pour l'entretien de la gendarmerye, les biens ecclésiastiques, peeages et les fortifications continueraient, et que ces pointz accordés, nous treterions du dementellement des places. Ils ont différé de fayre responce aux Estatz, lesquelz ils ont commencé despuis le premier jour de ce mois, et par les advis que nous avons, nous cognoissons qu'ilz sont sur le point d'accorder ce que dessus. Il est vray qu'ils desireroient que les ecclésiastiques retirassent le quart de leur revenu, parce qu'ilz ne le peuvent autrement sans se desunir d'avecque le clergé qui est le premier de leurs ordres, mais je pense qu'ilz ne s'arresteront pour cela ou du tout ilz ne feront rien. J'oublois à vous dire que nous voulons aussy avant que la trève se face, [que] le Graisivaudan paie les compagnies de Messieurs de Morges et de Beaumont, ce qui est accordé. Nous avons estimé que ladite suspention nous donneroit moien de bien munir nos villes, de continuer les fortifications avec plus de commodité, et quelque soulagement au peuple, lequel vous saves estre à l'extrémité, et cependant vous seres de retour pour nous faire sçavoir l'intention du Roi de Navarre sur tous ces affaires [1]. On nous menace de la venue du duc du Mayne, et de faict nous en avons veu les lettres du Roy et croyans que cela doyt estre, nous faisons tout ce qui se peut à nous préparer........ Ambrun va bien, Puymore s'accomode bien aussi, c'est avec une difficulté et despense incroyable, car il ne s'est trouvé personne qui veuille fere une canne de muraille à moins de quinze escus, toutefois on n'y espargne rien; à Corp, on y travaille et le met on en estat, Dieu aidant, que l'ennemi n'avancera rien de ce costé. Pour [le] Trièves, je suis sur le point de bastir un fort au chasteau de Clermont ou plus bas pour garder l'entrée du Trièves; à Serres l'on y travaille tousjours, par les dessins du capitaine Jean; à Nions on achève à revestir de murailles la citadelle; à Die, ne s'y faict rien pour encore; à Oste, rien; à Montellimar, Monsieur du Poët a faict deseyner la fortification du coteau du chateau,

---

[1] En chiffres dans l'original à partir de : « Nous avons estimé... »

laquelle se monte huict mille escus, se resout de le faire, est tousiours sur les demandes, n'a jamais rien, se plaignant toujours de l'humeur que vous le cognoisses. Je l'assiste de ce que je puis, mais je pese le temps et en suis en peine, car sur cette occurence, je crains qu'il ne se laisse persuader à ses grands amis comme Montezon et Marsanne et autres; je l'assisterai de tout ce que je pourrai [1] et n'y espargneray rien qui le puisse contenter; encores qu'il aye tout, il est besoin de le lui remonstrer. Mais il faut que je vous dye que Vicoze a faict une grande faute, il a bien eu le loisir de se promener à Orange huict jours et au Montellimar autant, cependant n'a daigné d'en employer quatre pour venir jusques ici où il m'eut gardé d'escrire et commettre toutes choses au papier; il mérite une bonne mercuriale [2]. Voilà les moiens que nous tenons pour notre deffense; pour l'offensive vous verres par le traité faict avecque ceux de Gap et Tallard, à quoy ils sont reduitz. Je pense qu'ilz se rendront par force observateurs de leurs promesses. Mueillon a faict de mesmes et encores plus, car ils promettent de se garder sans garnisons et de tout avons bonnes asseurances. Le Buis et Mollans demandent à traiter à mesmes conditions, mais elles seront un peu plus dures si nous pouvons [3]. Nous sçavons aussy qu'à cet exemple il y a plusieurs villes qui désirent le semblable; nous poussons tousjours à la roue tant que nous pouvons pour le service du maître [4] et bien du party, et cella nous donnera plus de moien de faire nostre guerre della l'Izère jusques aus portes de Lyon [5], et avoyr nostre raison de ceus..... du..... contat lesquelz sont muets pour encores. Quant à la Provence, les choses y sont brouillées, car le sieur de Vins est à Aix; le comte de Carses à Marseille; Arles est aussi de ceste partye et la pluspart du pays..... Monsieur de la Valette contraint de se retirer à Pertuis, Sisteron, Berres, Moustiers, Antibes, ou Tollon, Yerres, et quelques autres places, hay du peuple en général en ces deux provinces. Ledict seigneur a employé le sieur de Puy-Michel que cognoissez, pour nous mettre en quelque bonne intelligence ensemble, offrant tous pleins de belles

---

[1] En chiffres dans l'original à partir de : « Ambrun va bien... »

[2] En chiffres dans l'original à partir de : « Vicoze a faict... »

[3] En chiffres dans l'original à partir de : « Le Buis et Mollans... »

[4] Du roi de Navarre.

[5] En chiffres dans l'original à partir de : « Et cella nous donnera... »

choses lesquelles je n'ay pas refuzées, enfin ce qui s'en est ensuivi sur ce faict, c'est une promesse réciproque de l'un à l'autre nous ayder et secourir à couvert ou à découvert ainsi qu'il sera advisé pour le mieux et pour donner quelque commencement à cest œuvre, le sieur du Buisson doit venir au premier jour avec tout pouvoir. Il asseure que Valence et Romans sont bien asseurées et de faict il y a pourveu ces jours passés en argent et hommes, car les ennemis sous umbre du secours de Gap et de Loudun [1] conduits par Alfonce et le comte de Maugiron avoient desseing de se saisir de Vallence et Romans; pour Vallence, le Passaige en a permis l'entrée; pour Romans, le baron de la Roche y a prouveu, car un matin il y a faict entrer quatre ou cinq compagnies et les a faict loger en paiant et aussitost commencé une bonne citadelle laquelle il faict faire en toute dilligence [2]. Vous pouvés penser comme le pays est en allarme et notamment la ville de Grenoble, et de faict ils ont chassé le commandeur de la Roche, leur gouverneur, chassé sa compagnie et en sa place estably Albigny pour gouverneur, aveque sa compagnie de gens de cheval qui est belle et Pasquiers avec une compagnie de gens de pied. Brief ils sont bien bigarrés dans la ville; ils ont d'ailleurs la peste qui les travaille fort. On nous promet aussi de nous donner moiens d'emporter toutes les bicoques qui sont autour du Montellimar pour les faire razer, ce seroit commencer à recevoir quelque fruict de ceste negociation; on nous promect aussi de nous faire tumber Gap, Tallard, Le Buis et Mollans [3] entre les mains. Mais tout cela ne sont pour encores que parolles, il en faut venir aux effectz et tacher d'en tirer quelque utilité sy nous pouvons, cependant nous gaignerons le temps. On promet aussi de ne s'opposer à la réception des paiemens des compagnies qui sont assignées en Provence, et de faict Monsieur de Gouvernet y a esté et y a faict ses affaires; pour le marquisat [4], on nous offre ouvertement tout ce qui y est : nous demandons balles, poudres et canons rompus, ce qui nous est accordé, mais nous ne tenons pas encores [5]. Nous sommes près d'y fayre quelque chose s'yl playt à Dieu de benyr l'œuvre. Nous ne perdons pas temps à faire quelque chose en Graizi-

---

[1] Il faut lire plutôt Embrun.

[2] En chiffres dans l'original à partir de : « Monsieur de la Vallette... »

[3] En chiffres dans l'original à partir de : « On nous promet... »

[4] Marquisat de Saluces.

[5] En chiffres dans l'original à partir de : « On promet aussi... »

vaudan¹, car je suis sur le point de m'y acheminer. Tout se porte bien par deça, Dieu mercy ; votre femme, frères et toute la maison du sieur d'Estables, toute ma famille de mesmes. Souvenez-vous de revenir au plus tost et nous apporter l'intention du maistre bien au long. Ceus du Languedoc ne mandent point d'argent pour encores, celluy de ceste province y sera plus tost quoy qu'ils disent. Voilà en somme tout ce que je vous saurois dire pour ceste heure. Souvenes-vous aussy d'apporter lettres à Monsieur de Montmorency et aus eglises de Languedoc pour nous assister à bon escient, car s'ils le font nous abatterons avec l'aide de Dieu l'arrogance de ce grand duc de gloire². Nous faillîmes le premier de ce moys d'emporter le chasteau de Briançon, où nous fysmes tyrer trois coups de petardz contre les portes; mais le malheur voulut qu'elle se trouvèrent barriquées de boys pour bruler, et ce qui nous nuisyt davantaige, ce fut que la peste estant dans le corps de logis du chasteau, les soldats s'en estoyent retyrés et les trouvames logés sur la porte et sur les bastions, de façon qu'ilz nous jettèrent force pieres et abbatirent le dernier pétard qui tira contre noz gens; toutteffois il n'y est mort personne des notres. Noz gens firent très-bien leur debvoyr et marchoient tous de bonne volonté. Il y eut une porte enfoncée et le boys qui estoyt contre tout séparé, mais aux autres on n'y peut fayre jour. Je vous présente mes plus humbles recommandations. De Puymore, le 6 aoust 1588.

Votre bien humble serviteur.

LESDIGUIÈRES.

J'ay asseurance de Monsieur de la Roche Chandyeu que les deniers qu'on portera à Genève seront bien asseurés.

---

¹ Ces deux mots en chiffres dans l'original.
² En chiffres dans l'original à partir de : « A Monsieur de Montmorency... »
Le duc de gloire est M. de Mayenne.

Haussez vos voutes grands portaux,
Huys de Paris tenez vous haus,
Si entrera le duc de gloire
Qui pour tuer cent huguenaux
A fait mourir mille papaux.
N'a-t-il pas bien gaigné à boire ?
(Satyre menypée. Discours d'Aubray.)

LXX.   1588 — 14 Aout.

Imprimé : *Histoire de la vie du Connestable de Lesdiguières*, par L. Videl. Paris, 1638, p. 85.

TENEUR DE LA LIGUE ENTRE LES SIEURS DE LA VALETTE ET DE LESDIGUIÈRES.

Chacun connoit assez les sinistres intentions du sieur duc de Guise & de ceux de sa maison qui depuis longtemps ont conspiré la subversion de ce royaume & la perte des princes du sang & de tous leurs parens, alliez & serviteurs. Ce qui est notoire à tout le monde, veu les ligues, menées & intelligences qu'ils ont avec les Espagnols & autres princes & potentats estrangers, anciens ennemis du bien & repos des François. Ce qui estant bien averé & reconnu par nous, sieurs de la Valette & de Lesdiguières, & veu les particuliers & sinistres desseins que ledit sieur de Guise, son frère, & ceux de sa maison, ont contre nous & contre Monsieur le duc d'Espernon, pour lequel Monsieur de la Valette traitte & promet faire observer & garder tout ce que dessous & qui s'en ensuivra. Doncques, nous dits sieurs de la Valette & de Lesdiguières, avons pour le bien & la conservation des princes du sang, & pour la deffence de nous & de nostre party, juré union entre nous, offensive & deffensive, envers tous & contre tous, aux conditions & qualitez suivantes, laquelle nous promettons & iurons solemnellement devant Dieu & ses Anges, d'observer & garder inviolablement & à jamais très religieusement, comme chose jurée & promise de franche volonté & sans aucune contrainte; sçavoir, ledit sieur de la Valette, tant en son nom, & de Monsieur le duc d'Espernon son frère, que de tous les seigneurs & autres de son party; & ledit sieur de Lesdiguières aussi, tant en son nom que de tous les seigneurs, gentilshommes & autres de son party, pour lesquels chacun d'eux se fait fort & jure pour eux :

Premièrement, qu'il demeure en l'élection du sieur de la Valette de se déclarer ou de se servir des forces & moyens dudit sieur de Lesdiguières, ouvertement ou couvertement, jusques à ce qu'il en connoistra l'occasion propre et quand bon luy semblera.

Nous promettons & iurons de nous assister les uns les autres, toutefois & quantes que nous en serons requis, ouvertement ou couvertement à nostre élection.

Qu'il ne s'entreprendra, ny de costé ny d'autre, sur les places des deux partis : mais au contraire, serons tenus de nous avertir l'un l'autre des intelligences que l'on pourroit decouvrir estre faites sus lesdites places de l'un ou l'autre party, & là où aucunes d'icelles seroient surprises, serons tenus indifferemment de les secourir, ou recourir dès aussitost que nous dits sieurs de la Valette & de Lesdiguières en auront avis, lequel secours se fera ouvertement.

Pour la Provence, ne s'y pourra commettre aucun acte d'hostilité par ledit sieur de Lesdiguières ou ceux de son party, sous quelque pretexte que ce soit; & s'ils y entrent pour leurs contributions, n'y pourront séjourner plus de trois iours avec cent chevaux, lesquels ne seront nullement recherchez, ny attaquez par les troupes du sieur de la Valette & de son party.

Quand au marquisat de Salusses, il se fera une trêve ouverte avec ceux du pays, par le moyen de laquelle un chacun demeurera libre en sa maison, & le commerce sera permis à tous indifféramment, sans que pour raison de ladite trêve il soit payé aucune chose; & quand ledit sieur de la Valette seroit contraint de prendre le payement & entretenement de ses forces, de son authorité sur ledit pays de Provence [1], en ce cas ledit sieur de Lesdiguières & luy en conviendront.

Ne se pourra faire payer rançon à aucun prisonnier, d'un party ny d'autre, qui pourroient estre pris après le present traitté : & pourront ceux de l'un & de l'autre party, passer & repasser librement par tous les lieux de nos pouvoirs sans nul arrest ou empeschement ny que les uns ou les autres puissent estre fouillez ny leurs despeches ouvertes en portant passe-port de l'un ou de l'autre seulement.

Ne se pourra forcer, ny fortifier, ny surprendre aucune place en Provence; mais ledict sieur de Lesdiguières, pour tous ceux de son party, prendra ledict pays en sa protection, comme aussi ledict sieur de la Valette prendra en sa sauvegarde toutes les places tenues par ledict sieur de Lesdiguières & ceux de son party.

---

[1] Ces deux mots doivent avoir été ajoutés à tort par le premier éditeur, car il s'agit ici du marquisat de Saluces et non de la Provence.

Et pour les forts de Cederon et la Bréolle ils seront démolis au iour nommé.

Fait à Castel-Arnoux le quatorziesme iour d'aoust 1588.

(Sceaux.)　　　　　　La Valette, Lesdiguières [1].

LXXI.　　　　　1588 — 25 Septembre.

Orig. — Arch. munic. d'Orange.

A MESSIEURS LES CONSULS D'ORANGE.

Messieurs, j'ay beaucoup de regret de ce que je ne puis pour ceste heure prendre une bonne resolution sur le sujet du voyage de Messieurs de Buffieres et de Gaillac. Il fault que j'assemble pour ce faict les principaux gentilshommes de ceste province et à cest effect je m'achemineray au plus tost à Nyhons, ne desirant que de vous faire paraistre l'envye que j'ay que vous soyez en repos et me remestant à en deliberer pour ung coup audit Nyons. Je demeurerez s'il vous plaist à jamais, Messieurs,

Vostre bien humble pour vous fere service.

Lesdiguières.

De Chateau Dauphin le XXVe septembre 1588.

LXXII.　　　　　1589 — 7 Mars.

Orig. — Arch. munic. de Sault (Vaucluse).

A MONSIEUR LE JUGE DE SAULT.

Monsieur le Juge, j'ay receu celle que vous m'avez escrite, pour responce à laquelle je vous diray que j'ay si peu d'accès aveq Monsieur de la Valette que mes lettres ne serviroyent du tout de rien pour le

---

[1] Ce traité, d'une importance considérable, puisqu'il délivrait Lesdiguières de tout souci du côté de la Provence que gouvernait La Valette, fut conclu à Montmaur entre Gouvernet de la part de Lesdiguières, Puy-Michel et Le Buisson de la part de La Valette.

faict que vous désirez et porteroit plus tost nuysance à vostre communauté que prouffict et de faict j'aymeroys mieux vous assister de cent chevaulx pour vostre deffense et pour repousser ceux qui vous voudroyent travailler que d'escrire des lettres quy ne vous apporteroyent aucun fruict; toutesfois, si vous estimez que cela vous serve, j'en feray la depesche que vous adviserez, et sur ce je prie Dyeu vous donner sa saincte grace.

Vostre humble amy pour vous servir.

LESDIGUIÈRES.

De Mens le VIIe de mars 1589.

LXXIII.   1589 — 28 MARS.

Imprimé : *Mémoires de la Ligue*, par Goulart et Goujet. Amsterdam, 1758, vol. 3, p. 287.

TRAITÉ DE LA TRÈVE DE DAUPHINÉ ACCORDÉE PAR ALPHONSE D'ORNANO, CHEVALIER DES DEUX ORDRES DU ROI, CONSEILLER EN SON CONSEIL PRIVÉ ET D'ÉTAT, CAPITAINE DE CENT HOMMES D'ARMES ET GÉNÉRAL EN L'ARMÉE DE DAUPHINÉ, ET LE SIEUR DE LESDIGUIÈRES, COMMANDANT SOUS L'AUTORITÉ DU ROI DE NAVARRE AUDIT PAIS, EN L'ANNÉE 1589.

Alphonse d'Ornano, chevalier des deux ordres du Roi, conseiller en son conseil privé d'Etat, capitaine de cent hommes d'armes de ses ordonnances et général de l'armée en Dauphiné, traitant à la requisition des Etats, par autorité de la Cour et sous le bon plaisir du Roi ; et le sieur de Lesdiguières, commandant sous l'autorité du Roi de Navarre audit pais, assisté des gentilshommes de son parti, traitant sous le bon plaisir dudit sieur Roi de Navarre ; considérant les miseres et calamités que cette province a souffertes pour les troubles et oppressions de la guerre, et désirant par une trève remedier à ces desordres et confusions, en attendant qu'il plaise à Dieu et au Roi nous donner un repos plus assuré, avec l'entier soulagement du peuple, ont arrêté et résolu de ce que s'ensuit :

Premièrement, le rétablissement de l'exercice de la religion catholique, apostolique et romaine, et restitution des églises es lieux tenus par le sieur de Lesdiguières et ceux de son parti, est remis à la première conférence, laquelle se fera dans le premier jour du mois de juillet prochain, dans lequel délai ledit sieur de Lesdiguières se charge de rapporter sur ce l'intention dudit Roi de Navarre, qui sera supplié de consentir audit rétablissement et confirmer icelui et cependant les choses, pour ce regard, demeureront en l'état où elles sont.

Les ecclésiastiques rentreront en la jouissance de leurs biens, maisons, revenus et leurs bénéfices et fruits d'iceux, sauf pour le regard des meubles et ce qui a été pris par voie d'hostilité durant la guerre; sauf aussi la somme de dix huit mille écus reservés par ledit sieur de Lesdiguières, pour chacune année durant la présente trève, sur les dixmes que le Roi a accoutumé prendre es lieux, à présent levées par ceux de ladite religion, selon le role qui en sera dressé, pour icelle convertir et emploier par ledit sieur de Lesdiguières et sur mandement, aux œuvres concernans la piété et autres pour le soulagement du peuple.

Le receveur du Roi sera retabli en la possession et jouissance de tous les droits dominaux de sa Majesté, sans toutefois que ceux qui en auront joui durant les guerres, en puissent être recherchés durant cette trève.

Tous les habitans dudit pais, tant de la noblesse que du tiers état, de quelque parti qu'ils soient, rentreront effectuellement ensemble, jouissans de tous et un chacun leurs biens, meubles, immeubles et droits, noms, actions, avec la réservation des meubles ci dessus spécifiés, et pourront se retirer et résider dans leurs maisons; et ceux qui par les édits ont absenté le roiaume, depuis le premier de mars 1585, et ceux qui durant la présente guerre se seront retirés en cette province contre la teneur d'iceux, n'en pourront être recherchés durant ladite trève.

Qu'en attendant qu'il plaise à Dieu nous donner une paix générale en ce roiaume, tous actes d'hostilité, prises de villes, chateaux et prisonniers, courses et autres exploits de guerre, cesseront tant d'un parti que d'autre pour le temps et terme de vingt un mois, à commencer depuis le premier d'avril année présente, jusqu'au dernier de décembre 1590, ledit jour compris.

La liberté de conscience et de la culture sera rétablie par tous les endroits de cette province, et pourront tous marchands, laboureurs et autres, de quelque qualité et condition qu'ils soient, aller, venir, séjourner et faire leur trafic et labourage librement et sans contredit en toutes les villes et lieux de ce pais, sans qu'il leur soit besoin d'avoir autre passe-port ni sauvegarde que le bénéfice de la terre.

La perception des fruits, rentes et revenus des bénéfices et autres, de quelque qualité et condition qu'ils soient, dont les biens ont été saisis durant la guerre, sous l'autorité du Roi de Navarre, commencera dès la date de la présente trêve.

Les fermiers établis par les ecclésiastiques et autres, ensemble les fermiers et sequestres commis par le sieur de Lesdiguières auxdits biens, ne pourront être recherchés durant la présente trêve, des prix de leurs fermes et perceptions desdits fruits, dixmes, rentes et revenus et ne sera loisible de rien demander desdits fruits paiés ou qui restent à paier des années précédentes, mais en seront lesdits fermiers sequestres et particuliers débiteurs, déchargés en faisant apparoir respectivement par eux des censes, bails à ferme et autres, provenans dudit sieur de Lesdiguières, avec quittance desdits paiemens.

Pour l'entretènement des gens de guerre, tant d'un parti que d'autre, sera levé à raison de feu sur tous et un chacun des taillables, la somme de trente six mille écus par mois durant la présente trêve. De laquelle somme ledit sieur de Lesdiguières en prendra dix huit mille écus pour chacun mois, à commencer au mois d'avril, sur les lieux d'où il sera convenu, desquels le role sera remis entre les mains d'un receveur qui par lui sera commis, qui en passera décharge au profit du procureur du pais. Et sera la recepte et depense d'icelle somme selon les états et mandemens dudit sieur de Lesdiguières, et en rendra compte par devant les commissaires qui par lui seront établis.

En cas que par ci après, les défiances fussent levées, ou que pour autre consideration on put proceder à quelque retranchement de gens de guerre, se tiendra une conference au premier de juillet prochain, pour aviser aux moiens de diminuer ladite somme de trente six mille écus au soulagement du peuple.

Outre et par dessus laquelle, seront emploiés au même entretènement, à commencer au premier d'avril, les deniers qui proviendront des péages établis en cette province, avant et durant les présens troubles par les deux partis, desquels deniers la moitié sera délivrée mois par mois audit sieur de Lesdiguières ou au receveur, qui par lui sera ordonné, pour en faire les paiemens selon son ordonnance.

Lesdits peages seront donnés en recepte ou à ferme, ou à meilleur menage que faire se pourra sous l'autorité du Roi, et y seront employés les receveurs, fermiers, controleurs agréés par les deux parties.

La levée de cinquante écus par feu, imposée par ledit sieur de Lesdiguières pour l'entretenement des gens de guerre depuis le premier janvier jusqu'à la fin de mars, année présente, continuera jusqu'au parfait de la somme de cinquante quatre mille écus en tout, distraits tous paiemens légitimes, moiennant laquelle somme de cinquante quatre mille écus, revenant à dix huit mille écus pour chacun desdits mois, ledit sieur de Lesdiguières a quitté le surplus des arrérages. Et se fera ladite levée sur les feux des lieux par eux tenus à présent et à proportion d'iceux et non sur autres, même sur ce qui est de la vallée de Graisivaudan ni delà de l'Izère.

Tous les contribuables de cette province seront quittes et déchargés de tous arrerages des contributions pretendues par ledit sieur de Lesdiguières, depuis le commencement de ces troubles, jusqu'à fin de décembre dernier, et desquels il n'a été fait parti, ou n'ont été remis en assignation, en paiant audit sieur, ou aux receveurs par lui commis, sa moitié arrerages dans les fêtes de Noel, dont ils s'obligeront à la charge qu'ils paieront ladite moitié, selon le nombre des feux, pour lesquels ils se trouveront compris au role et denombrement des foages, et selon les sommes qui ont été généralement imposées par ledit sieur de Lesdiguières, sauf toutesfois ceux auxquels, par convention particuliere, a été fait diminution ou rabais, soit du nombre de leurs feux ou desdites sommes ordinaires. Lesquels ils paieront selon leursdites conventions et estats dessés sur icelle dans le même délai, ou bien seront reçus à paier la moitié desdits arrérages comme les autres à leur choix, suivant leur foage, et les contributions accoutumées; sauf audit sieur de Lesdiguières de leur faire plus grand rabais, si bon lui semble.

Outre ce que dessus, sera delivré par ceux du parti catholique au sieur de Lesdiguières la somme de quinze mille écus dans les fêtes de Noel prochain, non compris aucuns deniers qui pourroient avoir été exigés par forme de rançon, prise de bestiaux, ou autrement; distrait néanmoins de ladite somme de quinze mille écus ce que le sieur de Cugy voudra rabattre sur la part le concernant.

A été aussi convenu que toutes obligations passées pour contributions par aucuns de la vallée de Graisivodan, du Viennois ou du bailliage de Saint Marcellin du coté delà l'Isere, sont cassées, revoquées et declarées nulles et de nul effet, sauf toutefois l'obligation passée pour la rançon de Barbier.

Pour le regard des contributions dont a été fait parti avec les sieurs du Pouet et de Vachières, ont été nommés par l'assemblée des Etats, les sieurs de la Baulme et du Rosset, pour en convenir avec lesdits sieurs, et sera observé d'une part et d'autre ce qui sera resolu par eux.

Seront aussi nommés deux gentils-hommes par lesdits Etats, et deux autres par ledit sieur de Lesdiguières, pour traiter avec les capitaines du Roi de Navarre, sur le fait des assignations à eux données, pour le paiement des gens de guerre, et en conferer à l'amiable avec eux, pour en obtenir rabais, si faire se peut, à quoi ledit sieur Lesdiguières a promis s'employer, n'aiant voulu accorder ledit rabais, soit de la moitié susspécifiée ou autre, sans leur consentement.

Les mandemens donnés par ledit sieur de Lesdiguières sur toutes sortes d'arrerages, pour recompense de blessures, chevaux tués et autres pertes, seront payés et acquittés sans aucun rabais, selon leur forme et teneur. Et neanmoins pour verifier partie desdits mandemens, sera exhibé le registre d'iceux, fait depuis sept ou huit mois en çà.

Les arrerages pretendus par le sieur de Lesdiguières sur les habitans d'Aleizan, Étoille, Montellier, dont il n'a été fait parti avec lesdits sieurs du Pouet et de Vachières, demeureront en l'état où ils sont durant la trève; declarant néanmoins ledit sieur de Lesdiguières n'avoir tiré en contribution ni parti les lieux et ville de Grenoble, Vienne, Romans, la ville, chateau, habitans et faux bourgs de Briançon, ni aussi ceux de l'escarton d'Oulx, depuis le mont Genèvre en là, ni la ville de Valence, le Bourg d'icelle non compris.

Tous arrerages d'emprunts imposés de l'autorité du Roi de Navarre demeureront sursis, et n'en pourra rien etre demandé.

Tous manans et habitans, tant d'une religion que d'autre, des bailliages d'Embrunois, Gapensois, Barronnies, vallées de Quiras et de Praialla, bailliage de Graisivodan, depuis Pontault et le Monestier de Clermont, en sus du Dioys, depuis Pontais inclus et au dessus, seront quittes et dechargés durant la presente trève, de tous arrerages encourus pendant la guerre et pretendus par les catholiques sur les contributions, tailles et autres deniers roiaux, magasins et étappes par eux imposées, et quant aux autres lieux de cette province, leur sera fait semblable rabais par les catholiques, et sous les qualités et conditions ci dessus pour les arrierages dus au sieur de Lesdiguières.

Les fermiers des péages dépendant du domaine du Roi, soit par eau, soit par terre, qui ont paié ci devant à ceux de la religion, ne pourront être recherchés ni inquiétés par autre durant la trêve pour le paiement du passé, en quelque façon et manière que ce soit.

Les habitans du Buy paieront audit sieur de Lesdiguières la moitié des arrerages des contributions sur eux imposées, depuis le commencement des présens troubles, qui n'ont été donnés en assignation. Quant à celles qui ont été assignées et dont il a été fait partie, le sieur de Montbrun en quittera la moitié de la part qui le concerne, et pour le regard des arrerages dûs au sieur de Gouvernet et de Saint Saulveur, lesdits habitans s'en adresseront à eux, pour en obtenir rabais à l'amiable, si faire se peut.

Sera baillée audit sieur de Lesdiguières la somme de huit cens trente trois escus un sol pour chacun mois, durant la presente trêve, revenant à dix mille écus par an, pour les fortifications par lui commencées, à la charge qu'il n'en fera aucunes nouvelles et que ladite somme ne sera levée sur le peuple, et sera baillée à Monsieur le Colonel semblable somme, si bon lui semble, pour même effet.

La fortification de Livron sera aussi continuée, à la charge qu'il n'y sera emploié que les trois mille écus fournis par les habitans, sans que le pais en soit chargé, et qu'il ne se fera dorénavant aucune fortification de terrein.

Ne pourra être pris aucun instrument ou bétail de labourage pour les contributions et autres deniers publics, tant de passé que de l'avenir.

Toutes impositions et levées de deniers cesseront durant la trêve, fors et excepté ce qui a été convenu ci-dessus, et les deniers que le roi a accoutumé de demander en temps de paix, outre ce qui sera accordé ci-après par le consentement des deux parties pour le benefice commun du pais; et se feront lesdites levées selon l'ordre observé et gardé par le paiement.

Ceux de Gap, Tallard et Meuillon, seront compris en la trêve générale, et demeurera par ce moien, la question particuliere faite avec eux, par ledit sieur de Lesdiguières, éteinte et assoupie, sauf pour le paiement des [dix] mille écus, accordés par lesdits de Gap et de Tallard, qui seront paiés à la forme de l'article, et à la charge que lesdits de Gap et de Tallard ne pourront dorénavant lever les trois écus par feu, porté par ledit traité, pour l'entretenement de leurs garnisons ; mais sera paiée ladite garnison sur lesdits dix huit mille écus reçus par les catholiques, et là où ladite trève générale viendra à se rompre, demeurera sa particulière en son entier, selon la forme et teneur.

Est accordé répit durant la trève à toutes les communautés, pour toutes les dettes particulières, créees par icelle, en paiant interêts, qui ne pourra être plus grand que du denier douze.

Le fort de Bosansi[1] sera rasé est démoli, en paiant par les catholiques au sieur de Lesdiguières huit mille écus, pour remboursement des frais et constructions d'icelui, paiables dans quatre mois, dont il sera donné bonne et suffisante caution, et commencera ladite démolition dès le jour que la caution sera donnée, et sera parachevé dans huit jours après.

Seront aussi rasés et démolis les forts de Flandaine et de Jolivet, la tour de Saint-Nazere, et le chateau de Savasse et sera la ville de Savasse demantelée ; et commenceront lesdites demolitions dans huit jours au plus tard, et seront parachevées dans autres huit jours.

Le roc de Savu demeurera en l'état qu'il est, sous la promesse faite par les catholiques, qu'il ne fera jamais la guerre contre ledit roi de Navarre, et ceux de son parti en cette province, même advenant rupture en la présente trève, à peine de deux mille écus, dont sera donnée bonne caution, comme aussi ledit sieur de Lesdiguières donnera caution de semblable somme, de n'entreprendre rien sur ledit roc de Savu durant la trève ni après.

Sera fait poursuite par le pais envers le Roi, des paiemens des

---

[1] Ce fort avait été construit par Lesdiguières à la fin de l'année précédente. Voici ce que Maugiron en écrivait au roi : « Lesdiguières, avec toutes ses forces et sept ou huict cents pionniers, s'est venu loger à une lieue de cette ville, faisant fere un fort de delà le bord de la rivière du Drat..... J'ay écrit et prié Monsieur de Mandelot de m'envoyer sa compagnie avec celle du sieur de Botheon et quelques autres s'il en a et mandé au sieur de Ponsonnas de fere avancer son regiment affin d'essaier, avant que ledict Lesdiguières aye gueres avancé, si je me puis trouver des forces qui puissent à peu près esgaller les siennes, de luy rompre ses desseins. » (19 août 1588.) B. N. MS. F. 3358, p. 28.

arrerages dûs auxdits sieurs de Lesdiguières et Gouvernet pour les garnisons de Serres et Nyons, durant la dernière paix selon les mémoires qui par eux seront fournis.

Ceux du parti du Roi de Navarre, qui ont été ci-devant pourvus des offices de président et conseillers en la cour de Parlement ou chambre tripartie, et leurs héritiers, seront paies de leurs gages et menues distributions, dès la date de leurs lettres, jusqu'au jours qu'ils se sont retirés de l'exercice de leur charge, sur les deniers du Roi, soit du domaine, tailles ou autres qui se poseront ou leveront deça l'Izère.

Ne se fera aucune course ni acte d'hostilité par ceux de ce pais, tant d'un parti que d'autre, sur les habitants de la comté de Grignan et principauté d'Orange, à la charge qu'ils promettront à réciproque, dont le sieur de Lesdiguières se fait fort.

Tous seigneurs hauts-justiciers, ensemble les consuls et chatelains des lieux, au nom de leurs communautés, prendront en leur protection et sauve garde ceux du contraire parti qui se retireront, et repondront civilement en cas de connivence ou négligence, des excès qui seront commis en leurs personnes et biens, sauf leur recours contre qui appartiendra.

Sera autorisée la présente trève par la Cour de parlement et jurée par les consuls desdites villes et gouverneurs d'icelles, ensemble par les principaux seigneurs et gentilshemmes, tant d'un parti que d'autre, dont le rôle a été dressé et sera homologué en plein Etat.

Toutes les contraventions à la suspension ci-devant faite, depuis le huitième de ce mois, jusqu'au vingtième, seront reparées de part et d'autre, comme aussi ce que se trouvera reparable depuis le vingtième jusqu'au premier d'avril prochain venant.

Sera fait poursuite envers ceux de Provence, Vivarais et Languedoc, terres du Pape, Lyonnois et autre lieus circonvoisins, tant d'un parti que d'autre, de ne faire aucune course ni acte d'hostilité en cette Province, d'où seront rapportées respectivement les déclarations dans le mois.

Le présent traité tiendra sous le bon plaisir du Roi et du Roi de Navarre, à la charge que dans trois mois les catholiques rapporteront sur ce l'intention de sa Majesté, et ledit sieur de Lesdiguières celle du Roi de Navarre. Et cependant la trève aura lieu; et là où sa

Majesté ou le Roi de Navarre feront difficulté d'approuver le présent traité, ou nommera de rechef des deputés aux mêmes fins pour en rapporter les déclarations dans autres trois mois, et cependant le présent traité tiendra : et seront tenus ceux des deux partis s'avertir l'un l'autre respectivement, un mois auparavant que de venir à rupture ou contrevenir aux articles ci-dessus accordés, pour l'exécution desquels seront fournis passeports nécesaires.

Ne sera ledit sieur de Lesdiguières ou ceux de son parti tenus à l'observation desdits articles, en cas que le roi de Navarre ou ceux de son parti en ce pais seroient attaqués par une armée du Roi. Auquel cas néanmois les deux partis insisteront envers le Roi et le Roi de Navarre, de laisser jouir ledit pais à la manière accoutumée [1]. Et pourra ledit sieur de Lesdiguières nommer de sa part un lieutenant dudit prevot, et chacun desdits prevot et lieutenant pourront nommer la moitié des assesseurs qui assisteront aux jugemens. Et sera dressé un règlement par l'avis et consentement des deux partis pour l'exercice de leur charge.

Seront nommées de part et d'autre trois personnes de qualités pour vuider sommairement les différents qui pourront survenir sur l'exécution du présent traité.

Demeureront au surplus les choses en l'état qu'elles sont à présent tant d'un côté que d'autre, sauf où il y seroit dérogé par le présent traité.

Et en cas qu'aux provinces voisines ne se fit trève, sera loisible auxdits sieurs Alphonse et de Lesdiguières de secourir chacun ceux de son parti, hors la province de Dauphiné, comté de Grignan et principauté d'Orange.

Fait, lu et publié au fauxbourg Saint-Jacques dans la maison de maistre Hugues Thomasset, conseiller du Roi, recevèur des Etats du Dauphiné, le vingt-huitieme jours du mois de mars mil cinq cens quatre vingt neuf.

Alphonse d'ORNANO, LESDIGUIÈRES.

---

[1] Il y a probablement ici une lacune où il était question de l'administration de la justice et de l'organisation de la prévôté.

LXXIV.   1589 — 12 Avril.

Orig. — Arch. munic. de Sault (Vaucluse).

A MESSIEURS LES CONSULS DE SAULT.

Messieurs les Consuls, sy vous ne faictes apporter la rosette [1] que vous devés et qu'avez promis, je permettray à nos soldats d'aller prendre vos porceaux. N'y faillés d'autant que vous désirez de vous conserver et je seray à jamais vostre très affectionné ami à vous servir.

LESDIGUIÈRES.

De Serres le XII avril 1589.

LXXV.   1589 — 5 aout.

Orig. — Arch. munic. de Tallard.

A MESSIEURS LES CONSULS DE TALLARD, LA SAUSSE, SIGOYER, LARDYERS ET VALLÉE DE VITROLLE.

Messieurs les Consuls de Tallard, la Sausse, Sigoyer, Lardyer et vallée de Vitrolle, je vous prye d'advertir tous ceux de vos lieux quy ont des beufs que je les prye de faire un voyage du boys que j'ay à la rivière de la Luye jusques à Puymore [2] pour mon bastiment, et je leur presteray mes beufs et mes chevaux quand ils en auront affaire. A Dyeu. C'est de Puymore le Ve aoust 1589.

Vostre très affectionné à vous servir.

LESDIGUIÈRES.

---

[1] Rosette : cuivre rosette, cuivre rouge destiné probablement pour fondre des canons.

[2] La construction du fort de Puymaure dont il s'agit ici fut commencée le 10 août 1580, interrompue au mois de juin 1581, puis reprise par Lesdiguières le 4 mars 1588 sous la direction des capitaines Esprit Michel de Beauregard du Champsaur, Laurent Arabin de Corps et Jean Sarrazin de la Tour-d'Aigues en Provence, ingénieurs. Construit très rapidement, ce fort ne fut démoli qu'en 1633, par ordre de Richelieu. François de Philibert, seigneur de Montalquier, en fut gouverneur pendant tout cet espace de temps.

LXXV.   1589 — 24 Aout.

Orig. — Arch. munic. de Gap.
Imprimé incomplètement : *Histoire, Topographie, Antiquités, etc., des Hautes-Alpes*,
par Ladoucette. Paris, 1848, p. 717.

ARTICLES PRÉSENTÉS PAR LES CONSULZ ET DÉPUTÉS PAR LA VILLE DE GAP A LESDIGUIÈRES.

Le seigneur des Diguières, commandant génerallement pour le service du Roy en Daulphiné, ayant plusieurs foys sommé les consulz, manantz et habitans de la ville de Gap de luy bailher caution de la somme de vingt mil escus, pour l'asseurance de l'observation du traicté de la trefve faict par cy devant avec eulx, du quatorziesme jour du moys de juilhet 1588 suyvant et à la forme dudict traité auquel, en ce qui concerne ladicte caution, n'a esté satisfaict par lesdicts habitans, nonobstant lesdictes sommations, et considérant qu'il ne pouroit asseoir fondement de seureté sur les conventions portées par la trefve de ceste province du dix huict mars, année présente, veu les infractions manifestes commises et perpétrées par plusieurs du party catholicque contre la teneur d'icelle, ny mesme sur la trefve géneralle accordée entre les deux Rois, du troisiesme d'avril dernier, au préjudice de laquelle plusieurs places auroient esté prinses et fortiffiées en ceste province par les ennemis de leurs Magestés, le lieutenant du Roy contraint de se retirer de la ville capitale d'icelle, infinies levées de deniers et gens de guerre faictes et dressées en faveur de la ligue, l'estranger introduit dans la frontière, sans que les magistrats et officiers de sa Magesté, prévenus par les artifices des ligueurs, ayent heu le moyen de s'y oppozer, et plusieurs autres contraventions exercées par les ennemys du repos public et dissimulées par ceulx qui n'avoient la force en main pour les pouvoir empêcher, ce qui auroit donné occasion audict sieur des Diguières, sur l'advis à luy donné par le seigneur Alphonse d'Ornano, lieutenant général de sa Magesté et serviteur affectionné d'icelle, du malheureux et détestable meurtre commis en sa personne, de s'asseurer de la ville de Gap, pour le service du Roy et repos de cest estat, à l'encontre des ligueurs et estrangiers arrivés à la frontière d'icelluy et à ces fins fère avanser les forces et canons qu'il a en mains, ce qu'il auroict faict pour l'asseurance et réduction de ladicte place. Sur quoy les habitans d'icelle auroient remonstré audict seigneur des Diguières que le sieur de Saint-Jullin, leur gouverneur, se seroit rendu leur caution, qu'ils espéroient, lhors dudit traicté, que les sieurs de Labourel et de Creyers le contre cautionneroient, ce qu'ils auroient reffuzé et, despuys, ont faict diligence d'en treuver d'autres aggréables audit seigneur des Diguières qui ne les auroit volu accepter, si que se treuvant reduictz à un impossible, et d'autre part, voyant les préparatifs du siége de leur ville faictz par ledict seigneur, tant par l'arrivée de ses gens de guerre ja logés aux grangeages et ès lieux circonvoysins plus proches, que pour la conduicte et approche de l'artillerye, le peu de recours qu'ilz pouroient attandre d'ailleurs, pour le déplorable accident arrivé à sadicte Magesté en sa personne, et recognoissans le devoir qu'ilz ont au Roy, à présent régnant, désirant continuer en son endroict l'obeissance qu'ils ont tousiours rendue aux feus rois de la France ses prédécesseurs, auroient, pour l'affection qu'ilz ont au repos de leur patrie, et n'ayant moyen ny de quoy se déffendre, consenty audict seigneur des Diguières de remettre leur ville en la protection du Roy, et service et soubz l'obeissance de sa Magesté aux conditions portées par les articles si après incérés et présentés audict seigneur des Diguières, lequel les a receux en ladicte obéissance et protection, sellon les responces paraffées an marges desdicts articles et acceptées par lesdicts habitans comme s'en suyt :

1. Que l'exercice de la religion catholicque, appostolicque et romaine sera continué en toute liberté et sans alteration dans la ville de Gap et remis s'il plait à mondict seigneur partout le diocèse sans qu'il soit loisible à aulcun l'empescher ne despriser de faict et de parolle les prestres, predicateurs ou ministres d'icelle à peine de vie.

R. Accordé.

2. Nul de ladicte religion catholicque ne sera contrainct au faict de sa conscience et à ses fins sont interdictes toutes menaces, parolles injurieuses et voyes de faict.

R. Accordé et seront faictes les proclamations necessaires.

3. Aux jours de fêtes chomables par les constitutions et ordonnances de ladicte eglise catholicque, appostolique et romaine, seront tenues, par ceux des deux religions, les bouticques fermées et interdit dans ladicte ville tout travail public, comme aussi lors des processions, et les boucheries deffendues à decouvert aux jours des veillées, vendredis et caresmes contormement aux edicts de paix pour eviter à tous troubles et scandalles.

4. Le seigneur evesque, chappitre dudict Gap et tous les ecclésiasticques dudict diocese jouyront plainement de leurs biens et revenus tant spirituels que temporels en quelque part qu'ils soyent situés, en payant les decimes ordinaires au Roy et à ses fins sera faicte mainlevée des saisies des revenus desdits ecclesiastiques en payant les decimes.

5. La justice royalle ordinaire de ladicte ville et des seigneurs bannerets de ce ressort sera remise en son premier estat et l'exercice d'icelle delaissée aux juges naturels par devant lesquels les parties de l'une et l'autre religion indifferemment seront tenues de se pourvoir et non ailleurs, et qu'à ses fins plerra à mondict seigneur de revoquer toutes provisions de commissions données au contraire despuis ce dernier esvenement.

6. Le gouvernement de ladicte ville sera donné, s'il plaict à mondict seigneur, à un

gentilhomme catholicque duquel il ait créance et qu'il soyt agréable à ladicte ville, avec garnison necessaire à la conservation d'icelle dont l'entretien sera levé et prins sur les deniers du Roy ou du général du pays, le suppliant très humblement de trouver bon qu'il ne soit mis en ladicte garnison oulcuns cappitaines ou membres mal affectionnés au général ou particulier de ladicte ville.

R. Le sieur des Diguières a establv pour gouverneur le sieur de Poligny, agréé par les consulz et depputéz de ladicte ville, pour la conservation de laquelle y sera prouveu de garnison necessaire composée de personnes non suspectes ny odieuses auxdicts habitants et sera ladicte garnison entretenue aux despens du pays.

7. Que le sergent majeur qui est de present en icelle sera continué en sa charge et ses gaiges accostumés de dix escus par moys, ensemble la despence du bois et chandelles des corps de garde et du logis du sieur gouverneur, revenant à trois escus par moys, seront payés des deniers du pays, comme aussi les ustencilles dudict sieur gouverneur et son lieutenant.

8. Que sera loysible à ceulx de ladicte ville qui en sont dehors de se retirer en tout temps et asseurance et jouyr paisiblement de leurs biens comme au semblable sera parmis à ceulx qui se voudront retirer aultre part de le pouvoir en toute liberté avec leurs armes, cheveaux, ardes, bagaiges, biens et familles quand bon leur semblera sans qu'à ces fins il leur soit besoing d'obtenir aultre passeport et en cas que leur famille demeure elle ne sera pas traitée avec moings de doulceur que les aultres soit en leurs personnes ou biens.

9. Lesdicts catholicques de ladicte ville et sa banlieue ne seront contraincts de prendre et porter les armes que par la necessaire garde ou deffense d'icelle en son....

10. Que ladicte ville et forestiers seront deschargés et tenus quictes tant du passé que pour l'advenir de toutes cottes, contributions et levées de deniers ayant esgard aux grandes foules et excessives despences par eux souffertes cy devant.

R. Les habitants de la ville et forestiers ne seront comprins que pour la moytie de leurs fogaiges aux contributions qui se feront de la seule authorité dudict seigneur des Diguières lequel declare ne se pouvoir dispancer ne accorder rabais d'icelles que se sont faictes si devant et ce feront si après par ordonnance et convention géneralle du pays, sinon en cas que lesdicts de Gap et forestiers fussent remis en assignation audict seigneur auquel cas il leur quicte la moytie des à present et fera poursuyte de les avoir toujours en assignation.

11. Lesdicts catholicques jouyront paisiblement de leurs biens en quelque part qu'ils soient et seront en toutes choses traictés à l'esgal de ceulx de ladicte religion sans aucunement estre desarmés puisqu'ils sont tous au service du Roy.

12. Sera le bon plaisir de mondict seigneur de leur fere fere remboursement de dix mil escus par eux payés en suytte du traicté faict au 14 de juillet 1588 soit sur le général du pays ou aultre moyen qu'il advisera les declarant acquictés s'il luy plaict de mil escus prethendus pour la demeure.

R. Le seigneur des Diguières promet de fere toutes instances et poursuyttes necesseres pour le rembourcement des dix mil escus à la forme du traicté mentionné en cest article, et quant aux mil escus pretendus pour la demeure, les habitants en demeurent acquités dès à présent.

13. La police de la ville ne sera en rien alterée mais demeurera en son entier conformement aux libertés, privileges et reglemens d'icelle et suivant les arrets de la cour à la maniere accostumée.

14. Ladicte ville demeurera en l'estat qu'elle se treuve sans estre ouverte ne desmentellée ny aulcunes maisons desmolies ou retranchées.

15. Au cas de reparation ou de fortiffication necessaire de ladicte ville ou du fort de Puymore, lesdicts habitans n'y seront comprins.

16. Ou il seroit besoing de prendre terres ou biens disdicts habitans pour la necessité desdictes fortiffications leur en sera payé le prix ou valleur des deniers du pays.

17. Sera le bon plaisir de mondict seigneur d'exempter ladicte ville de tous passages et secours de gens de guerre le plus tost qu'il sera possible.

18. Lesdicts gens de guerre et leurs allées et venues ordinaires en ladicte ville seront tenus de loger aux hostelleries en payant leurs despences comme de mesmes au cas qu'il fust besoing parfois de les loger es maisons des particuliers y seront pareillement tenus sans que lesdicts hostes particuliers soient tenus de leur fournir aultre chose que les ustencilles.

19. Nul estrangier ne pourra habiter dans ladicte ville sans le gré et consentement d'icelle et porter attestation suffisante de ses biens, mœurs et du lieu de sa naissance.

20. Tous les debtes deubs par ladite communauté seront payés par tous lesdicts habitans indifferament aux feus et prorata de cadastre pour eviter toute partiallité ou division.

21. Les arreirages deubs aux compagnies de la garnison de ladicte ville despuys leur establissement seront payés comptant par ledict seigneur et par mesme moyen permis au seigneur de Sainct Jullin exiger les arreirages de ses assignations.

R. Les arreirages deubs aux trois compaignies de la ville pour les moys de juillet et aoust et le 18e de juing montant à la somme de quinze cents quarante huict escus leur seront payés en deniers comptant par ledict seigneur des Diguières qui en fera les advanses et se rembourcera sur les assignations desdicts arreirages ou aultres deniers publicques et laissera ledict seigneur de Bombain declaration par escript de la promesse verballe faicte par le colonel Alphonse du payement de ladicte quinzene pour servir à la poursuytte du rembourcement d'ycelle.

22. La memoyre des choses passées soit en général ou en particulier demeurera estaincte et n'en sera faict aucune recherche ou vengeance à peine de la vie, à ses fins tous ceulx de ladicte ville seront mis en la protection et sauvegarde du Roy et dudict seigneur et les uns en la garde des aultres qui se chargeront de respondre aux contraventions qui seront faictes au present traicté de representer et mettre entre les mains de la justice les contrevenans.

23. Plerra audict seigneur de jurer le present traicté et de fere promettre l'observation inviolable d'icelluy aux seigneurs, gentilshommes et aultres de sa religion qu'il verra bon estre pour l'asseurance desdits catholicques et fere le tout advouer à sa Magesté et aultres supperieurs qu'il appartiendra en fere ce que sera ordonné par sa Magesté.

R. Accordé et sera faicte despesche par ledict seigneur des Diguières à sa Magesté pour le supplier très humblement de vouloir à gré le present traicté.

Requis, accordé et convenu comme dessus selon les responces aposées en marge des articles parafés par Florens, secrettere dudict seigneur des Diguières, en foy de quoy ledict seigneur, ensemble les seigneurs du Pré, de Blacons, de Morges, de Briquemaud et de Poligni et lesdicts consuls et deputes de ladicte ville de Gap, ont signé la presente convention scellée des armoyries dudict seigneur des Diguières et contresignée par ledict Florens.

Faict à Puymore le 24e aoust 1589 [1].

> Lesdiguières, Mirabel, Le Pré, Morges, Briquemaud, Poligni, Baud, consul, Rochas, consul, Blanc, consul, Gauthier, Moustiers, Constans, Sprit Giraud, Davin-la-Magdelaine, Arnoux de Bardonnesche, Le Villar, Mathieu Buysson, F. Rochas, Clary, Mazet, La Rive, Davin, Le Molin.
>
> Lesdiguières.

(Sceau.)

LXXVI. 1589 — 13 Septembre.

Imprimé : *Histoire du Connétable de Lesdiguières,* par L. Videl. Paris, 1638, p. 93.

[TENEUR DE LA LIGUE ENTRE ALPHONSE D'ORNANO ET LESDIGUIÈRES.]

Le seigneur Alphonse d'Ornano, lieutenant général au gouvernement de Dauphiné, désirant selon le devoir de sa charge pourvoir autant qu'il peut estre en luy à la seureté de cette province à luy commise par le deffunct roy Henry III, son bon maistre d'heureuse memoire, à ce iourd'huy resolu & conclu une union & ligue avec le seigneur de Lesdiguières en vertu de laquelle ils promettent & iurent de s'entre secourir l'un l'autre de toutes leurs forces & moyens qui sont & seront en leurs pouvoirs gardant entre eux une étroitte & fraternelle intelligence pour s'opposer ensemble directement ou indirectement aux ennemis publics & conserver cette province à son naturel seigneur Henry IIIIe du nom, nommé par le deffunct Roy son successeur légitime & héritier de la couronne de France.

---

[1] L'investissement de Gap commença le 4 mars 1588, le jour même où commença la construction du fort de Puymaure. Saint-Jullin, qui voulait secourir la ville dont il était gouverneur, fut battu par Lesdiguières à Claret le 14 avril; La Valette chercha également (du 17 au 20 mai) à la débloquer, mais inutilement. Abandonnés de tous, les Gapençais convinrent, le 14 juillet, d'une trêve de six mois, qui fut prolongée en réalité pendant treize mois (*V.* page 76), et à la fin de laquelle intervint le traité précédent, qui mit fin à la guerre dans le haut Dauphiné.

En foy de quoy ils ont signé le present acte de leur propre main & iceluy fait sceller de leurs sceaux.

A la Grange le 13 de septembre 1589.

      Alphonse d'ORNANO, LESDIGUIÈRES.

(Sceaux.)

LXXVII. 1589 — 25 OCTOBRE.

Cop. — Arch. de la Drôme. CC. 23.

[ORDONNANCE ENJOIGNANT AU SÉNÉCHAL DE MONTELIMART DE FAIRE COURIR SUS A CEUX QUI RAVAGENT LE PAYS ET PRINCIPALEMENT LA GARNISON DE CHATEAUNEUF DE MAZENC.]

Françoys de Bonne, seigneur des Diguières, commendant génerallement pour le service du roy en Daulphiné, au senechal de Montélimar ou son lieutenant, salut : nous vous mandons & ordonnons par ces presentes de fere sçavoyr & comender de nostre part à toutes les communaultés de vostre ressort de courir sur ceulx qu'ils trouveront courant et ravageant le pays, prenant bestail & prisonnyers, n'estants point advoués de nous ou de ceulx qui tiennent le party de sadicte Magesté et notament sur ceux de Chasteauneuf de Mazenc et les tailler en pièces comme criminels de leze magesté & perturbateurs du repos public sans aultre forme ny figure de procès. Voulons que le vidimus des presentes aye aultant de force et vigeur comme le propre original, lequel vous envoyeres à toutes lesdictes communautés et au cas qu'aucune d'icelles conyvast à se mettre en armes hors qu'il en sera de besuing ils seront tenus des lors faucteurs desdictes rebelles & ennemys du roy & de l'estat. De ce fére vous est donné pouvoyr, commission & mandement spécial par cesdites presentes.

Donné à Voreppe le XXVe octobre mil cinq cents quatre vingts et neuf.

          LESDIGUIÈRES.

     Par mondict seigneur,
       GIRAUD.

(Sceau.)

LXXVIII. 1589 — 4 Novembre.
Cop. — Arch. munic. de Briançon. Livre du Roi.

[ORDONNANCE RENDANT SES POUVOIRS AU VIBAILLY DE BRIANÇON.]

François de Bonne, seigneur des Diguières, commandant generallement pour le roy en Daulphiné : nous ordonnons que tous les manants et habitants des lieux que sont du ressort du baillage de Briançonnois viendront plaider par devant le sieur vibailly de Briançon le remettant et le procureur du roy en ladicte ville en la plaine et entière authorité & préminences qu'ils avoient & jouissoient auparaven ces troubles de guerre en consideration de ce qu'il se sont tousiours monstrés bons serviteurs du roy & deffendants à tous qu'il apartiendra estants dudict ressort de n'aller plaider par devant aultre juge nonobstant toutes deffences que nous ou aultres en pourrions avoir faict au contrere, lesquelles nous cassons & revocquons par ces presentes comme aussy toutes procédures qui auroyent esté faictes par le chastelain de Valcluson ou par aultre quels qu'ils soyent au préjudice de nostredicte, donnée aux Diguières le dernier de juillet année presente, luy interdisant et à tous qu'il apartiendra de n'entreprendre plus doresnavent telles distractions de juridictions ains renvoyer les causes par devant ledict sieur vibailly sellon l'antienne coustume à peyne de la vye, à la charge touttefoys que les appellations releveront par devant le conseil de justice estably à Dye.

Donné à la Destourbe le quatriesme novembre V^c IIII^{xx} IX.

LESDIGUIÈRES.
Par mondict seigneur,
(Sceau.) GIRAUD [1].

---

[1] Claude Perron, ministre de Valcluson, qui plus tard rendit à Lesdiguières de signalés services dans ses guerres contre la Savoie en armant les populations des vallées, fut chargé de transmettre aux magistrats de Briançon cette ordonnance. Il y joignit une lettre dont nous publions les extraits suivants, intéressants pour l'histoire du Dauphiné :

« Très honorés magistrats, l'ordonnance que Monseigneur des Diguières a rendue touchant l'ordonnance de ce bailliage, le double de laquelle vous mande vidimé, vous monstre assez de quel bonne reputation vous es'es tenus pardevant mondict seigneur et tous ceulx de sa suitte.....

« Quant aux nouvelles, le premier de ce moys les seigneurs des Diguières et Alfonce sont allés dans Pipet, y ont conduict plus de soixante charges de munition en sept ou huict charretées, ont demeuré troys heures et plus dans ledict Pipet, y remis 90 hommes de guerre, puis s'en sont retournés avec Monsieur de Maugiron. Ceux de Vienne sortirent au-dessus des murailles, là

LXXIX.   1589 — 24 Novembre.
Orig. — Arch. des Hautes-Alpes.
Imprimé : *Les Guerres de religion et la Société protestante*, par M. Charronet, archiviste. Gap, 1861, p. 208.

[A MONSIEUR ANCELME, RECEVEUR DES BIENS DU CLERGÉ DE GAP.]

Monsieur Ancelme, je me plains de vous de n'avoir faict aucune diligence, car il falloit contraindre tous ceux qui tiennent les bénéfices ou leurs rentiers sans nulle exception. Voyla mon intention laquelle j'escris encore plus particulièrement à Monsieur Parat. Si vos contrainctes ne sont pas suffisantes demandez en d'aultres ; de moy j'y fais procéder par aultre voye puisque la vostre a manqué. Adieu, Monsieur Ancelme. C'est d'Auberive ce 24 novembre 1589.

LESDIGUIÈRES.

LXXX.   1589 — 30 Décembre.
Orig. — Arch. des Hautes-Alpes.
Imprimé : *Les Guerres de religion et la Société protestante*, par M. Charronet. Gap, 1861, p. 207.

A MONSIEUR, MONSIEUR DE MONTBRUN, GÉNÉRAL DES ARMÉES REFORMÉES.

Monsieur, les deniers qui proviennent des décimes sont affectez à l'entretien et nourriture de noz ministres; quoy me faict vous dire

où deux de leurs cappitaines furent tués et 14 soldats blessés, ung des trouppes du Roy tué, nommé cappitaine Pontay, et deux blessés. Le lendemain lesdicts troys seigneurs y retournèrent avec aultant et plus de munitions, mais les ligueurs ne sortirent poinct. Je fus jusques auprès de Vienne au rencontre. Le 3e de ce moys arrivèrent lettre et messager honnorable, lequel ay veu et ouy quand mondict seigneur des Diguières l'interrogeoit, quy a asseuré que dans la ville tout estoyt en confusion, voire telle que Monsieur de Chevrières avoyt deffendu à peyne de la vie à tous les habitants de ne porter les armes ne de se trouver aux portes, places et murailles aux allarmes qui pourront survenir et ce à l'occasion d'ung murmure qui estoyt dans ladicte ville contre le cappitaine Saint Marc, qui

avoyt mandé à Lyon et faict entrer dans ladicte ville de Vienne 7 compagnies de ligueurs et prins au lict prisonniers ledict sieur de Maugiron, sa sœur et son oncle Monsieur de Lissins. Comme conclusion prinse de mander en hatte à Romans l'artillerie, haster Monsieur de Chambaud qui estoyt à Saint Agrépve preparer à force batteaux pour son passage sur le Rosne de 3,000 arquebuziers qu'il conduict : j'ay veu tout ce que dessus. Le 4e de ce moys Monsieur de Prabaud y arrivoyt avec onze enseignes de Daulphiné.

« De vostre maison de Pragella au 16 novembre 1589.
« CL. PERRON. »
(Arch. munic. de Briançon. Livre du Roi.)

Voir sur Claude Perron la note de la pièce imprimée ci-après à la date du 8 septembre 1597.

que vous commandiez à ceux qui tiennent l'arrentement des bénéfices que vous exiges de payer ce à quoy se montent les decimes plus tost que le rantier desdits decimes se serve de constraincte. Le payément de nozdits ministres est retardé à faute desdits decimes, quy me faict croire que vous commanderez à vozdits rantiers de satisfere audit recepveur. Et n'estant la présente à autres fins après vous avoyr humblement baizé les mains, je demeureray à jamais.

Vostre humble serviteur et très affectionné,

LESDIGUIÈRES.

A Gap, ce 30 décembre 1589.

LXXXI. 1590 — 11 ET 13 JANVIER.

Orig. — Arch. munic. d'Embrun.

[REQUETE D'HERMITE ET POURRÈS, MULETIERS D'ESPINASSE.]

Monseigneur des Diguières, commandant generallement pour le Roy en Dauphiné, supplient humblement Antoine Hermite et Loys Michel Pourrès, particuliers, muletiers d'Espinasse, disant que par commandement de Monsieur de Prabaud, gouverneur d'Ambrun, ils auraient conduit deux paires de mulets à Vienne, Chateauneuf et autres lieux pendant deux mois entiers pour porter les hardes dudict seigneur et de sa compaignie et garnir de munitions le Château Pipet, Beaurepaire et Saint Georges. Ils ont été en outre au martinet de Melans querir le fer pour garnir de fer les pierres des remparts d'Ambrun. Ils requierent dont humblement que veuillez ordonner raisonnable salaire leur estre faict [1].

Les suppliants sont renvoyés au sieur de Prabaud.
Faict à Embrun ce 11 janvier 1590.

LESDIGUIÈRES.

Du despuis a esté pourveu aux suppliants de six soulz pour jour et pour mulet pour recompense de leurs travaulx, lesquels leur seront payés suyvant l'ordonnance qu'est rendue laissée au sieur de Prabaud.

Faict à Embrun le 13 janvier 1590.

LESDIGUIÈRES.

[1] La requête est seulement analysée.

LXXXII.   1590 — 12 Janvier.

Orig. — Arch. munic. d'Embrun.

[REQUETE DES CONSULS DE LA VILLE D'EMBRUN.]

A Monseigneur des Diguières, commandant pour le Roy en Dauphiné, supplient très humblement les consuls d'Ambrun, disant qu'à cause des ruynes advenues par le faict des dernieres guerres la ville d'Ambrun se trouve reculée et en arryere de logis pour loger les gens de guerre et cependant que les estrangers qui y resident ordinairement refusent au grand prejudice des habitants de recevoir les susnommés gens de guerre, vous plaira ordonner que les manants et habitants Ambrun à quelque titre que ce soit seront tenus de recevoir les gens de guerre par billets des fourriers de ladite ville d'Ambrun sous peine de desobeyssance [1].

Est expressément ordonné que tous domiciliés et habitants en la presente cité d'Embrun logeront les gens de guerre de nostre suyte ainsin que les autres natifs dudict lieu à nostre arrivée et autrement, ainsin qu'il en sera treuvé bon et necessaire par le sieur de Prabaud, commandant en nostre absence en ceste dicte cité, et ce à peyne de tous despens, dommages et intérêts.

Faict à Embrun ce 12 janvier 1590.

LESDIGUIÈRES.

LXXXIII.   1590 — 12 Janvier.

Orig. — Arch. munic. d'Embrun.

[REQUETE DE CAILLE ET MICHEL, MULETIERS D'AVANSON.]

A Monseigneur des Diguières, commandant pour le Roy en Dauphiné, supplient humblement Jean Caille et Pierre Michel, mulletiers du lieu d'Avanson, disant que Monsieur de Prabaud les a commandés avec quatre mulets chargés d'armes pour suivre votre seigneurie dans le voyage qu'elle fit à l'entour de Vienne, qui a duré deux mois et quatre jours, lesdicts mulletiers fournissant les fers et bastiers de leurs mullets. Ce consideré vous plaire, Monseigneur, leur ordonner payement eu esgard au temps qu'ils ont servi [2].

Est ordonné que les suppliants seront payés de leurs vacations à

---

[1] La requête est seulement analysée.   [2] La requête est seulement analysée.

raison de six soulz pour jour et pour mulet, mandant au sieur de Prabaud de leur faire faire ledict payement suyvant la charge qu'il en a particulièrement de nous.

Faict à Embrun ce 12 janvier 1590.

Lesdiguières.

LXXXIV.   1590 — 12 Janvier.

Orig. — Arch. munic. d'Embrun.

[REQUETE DES CONSULS DE LA VILLE D'EMBRUN.]

A Monseigneur des Diguières, commandant generallement pour le Roy en Dauphiné, encores que les precedents consuls ayent présenté diverses requestes à vostre grandeur pour contraindre les manants et habitants d'Embrun de payer leurs tailhes pour six ans en ça, les consuls modernes vous supplient enjoindre aux gens de guerre de payer leur cotte part pour les biens qu'ils ont tenu des gens d'eglise, ce qu'ils se refusent à faire [1].

Est fait iteratif commandement à tous cottizés et contribuables aux tailles et charges ordonnées pour les affaires de ceste ville de payer ce à quoy les sommes de la ratte de leur fouyage et autres tailles et cottizations se pourra monter à peyne de tous despens, dommages et intérêts, et pour les gens de guerre quy se rendront reffusants à payer leurs tailles, est ordonné que doresnapvant leurs monstres [2] seront sequestrées entre les mains du payeur de nostre compagnie et aultres que de besoin, pour servir de payement auxdictes tailles et arrérages à la concurrence desdictes monstres et sellon la ratte et partie d'un chascun.

Faict à Ambrun le 12 janvier 1590.

Lesdiguières.

LXXXV.   1590 — 13 Janvier.

Orig. — Arch. munic. d'Embrun.

[REQUÊTE DES CONSULS DE LA VILLE D'EMBRUN.]

A Monseigneur des Diguières, commandant pour le Roy en Dauphiné, supplient humblement les consuls de la cité d'Ambrun, depuis les fortiffications plusieurs estran-

---

[1] La requête est simplement analysée.   [2] Monstre : paie.

gers se sont establis dans la cité y recevant beaucoup de commodité desdictes fortifications et faisants de gros trafficques, lesdicts habitants nouvellement domiciliés n'estant nullement cadastrés ils semblent qu'ils doivent compatir à quelque peu des charges ordinaires et extraordinaires de la cité suivant ce vulgaire : qui sent commodité doibt sentir l'incommodité et dommaiges ensemblement. Vous plaira donc permettre auxdicts consuls cottiser raisonnablement ces estrangers quels qu'ils soient, soit selon la portée moyenne de leurs trafficques, soit par cappita, selon l'occurrence [1].

Est ordonné que les parties suppliées participeront aux charges ordinaires de la ville comme aux gardes et aultres quy sont ordinairement communes à tous habitantz, aussi aux tailles pour les maisons et boutiques qu'ils habitent et autres lieux qu'ils tiendront en leurs mains, semblablement à payer le droict d'entrée accoustumé à prendre sur les fruictz et marchandises, deffandant de comprendre lesdicts habitants à aucuns subsides ny aides qu'ainsin ne soit par nous ordonné.

Faict à Embrun ce 13 janvier 1590.

LESDIGUIÈRES.

LXXXVI.   1590 — 13 JANVIER.

Orig. — Arch. munic. d'Embrun.

[REQUETE DES CONSULS DE LA VILLE D'EMBRUN.]

Monseigneur des Diguières, commandant généralement en Dauphiné pour sa Majesté, supplient humblement les consuls d'Ambrun et terre commune [2] disant vous avoir presenté jadis requeste pour suppression du mestre clerc et droit de petit sceau et pour deffense d'entrée du vin étranger. Requierent estre vostre bon plaisir proceder à la cassation et aneantissement de ces objets sur lesquels il avait été remis à pourvoir à vostre venue à Embrun [3].

Pour le regard du mestre clerc l'office ne s'en peut pour le présent supprimer, sauf ou moderation ne sera observée par les greffiers de ceste ville à la perception de leurs salaires, ordonnant qu'il leur sera

---

[1] La requête est seulement analysée.

[2] On appelait terre commune les territoires d'Embrun, Chorges et terres en dépendant, parce qu'elles appartenaient par égales parts au dauphin et à l'archevêque d'Embrun en vertu d'une transaction de 1210. Les terres communes étaient sous la juridiction d'une cour commune organisée en vertu d'une transaction de 1247 : c'est vraisemblablement cette cour qui avait établi les droits de petit sceau et de maitre clerc contre lesquels protestent les consuls d'Embrun.

[3] Cette requête est seulement analysée.

signifié; et quant à la charge du petit sceau, l'usage en est interdit par une ordonnance donnée au pied de la requeste à nous presentée par Monsieur de Levesie, et quant à l'interdiction du vin ne se peut.

Faict à Embrun ce 13 janvier 1590.

LESDIGUIÈRES.

LXXXVII. 1590 — 27 JANVIER.

Orig. — A M. l'abbé Vincent, à Serves.

[LETTRES DE SAUVEGARDE POUR LE SIEUR D'AULAN.]

Le sieur Lesdiguières, commandant généralement sous l'authorité du Roy en Dauphiné à tous gens de guerre et autres estans sous notre authorité, salut; laisses seurement et librement passer le sieur Dolan se retirant de Grenoble en sa maison avec ses serviteurs, chevaux, hardes et équipages y vivant et se contenant sous l'obeissance du Roy et sans rien attenter au préjudice de son service, sans luy faire aucun empeschement en son passage, ny à ses serviteurs, chevaux, hardes et équipages, ains luy prester toute ayde et faveur à peyne de la vie.

Donné à Goncelin le 27e janvier 1590.

LESDIGUIÈRES.

Par mon seigneur,
MOLLIER.

LXXXVIII. 1590 — 28 JANVIER.

Orig. — Bibl. de Grenoble. Documents originaux sur le Dauphiné. Vol. 20, n° 19.

RESPONCES DU SIEUR DES DIGUIÈRES DU 9e JANVIER 1590 AUX MÉMOIRES DE LA COUR DU .... [1]

Sur le premier article : La responce à la lettre de la Cour fut baillée au trompette de Monsieur d'Albigny aveq le passeport.

---

[1] Les treize pièces suivantes sont relatives au siége de Grenoble; il est regrettable qu'on y trouve des lacunes et que, par exemple, nous n'ayons plus les mémoires du parlement auxquels la pièce précédente servait de réponse.

Il est bon de résumer en quelques mots les faits qui amenèrent le siége de Grenoble : D'Albigny, commandant cette ville pour la ligue, y était tout puissant; il en avait fait chasser honteusement d'Ornano qui commandait la province de

Sur le second : Monsieur des Diguières déclare qu'il n'a promis de tenir l'accord de Vyenne que jusques au XVe jour du présent, et icelly passé il s'est trouvé libre de sa promesse.

Sur le troisième : Le contenu en icelluy n'empêche que Monsieur des Diguières ne face le service du Roy.

Sur le quatrième : La sursoiance d'hostilité ne peut estre accordée que le Roy ne soyt obéy.

Sur le cinquième : Pourveu que la ville de Grenoble rende au Roy l'obeissance qu'elle luy doyt, Monsieur des Diguières ne désire rien plus que les affaires de ce pays se composent à l'amiable, et se trouve en cela conforme à l'intention et volonté de Monsieur le duc de Montmorency.

Faict à Gonselin le 28e janvier 1590.

LESDIGUIÈRES.

LXXXIX. 1590 — 30 JANVIER.

Orig. — Bibl. de Grenoble. Documents originaux sur le Dauphiné. Vol. 20, n° 20.

ARTICLES DU CONSEIL DU 30 JANVIER 1590, SERVANTZ DE RESPONCE AUX ARTICLES BALLIÉS PAR LE SIEUR DES DIGUIÈRES LE 28 JANVIER SUSDIT.

Du mardy trentième jour de janvier mil cinq cents quatre vingtz dix au conseil tenu au logis de Monsieur l'Archevesque d'Ambrun.

Sur le rapport faict par Monsieur Boffin, advocat général du Roy, et le sieur de la Baume, des ouvertures faictes par le sieur des Diguières pour mettre ceste ville de Grenoble et ceste province de Daulphiné en repos et tranquilité, a esté résolu d'accorder ce qui s'ensuyt :

1° Premièrement que l'exercisse de la religion catholique, appostolique, romaine, sera remise par tout et jouyront le eclésiastiques plainement des fruictz et revenuz de leurs biens.

---

concert avec Lesdiguières. Ce dernier avait voulu d'abord négocier avec d'Albigny et lui donner sa fille en mariage à condition qu'il rendrait la ville, mais il ne put y réussir. Il s'empara alors de Moirans, Cornillon, Montbonnot, Gières et la plupart des petites places qui entouraient Grenoble et en commença l'investissement. Le parlement, désireux de la paix et subissant l'influence du président de Saint-André, entama les négociations auxquelles sont relatives les pièces suivantes. Ces négociations, sans cesse traversées par d'Albigny et l'archevêque d'Embrun qui se sentaient soutenus par la Savoie, n'eurent aucun résultat. Lesdiguières fut obligé à cette époque d'aller défendre les Briançonnais contre les entreprises du duc de Savoie, et la prise de Grenoble fut remise à la fin de cette année.

2° Que la ville de Grenoble et la province demeureront soubz l'obéissance du Roy catholique et coronne de France.

3° Qu'il n'y aura qu'une justice souveraine en Daulphiné, savoir la Cour de parlement establye à Grenoble, et seront tous aultres officiers royaulx et ordinaires remis en leurs charges.

4° Le sieur d'Albigny demeurera comme il est gouverneur de la ville de Grenoble et bailliage de Graysivodan avec telle garnison que l'on trouvera estre necessaire.

5° Touttes voyes et actes d'hostillité cesseront d'une part et d'autre, le comerce libre par toutte la province et les garnisons retranchées ainsy qu'il sera advisé.

6° Les garnisons de Moyrens, Cornillon et Montbonoud et la Plaine vuyderont et les fortifications y faictes de nouveau démolies et seront remis en tel estat qu'elles estoyent auparavant aux propriétaires.

7° Plus tous les gentilshommes et autres entreront en paisible possession de leurs maisons, lesquelles seront rendues aux propriétaires d'icelles par ceulx qui les ont occupées.

8° A ce présent traicté seront comprinses les villes, places, gentilshommes et aultres de la province tant d'ung party que d'aultre.

9° Moyennant l'establissement que dessus l'on ne s'aidera d'une part et d'aultre d'aulcune association des provinces voysines.

10° Que toutes levées, impositions tant de deniers que autres et qui se lèveront sur le peuple cesseront et ne s'en fera cy après que les authorizées de la Cour de parlement sus les requisitions du pais comme a esté faict jusques icy.

11° Que ceulx qui commandent aux armes d'une part et d'aultre en ce pays assureront aux provinces circonvoysines Savoye, Lyonnoys, Forestz, Beaujolois et Provence, de ne rien entreprendre ni attenter contre l'estat desdites provinces et villes d'icelles, moyennant que ceulx qui commandent ausdites provinces fassent de leur part semblables asseurances de ne rien attenter contre l'estat du présent pais.

12° Le sieur des Diguières faisant le présent traicté se chargera de le faire agréer au sieur Colonnel de poinct en poinct.

Faict et délibéré à Grenoble les an et jour susdits.

Rostaing.

Ce jourd'huy trentième jour du mois de janvier mil cinq cents quatre vingtz dix, la Cour, les deux chambres assemblées, a mandé venir en la Grand Chambre du conseil le sieur d'Albiny, auquel ont estés représentés les articles cy dessus. Lesquels ayant veu il a déclairé que comme jusque icy il ne s'est point desparty des commandements de ladite Cour il s'y veult conserver tant qu'il vivra, obéyr à tout ce qui luy sera commandé par icelle sans aulcune exception de quoy ladite Cour a commandé à moy, secretaire soubsigné, faire le présent acte et ordonné icellui estre enregistré au greffe de ladite Cour ensemble lesdits articles. Et s'est ledit sieur d'Albigny soubsigné.

D'Albigny.

Par mandement de la Cour,
Arbalestier [1].

---

[1] Ces articles sont accompagnés d'une commission donnée à la même date aux sieurs Audeyer, conseiller, et Boffin, avocat général, pour traiter avec Lesdiguières.

XC. 1590 — 1ᵉʳ Février.

Orig. — Bibl. de Grenoble. Documents originaux sur le Dauphiné. Vol. 20, n° 22.

RESPONSE DU SIEUR DES DIGUIÈRES DU 1ᵉʳ FEBVRIER 1590 AUX ARTICLES DU CONSEIL DU 30 JANVIER.

Sur les articles proposés à Monsieur des Diguières commandant généralement en Daulphiné souz l'authorité du Roy, par Messieurs du conseil teneu à Grenoble au logis de Monsieur l'archevesque d'Ambrum le trentiesme janvyer 1590, signés par coppie par les sieurs Audeyer et Boffin, commissaires pour le repos et tranquilité de la ville de Grenoble et de ceste province de Daulphiné.

1º Ledit sieur des Diguières dit que le principal poinct est que Messieurs de la Cour de parlement, habitans et aultres seigneurs, estans dans ladicte ville déclarent et promettent de voulloir demeurer au service du Roy, luy rendre tout devoir et obéissance, comme bons sujectz et fidelles serviteurs et à ses lieutenans généraux.

2º Et en ce faisant que la Cour de parlement et tous juges royaux seront remis et restablis en tel estat qu'ils estoyent pour exercer leurs charges accoustumées, et cesseront toutes autres justices souveraynes et déléguées.

3º Comme aussy toutes personnes tant ecclésiastiques que autres seront remis en la jouissance de leurs biens, fruicts et revenus d'iceux, et la religion catholique, apostolique et romayne restablye en tous les lieux où il sera requis et necessaire.

4º Et demeurera la ville de Grenoble souz l'authorité de la Cour et des consulz de ladicte ville, quy pourvoyront à la garde d'icelle souz l'authorité du Roy ainsy qu'ilz verront estre à faire.

5º Moyennant ce, que les gens de guerre quy sont en garnison dans ladicte ville vuyderont comme aussy ledict sieur des Diguières fera vuyder ses forces hors la province après qu'il aura esté pourveu sur le retranchement des garnisons duquel on sera d'accord.

6º Et par ainsy l'on ne traittera d'aucune association avèque les autres provinces, n'y d'entreprendre l'une sur l'autre, ains se départiront de toutes ligues tant hors que dans la province, sauf le bon plaisir du Roy.

7º Le commerce sera remis et toutes levées de denyers et impositions cesseront, sinon qu'elles soyent ordonnées par sadicte Majesté suyvant ses ordonnances.

8º Que Messieurs de la Cour et corps de ville et tous chefs de guerre approuveront le présent traitté de poinct en poinct et en feront telles promesses et asseurances que besoing sera.

Faict au camp de Montbonod, le premyer de febvrier 1590.

LESDIGUIÈRES.

XCI.   1590 — 2 ET 3 FÉVRIER.

Orig. — Bibl. de Grenoble. Documents originaux sur le Dauphiné. Vol. 20, nº 23.

[REPONSE PAR LA COUR AUX ARTICLES PROPOSÉS PAR MONSEIGNEUR DES DIGUIÈRES.]

Du vendredy, deuxieme febvrier mil V^c IIII^{xx} X, au conseil tenu au logis de Monsieur l'Archevesque d'Ambrun, pour déliberer sur les articles envoyés par Monsieur des Diguières du premier dudict moys.

1º Au premier : la ville de Grenoble, gentilzhommes estantz presents dans icelle, déclareront ne s'estre jamais despartis de l'hobéyssance du Roy et vouloir continuer en icelle et de ses gouverneurs et lieutenans généraux, legitimement establys.

2º Au deuxiesme : accepté qu'il n'y aura qu'une justice souverayne, sçavoir la Cour de parlement establye à Grenoble, et seront tous aultres officiers royaulx ordinaires et du pays remis en leurs charges acostumées et cesseront toutes aultres justices souveraynes et déléguées.

3º Le troysiesme de mesme en adjoustant ces motz : *partout,* au lieu de : *requis et nécessaires.*

4º Le quatriesme : au lieu des Consulz sera mis le sieur d'Albigny pour commander en ladicte ville soubz l'auctorité de ladicte Cour avecque telle garnison qu'il sera nécessaire pour la garde d'icelle.

5º Le cinquiesme accepté.

6º De mesme le sixiesme, en promettant ledict sieur des Diguières d'observer le mesme de sa part.

7º Au septiesme sera adjousté à la fin : veriffiées ou ordonnées par ladicte Cour à la manière accostumée.

8º Au huitiesme que les promesses portées par icelluy se feront par tous les chefs d'une part et d'aultre.

9· Sera adjousté auxdicts articles que le présent traicté sera général auquel seront comprises toutes les villes et bourgs de ceste province, gentilzhommes et aultres d'un party et d'aultres.

10° Les garnisons de Moyrens, Cornilhon, Montbonoud, fort de Gières et la Playne vuideront et les fortifications y faictes de nouveau démolies et seront remises en l'estat qu'elles estoyent auparavant aux propriétaires.

11° Moyennant ce, que tout acte d'hostilité cessera pour deux ans à compter dès la publication du présent traicté et tout ce que dessus ledict sieur de Lesdiguieres promettra faire agréer à Monsieur le Colonel.

Faict et délibéré à Grenoble les an et jour susdicts.

ROSTAING, commis.

La Cour, les deux chambres extraordinairement assemblées, après avoir veu les susdicts articles a iceulx ranvoyé aux commissaires pour passer oultre comme ilz verront à faire, et en tant que de besoingt pour faire mesme déclaration contenue au premier article.

Faict à Grenoble en parlement, le troysiesme febvrier mil cinq centz quatre vingtz et dix.

ARBALESTIER.

XCII.   1590 — 4 FÉVRIER.

Orig. — Bibl. de Grenoble. Documents originaux sur le Dauphiné. Vol. 20, n° 24.

A MESSIEURS DE LA COUR DE PARLEMENT DE DAUPHINÉ.

Messieurs, il n'estoit pas besoingt que Messieurs les Comissaires entrassent en doutte de venir icy pour la perte des chevaux quy ont esté pris [1]. Je suis marry seulement qu'on n'a prins les maistres aussy pour leur apprendre à faire bonne garde. Je vous envoye un passeport en blanc pour tous ceux qu'il vous plaira envoyer de deça, et attendant de les voir, après vous avoyr baizé les mains, je seray à jamais, Messieurs,

Vostre humble et affectionné serviteur.

LESDIGUIÈRES.

Du camp de Montbonod ce 4 fevryer 1590.

---

[1] Les négociateurs catholiques, craignant sans doute d'être rendus responsables de quelque prise ou volerie de chevaux faite par la garnison de Grenoble, demandèrent un sauf-conduit à Lesdiguières, qui le leur donna accompagné de la lettre que nous publions.

XCIII. 1590 — 4 Février.

Orig. — Bibl. de Grenoble. Documents originaux sur le Dauphiné. Vol. 20, n° 25.

[LETTRES DE SAUVEGARDE POUR LES SIEURS DEPUTÉS DU PARLEMENT DE GRENOBLE.]

Le sieur des Diguières, commandant généralement souz l'authorité du Roy en Daulphiné, à tous gens de guerre estans souz nostre authorité, salut : laissés seurement et librement passer les sieurs......... [1] venans de Grenoble vers nous, et retourner audict Grenoble, leurs serviteurs, chevaux et équipages, sans leur faire aucun empeschement en leur passage tant en venans, sejournans, que retournans, ains leur prestés toute ayde et faveur à peyne de la vie.

Donné au camp de Montbonod le IIII febvryer 1590.

Lesdiguières.

Par mondict sieur,
Giraud.

(Sceau.)

XCIV. 1590 — 8 Février.

Orig. — Bibl. de Grenoble. Documents originaux sur le Dauphiné. Vol. 20, n° 26.

[RÉPONSE AUX ARTICLES PROPOSÉS PAR LE PARLEMENT DE GRENOBLE LE 2 FÉVRIER.]

Pour response aux articles concludz par Messieurs du conseil tenu à Grenoble le vendredy deuxiesme du présent moys de febvrier au logis du sieur Archevesque d'Ambrum, signé Rostaing commis, et approuvés par Messieurs de la Cour de parlement les deux chambres assemblées par arrest du troisiesme dudit moys de febvrier, signé Arbalestier, et proposés à Monsieur des Diguières commandant généralement en Daulphiné soubz l'authorité du Roy, par Messieurs de

---

[1] Lacune dans l'original.

Bonrepos, Audeyer et Boffin, ledict sieur des Diguières de l'advis des gentilzhommes, estant près de luy, dit : que pour mettre ceste province en repos, il n'est pas question de faire seulement une trève pour deux ans, mais une bonne union et paix perpétuelle, et pour cest effect qu'il est nécessaire que ladicte Cour de parlement, la ville de Grenoble en corps et tous les seigneurs gentilzhommes et autres estans dans icelle déclarent et promettent de ne se départir jamais de l'obéyssance du Roy à présent régnant ni de ses lieutenans généraux, mais au contraire de leur rendre toute obeyssance et que ladicte ville de Grenoble demeure soubz l'authorité de la cour et des consulz d'icelle, lesquelz tous ensemble, appellés tous les présidens et conseillers absens d'icelle Cour, pourvoyront à la seureté de ladicte ville, et que la garnison et tous autres gens de guerre en vuyderont promptement, comme aussy ledict sieur des Diguières fera déloger ses trouppes incontinent et pour le regard du retranchement des garnisons y sera pourveu par l'assemblée génerale des Estatz de ceste province quy se tiendront audict Grenoble. La religion catholique-apostolique et romaine sera remise partout et la Cour de parlement demeurera seule justice souverayne, et tous officiers royaux seront remis en leurs charges. Ne se fera aucune levée de denyers, quy ne soit ordonnée par sa Majesté et vériffiée par ladicte cour. Promet ledict sieur des Diguières de s'employer de tout son pouvoir à faire agréer le présent traitté à Monsieur Alfonse, lieutenant général pour sa Majesté en ceste province.

Fait à Monbonod, le VIIIe fevryer 1590.

LESDIGUIÈRES.

XCV.   1590 — 8 FÉVRIER.

Orig. — Bibl. de Grenoble. Documents originaux sur le Dauphiné. Vol. 20, n° 27.

[DÉLIBÉRATION DES DÉLÉGUÉS DE L'ASSEMBLÉE DU PAYS ET DU PARLEMENT DE GRENOBLE LE 8 FÉVRIER.]

Du jeudy VIII feurier mil V^c IIII^{xx} X, en l'assemblée du pays et conseil tenu au logis de Monsieur l'Archevesque d'Ambrun.

Après avoir ouy Monsieur le President de Pressins sur la créance proposée ce matin à la court par Monsieur le Président de Saint André et de Montoyson, de la part de Messieurs le duc de Montmorency et colonel Alfonce, et avoir aussi veu les responces du sieur des Diguières de ce jour envoyées par les sieurs du Villard et Vulson, signées par luy.

Le conseil est d'advis que s'il ne plaist audit sieur des Diguières d'accepter la responce faicte à ses articles le deuxiesme de ce moys, que ne pouvant prendre résolution certaine sur les propositions dudict sieur des Diguières, à cause de l'incertitude d'icelles, de suyvre la délibération prinse pour le regard du traicté qui se debvoit faire à Vienne[1], attandu qu'il a déclaré ne pouvoir validement traicter sans le sçeu et consentement de Monsieur le Colonel, lequel il ne promet faire agréer le présent traicté, ains seulement de s'y employer de tout son pouvoir, au moyen de quoy pourront estre représentés audit traicté les articles réciproquement baillés et ébauchés par les commissaires qui seront desputés et cependant treuve bon ledit conseil de prendre jour certain pour ledit traicté de Vienne, pour auquel parvenir les choses seront remises d'une part et d'aultre en l'estat qu'elles estaient après ledit traicté, et aussi ledit conseil treuve bon d'accepter les offres faictes par ledit seigneur Duc de requérir sa faveur et entremise pour faire avancer au plus tost ladite assemblée de Vienne et disposer lesdits sieurs colonel Alfonse et des Diguières d'observer ce qu'il sera résolu en icelle, tant pour pacifier les troubles de ceste province que des circonvoisines qui à ces fins y envoyeront leurs députés et à ces occasions seront priés lesdits sieurs Président et de Montoyson d'aller trouver ledit sieur des Diguières pour se disposer à ladite sursoyance darniere et restablissement des choses en l'estat qu'elles estoient avant le vingtiesme du passé et de remestre tous différentz à l'amyable à la résolution dudit traicté.

ROSTAING.

XCVI. 1590 — 10 Février.

Orig. — Bibl. de Grenoble. Documents originaux sur le Dauphiné. Vol. 20, n° 28.

[RÉPONSE A LA DÉLIBÉRATION DU CONSEIL DE GRENOBLE DU 8 FÉVRIER]

Après avoir veu les mémoires baillées par Monseigneur le duc de Montmorency connestable de France et Monsieur Alphonce, lieutenant général pour sa Majesté en ceste province, à Messieurs le président de Saint-André et Montoison et entendu leur créance, et avoir aussy veu la conclusion prinse de nouveau en l'assemblée du conseil tenu à Grenoble le huictième du présent moys apportée par les sieurs

---

[1] Après la prise de Vienne par Saint-Chamond Chevrières, le colonel d'Ornano, voyant que ses efforts pour reprendre cette ville étaient inutiles, consentit à une trêve, qui fut signée le 10 décembre 1589. Lesdiguières, quoiqu'il n'y fût pas compris, promit de ne pas porter les armes contre Grenoble avant le 15 janvier suivant. Au moment où Lesdiguières négociait avec les Grenoblois, il était question d'une assemblée des États à Vienne pour traiter de la paix définitive : elle n'eut pas lieu.

Audeyer et Boffin, Monsieur des Diguières, de l'advis des gentilshommes estans près de luy, déclare qu'il est très-content de remettre la décision de tous les différens de ceste province à Monseigneur le Conestable puysqu'il luy plaist de prendre ceste peyne de quoy il le remercye très-humblement et qu'il observera entièrement ce que par luy sera ordonné, et accorde, que cependant soit fait trêve ou suspension d'armes pour le temps qu'on advisera, affin que le peuple soit soulagé, mais quant à remettre les choses en l'estat qu'elles estoyent le vingtième du moys passé dit ne le pouvoir acourder d'autant que cela importe de trop au service du Roy, et pour le regard du traitté de Vienne, ceux dudit Grenoble en pourront traitter sy bon leur semble avec ledit sieur Alfonce, car quand audit sieur des Diguières, il n'a jamais esté comprins, sinon en tant qu'il promit audit sieur Alfonce de ne rien attenter contre ceux de Grenoble, jusques au quinzième du moys passé ce qu'il n'a fait; qu'au surplus il n'y a aucune incertitude aux articles par cy devant proposés par ledit sieur des Diguières, pour de là prendre occasion de rompre le traitté commencé, car outre la certitude et rondeur qu'on peut voir en iceux, ceux qui les apportèrent de sa part, firent entendre aux sieurs députés dudit Grenoble que s'ilz désiroyent plus ample response à leurs articles, ou s'ilz trouvoyent quelque obscurités qu'ilz les en éclairciroyent suivant l'intention dudit sieur des Desguières, lequel ne peut promettre le faict d'autruy, sinon en la sorte qu'il l'a fait assavoir de s'employer de tout son pouvoir à faire agréer et approuver le traicté audit sieur Alfonce.

Faict à Montbonod, le Xe feuryer 1590.

LESDIGUIÈRES.

XCVII. 1590 — 17 FÉVRIER.

Orig. — Bibl. de Grenoble. Documents originaux sur le Dauphiné. Vol. 20, n° 31.

MEMOYRES A MONSIEUR AUDEYER, CONSEILLER EN LA COUR, POUR LES SIEURS COMIS DES ESTATS DU DAULPHINÉ VERS MONSEIGNEUR LE DUC DE MONTMORENCY, DU 17 FEVRIER 1590.

Fera entendre Monsieur Audeyer, conseiller du Roy en sa Cour de parlement de Daulphiné, à Monseigneur le duc de Montmorency, que les commis des estatz de ce pays establis de toute ancienneté dans la ville de Grenoble, capitalle de la province, représentant le corps général des troys ordres d'icelle, ont tousjours faict profession expresse et continuée en l'obéyssance qu'ilz doibvent au Roy de France, Daulphin de Viennoys, nostre souverain seigneur, ses lieutenans et magistrats légitimement establis et sans jamais avoir pensé de adherer à aucune altération de ladite obéyssance, commes Messieurs de la Cour de parlement dudit pays pourront donner veritable tesmoignage.

Et pour aultant que dès le decès du feu Roy Henry, de très recommandable mémoyre, ont esté mises et publiées, tant par impression que aultrement, certaines difficultés sur la succession à la couronne, lesdits commis considérantz que ledit pays est uny à icelle inséparablement ainsi qu'est contenu en la charte de transport dudict pays, et pour ce estantz les Daulphinoys naturelz subjectz de celluy qui est légitime et catholique Roy, ont cru que avant que adhérer auxdites publications ny faire démonstration ou déclaration dans une particulière personne pour la dignité royale, il est nécessaire d'entendre la résolution qui en sera prinse en France par ceux qui d'ancienneté sont authorisés pour faire ladite déclaration et pour se ranger sellon icelle ay ınt esté vériffiée par Messieurs de ladite Cour de parlement.

Cependant les affaires dudit pays se manient par lesdits commis soubz les bons advis et commandementz de Messieurs les lieutenanz généraulx du Roy et de ladite Cour de parlement, suyvant les observations et résolutions accoustumées, du moins aultant que les forces des adversaires ne les ont empesché de ce faire.

Et en attendant les succès des affaires en France sera supplié très humblement mondit seigneur le Duc de faire que l'exercice de la religion catholique et romayne soit continué et exercé par tous les lieux de ceste province. Que la justice souveraine soit rendue par la seule Cour de parlement dans la ville de Grenoble, lieu de son siége naturel, privativement de tout aultre, avecque liberté à tous patriotes, forains et estrangiers, de commerser, aller et venir en ladite ville et en tous aultres lieux de ladite province, en toute asseurance et sans crainte. Oultre ce que toutes communautés, colléges et particuliers, soit ecclésiastiques ou laiz, reentreront et seront remis en la pleyne jouyssance de leurs biens et debvoirs, places et justices. Et notamment que les lieux de Montbonoud et de Cornillon seront remis en l'estat qu'ilz estoient au moys de juing de mil V^c IIII^{xx} IX.

Comme par mesme moyen sera très humblement supplié mondit seigneur le Duc de faire que le gouvernement et asseurance de la ville de Grenoble et vallée de Graisivodan demeurera à nos seigneurs de ladite Cour de parlement et soubz l'auctorité d'icelle au commandement du sieur d'Albigny pour éviter toute surprinse et que les garnisons nécessaires pour icelle ville ainsy que la garde des habitans de ladite ville seront mises et entretenues et ordonnées par ladite Cour et sieur d'Albigny.

Au surplus, pour le règlement des garnisons nécessaires aux lieux de ladite province et pour l'entretenement d'icelles, comme aultres affaires dudit pays, que l'assemblée ja délibérée à Vienne soit convoquée et effectuée à certain jour et lieu au plus tost qu'il se pourra pour donner quelque repos au peuple et que toutes gens de guerre, hormis ceux des garnisons entretenues, vuyderont ladite province de quelque party qu'ilz soient.

Finalement qu'il playse à mondit seigneur le Duc, pour l'effaict et exécution de ce que dessus, de disposer Monsieur le colonel Alfonce, lieutenant général en ce gouvernement, les sieurs des Diguières et aultres qui y peuvent apporter empeschement ou difficulté.

Pour le surplus se remettent lesdits commis aux mémoyres de nosdits seigneurs de la Cour et suffisance dudit sieur conseiller Audeyer député par icelle.

Faict et délibéré à Grenoble, en l'assemblée du pays, le XVII febvrier mil V^c IIII^{xx} X.

Rostaing, secrétaire.

XCIX. 1590 — 21 Février.

Orig. — Bibl. de Grenoble. Documents originaux sur le Dauphiné. Vol. 20, n° 29.

[DÉLIBÉRATION DU CONSEIL DE GRENOBLE.]

Du mercredy XXI febvrier mil V^c IIII^{xx} X, au conseil tenu au logis de Monsieur l'archevesque d'Ambrun.

Après avoir veu la lettre de Monsieur des Diguières escripte à la Cour du jour d'hier, le conseil est d'advis que ladicte Cour sera suppliée vouloir comettre de nouveau Monsieur Audeyer, conseiller du Roy en icelle, comme de sa part Monsieur de Moydieu est député pour aller trouver ledict sieur des Diguières et entendre sur ce son intention sur le traicté de pacification comencé et en ensuyvant la dernière résolution d'iceluy luy faire entendre, puisqu'il n'a pas volu accepter les articles résolus en ce conseil le VIII de ce moys en responce des propositions par luy faictes, la justice desquelles fera paroistre à ung chacun qu'il n'a tenu à la Cour, ville de Grenoble, gentilzhommes estantz en icelle qu'il ne soit estably en ceste province ung bon et asseuré repos au grand besoing qu'elle en ha, se sont résolus envoyer à Monseigneur le duc de Montmorency, une honorable délégation, pour luy représenter les résolutions qui ont esté prinses pour la pacification des troubles de ceste province, tant par le traicté faict à Vienne le IXe décembre dernier que par la résolution prinse par ce conseil contenue es susdicts articles, s'asseurant de la bonne intention dudict seigneur Duc qu'il pourvoyera aux misères de ceste province par les moyens qu'il cognoistra justes et raysonables, et en attendant l'advis dudict seigneur Duc que pour donner quelque solaigement au pauvre peuple ledict sieur des Diguières sera prié vouloir remettre les affaires en l'estat qu'ilz estoient avant le XXe du passé, qui estoit dans le temps de la trève accordée par Monsieur le colonel d'Ornano comme il est reysonable la réparer pour avoir esté par luy contrevenu à icelle. A ces fins que le chateau de Montbonoud sera remis en l'estat qu'il estoit dudict temps soubz la garde d'un gentilhomme que la Cour nommera ou razé et démoly, moyennant ce, l'on fera suspension d'armes et cessation de tout acte d'hostilité pour le temps qu'il sera advisé et retranchement des garnisons d'une part et d'aultre, et le pauvre peuple recevra quelques solaigements en l'affliction qu'il souffre de la continuation de ces guerres.

Rostaing, secrétaire.

La Cour, après avoir veu la conclusion du conseil sus escripte, a commis de nouveau en tant que de besoin maistre Jehan Claude Audeyer, conseiller du Roy en icelle, pour aller trouver le sieur des Diguières et luy faire les remonstrances requises pour parvenir à la résolution d'icelle. Et soit enregistré.

Faict à Grenoble en parlement le vingt et uniesme de febvrier mil cinq cent quatre vingt dix.

BESSON.

C. 1590 — 22 Février.

Orig. — Bibl. de Grenoble. Documents originaux sur le Dauphiné. Vol. 20, n° 30.

[LETTRES ACCORDANT UNE SUSPENSION D'ARMES A LA VILLE DE GRENOBLE.]

Monsieur des Diguières, commandant généralement en Daulphiné pour le service du Roy, est tres ayse que Messieurs du conseil tenu à Grenoble au logis du sieur archevesque d'Ambrun le vingt-uniesme de ce moys ayent prins resolution d'envoyer leurs deputés à Monseigneur le duc de Montmorency, et désireroit pour le soulagement du peuple que lesdicts sieurs dudict conseil et de la Cour de parlement se fussent submis de leur part à la décision dudict seigneur Duc, comme il l'a fait de la première puisqu'ils disent s'asseurer de la bonne intention dudict seigneur. Et pour le surplus dit ledit sieur des Diguières, de l'advis des sieurs gentilshommes estans près de luy, qu'il est content d'accorder la suspension d'armes requise pour le temps qu'il sera advisé, ainsy qu'il a cy devant déclaré, mais que quant à remettre Monbonod en l'estat qu'il estoit avant le vingtiesme du passé ou le raser qu'il a ja déclaré que cela ne se peut, qu'il n'a aucunement contrevenu à la trève de Vienne, d'autant qu'il n'y estoit comprins, mais seulement avoir promis verbalement de n'attenter rien jusques au quinze de janvyer derriyer, ce qu'il n'a fait, ainsi que par les précédentes responces il a remonstré, quy le gardera de s'estendre plus au long, attendu mesme que ladicte conclusion dudict conseil ne contient rien de nouveau.

Faict à Montbonod le XXII févryer 1590.

LESDIGUIÈRES.

CI. 1590 — 22 Février.

Orig. — Bibl. de Grenoble. Documents originaux sur le Dauphiné. Vol 20, n° 32.

[LETTRES DE SAUVEGARDE AU SIEUR AUDEYER, CONSEILLER DU PARLEMENT DE GRENOBLE.]

Le sieur des Diguières, commandant générallement pour le service du Roy en Dauphiné, à tous gens de guerres ou aultres estans soubz notre pouvoir et authorité, salut : laissez librement et seurement passer, séjourner et retourner Monsieur Audeyer, conseiller du Roy en sa Court de parlement de ce pais du Daulphiné, avec son train et équipaige qui est de quatre chevaux, s'en allans de la part de Messieurs de la Cour de parlement de Dauphiné, vers Monsieur le duc de Montmorency avec leurs serviteurs, chevaux, ardes et équipages sans permettre qu'aucung de vous ni ceux qui vous appartiennent leur donnent ou permettent estre élevé aucung empeschement, ains toute ayde et faveur à peine de la vye.

Donné à Montbonnaud ce XXII février 1590.

LESDIGUIÈRES.
Par mondit seigneur,
BERAUD.

(Sceau.)

CII. 1590 — 14 Mars.

Orig. — A M. Roman, à Gap.

[REQUÊTE DE NOBLES GASPARD ET JEAN DE BONNE, FRÈRES, COSEIGNEURS DE VEYNES.]

A Monseigneur, Monseigneur des Diguières, commandant générallement pour le service du Roy en ce pays de Daulphiné, supplient humblement nobles Gaspard et Jan de Bone, conseigneurs de Veyne, comme au procès qu'ils ont pendant en qualité de demandeurs pardevant le juge de Charpey en qualité de commissaire de la Cour en la chambre de l'edict, contre noble Anthoyne d'Estiene et damoyselle Genievre de Theys, mariés, seroyt requis d'avoyr lettres de restitution et relievement contre certaine prethendue quitance que lesdicts deffandeurs advancent et communiquent pour eluder l'intention et bon droict des suppliants et n'estant aulcune chancelerie dressée ne peuvent facilement obtenir et touteffoys ledict juge pourroyt fere difficulté d'iceulx suppliants restituer, suyvant qu'il est porté par le reiglement du conseil, au preteste que ledict lieu de Charpey n'ayt esté ne soyt des contribuables [1] comme il pretend noster le lieu de Montelier où est sa séance. Ce consideré sera le bon plaisir de vostre grandeur declarer si ledict lieu de Charpey n'a pas esté et est encore des contribuables et ledict juge subiect au reiglement et observation d'icelluy, laquelle en tant que de besoing plairra luy mander suyvre et garder à peyne de nullité de toutes ses procédures.

Il est enjoint au juge de Charpey, en jugeant le procès dont est question, d'observer les règlements faictz en l'establissement du conseil en ce pays et séant à Dye, suyvant leur forme & teneur, et à tant [2] restituer les suppliantz, sy faire se doibt.

Faict à Montmaur ce 14 de mars 1590.

LESDIGUIÈRES.

CIII. 1590 — 17 Mars.

Orig. — Arch. des Hautes-Alpes.
Imprimé : *Les Guerres de religion et la Société protestante*, par M. Charronet. Gap, 1861, p. 208.

[REQUÊTE DE MESSIEURS DU CLERGÉ DU DIOCÈSE DE GAP.]

[Dans cette requête qui n'a pu être retrouvée, le clergé de Gap, ainsi qu'il résulte d'un procès-verbal d'assemblée capitulaire du 10 mars (Registre Mutonis, étude de M° Gaignaire, notaire), demandait un soulagement de contribution ; il se basait sur la bonne volonté qu'il avait mise à payer une première moitié et sur l'infidélité des commis de Lesdiguières qui, ayant touché la seconde moitié intégralement et même au-delà, n'en avaient versé qu'une partie dans la caisse des protestants.

Lesdiguières leur avait déjà répondu verbalement que ses commis étant étrangers à la province, il ne pouvait avoir aucun recours sur leurs biens, et que le clergé devait payer une deuxième fois si besoin était [3].]

---

[1] Contribuable : justiciable, soumis à sa juridiction.

[2] A tant : et par la même occasion, en même temps.

[3] Le clergé n'ayant pas réussi à obtenir la remise d'une partie de la contribution dont il était frappé à la suite de la capitulation de Gap, chargea Guy de Revillasc, seigneur d'Aspres et de Chabestan, de tenter une démarche nouvelle auprès de Lesdiguières. Muni d'un mémoire rédigé en assemblée capitulaire, ce seigneur se mit en route le 28 mars 1590 et revint sans avoir réussi dans sa mission, le 20 avril suivant. L'assemblée du clergé, dont les biens étaient saisis et mis sous séquestre, délégua Sixte Constans, doyen du chapitre, le chanoine Buysson et Guy de Revillasc à l'évêque de Gap, Paparin de Chaumont, réfugié à la Baume-lès-Sisteron, pour

Est ordonné que le clergé de Gap satisffaira entierement à leur cotte part des huict mil escus accordés par le traité de tresve et à laquelle gratuitement et par especial nous les avions reçus, pour aussytost leur estre ottroyé main levée de tous leurs biens ecclesiastiques. Pour l'année prochaine ils y pourvoyeront comme ils verront à faire, declairant quant à nous de vouloir observer le contenu de ladicte tresve.

Faict à Serres ce 17 de mars 1590.

LESDIGUIÈRES.

CIV.   1590 — 28 MAI.

Orig. — Arch. munic. des Orres.

[REQUÊTE DES CONSULS DES ORRES.]

A Monseigneur des Diguières, lieutenant général du Roi en Daulphiné, supplient humblement les consuls des Orres disant que l'année dernière ils furent contraints de prendre vingt charges de blé au magasin d'Embrun qu'ils sont en bonne volonté de rendre, mais à cause de leur povreté demandent du temps pour ce faire.

Renvoyé au sieur de Prabaud pour y prouvoyr.

Fect en Provence [1] ce XXVIIIe may 1590.

LESDIGUIÈRES.

CV.   1590 — 11 JUIN.

Orig. — Arch. munic. des Orres.

[REQUÊTE DES CONSULS DES ORRES.]

A Monseigneur des Diguières, lieutenant général du Roy en Daulphiné, supplient humblement les conseuls du lieu des Orres-les-Ambrun, remonstrant que malgré vos ordonnances les recepveurs des impots et leurs commis font saisir leur bestail arratoyre

prendre son avis. Le résultat de cette démarche fut l'ordonnance épiscopale du 15 juin suivant (voyez ci-après), qui mit fin aux difficultés de la situation (Minutes de Mutonis, notaire).

[1] On trouvera plus loin, dans la lettre de Lesdiguières au roi, du 14 septembre 1590, le récit succinct de la campagne qu'il fit en Provence au mois de mai pour aider La Valette contre les Ligueurs. La requête précédente est seulement analysée.

et le vendre, que d'autres créanciers se font payer les apports de leur argent à plus grand prix qu'il n'est fixé dans l'ordonnance de sa Majesté, que les soldats envoyés audict lieu se font payer et nourrir par les suppliants au dela de ce qui est necessaire, plaira à vostre grandeur faire deffence aux susdicts trésoriers, créanciers et soldats se conduire contrairement aux ordonnances [1].

Ranvoié au sieur de Prabault pour faire observer le taux des vacations des soldats par nous cy devant faicts et le previllége du bestail de laborage. Quand aux debtes les recepveurs tiendront la main là où se treuvera dérogé par nos decrets et ne le paieront les deschairge que à huict et tiers à peyne de perdiction & confiscation du principal. Pour le surplus de ceste requeste ne se peult.

Faict à Puymore le XIe juing 1590.

LESDIGUIÈRES [2].

CVI.   1590 — 12 JUIN.

Cop. — Registre des assemblées du chapitre de Gap. Mutonis, notaire. Étude de Me Gaignaire, notaire à Gap.

[ROLLE DE LA TAXE LEVÉE SUR LE CLERGÉ DU DIOCÈSE DE GAP EN VERTU DU TRAITÉ DE TRÈVE.]

Le sieur des Diguières, commandant generallement en Dauphiné soubz l'authorité du Roy, pour les causes contenues en son ordonnance au pié du présent roolle transcripte, a faict la taxe & cotte sur les beneficiers du diocèze de Gap comme s'en suict :

Premierement le seigneur evesque de Gap pour toutes places de son evesché, trois cents escus.. 300

Le doyen de ladicte église, quarante escus................. 40

L'archidiacre, tant pour son canonicat que archidiaconat, trente escus.. 30

Le prevost de ladicte églize, vingt escus.................. 20

Le sacristaing, tant pour sa sacrestie que canonicat, quinze escus.. 15

---

[1] Cette requête est seulement analysée.

[2] A la suite de cette ordonnance s'en trouve une autre de M. de Prabaud, gouverneur d'Embrun, défendant aux soldats de prendre plus de demi-teston par vacation quand on les enverra recueillir les impôts aux Orres.

Le chanoyne Burgaud, quarante escus..................	40
Pour la cure des Baudz, dix escus.....................	10
Le chanoyne Buysson, trente escus....................	30
Le chanoyne Huillet, trente escus.....................	30
Le chanoyne Beauvoys, trente escus...................	30
Le chanoyne théologal, trente escus...................	30
Les chanoynes Thomé & Ollier, quinze escus...........	15
Le chanoyne Davin, quinze escus.....................	15
Le chanoyne Gaultier, dix escus......................	10
Le prieure de Montgardin à Monsieur d'Aiguebelle, dix escus...	10
Le prieure de Saint-André de Gap, cent escus...........	100
Le commandeur de Saint-Anthoyne, vingt escus.........	20

[*Suit une énumération de 91 monastères, commanderies, abbayes, cures ou prieurés avec, en regard de chacun, la somme qu'il doit payer.*]

Attandu que les clesiasticques de ceste province n'ont satisfaict pour leur quote aux huict mil escus ausquels estoient comme sont encores tenus par le traicté de la trève generalle et qu'il seroit a craindre que pour l'année presente 1590 il n'en advienne de mesmes, nous avons ordonné que les sommes contenues en ce roolle cy dessus montant en tout la somme de deux mil huict cens.....[1] escus seront payez par les cottizés entre cy et la fin de julhiet prochain entre les mains de Monsieur Parat que nous avons comis à cest effect, luy donnant pouvoyr des les contraindre par toutes voyes & rigueurs necessaires, sauf ausdicts benefficiers leur recours contre ceux qui ne sont cottizés en cedict roolle pour leur ratte part de ce que les concernne ausquels nous n'entendons préjudicier, sans retardation toutesfoys desdicts deniers. Enioignant bien expressément audict sieur Parat d'y tenir la main comme pour ses propres deniers & afferes du roy.

Donné à Puymore, le XIIe de juing 1590.

LESDIGUIÈRES.
Par mondict seigneur,
GIRAUD.

(Sceau.)

---

[1] Lacune volontaire dans le texte.

CVII. 1590 — 15 JUIN.

Cop. — Registre des assemblées du chapitre de Gap. Mutonis, notaire. Étude de M° Gaignaire, notaire à Gap.

[ORDONNANCES DE MESSIRE PAPARIN DE CHAUMONT, EVEQUE DE GAP, TOUCHANT L'IMPOSITION MISE SUR LE CLERGÉ DE SON DIOCÈSE.]

Il est ordonné par Monseigneur l'evesque de Gap et les commis et depputtés de son clergé soubsignés que les recepveurs establis à l'exation des deniers tant par ledict sieur Evesque que clergé, soyt aux assemblées tenues à la Baulme ou en la ville de Gap, recepvront ha present les deux termes de febvrier et octobre par advance ainsy qu'il est porté par le roolle refformé par ledict sieur Evesque et les arreyrages qui sont deubz sur ledict roolle de l'année passée pour satisffaire à la somme de quatre mil escus que Monseigneur des Diguières veut prandre sur ledict clergé tant pour la presente année que arreyrages de l'année passée et pour lesquels il a faict saisir et sequestrer les fruicts des beneffices en la presente année et pour eviter l'entiere perte d'iceulx et pour lesquels deniers chascung sera contrainct en force des lettres patentes du Roy et aultres voyes.

Et d'aultant que quelques ungs des ecclesiastiques font quelques difficultés pour raison du nouveau roolle et vouldroyent payer au fur du roolle de l'année mil cinq cents seize il sera loysible à chascun de payer de l'ung ou de l'aultre roolle et ceulx qui feront eslection dudict roolle de l'année mil cinq cents seize payeront pour la presente année huict deniers et ceulx qui n'ont payé pour l'année passée et qui sont en arreyrages en payeront quatre pour lesdicts arreyrages et huict pour la presente année au fur du roolle et à ce seront contraincts comme dessus.

Et apprès touttes dilligences de fere payer et que par la force ou aultrement il n'y aura moyen de tirer argent, il sera loysible de prendre argent à l'intherest pour lesdictes parties que lesdicts reffusantz pourteront. Le tout sans préiudice des arrets & attribution de nouveau droict pour ceste année et sans consequence.

Faict ce quinziesme juing mil V^c nonant.

Pour l'evesque de Gap,
S. Constans.

CVIII. 1590 — 15 JUIN.

Cop. — Registre des assemblées du chapitre de Gap. Mutonis, notaire. Étude de M° Gaignaire, notaire à Gap.

[ORDONNANCE DONNANT MAIN LEVÉE DES BIENS ET REVENUS ECCLÉSIASTIQUES DU DIOCÈSE DE GAP MOYENNANT LE PAIEMENT DE QUATRE MILLE ÉCUS.]

Nous Françoys de Bonne, sieur des Diguières, concelier au conseil d'estat du Roy, cappitaine de cent hommes d'armes de ses ordonnances, commandant génerallement pour le service de sa Maies é en Dauphiné, ayant veu l'ordre cy-dessus, en avons en vertu de nostre pouvoir appreuvé tout le contenu en icelle, voullons et enthendons qu'elle sorte son plain et entier effaict moyennant que pour les années 1589 & 1590 nous soyons satisffaicts des quatre mil escus a nous destinés par la tresve du Dauphiné et que les denommés au roolle que nous avons faict ne soyent contraincts en aulcune chose moyenent le payement qu'ils feront à Monsieur Parat de leur cotte portée audict roolle a quallitté aussy que ceulx qui seront surchargés par ledict roolle soyent remborsés de ladicte surcharge des deniers qui s'exhigeront en vertu de ladicte ordonnance. Accordans, ensuicte de ce, ample main levée de tout ce qui a esté sequestré par nostre commandement et donnons plain pouvoir de contraincte contre ceulx qui appartiendra en vertu de la susdicte ordonnance. Mandons et commandons à tous cappitaines & aultres gens de guerre de prester main forte pour l'exécution de ce que dessus.

Donné à Sisteron le XVe juin 1590.

LESDIGUIÈRES.

Par mondict seigneur,
FLORANS.

N'entendons touteffois que lesdicts sequestres soyent ostés que nous ne soyons payés desdicts quatre mil escus.

CIX.   1590 — 15 JUIN.

Çop. — Registre des assemblées du chapitre de Gap. Mutonis, notaire. Étude de Me Gaignaire, notaire à Gap.

[A MONSIEUR PARAT, COMMIS A LA RECETTE DES BIENS DU CLERGÉ DE GAP.]

Monsieur Parat, je vous prye que, en mesme [temps] que les beneficiers quy sont contenus au roolle que nous avons faict dresser pour le payement de la ratte part du diocese de Gap des huict mil escus accordés par la tresve, payeront leur taxe contenue audict rolle, vous leur bailheres main levée du sequestre de leurs fruicts de la presente année, estant payé de ce quy est deub de ceste pour l'année dernierement [passée]. Vous ferez aussy main levée des fruicts du prieuré de Pelleoutier en considération de Monsieur Mallany que j'ay tousjours gratiffié comme vous savez. Que sera pour fin, me recommandant à vous. De Sisteron ce quinziesme juing mil cinq centz nonante.

LESDIGUIÈRES.

CX. 1590 — 18 JUILLET.

Orig. — Arch. de l'Isère.

[ORDONNANCE DÉLÉGUANT LE SIEUR DE GOUVERNET POUR FAIRE LE SIÉGE DE MEVOUILLON.]

François de Bonne, seigneur des Diguières, commandant generallement pour le service du Roy en Dauphiné, au sieur de Gouvernet salut : estant très requis (néanmoins pour le bien et service du Roi) rechercher tous les moyens qui seront possibles en cette province pour remettre soubz l'obeissance de sa Majesté la ville et château de Meulhon occupé par les ennemys, nous avons advisé pour le plus expediant remède d'[indi]quer et ordonner la levée d'ung bon nombre de gens de guerre, tant de cheval que de pied, oultre et pardessus ceulx qui sont ja sus en ceste province pour son service affin qu'avec leur assistance vous puissiez reduire ladicte ville et château soubz son obeissance. A cette cause nous, a plaing confians de vos sens, loyauté et bonne experience au faict des armes, vous avons commis et deputé, comettons et deputtons par ces presentes pour, suivant cette resolution, poursuivre la reduction de ladicte place, en sorte que sa Majesté en puisse avoir pleine jouissance et à ces fins vous transporter audict lieu avec les forces circomvoysines pour vous assister et y faire bastir et construire les forts y necessaires et iceux bailler a pris faict a l'estaint de la chandelle ou aultrement et en la presence du sieur vibailly du Buix, à la meilleure comodité et plus grand avantage pour le service du Roy que faire se pourra et tout ainsy qu'il est à coustume faire en tel cas; faire destribuer les deniers par Valentin Faucon de Sederon, qui en comptera partout où il appartiendra. Et parce que telles forces ne pourrayent possible suffire pour ranger à la raison lesdicts ennemys et que d'ailleurs, pour ne divertir les entreprinses qu'avons sus les aultres places et villes de cette province, rebelles à sa Majesté, la reduction desquelles est aussy importante pour son service, nous ne vous en pouvons fournir davantage que desdits circomvoysins, vous avons donné plain pouvoir d'en faire levée aux lieux plus propres qu'adviserez, tant de gens de cheval que de pied, pour fortiffier ladicte exécution, par vos commissions particulieres aux cappitaines que vous jugerez propres à cest effect, ausquels vous ferez donner argent pour la levée d'icelle à raison de quatre cents escuz pour chacune compagnie faisant cent hommes et oultre a leur faire ministrer vivres et munitions nécessaires, tout ainsi qu'est à coustume faire en tel cas, députer tous officiers nécessaires pour le service des troupes que vous conduirez, tant trésorier, commissaires, garde et controlleur des vivres que autres, leur ordonner et dresser estatz et ordonner pour le payement des levées et distribution des munitions nécessaires pour lesdictes trouppes, pour auxquelles satisfaire vous ferez ramasser de tous les endroictz qui seront possibles tous les bléds, vins, plombs, poudres, mèches et autre chose que besoing sera pour cest effect. Et d'aultant que les troupes ordonnées pour cest aucasion et qui sont en garnison en ce pays sont payées de leur solde et entretenement suivant l'estat qui a esté dressé des gens de guerre de ce pays et qu'elles ne se pourroyent entretenir durant le siége sans avoir munition de pain ainsi que les autres pour le long trait qu'il pourra prendre et en incomodité de camper, nous ordonnons que tout ce qu'il leur sera fourny de munitions par vos ordonnances, durant icelles, ne leur sera précompté sur leur entretenement en consideration du peu de comodité qu'il auront audict siége et pour le surplus vous avons donné et donnons tout tel pouvoir nécessaire et qui nous a esté donné par sa Majesté pour le faict que dessus avec promesse de l'avoir à gré et faire agréer par sadicte Majesté, et de vous faire relever et rembourser des deniers que vous fournirez pour lesdicts achaptz de grains, vins, munitions de guerre et construction des forts, levées desdicts gens de guerre, taxations des officiers et toutes autres charges et dépenses extraordinaires qu'il conviendra faire pour la fin de ladicte entreprise; mandons à tous qu'il appartiendra vous obéir et entendre, donner ayde et assister tout ainsy que sy par nous leur estoit commandé et come ferions sy nous y estions présent.

Faict à Serres le dixhuictiesme juilhet mil cinq cents quatre vingt dix.

Lesdiguières.

Par mondict seigneur,
Florens.

(Sceau.)

CXI.   1590 — 22 Juillet.

Orig. — Arch. de l'État à Turin.

A MESSIEURS LES CONSEULS DE L'ESCARTON D'OURX, A OURX.

Messieurs les Conseulz, vous aves sceu l'intention de feu cappitaine la Casette tantant à vous allienner de ceste couronne et vous remettre soubz l'obeissance de l'estranger, c'est chose de laquelle nul ne peult maintenant doubter, car j'en ai magnié tous les papiers par lesquelz sa perfidie et desloiaute est verifiée, et que serviront de justification aux actions de ceux qui l'ont puni sellon son desmerite [1]. Je sai combien vous estes affectionnés a ceste couronne et les pruves que vous aves faict de longue main de vostre volunté au service du Roy de laquelle vous aves tousjours faict tant de demonstrances que vostre memoyre sy sera perpettuellement recommandée à la postérité et de ma part je tesmoignerai à sa Majesté le desir que vous aves estre employes pour son service. L'occasion s'en présente maintenant telle que vous dira ce porteur lequel je vous prie de croyre comme moi mesmes, et de me venir truver en Enbrun ou je me suis acheminé expressement pour parler à vous mais je vous prie de n'y fallir car j'ay à vous communiquer un afere d'extreme importance [2] et qui conserne si avant vostre

---

[1] La Cazette fut pendant plus de vingt ans maitre absolu dans le Briançonnais qu'il gouvernait pour la Ligue : en 1590, fortement pressé par Lesdiguières qui s'était emparé des vallées du Monétier, de Barcelonnette, avait même poussé jusqu'à Suze et se préparait à assiéger Briançon, il songea à remettre les vallées d'Oulx, Chaumont, Prajela, Bardonnèche, etc., entre les mains du duc de Savoie ; Lesdiguières ne lui en laissa pas le temps et le fit assassiner.

[2] L'affaire dont il s'agit ici est la prise des villes de Briançon et d'Exilles, qui tombèrent en effet peu après entre les mains de Lesdiguières.

sureté à l'encontre de l'estranger et le bien et repos de ses montaignes que vous ne vous repantires jamais de vous y estre achemines. Je serai très ayse que Monsieur Perron vienne avecq vous, auquel j'escriptz de ce fere. Et sur ce je prie Dieu, Messieurs, vous maintenir en sa saincte garde. De Gap ce XXII juillet 1590.

Vostre humble et parfaict amy et bon voyzin.

LESDIGUIÈRES.

CXII.   1590 — 26 JUILLET.
Orig. — Arch. munic. d'Embrun.

[REQUÊTE DES CONSULS DE LA VILLE D'EMBRUN.]

A Monseigneur des Diguières, commandant généralement pour le Roy en Dauphiné, supplient humblement les consuls d'Ambrun et terre commune disant que depuis deux ans le nommé Georges Meissonier a fait au bois nommé de Salluces des charbonnières qui le détruiront totalement si on n'y pourvoit. Il faut que chaque communalité porte sa part de la charge desdictes charbonnières. Vous plaise donc mander audit Meyssonier dresser ses charbonnières au bois de Boscoudon ou montagnes voisines [1].

Est inhibé et deffendu à Meyssonier de coupper ou fere coupper aulcung bois vert en façon que soit au bois de Sallusses, ains se porra servir du bois sec pour fère ses charbons et ce à peyne de cent escus d'amande et de tous despens, domaiges et interest et sont commis les consul d'Ambrun pour faire les visitations necessaires en ce qu'il ne soit contrevenu au present decret.

Faict à Ambrun le XXVIe juilhet 1590.

LESDIGUIÈRES.

CXIII.   1590 — 31 JUILLET.
Orig. — Archives de l'Isère.

[ORDONNANCE DÉLÉGUANT LE JUGE DE LA CHAU POUR FOURNIR DE VIVRES L'ARMÉE QUI ASSIÉGE MEVOUILLON.]

François de Bonne, seigneur des Diguières, conseiller du Roy en son conseil privé et d'estat, cappitaine de cent hommes d'armes de

---

[1] La requête est seulement analysée.

ses ordonnances et commandant generallement pour son service en Daufiné, à Monsieur Jean Contin, juge ordinaire de la Chau, salut : nous avons, par notre commission du XVIIIme du présent, donné pouvoir au sieur de Gouvernet de faire quelques levées de gens de guerre, tant à cheval qu'à pied, pour le siége de la ville et château de Meulhon, tenu et occupé par l'ennemy, pour la prinse de laquelle il y fault ung long sejour pour la fortune de l'assiette dudict lieu qui ne se peult forcer sans construction de forts, pour l'emporter par famine et pour faire avoir une grande et longue patience, si toutesfois il y sera si fort qu'ils ne puissent estre secourus ny ravitaillez, ce qu'il ne se peult faire sans donner quelques avantageulx moiens aux soldats pour s'entretenir, eu esgard qu'autour de ladicte place il n'y a aulcunes maisons et seront contraing de demeureur à descouvert; pour à quoy pourvoir nous avons advisé d'y faire fournir des vivres necessaires ausdicts soldats assiegeant, pour la distribution desquels il est necessaire de commettre parsonnage de la capacité, dilligence et probité requise. A cette cause nous vous avons comis et comectons par ces presentes pour vous transporter audevant ladicte place de Meulhon pour là, soubs le commandement et ordonnance du sieur de Gouvernet, prendre et achepter une bonne quantité de grains pour iceulx faire cuyre et distribuer les pains sus l'estat que vous en sera dressé par ledict sieur, ensemble toutes munitions de guerre come poudre, cordes, plomb et aultres choses nécessaires, dont vous compterez pardevant Messieurs des Comptes de Daufiné, ou à autres qu'il apartiendra, aux gaiges et taxations qui vous seront ordonnés par eulx. De ce faire vous donnons pouvoir.

Donné à Puymore le dernier jour de juilhet mil cinq cent quatre vingt dix.

Lesdiguières.
Par mondict seigneur,
Florens.

(Sceau.)

CXIV.   1590 — 6 Aout.

Cop. — Arch. munic. de Briançon. Livre du Roi.
Imprimé inexactement : *Histoire, Topographie, etc., des Hautes-Alpes,* par Ladoucette.
Paris, 1848, p. 691.

TRAICTÉ ET CAPITULATION POUR LA DESLIVRANCE DU SIÉGE DES CHASTEAU ET VILLE DE BRIANÇON LE VIe AOUST 1590.

Le sieur des Diguières, conseilhier du Roy en son conseil d'estat, capitenne de cent hommes d'armes de ses ordonnances, comandant generalement pour le service de sa Magesté en Daulphiné, adcisté de segneurs, gentilshommes, capitainnes et gens de guerre estant presentement près de lui au siége de la ville et chasteau de Briançon, accorde au sieur de Claveson, gouverneur de ladicte ville et chasteau, gens de guerre, magistrats, consuls, manants et habitants de ladicte vile, la capitulation suivante :

1. Premierement qu'iceluy sieur de Claveson avec les susnommés seront tenus de jurer solennellement le service et obeissance qu'ils doibvent au Roy nostre sire Henry 4e, roi de France et Navarre a present regnant, comme bons et fidelles subiects, sans jamais y contrevenir, renoncer à toutes ligues et asotiations qu'ilz pouroint avoir avec le duc de Mayenne, le duc de Savoye, comme autres ennemis de sa Majesté et de son estat et couronne.

2. Protesteront et prometront de servir bien et fidellement sa Majesté et obeir en tout et partout à ses commandementz et de ses lieutenentz géneraulx sans y apourter aulcune dificulté.

3. Et d'autant qu'iceluy sieur de Claveson et les gens de guerre qu'il a de present soubz sa charge en ladicte ville et chasteau ont tenu jusques à maintenant le parti de l'union, au moins faict demonstration par leurs actions de pancher du tout de ce cousté pour ouster tout soupçon et randre ladicte ville et chasteau asseurés au service de sa Majesté a esté aresté que des maintenant mondict seigneur Lesdiguières eslira et nommera vingt et cinq des habitantz de ladicte ville des plus confidents et afidés au service de sadicte Magesté qu'il vouldra choisir pour la garde à l'advenir et à commancer au jour present

dudict chasteau soubz les commandements toutesfois dudict sieur de Claveson et de son lieutenant qui en consideration des services qu'il veult rendre au Roy comme a son prince legitime et du serment et foy qu'il preste derechef de n'y contrevenir et obeyr aussi aux commandementz de mondict segneur des Diguières tant qu'il plaira à sa Magesté le continuer en la charge dont il l'a honnoré en ceste province, et laissé au gouvernement et charge de ladicte ville, chasteau et baliage du Briançonnois aux mesmes honneurs et dignitez que le feu roy lui avoit stabli.

4. Lesdicts vingt et cinq nommés par mondict segneur des Diguières avant que entrer audict chasteau jureront entre ses mains de bien et fidellement le garder soubz l'obeissance de sa Magesté et les commandementz de mondict segneur, a quoy ils obligeront leur honneur, vies et biens quelconques qui leur appartiennent.

5. Et pour plus grande seurté de ladicte promesse, les consulz, manants et habitants de ladicte ville, avec ledict sieur de Claveson s'en rendront cautions et repondantz et obligeront leurs vies, personnes et biens en corps de leur communaute pour la seurté de leurs promesses.

6. La religion catholique, apostolique et romaine aura son libre exercice accoustumé tant en la ville que escarton de Briançon et seront les eclésiastiques maintenus en leurs dignités et conservés soubz la sauve garde et protection de sadicte Magesté et de ses lieutenens généraulx.

7. Ne sera rien innové en l'estat de la justice et police ne aultres ains les magistratz, officiers du Roy ou aultres, sont maintenus en toutes prerogatives, franchises, libertez, immunités Delphinalles et Briançonnalle soubz le bon plaisir du Roy.

8. Les réparations et fortifications nécessaires en ladicte ville et chasteau seront payez des deniers du Roy ou du général du païs comme les aultres lieux des frontières et s'il convient occuper ou prandre des biens des particuliers pour lesdictes fortifications ou reparations seront payés desdicts deniers.

9. Sera ladicte ville solagée le plus que fère se pourra de logis et

secours des gens de guerre lesquels gens de guerre y seiournants seront tenus de paier leur dépens raisonablement et selon le taux qu'il en sera fait en la garnison y stablie et au chasteau, soldoies et entretenu des deniers dudict général et paiés par le tresorier estably en ceste province selon l'estat qu'il en ha esté presentement dressé, déclarantz que les deniers qui se leveront au baliage du Briançonnois pour le service de sa Magesté et du pais, la recepte s'en fera dans la ville de Briançon pour éviter à la despense que le peuple reçoit se faisant Ambrun. En considération des grands frais et foulles suportés par les susnommés aux ocurrances dudict siége, perte et degast des fruicts et aultres notables despances mondit seigneur leur fait don de la somme de quatre cens escus qu'ils doivent de reste de leurs cotes au receveur Calignon et moienant ce, est enjoinct audict Calignon de les en tenir deuement aquités et deschargés.

10. Les consuls, manants et habitants de ladicte ville estant pressés de satisfaire aux assignations qui ont estés bailhes sur eulx et leur communaulté a mondict segneur par le tresorier general de ceste province depuis la trêve accordée avec Monsieur le Colonnel remonstre qu'ilz auroint paié et satisfait la garnison de ladicte ville et chasteau au sieur de Claveson que cela leur devoit estre entré comme chose très raisonable pour raison de quoy ils ont estés renvoies à Messieurs du pays et à la prochaine assamblée des Estats, d'aultant que cela despend d'eulx et non de mondict seigneur des Diguières qui ce est contenté simplement du paiement en assignations des gens [de] guerre qu'il a pleu au Roy lui commettre en ceste province, à quoy touteffois il promet de leur aider de tout son pouvoir pour les en fere rembourcer par le pays ou le leur fère entrer [sur ce] qu'ils devront paier à l'advenir comme chose très-juste, n'estant raisonable qu'ils paient deux fois une mesme chose.

11. Le commerce libre est accordé à tous les marchandz tant dedans que dehour le royaulme qui vouldront trafiquer et aler aux foires et marchés selon et à la mesme forme que leur estoit parmis en plaine paix soubz le bon plaisir toutefois de sadicte Magesté.

12. Toutes iniures passez et susnommés à cause des précédents troubles sont obliés et abolies comme chose non advenue et n'en sera

jamais faict recherche à peine aux contrevenantz d'estre chastiés comme desobeissants à sa Magesté et infracteurs du repos public.

Faict au camp de Briançon le sixiesme jour d'aoust 1590.

LESDIGUIÈRES.

Par mondict seigneur,
FLORENS.

(*Sceau.*)

CXV.   1590 — 14 SEPTEMBRE.

Orig. — B. N. MS. F. Dupuy, vol. 61, f° 156.

AU ROY MON SOUVERAIN SEIGNEUR.

Sire, il y a plus de deux moys que je depeschay un courrier vers vostre Majesté, laquelle j'advertissais bien particullierement des affaires de ceste province et aultres prochaines d'icelles. Ledict courrier m'avoit asseuré d'estre de retour dans un moys après son partement, et ayant doublé le temps, j'ay opinion qu'il s'est perdu et que mes lettres ne vous auront esté rendues. Par icelles, Sire, je vous disois le service qui avoit esté faict à vostre Majesté; en premier ayant joint les forces de ce pays avecq celles de Monsieur de la Valette, et qu'en moins de six sepmaines nous avyons reprins sur les ligueurs, Pertuys, Puymichel, Vallensolles, Solliers, Pignans, Lorgues et Montaignac, pendant lequel temps l'ennemy n'osa paroistre bien que nous observissions tous moyens pour le faire venir au combat, ce que à mon advis il devoit faire, estant égal à nous, voire superieur en forces. A mon retour en Daulfiné, Sire, je me suis préparé à contraindre la ville et chasteau de Briançon et les vallées de Sézane, Oulx, Chaumont et Bardonnesche, qui avoient tousjours esté de la Ligue, de recognoistre vostre authorité, mais avant que d'estre batuz du canon, ilz composèrent aux conditions qui m'ont semblé bonnes pour le bien de vostre service. Ce n'a point esté un petit effect, car le chasteau de Briançon, ainsy accommodé et bastionné qu'il est, suffiroit pour amuser longuement une armée. La ville est une frontière de Piedmont, et les vallées, l'ancien passage des armées et canons françoys allans en Itallye. Il reste seulement à mestre en vostre obeissance le chasteau d'Exilles qui est de ce costé; mais avecq le temps nous en viendrons à bout. Ceste réduction vient fort à propos, car le duc de Savoye avoit de grandes inteligences en ce pays là par le moyen d'un nommé La Cazette, de faction espagnolle, et qui avoit promis audit Duc de luy introduire dedans lesdictes vallées, le dix neufiesme juillet dernier vingt quatre enseignes de gens de pied, comme il a esté vériffié par les papiers qui ont esté trouvez après la mort dudit La Cazette, lequel je fiz forcer en sa maison. Pendant que ces choses se passoient, Sire, le Duc faisoit fortifier Saint-Pol qui est en ses frontières de Terre neuve, tirant vers Ambrun. Mais peu après, je prins son fort et tailloy en pièces cent soldatz conduitz par Pallines, collonel espaignol qui se sauva à faveur de la montaigne et mauvais pays luy sixiesme [1]. En ces entrefaictes, Monsieur de la Valette m'appelle au secours de Saint

---

[1] Voici la première fois que Lesdiguières porte les armes contre le duc de Savoie, avec lequel il luttera avec succès pendant les dix années suivantes. Avant d'être ennemi de Lesdiguières le duc de Savoie le favorisait dans sa lutte contre les catholiques et lui permettait de se ravitailler dans ses États (voir la lettre de Lesdiguières à M. de La Prade du 15 mai 1578). Mais le Duc avait espéré que Lesdiguières lui rendrait facile la conquête du Dauphiné qu'il méditait depuis longtemps; il se trompa étrangement à cet égard et ses avances furent repoussées. La pièce suivante est relative à ces intrigues et les dévoile entièrement :

« INSTRUCTION DONNÉE PAR CHARLES-EMMANUEL AU SIEUR BARRATTA, ENVOYÉ AUPRÈS DE LESDIGUIÈRES.

« Vous lui remontrerez qu'après avoir été informé de la mort du roi de France, nous avons bien voulu vous mander auprès de lui, à cette fin qu'étant comme vous l'êtes, membre de notre conseil secret et pourvu de toute notre confiance, vous puissiez lui parler en toute liberté.

« En premier lieu, vous lui ferez connaître qu'après la mort du roi de France (cause pour nous d'une immense affliction), nous avons pensé, pour ne pas nous montrer indigne de notre naissance, de ne pas laisser perdre l'occasion présente, principalement en ce que le feu Roi n'avait pas de plus proche parent que nous, ainsi qu'il pourra s'en convaincre par un exposé fidèle que nous vous ferons parvenir à la première occasion qui se présentera. Vous lui représenterez donc, avec la dextérité de langage qui vous est familière, les prétentions que nous avons sur le Dauphiné que nous nous efforçons, avec son aide, de pouvoir nous approprier, si toutefois il veut bien user envers nous de la bonne volonté dont il a toujours fait preuve à l'endroit du Duc notre père, que Dieu veuille mettre au rang des bienheureux. Notre désir est de lui tenir compte de ces bonnes dispositions, non par des témoignages ordinaires d'intérêt, mais en nouant avec lui les liens plus étroits de la parenté, en mariant sa fille (pourvu qu'elle se fasse catholique) avec don Amédée, notre frère naturel, avec cette clause, qu'après la mort de ladite fille sans enfant, si le cas se présente, que la dot qu'il aura donnée à l'occasion de cette alliance lui fera retour, pourvu qu'il nous reconnaisse comme son seigneur suzerain, vu que notre prétention comprend la possession intégrale du Dauphiné; lui offrant et promettant au surplus de ne lui refuser rien de ce qu'on peut attendre d'un ami assuré, comme nous faisons profession d'être le sien. »
(Archives de Turin. Publié dans les *Mémoires historiques de la ville de Bourg*, par M. Jules Baux, archiviste, t. II, p. 212.)

Repoussé par Lesdiguières le duc de Savoie devint son ennemi et se tourna du côté de la Provence où il réussit au contraire à se former un puissant parti.

Maximin assiégé par les ligueurs de Provence, assistez des forces de Piedmont commandées par le comte Martinengues; après avoir donné ordre à la garde de Saint Pol qui est seullement une église et des garites aux quatre coins, je dessens en Provence, en delliberation de me joindre avecq les forces de Monsieur de la Valette. Mais l'ennemy en estant adverty lève le siege avecq honte et perte des siens et son armée toute dissipée. Me voyant près d'un fort que l'ennemy avoit faict à Barles qui favorisoit Digne tenu par la Ligue et incommodoit Seyne qui tient pour vostre service, je faiz conduire deux pièces et le prens par composition. Cependant le duc de Savoye me sachant loing, vient en personne à Saint Pol avec cinq cens chevaulx, deux mil cinq cens fantassins et six canons; adverty de cela je faiz dilligence de l'aller trouver, ce que je ne peuz sitost faire que le fort ne se fust rendu à composition honorable un jour avant mon arrivée. De laquelle le Duc ayant advis, retire son canon, part de nuict aux flambeaux pour s'en aller à Cony, et le lendemain son armée le suit, et moy l'espasse de troys lieues, sans pouvoir faire autre chose que tuer quelques soldatz, prendre armes, chevaulx et prisonniers. A l'instant je fais attaquer ledit fort et en six heures battu, assaillys, forcé, et deux cens des meilleurs soldatz de l'ennemy qui estoient dedans mis en pièces. Ce faict, j'ay donné ordre à faire raser ledit fort, qu'il ne nous amuse plus. Comme j'estois empesché à cest effet, les forces dudit Duc, qui estoient en Savoye sont montées et s'efforcent d'entrer dedans lesdictes vallées de Sézanne, frontières de Piedmont, pour essayer de renouer leurs intelligences. Je leur suis maintenant en teste logé à une canonade de leur armée qui est de quatre cens chevaulx et deux mil cinq cens harquebuziers. Le Duc y doibt venir en personne et y amène tout le reste de ses forces. De mon costé j'assemble tout ce que je puis, et ne croy point que nous nous perdions de veue, sans qu'il se face quelque chose de bon pour votre service. Voilà, Siré, tout ce que j'ay pu faire jusques icy contre ledit Duc, lequel par ces empeschement rompt beaucoup de desseins, car il laissoit des forces autour de Genève pour les incommoder et en assembloit d'aultres pour aller luy-mesme en Provence, et maintenant j'ay tout cela sur les bras et ses affaires d'autant recullez. Si vostre Majesté eust esté obéye et que, suyvant sa vollonté j'eusse eu des moyens compétans, je serois à ceste heure dans le Piedmont et y aurois si bon pied qu'il seroit mal aisé de m'en oster.

Mais avecq si peu que j'ay, qui n'est pas quatre cens chevaulx et deux mil hommes de pied, je ne puis faire aultre chose que le fascher sur sa frontière et rompre ses entreprises, comme j'ay faict par le passé, à quoy j'ay employé tout ce que j'avoys avec les dix sept mil escuz de ceulx de Languedoc, vous suppliant très-humblement, Sire, le trouver bon. Je vous envoye la coppye de la dernière lettre que Monsieur de Messes m'escript et la responce que je luy ay faicte. Vous verrez les offres qu'ilz[1] font et les conditions qu'ilz demandent. Ilz veullent que j'entre dans le Piedmont ainsy foible et il ne s'y peut rien faire digne de la grandeur de vostre Majesté, à moins de douze cens chevaulx et quatre mille hommes de pied et pour ceste levée avecq les aultres choses nécessaires à cest effect, il ne fault pas moins de quatre vingtz ou cent mil escuz, et pour l'entretenement de ceste armée six moys, trante ou quarante mil escuz par moys; aussy moyennant cela il se fera quelque chose de bon. C'est pourquoy je vous supplye très-humblement, Sire, de faire escrire de bonne ancre audit sieur de Messes, affin qu'il dispose les choses à ce qui est necessaire pour le bien de vostre service. Commandez aussy, s'il vous plaist que l'on luy envoye les seurtez qu'il demande, affin que voz affaires ne soient plus retardez, asseurant vostre Majesté, que si ilz fournissent ce que vous avez ordonné, l'on donnera tant d'exercice à ce prince que tout ce qu'il pourra faire ce sera d'entendre à luy sans entreprendre contre vos estas. Si aussy ilz ne produisent que ce qu'ilz présentent par leur dernier, on ne pourra faire les effectz que selon les moyens. Ce sera donc à vostre Majesté, d'y pourvoir et de m'honnorer de ses commandemens au plustost pour le bien de son service.

Sire, je supplie le créateur qu'il vous conserve en sa protection et vous envoye la facilité qui vous est désirée par

Vostre très humble, tres obéissant et tres fidelle serviteur.

LESDIGUIÈRES.

A Oulx le XIIII septembre 1590.

---

[1] Il s'agit ici des Vénitiens et des petits princes d'Italie auprès desquels de Maisses était ambassadeur et qui soutenaient sous main les Français contre le duc de Savoie.

CXVI. 1590 — 29 Octobre.

Cop. — A M. G. Vallier, à Grenoble.

[AU ROY.]

Sire, j'ay receu par Chaulier deux lettres en chiffres de votre Majesté, l'une du VIII de juillet, l'autre du X, par la dernière vous me commandez de donner sur les Estats du duc de Savoye à mesure que Monsieur de Quitry y donnera, si les affaires de Provence ne me tiennent occupé ; à quoi je reponds, Sire, que la Provence ne m'a tellement detenu depuis ledict temps qu'après y avoir servy selon la necessité, je n'aye donné des affaires au Duc sus ses terres propres et retiré par force d'entre les mains des ligueurs ce qu'il pretendoit ussurper sur la France, comme vostre Majesté verra par le discours très veritable que j'en ay faict dresser. Maintenant, Sire, je faict estat de donner sur la Savoye et entreprendre du costé de Chambéry, Montmelian, la Rochette, Morienne, le Montcenis et Suse a mesme temps que Monsieur de Quitry donnera sur les autres endroits. Mais avant tout œuvre je me resouds sous vostre bon plaisir, d'assiéger et emporter Grenoble comme chose dont le succès peult rapporter plus d'utilité au bien de vostre service que desseing que l'on sçauroit faire. Quant à l'entreprise de della les monts oultre la deffance que vostre Majesté me faict d'y toucher sans avoir aultre advis de vous, l'yver mesme et la difficulté des passages des montagnes m'en retient, encore que je pense avoir plus de moyen de vous servir de ce costé là que de nul autre. Mais il faut attendre le printemps, Sire, et cependant, votre Majesté se resouldra à ce qu'il luy plairra me commander. Bien dirai-je, Sire, que je suis asseuré qu'aiant une entreprise de conséquence, comme j'ay, vostre Majesté ne voudroit pour rien du monde que j'en eusse perdu l'occasion, mesme que je suis pressé de vos amys d'Itallye par l'advis de Monsieur de Maisses de donner plus tost du costé de Piedmont que d'autre endroict, voire avec declaration qu'ils font de ne rien fournir sinon qu'on jette la guerre de della les monts, en quoy ils peuvent à mon advis avoir leurs fins differentes du Pape Sixte, lequel à ce que je puis conjecturer repugnoit ce desseing et si ma conjecture est veritable, maintenant, Sire, qu'il est mort peult être que vostre Majesté ne rendra le mesme respect à son successeur et me licentiera de ce costé là. L'entreprise que je dy, Sire, vous sera communiquée par ce porteur, mais non les moyens d'icelle que je vais faire à l'obscurité d'ung chiffre. Quant à la guerre de della les monts, j'ay depesché ungs gentilhomme a Genève avec charge de passer jusques à Monsieur de Sillery sçavoir quand on sera prest de ce costé là et resouldre le temps et le lieu ou nous pourrons donner. Il est bien, Sire, que je les convoye au siége de Grenoble, laquelle estant reducte je leur offre ma personne, les hommes et moyens qu'il vous a pleu me commettre pour cest emploi ou ils adviseront. Vostre autre lettre du VIII, faict mention de Madame l'Admirale et de ce que vostre Majesté desire estre faict pour elle. A quoy je repends, Sire, que je suis sus le poinct d'aller à Moirens et que de là je feray recognoistre les places dont vostre Majesté m'escript et resouldre ce qui est de l'intérêt de ladicte dame. Je tacheray aussi de descouvrir si l'homme qui vous est allez veoir de sa part procede fidellement en cest affaire et en tout comporteray avec le plus de discretion et dextérité qu'il me sera possible pour rendre ladicte dame satisfaicte et vostre Majesté obéye, laquelle je prie Dieu, etc.

A Barcelonne ce XXIX oct. 1590.

[LESDIGUIÈRES.]

CXVII.   1590 — 17 DÉCEMBRE.

Orig. — Bibl. de Grenoble. Documents originaux sur le Dauphiné. Vol. 20, n° 43.

PROPOSITION FAITE PAR LE SIEUR DE SAINT ANDRÉ, PRÉSIDENT DE LA COUR DE PARLEMENT, ET LES SIEURS COMTE DE VIRIVILLE, DE BLANIEU ET CALIGNON, POUR LE BIEN ET REPOS DE LA VILLE DE GRENOBLE, DE LA PART DU SIEUR DES DIGUIÈRES, COMMANDANT EN L'ARMÉE DRESSÉE POUR LE SERVICE DU ROY AU SIÉGE D'ICELLE VILLE [1].

Que ceux quy sont présentement en ladite ville recognoistront le Roy pour leur souverain seigneur, et la remettront effectuellement souz l'obeyssance de sa Majesté et

[1] Les pièces suivantes sont relatives au second siége de Grenoble qui se termina par la reddition de la place. Lesdiguières avait convoqué pour le 21 novembre, à Voiron, les états de la province, et entra en pourparlers avec quelques citoyens de Grenoble qui lui promirent de lui livrer une des portes de la ville. Le 24 il fut introduit en effet dans le faubourg Saint-Laurent, en chassa l'ennemi mais ne put aller au delà; le siége traîna en longueur jusqu'au milieu de décembre; à cette époque d'Albigny dut renoncer à l'espérance de se voir secouru et consentit à traiter. Le parlement, la ville et le gouverneur nommèrent des délégués et les articles de la reddition furent signés le 22 décembre.

au pouvoir dudit sieur des Diguières, souz les conditions convenues pour cest effect, ladite reddition au préalable accordée.

Prunier de Saint André, Viriville, Blanieu, Calignon [1].

CXVIII.   1590 — 18 Décembre.

Cop. — Bibl. de Grenoble. Documents originaux sur le Dauphiné. Vol. 20, n° 44.

RESPONCE FAITE A LA PROPOSITION ENVOIÉE A CEUX DE GRENOBLE PAR LES SIEURS PRÉSIDENT DE SAINT ANDRÉ, CONSEILLERS DE VIRIVILLE, DE BLANIEU ET DE CALIGNON [2].

Ceux de la ville de Grenoble déclareront qu'ils recognoissent le Roy pour légitime successeur de la coronne de France, offrant luy rendre toute fidélité et obéissance lors et quand il sera catholique et répondent vouloir demeurer soubz l'estat royal de coronne de France, sans jamais s'assubjectir à aultre prince et seigneurie recognoissant nos seigneurs de la Cour de parlement et leur obeyssant comme ils ont tousjours faict.

Faict à Grenoble le 18° décembre 1590.

Audeyer, depputé par la Cour, Buffevant, Moydieu,
Ch. du Mottet, Ch. de B. Fine [3].

Par mandement de la Cour,
Arbalestier.

CXIX.   1590 — 19 Décembre.

Orig. — Bibl. de Grenoble. Documents originaux sur le Dauphiné. Vol. 20, n° 45.

[ORDONNANCE PORTANT SUSPENSION D'ARMES POUR UN JOUR.]

Sur la proposition faicte par les sieurs deputez de la ville de Grenoble qu'il soit loisible aux habitans d'icelle de s'assembler pour deliberer sur l'obéissance que l'on désire estre rendue au Roy, dont ilz ont promis rendre response dans vendredy a midy et cependant que

---

[1] Ces propositions sont accompagnées d'une lettre de leurs auteurs datée de Saint-Laurent de Grenoble et adressée aux commissaires nommés par la partie du parlement demeurant à Grenoble.

[2] La pièce précédente émane des conseillers du parlement qui suivaient le parti de la Ligue et étaient enfermés à Grenoble; elle sert de réponse à celle que nous avons publiée immédiatement avant et qui émane au contraire des conseillers fidèles au roi et qui accompagnaient Lesdiguières.

[3] Les commissaires du parlement de Grenoble avaient été désignés le jour précédent; le procès-verbal de leur élection accompagne cette réponse.

tous actes d'hostilité cesseront de costé et d'aultres, le sieur Desdiguières de l'adviz des gentilzhommes estans près de luy, consent et trouve bon que lesdictz habitans s'assemblent aux fins que dessus dont ilz rendront responce dans demain jeudy pendant tout le jour et cependant que toute hostilité cessera de part et d'aultres, pourveu toutesfoys que lesdictz habitans ne travaillent durant ledict temps aux remparts et fortifications de ladicte ville aux endroitz d'icelle qui peuvent estre veuz par ceulx de dehors, autrement sera loisiblé aux assiégeants de tirer contre ceulx qui travailleront.

Faict en la maison du sieur de Moydieu le 19 décembre 1590.

LESDIGUIÈRES.

CXX.   1590 — 20 DÉCEMBRE.

Orig. — Arch. munic. de Grenoble. Registre des délibérations de la communauté, p. 186.

[DÉLIBÉRATION DU CONSEIL DES QUARANTE NOTABLES DE LA VILLE DE GRENOBLE PORTANT RECONNAISSANCE DE HENRI IV COMME ROI DE FRANCE.]

Jeudy vingtiesme jour du moys de décembre 1590, dans le logis de Monsieur Me Claude Basset, premier consul de ceste ville, a esté tenu et assemblé le conseil des quarante notables de ladicte ville auquel ont adsisté :

Monsieur le conseiller Audoyer, Monsieur de Moydieu, Monsieur du Mottet et Monsieur du Bonnet Fine, commissaires.

Messieurs les chanoynes Rebolet, Monsieur le chanoyne de Ponsonnas et Monsieur le chanoine de Murienne.

Nobles Laurentz de Chapponnay sieur d'Eybens, noble François d'Aragon, noble Faconde Burther et noble Hugues Thomasset.

Messieurs Maistres Anthoyne Servient procureur du pays, Monsieur Pelloux, Monsieur Expilly, Monsieur Chamoux, maître Pierre Robert, maîtres Jehan du Marrel et Genon Bonthoux, advocats.

Maîtres Ennemond Charvet, Jehan Fayolle, Yves Rostaing, Anthoyne Chabaudon, Michel Aleyron, Anthoyne Sarrazin procureur, Estienne Rochas, Anthoyne Clapasson, Noël Rambaud, maître Jehan Flory, maître Théodore Roboud, Genon Martinon et Jehan Loys procureur en la Cour, sieur Anthoyne Verdonnay, maître Damans, maître Clapasson, sieur Ennemond Collixieulx, sieur Guigues Brun, sieur Félix Chabert et Anthoyne Berteaud, marchands, sieur André Marres, sieur Philippes Facon, sieur

Anthoyne Catillon, Théodore Puissant, sieur Jehan Thomas, maître Michel Chalvet Barthélemy Matel, Hugues Symonst orfèvre, maître Anthoyne Drevet, sieur Guigues Sonnys, sieur Jehan Sarrazin, sieur Jacques des Astiers et sieur Anthoyne Mycoud, marchands.

Sur la proposition faicte au conseil touchant le traicté et négotiation faictes par Messieurs les depputez tant par nos seigneurs de la Cour du parlement, sieur d'Albigny, sieurs commis du pays que de ceste ville envers le sieur des Diguières pour la pacifficcation des presents troubles et siége et armée dudict sieur des Diguières estant à present au devant ceste dicte ville et après que Monsieur le conseiller Audoyer, ung desdicts depputez par ladicte Cour, et après luy Messieurs de Moydieu pour la part dudict sieur d'Albigny, du Mottet pour la part du pays et Monsieur Maistre Charles du Bonnet Fine, depputé pour la part de ceste dicte ville, ont faict entendre audict conseil les moyens et intentions dudict sieur des Diguières, par lequel n'entend faire ladicte paciffication que, au préalable et entre autres, tous les habitantz de ceste dicte ville, ayent et recognoyssent le roy de Navarre comme nostre vray naturel prince, roy de France, et luy pour son lieutenant general du pays, soubz les autres quallitez et conditions qui seront, tant pour lesdictz sieurs depputez que ceulx de sa part, advisés, laissant neanmoingtz et accordant l'exercisse de nostre religion catholicque et apostolique libre et sauve et que la Cour du parlement et autres magistrats y soyent sellon leur antienne coustume retablis et la justice exercée. Sur quoy a esté opiné puys conclud que soubz le bon plaisir de nos dicts sieurs de la Court et sieur d'Albigny que le conseil est d'advis que pour obvier à plus grand mal, lesdicts sieurs depputez accordant la recognoyssance requise du roy de Navarre, moyennant que le seul exercisse de la religion catholicque, apostholicque et romayne, et nul autre soyt receu dans ladicte ville et son terroyr et que pareillement ledict sieur d'Albigny demeure commandant dans ladicte ville, s'il luy plaict, avecq telle garnison catholicque qu'il sera admis et à la charge qu'il soyt permis à quiconque se vouldra retirer dans ladicte ville, soyt dans le royaulme ou dehors de la province faire librement et en toute asseurance en joyssant des biens et revenus qu'ilz auront soyt dans ladicte ville ou dans la province, remettant au surplus des avis, conditions qui seront advisées pour le bien public au bon plaisir de nos dicts sieurs de la Cour et dudict sieur d'Albigny.

CXXI. 1590 — 20 Décembre.

Cop. — Bibl. de Grenoble. Documents originaux sur le Dauphiné. Vol. 20, n° 47.

[DÉLIBÉRATION DES ÉTATS DU PAYS, ASSEMBLÉS A GRENOBLE, PORTANT RECONNAISSANCE DE HENRI IV COMME ROI DE FRANCE.

Sur ce que Monsieur du Motet, commys des Estatz, a faict entendre à ceste compaignie, comme Messieurs les députés au faict du traicté de trève et paciffication, auroient rapourté à Messieurs de la Cour et de la ville ce que jusqu'à présent et mesmement le jourd'huy il fut négotié avec Monsieur des Diguières et ses depputés tochant ledict traicté, qui est en somme qu'ilz ne veulent aulcunement passer oultre qu'on n'ayt premièrement déclaré recognoistre le roy Henry quatriesme de ce nom pour roy de France et de Navarre, quoy est besoing adviser à la responce qu'on aura à faire. Puys a esté conclu que, attendu que le conseil général de ceste dite ville, présents les seigneurs depputés, a conclu de faire ladite déclaration et recognoissance, ceste dite compaignie, pour le désir qu'elle a de restablir le repos en ceste province et l'espérance qu'elle a aussy que sa Majesté se catholisera et remettra au giron de l'eglise catholique, apostolique et romaine, ledit seigneur du Motet est prié comme l'ung desdits sieurs depputez de rapourter et faire entendre audict traicté de la part de ceste dite compaignie comme elle recognoit sadite Majesté Henry de Bourbon quatriesme de ce nom pour leur Roy et souverain seigneur et légitime successeur à la coronne de France, à la charge qu'il ne sera rien innové à l'exercice de la religion catholique, apostolique, romaine et que sa Majesté jurera les priviléges et libertés de la province, comme ses prédécesseurs et soubz les aultres conditions qui seront adviséez ensemblement par tous les sieurs depputés dudict traicté.

Extrait des registres des Estatz de Dauphiné.

BASSET.

CXXII.   1590 — 20 DÉCEMBRE.

Cop. — Bibl. de Grenoble. Documents originaux sur le Dauphiné. Vol. 20, n° 48.

[HOMOLOGATION PAR LA COUR DE PARLEMENT DE GRENOBLE DES DÉLIBÉRATIONS PRÉCÉDENTES ET RECONNAISSANCE PAR ELLE DE HENRI IV COMME ROI DE FRANCE.]

Sur la résolution prinse tant par les habitans de la ville que les comis du pays et remonstrances faictes en présence du sieur d'Albigny par leurs députés : la Cour ou estoient les gens des comptes, a homologué les conclusions dudit conseil de ville et commis du pays et suyvant icelle a donné pouvoyr à Messire Jehan Claude Audeyer, conseiller du Roy en ladite Cour, son député, et aux sieurs du Mottet, de Moydieu et du Bonet Fine, députés des sieurs commis du pays, d'Albigny et habitans de la ville de déclarer comme ladite Cour recognoist Henry quatriesme, roy de Navarre et de France, pour leur Roy légitime et souverain seigneur, voulloir à iceluy prester serment de fidelité et d'obéissance toutes et quantes fois qu'il le requerra, à la charge qu'il luy plaise suivant ses déclarations les maintenir et conserver en l'exercice de la religion catholicque, apostolique, romaine, sans y rien inouver ny introduyre aultre religion tant dans ladite ville que bailliage de Graisivodan, de quoy luy plaira bailler bonnes asseurrances ; ensemble permettre que le seigneur d'Albigny demeure gouverneur de la ville de Grenoble et bailliage de Graisivodan avec la garnison de gens de guerre catholicques y nécessaire ; permettant néantmoins à tous ceulx qui voudront sortir hors de ladite ville et se retirer allieurs, soit hors ou dedans la province ou hors du royaulme, de le pouvoir faire dans deux ans en jouyssant de leurs biens meubles et immeubles et de leurs offices et dignités en toute disposition et liberté et de se pouvoir deffayre à leur proffict desdicts offices et biens. Et moyennant ce que dessus, sera la séance du Parlement continuée et receue dans ladite ville de Grenoble suyvant son ancienne constitution, cessant toutte aultre justice souveraine ou déléguée et sera mis soubz les piedz touttes choses faictes et passées jusqu'à présant tant d'ung party que d'aultre, comme non faictes et advenues sans que aulcung s'en puisse ressentir soit pour le général ou le particullier, en demeurant la mémoire estaincte et assoupie et imposans pour ce regard sillence aux procureurs et advocatz généraulx et fiscaulx ; donnant au surplus pouvoir auxdits députés de traicter et convenir des aultres articles concernans le bien et repoz de ceste province selon que par eulx sera advisé.

Faict à Grenoble en Parlement le 20º décembre mil cinq cent quatre vingtz dix [1].

Extraict des registres de Parlement.

ARBALESTIER.

CXXIII.   1590 — 21 DÉCEMBRE.

Orig. — Arch. munic. des Orres.

[REQUÊTE DES CONSULS DES ORRES].

A Monseigneur, Monseigneur des Diguières, conseiller du Roy en son conseilh d'estat, cappitaine de cent hommes d'armes de ses ordonnances et commandant generallement en Dauphiné pour le service de sa Majesté, supplient humblement les consuls, manants et habitans du lieu des Orres en Ambrunois, disant qu'ils doivent au cappitaine la Breoulle quatre cents escus que celui-ci a cédé à Monsieur d'Arenes son gendre qui les veut contraindre de payer, vous supplient, à cause de leur petite recolte et à cause des frais que leur cause le passage des gens de guerre d'Ambrun à Barcellonette, de declarer que de cette année ils ne pourront être obligés à payer cette dette [2].

Il est expressément ordonné que le sieur d'Arenes cessionnaire du capitaine la Bréolle de ladicte somme de quatre cents escus ne pourra contraindre les suppliants au payement didict principal, ains seule-

---

[1] Le 22 novembre, moins d'un mois avant cette date, le parlement de Grenoble rendait un arrêt dans lequel il disait persister dans ses précédentes résolutions, ne reconnaître qu'un roi catholique, vouloir extirper l'hérésie et déclaraient coupables de lèse-majesté les magistrats ou autres qui ne rentreraient pas à Grenoble avant le 15 décembre, et exerceraient la justice ou l'administration en dehors de son autorité (B. N. MS. Dupuy, vol. 61, p. 201).

[2] Cette requête est seulement analysée.

ment à raison de huict et tier suyvant l'ordonnance du Roy, ensuite des conclusions prinses en la dernière assemblée à Voiron, jusqu'à ce qu'aultrement soit ordonné, deffandants à tous autres creantiers d'user d'autre contraindre que pour les légitimes apports de leurs debtes. Et pour le regard des gens de guerre leurs sont faictes inhibitions à peyne de la vie de prandre le bestail de labourage des suppliants ny leurs bestes à bast.

Faict à Grenoble à la rive de Saint-Laurent ce 21 décembre 1590.

Lesdiguières.

CXXIV. 1590 — 21 Décembre.

Cop. — Bibl. de Grenoble. Documents originaux sur le Dauphiné. Vol. 20, n° 50.

[AUTORISATION DONNÉE PAR LE PARLEMENT DE GRENOBLE AU SIEUR D'ALBIGNY, GOUVERNEUR DE CETTE VILLE, DE TRAITER AVEC MONSIEUR DES DIGUIÈRES OU DE SE RETIRER OU BON LUI SEMBLERA.]

La Cour est laquelle estaient les gens des comptes, après avoir ouy le seigneur d'Albigny sur les articles rapportés par les députéz au faict de la conférence avec le seigneur des Diguières, veu les conclusions desdits habitantz de la ville de Grenoble et [commis] du pays, ayant esgard à l'extrême nécessité en laquelle est reduicte ladicte ville, enjoinct audict seigneur d'Albigny, commandant en icelle soubz l'auctorité de ladicte Cour, de choysir la voye amiable et se conformer aux dictes conclusions ou bien de se retirer là où bon lui semblera sur les asseurances que necessayres il verra estre.

Faict à Grenoble, en Parlement, le vingt-un décembre mil V^c quatre vingtz dix.
Extraict des registres de Parlement.

Arbalestier.

CXXV. 1590 — 21 Décembre.

Orig. — Arch. munic. de Grenoble. Registre des délibérations de la communauté, p. 188.

[DÉLIBÉRATION DU CONSEIL DES QUARANTE NOTABLES DE LA VILLE DE GRENOBLE DÉCLARANT ACCEPTER LES ARTICLES DE PAIX PROPOSÉS PAR MONSIEUR DES DIGUIÈRES.]

Vendredy vingt-uniesme jour du moys de décembre 1590, dans le logis de Monsieur Maistre Claude Basset, premier consul de ceste ville, a esté tenu et assemblé en conseil des quarante notables de ladicte ville auquel ont adsisté :

Messieurs les conseillers Audoyer, Monsieur de Moydieu et Monsieur du Bonnet Fine, commissaires ;

[*La liste des notables qui suit est semblable, à peu de chose près, à celle imprimée plus haut, dans la pièce portant le n° CXX.*]

Sur la proposition faicte au conseil par Monsieur le conseiller Audoyer, adsisté de Messieurs de Moydieu et du Bonnet, commis et depputez tant par nos seigneurs de la Cour, seigneur d'Albigny, que de la part de ceste ville, touchant les nouvelles quallitez et conditions bailhées de la part du sieur des Diguières, et moyennant lesquelles il accorde la pacifflcation des présents troubles et non avant, et après que ledict sieur conseiller Audoyer a faict au long lecture des susdictz articles de mot à mot à la presante assemblée et iceulx par ledict conseil entendus, a esté opiné puis conclud que ledict présent conseil est d'advis et treuve bon d'accorder tout le contenu auxdicts articles cy dessus, comme dict est, dressés et bailhés de la part dudict sieur des Diguières, et lesquelz seront signez par Messieur les consulz et par les sieurs de ladicte ville.

CXXVI.   1590 — 21 Décembre.

Cop. — Bibl. de Grenoble. Documents originaux sur le Dauphiné. Vol. 20, n° 51.

[HOMOLOGATION PAR LA COUR DU PARLEMENT DE GRENOBLE DE LA DÉLIBÉRATION PRÉCÉDENTE ET NOMINATION PAR ELLE DE DÉLÉGUÉS POUR SIGNER LE TRAITÉ DÉFINITIF.]

Sur la conclusion prinse par les habitans de la ville de Grenoble de ce soir, la Cour, où estoient les gens des comptes et en l'assistance des sieurs commis du pays, a homologué ladicte conclusion et, suyvant icelle, ordonne que les articles à elle rapportés seront signés tant par Maistre Jehan Claude Audeyer, conseiller du Roy en ladicte Cour, que par les sieurs Mottet, de Moydieu et du Bonnet Fine, députés, pour estre par iceulx effectués suivant leur forme et teneur, sauf en ce qui regarde le sieur d'Albigny et sauf à y adjouster (si faire ce peut) les articles que lesdits députés proposeront.

Faict à Grenoble, en Parlement, le vingt uniesme décembre mil cinq centz quatre vingt dix.

Extraict des registres de Parlement.

Arbalestier.

CXXVII.   1590 — 22 Décembre.

Cop. — Bibl. de Grenoble. Documents originaux sur le Dauphiné. Vol. 20, n° 53.
Imprimé avec quelques différences : *Articles accordés sur le faict de la reddition de la ville de Grenoble en l'obeissance du Roy entre le sieur des Diguières et les commis du pais.* Tours, 1591, in-8°.

ARTICLES[1] ACCORDÉS ET CONVENUS SUR LE FAICT DE LA REDDITION[2] DE LA VILLE DE GRENOBLE SOUBZ L'OBÉISSANCE DU ROY, ENTRE LE SIEUR DES DIGUIÈRES, CONSEILLER DU ROY EN SON CONSEIL D'ESTAT, CAPPITAINE DE CENT HOMMES D'ARMES DE SES ORDONNANCES ET COMMANDANT EN L'ARMÉE DRESSÉE POUR LE SERVICE DE SA MAJESTÉ EN CE PAIS DE DAULPHINÉ, ET LES SIEURS CONSEILLERS DE LA COUR DE PARLEMENT ESTANTZ PRÉSENTEMENT DANS LADICTE VILLE, COMMIS DU PAIS, CONSULZ, MANANS ET HABITANTS D'ICELLE.

Premièrement : Que l'exercice de la religion catholique apostolique et romaine continuera dans ladicte ville et faulxbourgs d'icelle en toute liberté, comme il a esté faict jusques à present, et sans y rien estre innové ny altéré, et les eccclésiastiques tant de ladicte ville que de la province seront remis et conservés en leurs privilléges, libertés et en la possession et jouyssance de tous et ungs chacuns leurs biens, en quelque part qu'ilz soient, soubz la protection et sauvegarde du Roy, qui sera supplié leur en acccorder déclaration particullière et en bonne forme si besoing est.

Pourra toutesfois l'exercice[3] de la relligion refformée estre faict et célébré publicquement dans le faulxbourg de Tres cloistres, en tel lieu commode qu'il sera advisé, sans que iceux de ladicte relligion y soient troublés ny molestés, en attendant sur ce le bon plaisir de sa Majesté.

Tous les manans et habitans de ladicte ville et faulbourgs, qui voudront faire résidence dans icelle, feront déclaration en corps de recognoistre pour leur Roy et souverain seigneur Henry quatriesme, roy de France et de Navarre, et sera presté par eux le serment de fidélité en tel cas requis entre les mains des sieurs de Saint-André

---

[1] Nous donnons en note quelques variantes qui nous sont fournies par une minute de ce traité, conservée au château de Vizille et appartenant à M. Casimir Périer.

[2] Var. : Réduction.
[3] Var. Ajoutez : libre.

président en la Cour[1] et du Chastellard, conseiller en icelle, en l'assistance des sieurs de Blagnieu et Calignon, et moyennant ledict serment seront lesdicts habitans maintenus et, en tant que de besoing, remis et réintégrés en la paisible jouyssance de tous leurs biens meubles et immeubles, offices, dignités et privillèges tant en général qu'en particulier.

Ou[2] quelques ungs desdits ecclésiastiques, officiers et habitans et des gentilshommes, cappitaines, soldats et autres qui sont à présent de la garnison d'icelle, feroient difficulté de prester ledict serment et se voudroient retirer ailhieurs, leur sera bailhé sauf conduit avecq escorte, si besoing est, pour se retirer en toutte seureté en leurs maisons aux champs ou bien à[3] la part que bon leur semblera, soit dedans ou dehors le royaulme, dans deux mois.

Que ceulx qui vouldront absenter ladicte ville et se retirer, comme dict est, jouyront paisiblement et librement de tous leurs biens meubles et immeubles, ensemble de leurs offices et dignités, soit par la vente d'iceulx biens et offices ou perception des fruictz et gaiges, à leur élection, en quelque part et qu'ils se retirent pourveu touttesfoys et à la charge qu'ilz n'entrepreynent rien contre le service de sa Majesté.

A esté la garde et gouvernement de ladicte ville remise au bon plaisir de sa Majesté quy sera suppliée d'y pourvoyr de tel gouverneur et garnison de telle seureté qu'il verra estre à faire pour le bien de son service et conservation de ladicte ville.

Et cependant, d'aultant que le sieur d'Albigny, commandant présentement dans ladicte ville, ne se peut, pour quelques considérations particullières, resouldre si tost au serment de fidelité sus mentionné, demeurera ladicte place soubz la garde et conduicte du sieur de la Roche-Guion avecq tel nombre de compaignies qu'il sera advisé, demeurant à l'option dudict sieur d'Albigny de se resouldre audict serment dans le temps de trois moys et de supplier sa Majesté de luy accorder en ceste considération le gouvernement de ladicte ville.

Demeurera tant ledict sieur d'Albigny que les officiers de la Cour, ensemble ceux qui ont jusques à présent exercé la charge de commis

---

[1] Var. Ajoutez : du parlement. [3] Var. Supprimez : à.
[2] Var. : et ou.

et procureurs du païs et génerallement tous les manans et habitans, cappitaines et soldats estans en icelle, de quelque qualité et conditions qu'ilz soient, deschargés et acquittés de touttes levées et impositions de deniers, port d'armes, traictés, négociations faictes, voyre avecq les estrangiers, et de tous autres actes de guerre, moiennant le présent traicté, et sera suppliée sa Majesté d'en accorder les provisions necessaires lesquelles le sieur des Diguières se charge de rapporter dans deux mois.

Que la mémoyre de touttes choses passées d'une part et d'autre des et despuis ces troubles et à l'occasion d'iceux, demeurera estaincte et assoupie comme de choses non advenues et ne sera loysible à personne quelle qu'elle soit, publicque ou privée, en quelque temps et pour quelle occasion que ce soit, en faire recherche, mention, procès ou poursuicte en aulcune sorte.

A esté promis par le sieur des Diguières et principaulx gentilshommes de l'armée, de n'en renouveller la mémoyre soit par leur moien ou par autre, ny n'en ressentir pour quelque cause ou pretexte que ce soit et sera deffendu à tous autres qu'il appartiendra de ne disputer, quereller ny s'outrager pour ce faict, ains que tous les subjectz delphinaux vivront ensemble paisiblement comme frères, amys et concytoiens sur peyne aux contrevenantz d'estre punys comme infracteurs de paix et perturbateurs du repos publicq.

Et pour l'entière reunion des cœurs et volluntés des subjectz de sa Majesté et le ferme establissement de l'hobeissance qui luy est deue, Messieurs de la Cour de parlement, chambre des comptes et autres officiers quy sont à présent à Romans et autres endroictz de la province, se retireront au plustost dans ladicte ville pour y faire et continuer leurs charges, dont ilz sont requis par lesdicts[1] gentilzhommes quy sont en l'armée, le tout soubz le bon plaisir de sa Majesté, qui sera suppliée de l'agréer, nonobstant les lettres pattantes de translation et arrestz ensuyvis sur icelles.

Sera dans le temps de.......[2] convoquée une assemblée géneralle des Estatz à la manière accoustumée pour adviser au moien de la descharge et soulaigement du peuple et de l'establissement du repos de ce païs.

---

[1] Var. Ajoutez : Sieurs.   [2] Lacune dans l'original.

Faict et accordé soubz le bon plaisir du Roy, à Sainct-Laurens de Grenoble le XXII jour de décembre M. V^c IIII^{xx} dix [1].

Ainsy signé sur l'original demeurant riesre le sieur conseiller Audeyer.

>LESDIGUIÈRES, PRUNIER sieur de SAINT-ANDRÉ, Cl. AUDEYER député, CHASTELLARD, BOCSOZEL, BUFFEVANT, MOYDIEU, GOUVERNET, de BRIQUEMAULT, BLAGNIEU, MONTLOR, MORGES, MURES, CALIGNON, LE POUET, SAINT-SAUVEUR, La LOUPPIE, LA FRETTE, Ch. du B. FINE, député de Grenoble, VIRIVILLE, VELLIER, BARBEYRON, de LYONNE, de CRUSSILLIEUX, MOTET.

Extraict des registres de Parlement.

>ARBALESTIER.

CXXVIII. 1591 — 13 JANVIER.

Orig. — Arch. munic. de Tallard.

[REQUÊTE DES CONSULS DE LA VILLE DE GAP.]

A Monseigneur, Monseigneur des Diguières, conseiller du Roy en ses conseils privé et d'estat, cappitaine de cent hommes d'armes de ses ordonnances et son lieutenant général en Dauphiné : la ville de Gap, l'hors du premier traité fait par vous avec Gap et Tallard, a fourny beaucoup de deniers pour les despences faictes par les outaiges qui ont demeuré à Puymore jusques au jour du payement des dix mille escus, payement retardé par ceux de Tallard qui ne payèrent leur part si tot que les suppliants la leur, sera le bon plaisir de votre seigneurie ordonner que les habitants de Tallard contribueront pour ladite despence et payeront la despence faite par lesdicts outaiges d'après le payement faict par les suppliants [2].

---

[1] L'original de ce traité, conservé au château de Vizille, porte la date du 20 décembre, tandis que les copies portent celle du 22 ; cette date est également celle indiquée par tous les auteurs comme jour de la signature du traité. Il est probable que les articles signés et acceptés dès le 20 décembre par la plupart des commissaires ne furent définitivement approuvés par tous que le 22. Plusieurs signatures manquent, en effet, à l'original du château de Vizille, ce sont celles de Chatellard, Bocsozel, Buffevent, Moydieu, Viriville, etc., tous députés de d'Albigny ou du parlement, qui ne voulurent probablement pas signer sans avoir pris auprès de leurs commettants de dernières instructions.

[2] La requête est seulement analysée.

Sera signifié aux consuls de Tallard de respondre pardevant nous sur le contenu en la presente requete pour après y pourvoir ainsy qu'il appartiendra.

Faict à Puymore ce 13 janvier 1591.

LESDIGUIÈRES.

CXXIX. 1591 — 14 JANVIER.

Orig. — Arch. munic. de Tallard.

[REQUÊTE DES CONSULS ET HABITANTS DE TALLARD.]

Monseigneur des Diguières, chevalier de l'ordre du Roy, conseiller en son conseill privé et d'estat, gouverneur et lieutenant général pour sa Magesté en son pays de Daulphiné, supplient humblement les consuls, manants et habitants de Tallard, disant que, quoique vous les ayez dechargés de la moityé de leurs feux[1] pour les trois derniers mois de l'année precedente et qu'ils ayent payé ladite moitié de leur cotte au capitaine Genton, commandant soubs vostre autorité à Tallard, cependant le sieur de Perrinet, receveur des impositions de l'armée, a remis à sieur de Poligny les assignations sur eux pour l'autre moitié de leurs feux.

Aussy les consuls de Gap les comprennent dans une imposition faite en 1588 pour la reparation de leurs murailles, tandis que Gap n'a jamais contribué pour le reparement de celles de Tallard[2].

Est ordonné que les consuls de Tallard ne pourront estre comprins ny contraincts à la despence que la ville de Gap soufre ou a soufferte pour le redressement de leurs murailhes sinon au cas qu'ils facent apparoir d'un contract par lequel le reciproque soit observé. Quant au surplus, les suppliants sont renvoyés au conseil du Roy.

Faict à Puymore ce 14 janvier 1591.

LESDIGUIÈRES.

---

[1] En Dauphiné l'impôt se payait par feu ; ce nom venait de ce qu'autrefois l'assiette de l'impôt était basée sur le nombre de maisons ayant cheminée. Au XVIe siècle le feu représentait une certaine valeur de fonds. Tallard était cotisée d'abord pour sept, puis pour cinq feux et demi.

[2] La requête est seulement analysée.

CXXX. 1591 — 28 Janvier.

Orig. — A M. Roman, à Gap.

[REQUÊTE DU CAPITAINE BEZ, DE BRIANÇON.]

A Monseigneur, Monseigneur des Diguières, conseiller du Roy en son conseil privé d'estat, cappitaine de cent hommes d'armes, commandant generallement pour le service de sa Magesté en Daulphiné, supplie humblement le cappitaine Bez, de Briançon, qu'il auroyt esté commandé pour s'ayder à conduyre les pièces ou une d'icelles à Grenoble pour batre la ville, ce qu'il auroyt faict et s'y seroyt employé de ses moyens et forces et auroyt esté mis et escript au conterolle que tenoyt le sieur du Vilar et n'auroyt esté trouvé au roolle de vostre grandeur qu'auroyt esté cause, Monseigneur, qu'il n'auroyt esté satisfaict ne content de ses vacations. Ce considéré, Mondict seigneur, vous plairra ordonner que ledict Bez sera satisfaict & payé de sesdictes vaccations & peynes pour ce que plairra à vostre dicte grandeur. Il priera Dieu pour voz prosperités & grandeur [1].

Est enjoinct au sieur du Villard [2] satisfaire le suppliant de son treval comme les aultres qui se treuvent avoir vacqué.

Faict à Grenoble le XXVIIIe janvier 1591.

Lesdiguières.

CXXXI. 1591 — 6 Février.

Orig. — Arch. munic. de Briançon.

[REQUÊTE DES CONSULS DE LA VILLE DE BRIANÇON.]

A Monseigneur des Diguières, conseiller du Roy en son conseilh privé et d'estat, cappitaine de cent hommes d'armes de ses ordonnances et commandant généralement pour sa Magesté en Dauphiné, supplient les consuls de Briançon, disant que la compagnie commandée par Monsieur de Claveson leur gouverneur, n'ayant eu aucun payement des sieurs tresoriers et receveurs, ledit sieur Claveson obligea lesdicts consuls de faire nourrir sa compagnie par les hostes du lieu, pendant lequel temps ladicte compagnie a depensé beaucoup plus que sa solde ne vault : vous plaira ordonner que le surplus sera payé comme les autres depenses du service du Roy en la manière accoustumée [3].

---

[1] Cette requête est simplement analysée.

[2] Du Villard était maitre de l'artillerie de Lesdiguières, c'est pour cela qu'on lui renvoya le suppliant.

[3] La requête est simplement analysée.

La despence de laquelle il s'agit en la requeste sera esgalisée sur le général de l'escarthon[1] et comme ils sont en coustume, enjugnant au surplus à tous les consuls dudit escarthon de proceder à leurs comptes le plus promptement que faire se pourra sans avoir esgard aux comptes precedents non faicts, à peine contre les dellayants de cinq cents escus.

Faict à Grenoble le VI fevrier 1591.

LESDIGUIÈRES.

CXXXII. 1591 — 17 FÉVRIER.

Cop. — A M. Eugène Chaper, à Grenoble.

ARTICLES ACCORDÉS ENTRE LE SEIGNEUR DE LESDIGUIÈRES, CONSEILLER DU ROY EN SON CONSEIL PRIVÉ D'ESTAT, CAPPITAINE DE CENT HOMMES D'ARMES DE SES ORDONNANCES, LIEUTENANT GÉNÉRAL DE SA MAJESTÉ EN L'ARMÉE DE DAULFINÉ, TRAICTANT DE L'AUTTORITÉ DE LA COUR ET EN L'ASSISTANCE DES SIEURS DE BUFFEVANT, PRESIDENT, ET DE VIRIEU, CONSEILLER DU ROY EN ICELLE, DELLEGUÉS PAR LADICTE COUR, D'UNE PART, ET LE SIEUR DE SAINCT-JULLIN, CAPPITAINE DE CINQUANTE HOMMES D'ARMES, COMMANDANT ES VILLES DE CRÉMIEU, QUIRIEU & MORESTEL, D'AULTRE.

Premierement : qu'au siége de Vienne & son ressort n'y aura autre exercice de relligion que celluy de la relligion cathollicque, appostollicque romayne en attendant le bon plaisir du Roy.

Les gens d'esglise seront maintenus et, en tant que de besoing, restablis en la possession de leurs biens tant ecclesiastiques que propres, pour en jouyr paisiblement sans estre recherchés de ce quy est passé à cause des presents troubles, en se contenant paisiblement soubs l'obeyssance du Roy et sans rien attenter au preiudice de son service ; et la où sa Majesté auroyt faict don de quelque benefice, elle sera suppliée d'en accorder la main levée.

Et en tant que touche la plaincte faicte par M. Phelix Basset, juge royal de Grenoble, pour la saisie qu'il dict avoyr esté faicte du prieuré de Jamescieu appartenant à ung sien fils, ledict sieur de Saint-Jullin a

---

[1] *Escarton*, terme spécial au Briançonnais dans lequel il avait à peu près la même signification que le mot de *mandement* dans le reste du Dauphiné.

déclaré qu'il n'empesche que ledict Basset, sondict fils ou aultre qu'il appartiendra, se pourvoye par la voye de justice.

Ledict sieur de Sainct-Jullin recognoist l'auctorité du lieutenant général du Roy, Cour du parlement, magistrats & justice de la province de Daulfiné & fera main forte à l'exécution de tous les décrets & arrests de ladicte Cour de parlement en tout son gouvernement et se despartira de toutes associations tant dedans que dehors le royaulme qui seront au préiudice du service du Roy.

La Cour est suppliée fere arrest pour assoupir & mettre soubs pied toutes choses passées à cause desdicts troubles, comme levée de deniers, foin, avoyne, pionniers & aultres actes faicts à cause des guerres par quelque personne quy se vouldra servir de ce traicté & se chargera ledict sieur des Diguières d'en appourter abolition du Roy dans troys moys.

Tous gentilshommes, officiers & magistrats de justice, cappitaines, gens de guerre & aultres de quelque quallité qu'ils soyent, quy ont suyvy et assisté ledict sieur de Sainct-Jullin & ont esté soubs sa protection, seront remis et restablis en leurs estats, maisons & biens en toute seureté et sans estre recherches des choses passées à cause de ces presents troubles et de ce quy en deppend et se porront retirer soubs la foy publicque et asseurance du present traicté & en se maintenant soubs l'obeyssance du Roy, Cour du parlement & aultres magistrats de justice.

Ledict sieur de Sainct-Jullin, pour la saisie que luy a est éfaicte de sa maison de Reaulmont soubs colleur des troubles & quy estoit sans garde, y sera restably, nonobstant quelconque commission qu'on pourroyt avoyr et pretendre, et néantmoings ledict sieur de Sainct-Jullin est prié, de la part dudict sieur des Diguières & des seigneurs quy luy assistent, de convenir d'arbitres avec le sieur d'Arces, pour decider par voye amiable le différent desdicts sieurs de Sainct-Jullin & d'Arces pour le regard des fruicts perceus audict lieu de Reaulmont par ledict sieur d'Arces, ensemble pour tous aultres differents quy porroyent estre entre lesdictes partyes.

Les villes de Quyrieu, Crémieu & Morestel demeureront soubs la garde du sieur de Sainct-Jullin et se chargera ledict sieur des Diguières d'en rapporter dans troys moys les provisions necessaires de sa Majesté, quy sera suppliée de les accorder.

Que, pour la garde desdictes villes, seront accordées cinq compaignies de gens de pied de cinquante hommes la chascune, laquelle sera continuée & payée sellon les reglements quy seront faicts cy après aux Estats comme les aultres, et quand au cappitaine de Quyrieu sera payé pour son estat particulier sellon l'ancienne forme et pour l'estat de gouverneur de Crémieu luy est accordé deux cens francs.

La place d'Anton sera remise au pouvoyr du seigneur du lieu ou de ses agents & fermiers, les deffences y faictes de nouveau au préallable démollies et sans qu'on se puisse servir de ladicte place pour fere la guerre, et rapportera ledict sieur de Sainct-Jullin promesse & asseurance de Monsieur le marquis de Sainct-Sorlin & sieurs eschevins de Lion de n'attenter sur ladicte place d'Anton.

La compaignie dudict sieur de Sainct-Jullin sera payée, comme les aultres de la province, au nombre de trente hommes d'armes oultre les membres [1].

Sera loisible audict sieur de Sainct-Jullin de lever & fere lever sur tous & ungs chescuns les feus qui estoyent en coustume de luy contribuer par cy devant tous les arreirages à luy deubs & à ses trouppes de l'imposition de huict escus vingt huict souls dix deniers pour feu pour chescun moys jusques au quinsiesme du present & à ces fins ont esté nommés les sieurs de Pipetières, de la Frette, de Vallins & Crusillieu pour liquider lesdicts arreirages, attermoyer le payement d'iceulx heu esgard à la pauvretté du peuple et veriffié le nombre et appellation des feus sur lesquels ledict sieur de Sainct-Jullin avoyt accoustumé d'exiger.

Et pour desgrever ledict sieur de Sainct-Jullin des frais & despens qu'il a soutenu et luy donner moyen de pourvoyr aux fortiffications desdicts lieux de Quirieu & Crémieu, luy a esté accordé la somme de six mil escus don il sera assigné par le sieur Veyron, thresorier de l'extraordinaire des guerres, sur les arreirages de sa recepte de l'année passée.

Et en considération des ravages & pertes advenues es lieux de Crémieu, Quirieu & oultre de l'Isle de Crémieu lesdicts lieux & mandemens de Quirieu & Crémieu sont deschargés de la somme de quatre mil escus des arreirages des impositions cy devant mises par auctorité du Roy et pour le regard du surplus des arreirages dubs par

---

[1] Membres : officiers et sous-officiers de la compagnie.

lesdits lieux de Quirieu & Crémieu et aultres lieux de l'estendue de ladicte Isle de Crémieu le payement a esté termoyé à la Magdelleyne prochain venant pour ses arreirages non assignés en baillant bonnes asseurances & en tant que tuche les aultres arreirages baillés en assignation, les sieurs gentilshommes, cappitaines & aultres sont priés d'accorder mesme dellay soubs bonne asseurance.

Sur la remonstrance faicte par les depputés dudict sieur de Sainct-Jullin que les habitants de l'Isle de Crémieu ne se peuvent passer du commerce de la ville de Lyon, ny payer les tailles et aultres charges ordinaires sans avoyr moyen par ledict commerce de vendre & débiter leurs denrées dans ladicte ville & d'en retirer deniers, lequel commerce & trafficque ne leur peut estre accordé par les habitans de ladicte ville sans qu'il soit permis reciproquement ausdicts habitans de jouyr des biens qu'ils ont scitués en ladicte Isle de Crémieu & de semblable commerce & liberté au faict de labourage a esté accordé que sa Majesté sera très-humblement suppliée, pour le bien de son service & solagement de ses subiets, de voloyr accorder la liberté dudict commerce en culture reciproque, dont ledict sieur de Lesdiguières rapportera l'intention de sa Majesté dans troys moys & cependant, par provision et en attendant le bon plaisir d'icelle, a esté convenu que lesdicts manans & habitans de ladicte Isle de Crémieu & ville de Lyon, jouyront reciprocquement de tous les biens qu'ils ont assis & scitués tant en ladicte ville de Lyon, Lionnoys qu'en l'Isle de Crémieu, en payant les charges, ensemble du commerce & labourage libre audict pays, sans qu'ils puissent estre inquiettés ne mollestés en leurs personnes de party & d'aultre fesant la guerre actuellement, sur quoy ledict sieur de Sainct-Jullin rapportera aussy l'intention dudict sieur marquis de Sainct-Sorlin & des eschevins & magistrats dudict Lyon dans huict jours après l'émologation du présent traicté.

Les sieurs d'Auriac & d'Herculles seront compris au present traicté et recognoistront le Roy, son lieutenant général, Cour de parlement & aultres magistrats de la province.

Ladicte Cour de parlement sera suppliée d'emologuer le present traicté sellon la forme & teneur.

Faict au conseil du Roy tenu à Grenoble, où assistoyent Messieurs les presidents & conseillers de ladicte Cour de parlement & plusieurs notables gentilshomme de ceste province soubsignés, le dix septiesme jour du moys de février mil V^c IIII^xx XI.

> Lesdiguières, Prunier sieur de Saint-André, Lenceoy, de Virieu, Jac. Fleard, J. de Buffevent, Georges Bailly, de Morard, Blanieu, Pollomieu, Plovier, Allières, Callignon, La Frette, Vallins, Jean de Chatte & Geyssans, Yves.

CXXXIII.   1591 — 18 Avril.

Cop. — Arch. munic. de Briançon. Livre du Roi.
Imprimé inexactement : *Les Guerres de religion et la Société protestante*, par M. Charronet. Gap, 1861, p. 216.

[A MONSIEUR DE PRABAUD, GOUVERNEUR D'EMBRUN.]

Cousin, nostre voyage a esté tellement adcisté de la main de Dieu qu'il nous a faict la grace de deffaire la ligue de Prouvence. L'armée estoit composée de mil maistres & quinze cents archebusiers; il c'est sauvé cinq cents chevaux en route[2] avec le conte de Martinangue & Besoudan, cinq cents hommes morts sur la place & toute le reste prisonnier entre aultres le sieur Alexandre Victollys, le sieur de Saint-Roman & une quaranteine de cappitaines de cavallerie ou infanterie, quatre cournettes, quinze drappeaux, force chevaux, armes & bagaiges gaignés. De nostre cousté une douzaine de morts au plus & entre aultres le cappitaine Jean Martin, enseigne du cappitaine Ribière, & une trenteine de blessés. Ce qui est cause que nous avons tant de prisonniers c'est qu'ils s'estoyent sauvés en ung villaige nommé Sparron de Pallières, c'est là auprès que nous avons heu la victoire dont nous debvons louer Dieu. Je vous prye luy en fère rendre graces en l'assemblée publicque & faire part de ses nouvelles à tous les amis comme les

---

[1] Saint-Jullin, ancien gouverneur de Gap, après la remise de cette ville entre les mains de Lesdiguières en vertu du traité du 24 août 1589, se retira avec ses troupes dans le Viennois, s'empara des villes de Crémieu, Quirieu et Morestel, et fortifia si bien l'île de Crémieu, que les troupes du roi, ayant essayé de l'en déloger, firent d'assez cruelles pertes et furent contraintes de battre en retraite. Après la prise de Grenoble, Saint-Jullin comprit que la ligue était morte en Dauphiné, fit avec Lesdiguières le traité précédent, et, depuis, servit sous ses ordres Henri IV avec fidélité.

[2] En déroute.

sieurs de Clauezon, Praiella, Queiras, Rozans & aultres. Ce fust le lundi quinziesme du present. Je faict dresser un discours bien ample sur ce subiect que je vous envoyeray. Nous allons avictouailler Berre. Dieu benic la fin comme il luy a plu fere le commancement. Adieu, Cousin. C'est du camp d'Esparron, ce dix huictiesme apvril 1591.

Vostre humble & affectionné cousin à jamais.

LESDIGUIÈRES [1].

CXXXIV. 1591 — 15 JUIN.

Orig. — A M. le comte Georges de Soultrait.

A MONSIEUR DE RICOU, LIEUTENANT DE LA COMPAGNYE DE MONSIEUR D'AURIAC.

Monsieur de Ricou, j'ay sceu, tant par celle que Monsieur d'Auriac m'a escrit que par le sieur de Saint-Jullien, l'incommodité que ce vous seroit d'amener la compaignye de gens de pied dudict sieur d'Auriac ça bas en son cartier, veu le bref temps que vous avez à demeurer là où vous estes, par ainsi, j'ay trouvé bon que vous n'en bougyez jusques au XXe. Mais aussi puisque cela excéde de beaucoup le temps de VIII jours que vous devyez demeurer de delà je ne veux ny entendz que vous prenyez argent, ny de Corps ny des aultres lieux pour aucun déffaillant d'autant que le séjour le leur faict payer au double. Et si tant est qu'il y en aye, il fault que ceux du cartier que vous avez ça bas, qui n'ont souffert ny logis ny despence les payent, en quoy je vous favorizeray de mon pouvoir. Mais ne manqués à ce que dessus si voulez que je demeure, Monsieur de Ricou,

Vostre bien humble pour vous faire service,

LESDIGUIÈRES.

A Grenoble, XVe juin 1591.

[1] Le comte de Martinengo, général du duc de Savoie, entra en Provence au mois de mars 1591, s'empara de quelques petites places et fit investir Berre : Lesdiguières, appelé par La Valette, le joignit à Ribiers; ils marchèrent droit à l'ennemi, l'attaquèrent à Esparron le 15 avril et remportèrent la victoire dont il s'agit dans la lettre précédente. Peu de jours après, Lesdiguières, rappelé par l'entrée du duc de Nemours en Dauphiné, reprit le chemin de cette province.

CXXXV.   1591 — 23 Septembre.

Orig. — Arch. de l'Isère.
Imprimé : *Généalogies et Armoiries dauphinoises*, par Edmond Maignien. Journal *le Dauphiné*, année 1873.

[PATENTE ET DÉCLARATION POUR NOBLE PIERRE ARMAND.]

François de Bonne, seigneur des Diguières, conseiller du Roy en son conseil privé et d'estat, capitaine de cinquante hommes d'armes de ses ordonnances et son lieutenant général es armée de Piedmont et Savoye, certiffions et attestons par ces presentes à noz seigneurs de la Cour de parlement de Daulfiné et tous ceux qu'il appartiendra, que Pierre Armand a fait service à sa Majesté près de nous durant tout le temps de ces troubles et notamment à Salasse en Piedmont, près d'Exilles, à Esparron en Provence et à Pontcharra en Daulfiné, où nous avons combatu les forces du roy d'Espagne et du duc de Savoye, esquelz lieux ledit Armand estait en rang de gendarme volontaire près nostre personne à Salasse et Esparron et près nostre cornette blanche à Pontcharra, où il a très dignement combatu et fait tout ce qu'un bon et vaillant gendarme pouvoit et debvoit faire; de quoy, comme de chose faicte en nostre présence et digne d'estre remarquée, nous avons particulierement averty sadite Majesté par nos lettres, pour l'induire à récompence le dit Armand du loyer que sa valeur mérite et, affin que cela soit notoire à tous, nous avons en foy et tesmoignage de ce, signé ces présentes de nostre main et à icelles fait apposer le scel de nos armes.

A Grenoble, le vingt-troisième septembre 1591.

                                  Lesdiguières.
              Par mondit seigneur,
                     L'Abbé.

(Sceau.)

CXXXVI.   1591 — 12 Novembre.

Cop. — Arch. de la Drôme, CC. 27.

[ORDONNANCE DÉLÉGUANT LE SIEUR THONNARD POUR SURVEILLER LA LEVÉE D'UN PIONNIER POUR FEU IMPOSÉE SUR LA PROVINCE POUR L'ACHÈVEMENT DES FORTIFICATIONS DE GRENOBLE.]

François de Bonne, seigneur des Diguières, cappitaine de cent hommes d'armes des ordonnances du Roy, conseiller en son conseil d'estat et privé, lieutenant général pour sa Magesté delà les monts, au sieur Jehan Thonnard, salut : en la assamblée des sieurs commis du peis & consuls des dix villes [1] tenue ces jours passés en la presente cité de Grenoble pour donner ordre à la levée des deniers necesseres pour les affaires de la guerre en ceste province, nous aurions faict remonstrance & prié lesdicts sieurs de pourvoir à la continuation et parachevement des fortiffications des places frontieres dudict pais, notemment de ceste dicte ville de Grenoble, et à ces fins, accorder pour le dernier quartier de la presente année une levée & imposition telle & semblable qu'ils ont fournie es quartiers precedans ou plus grande, s'il y eschoit, pour pouvoir suppléer au parachévement des fortiffications attendu l'estat d'icelles; à quoy ils n'auront daigné entendre. Et parce qu'un chascung veoit clérement l'importance du retardement et cessation desdictes fortifications, l'eminent peril qu'il presse, ayant affaire à ung puissant prince annemy [2] de cest estat quy a desia faict progrès en ladicte province, en intention par les forces qu'il a sur pied de fere plus grand avancement, à l'entiere perte & ruine de ladicte province s'il n'est promtement proveu à la continuation desdictes fortiffications, à faulte de quoy, d'aultre part, le travail desia faict tomberoit en ruines & ces grandes despances, pour ce regard faictes & avancées, demeureroient perdues & inutilles. Pour à quoy remedier meu d'ung bon zele au très important service de sadicte Maiesté,

---

[1] Les dix villes qui avaient le droit d'envoyer des députés aux états du Dauphiné étaient : Grenoble, Vienne, Valence, Romans, Montélimar, Crest, Embrun, Gap, Briançon, Die.

[2] Le duc de Savoie. Le combat de Pontcharra, livré à si peu de distance de Grenoble, avait démontré que d'une seule bataille perdue dans le haut du Graisivaudan dépendait la prise de cette ville et qu'il était donc absolument nécessaire de la fortifier.

conservation de cest estat et particullierement de ceste dicte province, veu l'eminent peril procedant de la cessation et discontinuation desdictes fortiffications, nous aurions, comme contrainct par les raisons susdictes, resolu, en attendant le bon plaizir de sa Magesté ou que aultrement y soyt prouveu par le consentement du peis, fere une levée sur l'universel dudict pays [d']ung pyonnier pour feu chacun jour des troys moys octobre, novembre & decembre, dernier quartier de ladicte presente année, et sur quatre feus ung maistre masson, tellement que quatre feus fourniront troys pyonniers & ung masson & à concurrence desdicts feus, avecq leurs outils necessaires à travailler es terre & massonnage, pour estre employé promptement & pour semblable temps de troys mois acomplis à la continuation des fortiffications desdictes places frontieres, notemment de ladicte ville de Grenoble. A ceste cause nous vous avons commis et deputté, commetons et deputtons par ces presentes, pour fere promptement ladicte levée de pyonniers & massons; contraindre par toutes voyes, comme pour les urgens affaires du Roy, tous les consuls & communautés de ceste dicte province de Dauphiné à fournir lesdicts pyonniers & massons, sellon la ratte de leurs feus, pour estre employés au travail desdictes fortiffications la part que leur sera ordonné, si mieulx lesdictes communaultes & consuls n'ayment, pour leur sollagement, fournir & payer entre vos mains, incontinant apres le commandement à eulx fait, à raison de deux sols six deniers pour pyonnier ou masson pour chacun jour desdicts troys moys, de quoy nous leurs donnons le choix, que reviendroit à un escu quinze sols pour feu pour chacun desdicts troys moys, pour estre lesdicts deniers employes à la continuation desdictes fortiffications et payés à ceulx à qui desja lesdicts priffaicts en ont esté baillés et qui jusques à present ont travaillé à ladicte fortiffication & continueront icelle par les mandements, ordonnances & ordres cy dessus escripts & accoustumés; & aux payemens contraindre lesdicts consuls, habitants & communautés par les voyes que dessus; randre compte & preslever le reliqua, par devant qui appartiendra, suyvant les precedentes commissions, à la charge de vous estre faict taxe sur lesdicts deniers pour vous peynes, frais & vaccations pour l'execution de la presente commission & compte, dont vous feres retemption par vos mains; de ce que dessus vous donnons pouvoyr, commission, mandement & commandement à tous officiers, sergents & gens de guerre vous obeyr sur toutes executions, exploits, pour ce requises & necesseres. En tesmoing de quoy avons signé ces presentes et à icelles faict apposer le cachet de nos armes.

Donné à Grenoble, le douziesme jour du mois de novembre mil cinq cens quatre vingt unze.

LESDIGUIÈRES.
Par commandement de Monseigneur :
BRÉMONT.

(Sceau.)

CXXXVII.   1591 — 22 NOVEMBRE.

Cop. — Registre des assemblées du chapitre de Gap. Mutonis, notaire. Étude de M° Gaignaire, notaire à Gap.

CE QUI S'ENSUIT EST ESCRIT AU PIED DU CONTE DUDICT MESSIRE PARAT [1].

La recepte du presant conte monte à la soume de quatre mil sept cens quatre vingts neuf escus et la despence quatre mil sept cens quatre vingts six escus, partant doit ce contable trois escus qu'il a presantement payés & ainsy demeure quite & deschargé & par la presante le quittons & deschargeons du maniement & administration du contenu en cedict conte sans que ores ne pour l'advenir il en puisse estre inquiété, molesté ne recherché.

Fait à Piemore le vingt deux novembre mil cinq cens nonante ung.

LESDIGUIÈRES.
Par mondict seigneur,
R. L'ABBÉ.

(Sceau.)

[1] Le compte lui-même n'est pas reproduit in extenso en tête de cette ordonnance. Voir la pièce du 12 juin 1590 à propos des sommes levées sur le clergé du diocèse de Gap.

CXXXVIII.   1592 — 13 Janvier.

Orig. — A M. Roman, à Gap (Hautes-Alpes).

[REQUÊTE DES CONSULS ET HABITANTS DE LA VILLE DE TALLARD.]

A Monseigneur, Monseigneur des Diguières, conseiller du Roy, cappitaine de cent homes d'armes de ses ordonnances & commandant en Daulphiné : Monseigneur, les poures consuls et habitants de Tallard en toute humilité vous remonstrent que la vicomté de Tallard est cotisée pour seize feux et la ville de Tallard pour sept, que les trésoriers ou leurs commis les contraignent de payer, de telle sorte qu'ils saisissent leur bétail, lorsqu'ils ne peuvent prendre des prisonniers, et le font vendre hors de leur territoire. Et partant, monseigneur, vous plaira ordonner inhibitions estre faictes aux trésoriers les forcer à payer en faisant vendre leur bétail, sinon sur les lieux, sur telle peyne qu'il vous plaira arbitrer [1].

Est très expressement inhibé & diffendu à tous recepveurs et leurs commis et à tous aultres qu'il appartiendra fere transmarcher, inquanter [2] & deslivrer le bestail et aultres choses desdicts suppliants prinses pour gages, hors la ville de Tallard pour quelque cause que ce soit, fere mener lesdictes personnes en aultres prisons qu'en celles dudict Tallard, à peine les contrevenens de cens escus applicables à sa Magesté et pour la demende se pourvoieront en justice comme verront à fere.
Faict à Grenoble le XIII janvier 1592.

LESDIGUIÈRES.

CXXXIX.   1592 — 6 Juillet.

Orig. — Arch. paroissiales de Saint-Cyr (Var) [3].

[COMMISSION AU CAPITAINE BOYER, D'OLLIOULES, D'UNE COMPAGNIE DE CENT ARQUEBUSIERS A PIED ET DOUZE SALADIERS POUR GARDER LA CADIÈRE.]

François de Bonne, seigneur de Lesdiguières, cappitaine de cent hommes d'armes des ordonnances du Roy, conseiller de son conseil

---

[1] Cette requête est seulement analysée.
[2] Mener hors du pays et vendre à l'encan.
[3] Cette pièce, ainsi que les deux suivantes, nous a été communiquée par M. le D_r Magloire Giraud.

d'estat, commandant generallement pour sa Majesté en l'armée de Provence soubz l'autorité de la Cour de parlement dudict pays, au cappitaine Boyer d'Oliolles salut : estant requis et necessaire pour le service du Roy de pourvoir à la garde et sureté de la Cadière [1] jusqu'à ce que les murailles et fortifications soyent entierement rasées et pour cest effect y establir une bonne garnison et en donner la charge à quelque personnage experimenté sur la fidelité duquel on se puisse asseurer; à ceste cause estant bien informé de vostre valleur, jugement, dilligence et experience au faict de la guerre vous avons donné et donnons par ces presentes la charge et commission d'une compagnie de cent arquebusiers à pied, ensemble douze saladiers que vous leverez le plus promptement et à la moindre foule de peuple que faire se pourra, pour puis après estre employés à la garnison soubz vostre charge; entretenement et nourriture de laquelle se fera sur les lieux d'Aubaigne, Gemenos, Cuges, Nans, le Revest et le lieu de la Cadière, qui vous fourniront des vivres et aultres choses necessaires au prorata de leurs feux, selon le despartement qui en sera entre eulx faict, et jusqu'à ce qu'il y soit pourveu par la première assemblée qui se fera en ceste province. De ce faire nous vous donnons plein pouvoir et commission, mandons et commandons aulz dicts lieux et aultres qu'il appartiendra vous obeyr en ce qui dependra de vostre charge.

Donné au camp devant la Cadière le 6ᵉ jour de juillet mil cinq cens quatre-vingt-douze.

LESDIGUIÈRES.

Par mondict seigneur,
GIRAUD.

(Sceau.)

---

[1] La Cadière se rendit à Lesdiguières le 4 juillet 1592 et se racheta du pillage moyennant vingt mille écus d'or ; quatre otages donnés à Lesdiguières comme garantie de cette somme restèrent prisonniers pour ce fait jusqu'au 13 ma 1601, époque à laquelle la ville acheva seulemen de se libérer.

CXL. 1592 — 6 Juillet.

Orig. — Arch. munic. de la Ciotat (Var).

A MESSIEURS LES CONSULS DE LA SIEUTAT.

Messieurs les consuls de la Sieutat, estant icy Messieurs les depputés de Marseille, on leur bailla d'argent pour faire venir quelques marchandises ; incontinant qu'elles seront arrivées en vostre ville faites les apporter à la Cadière au cappitaine Boyer et pour plus d'asseurance prenez trois ou quatre arquebusiers de ceux de Cyreste pour les accompagner. Sy vous avez meilleure commodité asseurée, je suis content que vous les facies venir à Ollioles ou je seray. Cependant je demeure

Vostre très humble amy.

LESDIGUIÈRES.

Ne faillez, incontinent que lesdictes marchandises seront arrivées, de les faire porter et bailler avec bestes.

Au camp de la Cadière le VIe juillet 1592.

CXLI. 1592 — 12 Juillet.

Orig. — Arch. paroiss. de Saint-Cyr (Var).

[ORDONNANCE INTERDISANT AUX HABITANTS DE LA CADIÈRE ET CERESTE DE VENDRE LEURS DENRÉES DANS LES LIEUX OU L'AUTORITÉ DU ROY N'EST PAS RECONNUE.]

Le seigneur de Lesdiguières, commandant de cent hommes [d'armes] des ordonnances du Roy, conseiller en son conseil d'estat commandant generallement pour sa Majesté de l'armée de Provence soubz l'authorité de la Cour de parlement dudict pays, estant bien advertis que les habitants des lieux de Cireste et la Cadière portent vendre leurs grains à Marseille et aultres lieux ou le service du Roy n'est point recogneu et sachant bien que a continuer cella apporteroit beaucoup d'inconvenient à la garnison qui est établie soubz l'obeissance de sa Majesté, desirant y pourvoyr de bonne heure, nous avons permis et permettons par ces presentes au cappitaine Boyer, commandant en chascun de ces lieux, d'y retirer tous les grains qui s'y treuveront ou [aux] aultres lieux affidés au service de sa Majesté sans toutesfois a y commettre aucun abuz au préjudice desdicts habitans.

Faict à Cuers le 12 juillet mil cinq cens quatre vingt douze.

LESDIGUIÈRES.

Par mondict seigneur,
L'ABBÉ.[1]

(Sceau.)

CXLII. 1592 — 12 AOUT.

Autog. — B. N. MS. Dupuy. Vol. 61, p. 284.

AU ROY.

Sire, suivant vostre commandemant j'avois préparé trois mille sept cens homes de pied et sept cens chevaus pour exécuter quelques desseins sur les terres du duc de Sçavoye en Piémont; il arriva qu'en mesme temps que ie me rendis à Ambrun et aultres lieux de la frontière, les ennemis avoint fait advancer des trouppes Italliennes pour venir en Sçavoye. Cella fut cause qu'aïant l'allarme en Piedmont des nostre abort, il se servirent de ces troupes pour garnir leurs places de frontières et par conséquant nous oster le moyen d'exécuter ce que nous désirions, qui fut cause que voïant que nous pouvions

---

[1] Lesdiguières resta en Provence du 30 avril au 17 juillet 1592. La lettre suivante du Parlement au Roi expliquera les causes qui l'y firent aller et indiquera les services qu'il y rendit : « Sire, par « l'assemblée que nous avons faict tenir ce mois « d'avril dernier des principaux gentilhomes, « villes et communautés de ceste province, feust « resolu d'appeler le sieur de Lesdiguières avec « ses forces, tant pour le bien de vostre service « que maintention de la conservation dudict pays « sous vostre obeissance : sur quoy seroit entré « le premier jour du moy [de may] et sejourné « jusques à aujourd'huy, que l'accident survenu « à la ville de Vienne l'a fait retirer en Dauphiné « avec son armée pour empecher les progrès, « intelligences et desseins que les ennemys de « vostre Majesté y ont......................
« Il vous plaira donc, Sire, de tenir bon, non « seulement le séjour que ledict sieur de Lesdi- « guières a faict sur nostre requisition dans ce « pays, mais encore la tenue desdictes assemblées « et changements de la seance que nous avons « faicte de la ville de Sisteron en ceste ville de « Manosque. Les gens du Parlement de Provence.

« GENEST.

« Manosque, XXIIIe juillet 1592. »
(B. N. MS. F. 23054.)

servir vostre Majesté en Provence, où nous avions esté appelles auparavant par vostre Court de parlemant et la noblesse, ie m'i acheminei, pour ne lesser ces forces inutilles. Or, ce voïage, qui a esté de trois moys, a reussi pour le bien de vostre service, ce que vostre Magesté verra par ung discours que ie vous en ay fait chifrer. Depuis la perte de Vienne est arrivée et de St Marcellin et aussi de tout le Viennois[1], par les moyens que vostre dicte Majeste aura entendu par le sieur de Vicoze, qu'a esté cause que je suis esté contraint de rebrosser chemin et me randre en ceste ville, où je me prépare pour y servir vostre Majesté et chercher tous les moyens que je pourrai pour combatre voz ennemis et pour ce fère, j'ores besoin d'estre assisté de quelques gens de pied de Lenguedoc, que j'ai mandé chercher à pris d'argent, et aussi de la cavallerie de Prouvence, de laquelle je suis asseuré d'estre secouru par Monsieur d'Espernon, s'il est arrivé, ou, à son deffaut, de Messieurs de la Cour de parlement. Moïennant cella, Sire, j'espère, avec l'aide de Dieu, que vous en recepvrés quelque notable service, et me semble que si ces forces que conduit Monsieur de Nemours estoint deffettes ou dissipées, que l'utilité en reviendroit très grande à tout vostre royaume, car il n'i a rien en Bourgongne, Auvergne, Vienois, Forès et Beaujolois, que le tout ne soit icy. Il y a aussi les forces du Roy d'Espagne qui sont en Sçavoye, lesquelles consistent en deux mille Napollitains, quatre cens chevaus Espagnols ou Italliens et mille homes de pied conduits par le marquis de Treffort, tant de Sçavoye, Bresse que Franche Comté, fezant en gros toute l'armée du duc de Nemours quatre mille cinq cents homes de pied et mille chevaus et cinq pièces de canon, estans maintenant au devant des Eschelles, place de Sçavoye, laquelle n'est guieres bonne mais toutesfois munie de bons homes et d'ung bon chef, et panse qu'ilz panseront deus fois avant que de l'attaquer à bon esciant. Je ferai tout mon possible pour la conserver tant que je pourrai. Vostre Magesté aura sçeu ce qu'elle doibt espérer des afferes d'Itallie et, à la vérité, j'ay toujours cuidé que ces gens

---

[1] Pendant que Lesdiguières faisait la campagne de Provence, le duc de Nemours se jeta sur le Viennois, s'empara de Vienne, Saint-Marcellin, et saccagea tout le pays sans que d'Ornano, trop faible, pût l'en empêcher. Voir, sur les ravages de Nemours en Dauphiné, une lettre non signée, émanant d'un lyonnais (B. N. MS. F. 3629, p. 68), une lettre d'Ornano (B. N. MS. Dupuy, vol. 61. p. 287) et le récit de la prise de Vienne sur Maugiron (B. N. MS. F. 3982, p. 11).

seroient bien èzes d'embarquer voz forces, pour depuis les lesser consumer. Cella a esté cause que j'ai esté plus retenu à exécuter voz commandemens, car en aïant le sentiment pour estre proche d'eus, cella m'a fait marcher plus retenu; non pas que, soubz leurs belles promesses, je n'aye fait de préparations et grandes despances lesquelles n'ont pas servi pour cest effet, mais elles ont esté utiles allieurs, pour le bien de vostre service. C'est à vostre Magesté à me commander comme j'orei à me conduire sur cest affère, car pour toute ceste guerre étrangère, je puis fere estat de trois ou quatre cens chevaus et mille homes de pied que ceste province m'a entretenu par vostre commandement et assés mal. Avec cella, j'ay fait la guerre à la frontière, donné occasion au Roy d'Espagne d'entrer en despance de neuf mille paies de gens à pied et de huit cents chevaus pour guarnir la Sçavoye, décharger la ville de Genève de l'opression en laquelle elle estoit, aïant l'année passée reculé sa prize, et resté ycy fort paiziblement et, oultre ce, ils ont eu moyen de soy décharger de la grande guarnizon qu'ils avoint, mais aussi en les déchargeant nous sentons en cette province une charge si pezante qu'elle en sera enfin ruinée, si vostre Magesté n'y pourvoit, avec d'aultres particullarités que vostre Magesté entendra d'allieurs, lesquelles ne se peuvent escripre. Pour la frontière de Piedmont le Duc est contraint de faire de si grandes et exécives despances tant en guarnizons, lèvemant de la milliffe, fortiffications, qu'il ne sait où donner de la teste et, à la vérité, Sire, vous luy feries bien plésir de comander à voz serviteurs de le lesser en repos. Par ce discours vostre Majesté cognaitra que ces petites forces ne sont esté jusques icy inutiles; nous continuerons toujours attandant les commandemants et bon plesir de vostre Magesté, la supliant d'estre asseurée que lorsque nous pourrons estre assistés pour fère d'avantage, que les moyens et comodités y sont très belles. Pour le moins, attandant que vostre Magesté aie prins resollution sur cest affere, nous guarderons les portes et entrées fort soigneusement, tacheronts à exécuter quelques desseins, lesquels s'il plet à Dieu de benir, vostre Magesté y aura plesir. C'est donc à elle de m'honnorer de ses commandemants et je serai toujours très-pret à luy randre le service et obeissance qu'elle peut espérer

De son tres humble, tres obéissant trés fidelle suget et serviteur.

LESDIGUIÈRES.

Sire, le sieur de Serves estoit chargé de ce depêche, mais il a esté fait prisonnier comme il estoit sur son partemant, qui est cause que i'ai azardé ce laquais, attandant au plustost de faire plus ample depêche à vostre Magesté, laquelle sera advertie que le duc de Nemours a battu les Eschelles de sept pièces, donné ung assault auquel il a esté bien battu, mais après, à cause de la [famine] les assiégés ont compozé et sont sortis, la vie sauve [1]. Nous attandons maintenant de voir les progrès qu'il voudra fère et en advertir vostre Majesté; cependant nous nous préparons et espérons, avec l'aide de Dieù, dans le vintiesme d'estre prests pour le combattre. De Grenoble, le 12 aoust 1592.

CXLIII.   1592 — 10 Septembre.
          1594 — 21 Juillet.

Orig. — Arch. de M. le comte Eugène de Budé de Verace, à Genève.

[ORDRE AUX CONSULS DE CHARALONNE DE REMETTRE AU SIEUR DE VERACE LES FRUITS DES BIENS AYANT APPARTENU A FEU MONSIEUR DU SAUZE.]

Est enjoinct bien expressement aux consuls de Charalonne de retyrer les fruicts des biens qui appartenoyent au feu sieur du Sauze, pour en après les deslivrer entre les mains du sieur de Verace, à quy nous en avons fait don pour les services qu'il fait au Roy, tant pour cette année que pour l'advenir, à la forme de la precedente; sur peyne ausdicts consuls, à faute d'y satisfaire, d'en respondre en leur propre et privet nom et d'y estre contraincts.

Donné à Grenoble, X^e septembre 1592.

LESDIGUIÈRES.

---

[1] Bellier, surpris par l'invasion, s'était jeté dans le fort des Échelles et l'avait fortifié à la hâte: rudement attaqué par le duc, après une défense énergique il fut contraint de capituler et n'obtint la vie sauve qu'en payant une forte rançon. Il stipula, toutefois, que si Lesdiguières n'approuvait pas ce traité, il viendrait se remettre entre les mains du duc de Nemours.

Nous avons confirmé & confirmons le don susmentionné soubs les mesmes clauses y contenues.

Faict à Puymore ce 21me juillet 1594.

LESDIGUIÈRES.
Par Monseigneur,
GIRAUD.

CXLIV.   1592 — 15 SEPTEMBRE.

Orig. — A M. Gaillaud, curé de Gap.

[REQUÊTE DU SIEUR D'ALLONS, GOUVERNEUR DE SERRES.]

A Monseigneur, Monseigneur des Diguières, conseiller du Roy en son conseil d'estat, cappitaine de cent hommes d'armes de ses ordonnances, général pour le Roy aux armées de Savoye et Piedmont. Le seigneur d'Allons, gouverneur de Serres, vous remonstre très humblement que les communautés de Saint Furmin et Saint Jame de Vaugodemar lui doivent plusieurs sommes, dont il ne peut retirer ne principal ni intérêts. Vous plaira, Monseigneur, mander au cappitaine Gratian, commandant au chasteau de Lesdiguières, lui faire main forte pour les contraindre au payement [1].

Est enjoinct aux communauthés debitricces de payer les apports au suppliant suivant les reiglements généraulx de la province, à faute de ce y seront contraints par toutes voies et actions accoustumées. Mandons au cappitaine Gratian d'y faire main forte.

Faict à Puymore ce XVe septembre mil Vc IIIIxx XII.

LESDIGUIÈRES.

CXLV.   1592 — 18 SEPTEMBRE.

Orig. parch. — A M. Chaper, à Grenoble.

[QUITTANCE A MONSIEUR DU TREMBLEY, TRÉSORIER DE L'EXTRAORDINAIRE DES GUERRES EN DAUPHINÉ.

Nous, François de Bonne, seigneur des Diguières, conseiller du Roy en son conseil privé, cappitaine de cent hommes d'armes de ses

---

[1] Cette requête est seulement analysée.

ordonnances, et commandant generallement pour le service de sa Majesté, en son armée de Piedmont et Savoye, confessons avoir receu comtant de Monsieur le Trésorier général de l'extraordinaire des guerres, Messire Jehan du Trembley, conseiller du Roy, par les mains de Monsieur Claude Dubenoict, trésorier provincial en Dauphiné, la somme de troys mil escus pour nostre estat et plat des moys de juillet, aoust et septembre année présante, mil cinq centz quatre vingtz douze; à raison de mil escuz par moys, durant lesquelz j'ay faict service au Roy en ladicte charge; de laquelle somme de troys mil escus, comme bien payé, nous nous tenons comtant et en quittons lesdictz sieurs Du Tremblay et Dubenoict, trésoriers général et provincial et tous aultres. En tesmoing de quoy nous avons signé la presante.

A Gap le dix huictième septembre mil cinq centz quatre vingtz douze.

Quittance pour trois mille escus :

LESDIGUIÈRES.

CXLVI.   1592 — 7 OCTOBRE.

Orig. — B. N. MS. F. 3320, p. 7.

DECLARATION FAICTE PAR MONSIEUR DES DIGUIÈRES SUR LA GUERRE DU PIEDMONT COMMENCÉE LE 25 DE SEPTEMBRE 1592.

L'usurpation faicte du marquisat de Saluces par le duc de Savoye a esté si peu agréable à toutes les nations voisines que les unes (ne pouvant mieux) ont désiré de lui voir perdre aussytost sa conqueste faicte au prix d'argent, et les aultres (n'eust esté que la France se truvait pour lors la proye des partisans affamés de son butin) eussent ouvertement assisté les moyens necessaires à un estat sy affligé pour luy faire perdre avec beaucoup de perte ce qu'il avait achepté à sy bon compte.

Tous les bons voisins de la France ont porté tant plus de douleurs de la prise dudict marquisat, qu'elle se trouve faicte par le duc de Savoye, auquel la consideration de l'alliance qu'il avoit avec la France et le doux traictement qu'il recepvoit comme amy & bon voisin permettoyent pas qu'il entreprinct sur les terres d'un sy grand Roy, la douceur duquel luy avoit esté tant utile et la debonnaireté tant necessaire, comme chascun sçait, pour aggrandir les siennes propres.

Et toutefois le feu Roy, quoyque justement indigné de son voisin, en son vivant, ne lui voulust pourchasser aucune vengence, se promettant de la voir assez grande sy une fois il venoit à bout de ses aultres ennemis, ce qu'il eust faict sy la main du relligieux Jacopin n'eust ouvert[1] ses entrailles et mis fin[2] par sa mort à la juste vengence qu'il recerchoit sur ceux quy partageoyent l'heritage du vivant.

La succession d'iceluy venue au roy de Navarre par les loix fondamentales du royaume, par le commun consentement et universel applaudissement de tous les princes du sang, de tous les grands seigneurs de la France et indifferement de tout le peuple, se truvant encores preoccupé de la passion de plusieurs partisans (fomentes par les richesses de ce vieux estranger tousiours affamé d'ambition[3]) n'a sceu permettre au Roy de donner plustot subiect au duc de Savoye de recognoistre combien indignement il offençoit la memoire des feus Roys, quy le pouvoyent deshabiter entierement de son propre heritage s'ils eussent heu autant d'ambition que de pouvoir de l'executer.

Mais ce que la passion des hommes a refusé au dernier deffunct, le ciel le donnera au Roy son successeur, auquel ensemble ses predecesseurs ont laissé comme par une celeste influence et une portion hereditaire de ce qui luy appartient toute la proüesse & la generosité qu'ils avoyent lorsqu'ils estoyent la terreur de l'Italie, et duquel la gloire (pour meilleur temoignage) ne consiste qu'à triompher des batailles rangées et à posseder le reste de son royaume par la justice de son espée.

Or, attandant que les Alpes et ceste belle campagne soyent les tesmoins fidelles de ses austres victoires, le Roy, à l'instance de son conseil, voyant que le Duc ne se contantoit du marquisat, a commandé au sieur des Diguières de prandre en main ceste guerre et à cœur de luy nuyre autant qu'il le doibt à un ennemy & non plus allié de la France.

Le pouvoir luy en fust decerné le..........[4] et seulement veriffié

---

[1] Tant malheureusement : effacé après coup.
[2] Avec sa perte : effacé.
[3] Philippe II, roi d'Espagne.
[4] Cette date et la suivante manquent dans l'original.

par les chambres assemblées en plein Parlement le...............

Le seigneur des Diguières scachant bien les forces du duc de Savoye, ensemble les assistances estrangeres qu'il sait avoir très grandes et d'autre part le peu de moyens que le Roy luy pouvoit fournir, desiroit que ceste authorité fust donnée à un aultre, mais preferant la volonté de son prince à toute consideration, ayant veu combien il y a de justice en ceste guerre et d'ailleurs que les victoires et conquestes continuelles que sa Maiesté & ses generaulx d'armée font en France n'ammandoyent en rien la mauvaise volonté du duc de Savoye, comme la Prouvence en peut randre assez de tesmoignage, le vingtiesme de septembre, mondict seigneur s'est venu jetter dans les estats de ce pays de Piedmont avec l'armée que le Roy lui a ordonné et laquelle les troupes de ses amys font grossir tous les jours, et ayant failli à surprendre quelques places, il n'a manqué d'entreprendre aux aultres, par siege, ce qu'il a faict et avec tant d'heur que sans grande peyne et comme poinct de perte il a reduict sous l'obeissance du Roy les vallées de la Perouse, de Saint-Martin, de Lucerne avec les tours, forts et chasteaux qui y sont, à l'aide aussi de quelques canons qu'il a faict passer deça les Alpes.

Le traitement que ces vallées reçoivent est sy doux et accompagné de tant de modestie qu'elles peuvent servir d'argument à tous leurs voisins de retourner au service de leur Roy, que c'est la domination la plus douce & la plus agréable [1] d'entre celles des chretiens.

Le succes de Vignon [2] a donné tant des desplaisirs audit sieur des Diguières qu'il eust volontiers désiré que l'advis qu'on luy donna que les ennemis y estoyent logés se fust truvé faux, pour n'y voir la desolation que les habitants mesmes voulurent voir. Les scindics dudict lieu sont tesmoins que sur leur parolle le sieur des Diguières faisoit retirer son advant garde de dessus le pont tout joignant leur premiere barricade, quand les ennemys qui estoyent logés derriere luy firent un salve d'arquebusade et ou eux mesmes coururent hazard de leur vie. Ils virent que leurs habitants mesmes par eux mesmes

---

[1] De toutes les autres : effacé.

[2] Lesdiguières avait fait investir le Vigon par sa cavalerie et allait attaquer 1,500 Piémontais qui s'y trouvaient; mais, sur la prière des consuls qui craignaient de voir leur ville livrée aux flammes, il se retirait, quand lui-même fut assailli. Aussitôt il fit forcer les barricades, tua à l'ennemi 700 hommes et lui prit 7 drapeaux.

donnarent commencement au malheur duquel ledit sieur desiroit de les preserver, comme son inclination est d'aymer la conservation de ceux quy la desirent et au contraire de faire sentir la rigueur de ses armes à ceux quy en veulent avoir le plaisir.

L'exemple des habitants de Vignon, quy ont voulu donner audict seigneur des Diguières pour son entrée en ce pays le trophée de sept drapeaux, pourra servir de beaucoup aux aultres et leur apprandre de postposer [1] leur oppiniastreté à la douceur de la guerre.

Declaire ledict seigneur des Diguières que la guerre qu'il a entreprise dans les estats du duc de Savoye est accompagnée de tant de justice qu'il ne la pouvoit plus longuement differer sans faire tort à la vollonté de son maistre et offenser l'honneur qui l'attand en attaquant à main ouverte un prince sy genereux que le duc de Savoye.

Qu'il n'entend touteffois que l'exercice de la relligion romaine cesse es lieux qu'il prendra, non pas mesmes qu'il soit aucunement interrompu ayant prins comme il prend à ces fins en la protection & sauvegarde du Roy & la sienne tous les prestres et relligieux exerceans et vacquants à leurs fonctions comme aussy les eglises et ce qui appartient au service d'icelles ayant sur ce faict & reiteré les deffances necessaires par toute son armée.

Qu'il entend que le commerce et libre traficque soit continué avec la mesme assurance et franchise qu'elle estoyt auparavant son entrée en Piedmont; bon nombre de marchands d'Avignon, truvés dans Vignon lorsqu'il fust forcé, peuvent tesmongner de son intention.

Que le labourage & culture de la terre soit avec la mesme asseurance qu'elle est en plaine paix, ayant donné commandement à tous les cappitaines de son armée de tenir l'œil sur leurs soldats à ce qu'ils ne leur donnent aucun empeschement, les ayant prins eux mesmes pour responsables des plainctes qui luy seront faictes.

Que tous les habitants indifferement, qui ne porteront pas les armes contre le service du Roy, pourront vacquer à leurs affaires avec toute liberté, declarant au surplus que ceux quy voudront experimenter la rigueur de ses armes qu'ils seront traités comme ennemis obstinés et au contraire les aultres se ressentiront tousiours de beaucoup de faveur et participeront à la douceur qu'on scait assez estre familiere

---

[1] Subordonner, ne point préférer.

à sa bonté naturelle de laquelle il a randu tant de pruve aux deffaictes de Selasse, de Poncharra et de Vignon ayant donné la vie à tous ceux qu'il a peu garantir de la premiere fureur de ses gens de guerre.

Fait et publié à Briqueras le septiesme octobre l'an mil cinq cents quatre vingt et douze.

CXLVII. 1592 — 13 Octobre [1].

Cop. — B. N. MS. Dupuy. Vol. 369, p. 267.

[A MONSIEUR DE MAISSE, AMBASSADEUR DE SA MAJESTÉ PRÈS DE LA RÉPUBLIQUE DE VENISE.]

Monsieur, depuis que je suis entré en ce pays je vous ay escrit et donné advis par la voye de Genesve de ce qui s'y est fait pour le service du Roy, si cette cy vous arrive auparavant, vous serez adverty que nous avons asseuré deux passages du Piémont aux François par la prise de la ville et chasteaux de la Perouze, Mirebouc et la tour de Luzerne. Ces exploictz furent faictz depuis le XXVIe du passé jusques au premier du présent, et le IIIe j'arrivay en ce logis qui est avant une lieue au dessoubz de Pignerol en la plaine, résolu de le fortiffier et en faire une bonne place; le IIIIe, au lieu de Vigon ou nous taillâmes en pieces de XII à XIII cents soldats du Duc qui s'y estoient assemblez pour commencer son gros. Cette deffaite, remarquée du gain de neuf [2] drapeaux, a donné assez grand effroy à l'ennemy. Je faiz travailler sans cesse à la fortification, et cependant VI canons que j'avois de longue main fait conduire à Esilles marchent droit icy. Je suis en la meilleure volonté du monde de servir le Roy et ses amis, mais les moyens me manquent. Je faiz fondement sur vos promesses si souvent réitérées, que si j'estois en Piémont pour y tenir pied ferme je serois secouru et assisté, je me suis embarqué soubz cette asseurance et n'attendz assistance que de ce costé là, car d'avoir des moyens du Roy il n'en fault espérer aucuns. Je vous supplie donc, Monsieur, de commancer à bon escient à disposer les amis de m'ayder à ce besoin, affin d'aug-

---

[1] Cette lettre n'est ni datée, ni signée, mais porte en tête la mention suivante : « Copie de la lettre du sieur des Diguières au sieur de Maisse, du XIIIe octobre 1592. » Les faits qui y sont relatés conviennent très bien à cette date et la fortification de Briqueras dont il y est question fut commencée le 10 octobre.

[2] Dans la pièce précédente Lesdiguières parle seulement de sept drapeaux.

menter plustost noz conquestes que de faire une honteuse retraite. Sachez, s'il vous plaist, de quelle somme je puis estre promptement secouru et en quel lieu on la peut rendre, pour l'employer à la fortiffication et autres fraiz les plus pressez, et quel entretenement mon armée pourra avoir doresnavant par chacun mois; me donnez resolution sur le tout au plustost. Je suis extrêmement recherché de la part du Duc de traicter avec luy, mais c'est chose à quoy je ne veulx point venir, si je ne me voy à l'extrèmité et destitué de toute espérance. J'attends de voz nouvelles. De Bricairas, etc.

[LESDIGUIÈRES.]

CXLVIII.   1592 — 24 OCTOBRE.
Cop. — B. N. MS. Dupuy. Vol. 245, p. 44.

[EXTRAIT DE LA RÉPONSE DE MONSIEUR DE MAISSES A MONSIEUR DES DIGUIÈRES.]

Vous aves bien faict de m'escrire par vostre lettre que vous estes extremement recherché de la part du duc de Savoye de traicter avec luy, car cela pourra induire les autres [1] à vous assister, ausquels je le ferai voir; mais je ne veux pas croire que vous ayes telle intention, vous estes trop bon français & aves acquis trop d'honneur jusques icy pour le perdre de cette sorte. Toute l'Italie a les yeux sur vous, & si après avoir si bien commencé vous faisies cette faute, car je l'appelle ainsi, vous series le plus perdu homme de reputation qui fut jamais, aussi ne le crois-ie pas. Gardes vous des traictés que ce Duc fait faire avec vous que ce ne soit pour vous faire tuer, car il y a 15 jours que les Espagnols disent icy que vous le devez estre & ne vous fies pas au sieur de la Mante ni aux siens qu'à bon point. Pour le moins prenes garde à vostre estime & me faictes scavoir souvent de vos nouvelles. Le roi d'Espagne est sans argent & la prinse des navires des Indes de Portugal, que les Anglais ont faicte, importe de 3 millions d'or; le pape est avaricieux & ne veult rien donner, & tout le monde lui demande; la guerre de Strasbourg continue; enfin vous n'eustes jamais plus belle occasion, car vostre ennemy est sans argent, haï de ses suiez, de Dieu & du monde. J'estois sur le point de partir d'icy pour aller trouver sa Majesté, vostre escript m'a arresté affin de voir en quoi je vous pourrai servir....., etc.

[MAISSES.]

---

[1] Ceux dont il s'agit étaient la république de Venise et les petits princes d'Italie, qui, supportant impatiemment la tyrannie de l'Espagne, avancèrent à plusieurs reprises au roi de France de fortes sommes pour l'aider à faire la guerre à l'Espagne et à la Savoie. C'est ce qui resulte d'une volumineuse correspondance de de Maisse, qui était le principal agent du roi en Italie (B. N. MS. Dupuy, vol. 245).

CXLIX.   1593 — 8 Avril.

Orig. — B. N. MS. F. 3646, p. 42.
Imprimé : *Album du Dauphiné*, par M. Champollion-Figeac. Paris, 1846-1847. p. 4.

A MONSEIGNEUR, MONSEIGNEUR LE DUC DE NEVERS.

Monseigneur, les affaires que je me trouve sur les bras requierent que j'implore tous les jours la faveur et bonne assistance de ceux dont je la puis esperer et vostre grace m'ayant asseuré de vostre amitié que vous ne voudries abandonner ne moy ne mes peynes, me convie de nouveau de vous y appeller en ayde. J'ay despêché Aymond qui vous en fera le discours par lequel, Monseigneur, vous recognoistres si je n'ay pas de l'occupation, s'il n'est pas necessaire d'y prevoir et pourvoir. Il y va de l'honneur de France et je diray encore de son propre salut et pour mon regard j'y apporteray constance, fidelité, moyens et vie. Mais je vous supplie très humblement de considerer que je defailliray soubs ce fardeau si je ne suis soustenu. Cela vous conviera de me favoriser comme je l'espere ; pour le moins, si vostre faveur ne peut mieux, vous me feres cest honneur que d'estre temoin de mes remonstrances affin que cela serve pour ma descharge si je succombe. Vous feres cela, s'il vous plaist, pour celuy qui n'a point de desir plus affectionné que le desir qu'il a de paroistre, Monseigneur,

Vostre très humble et très obeissant serviteur.

                                                                                                     LESDIGUIÈRES.

A Grenoble ce VIIIe apvril 1593.

CL.   1593 — 14 Avril.

Cop. — A M. Roman, à Gap.

[COMMISSION AU SIEUR DU PERIER POUR TRANSPORTER DU BLÉ DU BAILLIAGE DE GAP A L'ARMÉE DE PIÉMONT.]

François [de Bonne], seigneur des Diguières, comm[andant generallement] pour le service du R[oi en Daulphiné, à] maistre Duperier, salut : [estant certain qu'il] y a plusieurs communaultés de ce balliage qui n'ont peu satisfère à leur ratte part de l'esgalisation faicte pour le port des grains destinés pour la noriture de l'armée du Roy quy est au Piémont soubs nostre charge & que la necessité quy est en ycelle à faulte de vivres nous contrainct de faire uzer de diligence; à ceste cause, estant à plein informé de la prudomie, bonne diligence de laquelle vous aves uzé en autres afferes consernent le service du Roy ou nous vous aurions cy devant employé, vous avons commis & depputtés, commettons & depputons par ses presentes pour fère promptement & diligement fere la voiture des grains quy sont encores en ce balliage destinés pour le faict que dessus; vous donnans povoir de prandre & saisir tous les mulets et autres betes de voiture quy vous seront neccesseres pour l'exécution de la presente commission par toutes les villes et bourgs dudit balliage & particulierement aux villes et bourgs de Gap, Tallard, Orpierre, Serres..... Aspres; les fraicts [pour les despences] de voiture et cond[ucteurs en] seront faicts par ledit [sieur Perier sur] les estappes dessées ausdicts [baill]ages de Gappençois, d'Ambrunois & Briançonnois en pinatelles[1], coin du Roi, à raison de deux souls six deniers chascune lieue, vingt quatre faisans l'escu & la moindre du poix dudict escu, lesquelles luy seront fornies par le sieur Françoys de la Morte, commis au port desdicts grains, sur le tant moings du fond que nous luy avons faict fere pour le paiement de la voiture desdicts grains, par la quictance qui l'en rendra comptable envers ledict de la Mortes & autres qu'il appartiendra, à la charge que ledict Perier tiendra regies et contrerolle desdicts fraicts jour par jour, pour estre yceulx remboursés par lesdictes communaultés restantes, ayant rebatu les deux escus pour charge à elles accordes par Messieurs du pais. Mandant & commandant très expressement aux consuls des lieulx ou lesdictes estappes sont dressées, commissaires d'icelles & autres qu'il appartiendra, de ne fere aulcung reffus de fournir les vivres necesseres ausdicts voituriers suivant [la teneur] du reglement que nous [avons dernierem]ent faict & dont [nous leur avons] faict expedier la coppie [vidimée] pour s'en servir en tant que [bes]oing, en paiant par ledict

---

[1] Le nom de ces monnaies leur vient de Jacques Pignatel, maître de la monnaie de Crémieu du 18 février 1534 au 28 janvier 1537. Leur véritable nom est double sol parisis, et leur valeur dix liards.

Perier lesdicts vivres en pinateles susdictes, lesquelles nous ferons changer en bonne monoie & pour la mesme somme qu'il nous aparoitra par leur sertiffications quy leur en seront expediés par ledict Perier : mandant & commandant très expressement à tous gouverneurs des villes desdicts bailliages quy recognoissent nostre authoritté, de luy prester toute ayde & main forte pour l'éxécution de ladicte comission sy besoing est; luy ordonnant pour ses vaccations la somme de.........[1] quy luy seront pas mesme moien fournies par ledict sieur de la Morte sur sa quitance, rapportant laquelle ladicte somme de.........[1] luy sera rebatue en la despaye [2] de son compte.

Faict à Piemaure ce XIIII jour du mois d'apvril mil V^c quatre vingts et treize.

LESDIGUIÈRES.

CLI. 1593 — 29 AVRIL.

Orig. — Arch. munic. de Tallard.
Imprimé : *Les Guerres de religion et la Société protestante*, par M. Charronet. Gap, 1861, p. 217.

[A MESSIEURS LES CONSULS DE TALLARD.]

Consuls de Tallard, ne faillez de loger pour un soir Monsieur de Blacons avec sa compaignie et lui faictes bon traictement sur peyne de la vie, d'autant qu'il importe le service du Roy. A quoy m'asseurant que satisferez si serai à jamais vostre bon amy.

D'Embrun le 29 avril 1593.

LESDIGUIÈRES.

CLII. 1593 — 23 JUILLET.

Orig. — B. N. MS. F. 3449, p. 45.
Imprimé : *Album historique du Dauphiné*, par M. Champollion-Figeac. Paris, 1846-1847, p. 4.

A MADAME, MADAME DE BOUSCHAGE.

Madame, je vous envoye le passeport que désirez; je vouldroys en meilleure occasion vous pouvoyr tesmoigner l'affection que je porte à vostre service. Honnorez moy de voz commandemens, Madame, et

---

[1] En blanc dans l'original.   [2] Sur l'actif.

croyez que je m'efforceray de les effectuer avec la mesme dévotion que j'ay résolu d'estre, Madame,

Vostre plus humble et très affectionné serviteur.

LESDIGUIÈRES.

A Grenoble le XXIIIe juillet 1593.

CLIII.   1593 — 16 AOUT.

Orig. — B. N. MS. Dupuy. Vol. 62, p. 21.

AU ROY.

Sire, j'ay adverti vostre Majesté par le sieur de Sainct Jullien de l'estat de nos affaires en Piedmont et de la mauvaise opinion que j'avois de leur stabilité, pour la faiblesse de nos moyens. Maintenant il faut que je die les evénementz trop véritables de ce que j'en ay prédict; que le duc de Sçavoye m'ayant cogneu debile a eu subject de prendre cœur [1], et s'estant résolu de tenter vos forteresses en ce païs là l'une après l'autre, a premierement attaqué Mirandol, l'a battu vivement, et après avoir donné deux assauts généraux qui furent soustenus, l'à emporté de force au troysieme et a tué toute la garnison, jusques à un goujat agé de douze ans, qui est resté tout seul. De là est allé à Lucerne, a prins d'abord la forteresse qui pour sa mauvaise qualité, eu esgard à la grande puissance de l'ennemy, ne pouvoit tenir pour aucune raison. Mais encores que l'une ne l'autre de ces places ne feussent fortes pour résister à un roide siége, si est ce que la perte n'en est pas petite à cause de leur situation, qui est sur les passages du Dauphiné en Piedmont, que le Duc entreprendra de nous boucher par ce moyen, estans, outre cela infinimment commodes pour celuy qui tient la campagne. Esmeu donques de ce progrès et esperant le Duc de tirer un bonheur après l'autre, il s'est tourné contre Cavours dont la ville n'avait esté fortifiée, n'en ayant eu tant de moyens que de loysir

---

[1] Le duc de Savoie amusa d'abord Lesdiguières par des simulacres de négociations, et, profitant de ce qu'il partait pour aller conférer à Beaucaire avec le duc d'Épernon et Ornano, il s'empara de la plupart des places fortes que Lesdiguières avait conquises les années précédentes. Il faut ajouter à celles dont parle Lesdiguières dans sa lettre, celle d'Exilles. Cependant un combat heureux contre le général Roderic de Tolède rétablit ses affaires et engagea le duc de Savoie à conclure une trève.

et de bon assielte, de sorte que dans un jour ou deux elle a esté abandonnée par les nostres qui se sont tous retirés au chasteau, là où de présent l'ennemi les tient assiegés. A la vérité, Sire, ce chasteau est une des fortes places de la chrestienté; je le tiens imprenable, d'ailleurs, j'ay proveu à le munir de toutes choses nécessaires, il n'y manque ne soldatz, ne vivres, ne pouldres, ne canons, mais je crains le défaut d'une seule chose, c'est de l'eau, qui est une grace de nature et non pas de ma prévoyance. Il n'y a qu'un puis qui, pour l'ardeur de ceste saison sera tari, il y a deux cisternes qui ne peuvent durer, par ce que les couverts du bastiment par où l'on acueillait l'eau jusques dans lesdictes cisternes quand il pleuvoit, ont esté abatus à coup de canon; ainsi l'on ne peut espérer que mauvaise issue de ce siège et si cela vient, Sire, de toutes nos bonnes fortunes de Piedmont, Briqueras restera seul, encore non pas longtemps, car l'inclémence de cet air là qui est du tout ennemi à la santé des François, y rend une infinité de malades et nostre nécessité, qui n'est pas le moindre fleau, afflige extrémement et les sains et les malades. Ce sont de pernicieux accidents en ceste garnison d'où les soldatz s'escoulent [1] et se perdent, pour n'exposer leur vie à l'injure de l'air, à la rigueur de la faim et à la puissance d'un grand prince. Depuis le mois de juin ilz n'ont receu aucune paye et desja ceste miserable place seroit honteusement habandonnée sans la valeur des chefs et l'affection qu'ilz ont à vostre service, qui seroit enfin un pauvre argument pour espérer, veu que le soustien de ce siège ne peut consister qu'en multitude d'hommes. Voilà du malheur, Sire, que je suis contrainct de vous représenter, il est fascheux de l'ouïr dire, mais c'est un désespoir de le voir. Je vois tout périr devant mes yeux, une piece après l'autre; Dieu sçait si j'ay la volonté d'y courir et le pouvoir me manque. Or, pour venir à compte des moyens qu'on peut estimer que j'ay en main, je respondray à la lettre qu'il a pleu à vostre Majesté m'envoyer le XVII juillet. Elle fait estat des recharges qu'on m'a expedié pour les six vingtz mil escus en Provence et autant en Languedoc, à quoy j'ay desja souventes fois remonstré que ce ne me sont que des papiers vuides, que, s'il y avoit apparence d'utilité, il en faudroit moyenner l'exécution avec le poids et autorité de vostre nom par un personnage expressement

[1] Désertent.

envoyé pour cela et non par ma poursuite qui sera toujours suspecte, odieuse et contemptible [1]; donc pour la raison de cest article, je renvoye les patentes qui concernent la Provence. J'ay remis celles qui concernent le Languedoc entre les mains de Monsieur le président de Calignon, pour essayer si en passant par ce païs là au voyage qu'il va faire de vers vostre Majesté, il en pourra négotier quelque chose, mais je n'en espère du tout rien, car veu les instances qui en ont desja esté faictes, ce seroit un miracle si on en voyoit de l'effect; si donc il ne s'y peut rien, il les vous rapportera de mesme main, affin qu'on n'estime que j'aye des provisions, n'ayant que des parchemins. Le second article est de la traitte du sel, duquel, à la à la verité, j'ay trouvé parti de cinquante mil escus pour quatre cents muids; mais l'exécution ne m'en est pas liquide, car Chasteau Renard et Loubaron, deux places de la Ligue, sont au passage du Rosne, où se doit faire le tirage, qui peut estre me l'arresteront; outre ce, que Messieurs les généraux [2] du Languedoc ont voulu partir [3] l'interest de ceste guerre avec celui de Monseigneur le cardinal de Bourbon, ayant ordonné qu'il s'en tireroit pour luy deux cents muids et les autres deux cents pour ladicte guerre seulement, chose que vostre Majesté trouvera de grand préjudice, et mondit seigneur le Cardinal mesme ne sçauroit approuver de se voir preférer au bien public de la patrie, attendu notamment que le moindre proffit de ceste negotiation est le sien, estant le meilleur et le plus grand à la disposition, ou plus tost dissipation, de ses serviteurs qui s'en jouent en mauvais mesnage; à quoy je supplie vostre Majesté de pourvoir affin que pour le moins on ne me trouble au plus liquide des provisions qu'il vous a pleu me donner. Et encores que ces difficultés me soient esclaircies sur ce point, il me faudra d'avantage alleguer diminution dudit parti de cinquante mil escus, à cause de l'impost de Provence que Monsieur d'Espernon n'a point voulu quitter et de celuy qui est levé pour la garnison de la ville d'Orange, qui monteront tousjours en ceste reigle de soubstraction dix ou douze mil escus, pour le remplacement desquels plairra à vostre Majesté accorder encore cent ou deux cents muids de sel par dessus lesdits quatre

---

[1] Méprisable.
[2] Les trésoriers généraux.
[3] Partager.

cents. Quant à la vente dudict domaine, c'est un moyen qui ne peut plus produire; il est epuisé, n'ayant peu fournir plus haut que de quatre vingtz un mil escus, desquels la recepte est si longue et si difficile que je ne m'en suis peu ayder encore, pour la pénurie d'argent où ceste province est réduite et de là se peut juger s'il a de l'apparence de procéder à nouvelle vente, mesme ne restant plus aucunes places du domaine, sinon en Viennois, terroir occupé par l'ennemi et dont vos commissaires ne sçauroyent faire jouir les acquéreurs; que s'il y en a quelques unes non alienées es terres qui vous obéissent, c'est si peu de chose, qu'à peyne peut-il suffire pour acquitter les fiefz, aumosnes, gages d'officiers et autres charges ordinaires et seroit désesperer tout, si l'on y vouloit toucher. Bref, il y a peu de domaine, point d'argent et nuls acquéreurs. Tout l'expédient de rendre utile ce moyen, c'est d'accorder la commission que Sainct Jullien a portée, d'où se pourroit tirer dix ou douze mil escus, mais les patentes de la revente des soixante mil escus me sont inutiles; me sont aussi inutiles celles de 4000 escus de creue, lesquelles pour ceste cause je renvoye, et de cela vostre Majesté sera plus particulierement informée par Messieurs les commissaires de la vente, qui en ont dressé l'estat bien au long. Par ce discours, Sire, la nature de mon compte est bien aisée à comprendre; c'est que j'ay despendu ce que je n'ay pas receu et n'ay esperance de recevoir de longtemps, et quand bien toutes les parties dont j'ay fait mention pourroyent aujourd'huy effectuellement tumber en recepte, il se manqueroit plus de cent soixante mille escus qu'elle ne seroyent esgalles aux despenses passées qui sont provenues, la plus grande part, ou de mes moyens ou de ceux de mes amis que j'ay vuidés entièrement, affin que par faute de ces advances je ne visse perdre l'acquisition qui s'estoit faicte par vos armes. Je n'avois donques, s'il eût eu des deniers sur ce fonds là, de me rembourser des cinquante mille escus que vostre Majesté me doit, puisque mesme je suis venu à desbourser ce qui me restoit de liquide et si bien il m'eut esté expedient pour la nécessité où tant de despenses m'ont réduit, n'est ce que vostre service m'a deu estre plus cher que mes propres commodités. Sur ce propos, Sire, vostre Majesté sçait assès que je suis frustré de la jouissance des fruictz dont par le contract vous m'estes obligé, des places affectées à mon hypothèque; je vous supplie très humblement, m'ottroyer main levée desdictz fruictz qui sont si mal mesnagés aujourd'huy qu'ilz ne vous sçauroyent revenir à deux mille livres par an. On m'a fait entendre qu'on pourroit les mieux faire valoir si cela estoit en ma main et partant, Sire, il vous plairra pour n'ouïr plus parler d'une si vieille debte, y mettre fin pour une fois et m'ordonner la possession desdictes, jusques à ce que vostre commodité porte de me faire délivrer les deniers; ainsi vostre Majesté ostera un mauvais mesnage de sa maison et relèvera de perte un sien fidelle serviteur. Revenant au compte, je n'obmettray en recepte ce dont je me puis prevaloir des négotiations de Monsieur de Maisses. J'ay eu en somme trente mil escus dans les huict mois de ceste année, qui sont à Soleurre pour la levée des Suysses et faict faire estat que des seize mil escus qu'il promet, dont la paye est de deux en deux mois, il y en a mille qui demeurent entre ses mains pour autre usage; en après le port et voiture des deniers de Venise à Soleurre revient en despense pour cinq cents escus, qui ne sera pas moindre de Soleurre ici et faisant addition des frais qu'il convient de faire pour un homme que j'entretiens là expressement; le rabais de ceste partie ne peut estre moins de deux mille escus, ne restant pour deux mois que quatorze mil escus de net. Quant à l'aliénation du temporel des ecclésiastiques, il en est sorti vingt six mil escus dont les quinze mille sont sur la despense de l'année passée et les onze mil restans se trouveront sur celle de ceste année ici, de quoy l'estat au vray que j'envoye de toute la despense fera foy. L'employ des décimes se vérifiera aussi aux années passées en la guerre de Piedmont, sauf quatre mil escus que j'ay baillé pour ayder à l'entretenement des ministres, mais en ce qui est de l'avenir, il ne faut que l'on face cas desdictz décimes, attendu que les plus gros et meilleurs bénéfices sont tenus par les principaux gentilzhommes, desquelz la recepte ne peut estre liquide pour n'estre bien aisé de les y faire joindre et les autres moindres, pour n'avoir peu estre conservés, sont entierement ruinés par les desgatz de la guerre. Vostre dicte lettre, Sire, me veut mettre en compte quelque revenu de a monnoye de Grenoble, mais il ne se trouvera point que jamais un denier provenu de là ait esté employé en la guerre de Piedmont. L'année passée et quelques mois de ceste cy, il s'y fabriquoit des Nelles[1]

---

[1] Gros de Nesle, monnaie ainsi nommée parce qu'elle fut d'abord frappée à Paris, dans la tour de Nesle. Elle valait 3 deniers 3/4. Les gros de Nesle frappés à Grenoble sous Henri IV sont de

qui n'avoyent aucune mise en Piedmont et ce qui s'en est tiré a esté converti aux frais de la fortification de ceste ville; ce qui en provient à présent est peu de chose et demeure en la despense du païs. Elle me marque aussi une commodité de bienséance que je n'ay pas, sçavoir, que je puis tirer des garnisons du Dauphiné quatre cents chevaux et trois cents hommes de pied, et que outre cela je prens sur ledit païs deux escus pour feu : non, Sire, je ne l'ay pas et pour une raison évidente, il n'y a aucune troupe de gens de cheval entretenue aux garnisons où j'ay de la créance, je n'y puis donques pas prendre quatre cents chevaux; et pour les gens de pied, j'ay de telle sorte consenti au retranchement de garnisons qui sont toutes places frontières à l'ennemi, fortifiées de chasteaux et de bastions, qu'elles ne sont pas suffisamment gardées et n'estoit les troupes de la campagne qui vont et viennent souvent de Piedmont en Savoye selon le b[esoin], sans doute elles courroyent fortune. Pour celles de Monsieur le Colonnel, il ne luy a jamais esté escrit de me donner ceste assistance, aussi ne l'ay je pas recherché. S'il plaist à Messieurs de vostre conseil se faire lire mes despêches précédentes, ilz trouveront d'où est venu cest équivoque. J'ay tousjours protesté que pour faire la guerre en Piedmont, il estoit nécessaire d'avoir en solde deux mille

la plus grande rareté. Voici la description du seul exemplaire qui ait été vu jusqu'à aujourd'hui :

HENRICVS . IIII.D.G.FRAN.ET.NAVARRE. REX. Grand H couronné accosté de deux fleurs de lys : au dessous au Dauphin.

℟. ..... MEN . D..... BENEDICTVM . ⚜ 1591 Z. V. Croisette terminée par des fleurs de lys. »

(Manuscrits de Feugère, numismate.)

Avant d'être maître de Grenoble, Lesdiguières faisait frapper monnaie à Livron, ainsi qu'il résulte du document suivant :

« Ce penultiesme jour d'octobre mil cinq cens septante sept, pardevant moy notaire roial soubsigné & tesmoings soubsnomés, noble Hector de Mirebeau, seigneur de Blacons & de Mirebeau, lequel ayant la presance de Raphael Semerie de Nize, l'a sommé & requis de declarer s'il n'a receu dudict sieur une comission du segnieur des Diguières aux fins de fere la monoye au lieu de Lyvron de la quallicté & bonté conthenues en ycelle. A quoy ledict Raphael a respondu avoyr receu dudict sieur de Mirebel ladicte comission et suyvant ycelle faicte ladicte monoie de la bonté & quallicté que dessus & y auroyt versé loyallement comme il a offert en fère preuve là & quant besoing sera. Ce quoy ledict sieur de Blacons a requis à moy, notaire soubsigné, que feust faict audict sieur de Gap devant le logis de Monsieur des Diguières. Presents sire Anthoyne Nevyer, marchant audict Gap & François Alby, de Vallence, tesmoings soubsignés avec les parties, et de moy, notaire roial soubsigné.

« MIRABEL, R. SEMERIA, A. JULLIEN, F. ALBY.
« SOCHON, notaire. »

(Orig. — A M. Roman, à Gap.)

Les monnaies frappées en vertu de l'ordonnance de Lesdiguières rappelée ci-dessus étaient probablement du même poids et module et au même type que celles émises par les ateliers royaux. Seulement elles devaient être d'un plus mauvais métal ; on pourrait les reconnaître à ce signe et à la lettre Z, différent de l'atelier de Grenoble, que les monnayeurs de Livron avaient probablement adoptée pour faciliter l'émission de leurs produits.

Suysses, quatre mille François à pieds et douze cents chevaux, que moyennant la levée des deux escus pour feu sur le Dauphiné se trouveroit sur ledit païs l'entretien de quatre cents chevaux et de mille à douze cents hommes de pied ; je ne sçay si on a entendu que cest entretien là se peut trouver et par dessus iceluy ladicte levée de deux escus pour feu, mais je n'ay point dict autrement, sinon que ceste troupe pourroit estre payée de la somme qui viendroit desdictz escus pour feu. Voilà, Sire, combien le compte par estimation que l'on faict de delà est esloigné de mon compte au vray, quand on croyoit que les garnisons de Dauphiné me pouvoient garnir les places de Piedmont et que j'avois de surplus les deux escus pour feu, pour la campagne. Non, je n'ay eu, ne pour garnisons, fortifications, ne campagne, que ceste partie de deux escus pour feu qui fust prompte, encore malaisement prompte, pour la pauvreté du peuple. Que vostre Majesté me face cest honneur de voir ici ma peyne; un grand prince, une grande armée me vient attaquer, il n'y a pas moins de douze mil hommes de pied et deux mille chevaux, il me faut des hommes pour ma défense et je n'ay point d'argent, il est impossible que sans argent je puis avoir des hommes. C'est tout mon recours de me mettre sur la défensive, or la nature de ceste guerre est de ronger et miner lentement comme une fiebvre ecthique, il ne luy faut pas tous les moyens tout-à-coup comme à l'offensive, mais elle les mange tous successivement et de faict l'evenement le monstre bien, puisque le fonds qui m'avoit esté faict a plustost esté despendu que reçu. Que si par advance, j'en eusse eu tant seulement la moytié comptant, j'ose bien dire à vostre Majesté, que j'aurois faict une offensive autant notable comme ma défense est nécessiteuse. J'ay esprouvé que la guerre ne se faict point par diète, qu'elle ne permet aucun délay et tousjours je seray en ces mesmes peynes tant qu'on me baillera des provisions dont l'execution soit si lente, si longue et si difficile ; or, tout est perdu, Sire, si vous n'y pourvoyes promptement, mais il vous plairra vous ressouvenir pour ma descharge que je l'ay prédict dès le commencement et m'asseure que le sieur de Vicoze à qui je m'en estois expliqué, le vous aura bien representé. J'ay entrepris fort allègrement ceste guerre pour vostre service, non que j'eusse opinion que les moyens deussent venir de moy, ains seulement le courage de l'entreprendre, j'y ay apporté ce qui estoit en moy et vostre Majesté m'a faict cest honneur de declairer qu'elle en avoit eu contentement. Reste donc que ce qui doit venir de vous, sorte de vous, Sire, autrement la perte est inévitable et non seulement le Piedmont se perd, mais le Dauphiné court fortune après, sur lequel sans doute tombera tout l'orage, pour la commodité des forteresses qui en sont ecclipsées. Il ne faudra plus espérer de recouvrer les places de Provence, j'y vois aussi ma ruine et mon honneur enveloppés et nul autre secours ne peut estre que le vostre, car je puis dire avoir esté délaissé de tous, fors que de Monsieur le Colonnel, voire de quelques uns, autres que luy, moqué. Mais s'il vous plaist, Sire, de ne m'abandonner point, je relèveray les affaires de ma charge et leur osteray le subject de prendre playsir en mes nécessités. Tout le remede consiste à m'accorder de point en point ce qui est porté par les mémoires de Sainct Jullien. Je vous supplie tres humblement, Sire, d'embrasser cest affaire et de commander qu'il y soit usé de diligence; je désire que les finances en soyent conduites en meilleur mesnage qu'il sera possible et ne demande pas mieux que l'estat de l'armée soit dressé par vostre conseil, pourveu qu'il y ait des moyens de l'entretenir; ce sera s'il vous plaist sur le nombre de quatre mil hommes de pied françois, deux mille Suysses et douze cents chevaux; quant aux frais du canon, fortifications et autres despenses extraordinaires, je me remettray à ce qu'il vous plairra d'en déterminer. Et en attendant la bonne nouvelle que j'espere de vostre Majesté, je m'occupe au dessein d'aller joindre les Suysses, affin que si je puis faire quelque petit corps d'armée, je puisse vistement courir ou ma nécessité m'appelle. J'y avais eu desja quelque succès, estant assisté de Monsieur le Colonnel; nous estions entrés en Savoye et après avoir pris Sainct Genis et plusieurs autres portz, notamment sur le Rosne, il ne restoit plus que de passer outre pour nostre conjonction qui estoit la plus aisée du monde, mais je fus déceu, par ce que contre mon opinion et l'assignation qu'ilz m'avoyent donnée, la levée ne se treuva pas seulement résolue, qui me faict en perdre espérance, tant pour avoir à faire à des peuples, à des assemblées et à un nombre infini de testes, comme pour les préparatives que faict l'ennemi, qui cognoit l'importance de cest exploit, de m'en empescher. Cependant après avoir conferé avec Monsieur de Dornans, Monsieur le premier Président de ce païs et quelques austres de vos plus affidés serviteurs, j'ay par leur advis envoyé le sieur baron de Jons avec le sieur d'Auriac en Piedmont, où communiquant ensemble avec les sieurs du Poët et de Sainct Auban, ilz feront quelqu'ouverture de traité avec Monsieur de Savoye, qui sera un moyen d'essayer si l'on pourroit retenir par industrie ce qui ne se peut défendre par la force. Je supplie tres humblement, vostre Majesté, au nom de Dieu, de se hater à nous secourir et prie Dieu, Sire, qu'il vous doint l'accomplissement de vostre bonheur. De Grenoble ce XVI aoust 1593.

Vostre tres-humble, tres obeissant et tres fidelle subject et serviteur,

LESDIGUIÈRES.

CLIV.   1593 — 31 AOUT.

Cop. — B. N. MS. Dupuy. Vol. 62, p. 25.

TRAITTÉ FAIT ENTRE SON ALTESSE ET MONSIEUR DES DIGUIÈRES AU NOM DU ROY, ET COMME SON LIEUTENANT GÉNÉRAL EN L'ARMÉE DEÇA LES MONTZ [1].

Qu'en suitte de la trève généralle de France, faite le dernier de juillet prochain passé et publyée à Paris et Sainct Denis, le premier du présent moys d'aoust, seront gardés et entretenus tous les articles de ladicte trève selon leur forme et teneur, sauf et excepté les articles sixiesme, huictiesme, neufiesme, dixiesme, dix-huitiesme, dix-neufviesme, vingt-uniesme et vingt deuxiesme, d'autant qu'ils ne concernent nullement Son Altesse.

Et en exécution de ladicte trève et présent traitté, les armées de l'un et l'autre prince se retyreront de là où elles sont, dans trois jours quy finiront le IIIe de septembre prochain, pour estre remises en garnison, sans qu'il leur soit loisible de faire ny continuer aucun siége, ny tenir les champs pendant et durant ladicte trève.

A esté aussy accordé que les impositions faites cy devant et durant le temps de la guerre pourront estre exigées d'une part et d'autre jusques à ce jour d'huy dernyer d'aoust, sans qu'il soit permis d'en faire aucunes pendant ladicte trève.

Et ont promis sadicte Altesse et Monsieur des Diguières, d'observer inviolablement le présent traitté, et en foy de ce sera par eux signé dans demain, premier jour du moys de septembre.

---

[1] Ce furent les sieurs du Poët, Auriac, de Jons et du Villard qui négocièrent et signèrent ce traité de trève au nom de Lesdiguières. Conclu d'abord pour trois mois, il fut prorogé pour jusqu'au 31 mars 1594.

Fait et passé au lyeu de la Val de Maigne, le dernyer jour du moys d'aoust mil V^c quatre vingtz et treize.

EMMANUEL.

ACHIARDI.

Extrait et collationné à son propre original par moy, secretaire de mondict seigneur des Diguières soussigné.

GIRAUD [1].

---

[1] Cette trêve fut suivie de pourparlers pour conclure une paix définitive qui, malheureusement, n'aboutirent pas. La lettre suivante du colonel Purpurat à Lesdiguières (B.N.MS. Dupuy, vol. 62, p. 26) donne sur ces pourparlers des détails intéressants, ce qui nous engage à la reproduire :

« Monsieur, je vous prye de m'excuser, sy promptement comme je dois, n'ay satisfait à tout ce que j'ay promis, et aussy sy le tout n'est comme il fust arresté ; les causes vous les entendrés de Monsieur le baron de Joux. Et je vous prieray que pour sy petite mutation et sy peu de retardement qu'il ne se laisse d'ensuivre une œuvre comme je vois acheminer sy bien. Je me remettray donques sur ce fait à Monsieur le Baron susdit, lequel apporte le papier signé de son Altesse et aussy l'obligation de nous trois qui fumes délégués, aveq une lettre que son Altesse vous escrit. Il ne me reste pour ce fait autre, sinon qu'ainsy comme passeront les affaires à la journée ne faudray de vous en donner advis, affin qu'il n'advienne de ce costé aucune rupture. Et pour ne faillir à ce que je vous promis de vous mander, Monsieur, les poinctz principaux de ce traitté depuis que je vous[le] fis voir signé de son Altesse à Briqueras, je les vous mande aveq ceste occasion, et crois que Monsieur le baron de Joux vous pourra tesmoigner de l'avoir entendu aussy de la bouche de son Altesse, laquelle l'a pryé, sy vous le trouvez bon, de le tesmoigner au Roy, au cas qu'il se trouvast bientost à la cour. C'est à vous, Monsieur, maintenant à faire représenter au Roy cecy et luy mettre de leur faveur, pour parvenir à vostre sy bonne œuvre pour le bien de la France et vostre pays. Et le tout est en substance, comme s'ensuit, ce que son Altesse souhaitte :

« Premièrement, que par vostre moyen il soit traittée et establye, s'il plaist à Dieu, une bonne et asseurée paix entre sa Majesté, le royaume, terres, lieux et tout ce qui est et sera souz son obéissance et son Altesse en tous ses estatz universellement, tout ainsy qu'il fut du temps des sérénissimes Ducz de glorieuse mémoire, père et mère de son Altesse.

« Et que le marquisat de Saluces, terres, fiefz, seigneuries et biens en dépendans, aveq l'artillerye et munition de guerre demeurent à sadicte Altesse et Messeigneurs les Princes ses enfans, pour eux et les leurs à perpétuité ; et que par sa Majesté d'abondant il soit fait à son Altesse encores cession et remission de toutes les prétentions que sa Majesté pourroit prétendre sus le susdit marquisat aveq Chasteau-Dauphin, Pont et les terres du sieur de Cental, le tout joint audict marquisat.

« Et qu'ilz soyent aussy rendues et restituées en effect à son Altesse toutes les places, chasteaux, terres et lieux de ses estatz quy se trouveront occupées et détenues au temps de la conclusion de la paix, comme de mesme son Altesse fera restituer le fort de Morestel, Exilles et leurs dépendances et tout ce qu'il tient en la vallée de Graisivodan et aussy de mesme en Prouvence, sy l'on est asseuré des troupes de Monsieur d'Espernon et toutes autres quy pourroyent tenir au préjudice des terres et estatz de son Altesse.

« Il vous plairra aussy, Monsieur, vous souvenir du fait de ce seigneur de Saint-Jean-d'Angelly. Et n'estant la presente pour autre, je la finiray en vous baisant très humblement les mains, priant Dieu pour vostre prosperité. De Pignerol ce VIe d'octobre 1593.

« Vostre très humble et très obligé serviteur à jamais,

« Gaspar PURPURAT. »

CLV. 1593 — 31 Aout.
Cop. — B. N. MS. Dupuy. Vol. 62, p. 33.

[A MONSIEUR DE SANCY.]

Monsieur, le moys précédent, je depechay le sieur de Sainct Jullien vers sa Majesté pour la tenir advertye asseurément et au vray de tout ce qui se passait pour son service de deçà, luy representer les forces de l'ennemy, ses progrez et le peu de moyen que j'avois de subsister, estant abandonné de toutes partz, mesmes quelque bonne volonté qui fût en moy, me trouver hors de pouvoir de plus fournir, tous mes moyens et ceux de mes amis estant epuisez et forcez pour cet exploict, n'ayant peu retirer que bien peu de ce dont il avoit pleu à sa Majesté m'assister. J'avois auparadvant par diverses fois donné advis à sa Majesté, affin qu'il luy pleut getter les yeulx sur moy et prouvoir à ce qu'elle jugeroit expédient pour son service. Je luy donnois advis, par ledict sieur de Sainct Jullien, des Suisses que j'espérois joindre et du temps qu'ilz se devoyent rendre en Savoye, estimant, avec eulx et l'assistance du seigneur Alfonce, de prendre pied dans le pays ou de contraindre le Duc d'y venir, et par ceste voye le faire demordre de son entreprise de Piedmont, mais les choses ont reussi tout aultrement; car encores qu'au terme que j'avois pris pour ceste conjonction le chemin me fut ouvert pour les joindre auprès de Romilly ou ailleurs, par la prise de Sainct Genis, d'Oste, Montdragon et quelques aultres places que je fis saisir, mon dessein est venu à néant par le manquement desdictz Suisses qui remirent la partie au moys de septembre prochain. Ce deffaut a donné coup aux affaires, m'a faict perdre beaucoup de temps, empesché que je ne me suis trouvé pour assister le Piedmont et donné la commodité au Duc d'emporter Mirandol et Luzerne qui estoyent petitz chasteaux fortiffiez de nouveau pour favoriser le passage de Briqueras et Cavours. De là ayant une armée grande et forte et telle que j'ay representée par mes precedentes dépesches, il a attacqué la ville de Cavours qu'il a emportée d'abord, n'estant ni fortiffiée ni en estat de deffance, et contraint ceux de dedans de se retirer au chasteau, place tellement forte que l'ennemy après y avoir tiré près de quatre mil coups de canon et donné quatre assaulz, ne s'y est arresté que sous l'espérance qu'il a conçue de l'emporter faute d'eaue en la grande secheresse qu'il a faict ceste saison ; et ayant faict tumber par sa batterye le bastiment et les couvertz qui receuilloyent l'eaue qui entroit aux cisternes en temps de pluye, s'est oppiniastré au siége qui a desja duré près de sept semaines et a réduit les assiégez en telle extremité, faute d'eaue, qu'ilz m'ont mandé ne pouvoir plus tenir que jusques au Ve du prochain. Je me suis disposé et préparé pour les secourir avecq un regret extrême de ne me voir les moyens de le faire selon la dignité de la France et l'importance de la place. J'ay faict plus que de pouvoir pour rechercher d'estre assisté ; j'en ay donné advis, il y a longtemps ; j'y ay mis tout mon bien et celuy de mes amis. Je suys abandonné de toutes partz et vous puis dire avecq verité que je n'ay pour tout secours que deux cens harquebusiers et les cinquante chevaux que le sieur Alfonce m'a presté, encores a-ce esté à regret, le duc de Nemours faisant semblant de le vouloir attacquer. De sorte que je me trouve si foible que l'ennemy sera trois contre un et qui pis, ayant le vent de mon arrivée, se retranche, faict des fortz où il loge son canon et prend un tel advantage que je ne le puis aborder qu'avec un grand désadvantage. C'est à quoy la nécessité me réduict et voy fort peu d'apparence d'y pouvoir remédier. Je marche, ou pour me perdre ou pour les assister, et encores que sa Majesté, par le retour dudit sieur de Sainct Jullien, provoye en partye à ce qui feroit besoin pour ceste guerre, par le moyen des cinquante mil escus qu'elle faict fournir en Italye à la fin du prochain et de l'asseurance qu'elle a que le secours de XXV mil escus par moys sera payé, il y va beaucoup de temps avant que de se pouvoyr servir de ces deniers, à cause de la distance des lieux. D'ailleurs, je ne say pas si la chose sera certaine et si le gentilhomme que vous y avez depesché y sera arrivé et toutes foys il faut cependant de grandes sommes pour entretenir les garnisons, l'ennemy ayant mangé tout ce qui estoit autour, lesquelles, si on veut conserver, il est nécessaire avitouailler et munitionner des grains de ce pays et quant mesme j'auroys maintenant cent mil escus de fons, ilz ne seroyent bastans pour satisfaire au payement des gens de guerre, aux vivres qui cousteront plus de port que d'achept deux foys, à cause qu'ilz passent les montz et aux munitions de guerre. Je ne parle point des avances qui sont deües, lesquelles montent plus de III^M escus, comme l'on peut avoir veu par l'estat au vray que j'en ay envoyé et par ma depesche du XVIIe de ce moys, qui représente bien au long à sa Majesté ces misères, qui me met en telle extremité que je suis à non plus. Je m'adresse à vous, Monsieur, comme à la personne du monde à qui je suis infiniment obligé pour la bonne volonté qu'il vous plait me porter et la peine que vous avez daigné prendre pour fortifier ceste entreprise, ainsi que ledict Sainct Jullien m'a tesmoigné, affin de vous faire veoyr mon mal et vous protester, comme devant Dieu, que je voys tascher de secourir ceste place avecq deux mil V^e harquebusiers, dont les douze cens sont de millices, et environ six cens chevaulx, et l'ennemy se trouve logé retranché avecq son canon et a près de VI à VII^M hommes de pieds de Suisses, Napolitains, Espaignolz, Millanoys et Bourguignons ou Savoisiens, et mil chevaux. Je n'ay peu faire davantage d'infanterye, à cause que par deux ou troys foys il a fallu rafraischir la garnison de Briqueras qui n'est pas moindre de XL companyes reduictes à XVe hommes, la plupart des soldatz y estant mortz de maladye et presque tous....... de sorte que j'en suis à ce que vous voyez. Je vous supplye bien humblement de le représenter à sa Majesté, affin qu'elle ne m'abandonne point en une entreprise qui luy est si importante. Pour moi je feray plus que de pouvoir pour son service et que continueray jusques à ma fin, comme aussy d'estre vostre, etc.

[LESDIGUIÈRES.]

Le dernier aoust 1593.

CLVI.   1593 — 1er SEPTEMBRE.

Orig. — B. N. MS. Dupuy. Vol. 62, p. 31.

AU ROY.

Sire, je me suis fort esclairci le cœur par ma précédente despêche, pour avoir si amplement discouru à vostre Majesté de vos affaires en Piedmont, qu'il me semble que vous les pouvés voir comme devant vos yeux et que la necessité que vous y voyés despeinte esmouvra l'affection que vous portés aux vostres et à vos affaires. J'ay eu nouveau subject d'en prendre confiance par le retour du sieur de Sainct Jullien et les ouvertures qu'il a pleu à vostre Majesté de me faire par luy, auxquelles pour le moins j'ay trouvé ceste consolation de pouvoir juger que vous n'avez envie de m'abandonner. Je vous respons, Sire, qu'il ne me faut qu'un doigt de vostre faveur pour me faire prendre une coudée de courage, mais c'est un point de mon devoir et de mon honneur de ne desguiser rien : les affaires ont tellement commencé de prendre la deschente qu'il en est ainsi comme d'un vieux édifice qui tumbe, auquel il faut accourir promptement, si on le veut appuyer et non point dilayer[1] d'une heure. Je vous ay desjà representé le siege de Cavours[2] et son extrémité par ma précédente despeche; ce siège continue, Sire, et l'extrémité croist de jour en jour, estans venus en ce malheur, que, si bien la place est hors du dommage de l'ennemy, les hommes qui la défendent ne le sont pas pourtant, ains se consument d'heure en heure à faute d'eau, tellement que je fremis à toutes les nouvelles qui m'en arrivent, de la crainte que j'ay d'ouïr dire qu'elle soit perdue. Voilà donc comme la chose presse et ne donne pas respit seulement d'un jour ou d'un moment, je ne sçay quel temps dire, et cependant pour le premier secours que je puis espérer des moyens qui me sont proposés il me faut attendre un bien long temps, veu que les cinquante mil escus d'avance ne peuvent estre fournis qu'à la fin de ce mois en Italie. Je laisse à part l'incertitude qu'il y a si le gentilhomme que vous envoyez ne tardera point en chemin, si toutes les circonstances s'y trouveront disposées, et veux présupposer qu'il n'y aura pas faute; mais tousjours il reste une grande longueur, et de l'hazard aussi à faire venir cest argent de si loing; ainsi il est dangereux que le remède n'arrive trop tard. Car, de penser que nous façions deçà les avances de nous mesmes, il n'y a plus moyen, Sire, elles sont desjà toutes faictes, comme vostre Majesté aura veu par l'estat au vray que j'en ay mandé, et ne se peut faire que je trouve deux fois un escu chés moy ou chés mes amis, quand il n'y est qu'une fois. Or, je dis la chose comme elle est, seulement par discours et non point pour me plaindre de vostre Majesté,

---

[1] Retarder.
[2] Lesdiguières, quand il écrivait cette lettre, ignorait encore la conclusion du traité de trêve signé la veille : ce traité mit un terme au siége de Cavours, dont les défenseurs étaient réduits à la dernière extrémité.

puisque je cognois en elle un tant affectionné desir de m'assister et
que les plus courts expédients que vous pouvés avoir ne me sont point
déniés. Aussi je fais estat de prendre une extrême résolution contre
ce fortunal et quoy qu'il en soit de combatre contre l'orage mesme.
Je tire secours de deux cents harquebusiers et de cent cinquante
chevaux de Monsieur d'Ornano et cela compris je pourray faire en
tout six cents chevaux et deux mille cinq cents hommes de pied,
affin que je ne die soldatz, par ce que la pluspart sont gens ramassés
par le païs, à cause de la nécessité. Si je ne puis faire plus de nombre,
les grandes garnisons et les maladies en sont cause. Avec ceste force
je m'achemine contre une armée retranchée et logée sur des grands
avantages et qui n'a peu tant estre diminuée par le long temps qu'il y
a qu'elle campe qu'il n'y reste encore de six à sept mil hommes de
pied et bien mille chevaux. Je n'y iray pas moins et si je la puis
combatre je le feray; du moins je tascheray de rafraischir les assiégés
en espérance, si nous pouvions tant faire de prolonger la défense de
ceste place de douze ou quinze jours, que peut estre l'ennemi se
lasseroit ou nous donneroit loysir de prendre quelque avantage sur
luy. Bref, Sire, nous ferons tout ce que des hommes peuvent faire au
nombre que nous sommes, car je vois bien que, Cavours perdu, le
reste demeure fort nul. Et encore reviens-je sur l'apprehension de mes
nécessités, si Dieu nous favorise d'eschaper ce siège, car la raison
voudra que je pense au payement des garnisons, que je pourvoye les
places de munitions de guerre et de bouche, qui n'est pas chose
aisée, parce que sus le païs il n'y a rien, l'armée du Duc y a vescu et
mangé tout cest esté. De l'achepter sur le Dauphiné, il faut premièrement de l'argent et, par dessus ce qu'il coustera d'achept, il faut
doubler encore la somme pour la déspense qui se fera à voicturer
delà les montz. De sorte qu'il me faudroit bien cent mil escus
d'avance pour mettre les choses en estat, qui n'est pas une petite partie
à qui n'a point d'argent. Sire, faictes moy ceste faveur, s'il vous plaist,
que si vous ne pouvés estre en présence en ceste guerre, il vous
plaise au moins d'y estre en esprit, faire estat que vous conduisés
l'armée vous mesme et que j'ay seulement l'honneur d'en mener les
coureurs. Si je puis obtenir cela de vostre Majesté, nous ne tumbe-
rons point au malheur où se sont veus nos prédécesseurs françois
qui ont tousjours perdu leurs conquestes en Italie à faute de moyens.

Pour mon regard, il ne tiendra jamais à exposer ma vie que je ne rende l'obéissance et le service que je doibs à vostre Majesté à laquelle je prie Dieu, Sire, vouloir estre protecteur par son Sainct Esprit. A Ambrun, ce premier de septembre 1593.

  Vostre très humble, très obeissant et très fidelle subject et serviteur.

              Lesdiguières.

CLVII.   1593 — 11 Septembre.

Orig. — Arch. de la ville de Genève.

A MESSIEURS, MESSIEURS LES SCINDICS ET CONSEIL DE GENÈVE.

Messieurs, envoyant le présent porteur plus oultre pour les afaires du Roy, je luy ay donné charge de vous rendre ce billet en passant. C'est pour vous donner advis que Monsieur de Savoye et moy avons resolu une trefve de trois mois suyvant la trefve générale de France ou vous estes comprins, comme vous aves peu veoir par icelle; nous observons ceste resolution et je désire saveoir de quelle façon vous vous portés en ceste particularité avec ledit sieur de Savoye; donnés m'en doncs s'il vous plaist des nouvelles et m'enseignez les moyens que j'auray de vous faire service, avec asseurance que je suys pour tote ma vie, Messieurs,

  Vostre tres humble et affectionné serviteur. De Briqueras ce 11e septembre 1593.

              Lesdiguières.

CLVIII.   1593 — 3 Octobre.

Cop. — B. N. MS. Dupuy. Vol. 62, p. 27.

EXPLICATION DES ARTICLES DE LA TRÈVE FAITE ENTRE SON ALTESSE ET MONSIEUR DES DIGUIÈRES, LIEUTENANT GÉNÉRAL POUR SA MAJESTÉ DECA LES MONTS, EN SUIBTE DE LA GÉNÉRALLE DE FRANCE.

Premierement a esté arresté que l'armée de sadicte Majesté se retyrera aux garnisons conformement à l'article 15 de la treve generalle de France, en sorte que ladicte armée ne pourra apporter aucun juste soupçon aux places que ledict sieur des Diguières tient pour le service de sa Majesté par deça, comme de mesme ledict sieur des Diguières fera de son costé.

Le commerce sera libre à toutes personnes, de quel estat, quallité & condition qu'elles soyent, es pays de l'un & de l'autre prince, et quant aux gens de guerre il en sera usé comme au VIIe article de la trève générale de France, et notemment pour ce quy regarde les places fortes, à la charge que sous ombre dudict commerce il ne sera loisible de transporter des munitions de guerre ny autre chose de contrebande de part ny d'autre. Entendant neantmoins que pour le regard des vallées de Luzerne, Saint Martin, La Perouse, Cavours et Briqueras, les habitants desdicts lieux puissent, nonobstant les presens troubles, negocyer et traffiquer aux pays de son Altesse comme ils faisoyent auparavant et comme font les autres sugets de sadicte Altesse, sauf pour les choses de contrebande, et ce durant la presente treve, laquelle pour le répit d'un chacun a esté prolongée respectivement jusques à la fin de janvyer et pour plus, sy la generalle de France est prolongée, conforme à laquelle on se gouvernera.

Toutes personnes, indifferemment de l'un & de l'autre prince, jouyront de leurs biens & revenus durant la presente treve, conforme & selon l'article 3° de la generalle de France.

Pour eviter les grans desordres et confusions quy pourroyent survenir à l'exaction des contributions & impositions quy ont esté faites sur les estats de son Altesse de l'authorité de sa Majesté, comme aussy de l'authorité de son Altesse au pays de Dauphiné, depuis le commencement de ceste guerre jusques à la presente treve, son Altesse fera fournir la somme de quarante trois mil escus d'or à soixante sous de France pour escu, assavoir la troisieme partye quy monte à quatorze mil trois cens trente troys escus un tiers à la fin du prochain moys d'octobre, pareille somme à la fin de decembre de la presente année et la derniere partye restante à la fin du moys de mars année suyvante en cas que la treve se prolongest jusques audict temps. Et sy elle ne dure que jusques en janvyer sera par tout ledict moys payée ladicte somme du troisieme terme: lesquelles sommes seront rendues aux termes dessus portés dans le lieu de Briqueras, es mains de celuy quy sera deputté par Monsieur des Diguières pour les recevoyr. Et pour l'assurance du payement susdit de quarante trois mil escus, son Altesse promet en foy et parolle de prince de l'effectuer aux termes sus speciffiés et de mesmes Monsieur des Diguières promet de tenir main que seront payées les contributions accordées à son Altesse et par luy de son authorité imposées aux vallées d'Ours, Graisivodan et autres lieux du Dauphiné qu'ont payé ou se sont obligés de payer à sadicte Altesse, moyennant quoy toutes pretentions de contributions et impositions jusques à la fin de la treve demeureront esteinctes & annullées. Et en consideration de ce present traitté ce que son Altesse pourroit faire demander des taxes et impositions faictes de son authorité ou qu'il pourroit prétendre sur les vallées de Saint Martin, La Pérouse, réservé le lieu des Portes et son mandement, celle de Luzerne y compris seulement les lieux de Saint Jean, La Tour, Angrongne, Le Villars, Bobi & leurs parroisses, tant que durera la treve ne se pourront demander ny exiger ormi ce quy est deu aux gentilhommes de leurs rentes & revenus en toutes lesdictes trois vallées quy se pourront recevoir à la forme de la treve.

Pour ce quy regarde le fait des prisonnyers les uns & les autres respectivement observeront en cela ce quy en a esté conclu par la treve génerallc de France et à la forme de l'article XI°.

Et ce que dessus a esté arresté, conclu & promis par ledict sieur des Diguières et les deputtés de sadicte Altesse à Briqueras le vingt sixiesme jour du moys de septembre mil cinq cens nonante trois.

Gaspar Purpurato, Luigi Morello, Antonio Formi.
Bouchier.

Nous, veu et considéré les susdicts articles accordés par Messieurs les deputés aveq Monsieur des Diguières, promettons en foy et parolle de prince de les observer et n'y contrevenir.

Fait à Turin ce troisiesme jour du moys d'octobre 1593.

Emmanuel.

Tripa [1].

CLIX.   1593 — 11 Octobre.

Orig. — Arch. de la ville de Genève.

A MESSIEURS LES SINDICS ET CONSEIL DE GENÈVE.

Messieurs, l'estat de vos afaires m'a esté fort particulierement representé par le sieur L'Abbé, qui s'est rendu auprès de moy en ceste ville des le jour d'hyer. Je loue la prudente response que vous aves faite à la proposition des quattre cantons, m'asseurant que vous userez de la mesme prudence à mesure que les afaires s'achemineront à un plus grand succez. Vous aves bien fait aussy de vous servir de ceste trefve dont j'ay veu la particuliere publication que vous aves fait faire, elle vous vaudra pour la commodité de vos vendanges et pourra aussi valoir aux affaires de vos citoyens et bourgeois. Je vous donne advis qu'elle est continuée entre Monsieur de Savoye et moy jusques au dernier jour de mars prochain, soubz le bon plaisir du Roy, et je l'ay ainsy fait pour le mieux, les affaires de sa Majesté m'y conviant. Vous pouves traicter de la mesme continuation et y estre comprins,

---

[1]. Voir ci-dessus le traité du 31 août 1593, dont la pièce précédente est le commentaire.

car il n'a esté adjouté ny diminué au traité dont vous aves heu la copie; quant à l'article des contributions qui estoit subiette à interprétation, nous en avons convenu moyennant certaine somme que ledit sieur de Savoye doibt fournir pour le payement de ce qui estoit deu en Piedmont aux troupes dont le Roy nous a donné la charge. C'est à vous à regarder de vous accommoder pour ce regard selon la cognoissance que vous avez de vos afaires plus que moy. Et notez, s'il vous plaist, qu'en payant la somme promise, je ne puis faire imposition durant ladite treve. Il faut cependant que je vous die que Monsieur de Savoye se prépare à faire quelque grand chose, ou sur vous, ou sur nous, et j'ay des advis que vous estes menacez; donnez vous garde, comme je fais aussy de mon costé, plus soigneusement que auparavant la trefve. J'ay de longue main sceu la foiblesse de vostre fort d'Arve qui est tel que bien peu d'effort le vous peut oster; il me semble que vous vous deves resoudre à faire de deux choses l'une, ou de le rendre fort pour resister à une grande armée, ou de le faire raser et laisser une tranchée pour favoriser vos escarmouches et une petite tour pour la garde du pont d'Arve, et y employer seulement demi douzaine de soldats et un homme de commandement et que ceste garde soit changée tous les jours. C'est le conseil que je vous puis donner et que je prendrois pour moy en pareille occasion. Faites estat de tout ce que je puis et croiez que je me rendray tousiours soigneux de vostre conservation et repos par tous les moyens dont je me pourray adviser, car vous ne pouves estre picques au doigt que je ne me sente de ceste picqueure jusques au cœur, tant je suis lié d'afection de religion avec vous, outre la considération particulière du service du Roy, qui, je m'asseure, nonobstant tous changemens veult embrasser la manutention de vostre estat. Préparez vous de bonne heure à soustenir ce qui pourra arriver à l'issue de ceste continuation de trefve, j'en fais ainsy de mon coste. Je me promets souvent de vos nouvelles et vous deves esperer des miennes à toutes les commoditez, s'il s'en presente un digne subiet. Dieu vous ayt en sa sainte grace et me fasse demeurer longuement, Messieurs,

    Vostre bien humble et très affectionné serviteur. A Grenoble le 11e octobre 1593.

                                                  LESDIGUIÈRES.

CLX.   1593 — 12 Octobre.

Imprimé : *Histoire générale de Provence*, par l'abbé Papon. Vol. IV, liv. xii. p. 343.

[A MESSIEURS D'ORAISON, DE SAINT CANNAT, BUONS, VALAVOIRE ET DES CROTTES.]

Je vous envoie la lettre que sa Magesté vous escrit, par le sieur de Janson, auquel j'ai commis la creance. Croyez par luy l'intention de sa Magesté & employez moy, qui serai tout appareillé quand le besoin m'y appellera.

[Lesdiguières.]

Faites ce que Monsieur de Lesdiguières vous dira ou vous enverra dire et croyez que je ne perdrai point le souvenir de ce service, mais vous le reconnetrai.

[Henri] [1].

---

[1] La date de cette lettre est donnée par Papon auquel nous l'avons empruntée. Le duc d'Épernon, gouverneur de Provence après la mort de La Valette son frère, soutenu par le connétable de Montmorency son parent, avait mécontenté la noblesse de Provence qui s'apprêtait à se soulever contre lui ; le Roi, au courant de cet état de choses, chargea Lesdiguières d'y remédier et écrivit le billet précédent aux gouverneurs des principales places de Provence pour les engager à lui obéir. Son but était de se débarrasser sans effusion de sang d'Épernon, devenu trop puissant ; mais il ne put y réussir. De tous les gouverneurs auxquels il était adressé, ce billet fut refusé par le seul Buons (voir Papon, loc. cit.). La lettre suivante d'Épernon prouve que depuis plusieurs mois ses rapports avec le Roi avaient pris un singulier caractère d'aigreur :

« Sire, par mes dernieres despesches que j'ay
« faictes à vostre Magesté, tant par Ballicch mon
« secrétaire et par plusieurs autres messagers
« qui sont partis après luy, que par le sieur de
« La Goy que je luy ay depuis despesché, j'estime
« n'avoir rien obmis de ce qui regarde mon
« debvoir, que je ne luy aye faict entendre, &
« randu bon compte de toutes choses survenues
« en ceste province depuis que j'y suis entré,
« tellement que jusques à cette heure, Sire,
« votre Majesté n'en peut rien ignorer. J'ay des
« depuis convocqué & faict tenir les Estats géné-
« raulx en ceste ville avec permission qu'elle
« nous en a donnée et selon l'antienne coustume
« de ce pays..... C'est chose incroyable de la
« misère et pauvretté de ce peuple, il n'y a per-
« sonne qui en soit mieux adverty que ledict
« sieur des Diguières, auquel sont deues tant &
« si notables sommes de deniers par plusieurs
« communes de ce pays et de si longs temps
« qu'ils sont encore à trouver le premier sol pour
« le payer..... Mon affection au service de vostre
« Magesté et les grandes despenses qu'il m'a
« fallu suporter en ceste province pour y faire
« recognoistre vostre authorité, estant contrainct
« de faire la guerre à mes propres despens et
« dresser tout presentement une armée plus de
« mes moyens que de ceulx du pays, meritent un
« plus favorable traitement, et d'ailleurs, Sire, je
« supplie très humblement vostre Majesté que
« je ne sois pour ceste occasion mis au rang du
« commun si je suis asses miserable que ma
« condition ne puisse estre augmentée, exposant
« & ma vye & mes biens chacun jour pour vostre
« service, au moins qu'elle ne reçoive aucune
« diminution, aultrement il me seroit impossible
« de lui pouvoir respondre de mon gouverne-
« ment.....

« Brignolles, XIIe jour de mars 1593.

« Louis de La Valette. »

(B. N. MS. Dupuy. Vol. 61. p. 263.)

Lesdiguières, avant d'intervenir en personne

CLXI.   1593 — 30 Novembre.
Orig. — Arch. des Hautes-Alpes.

[REQUETE DES CONSULS ET MANANS DE SERVIERES.]

A Monseigneur, Monseigneur des Diguières, conseiller du Roy en son conseil privé et d'estat, cappitaine de cent hommes d'armes de ses ordonnances et commandant generallement pour sa Majesté en l'armée de Piedmont et Savoye, supplient très humblement les povres consuls, manants et habitants de Serviere au Briançonnais, disant qu'ils vous doivent huict cens deux escus qu'ils ne peuvent payer à cause des charges et foulles qu'ils ont supporté au passage de la gendarmerie et de la perte de leurs fruicts à l'occasion de la grelle qui les a visités; vous plaira les prendre en pitié et réduire et modérer leur charge au cinq pour cent et remettre le payement à la fin de l'année [1].

Les supplians conviendront avec Thimotée Martin comme verrons à fere.

Faict à Grenoble le XXXe novembre 1593.

LESDIGUIÈRES.

CLXII.   1593 — 17 Décembre.
Cop. — A M. Roman, à Gap.

[REQUÊTE DES CONSULS DE CLARET.]

A Monseigneur, Monseigneur des Diguières, [conseiller du Roy en son conseil] privé et d'etat, commandant [generallement en ses armées] de Savoie et delà les monts, remontrement humblement les [consuls de Claret] que Loys Abrachi de Tallard, d'après l'ordre des consuls dudict lieu, moleste les supplians sous pretexte de debtes à eux deues par le prieuré du Pin, s'empare de leurs bestiaux aratoires et n'obeit point aux deffences du sieur de Vitalis leur chastelain. Leur soit fait deffense de se pourvoir contre eux aultrement que par voies de droit [2].

dans les affaires de Provence, avait envoyé des secours de troupe à MM. de Carces et d'Oraison, ainsi qu'il résulte de l'extrait suivant d'une lettre de ce dernier personnage :

« ..... Monsieur des Diguières nous ha secourus « de six vingt ou cent trente chevaux, cela contre- « poisera ce que M. d'Espernon ha mené du « Languedoc..... »

15 septembre 1593.   « ORAISON. »
(B. N. MS. F. 23198.)

Cette lettre se termine par la demande presente que Lesdiguières intervienne en personne et ouvertement pour remettre la paix dans la province.

[1] La requête est seulement analysée.
[2] Requête seulement analysée.

Est expressement deffandu à partie suppliée de se pourvoir contre les supplians que par les voyes ordinaires de la justice et sursoir cependant toutes exequtions, luy deffendent la prinse du bestailh de labourage à peine de la vie.

Faict à Puymore le XVII de decembre 1593.

LESDIGUIÈRES.

CLXIII.   1594 — 3 JANVIER.

Cop. — B. N. MS. Dupuy. Vol. 62, p. 65.

[A MONSIEUR D'ORAISON.]

Monsieur, j'ay eu cest honneur de recevoir la vostre du XXVIIIe du passé, pour responce à laquelle je ne vous diray autre chose sinon que la déclaration de la ville d'Aix et autres lieux est trop necessaire pour le bien du service du Roy et particullièrement de vostre province. Quant à Monsieur de Buons, j'estime que le principal subiect qui l'a mis avec Monsieur d'Espernon est la passion et envie particuliere qu'il porte à tous ses voysins et compatriotes, mais il en sera le premier qui s'en repentira de n'avoir aydé à la delivrance de sa patrie. Je vous donne advis que Monsieur de Montmorancy haste le sieur du Passage pour conduire deux compagnies de gens de cheval qu'il baille pour secours. Monsieur de Tournon et ledict Passage font ce qu'ils peuvent pour y mander des troupes, mais ils ne peulvent fere grand cas. Quoy qu'il en soit, croyes que Monsieur d'Espernon se veult mectre en gros et veult advitailler sa citadelle ou retirer son canon, à quoy il fault prendre garde, et s'il se grossit ou qu'il veuille attacquer vostre maison ou autre chose, je ne faudray d'assister mes amys puisque la declaration d'Aix sera faicte et qu'il ne sera plus question que de la querelle particulliere de Monsieur d'Espernon. Je suis attendant pour toutte ceste sepmaine des nouvelles du Roy, s'il parle clair comme il doibt et je le croy, à la bonne heure. sinon je ne me garderay pas de vous fere sçavoir de mes nouvelles et de vous fere cognoistre que je n'abandonne pas mes amys en chose si juste que ceste cy et que je les scay servir à tout peril. Pour vous, Monsieur, je vous supplie de croire que j'ay tousiours tasché de vous honorer et servir comme je doibs et que vostre qualité le merite, mais pardonnes moi, s'il vous plaist, si je vous dis que vous en estes entré en ombrage ung peu trop légèrement, car vous n'avez point congneu en moy qu'une franchise de vous servir et honorer cordiallement et de laquelle je vous feray preuve à l'advenir au peril de ma vye. C'est tout ce que vous aurez de moy pour ce coup, sinon que je vous baise pour fin bien humblement les mains et prie Dieu, Monsieur, qu'il vous tienne en sa saincte garde. C'est de Grenoble ce IIIe janvier 1594.

Vostre bien humble & très affectionné serviteur,

Lesdiguières.

CLXIV.   1594 — 20 Janvier.

Cop. — Arch. de la Drôme. CC. 27.

[Ordre au sieur Tonnard de continuer pendant un quartier la levée d'un écu quinze sols par feu destinée a l'achèvement des fortifications de Grenoble.]

De par le sieur des Diguières, cappitaine de cent hommes d'armes des ordonnances du Roy, est mandé et ordonné à Maistre Jehan Tonnard, commis à la recépte d'ung escu quinze sols pour feu pour moys, destinés à la fortiffication de Grenoble, sur l'universel de ce pays, de continuer ladicte recepte pendant le present quartier de janvier, febvrier & mars, à la forme du dernier quartier de l'année passée & suyvant la commission que nous luy en avons expédiée, laquelle, joincte à la presente ordonnance, servira pour ledict present quartier avecq pouvoyr de contraindre les refusants ou dillayans par les voyes accoustumées pour les propres deniers & affaires du Roy.

Faict à Grenoble le vingtiesme jour de janvier mil cinq cens quatre ving quatorze.

Lesdiguières.
Par mondict seigneur,
Bremont [1].

---

[1] Voir l'ordonnance sur le même sujet du 12 novembre 1591, imprimée ci-dessus.

CLXV.   1594 — 31 Janvier.

Orig. — B. N. MS. Dupuy. Vol. 62, p. 66.

[AU ROY.]

Sire, Madame la comtesse de Sault envoye à vostre Majesté le plus cher gaige qu'elle vous puisse donner de l'affection qu'elle a à vostre service, c'est le sieur de Créquy, son fils, qui par sa bonne nourriture donne esperance de se rendre bientost cappable de l'exécution de voz commandemens [1]. L'intention de la mere est telle, et qu'il employe sa vye et tout ce qui en deppend pour aquérir la faveur de voz bonnes grâces. Elle a beaucoup d'amis et d'authorité en la Provence; je puis asseurer vostre Majesté qu'elle a tout employé pour vous aquérir des serviteurs pendant ces derniers remuemens, et qu'elle ne demeurera inutile à l'affermissement du bien de voz affaires en ceste province là, parce qu'elle en a la cappacité et la volonté. Les services faictz par ceulx de sa maison à vostre couronne, Sire, méritent que vous voyez ce gentilhomme de bon œil; encores a-t-elle trouvé bon qu'il vous fust recommandé de ma part, ce que je faiz avec toute l'humilité que je vous doibs et sur l'asseurance qu'il vous a tousjours pleu me donner de ne vous tenir point importuné de la recommandation que je vous ferois de voz serviteurs. Sire, je supplie le Créateur pour la prospérité et santé de vostre Majesté. De Grenoble, le dernier jour de janvier 1594.

Vostre très humble, très obéissant, très fidelle suget et serviteur,

LESDIGUIÈRES.

[1] La comtesse de Sault avait été la plus grande ennemie du Roi et le chef de la Ligue en Provence; en envoyant son fils au Roi c'était un véritable otage qu'elle donnait. Du reste, à cette époque, elle était liguée avec Lesdiguières contre le duc d'Épernon.

CLXVI.   1594 — 31 Janvier.

Cop. — B. N. MS. Dupuy. Vol. 62, p. 71.

[A MESSIEURS LES CONSULS DE DIGNE.]

Messieurs les Consuls de Digne, j'ay sceu ce qui est despuis nagueres arrivé à vostre ville pour le gouvernement d'icelle, lequel vous estes retenu. A la verité je ne doubte poinct que ses nouveaux remeuements de Provence ne vous ayent à juste occasion faict entrer en deffiance et ouvrir les yeux pour vostre propre conservation, à quoy tous les hommes sont naturellement inclinés, mais comme vostre voysin & affectionné amy je vous exorte et conjure de demeurer fermes en l'obeyssance du Roy, auquel il faudra nécessairement que vous rendies compte de vostre ville. Gardes vous d'adjouster légèrement foy à ceux qui se servent du nom du Roy sans que au préalable vous ayez sceu son intention qui vous sera nottifiée quand il sera temps; si vous demeurés en cest estat vous m'aurés tousiours en vostre devotion & n'espargneray rien qui soit en mon pouvoir pour vous y maintenir. J'adjouste encore que en vous conservant vous ne debvez poinct fère de faveur ny pancher au party de Monsieur d'Espernon pour offancer vos compatriottes pour ce que le Roy est par eux recogneu. Quant aux [mescontantements] particuliers que ses changements ont peu apporter entre Monsieur des Crottes et vous, je me porte fort d'accomoder ung jour toutes choses par la voye d'amitié, en sorte que vous y aures contantement & occasion de croyre que je vous ayme & honnore & vous prie au demeurant que par ung mot de responce je puisse estre randu capable de vos intentions, attandant lesquelles je supplie le Créateur, Messieurs les consuls de Digne, vous avoir en sa saincte garde. De Grenoble ce dernier janvier 1594.

Vostre bien humble pour vous fere service,

LESDIGUIÈRES.

CLXVII.   1594 — 1ᵉʳ Mars.

Orig. — B. N. MS. Dupuy. Vol. 62, p. 80.

AU ROY.

Sire, au retour du sieur de Sainct Jullien, j'ay receu celle qu'il a pleu à vostre Magesté de m'honorer, du dernier janvier[1], par laquelle

---

[1] Voici cette lettre du roi à Lesdiguières :

« A Monsieur des Diguières, conseiller en mon conseil d'Etat, cappitaine de cent hommes d'armes de mes ordonnances.

« Monsieur des Diguières, ce qui nous tenoit icy plus incertains sur le faict de la Provence estoit le doubte que l'on faisoit de l'accomplissement de la promesse qui avoit été faicte par le sieur comte de Carces à ceux de la ville d'Aix ; mais il est maintenant bien éclairssi par l'avis que vous m'en avez envoyé, sur lequel la chose a été icy sans dispute, que le bien public doit preceder le particulier, et en fais sur ce une depeche bien exprés à mon cousin le Connestable par laquelle il connoitra que le moyen de la force de la part de mon cousin d'Épernon ne m'est aucunement agréable et qu'il n'y a que celuy de la douceur dont avec mon gré et consentement il se puisse servir. Et par ce que je ne pense pas que cella puisse etre qu'il ne consente à se retirer de la province, je prie mon cousin le Connestable de l'en prier de ma part et le luy conseiller, et afin qu'il n'y opose point son honneur et sa réputation et son interest pour les places qu'il tient au pays et ceux des siens qui s'y peuvent demeurer pendant son absence, je luy fais proposer que, quand il sera par deçà, comme je le prie d'y venir avec mondit cousin le Connetable, que je luy remettray entre ses mains le pouvoir du gouvernement dudit pays de Provence pour en prendre aprés la recompense dont l'on conviendra avec luy et autres promesses que je n'en disposeray aucunement qu'avec son gré et consentement, etant neanmoins mon intention de le retirer de luy et de ne laisser en ses mains que le moins que je pourray. Et pour le regard des places, afin qu'il n'ait point d'appréhension que l'on les luy surprenne pendant son absence et auparavant qu'il se soit demis du gouvernement, j'ecris à mondict cousin le Connetable que je trouve bon qu'il soyt faict une cessation d'armes dans ledict pays, outre laquelle il luy soit donné seureté de ceux qui y auront commandement qu'il n'y sera rien entrepris à son préjudice sur lesdictes places. Et afin d'eviter toute occasion de dispute et contention, qu'il soit des a present pourveu à l'entretenement des garnisons qui auroient à y demeurer et que cella soit reglé en sorte qu'ils n'ayent pour ce regard à dependre de la volonté de ceux qu'il connoit luy estre mal affectionnés. C'est le meilleur moyen que j'aye trouvé de luy faire comprendre ma volonté sur sa retraite et comme il la peut faire sans offenser sa reputation et sans se demettre des à present des places qu'il y tient, je ne pense pas que cette proposition ne soit bien receue de mondict cousin le Connestable et qu'il ne persuade à mondict cousin le duc d'Épernon de l'accepter ; mais s'il est sy entier en ses opinions de ne le vouloir faire, je declare bien clairement par madicte depeche à mon cousin le Connestable, que je ne le substiendray point en telles passions qui me seront sy prejudiciables, au contraire que je seray bien resolu de n'abandonner point ceux du pays sy les choses en viennent à cette extremité, que mes armes et mes forces seront en cella plutot contre luy que pour. Je prie aussi mondict cousin le Connestable de s'aider en de fait de vostre assistance et bon avis et pareillement de celuy du sieur Alphonce, comme je vous prie de vous y employer de tout vostre pouvoir et même, sy vous etes prié de ceux du pays d'intervenir pour eux, pour la sureté qu'il faudra peut etre donner des places que tient Monsieur d'Épernon dans le pays, de le vouloir faire. Mais sy pardessus toutes ses propositions il vouloit continuer de faire la guerre dans le pays pour y opprimer ceux qui se sont rendus à mon obeissance, je vous prie et vous ordonne de les

j'ay esté particulièrement informé de voz commandemens et volontez sur ce qui se doit faire pour le bien de vostre service par deçà. Vostre Magesté a de long temps recogneu l'utilité de la guerre de Piedmont et jugé qu'il ne se pourroit faire une despense plus utile; aussy, pour le desir que j'ay eu toute ma vie de luy rendre très fidel service, je n'y ay espargné aucune chose et y ay mis jusques icy tout mon bien et mon crédit, n'ayant pour le present nulle espérance de la pouvoir plus soutenir, car ne pouvant attendre les moyens de la faire du dedans de vostre royaume, ny encores moins les espérer du dehors, le fondement en estant du tout incertain, je me trouve en telles necessitez que je n'attens que l'heure de me voyr ruyné et voz places en grand péril ; estant certain que ce que il a pleu à vostre Magesté d'ordonner d'estre levé en Languedoc est fort mal asseuré, pour la pauvreté et nécessité du peuple, Monsieur le Connestable mesmes ayant esté contrainct de surçoyr pour un temps la levée des deniers imposez pour l'entretenement des gens de guerre de la province. Pour le regard de la Provence, l'on n'en doit du tout rien espérer, et si peu du Daulfiné que je n'en puys bonement faire estat certain. Pour les amis de dehors, il y a plus de six moys qu'ils ont fermé les mains, et l'expérience du passé faict assez cognoistre ce qui est de leurs volontez. Ces considérations, Sire, ont meu vostre Magesté d'avoir agréable que la trève avecq le duc de Savoye feust encores prolongée pour troys moys, attendant dans ce temps de voir quelque clarté aux moyens qu'il luy a pleu destiner pour ceste guerre. Ç'a esté le seul expédient qu'elle a estimé propre pour fère subcister ce desseing; et, à la vérité, encores sera-il malaysé pendant ce temps, n'ayant moyen d'entretenir voz garnizons et la cavalerye qui sert en ceste armée, laquelle je voy perdue faute d'entretenement. J'y rappourteray ce qui sera du debvoyr et de l'obéissance que je doys à voz commandemens, et vous supplye très humblement de croire, Sire, que je n'outrepasseray en cela ny en aultre

secourir et assister de ma part de toutes vos forces et commancer des ceste heure en tout evenement, de les tenir dressées et de les approcher du pays le plus que vous pourrez, afin que sy ceux du pays se treuvent pressés vous soyez tout porté pour les secourir, sans rien precipiter toutefois, pour donner un peu de temps pour le traité que fera Monsieur de Montmorency, ce que je scay que je puis surement remettre à vostre prudence. Laissant ce propos, je vous diray que j'ay oui icy souvent le sieur baron de Joux, et sur ce je prie Dieu, Monsieur des Diguières, vous avoir à sa sainte garde. Escrit à Mante le dernier janvier 1594. « HENRI.

« FORGET. »

(Bibl. Méjanes, à Aix. Registres du Parlement.)

chose ce qu'il vous a pleu me prescrire. Le duc de Savoye faict démonstration de vouloir la trève et de la desirer, non pas pour troys moys, mais pour un an, voire deux, espérant par ce moyen de faire joindre toutes ses forces avecq celles de son beau père et en s'en deschargeant les getter sur les bras de vostre Magesté. Mais, s'il vous plaist, Sire, d'y faire considération et prouvoir aux moyens nécessaires pour luy faire une bonne guerre de deçà, j'oseray prendre la hardiesse d'asseurer vostre Magesté qu'il ne passera pas un seul homme pour vous nuyre et que l'on luy taillera tant de besoigne chez luy qu'il n'aura pas occasion d'en chercher ailleurs. Comme qu'il en soit, encores que je n'aye nulle certitude si la trève se fera ou non, en cas que l'on en vienne là, ce ne sera que pour les troys moys qu'il a pleu à vostre Magesté me permettre, et cependant je me getteray sur la frontière de Provence, pour assister, s'il est besoin et en la forme qu'il vous a pleu me commander, la noblesse et les villes du pays qui se sont mises en vostre obeissance. J'y ensuivray les reigles qu'il vous plait me donner et n'y rapporteray que ce que je cognoitray de vostre seul service. Monsieur d'Espernon y faict des progrez et y a pris des petites places qui intimident les grandes, et les plus mal assurez tachent de branler les fermes, tout ce mal procédant de ce qu'ilz ne sont assistez et qu'ils n'ont nulles nouvelles des commandemens que Monsieur de Belloy a portez; mais avant que de les voir perdre, si ceste longueur continue, en suitte de vos commandemens, je les soustiendray de telle sorte que vostre Magesté n'aura occasion de s'en mettre en peine [1]. Le sieur de Franc, present porteur, qui est fort affidé au bien de vostre service, vous en fera plus ample discours, sur lequel je me remettray, comme aussi pour vous représenter ce qui se passe en Lyonnoys et les progrez de Monsieur de d'Ornano à qui j'ay envoyé toute la cavalerye et infanterye que j'ay peu, pour y fortiffier et establir le bien de vostre service. Et sur ce je prye Dieu, Sire, donner à vostre

---

[1] Les progrès d'Épernon furent assez grands à cette époque pour que la noblesse de Provence tentât les derniers efforts auprès du roi pour en obtenir un secours. Il faut consulter à ce sujet une lettre de la comtesse de Sault du 6 mars et une autre du 4 mars du comte de Carces à laquelle est joint un mémoire très intéressant, véritable acte d'accusation de la noblesse de Provence contre d'Épernon (B. N. MS. F. 23194), et que Monsieur de Lamanon fut chargé de porter lui-même au Roi. Dans le même volume des manuscrits de la Bibl. Nation. sont trois lettres intéressantes de La Fin, chargé par le Roi de terminer amiablement ce différend, s'il était possible, datées des 29 janvier, 12 et 31 mars.

Magesté très longue et très heureuse vye. De vostre ville de Grenoble le premier jour de mars 1594.

Vostre très humble, très obéissant, très fidelle suget et serviteur.

Lesdiguières.

CLXVIII.   1594 — 13 Mars [1].

Orig. — B. N. MS. Dupuy. Vol. 61, p. 117.

AU ROY.

Sire, par la derniere depesche que j'ay envoyé à vostre Majesté je luy ay donné advis au long de mes deportemens sur la reception de celle dont il vous a pleu m'honorer au retour du sieur de Saint Jullien et comme je m'y conduisois entierement selon voz commandemens et les voyes qui m'estoient prescrites. En quoy je n'ay en nulle sorte manqué pour l'obeissance et très humble service que je vous dois et ensuite de ce que j'ay envoyé par deux diverses foys un gentilhomme exprès à Monseigneur le Connestable pour l'advertir de l'estat auquel estoyent vos serviteurs en Provence, de l'instante et pressée recherche qu'ils me faisoyent de m'y acheminer, de leur perte certaine et asseurée s'ils n'estoyent assistés ou qu'il y prouveut, estant le pays reduit à la derniere extremité. Mais il y a tant de longueurs en la légation de Monsieur de la Fin qui a esté envoyé sur ce sujet à Monsieur d'Espernon et je suis despuis deux moys jour par jour solicité avecq tant de protestations que je n'ay peu de moins (après avoir faict stanter [2] près de six sepmaines sur la frontière les forces que j'ay de vostre Majesté) que de m'y acheminer selon voz commandemens, ou j'espere avecq l'aide de Dieu d'y faire le seul service de vostre Majesté et de vous en

---

[1] La date de cette lettre nous est révélée par celle du mois de juillet suivant, commençant ainsi : « Sire, depuis le XIII mars jusques à cette « heure je n'ai pu donner advis à vostre Majesté « de ce qui se passait en ces quartiers. » Cependant cette lettre de juillet, qui n'existe pas en original, pourrait bien contenir une erreur de transcription et le chiffre XIIIe devrait peut-être se lire XVIIIe. En effet, Lesdiguières ne séjourna à Serres que du 18 au 28 mars, ainsi que nous l'apprend le journal de ses opérations militaires, qui sera reproduit dans notre troisième volume, et la lettre qui va suivre est datée de Serres.

[2] Stationner.

faire recevoir contentement [1]. De quoy je ne manqueray de vous donner promptement advis. Je ne doubte pas que mes ennemis ne taschent

[1] La lettre suivante de Besaudun, qui paya plus tard de sa vie sa haine contre d'Épernon, montre combien la venue de Lesdiguières, à qui elle est adressée, était désirée par la noblesse de Provence :

« Monsieur, vos lettres accompagnées de la copie de celle que sa Majesté vous escrit ont produit ung merveilleux contentement dans le cœur des homes, car à peyne le Roy pourroit en termes plus clers expliquer ce quy est de sa volonté. Toutesfois pour tout cela les progrès de Monsieur d'Espernon ne sont point arrestés, il continue tousiours de plus en plus à subiuguer la province et la ranger par la force à toutes ses volontés par l'assistance et faveur des forces de Monsieur de Montmorancy par le moyen desquelles il est mettre de la campagne. Les sieurs de la Fin et du Belloy sont arrivés en Languedoc, mais il n'y a point de mention d'eux par deça; par là nous cognoissons bien clairement que les desseins de Monsieur d'Espernon sont entierement favorisés par celuy à quy le Roy a ordonné d'en arrester le cours et voyons à nostre grand preiudice occuper tous les villages et nous retrancher tous les moyens par lesquels nous pouvons entretenir nos gens de guerre, lesquels par la necessité peu à peu se desbandent et nous en restons d'autant affaiblis. Toutes ses desfaveurs rangent nos affaires en de grandes extremités et plongent le peuple de ceste ville en ung extreme desespoir parmy lequel l'artifice de nos ennemys se meslant, aporte un grand desavantage. Si vostre prompte venue en ces contrées, Monsieur, ne remedie à nos afferes, ils sont en mauvais estat. Ceux qui ne la desirent point la figurent impossible et la veulent rendre imaginere, j'ay assez à fayre à combattre l'incrédulité de ces gens-là par les assurances que i'en donne au contrère. On les doibt toutesfois accuser plustost de mauvaise volonté que d'ignorance, d'autant qu'on a descouvert que leur principalle intention est de parvenir à ung accort aveques Monsieur d'Espernon. Les necessités d'une longue guerre et les incommodités continuelles qu'on reçoit de ce fort font que plusieurs y prestent l'oreille et ie redoute fort que ce peuple ne s'y precipite à la fin s'il ne voit quelque lumiere à sa delivrance et à l'extirpation de ceste citadelle. C'est pourquoi vostre venue, Monsieur, ne peut estre retardée sans beaucoup de danger pour nous, car si elle est différée tant soit peu, le peuple en croira du tout les promesses vaines. Pour toutes ces considerations, Monsieur, et plusieurs autres, tous ces messieurs sont d'advis et vous suplyent très humblement de vouloir exécuter ce qu'il vous a pleu leur promettre par moy et entrer le plus tost qu'il vous sera possible dans la province aveques toutes vos forces pour empescher que par la nécessité ce peuple ne se jette en quelque sinistre resolution, car s'il est question de traitter aveques Monsieur le Connestable et Monsieur d'Espernon; on ne le fayra pas moins pour cela, ains au contraire aveques plus d'advantaige et durant ledit traitté, si vous le trouvez bon aynsin, on ne se pourra pas moins abstenir des actes d'hostilité, ores que vos forces soyent dans la province. D'ailleurs tous ces messieurs vous suplyent, Monsieur, les vouloir de tant obliger que d'intervenir et assister en tous les traittez quy se feront et prendre en vostre protection leur conservation et defanse ne voulans traitter, accorder ny resoudre aucune chose en tous ces affaires que par vos bons advis et commandements ausquels ils s'en remettent entierement. Donques, Monsieur, l'assemblée à Saut quy tirerait trop de longueur ne se trouve nullement necessere, puis qu'il faut qu'en toute sorte vous entriez dans la province, si vous ne voulez entierement consentir à la perte et ruine totale des serviteurs du Roy et des vostres, à laquelle ne se peut oposer autre obstacle que de vostre seule presence, laquelle sans doute a pouvoir de remettre toutes choses en ung clin d'œil. S'il vous plaisoit donques, Monsieur, de vous avancer, vous arriveriez encores assez à temps pour vous trouver en ceste ville à l'assemblée qu'on y a convoquée en forme d'Estats, laquelle se doibt commancer dans deus ou trois iours. Tous ces gentilhommes, Monsieur, reçoyvent beaucoup d'honneur et de faveur de la bonne souvenance que vous avez d'eux dans vostre lettre et de l'asseurance qu'il vous plait leur donner de la continuation de voz bonnes graces. Ils desirent que vous les obligiez de tant, Monsieur, que de vous promettre la perpétuité de leurs fidelles services ausquels eux et moy persisterons iusques au

par leur artiffice de faire courir là dessus divers bruictz à mon desadvantage, mais je puis veritablement jurer devant Dieu à vostre Magesté que nulle passion ni affection particuliere me porte à ce voyage et qu'il n'y a rien que vostre seul service et la pressée recherche de voz serviteurs qui se trouvent en peril qui m'y convie, en ayant faict declaration si ample à tant de personnes d'honneur que Monsieur d'Espernon n'en doibt douter, et le plus grand de mes desirs seroit qu'il se voulut conformer à ce qui est de vos bons plaisirs et volontez, Sire. ce qui me feroit estre plus prest à m'en retourner qu'à advancer et entrer plus avant au pays. Cependant j'ay depesché le sieur de Bonne à Briqueras et logé à la frontière du Piemond cinq ou six cens harquebusiers pour l'assister en cas de siége. Il y a apparence que ces places seront attaquées et les advis m'en viennent de toutes parts. Je fais fortiffier le chasteau dudit Briqueras, qui se rendra une très bonne place et ne manque en cela que des moyens pour le faire. Je suis reduict pour ce regard en telle necessité que je n'attends que l'heure pour succomber sous le faiz, l'esperance de la treve m'estant ostée, le duc de Savoye n'ayant ni volonté, ny intention de la faire; l'assistance des amys du dehors du tout perdue, comme vostre Magesté pourra le voir par la lettre cy encloze que j'ay receue depuis peu de jours; les moyens du sel et l'imposition de Languedoc à neant et sans esperance d'en rien tirer si vostre Magesté n'en fait faire les pousuittes, et ceux du domaine dépensées et beaucoup plus; de sorte que je puis veritablement dire à vostre Magesté que je ne tire un seul denier pour l'entretenement de ceste guerre, les deux escus par feu du Daufiné n'estans bastans[1] pour le paiement de la moityé de la cavalerye que j'entretiens, qui est tout ce qui se peut dire qui me reste. Si vostre Magesté n'y regarde elle verra un sien fidele serviteur ruyné entierement, et voz places qui se sont acquises avecq tant de labeur et despence miserablement se perdre. Car le roy d'Espaigne, outre les forces qu'il envoye en France, venans d'Espaigne et de Naples, a sur pied,

dernier soupir, et ie seray sans fin, Monsieur, vostre bien humble et fidelle serviteur.
« BESAUDUN.
« C'est à Aix le IIIIe de mars 1594. »
(B. N. MS. Dupuy. Vol. 75, p. 1.)
Dans le même volume de Dupuy on trouve le manifeste de la noblesse de Provence contre d'Épernon, rédigé par le même Besaudun (p. 55), sous le titre de : « Manifeste de la noblesse de Provence contenant les causes qui l'ont incité de prendre les armes contre le sieur d'Espernon. »

[1] Suffisants.

pour vérité, quinze mil hommes en l'estat de Milan, des munitions et tout ce qui luy est necessaire pour attaquer Briqueras, qu'il entreprend sans qu'il veuille que le duc de Savoye s'en mesle, lequel cependant vient en Savoye avecq toutes ses forces qui sont grandes pour inquieter les provinces de deçà et prouvoir à son estat. J'ay un extreme regret de ne pouvoir prevenir les desseins de ce puissant ennemy qui eut trouvé tant de besongne taillée en ses estats si j'eusse esté assisté et j'ose prendre la hardiesse de dire à vostre Magesté qu'il eut esté hors de son pouvoir de faire passer aucunes forces en vostre royaume, ou du moins bien peu, et le temps vous fera comprendre que c'eust esté la despence la mieux employée de vostre estat. Je vous supplye très humblement, Sire, me pardonner si j'ose ainsy parler, le très fidele service que je vous dois et l'affection qui m'a tousjours accompagné de vous en produire les bons fruicts m'a faict prendre avecq vostre permition ceste licence et s'il vous plaisoit accorder pour ceste guerre comme je vous en requiers très humblement puisque tous aultres moyens me sont ostes, la moityé de la douane de Lyon, dont la ville vous demande le don de tout, et leur faire comprendre l'utilité qu'ils recevront de ceste guerre, qui les garantira de l'oraige de l'Espaignol, et la nécessité de vos affaires, qui ne vous peuvent permettre ny donner commodité d'ailleurs, ce seroit de quoy mettre les places en estat et commensement pour faire quelque chose de bon; en quoy je n'espargneray jamais ny ma vye, ny ce que j'auray, pour faire paroitre que je seray jusques au tombeau, Sire,

Vostre très humble, très obeissant, très fidele suget et serviteur.

LESDIGUIÈRES.

De vostre ville de Serres le............

J'oublyoys de dire à vostre Magesté que le duc de Savoye mandera ses depputés à Grenoble, si vostre Magesté l'a agreable et aussy de faire ellection de ceux qu'elle voudra commettre pour ceste negociation. Je supplye très humblement vostre Magesté de me vouloir donner ses commandementz affin que j'en donne advis audict Duc selon voz intentions et au plus tost. J'advertis aussi vostre Magesté que j'ay eu advis qu'à Vallance on a retenu la depesche qu'elle avoit donné pour moy à deux hommes de la ville d'Aix, lesquels ont esté devalisés. Cela marque, si me semble, quelque commencement de rupture de ce costé là.

CLXIX.   1594 — 18 Mars.

Orig. — A. M. Roman, à Gap.

[REQUÊTE DES CONSULS DE TALLARD] [1].

A Monseigneur, Monseigneur de Lesdiguières, conseiller du Roy, cappitaine de cent hommes de ses ordonnances, commandant generallement aux armées de Savoye & delà les monts; les consuls de Talard vous suplient très humblement, attandu que les consuls de Claret n'ont rien répondu à la signification de vostre decret et que au surplus les suppliants soustienent qu'ils sont sequestres legitimes et encore debteurs et agricolles du prieuré du Pin et par ainsin hors de deffence & exception, qu'ils ne soient contraints à randre compte & relica dudict sequestre par les voyes permises de droit [2].

Sans nous arrester aux procedures faictes par chescune des parties, s'agissant des deniers destinés pour l'entretien de la gendarmerie, et après avoir ouy lesdictes parties, est enjoinct aux consuls de Claret de payer les supplians l'assignation qu'ils ont contre le prioré du Pin en prescomtent ce qu'ils auront receu & sans despens jusques à present, leur donnant délay de payer jusques à la fin may; sauf ausdits de Claret leur ordonne contre le prieur ou rantier par mesmes voyes qu'ils seront contraincts, et cependent sera le bestal prins par cy devant rendu qui ce treuvera en nature.

Faict à Puymore le XVIIIe mars 1594.

LESDIGUIÈRES.

CLXX.   1594 — 28 Mars.

Cop. — B. N. MS. F. 23194.
Imprimé inexactement : *Histoire de la vie du Connestable de Lesdiguières*, par L. Videl. Paris, 1638, p. 147.

[DÉCLARATION PROPOSÉE PAR LESDIGUIÈRES A D'ÉPERNON.]

Monsieur le duc d'Espernon estant fidel & affectionné serviteur du Roy et très desireux en toutes choses de le faire paroistre et d'obeyr

---

[1] Voir la requête des consuls de Claret du 17 décembre 1593.

[2] La requête est seulement analysée.

à ses commandements, comme Monsieur de la Fin l'a declaré de sa part à Monsieur des Digniéres, à Messieurs de la Cour et de la noblesse de Provence qui l'assistent, ne doibt entrer justement en nul ombrage de l'entrée dudict sieur des Diguières audict pays avec les forces qu'il a de sa Magesté, ny moins d'estimer d'en recevoyr aulcun dommaige. Au contraire il peult faire estat certain qu'en ce qui regardera le bien et service de sa Magesté ils seront prests à luy rendre service. Et pour faire paroistre qu'il n'y a nulle passion particulliere qui les guide, ains le seul service de sa Magesté, on est prest, en suitte des vollontes & commandements du Roy, d'entendre à la suspension d'armes pour le temps qu'il sera advisé, Monsieur le duc d'Espernon faisant dès aussy tost remettre es mains des gentilhommes les maisons ou chasteaux qu'il a faict saisir despuis que la ville d'Aix s'est reduicte en l'obéissance de sa Magesté et les villes qu'il a prises es mains aussy des consuls des lieux, si myeus il n'ayme les fere razer estant chose plus que raisonnable puisque chascun ne vize qu'à bien & fidellement servir sa Magesté. Et d'aultant que le fort d'Aix n'a esté construict que pour ramener les habitans de ladicte ville d'Aix à leur debvoir & que maintenant ce subiect cesse, estans comme ils sont bons & fidelles subiects et serviteurs du Roy, entrans en ladicte suspension ce sera à qualité que ledict fort soit promptement demoly & razé pour leur oster tout ombrage. Le tout attendant que Monseigneur le Connestable y pourvoye plus à fonds auquel ils rendront en ce faict toute l'obeissance et très humble service que sa Magesté pourroit elle mesme desirer.

Faict à Ribiers le XXVIII mars 1594.

LESDIGUIÈRES.

CLXXI.   1594 — 1er AVRIL.

Cop. — B. N. MS. F. 23194.

[DÉCLARATION PROPOSÉE PAR D'ÉPERNON A LESDIGUIÈRES.]

Sur les remonstrances et instantes prières à nous faictes par Monsieur de la Fin tendant à ce que, pour le service du Roy, nous voullussions nous disposer à ne rien entreprendre devant huict jours sur les trouppes que Monsieur de Lesdiguières a conduittes en ceste province à fin d'atandre la responce de Monsieur le Connestable sur la depesche qu'il luy en a faicte, nous, desirant apporter toute facilité à l'exécution des intentions de sa Majesté et nous y conformer entierement, ensemble aux advis de mondict sieur le Connestable, veu mesmes la declaration que ledict sieur de la Fin nous a faicte de la part dudit sieur des Diguières sur le subiect de son entrée en ceste dicte province, qui n'estoit en intention de troubler le service ny les serviteurs du Roy, ny moings d'assister les ennemys de sa Majesté, avons promis & promettons par ceste presente de ne rien attanter ny faire attanter sur les trouppes entrées avecq ledict sieur des Diguières entre cy & le dixiesme du present inclus, dans lequel temps ledict sieur de la Fin se promet avoyr responce & de mondict sieur le Connestable, à la charge aussy que ledict sieur de Lesdiguières ny ses trouppes ne commettront aulcun acte d'hostilité en la province & n'approcheront la rivière de Durance pour passer ou se joindre avecq celles de Monsieur le comte de Carses, dont il fera promesse que ledict sieur de la Fin se chargera nous rapporter ou la presente.

Faict à Riez le premier jour d'apvril 1594.

Loys de La Vallette [1].

[1] Ce projet de déclaration, ainsi que le précédent, sont copiés de la main de la Fin, négociateur chargé par le roi de terminer, s'il était possible, les affaires de Provence sans effusion de sang. Ni l'un ni l'autre ne furent acceptés. La lettre suivante du même La Fin nous donne la mesure de l'état des esprits dans cette province et des difficultés qu'il rencontrait pour faire prévaloir sa politique pacifique :

« Sire, par ceste accomodité du sieur de Garron i'ay estimé à propos de donner quelque mot d'advis à vostre Maiesté de ce qui presse le plus, attendant que ie luy puisse mander la finalle resolution que nous prendrons sur les affaires de Provence, desquelles ie ne puis nyer à vostre Maiesté que i'ay tout à faict desesperé pour quelques iours qu'il s'en peut rien terminer à vostre contentement, pour les contrariétés, diversités d'humeurs et haynes cruelles que la pluspart des interessés se manifestent plus qu'il ne seroit besoing pour le bien de vos affaires, mais depuis quelques heures ie commence à me promettre quelque chose de meilleur ; touttefois, ie n'ose de rien encore asseurer à vostre Maiesté que ie n'aye de nouveau conféré avec Monsieur de Lesdiguières & tous ces Messieurs embrouillés avec Monsieur d'Espernon, lesquels ie trouveray tous ce soir à Manosque assemblés ou demain de fort bon matin..... Vostre Maiesté, voyant le double que ie luy envoye des escripts que m'ont donné Monsieur d'Espernon & Monsieur de Lesdiguières, pourra juger sur le tout & inferer ce quy s'en peult attendre. Quoy qu'il en soyt, Sire, nous essayerons par tous moyens à faire en sorte que toutes aigreurs sursoyent, s'il se peult, jusqu'à ce que Monsieur le Connestable y ait mis la dernière et bonne main..... L'entrée de Monsieur de Lesdiguières l'a fort aigry & mescontenté, touttefois en fin il s'est, pour le bien de vostre service & par nos remonstrances & prieres, laissé aller à ce que ie vous envoye par escript attendant ce que ie pourray resoudre avec Monsieur de Lesdiguières & ces autres Messieurs. Je les vais trouver de ce pas à Manosque : Dieu veuille benir mon voiage. » Nous avons de toutes parts despesché à Monseigneur le Connestable, Monsieur de Lesdiguières m'ayant aussy fort asseuré de s'arrester à ce qu'il ordonnera.....

« La Fin.
« A Rhiés, dernier de mars 1594. »
(B. N. MS. F. 23194.)

La lettre suivante de d'Épernon à Lesdiguières, intéressante à plus d'un titre, montre quelle haine profonde séparait ces deux hommes :

« Monsieur, je vous ay discouru fort au long par mes precedentes le peu d'occasion et subiect que les nouveaux revoltés de Provence ont eu de s'opposer au commendement qu'il a pleu à nos rois me donner sur eulx, pour faire malheureusement renaistre la guerre, la nourrir et perpetuer en leur propre patrie, preferant leur ambition particuliere à l'honneur de Dieu, service

CLXXII.   1594 — 19 Avril.
Orig. — Arch. munic. de Saint-Savournin (Vaucluse).

[A MONSIEUR D'HERCULES.]

Monsieur, je suys d'advis que vous mandiez à Gordes et à Rossillon quarante maistres de ma compaignie à chasque lieu, affin que ceulx qui demeureront à Saint Savornin soyent tant plus au large et pour cest effect j'en escris à Monsieur de Cabanet et aux consuls desdicts lieux. Et, au cas qu'ils se rendissent refusans, ils pourront fournir des [vivres] necessaires pour ledict nombre audict Saint Savornin ainsy que je leur mande. Sur ce, après vous avoir baisé les mains, je demeureray à jamais, Monsieur,

Vostre très humble et très affectionné pour vous fere service.

LESDIGUIÈRES.

A Pertuys ce 19 avril 1594.

du Roy et repos du peuple, que je leur avois asseuré par la perte de mon sang et plus singuliers amis, estimant estre de mon debvoir d'esclairer tout le monde de mon droict et justice et principallement vous, Monsieur, à qui les susdits ont tasché en toutes façons rendre leur cause saincte et iuste, vous revestir fauteur de la rebellion et en appuier sur vous leurs plus mauvais et pernicieux desseings. Je ne pensois pas que leur persuasion eut tant de pouvoir que de vous ployer à une requeste si injuste, me representant plusieurs choses là dessus. Enfin j'ay recogneu que ce n'est point le service du Roy qui vous a porté dans mon gouvernement et avec une armée, comme si c'estoit un païs de conqueste plein de Sarrazins. Nous sommes tous françois, serviteurs du Roy et avons cet honneur d'estre tretous subiects; ne debvez vous pas apprehender l'innocence de ce pauvre peuple qui est tant desolé par la continuation de ces malheureuses guerres civiles. Que si c'est à moy à qui vous en voulez, c'est à vous à qui j'en veux; mais ie ne voudrais pas que l'innocent y souffrist, ains que ce fust de vous à moy, avec une épée, à pied ou à cheval. Sy vous continuez en ceste volonté que les effects m'asseurent très mauvaise en mon endroict, ie vous prie vous representer là dessus la desolation qui sera en ceste pauvre province, s'il fault que deux armées y règnent ou au contraire le grand bien si le feu qui commence à l'abimer s'esteint par la preuve de nos personnes que ie vous offre et vous prie d'y entendre sans aulcun subterfuge. Ce sera de vous et de moi ou bien deux à deux, vingt à vingt, cent à cent, comme vous vouldrez, en·lieu qui ne sera suspect ne à l'un ny à l'aultre, et nous purgerons toutes nos passions et verrons à qui le droict et la valeur prolongera la vie. De Riez le .... 1594.

« Jean Loys de La VALETTE. »

(Bibl. de Carpentras. MS. Peirèse. Reg. XLI, vol. 2, fol. 276.)

Malgré ces difficultés La Fin continuait ses négociations : dans une lettre au roi du 17 avril 1594 (B. N. MS. F. 23194), il avoue que les choses s'aigrissent de plus en plus et qu'il travaille pour éviter un choc entre les deux armées composées de serviteurs du roi; le post-scriptum surtout est rempli d'un découragement bien naturel :
« Sire, estant prest de fermer la presente, j'ay
« receu des lettres de Monsieur le marquis
« d'Oraison par lesquelles il m'escrit que le sieur
« de Brose, gouverneur de Saint Paul sur Durance,
« s'est declaré pour eulx, reçoit garnison des
« troupes de Monsieur de Lesdiguières et leur
« donne le passage de Durance qu'ils pensent
« fere aujourd'hui ou demain. Je leur ai depeché
« en toute diligence pour arrester le cours, s'il
« se peut, de cette agression.... — LA FIN. »

Du reste, il faut reconnaitre que ce fut surtout grâce à La Fin que l'effusion du sang fut évitée.

CLXXIII.   1594 — 18 Mai.

Orig. — B. N. MS. F. 3622, p. 140.

[AU DUC DE NEVERS.]

Monseigneur, auparadvant que vous escrire cele qui vous feust rendue de ma part à Mantoüe, dattée du XIe février, à laquelle il vous pleut fere responce du VIIIe mars dernier, j'avois asseurance certaine de l'affection que vous raportez à l'avancement des affaires que le Roy m'a voulu commettre de là les montz et en Savoye; je sçavois que au conseil de sa Magesté vous aviez plus que nul aultre faict cognoitre l'utilité de ceste entreprinse à ceux qui n'en avoyent tant de cognoissance que vous. Je n'ignorois aussi que parmi ceste affection il ne s'apperceust une proposition que vous aviez vous mesmes faicte de m'aymer et procurer ce qui estoit de mon bien et honneur en servant sa Magesté, n'estant toutesfois si présumptueux que j'aye jamais voulu attribuer ceste amityé à mon peu de mérite, mais à vostre seule grace; et ce sont ces considérations, Monseigneur, qui alors me meurent de vous représenter l'estat auquel nous etions, vous voyant porté sur les lieux, d'où sa Majesté attendoit la principale assistance, sellon les espérances qui luy en avoyent de si longue main esté données. Je sçay bien, Monseigneur, que par le passé je ne vous avois pas si particulierement escrit que je devois, retenu (sans mentir) de crainte de vous importuner par une longue lettre, que j'aimois mieux mettre en la bouche de ceux que j'envoyois à la Cour, lesquels m'ont asseuré vous avoir randu mon devoir. Mais maintenant, Monseigneur, que je suis tout asseuré que vous prenez plaisir d'entendre des nouvelles bien amples de ce qui se passe partout ou j'ay l'honneur de servir le Roy, je ne feray plus de difficulté de vous envoyer souvent un ennuyeus pappier, puisque vous voulez prendre la peine de vous fere lire ce que y sera escrit. Et pour commencer à vous donner cet ennuy, je vous diray, Monseigneur, que la lettre qu'il vous pleut donner à celuy qui vous randit la mienne feust receüe par l'amy à qui vous l'adressiez; le porteur s'expliqua suffisamment sur le faict de la créance que vous luy aviez commise, et représenta amplement nostre estat et noz necessitez telles que je les vous avois faict cognoistre : par responce de bouche on se résoulut que de là en avant nous serions assistez par chacun moys, et que nous toucherions ceste assistance par l'intelligence du sieur cappitaine Mazin d'Albenne qui est à Lyon, lequel avoit des advis avant que mon homme feust de retour en Daufiné. Ceste résolution feust donnée avecq tant de démonstration d'affection que je ne pouvois moins fere que de m'en promettre l'effect; mais après avoir envoyé vers ledit sieur d'Albene (qui a dit n'avoir receu aucun commandement de l'amy ni d'autre de sa part), j'ay changé mon oppinion en créance que on s'estoit voulu en ceste honneste façon deffere de mondit homme. Cependant la treve que nous avions avecq Monsieur de Savoye est expirée des le dernier jour d'avril, et dès le premier de may il a commencé à fere courir à Briqueras, et le marquis de Tresfort son lieutenent en Savoye sur le Viennois, où il espère fere des progrez par les intelligences qu'il a à Vienne, détenue par les ennemis du Roy. Ce prince s'appreste pour donner en Daulfiné du costé des montagnes de Briançon. C'est la confirmation des adviz qu'il vous avoit pleu me donner, et mesmes en ce que l'estat de Milan arme pour, avecq le secours de la tierce de Naples et de Sicile et d'un renfort d'Espaignols, que quarante galleres sont allés quérir, assieger tout à un coup Briqueras et Cavours sous la conduicte du Conestable de Castille et du duc de Pavie son lieutenant général en ceste armée. Jugez donc maintenant, Monseigneur, si nous aurons faute d'occupation. Mais plaignez nous, s'il vous plait, de ce qu'elle nous arrive sur le point que nous sommes destituez de tous moyens, y ayant plus de dix sept moys que je n'ay receu aucune assistance que celle des moyens de mes amis, des miens et de quelques deniers peu considérables que ce prince a fourniz pendant nostre premiere treve, comme il se verra par l'estat de recepte et despence qu'en fera le trésorier de l'extraordinaire des guerres. Toute ceste honneste paouvreté a en partye satisfait au paiement de l'infanterye establie pour garnison en noz places, et quand à la cavalerye il y a huict moys entiers qu'elle n'a receu aucune chose, s'estans les gentilzhommes qui assistent le service du Roy entretenu aussi bien que moy à leurs despens et aux miens, y ayant employé tout ce que nous avions. Sa Majesté, Monseigneur, avoit cy devant ordonné l'allienation et revante de son domaine du Daulfiné ; les deniers provenans de ce qui en a esté vandu estoyent despenduz un an auparadvant qui estre receus, et quant à ce qui reste à vandre, il ne s'y peut encore rien faire pour estre assis au Viennoys, où les ennemis ont jusques icy du pouvoir. La province de Daufiné nous fournissoit par forme de subvention, suivant la volonté du Roy, deux escus d'or fin par moys, dont nous n'avons rien receu de toute ceste année. Elle nous avoit aussi promis de tirer du sel de Peccays jusques à quatre cens muidz, et encores depuis naguières octroyé une imposition d'un escu pour mine[1] de tous les sels qui seront tirez sur la rivière du Rosne. Toutes ces assistances ont esté jusques icy vaines et infructueuses contre l'intention du Roy. Je vous représente hardiment la maladye comme au médecin en qui, après le Roy, j'ay colocqué une grande espérance du retour de nostre santé, et si ce n'estoit la ferme asseurance que j'ay en vostre affection j'entrevois en desespoir de la prospérité des affaires du Roy, pour me voir à la veille du naufraige d'icelles au prejudice de ma réputation. C'est en voz mains, Monseigneur, que je vaumis librement ma douleur, aussi vous supplyé-je très humblement de croire qu'il n'y a aujourd'hui personne de ma condition au monde qui vous soit plus fidel et obeissant serviteur que moy, qui exposeray ma vie pour vous donner le fruict de ces véritables parolles en toutes les occasions qui s'offriront pour l'exécution de voz commandemens. Aidez nous donc, Monseigneur, et en gardant de périr les affaires du Roy gardez aussi s'il vous plait que nous ne périssions. Si sa Majesté me donnoit les moyens d'un prompt secours de douze cens chevaux, quatre mil harquebuziers françoys et deux mil suisses, je voudrois entreprendre de rendre ces grandz appareils sans effect préjudiciable et faire cognoitre à sa Majesté et à vous, Monseigneur, que si jusques à ceste heure il s'est peu avancé en ces affaires, ce n'a été que faute de moyens pour bien fere la guerre. Je laisseray ce discours pour briefvement vous rendre compte de ce qui s'est depuis deux mois en ça passé en ceste province, où le Roy m'avoit commandé d'entrer pour fortiffier l'affection de la noblesse et des villes qui s'estoyent depuis peu recogneuz et embrassé son service, au cas que on les voulust autrement traitter que par douceur. Je diferois l'exécution de ce commandement de temps en temps, bien que je fusse incessamment pressé par ces nouveaux serviteurs qui n'ignoroyent point la volonté de sa Majesté et ce retardement procedoit de l'espérance

[1] Mine, pour émine : mesure contenant trente-deux litres.

que j'avois de voir les choses accommodées par la douceur, moyennant l'entremise du sieur de la Fin qui estoit auprès de Monsieur le Conestable de la part de sa Majesté pour cet effect. Enfin, voyant que ceste négociation prenoit une si grande longueur, les advis que j'avois que Monsieur d'Espernon traittoit ces gens icy contre l'intention de sa Majesté, faisant de jour en jour des progrez, à la vérité plus épouvantables que dommageables, et qui toutesfois pouvoyent porter ces gens là à un desespoir préjudiciable au service du Roy, après avoir demeuré quelques jours sur la frontière de ceste province, j'y entray des le XXIXe jour de mars dernier et allay jusques à Pertuys avecq une trouppe assez gaillarde pour tenir Monsieur d'Espernon en considération. Aussi est-il véritable que dès lors nous voyans campez à un bord de la rivière de Durance, il se logea sur l'aultre avecq résolution de nous combattre au passage qu'il croyoit que nous voulussions fère en cet endroit pour venir à Aix où nous sommes. Sur ces entrefaictes, le sieur de la Fin arrive, qui par le commandement de Monsieur le Conestable fit fere une cessation d'armes de part et d'aultre pour dix jours, pendant lesquels il esperoyt que toutes choses s'accommoderoyent selon la volonté du Roy, à laquelle j'ai tousjours déclaré que je me voulois conformer. Avant ces dix jours expirez, je fus assailly d'une pleuresye et fievre continue qui m'arresta au lict jusques au XXIIIIe d'avril. Tout ce long temps fut employé par ledit sieur de la Fin à la continuation de sa négociation, faisans plusieurs allées et venues aussi infructueuses que les précédentes ; ce qui me fit dès le jour mesmes resoudre de marcher droit à Ourgon, ou le XXVIe nous fismes dès la minuict jusques à deux heures après midy passer nostre infanterye et nos bagages sur un seul bateau, et peu après notre cavalerye gaya ce torrent, bien que grand et rappide plus que nul autre, sans toutesfois rompre l'ordre de la disposition de noz escouadrons. Ce passaige faict sans aucune perte ny incommodité et avecq une diligence incroyable à Monsieur d'Espernon, qui nous avoit tousjours costoyé fors que alors, ne pouvant imaginer que nous passissions si tost, quelques uns de noz trouppes s'avancèrent jusques à Senas, ou estoit logée son avant garde, distant d'une petite demy-lieue de nostre passaige, et ayant chargé l'ennemy et mené jusques à son logis, il fust soustenu par le gros que fortuittement y arrivoit, si bien qu'il falust que les nostres, qui estoyent trente ou quarante au plus, se préparassent à la retraicte, à laquelle fut tué, en bien faisant un gentilhomme, nommé le sieur du Vache et le sieur de Bezaudun, gentilhomme provençal, duquel la mémoire est honorable, engaigé sous son cheval, pris prisonnier et, longtemps après, tué de sangfroid par le commandement et en la présence de Monsieur d'Espernon, qui l'a ainsy advoué. Du costé de l'ennemy il y eust force chevaux tuez et blessez et prins de prisonniers. Voilà tout le sang qui s'est respendu à cest abord. Aussi n'estoit-il pas à désirer que ces deux trouppes, composées de beaucoup de serviteurs du Roy, se batissent, et pour moy, Monseigneur, je n'en ay jamais eu la volonté, recognoissant bien que la deffaite de l'un ou de l'aultre ne pouvoit rapporter advantage qu'à l'Espaignol, insatiable ennemi du sang des Françoys [1]. Le lendemain l'ordonnance absolue de Monsieur le Conestable feust apportée, par laquelle le fort d'Aix devoit estre mis ez mains du sieur de la Fin comme non suspect, et la trève establye pour tout ce moys [2] : chacun a rendu obéissance et est ceste ordon-

---

[1] Le parlement de Provence s'applaudit également de ce que le sang français n'a pas coulé, dans la lettre suivante qu'il écrit au Roi :

« ..... Les affaires sont disposées pour parvenir à l'establissement du repos désiré par vostre Magesté et par vos bons et fidelles subiects, et par ce moyen les deux armées qu'estoient dans la province, commandées par Monsieur le duc d'Espernon et Monsieur des Diguières, n'ont combatu, or ce qu'elles fussent fort proches l'une de l'autre, et vos serviteurs, en grand nombre tant d'un cousté que d'autre, ont esté conservés..... Aix, 25 may 1594.

« LE PARLEMENT DE PROVENCE. »
(B. N. MS. F. 23194.)

[2] Voici la réponse du duc d'Épernon à l'ordonnance du Connétable lui enjoignant de remettre le fort d'Aix entre les mains de La Fin et d'observer la trève :

« Nous, duc d'Epernon, pair, colonel de France, gouverneur et lieutenant général pour le Roy en Provence : ayant pleu à Monseigneur le Connestable nous faire sçavoir par Monsieur de L'Egues les particularités de ses ordonnances fondées sur la volonté de sa Majesté pour le repos de ceste province, avons dès à present remis le fort d'Aix entre les mains de Monsieur de Perault pour le garder par forme de dépost, selon l'intention de Monseigneur le Connestable, jusques à ce que Monsieur de La Fin, auquel il a commis sa charge, soit arrivé en icelny prendre effectivement possession, ainsy qu'il a esté ordonné; promettant nous conformer entièrement et sans exception à ce qui nous est marqué tant par l'ordonnance de mondict seigneur le Connestable du 26 du passé que par l'instruction dudict sieur de L'Egues du premier de ce mois, à condition neanmoins que sy ledict sieur de La Fin n'arrivoit pas tout samedy prochain septiesme dudict mois, que pour cella l'armée de Monsieur des Diguières et les troupes desdicts sieurs comte de Carces, marquis d'Oraison et autres n'auront aucun sujet d'arrester ou elles sont, ains commenceront de se retirer des le mesme jour ou il est ordonné, comme aussy fera l'armée du Roy qui est sous nostre charge, ensemble les forces dont mondict seigneur le Connestable a voulu assister lesdictes affaires de sa Majesté en ceste province, afin qu'elle soit deschargée de la foulle et despense qu'elle souffre par le sejour des armées. Et cependant la treve qui a été resolue et arrettée par mondict seigneur le Connestable, sera presentement publiée et de nostre part inviolablement observée.

« Faict à Lambesc le 2e may 1594.
« Louis DE LA VALLETTE.
« Par mondict seigneur,
« GUIS. »
(Cop. Bibl. Méjanes à Aix. Reg. du Parlement.)

nance effectuée, encores qu'auparadvant nostre passage de Durance la proposition qui en avoit esté faicte eust esté trouvée par aucuns de dure digestion. Je suis maintenant icy ou j'ay recogneu le peuple plain d'une indicible affection au service du Roy. Il ne sçauroit assez estimer ceste acquisition qui bientost mettra tout le reste de ceste belle province en son obéissance. Deux choses sont nécessaires pour y establir et fortiffier promptement l'authorité de sa Majesté : c'est qu'il luy plaise donner ses lettres patantes portant commandement à la Cour de parlement transférée à Manosque de revenir en ceste ville qui est son ancien siége, affin d'y rendre ses sanctions, et de fere desmolir ce fort qui est un œuvre imparfait, de grande entreprinse, en mauvese assiete, pour estre commandé et manque d'eau. Ce sont les adviz que je donne à sa Majesté, lesquels je vous supplye très humblement de fortiffier des vostres, meilleurs et de plus grand poix. Au partir de ceste ville, je croy que nous yrons tous voir Monsieur le Conestable qui est à Beaucaire : là il se traictera d'une plus longue trêve, en attandant que les volontez du Roy soyent cogneües à ceux qui les veulent ignorer. Cela faict, je retourne en Daulfiné, où j'ay desjà renvoyé la pluspart de noz trouppes ; nous nous approcherons de l'ennemy aussi près que noz débiles forces le permettront. Possédé de l'asseurance que j'ay que vous avez en singulière recommandation le bien des affaires que sa Majesté a mises en mes mains, c'est l'endroit ou je supplye le Créateur, Monseigneur, vous donner en parfaicte santé longue et heureuse vye, et à moy la grace de demeurer, tant que je vivray,

Vostre trés humble, tres obéissant et tres obligé serviteur.

LESDIGUIÈRES.

Aix, le 18e jour de may 1594.

CLXXIV.   1594 — MAI [1].
Cop. — B. N. MS. F. 3344, p. 88.

[AU ROY.]

Sire, depuis le XIIIe mars jusques à ceste heure, je n'ay peu donner advis à vostre Majesté de ce qui se passoit en ces quartiers à cause

---

[1] Cette lettre est écrite d'Aix avant la démolition de la citadelle de cette ville : or, Lesdiguières arriva à Aix le 12 mai et la démolition commença le 8 août. Ce fut donc dans cet intervalle, mais avant la rentrée du Parlement, c'est-à-dire à la fin de mai, que fut écrite cette lettre.

que de jour à autre il sembloyt que par la force ou par traicté on y verroyt de la clarté. Je vous feis entendre, Sire, les pressées et comme ordinaires protestations que me faisoient voz serviteurs et subjectz de ce pays de les assister, si je n'en vouloys veoir à mes yeulx leur ruyne certoine et inévitable ; la longue pacience que je leur avoys faict prendre pour donner moyen et commodité à Monsieur le Connestable de les mettre en repos ; que je n'estois pressé ny de passion ny d'affection particullière ; que rien que vostre seul service & l'honneur de voz commandemens, joinct l'éminent & certain péril de la province, m'y convioyt, que j'en avoys faict des protestations en tant de pars et à tant de personnes que Monsieur d'Espernon n'en devoyt doubter, et que le plus grand de mes désirs estoit qu'il se voulust conformer à voz volontez, que sur le champ mesmes il me verroyt plus prest à m'en retourner que d'y entrer. Je suis demeuré en ces termes pour n'outrepasser ce qu'il vous avoit pleu me prescripre, qui estoit de faire terminer les choses plustost par la douceur que par la force. Je l'ay mandé à mondit seigneur le Connestable, je l'ay tesmoigné à Monsieur de la Fin, et n'ay pénétré dans le pays qu'à toute extrémité. A l'abord ledit sieur de la Fin feit ce qu'il peust pour m'arrester sur la frontière, et, voyant que la nécessité des vivres m'en chassoit, me feyt promettre de ne passer la ville de Pertuys qu'il ne fut de retour de vers mondit seigneur le Connestable, lequel il alla trouver en grande dilligence pour y mettre la bonne main. A son retour, il continua à me persuader par beaucoup de discours, fondez principallement sur le desservice que l'on feroyt à vostre Majesté si le deux armées se chocquoient qui estoient composées & l'une & l'autre la plus part de noblesse très zélée & affectionnée à vostre service, que quoiqu'il en feust il ne vous en pourroyt survenir que une grande perte et que l'utilité et le proffict en reviendroit à l'Espaignol, que mondit seigneur le Connestable, ayant prudemment considéré le préjudice qui en arriveroyt, commandoit par ses patentes bien amples, en vertu de son pouvoir, aux ungs et autres de ne s'attacquer à peine de la vye, et que cependant on feist cessation d'armes pour dix jours, durant lesquelz il vouloyt trouver le moyen d'assoupir toutes choses. Ce temps s'emploia en négociacion, et ce pendant je tombis mallade d'une fiebvre continue et d'une purésie qui me mena jusques au tombeau ; mais Dieu m'en a relevé et m'a faict la grâce de continuer à vostre Majesté le très fidelle service que je luy dois. Voyant les dix jours passés & plus, à l'instante & pressée recherche de ceulx de vostre ville d'Aix, qui estoient comme au desespoir de la longueur de la négociacion & du dommaige qu'ilz recevoient du fort, je passé la rivière de Durance auprès d'Orgon, ayant quelques jours auparavant faict réduire les villes de Saint Pol et Rieys, et la feis gayer par la cavallerie, escadrons par escadrons rangez près d'entrer au combat, comme s'il n'y eust pas eu d'eau, encores que la rivière feuct fort grosse. Ce passaige prompt et en peu d'heures, en veue de l'armée de Monsieur d'Espernon, causa que quelques ungs des siens parurent en nombre d'environ IIII^{xx} maistres, lesquelz furent repoussez par une quarantaine des nostres, jusques dans les portes de Senas, ou estoit leur gros, qui sortyt, Monsieur d'Espernon mesmes en personne, leur feirent une charge et se meslèrent parmy une vingtaine qui faisoient la retraicte, ou entre autres le sieur de Besaudun tomba par terre d'un coup de pistollet que son cheval eut aux reins, fut faict prisonnier, mené à Monsieur d'Espernon et tué à sang froid en sa présence & par son commandement, le sieur du Vaché tué au combat et deux de prisonniers; des leurs il n'y eut nulz prisonniers mais beaucoup de chevaulx blessez & quelques uns de guaignez. Ce mesme jour nous joignismes Monsieur le comte de Carces avec ses forces, et tous ensemble pouvions faire mil ou XI^c maistres, et environ troys mil harquebuziers. Monsieur d'Espernon estoit égal en cavallerie, mais inférieur en infanterie. Nous feismes aussi passer deux coullevrines, délibérez le lendemain matin de nous acheminer à Aix et combattre en chemin si on s'oposoyt à nostre passaige. Monseigneur le Connestable, estant adverti de ce desseing tant par Monsieur de la Fin que par les depputez qui s'estoient acheminez vers luy pour sçavoir la dernière résolucion de cest affaire, depescha toute la nuict en diligence un gentilhomme esprès, qui feyt tel debvoir qu'il arriva en mesme temps que l'on vouloit partir, et apporta commandement de ne bouger d'Ourgon, et que ce jour Monsieur de la Fin et les depputez y arriveroient avec ce que l'on pouvoyt désirer; ce qui fut, et apportèrent asseurance que Monsieur d'Espernon se soubzmettoit d'obéyr entièrement aux commandemens de vostre Majesté et à ceulx qui lui seroient départiz par Monsieur le Connestable, qui ordonna que le fort d'Aix seroit remis entre les mains de Monsieur de la Fin pour en faire ce que vostre Majesté commanderoyt [1], que les gens de guerre qui estoient dedans en sortiroient et que ledit sieur de la Fin y mettroyt des personnes asseurées à vostre service, que suspension d'armes seroyt pour ung mois, que les trouppes des ungs & des autres se retireroient en leurs garnisons et celles de Daulphiné en Daulphiné, et que dans ce temps il y auroyt moyen de conférer avec tous et apporter une bonne reconciliation, et vous faire rendre par chascun le fidel service qui vous est deu. En l'exécution de ceste ordonnance Monsieur de la Fin est entré dans le fort le XIe du présent avec environ IIII^c harquebuziers de Montpelier, Nismes, Usez & Tarascon, et II^c qui luy doibvent encores arriver. C'est ce qui s'est passé jusques à maintenant que je me suis acheminé en ceste vostre ville d'Aix, avec quelques compaignies de cavalliers que j'ay reservées pour la seureté de mon passaige, affin de conforter voz subjectz & serviteurs au service qu'ilz vous doibvent, les asseurer de vostre bonne vollonté en leur endroict, en la souvenance que vous avez du service qu'ilz vous ont rendu et de leur fidélité qu'ilz ont produicte cy à propos. Il reste, Sire, à parachever ce qui s'est heureusement commancé ; sur quoy je prendray la hardiesse de dire à vostre Majesté que pour le bien de son service il est plus qu'expédiant & nécessaire qu'elle donne son commandement et sa volonté sur la démolition du fort, lequel pour le jour d'huy ne peult servir que de despence ; car d'estimer que ce soit une bonne place, la vérité est qu'il ne vault rien et que de soy mesme il s'en va en ruyne. D'ailleurs il est si grand que quand on s'en vouldroit servir et le mettre en estat tel qu'il fauldroit, il cousteroyt plus de III$^{c.m.}$ escuz, et qui pis est, l'entretennement de la garnison, pour le grand circuict qu'il contient, seroit si excessif que près de mil escuz par mois, de la sorte que l'on est contrainct d'en dresser l'estat, n'y pourroient suffire, et mesmes, ce qui est à considérer, l'assiette en est du tout mauvaise, pour estre dominée en plusieurs partz et manque d'eau ; en manière que le plus expédiant pour vostre service, Sire, est d'en ordonner vostre bon plaisir au plus tost, joinct le peu de subjec-

---

[1] La lettre du parlement de Provence déjà citée ajoute les détails suivants : « ..... Le fort qui est au devant ceste ville a esté baillé en garde au sieur de la Fin en attendant que vostre Maiesté en eust ordonné de son bon plaisir. Il y entra le dixiesme de ce moys..... Monsieur de Lesdiguières y est arrivé le douziesme pour y asseurer de bien en mieux le service de vostre Maiesté avec l'assistance des sieurs marquis d'Oraison, conte de Carces et aultres..... Aix, le 25 may 1594.

« Le PARLEMENT DE PROVENCE. »
(B. N. MS. F. 23194.)

tion qu'il apporte en la dévotion et fidélité que ce peuple vous a, dont j'oserois prendre la hardiesse de vous respondre, si en mesme temps vostre Majesté commande à sa Court de parlement, transférée à Manosque, de retourner au lieu de leur première séance, qui y aura tel & si absolu pouvoir que tous doubtes pour ce regard debvront cesser, considéré mesmes les fidelles deportemens à vostre service et les preuves remarquables qui en rendent tous les jours Messieurs de vostre Cour de parlement de ceste ville, et particullierement Monsieur le président Chayne, l'affection duquel est si grande qu'elle n'a borne ny mesure, comme aussy celles de Messieurs le marquis d'Oraison, conte de Carces, contesse de Saux, sieur de Soliers, Doyse, Mauprade, Cerest et autres, que je ne sçaurois assez à mon gré vous tesmoigner, Sire, pour les bons effectz qu'ilz en rendent. Et affin de faire finir tous troubles & dissentions et donner acheminement au repoz, vostre commandement absolu est fort requis, avec celluy qu'il vous plaira nommer & envoyer pour avoir la charge de la province, lequel n'y sçauroit si tost arriver que la nécessité de vostre service le requiert. Je ne dois aussi taire à vostre Majesté les grandz et signallez services que Monsieur de la Fin vous a renduz en ceste province, la prudence et affection qu'il a rapporté, et que vous ne pouvez faire meilleure eslection, Sire, d'un cavalier plus digne ny plus capable de faire terminer cest affaire à une bonne fin, et satisfaire par mesme moyen en cela à ce qui est de voz bons plaisirs et commandemens, en quoy il n'a espargné ny ses moyens, ny sa peine, ny sa vie, et continue tous les jours avec tout le soing qu'il se peult dire, incommodé infiniment pour avoir trouvé le fort desgarny de toutes choses et poinct d'assistance jusques icy pour l'entretennement de sa garnison que ce qui est procédé de ceulx de ceste ville, qui ont fourny à ses soldatz des vivres, outre ce qu'il y a mis de son bien[1]. C'est, Sire, ce qui s'est

---

[1] Le malheureux La Fin, qui avait fait preuve en effet d'une grande habileté et d'une remarquable persévérance dans ces négociations, fut mal récompensé de ses peines. Lesdiguières lui enleva par ruse le fort d'Aix qu'il devait garder entre ses mains jusqu'à nouvel ordre et le fit démolir. Le duc d'Épernon, auprès duquel il alla se plaindre du procédé de Lesdiguières, le fit mettre en prison comme ayant livré volontairement le fort qui lui avait été confié. A peine mis en liberté il porta ses doléances au connétable de Montmorency, qui le fit également emprisonner comme traître, et enfin, en désespoir de cause, il appela Lesdiguières en duel; mais un ordre du roi interdit le combat qui allait avoir lieu. Il existe deux lettres de La Fin au roi pour se justifier, écrites de la prison de Pézenas, où le retenait le Connétable, du 23 juillet et 4 octobre 1594 (B. N. MS. F. 23194), et une lettre de Bellièvre au Connétable (B. N. MS. F. 3584, p. 93) pour le supplier de traiter La Fin avec moins de sévérité.

passé à la vérité jusques à maintenant en vostre province, laquelle je seray contrainct de laisser en ce commencement de repos, à cause du progrez de voz ennemis de dehors qui se mettent aux champs. Et de faict le marquis de Traffort est entré dans le Daulphiné avec quelque cavallerie et infanterie, a jetté Albigny dans Vienne, qui y a conduict des troupes & de l'argent d'Espaigne touché dans Milan. Le duc de Savoye a rompu la trefve et faict courir à Bricqueras qu'il menace de siége; des advis de toutes pars me viennent que les trouppes de Milan marchent, que les tierces de Naples & de Sicille les joignent, que le Connestable de Castille doibt estre chef de l'entreprise et le duc de Sause son lieutenant général, et qu'ilz font levée de VIII^M Suisses, et qu'il y a plus d'un mois que quarente gallère sont passé vuydes avec les matelotz seullement pour aller en Espaigne charger de l'infanterie affin d'en amener plus grand nombre. Ilz font estat d'avoir XVIII mil hommes de pied et deux mil chevaulx, avec les VIII^M Suisses, III^M Napolitains ou Siciliens, III^M Milannois et IIII^M Espaignols, la cavallerie de Milan, de Naples, et ce qu'ilz ont dans le Piedmont. Le duc de Savoye doibt donner dans le Daulphiné avec son armée, qui pourra estre de IIII^M hommes de pied & mil chevaulx. Tous ces appareils me raporteroient peu ou du tout poinct de fatigue, si j'avoys de quoy donner quelque paiement aux trouppes de vostre Majesté que j'ay cest honneur de commander, lesquelles, Dieu mercy, ne sont pas si petites que je n'aye, de ce qui est destiné pour la guerre de Piedmont, près de VII^c hommes bien montez et accomodez, et plus de II^M harquebuziers, qui par ma seulle assistance & celles des seigneurs & gentilshommes qui les commandent ont subcisté desjà huict mois sans retirer aucun paiement. Car du Languedoc, ny du sel, ny de l'imposition de VI^{xxM} escus je n'en ay poinct receu ung sol, de Provence aultant peu, du Daulphiné de mesme, la vente du domaine pour ce qui reste n'ayant eu aulcun lieu quelques patentes que le sieur de Sainct Julien en ayt apportées, à cause des armées de l'étranger qui sont à toutes heures dans le Viennoys en leur voisinage et de ce que la ville de Vienne est possédée par les ennemis, les ventes, quelque commandement qu'il y aye de vostre Majesté, ayans cessé dez le commancement de ceste année; et ce qui devoyt procéder d'Italie dû tout manque, quelque esperance que l'on me donna d'en toucher à Lyon, qui ne se trouve jusques icy que vanité, tellement que je puis jurer en conscience et en vérité à vostre Majesté qu'il y a plus de XVII mois que je ne touche rien que ce soyt de quelque part, et que je suis réduict à telle extrémité et nécessité que je ne puis plus subcister, remettant à vostre bon plaisir à la considérer, avec asseurance que je suplie vostre Majesté avoir de moy qu'elle entendra plustost ma mort que de m'estre lassé d'emploier mon bien et ma personne pour luy tesmoigner par de bons effectz l'obéissance que je désire et luy doibs rendre tout le temps de ma vye, vous pouvant asseurer que si, outre les trouppes que j'ay, vostre Magesté me donnoyt de quoy avoir II^M harquebuziers et V^c chevaulx, qui feroient en tout IIII^M hommes de pied françois et II^M suisses, et XII^c chevaulx, je pourroys, cella estant entretenu, me promettre d'empescher voz ennemis de faire que fort peu de progrez, là où au contraire je ne puis attendre que ma perte et de voz places, que je feray débattre, quoiqu'il en soit, jusques à la dernière extrémité. Par ma precedente depesche, j'avoys ouvert à vostre Majesté ung moyen sur la douane de Lyon, s'il lui plaisoit en ordonner la moictyé; je ne voy pour le présent autre chose sur quoy je puisse jetter les yeulx. Et encores c'est peu, au regard de ce qui faict besoing en une si haulte entreprise, si vostre Majesté n'y pourvoyt d'ailleurs, pour la prospérité de laquelle je prieray Dieu à jamais, et qu'il me face la grace d'estre tenu, etc.

[LESDIGUIÈRES.]

J'oublioys à dire à vostre Majesté comme Messieurs de la Court de parlement de Moschen [1] ont depputé Messieurs de Suffren, de Bras, conseillers, lesquelz ont très dignement servi vostre Majesté, laquelle je suplie très humblement vouloir gratiffier le sieur de Lamanon et Monsieur le Marquis; la suplicque est de luy voulloir donner la grace qu'il demande : les services qu'il vous a fetz et qu'il rend journellement méritent que vostre Majesté y fasse bonne considération comme je l'en suplie très humblement [2].

[1] Erreur du copiste; il faut probablement lire Manosque.

[2] Les deux dépêches suivantes de Jean Mocenigo, ambassadeur de Venise, à son gouverne-

CLXXV. 1594 — 7 Juillet.

Cop. — Bibl. Méjanes à Aix. Registres du Parlement.

[ANALYSE DU DISCOURS DU SIEUR DES DIGUIÈRES DEVANT LE PARLEMENT DE PROVENCE.]

Le sieur des Diguières, venu en la Chambre, a remontré qu'il faut tenir la treve pour rompue parce que ledit sieur d'Epernon permet toutes sortes de cources, ravages, prises de prisonniers et autres exploits de guerre, même que hier ils firent prisonniers les sieurs marquis de Trans, de Maignan et chevalier de Chasteuil, qui s'en alloient à leurs garnisons. D'ailleurs, par les lettres qu'il a fait voir ce matin à la Cour il apert clairement que ledit sieur d'Epernon a rompu la treve et qu'il doit venir coucher cette nuit à Gardanne avec toutes ses forces et des petards, et faut croire que c'est pour essayer de reprendre le fort, lequel il a été d'avis comme il est encore de le demolir; toutefois on n'y a encore rien resolu, tellement qu'il craint que ledit fort ne se perde, au moyen de quoy il s'en decharge et en lave les mains et proteste des inconvénients qui en pourroient arriver. Il est d'avis de tenir une assemblée generale du pays pour aviser ce

ment, nous donnent des détails intéressants sur ce qui se passa à la suite de la soumission de d'Épernon aux ordres du roi :

« ..... On a eu connaissance par le retour d'un « gentilhomme dépêché au connetable de Mont« morancy de l'accord intervenu entre le duc « d'Épernon et Monsieur de Lesdiguières. Le « gouvernement d'Aix doit être confié à la garde « d'une personne entierement à la devotion du Roi « sans aucune attache à ces Messieurs Lorraini« sés. Monseigneur d'Espernon suivra le Conne« table à la Cour, le Roi l'y invite, le service pu« blic le demande, ses devoirs envers la patrie et « son honneur lui font une loi de venir se mettre « à la disposition de sa Majesté et d'employer ses « forces à combattre toutes les entreprises que « pourroient méditer les Espagnols (8 juin 1594). »

« ..... Les avis reçus de Provence confirment « l'accord conclu entre Messieurs d'Epernon et « de Lesdiguières par l'intermédiaire et l'autorité « du Connetable qui, pour atteindre un pareil

« but et calmer de si vives coleres, a reçu tous « les pouvoirs inhérants à sa charge, de sa Ma« gesté. Le succès que sa Magesté vient d'obtenir « en cette rencontre permet d'augurer qu'elle « arrivera de même sans trop de difficultés à « l'accomplissement de ses nouveaux desseins. « L'accord a été trouvé bon par sa Magesté et « ceux de la ville d'Aix l'ayant suppliée humble« ment de vouloir bien démolir le fort bati par « Monseigneur d'Épernon, elle a donné ordre de « les satisfaire et de le raser. Mais, bien que le « duc d'Épernon ait fait savoir au Roi par les « memes lettres qu'il ne desirait que lui obeir, « on craint qu'il n'en ait pas la volonté, parce « qu'il déclare en même temps que tant que les « troupes de Lesdiguières resteront en Provence « il ne songera pas à en sortir, ne voulant pas « que ses ennemis puissent se vanter de l'avoir « fait sortir de vive force (9 juillet 1594). »

(Arch. de l'État, à Venise.)

qu'est à faire. A aussy remontré que le sieur comte de Carces et marquis d'Oraison le sont venu trouver cet après dîner à son logis et luy ont remontré qu'ils ont fait tout ce qu'ils ont pu pour faire reunir la Cour, et toutefois, aussitôt qu'elle a été reunie, elle a pris le gouvernement de cette province en main, les ayant privé de l'autorité qu'ils y avoient sans leur en faire rien sçavoir, à occasion de quoy ils se veulent retirer, chose qui pourroit mener davantage de trouble et de division en cette province, et pour y obvier il trouveroit bon de les assembler dans la chambre tournelle[1] pour leur remontrer et rendre capables des raisons qui ont mené la Cour à prendre le gouvernement, s'assurant qu'ils les embrasseront et s'y conformeront.

LESDIGUIÈRES [2].

CLXXVI.   1594 — 9 JUILLET.
Cop. — Bibl. Méjanes à Aix. Registres du Parlement.

[ANALYSE DU DISCOURS DU SIEUR DES DIGUIÈRES DEVANT LE PARLEMENT DE PROVENCE.]

Monsieur des Diguières, venu en la Chambre, a remontré que, suivant ce que fut resolu avant hier sceant, il fut hier dans le fort avec le sieur conseiller de Saint-Cesary, commis par la Cour, les sieurs comte de Carces, marquis d'Oraison et autres gentilshommes qui sont en cette ville, et ayant fait appeler tous les capitaines qui y étoient, leur remontra la rupture de la treve faite par Monsieur d'Epernon sans en avoir donné aucun avis ny fait aucune declaration, contre ce qui est observé en termes de guerre, et qu'il a rompu la compagnie d'arquebuziers à cheval du sieur de Maligay, puis vingt maitres de la compagnie du sieur de Courbon, tué trois d'yceux et le reste mené prisonnier à Brignoles, pris et tué plusieurs autres capitaines et soldats de nos troupes et commis une infinité d'autres excès et ravages, et qui plus est, il a assemblé toutes ses forces et s'approche fort près de cette ville d'Aix avec des petards pour attaquer ledit fort et essayer

---

[1] Chambre criminelle.
[2] Il est assez singulier de rencontrer la signature de Lesdiguières au pied de ce procès-verbal et du suivant : en tout cas elle prouve que ses opinions lui parurent fidèlement analysées par le secrétaire du Parlement.

de le reprendre, comme on a vü par les lettres qui ont été prises, que la Cour a vues, ce que luy seroit assé aisé de faire pour autant qu'ils n'ont nombre de soldats dans ledit fort pour le deffendre s'ils étoient attaqués; au moyen de quoy, et pour eviter au peril qu'il y avoit que ledit fort ne fut repris, ils persuaderent lesdits capitaines de recevoir ledit sieur de Croze avec quelques troupes de soldats de la ville pour les assister et fortifier jusques à ce qu'on eut nouvelle de Monsieur le Connestable et de Monsieur de la Fin. A quoy lesdits capitaines ne vouloient accorder, disant qu'ils consentiroient bien qu'on les logeast dans le large du fort et qu'on le demolit, mais qu'ils vouloient garder le donjon. Sur cella il leur repliquat le peril et danger qu'il y avoit que ledit sieur d'Epernon ne les forçats puisqu'ils n'etoient en nombre suffisant pour luy pouvoir resister, partant qu'ils se devoient disposer d'y recevoir ledit sieur de Croze avec les soldats de la ville pour les assister come dit est, autrement qu'on les y contraindroit par la force, attendu le prejudice et dommage qu'arriveroit au service du Roy et au repos de cette province, si ledit sieur d'Epernon s'en saisissoit. Sur quoy ils se rendirent encore difficile, mais enfin ils accorderent, ainsy qu'apert par l'acte qu'en fut sur ce fait. En execution de quoy ledit sieur de Croze entra incontinent dans ledit fort avec une bonne troupe de soldats de la ville pour le conserver, jusques à ce qu'on ait la nouvelle de Monseigneur le Connestable et que autrement soit avisé, ce qu'il pense que la Cour trouvera bon, etant à present tres requis et necessaire d'en avertir promptement le Roy, Monseigneur le Connestable, Monsieur Douville et autres que besoin sera, comme il fera de sa part, afin que chacun soit averti au vray de cette procedure. Il trouve aussy tres necessaire d'ecrire à toutes les villes et communautés de cette province et aux gentilshommes qui assistent ledit sieur d'Epernon et les avertir de la rupture qu'il a faite de ladite treve, sans occasion et sans au prealable en faire declaration, comme est requis en termes de la guerre, et les admonester de l'abandonner et se remettre au service et obeissance de sa Majesté.

Lesdiguières.

CLXXVII. 1594 — 9 Juillet.

Orig. — B. N. MS. F. 3592, p. 43.

A MESSIEURS, MESSIEURS DE L'EGLISE REFFORMÉE DU DIOCESE D'UZES.

Messieurs, cecy vous sera par advis que Monsieur d'Espernon a rompu la treve, et en ce faisant il a, de propos délibéré et par jour déterminé, donné sur toutes les trouppes du Roy qui estoyent à la campagne sous le bénéfice d'icelle. Ils en ont tué et pris prisonniers un bon nombre en divers endroits. Jugez, Messieurs, s'il n'estoit pas raisonnable, puis qu'il vouloit rompre, qu'il en donnast advis : c'est ce qu'on peut esperer de ses intentions et bonne affection au service du Roy. Je vous ay bien voulu donner cet advis qui est veritable, me doutant bien qu'en voz quartiers on le voudra deguiser pour donner le tort aux serviteurs du Roy, et par ce moyen irriter Monsieur le Conestable contre nous, affin de nous getter ses forces sur les bras. A quoy, Messieurs, vous nous departirez de vostre bonne ayde et advis sur ces occurrences et croirez, s'il vous plait, qu'il n'y a rien de si affidé et affranchy au service du Roy que ce peuple accompagné de la Cour du parlement et de toute la noblesse. Je vous dis cecy, Messieurs, affin que vous saichyez au vray comme toutes choses passent et aussi que sur ces occasions, voyant Messieurs de la Cour et du pays le peu de gens de guerre qu'il y avoit dans le fort, ils ont pryé et sommé les cappitaines qui l'avoyent en garde de recevoyr Monsieur de Crozes avec bon nombre de gens de guerre pour la conservation d'icelluy, ayant tant et tant d'advis assurés des desseins que l'ennemy y avoit; ce qu'ils n'ont voulu accepter, qu'a esté cause qu'on y a mis ledit de Crozes pour le garder attendant les commandemens de Monsieur le Conestable. Voylà, Messieurs, comme toutes choses passent par deçà et au vray. Si par dessus cela on vous vouloit adiouster ou diminuer, faites nous cest honneur de garder une oreille pour avecq toute verité scavoyr toutes choses, vous suppliant de toute nostre affection si contre le devoyr et rayson on nous vouloit oppresser, de nous ayder de voz forces et bons advis, estant très asseurez que, moyenant l'ayde de Dieu, le Roy nous garantira de toute oppression comme estans ses très humbles et très obeissans sugets et serviteurs. Je vous baise très humblement les mains et prye le Createur, Messieurs, qu'il vous tienne en sa sainte garde. C'est d'Aix le IX juillet 1594.

Vostre très humble pour vous fère service.

LESDIGUIÈRES.

CLXXVIII.   1594 — 12 AOUT.

Orig. — Arch. munic. de Lyon. AA. 46, p. 3.

A MESSIEURS, MESSIEURS LES CONSULS, ESCHEVINS DE LA VILLE DE LYON.

Messieurs, vous m'avez faict beaucoup d'honneur de m'escrire et m'obligerez encores davantage quand vous vous persuaderez fermement que je suis extrêmement désireux de m'employer pour vostre service et particulière conservation, aydant en ce bon œuvre à Monsieur d'Ornano et à tous les aultres serviteurs du Roy que je scay vous affectionner sur tous ses aultres subjects. Tenez-vous donc asseurez de ceste myenne intention, qui ne peut estre changée par le temps ny par les événemens, lesquelz ne m'empescheront jamais de vous en produire les effectz. Et cependant je demeureray tousjours, Messieurs,

Vostre bien humble et plus affectioné serviteur.

LESDIGUIÈRES.

Grenoble le XIIe aoust 1594.

CLXXIX.   1594 — 18 AOUT.

Orig. — Arch. munic. de Lyon. AA. 46, p. 5.

A MESSIEURS, MESSIEURS LES CONSULS, ESCHEVINS DE LA VILLE DE LYON.

Messieurs, vous ne pouvez avoir tant remarqué d'affection en moy par mes lettres à me joindre avec vous et tous les bons serviteurs du Roy, en tout ce qui regardera son service et vostre contantement, que je ne sois encore plus disposé d'en produire les preuves et des solides effects, quand les occasions s'en offriront. Croyez, je vous suppli, Messieurs, cez véritables paroles que j'ay plus particulièrement déclarées à vos depputez, ausquelz me remettant je suis, Messieurs,

Vostre bien humble et affectioné serviteur.

LESDIGUIÈRES.

A la Coste Saint André le XVIII aoust 1594.

CLXXX.   1594 — 23 AOUT.

Autog. — Bibl. de Carpentras. MS. Peiresc. Registre LXV. Vol. 3, p. 180.

A MONSIEUR, MONSIEUR DE CALAS, CONSEILLER DU ROY EN LA COUR DE PARLEMENT DE PROVENCE.

Monsieur, si je ne vous ay point escript en particulier depuis que je suis party d'Aix, j'ay estimé que, comme du corps de la Cour de parlement, vous aurez eu part à ce que je luy ay mandé. Je n'ay laissé pour cela d'honorer votre mérite que vous augmentez de tant plus par l'affection que vous demonstrez en ces occasions au service du Roy. Vous, Monsieur, et ceulx qui sont poulcés de vostre zèle, avez autant d'honneur de resister aux artifices des ennemys du Roy, qui y ont colloqué l'espérance de leur bien, qu'auroit un grand cappitaine de les avoir debellés par la force des armes; car c'en seroit faict pour un coup, mais leurs assaulx sont continuels et vostre peyne ordinaire. Si est-ce qu'il y fault espérer bien tost fin par la prosperité des affaires du Roy qui augmente tous les jours, comme vous verrez par les asseurées et véritables nouvelles que j'envoye de delà; et cependant, puisque la fin de la journée approche, il fault redoubler de courage en attendant l'heure du repos. Ce n'est pas vous qu'il fault acourager, mays bien vous supplier, comme je fais, de donner le courage à ceulx qui ne l'ont si grand que vous; vous devez en espérer un prompt repos en votre province, pourveu que chacun demeure ferme aux résolutions si solennellement prinses. Je désire l'honneur de vostre amytié, Monsieur, et que vous croyez que je suis

Vostre bien humble pour vous faire service,

LESDIGUIÈRES.

A Grenoble le XXIII aoust 1594.

CLXXXI. 1594 — 5 Septembre.

Cop. — Arch. munic. de Lyon. AA. 46, p. 38.

[A MONSIEUR LE COLLONEL ALPHONSE D'ORNANO.]

Monsieur, sy l'arrivée de la lettre qu'il vous a pleu [m'écrire] du premier de ce moys eust retardé un jour, la requeste que Monsieur Brunel vous fera de ma part eust prévenu la demande que vous faictes des compagnies de Messieurs de Mures et de Morges. Il vous représentera, que Briqueras est assiégé [1]; le nombre des gens de guerre, et qui a les commandemens de l'armée; en quelle nécessité et angustie [2] je me trouve pour n'avoir moyen de jecter cinq ou six cens harquebuziers dedans ceste place, où, depuis le commencement du printemps, j'ay entretenu seize cens harquebuziers, desquelz les trois partz sont malades. Je voys donc ceste place infailliblement perdue pour le Roy, si vous, Monsieur, ne secourez les affaires à ce besoing sy pressé, obligeant, en cela, vostre serviteur, qui a desjà eu vostre secours en semblable et non sy pressée occasion. Ce que je vous demande, Monsieur, c'est deux cents maistres et douze cents harquebuziers, sans compter les compagnies desdictz sieurs de Mures et de Morges, que je vous supplye me laisser. Avec ce nombre et le peu que j'ay, je m'ose promectre de nuyre beaucoup à ceste grande armée, et faire quelque bon service au Roy, dont l'honneur vous sera participé, comme il vous est acquis desjà par la conservation des places de Piedmont, ce que j'ay, il y a bien longtemps, faict sçavoir au Roy; car, à la vérité, tout le secours que j'ay eu, je le recongnois de vous, de qui aussy je me le promettz en ceste nécessité. C'est à la charge que vous disposerez librement de ma vye et de tout ce qui en dépend, pour vostre service. Et, me remettant de toutes partz sur ledict sieur Brunel, je vous baise les mains, Monsieur, priant Dieu qu'il vous ayt en sa saincte garde. A Grenoble, le 5e septembre 1594.

LESDIGUIÈRES.

---

[1] Le siége de Briqueras, commencé le 18 septembre, fut terminé le 22 octobre suivant par une honorable capitulation. Lesdiguières passa ces six semaines à tenter de forcer les lignes des assiégeants, mais toujours sans succès. Voir la lettre au roi du 25 octobre 1594.

[2] Difficulté, impasse.

CLXXXII.   1594 — 20 Septembre.

Orig. — B. N. MS. Dupuy. Vol. 62, p. 162.

[AU ROY.]

Sire, je depeschay dès le XVIIe de ce moys le sieur Brunel à vostre Majesté pour luy représenter la nécessité des affaires de Piedmont, dont desjà vous aviez eu assez de cognoissance par mes preceddentes et si souvent réitérées depesches. Maintenant, Sire, ceste cy donnera aviz asseuré à vostre Majesté que Monsieur de Savoye a mis son siége devant Briqueras, le XVIIIe, en intention de l'emporter, ce qui ne luy peut estre malaisé, si je ne suis promptement secoureu, comme ledict sieur Brunel aura faict entendre à vostre Majesté. Mais j'y ay perdu le temps et l'espérance. Je me voy donc sans moyens de secourir ceste place, dedans laquelle j'ay depuis un an en ça entretenu à mes despens quinze cens hommes, dont les troys partz ont esté renduz inutilles par malladie, depuis le mois d'aoust en çà, ainsy qu'il plairra à vostre Majesté voir par les lectres que voz serviteurs, mes amys, m'en ont escript. Ledict sieur de Savoye faict dessein, après l'expugnation de ceste place, d'entrer en Daulphiné et d'attaquer Briançon, cependant que les forces du roy d'Espaigne passées en Savoye, où elles se grossissent de jour en jour, assiégeront Grenoble. Et j'ay aviz que au mesmes temps Monsieur d'Espernon, en haine de ce que j'ay servy vostre Majesté en Provence, se doibt jetter avec ses trouppes dedans le Gappensois, du costé de Sisteron. Considérez donc, Sire, l'estat où je me voy reduict, destitué de secours et privé de moyens pour faire levée d'un seul homme de guerre affin d'opposer aux exécutions presentes et aux desseins de l'advenir. C'est pourquoy je supplie très humblement vostre Majesté de commander que nous soyons assistez aussy promptement que le mal nous presse et demande remède. Vous savez, Sire, combien de foys je vous ay predict la ruyne de vos affaires de Piedmont, si elles n'estoient aultrement secoureues ; tellement que s'il y arrive maintenant quelque désadvantage au préjudice de vostre service, la faulte ne m'en peut estre justement attribuée. Il ne fault pas que j'oublye de dire à vostre Majesté que depuis six jours Monsieur d'Espernon a faict saisir plusieurs habitans de Sisteron, qui en avoient esté chassez par son commandement, et entre aultres un nommé Pierre André [1], auquel on impose qu'il avoit quelque intelligence audict Sisteron pour le surprendre, chose hors d'apparance de vérité, car il ne se mesloit que de son mesnage; mais sa détention procedde de ce qu'il vous a fidellement servy lorsque je l'ay employé comme une personne qui est à moy. Ainsy, Sire, je supplie très humblement vostre Majesté d'escrire audict sieur d'Espernon de mettre cest honneste homme ès mains d'une Cour de parlement ou de quelque aultre de voz juges, pour avoir cognoissance de son prétendu délict, sans qu'il soit au pouvoir de ceulx qui le hayent à ma seulle occasion. Ce sera le moyen de luy sauver la vye, laquelle il n'a jamais espargnée pour vostre service. Sire, je supplie nostre Dieu qu'il conserve vostre Majesté et luy donne tout le bonheur et contantement qui luy est désiré de la part de

Vostre très humble, très obéissant, très fidelle suget et serviteur.

LESDIGUIÈRES.

A Puymore lez Gap le XXe septembre 1594.

CLXXXIII. 1594 — 10 OCTOBRE.

Cop. — B. N. MS. Dupuy. Vol. 62, p. 182.

[ORDONNANCE POUR L'ENTRETENEMENT DE LA GARNISON DE MIZON.]

François de Bonne, seigneur des Diguières, conseiller du Roy en son conseil privé & d'estat, cappitaine de cent hommes d'armes de ses ordonnances & commandant generallement pour sa Majesté delà les monts, estant très requis & necessaire pour le service du Roy de pourvoir à l'entretenement des gens de guerre que nous avons esté contraincts getter dans la place de Mizon pour s'opposer aux desseins

---

[1] Pierre André Chervas, accusé d'avoir voulu livrer Sisteron au comte de Carcès dans le régiment duquel il commandait une compagnie, fut arrêté et déféré par d'Épernon au parlement d'Aix, qui l'acquitta, ce qui prouve une certaine indépendance de la part de ce corps. Ne se sentant plus en sûreté en Provence, Pierre André se retira près de Lesdiguières et contribua puissamment à la prise de Sisteron (Laplane. *Hist. de Sisteron*, vol. II, pp. 151 et 159).

que le sieur d'Espernon & autres ennemis de sa Magesté font sur icelle, nous, à ceste cause, avons, en vertu du pouvoir à nous donné par sadicte Magesté, ordonné et ordonnons que les habitans, lieux et communautés cy dessoubs nommés, fourniront durant quinze jours tant seulement, en attendant que Messieurs de la Cour de parlement dudict Provence y aye pourveu, les vivres necesseres pour la nourriture & entretenement de Pol Maureau & vingt cinq soldats de sa compaignie que nous avons estably en garnison dans ladicte place de Mizon, chascun selon la proportion & cotte de ses feus, selon le taux qui en a esté faict cy devant pour la nourriture des gens de guerre estant pour le service du Roy en ladicte Provence, ensamble un pionnier pour feu pour chascun desdicts quinze jours. Mandans & commandans tres expressement aux consuls & communautés de satisfere au contenu de la presente ordonnance sur la peyne d'y estre contraincts par toutes voyes de guerre en tel cas requises & accostumées, par ledict cappitaine Pol Maureau, auquel de ce fere avons donné & donnons plain pouvoir.

Donné à Ambrun le Xe jour d'octobre mil V^c IIII^{xx} XIIII.

LESDIGUIÈRES.

Par mondict seigneur,
BELLAFON [1].

CLXXXIV. 1594 — 14 OCTOBRE.

Cop. — B. N. MS. Dupuy. Vol. 62, p. 183.

[ORDONNANCE DE D'ESPERNON POUR L'ENTRETENEMENT DE LA GARNISON DE SISTERON.]

Le duc d'Espernon, pair et collonel de France, gouverneur & lieutenant général pour le Roy en Provence, attendu que le sieur des Diguières s'est dispancé [2] dernierement qu'il estoit en ceste province, non seulement d'y fere vivre ses trouppes, qui y ont aporté une infinité de misere aux pauvres subgets du Roy, mais encores sans aulcune authorité de sa Magesté, auroit faict plusieurs impositions pour leur solde &

---

[1] A la suite de cette ordonnance est une lettre du capitaine Paul Maureau aux consuls de Saint-Vincent, Peypin, Bevons, la Tour-de-Valbelle, Noyers, Châteauneuf et Château-Arnoux, leur enjoignant de s'y conformer.

[2] Permis.

entretenement & entre autres une pour la garnison de Mison du X⁰ du presant, par laquelle il nous declare faulcemant ennemy du service de sa Magesté, ayant laissé dans le pais plusieurs garnisons par le moyen desquelles le pauvre peuple en demeure grandement foulé; nous, par mesme occasion et necessité des afferes de sa Magesté et affin que ceulx qui dependent de l'auctorité qu'elle a eu agréable nous donner en ceste province soient redimés de ceste injure, remettant en autre saison ce qui est du particulier; avons ordonné & ordonnons que toutes les villes, villages & bourgs du Gappancés, contribueront doresnavant pour l'entretenement de la garnison de la presente ville de Sisteron & pour la compaignie de chevaulx legers du sieur de Ramefort, gouverneur de ladicte ville, composée du nombre de cent maistres; chascun desdicts villes, bourgs & villages, selon la portée de leurs feus, à raison de vingt escus par feu, entre les mains du co[mmissaire] de ladicte garnison qui s'en chargera pour le payement desdictes compaignies, et en cas de reffus ordonnons que les reffusans ou delayants seront chascun d'eulx contraincts au payemant de leurs cottes par les voyes & rigueurs accoustumées pour les & pressées afferes de sadicte Majesté.

Donné à Sisteron le XIIII⁰ octobre 1594.

[Louis de La Valette.]

CLXXXV.   1594 — 17 Octobre.

Orig. — B. N. MS. Dupuy. Vol. 62, p. 186.

AU ROY.

Sire, il n'y a que cinq ou six jours que je donnay aviz à vostre Majesté de l'estat de voz affaires de Piedmont. Je vous représentois les nécessitez de noz assiégez et vous envoyois le billet mesmes que le sieur d'Espinouse, qui commande dedans Briqueras, m'avoit escript. Vostre Majesté y a cogneu les inconvéniens qui leur estoient arrivez. Si est ce que leur valleur a tellement surmonté toutes difficultez et incommoditez que jusques icy ilz ont resisté aux effortz de voz ennemys qui ont desjà tiré six mil canonades, de compte faict, et donné plus de cent cinquante poinctes d'assaulx au chasteau seullement, sans l'assault général qui nous fit perdre la ville, après une longue resistance, comme vostre Majesté a sceu. J'ay tousjours espéré que voz intentions seroient suyvies en ce qui concernoit le secours de ceste place, mays je n'en espère plus rien. C'est avec beaucoup de regret, car si en cela vous eussiez esté servy selon vostre volonté, il se présentoit occasion de faire à vostre Majesté un des plus grandz et signalez services que voz prédécesseurs en ayent receu depuis cinquante ans, parce que nous ne pouvions rien moins espérer que la deffaicte entière du duc de Savoye, le gain des vingt huict canons dont il bat ceste place et la dellivrance des serviteurs que vous avez dedans, lesquelz resistent encores avec tant de vigueur que l'ennemy, perdant espérance de les avoir par le canon, a mis son recours à quelques mynes qui luy seront, à mon aviz, autant infructueuses que ses effortz preceddens. Cependant, pour fortifier le courage des assiégez, j'ay assemblé, tant des forces destinées au Piedmont que de mes amys, environ cinq cens bons chevaulx. Monsieur de Gouvernet s'est joint à moy avec sa compagnie de soixante et dix salades et quatre vingtz ou cent harquebusiers à cheval, ne pouvant faire plus, et Monsieur le marquis d'Oraison est aussy venu avec deux cens maistres de la cavallerye de Provence, encores que le duc d'Espernon aye essayé de deffaire ce secours, en ayant, comme j'ay cy devant escript à vostre Majesté, desmonté vingt cinq ou trente. Avec cela, Sire, j'ay passé les montz, non en l'espérance d'attaquer l'ennemy, car la partye seroit très mal faicte, puisque nous sommes de beaucoup inférieurs à luy quant à la cavallerie et qu'il nous surpasse en infanterie de plus de six mil harquebusiers, avec l'avantage de retranchemens qu'il a faictz tout à l'entour de son camp où il s'est fort resserré. Mais nous essayerons par tous moyens de l'incommoder de vivres et de le contraindre de sortir de ses tranchées pour venir à un combat, bien que inégal, aymant mieulx nous mettre en ce hazard que de voir perdre ceste place qui luy a desjà cousté plus de quatre mil hommes. La première depesche que je feray à vostre Majesté, Sire, luy donnera asseurance de ce qui nous sera réussy, car c'est aujourd'huy que nous nous jettons à la plaine de Piedmont. Je supplie Dieu que vous en ayez le contantement que nous vous desirons et qu'il nous face part du bonheur qui a tousjours accompaigné voz actions, affin que vous ayez tant plus d'occasion de tourner les yeulx de ce costé icy ; ce que vous devez nécessairement faire, Sire, au moins si vous voulez establir vostre pied ferme en Piedmont. Les affaires de Provence sont en l'estat que je les ay représentées à vostre Majesté. Le duc d'Espernon, après avoir essayé de deffaire Monsieur le marquis d'Oraison, s'en est retourné, et maintenant a mis le canon en campagne pour y affermir son authorité au mespris de voz intentions et au préjudice de vostre service. Il a beaucoup de partisans dedans vostre ville d'Aix ; ces gens là ont faict ce qu'ilz ont peu pour rendre vostre depesche, touchant la surcéance de l'élection des consulz, infructueuse, et voyant qu'ilz ne l'ont peu faire, ilz ont esté autheurs de vous faire envoyer un advocat pour vous supplier de laisser le peuple en sa liberté pour ladicte eslection. A quoy vostre Majesté, Sire, doibt bien prendre garde, car elle n'est point de si petite conséquence qu'elle ne mette le duc d'Espernon dedans ladicte ville et son authorité par tout le pays; et, s'il avenoit que vostre Majesté fust pressée de changer la resolution qu'elle a prinse de leur pourvoir estant à Lyon où elle est attendue et désirée, j'envoye à vostre Majesté un roolle de douze de voz affidez serviteurs, dont elle donnera les chois, affin qu'ilz en eslisent quatre d'entre ceulx là, selon l'ordre qui y est représenté. Il ne fault pas que j'oublye cependant de dire à vostre Majesté que Monsieur le Connestable est plus que jamais en collaire contre moy, ce qu'il faict de jour en jour appertement cognoistre, et en privé et en publicq, sans que jamais je luy en aye donné occasion, l'ayant tousiours honoré et désiré servir, comme le devoir m'y oblige; et ne puis penser que ceste mauvaise volonté luy procedde d'ailliers que du service que j'ay exactement rendu à vostre Majesté en Provence[1], et je croy aussy que cela l'a en partye retenu de secourir voz affaires de deçà, encores que j'en aye faict autant d'instance que j'ay peu. Suppliant très humblement vostre Majesté y pourvoir pour l'advenir, affin d'éviter la perte de vostre espérance et de tant de labeurs passez. Sire, je supplie le Créateur qu'il vous conserve en toute prospérité et très longue vye. De Beuby le XVIIe octobre 1594.

Vostre très humble, très obeissant, fidelle suget et serviteur.

LESDIGUIÈRES.

[1] Le Connétable était parent d'Épernon et sa colère contre Lesdiguières provenait de ce que celui-ci ne perdait aucune occasion de prévenir le Roi des desseins ambitieux d'Épernon, de les traverser et tendait par tous les moyens à lui arracher le gouvernement de Provence. L'extrait suivant d'une lettre du Connétable au Roi montre qu'il cherchait à perdre Lesdiguières dans l'esprit de Henri IV :

« J'ay sceu de bon lieu que Vulson, qui est à
« Monsieur de Lesdiguières, a alarmé toutes les
« églises de Dauphiné et de Languedoc tant par
« ses discours que par ses lettres, disant que
« vostre Maiesté leur vouloit faire la guerre, et
« comme elle a quitté leur religion aussy elle a
« changé d'affection en leur endroict et que ceulx
« qui avoient désiré vostre conversion vous pous-
« soient à cela. Il est à presumer qu'il ne faict
« pas ceste témérité sans l'intelligence de son
« maistre et n'entens poinct ceste caballe ny son
« desseing. En somme cela ne me présage rien
« de bon et se peult conjecturer qu'il y a des gens
« qui ne demandent qu'à vivre en perpetuelle
« guerre en laquelle ils font leurs affaires aux
« despens du publicq, aussi le disent ils tout
« hault, et que la guerre est meilleure pour leur
« seureté que la paix (4 avril 1594). »

(B. N. Dupuy. Vol. 62, p. 102.)

CLXXXVI.   1594 — 18 Octobre.

Orig. — B. N. MS. Dupuy. Vol. 62, p. 188.

A MONSIEUR, MONSIEUR DE CALIGNON, CONSEILLER DU ROY EN SON
CONSEIL D'ESTAT ET CHANCELIER DE NAVARRE.

Monsieur, je vous ay, ces jours passés, faict une depesche qui vous aura apprins l'estat des afferes de Piedmont. Je n'ay point esté deceu de ce que j'esperois de Monsieur le Connestable pour le secours de Briqueras, car il ne m'est rien venu de ce costé là. Je n'ay pas laissé d'assembler tout ce que j'ay peu tant des forces destinées au Piedmont que de mes particuliers amys, cela pourra fere cinq cens chevaulx & de douze à quinze cens harquebusiers. Monsieur de Gouvernet s'est joinct à moy avec sa compaignie & quelques harquebusiers à cheval, & Monsieur le marquis d'Oraison qui conduict deux cens maistres de la cavalerie de Provence que le duc d'Espernon a essayé de deffere, mays, comme je vous ay cy devant escript, il n'en a peu desmonter que vingt cinq ou trente. Hier nous passames les monts & aujourd'huy nous nous jettons à la plaine de Piedmont avec intention de secourir nos assiégés qui jusques icy ont faict merveilles. Le Duc a consumé six mil coups de canon à battre la place & perdu quatre mil hommes tant aux assaulx généraulx que aux attaques qu'il donne jour et nuict à ceste place, qui desià a soustenu plus de deux cens poinctes[1]. L'ennemy, nous sentant proches, s'est resserré & retranché son camp, nous n'avons les forces ny les moyens pour le tirer de là, si ce n'est par la famyne; aussy est ce par ce seul moyen que nous pensons le fere desmordre. Je vous donneray au premier jour des nouvelles de nostre progrès qui eussent esté beaulx & avantageux au service du Roy si sa Magesté eust esté servye selon ses intentions. Pour les afferes de Provence je vous envoye la coppie d'un deschiffrement qui vous fera cognoistre tout ce qui s'y passe & combien il est necessere que le Roy rompe les desseins du duc d'Espernon qui travaille à diviser Aix & à se rendre maistre des autres places, ayant pour cest effect mis son canon en campaigne. Si vous trouvez sa Magesté à propos, faictes luy

[1] Attaques.

scavoyr ce que contient ce deschiffrement, affin qu'il remedye de ce costé là aussy bien que de cestuy cy qui n'en a jamais eu plus de besoing icy, quand bien nous desassiégerions Briqueras. Mes ennemys font bruict auprès de Monsieur le Connestable que ceste place est perdue, & sur ces faulces nouvelles, peut estre forgées en la mesme boutique, mondict sieur dict publiquement que j'ay vendu la place au duc de Savoye & qu'il n'y avoit pas un cappitaine dedans, qu'il m'en fera respondre devant le Roy & qu'il me ruynera, qu'il scait que je suis d'acord avec le Duc & que luy et moy sommes d'accord de jetter l'orrage en Daulfiné & Lyonnois & beaucoup d'autres propos dignes de la haine que ledict sieur me porte sans que, certes, je lui en aye donné occasion s'il ne la prend du service que j'ay rendu au Roy en Provence, car vous scavez, Monsieur, combien je l'ay honoré & desiré servir & j'ay encores ceste mesme volonté, laquelle il saura bien cognoistre si un jour sa collaire donne lieu à la raison. Je vous escriray fort amplement & bien tost. Tenez moy cependant en vos bonnes graces & n'oubliez, s'il vous plaist, d'esmouvoir le Roy à nous secourir s'il ne veult consentir à la ruyne de ses afferes de deça. Je vous baise les mains, Monsieur, & supplie Dieu qu'il vous ayt tousiours en sa grace. A Beuby le XVIII octobre 1594.

Vostre bien humble et affectionné serviteur.

LA FLEUR [1].

CLXXXVII. 1594 — 25 OCTOBRE.
Orig. — B. N. MS. F. 23194.

AU ROY.

Sire, depuis plus de six moys qu'il y a des préparatifs que faisoyent les ennemys pour assiéger Bricheraès, i'en ay bien soigneusement

---

[1] Une note des archives de Calignon au château de Peyrins nous apprend que Lesdiguières et le chancelier de Navarre entretenaient une correspondance suivie sous les noms d'emprunt de l'Épine et La Fleur, afin de pouvoir se parler en toute liberté. Déjà une lettre de Calignon signée « L'Espine » a été publiée dans la *Vie et Poésies de Soffrey de Calignon*, par M. le comte Douglas. (Grenoble, 1874, p. 325). Il ne saurait y avoir doute sur l'auteur de la lettre précédente : la formule qui la termine et la signature sont incontestablement de la main de Lesdiguières, les événements dont il y est question ne peuvent se rapporter qu'à lui et une main presque contemporaine (peut-être celle de Calignon) a écrit à côté de l'adresse : « Lettre de M. de Lesdiguières. »

donné advis à vostre Maiesté et mesmes dès le iour qu'il a esté investy, vous ayant à cest effect, Sire, dépêché divers gentilhommes pour representer plus particulierement à vostre Maiesté que ne pouvoient faire mes lettres, combien il estoit important et necessaire de prouvoir à sa conservation et de longue main préparer les moyens et forces suffisantes pour les opposer aux efforts que Monsieur de Savoye se resolvoit de faire contre ceste place, laquelle cependant ie proveus (aussy bien que celle de Cavours) à mes propres despans de toutes sortes de munitions de guerre et de bouche pour plus d'un an et y laissay quinze cens hommes qu'en l'une qu'en l'autre qui y ont esté entretenus en garnison durant quinze moys et davantage, sans que leur payement ayt esté tiré d'ailleurs que de ma bource ou de celle de mes amys, pour donner plus de loysir à vostre Maiesté de prouvoir à ces affaires de Piedmont et empescher les ennemys d'y rien entreprendre à leur avantage. Mais ayant choysi leur temps et se voulans prévaloir des grandes maladies qui saisirent presque tous ces soldats à ce moys d'aoust dernier, ils les assiégèrent le dix huictiesme du passé avec le nombre de gendarmerie, de pionniers et de canons que i'ay fait scavoir par mes precedentes à vostre Maiesté et les presserent de telle sorte que, peu de jours apprès, ils emportarent la ville par assaut, se retirants neanmoins les assiégés au chasteau en combattant et avec ordre, avec peu de perte de leur costé mais de très grande des ennemys. Je fis cependant tout ce qui fust en moy pour mettre promptement ensemble le plus de trouppes pour essayer de leur donner secours, et ayant ioint à celles qui sont destinées par vostre Maiesté pour le Piedmont deux cens maistres de Provance conduicts par Monsieur le marquis d'Oraison et la compagnie de gensd'armes du sieur de Gouvernet et une trenteine d'arquebusiers à cheval que ledict sieur amena, je me iettai dans la pleine, prins logis à une canonade du camp des ennemys, et plus près encores depuis, pour les inviter au combat et les incommoder de vivres en toutes les façons dont ie pourrois m'adviser. Mais ce peu d'hommes que i'avoys n'exédant pas le nombre de sept cens maistres et de douze à quinze cens arquebusiers ne pouvoint s'estandre si avant dans ceste large campagne que quand ie couppois les vivres d'un costé les ennemys n'eussent moyen d'en recouvrer de l'autre, et eux qui n'avoient autre dessein ne vollonté que de prendre Bricherais, se sont tenus serrés dans quattre forts munis de vingt cinq canons, couverts d'autre costé de la ville, sans iamais avoir faict semblant d'en sortir, souffrants plustot toutes sortes d'indignités que nous leur faisions sans cesser, iusques à tuer des leurs sur le bord de leurs retranchements, et cependant ne cessoyent de redoubler leurs efforts contre ces poures assiégés, Sire, les travaillants incessamment par pointes et assauts et d'un grand nombre de canonades qui est arrivé à sept mille cent et septante, tellement que vaincus enfin du travail excessif et continuel qu'ils avoyent à supporter, pressés du grand nombre de malades et blessés qui estoit parmy eux logés dans les fossés (ayant esté tout le bastiment du chasteau abatu), affoiblis aussi merveilleusement par la mort de trois cens des meilleurs de leurs soldats dont partie avoyent esté emportés par quelques caques de poudre, ou un coup de canon, donant au trelis de la fenestre de la chambre ou elles estoyent, mit feu, et ne restant desdicts assiégés que six vingt hommes de combat, furent contraints d'entrer en capitulation et la conclurre avec Monsieur de Savoye, en la forme que vostre Maiesté verra s'il luy plaist par l'extrait que ie luy en envoye, et sortirent hier de ceste place ou ils avoyent encores de quatre vingts à cent quintauls de poudre, soixante de plomb et de vivres pour un an entier, sans autre deffaut que d'hommes, avec lesquels ils eussent enduré dix mille coups de canon encores et repoussé tous les efforts de leurs ennemys[1]. Il reste donc maintenant, Sire, que vostre Maiesté se dispose, si elle l'a aggreable, à tourner les yeux à bon esciant du costé du

---

[1] A la suite de cette lettre se trouvent les articles de la capitulation de Briqueras que nous croyons devoir reproduire :

« ARTICLES ACCORDÉS PAR SON ALTESSE AU SIEUR D'ESPINOUSE, GENTILHOMMES, CAPPITAINES, SOLDATS & AULTRES QUI SONT A PRESENT DANS LE CHATEAU DE BRIQUERAS.

« Et premierement que tous les gentilhommes, cappitaines, soldats et autres, en quelque qualité, condition ou nation qu'ils soyent, estans dans ladicte place et particulierement le sieur de la Mourre et les cappitaines Canasse, Mulassan, leurs lieutenans, enseignes, soldats et aultres sortiront de ladicte place leurs vyes sauves et seront conduicts en toute seureté à Bobi avecq leurs armes, hardes, chevaux & bagaiges, les tambours battans, enseignes déployées, la mesche alumée par les deux bouts et la balle en bouche.

« Sortiront aussi les gens de cheval armés de toutes pièces sur leurs chevaux et seront conduicts audict Bobi avecq leurs courtauds, hardes, bagaiges et autres choses leur appartenant.

« Sadicte Altesse leur fera fournir les bestes necessaires pour porter les malades et blessés iusques audict lieu.

« Promet aussi sadicte Altesse de payer les canons qui sont dans ladicte place, ensemble les munitions de guerre et de gueule et avoir égard aux blessés, remettant neantmoins l'effect de cest article à sa vollonté.

« Fera escarter son armée loin des chemins par ou ils doivent passer affin de n'estre aucunement veus ni rencontrés d'icelle.

« Et, pour asseurance de ce que dessus, sadicte Altesse baille pour ostages quatre gentilhommes qui seront conduicts et accompaignés par le sieur

Piedmont, car la perte de ceste place oste tellement les moyens aux autres qu'elle y a de subsister, que ce ne peut estre que fort peu si promptement vostre Maiesté n'y met ordre, car ceux de la garnison de Cavours, assiégés par le mesme siége de Briqueras, ont mangé leurs magasins depuis troys moys et n'y pourront puiser qu'autant de temps encores, dans lequels, s'ils ne sont rafraichis, il ne faut attandre de ceste place que ce qui est advenu de Briqueras. De mesmes en arrivera-il de Mirebouq, forteresse qui est dans l'une des valées et qui sert à tenir le passage ouvert de ce costé-là si la garnison et les magasins n'y sont entretenus. Pour moy, Sire, il faut que ie confesse que ie suis à non plus, n'ayant rien en reserve, ni de moyens ni d'amys, que ie n'aye exposé et employé pour vostre service. Il n'y a pas une des trouppes destinées à la guerre du Piedmont qui puisse plus demurer sus pied, n'ayant pas receu un sol de leur entretenement depuis tantot un an en ça, et ne puis faire estat de m'en pouvoir plus ayder une heure sans leur donner payement, qu'il m'a esté impossible de tirer iusques icy du Languedoc, de la Provance pour les troubles et divisions qui y sont, du sel, ne d'autre chose ou vostre Maiesté l'ayt assigné. D'ailleurs, Monsieur le marquis d'Oraison et ses trouppes sont contraintes de se retirer pour s'opposer aux courses et ravages que le duc d'Espernon en leur absence fait en Provance ou il fait trainer quelque canon et y fait des maulx sans nombre, ledict sieur de Gouvernet s'en reva par mesme moyen, et moy qui, m'arrestant dans ces valées et à l'entrée de la pleine, pensois tenir en consideration les ennemys, les empescher de faire plus grands progrès, arrester leurs forces d'entrer en Dauphiné et conserver tout à coup ces dictes vallées, lesquelles perdues il n'y a plus d'entrée pour nous dans le Piedmont, suis forcé de m'en retirer, veu mesmes le peu de moyen qu'il y a d'y vivre pour l'esterilité d'icelles et les grands frés qu'elles ont desià supportés au passage de l'armée, si ce n'est qu'avec forces suffisantes, ie pense tirer des commodités de la pleine. Je suis très bien adverty, Sire, qu'aussi tost que ie l'auray perdue de veue Monsieur de Savoye

Mazeau à Bobi, d'ou ils ne partiront que tout le contenu cy dessus ne soit entierement effectué et accompli.

« Et, moyennant ce que dessus, ledict sieur d'Espinouse promet et engage sa foy à sadicte Altesse de luy rendre et remettre le chasteau de Briqueras aussitot qu'il scaura au vray l'arrivée desdicts hostages audict Bobi.

« Faict au camp devant Briqueras le XXIIIe octobre 1594. « EMMANUEL. »

fera passer du costé de Viene ou du Briançonnois, trois mille Espagnols, autant de lansquenets, deux mille Milanoys et la moytié de sa cavallerie qui seront au moins huict cens chevaulx, de quoy i'ay donné advis à Monsieur le Conestable affin qu'il y puisse prouvoir, comme ie supplie très humblement vostre Maiesté de vouloir faire, sur tout ce que je luy ay cy dessus represanté, et me tirer s'il luy plait des peynes extresmes ou ie suis enveloppé, affin que tant de despans et de travaulx employés à ces nouvelles conquettes, ne vienent à se perdre et anéantir au preiudice de la reputation de vostre Maiesté et du bien de ses affaires, repos et soulagement de son peuple. Et ie prieray Dieu, Sire, qu'il veuille longuement maintenir le throne de vostre Maiesté en équité, force et justice. De Diblon le 25 d'octobre 1594.

Vostre tres-humble, tres obeissant, tres fidelle sugect et serviteur,

Lesdiguières.

CLXXXVIII.   1594 — 29 Octobre.

Cop. — B. N. MS. Dupuy. Vol. 62, p. 192.

[AU ROY.]

Sire, vous avez sceu le succez du siége de Briqueras, la cause de ceste perte et les moyens qui me semblent devoir estre tenuz pour la reparer : encores faiz je ce mot à vostre Majesté par ce porteur qui luy est envoyé de la part de Monsieur le marquis d'Oraison, pour l'assurer que depuis il n'est rien survenu de sinistre en voz affaires. Dès le landemain de la reddition de la place, j'ay attaqué et prins le fort de Saint Benoist qui incommodait l'une des vallées qui vous ont faict le serment de fidellité. Pour cest effect il a fallu faire monter une coullevrine par des lieux quasy inaccessibles, ce que j'ay entreprins plus tost pour inviter vostre ennemy à venir à nous que pour la valleur de ceste bicoque, la prinse de laquelle apportera du soulagement à ladicte vallée. Reste, Sire, que je rende tesmoingnage à vostre Majesté de l'affectionnée fidellité que ledit sieur Marquis a, en l'occasion du secours de Briqueras, rendu à vostre Majesté, auquel il s'est tellement employé et avec tant de bonne volonté qu'il mérite que vous ayez mémoire de le tenir au rang de voz bons serviteurs. Si tous ceulx qui vous ont du devoir le vous eussent rendu comme luy, vous n'eussiez receu le desplaisir de ceste perte et voz affaires ceste incommodité. Le duc d'Espernon l'en a très bien recompensé, car cependant qu'il s'employoit à vostre service, il s'est saisy de deux siennes maisons nommées Voux et Saint Mesme, et il y a fort longtemps qu'il luy retient celle d'Oraison. C'est de la façon, Sire, que cest excellant serviteur traite ceulx qu'il cognoist estre plus que luy affectionnez à vostre service [1]. Mais le bras de vostre Majesté est assez fort pour les garentir et remettre en leurs lieux, et vostre libérallité assez grande pour recompenser leurs pertes. Dieu vous en donne les moyens par une génerale paix en vostre royaume, Sire, et vous continue ses sainctes grâces en toute perfection de santé. De Diblon le XXIX octobre 1594.

Vostre très humble, très obéissant, très fidelle suget et serviteur.

LESDIGUIÈRES.

---

[1] La lettre suivante de l'ambassadeur de Venise, Jean Mocenigo, apprécie fort justement les intrigues du duc d'Épernon et sa conduite à l'égard de Lesdiguières :

« ..... Pendant que les ennemis de Monseigneur de Lesdiguières font jouer toute sorte d'intrigues pour le rendre suspect au Roi, on se prend à douter qu'il puisse mener à bonne fin son entreprise de Briqueras. Monseigneur d'Espernon, non seulement la lui rend difficile autant qu'il peut, mais il a ces jours derniers, avec ses troupes, défait deux compagnies de cavalerie qui l'allaient rejoindre. Le Roi, qui apprécie comme il convient les dernières places qui lui restent en Piémont pour la sureté des princes d'Italie ses alliés, a été si irrité de ce fait, qu'il n'a pu s'empêcher de dire qu'il chatierait le duc d'Espernon de manière à ce qu'il servit d'exemple à ceux qui voudraient troubler le royaume et desobeir à leur souverain. Ces paroles, prononcées publiquement, ont été entendues par plusieurs des bons serviteurs de sa Majesté, qui eussent préféré qu'elle les eut gardées dans le fond de son cœur pour en faire sentir les effets quand elle le jugerait à propos en temps et lieu. Sachant sa Magesté environnée de mille soucis ils prevoient deux inconvenients : le roi bravé par un seigneur qu'il ne peut chatier sans nuire à son service particulier, et celui ci poussé à se jeter plus tôt dans les bras du roi d'Espagne et du duc de Savoie qui le pressent vivement dans leur intérêt propre de se déclarer contre sa Magesté. Tous ces jours ci les agents de ce seigneur ont reçu des lettres de Provence : on leur a demandé pourquoi le duc d'Épernon n'écrivait pas au Roi ; ils ont répondu qu'il s'en abstenait parce que sa Majesté n'avait pas voulu lui faire raison de tant d'offenses qu'il avait reçu de Monseigneur de Lesdiguières, lequel a pretexté avoir agi en ces diverses circonstances par le seul ordre de sa Majesté ; qu'ainsi, tant qu'elle n'aura pas déclaré que l'insulte reçue n'a pas eu lieu par son ordre, il lui sera impossible de savoir quelle est la volonté réelle du Roi et s'il doit aimer son service comme un bon vassal et fidele serviteur. » (9 novembre 1594. Arch. de Venise.)

CLXXXIX.   1594 — 11 Novembre.
Autog. — B. N. MS. Dupuy. Vol. 62, p. 193.

[AU ROY.]

Sire, il ne reste que fort peu de temps à voir perdues les vallées du Piedmont, comme vostre Magesté verra, s'il luy plait, par les lettres qu'ilz m'ont escriptes. Celles d'Angrogne, de Saint Jean et de La Tour se sont desjà remises à l'obeissance du duc de Savoye, et les autres ne tarderont pas d'en faire de mesmes, si elles ne sont assistées promptement d'une bonne et forte armée qui entre dans la pleine et divertisse les ennemys de les poursuivre comme ilz font. C'est ce qu'elles demandent par leurs lettres, Sire, soubz ce mot de secours et assistance; car elles ont autant de compagnies françoyses que j'ay peu leur en laisser à chasqu'une, et selon les moyens qu'elles peuvent avoir de vivre parmy cez affreux et stériles rochers. Vostre Majesté se souviendra, s'il luy plait, du temps qu'il y a que je l'ay suppliée de faire considération combien la garde de cez vallées est importante, soit pour la facilité qu'elles donnent d'entrer en Piedmont ou pour la perte nécessaire de Cavours que la leur tirera apprez soy, car ceste place demure assiégée par le peuple d'alentour sulement, sans que pour ce faire le duc de Savoye y employe aucune partie de son armée, laquelle il tient encores autour de Pignerol aux embouscheures desdictes vallées. J'ay apporté, comme je fais encores, Sire, tout ce que je puis pour arrester le cours de ce malheur ; mais n'estant plus assisté des trouppes de Provance qui ont esté contraintes de s'aller opposer aux ravages que Monsieur d'Espernon faisoit en leur absance, et le sieur de Gouvernet s'estant aussi retiré l'occasion de Briqueras passée, il m'est malaisé de rendre à vostre Majesté le service que je desire, avec ce peu de trouppes qui me restent et desquelles encores je ne puis me servir dans lesdictes vallées, parce qu'elles ne peuvent vivre sans payer exactement touttes choses, et cependant elles n'on touché aucun entretenement depuis quattorze moys ou davantage. Il est vray, Sire, que Monsieur de Believre m'a fait entendre que vostre Majesté luy a ordonné de me faire toucher douze mille escus : cella pourra suffire pour mettre sus pied et entretenir pour deux moys l'infanterie nécessaire, mais, s'il plaisoit à vostre Majesté de faire donner promptement pareille somme aux gens de cheval pour une couple de monstres, affin qu'ilz eussent aussi moyen de payer, je pourrois me loger aux frontières en corps et empescher que les ennemys ne peussent faire progrez, attendant la venue de vostre Majesté, ne passel deçà, et possible se presanteroit-il quelque bonne occasion d'entreprandre sus eux, que je pourrois exécuter, comme il y en a assez d'apparance. Je supplie très humblement vostre Majesté m'honnorer de ses commandementz sur ces affaires, et je prieray le Créateur, en les attandant, Sire, qu'il donne à vostre Majesté très heureuse et longue vie. C'est à Gap le 11e novembre 1594.

Vostre très humble, très obeissant, très fidelle suget et serviteur.

LESDIGUIÈRES.

CXC. 1595 — 2 JANVIER.
Cop. — A M. Gariel, bibliothécaire de la ville de Grenoble.

[A MONSIEUR DE CHESSILIANE.]

Monsieur, il se présente une signalée occasion à laquelle vous pouvez rapporter beaucoup d'utilité au service du Roy et m'obliger particulièrement en vous y employant. C'est pourquoi j'ai bien voulu vous en donner advis et vous supplier, comme je fais de toute mon affection, de vous rendre en ce lieu d'Oulx, si vous désirez d'être de la partie, le 10e de ce mois au plus tard, et de convier à ceste même occasion vos amis et tous les honnêtes hommes de vos cartiers qui voudront signaler leur affection au service de sa Majesté et me donner preuve de celle qu'ils me portent. Le voyage et la peine qu'ils y prendront ne durera que quinze jours au plus et l'obligation que vous et eux en acquérez sur moy sera perpétuelle. Je vous diray encore que pour estre à temps icy, il est nécessaire d'y arriver ledit jour, 10e du présent, comme vous dira plus particulièrement le capitaine Vulson auquel me remettant, je prieray Dieu, Monsieur, qu'il vous donne sa grace. C'est d'Oulx, le second du mois de janvier 1595.

Votre bien humble pour vous fere service.

LESDIGUIÈRES.

CXCI.   1595 — 5 Janvier.

Orig. — B. N. MS. F. 23195.

AU ROY.

Sire, comme j'ai veu que l'armée espagnole et les forces du duc de Savoye commençoyent à passer pour se ietter au Lyonnoys ou en Dauphiné, j'ay estimé necessaire pour le bien du service de vostre Maiesté de me barriquer entre Suze et Essilles avec quinze cens hommes de pied et trois cens maistres qui se sont aussi mis à pied avec la pique, pour ne pouvoir passer les monts à cheval couverts de neges et de glaces, affin de rompre les desseins des ennemys et arrester le passage du Conestable de Castille, lequel, avec environ cinq mille hommes, estoit prest de suivre deux mille Espagnols et quelques Tudesques, avec environ trois cens bons et beaux chevaulx, mais mauvais maistres, qui estoyent desia passés. Ceste entreprise que i'executay le premier jour de cest an, Sire, m'a si heureusement reussy que m'estant logé assez à l'avantage i'ay eu moyen d'investir la place d'Essilles, en sorte qu'elle ne peut estre secourue que lesdicts ennemys ne nous combattent et ne peuvent venir à nous avec ordre, ce qui m'a fait resoudre, nonobstant les grandes incommodités que l'hyver apporte à mon dess[eing, de] faire passer huict canons de deça, et avec l'ayde d[e sept ou] huict cens hommes de ces vallées, assieger tout à f[aict et faire] battre ceste place, laquelle i'espere et croy, moyenant l'ayde de Dieu, de la réduire dans peu de temps à l'obeissance de vostre Maiesté. Il y a dedans sept canons qui sont les mesmes avec lesquels le duc de Savoye la forca, tellement qu'avec les huict que ie fais venir devant, il y auroit moyen d'attaquer et emporter Suze si, venant vostre Maiesté à Lyon, ie pouvois estre promptement assisté de quelques trouppes et de vivres ou d'argent pour les entretenir. Ce seroit ouvrir le plus beau passage que vostre Maiesté puisse avoir pour entrer en Piedmont et clorre le plus aisé que le duc de Savoye aye de venir en France. Mais il est mal aisé, Sire, qu'ayant presque touttes choses contraires, ie puisse, avec si peu de forces, rapporter au bien de vostre service des fruicts dignes de la devotion que j'y ay et comme il se pourroit en ceste saison. Ce sera donc lorsque vostre Maiesté aura aggreable de m'en departir davantage avec l'honneur de vos commandements, comme ie vous en supplie très humblement, Sire, et de vouloir avoir memoyre de l'estat de Cahours, duquel et de touttes autres choses que i'ay estimé dignes de vous estre mandées j'en ay suffisament informé vostre Maiesté par le sieur Le Franc que depuis quinze jours je vous ay despéché, au retour duquel ie m'attans pour estre resolu de vostre vollonté sur le subiect de son voyage. Je prie Dieu, Sire, qu'il maintienne le throne de vostre Maiesté en équité, force et justice. C'est au camp devant Essilles le 5e janvier 1595.

Vostre très humble, très obeissant, très fidelle suget et serviteur.

LESDIGUIÈRES.

CXCII.   1595 — 20 JANVIER.

Orig. — A M. Roman, à Gap.

[COMMISSION AU CAPITAINE HENRI PHILIBERT D'UNE COMPAGNIE DE CENT ARQUEBUSIERS A PIED.]

Françoys de Bonne, seigneur de Lesdiguières, cappitaine de cent hommes d'armes des ordonnances du Roy, conseiller en son conseil d'estat, commandant génerallement pour sa Magesté en son armée delà les montz, au cappitaine Henry Philibert, de la ville de Gap, salut : comme il ayt pleu au Roy nous commettre par ses lettres patantes pour faire la guerre dans les estats du duc de Savoye affin d'empescher le progrès de ses conquestes tant en Daufiiné, Provance que aultres lieux de l'obeissance de sa Magesté, et que pour cest effet soit besoin de mettre sus une bonne, forte & puissante armée composée de plusieurs cappitaines experimentés à la conduite de gens de guerre tant de cheval que de pied, et ne pouvant entre iceux faire ellection de personne qui avecq plus de dignité et capacité s'acquitte de la charge qui luy sera commise en ceste guerre que de vous, scavoyr faisons qu'à plain confians de vostre sens, suffisance, dexterité, dilligence et experience au faict des armes, d'ailleurs ayant eu cognoissance de l'affection que vous avez au bien du service de sa Magesté, pour ces causes et autres bonnes considérations, nous vous avons commis et commettons par ces presentes la conduite d'une compaignye de cent harquebusiers à pied que vous dresserez le plus promptement & à la moindre foule du peuple que fere se pourra pour puis après estre employez où il vous sera par nous ordonné, le payement et entretenement de laquelle compaignye se fera comme des aultres qui sont dressées pour mesme effect, et est par le sieur Tresorier de l'extraordinaire des guerres establi audict pays, lequel nous prions ainsi le fere sans difficulté, pour jouyr et uzer de ladicte charge avecq les honneurs, dignités, priviléges, droicts, profits, emoluments, gaiges, prerogatives & préeminences y appartenant. De ce fere vous donnons plain et entier pouvoyr, mandons et commandons à tous qu'il appartiendra vous obeyr et entendre en choses touchant et concernant vostre commission.

Donné au camp devant Exilles le 20e janvier M. Vc IIIxx quinze.

LESDIGUIÈRES.

Par commandement de mondict seigneur,
BRÉMONT.

(Sceau.)

CXCIII.   1595 — 24 JANVIER.
Orig. — B. N. MS. F. 23195.

AU ROY.

Sire, ayant fait investir ceste place d'Essilles qui fust le premier jour de l'an, ie donnay compte à vostre Maiesté de ce qui m'avoit poussé à l'exécution de ceste entreprise en une saison si rude, pleine de tant de difficultés, ascavoir pour arrester le passage de l'armée espagnole et de Monsieur de Savoye qui se devoit ietter en Lyonnois ou en Dauphiné. Et d'autant plus qu'elle estoit preste à passer et proche d'icy, Sire, ie l'eus aussi bien tost appres mon arrivée sur les bras. Car le sixiesme de ce moys Monsieur de Savoye se rendit à Suze, à une lieue de nous, où, ayant arresté quelques iours pour attandre trante enseignes de Napolitains conduits par le prieur de Hongrie qui le vindrent ioindre le douziesme, il s'avança avec toutte son armée, composée de sept à huict mille hommes, iusques au lieu de Chaumons, à une canonade de nos barricades, où il se logea le quattorziesme, et, depuis ce jour là, nous nous vismes tous les jours par ordinaires escarmouches iusques au dixneufviesme, qu'il se résolut de nous attaquer en gros aux deux bouts et au milieu de nos retranchements, ayant ouy depuis deux jours auparavant nostre batterie qui avoit commencé ; mais il y fust bien receu et repoussé avec beaucoup de perte des siens. Ce neanmoins il fist loger ce jour là son armée vis-à-vis et à cent pas seulement du bas et milieu de nosdictes barricades n'y ayant qu'un ruisseau entre deux ou il voulut tanter son plus grand effort pour secourir ladicte place. Et de faict, ayant faict venir deux colevrines et six pièces de campagne il fist battre lesdictes barricades iusques au vingt uniesme deux heures avant la nuict qu'il les fist derrechef attaquer au bas. Mais comme le combat fust plus aspre et plus opiniastre que le premier, aussi fust-il avec plus de perte pour les ennemys, sur lesquels Dieu nous voulut enfin donner l'avantage ; en sorte qu'estans contraincts de nous quitter et le champ et leurs morts, ils se retirarent toutte la nuict avec beaucoup de desordre audict lieu de Chaumons. Ceste victoire eust esté mieux suivie, Sire, si le siége de la place et la garde de nos barricades de deux lieues de longueur ne m'en eust retenu. Je fis donques continuer le lendemain matin la batterie qu'un brouillar nous avoit faict discontinuer le jour auparavant et estant sur le midi la bresche aucunement[1] raisonnable pour faire donner un assaut, les assiégés qui avoyent esté spectateurs de la routte de leur secours voyant venir à eux ceux qui estoyent ordonnés pour les assaillir, demandèrent de composer de la reddition de ladicte place, et leur ayant ce mesme jour dimanche 22e de ce moys accordé d'en sortir la vie sauve avec leurs armes et bagage, ils en partirent hier 23e sur le midy. Voylà, Sire, de quelle façon elle a esté reduite à l'obeissance de vostre Maiesté, dans laquelle se sont trouvées neuf pièces d'artillerie, cinq moyenes et quatre beaux et gros canons, trois françois et un savoyart. Reste maintenant, Sire, que pour pouvoir conserver cette place sur laquelle Monsieur de Savoye iettera tousiours les yeux comme trop espineuse à son pied et qui rend à vostre Maiesté l'acces et entrée tres facile au Piedmont, il est necessaire d'y establir une bonne garnison qui ne peut estre moindre de

---

[1] A peu près.

trois cens hommes en effect et de deux cens pour les petits forts et barricades d'alentour. Je supplie donc très humblement vostre Maiesté de vouloir ordonner et assigner au plus tost, s'il luy plait, les moyens suffisans pour leur entretenement, car si Monsieur de Savoye, qui a son armée sus pied à laquelle il veut ioindre de nouvelles forces (comme vostre Maiesté verra par un billet intercepté qu'il mandoit aux assiégés), la voit moins pourveue que de ce nombre d'hommes, c'est sans doute qu'il l'attaquera à l'improveu comme elle est à sa porte et la forcera. J'ay desià plusieurs fois donné advis à vostre Maiesté et dernierement encores par Le Franc de l'estat de la place de Cahours, je suis contraint, Sire, de vous presager sa perte inevitable si elle n'est secourue par tout[1] le quinziesme du moys de febvrier prochain, car tout ce que peuvent durer les vivres et munitions qui sont dedans, c'est iusques à ce jour-là, et pour la secourir il faut necessairement entrer dans la plaine avec une armée qui soit assez forte pour y arrester huict jours, pandant lesquels on pourra prendre dans le pays mesme des vivres pour sept ou huict moys : mais outre ce encore, pour ce qu'il faut des habillements aux soldats, leur donner aussi quelque contantement pour les faire patianter en ceste honnorable prison et volontaire exil et pour achepter les munitions et plusieurs autres necessités qui ne pourront estre recouvertes qu'à prix d'argent, vostre Maiesté, Sire, fera s'il luy plait deslivrer douze ou quinze mille escus, car hors de ces moyens il n'est pas possible de conserver plus longuement la place ny y faire arrester la garnison. Quand est de moy, Sire, l'esperance que i'avoys prise de la prochaine venue de vostre Maiesté à Lyon depuis quatre ou cinq moys en ça m'avoit fait coucher tout[2] affin de tenir touttes choses en estat pour le bien de vostre service, mais maintenant i'ay veu le fond de tout ce que ie pouvois, je ne suis assisté d'aucun et suis traversé presque de tous. Il y a trop longtemps que i'ay heu sur les bras la garde de cette frontière du Dauphiné et du Piedmont sans nulle ou fort petite assistance, la pesanteur de ce fardeau m'accable, Sire, et si vostre Maiesté n'y establit deux mille hommes de pied et cinq ou six cens chevaulx au moins, elle ne peut longuement estre conservée soubs vostre obeissance. Je supplie très humblement vostre Maiesté de faire

---

[1] Avant.
[2] Tout donner ou sacrifier.

consideration de ces veritables advis et de me vouloir s'il luy plait faire entendre l'honneur de ses vollontés et commandements, affin que ie puisse sçavoir en quelle sorte i'ay à y obeir comme ie le doibs et le desire autant devotieusement que ie prie le Créateur, Sire, de vouloir maintenir le throsne de vostre Maiesté en équité, force et justice. C'est au chasteau d'Essilles le 24e de janvier 1595.

 Vostre très humble, très obeissant, très fidelle suget et serviteur.

LESDIGUIÈRES.

CXCIV.   1595 — 16 Février.

Orig. — A M. Roman, à Gap.

[REQUÊTE DES CONSULS DE TALLARD.]

A Monseigneur, Monseigneur des Diguières, conseiller du Roy en son conseilh d'estat, cappitaine de cent homes d'armes de ses ordonnances, comandant génerallement aux armées de Piemont & Scavoye, vous remonstrent les consuls de Tallard que le cappitaine Genton, commandant pour le Roy la ville et chasteau de Tallard, les impose de six escus par feu pour le boys et chandelles du corps de garde, cependant ils se gardent eux mêmes et à leurs frais. Vous plaira donc les decharger de cette fourniture, ou au moins leur donner des aides pour le faire, et de plus leur permettre de donner azille à tour de rolle aux soldats qui viennent de vos troupes, sans tenir compte des exemptions précedemment accordées [1].

 Sera prouveu aux suppliants sur ceste requeste à la venue du sieur thresaurier Perrinet près de nous, laquelle nous sera à ces fins lors representée, et en ce que touche l'esgalisation par eux requise pour le logement des gens de guerre, nous ordonnons qu'ils nous exibent aussy le rolle, nom et surnom de ceux qui s'en pretendent exempts pour après y estre ordonné ce que verrons estre à faire par raison.

 Faict à Piemore le 16 febvrier 1595.

LESDIGUIÈRES.

---

[1] Requête simplement analysée.

CXCV.   1595 — 28 Février.
Orig. — Arch. de l'état de Genève.

A MESSIEURS, MESSIEURS LES SCINDICS ET CONSEIL DE LA VILLE ET SEIGNEURIE DE GENÈVE.

Messieurs, le bruit de la prise d'Exilles peut estre venu jusques à vous, mais non la cause de ce siége, la forme ni les combats qui se sont faits durant iceluy, pour ce que les affaires où j'ay esté despuis attaché m'ont osté le moyen jusques icy de prendre le temps pour en donner compte à mes amis. Monsieur de Savoye et le Conestable de Castille commençoient de faire passer leurs forces par le mont Senis, sur la fin de l'année passée, et voyant qu'ils se préparoient à nous tailler de la besogne ou en Daulphiné ou en Lyonnois, je me résolus de les arrester delà les monts par cette entreprise qui sembloit autant impossible à tous ceux qui en eurent cognoissance à exécuter, que mon devoir et le zèle que j'ay au bien du service du Roy, me pressoit d'y entendre divertir [1] l'orage duquel nous estions lors menacés de deçà. Je fis donques investir ceste place le premier jour de cest an, lors que les neiges et grandes glaces desquelles les monts que nous avions à passer estoient couverts donnoient occasion à nos ennemis de se douter moins de ce dessein qui me réussit si heureusement que j'eus moyen de me barriquer à l'advantage aux advenues de Piedmont avant que Monsieur de Savoye feut bien asseuré de mon passage qui ne fut qu'avec environ douze cens arquebusiers et trois cens [maistres] armez d'un pot [2], d'une cuirasse et d'une picque, lesquels ne pouvant se trouver à ceste occasion en autre équipage pour la difficulté de passer leurs chevaux, aymerent mieux s'y trouver à pied que de manquer d'y rendre leur debvoir. Je fus aussi assisté à cest exploit d'environ 800 hommes habitans des vallées et de trois cens de mes amis qui accoururent volontairement à mon secours, avec lesquels ayant serré de plus près ladite place je trouvay moyen de faire conduire devant huit pièces de canon qui furent en batterie le sézieme de janvier, auquel jour Monsieur de Savoye, qui dès le 6ᵉ estoit arrivé à

[1] Faire détourner.
[2] Petit casque rond qui ne couvrait que le sommet de la tête.

Suze où il avoit assemblé le gros de ses forces, ayant recouvert trente enseignes de Neapolitains conduites par le prieur d'Hongrie, s'estant avancé le 14e jusques à Chaumons, vint recognoistre nos barriquades qui avoient deux lieues de front, par des escarmouches qu'il fit attaquer ce jour là et le lendemain encores. Et despuis, ayant renforces nostre batterie contre la place, craignant de veoir arriver ce qu'il vid, enfin il se résolut d'attaquer vivement et de totes parts nosdites barricades despuis l'aube du jour 19e dudit mois jusques à l'entrée de la nuict qui nous sépara. La perte fut grande du costé des ennemis lesquels voulurent neantmoings tenter encores pour leur dernier effort d'attaquer le bas et milieu de nosdites barricades seulement, et pour cest effect ils se camperent au nombre de huit mil hommes vis à vis de nous n'y ayant qu'un ruisseau entre deux, et ayant fait amener de Suze le lendemain deux couleuvrines et six pièces de campagne, ils battirent ledit endroit des barricades le 21e tout le long du jour jusques à deux heures avant la nuict, qu'ils attaquerent derechef à la faveur d'un grand brouillard et s'y opiniastrerent d'une merveilleuse résolution; mais ayant esté finallement repoussés et bien battus, ils furent contraints de nous quitter et le champ et les morts en grand nombre, se retirant toute la nuict avec tant de désordre et d'effroy, que n'eust esté la considération du siége de la place et de la garde de nos barricades, qui me retient de poursuivre ceste victoire, c'est chose certaine que ceste route fut esté toute entière. Le lendemain 22e ayant esté fait bresche asses resonable pour donner un assault, les assiégés qui avoient esté spectateurs du combat du jour précédent et avoient veu la retraite de leur secours, voyans venir à eux ceux qui estoient ordonnez d'aller à l'assaut, environ le midy demanderent d'entrer en capitulation de la reddition de ladite place, ce que leur ayant esté accordé, elle fut conclue en ceste sorte qu'ils en sortiroient la vie sauve avec armes et bagages, comme ils firent le 23e. Elle fut trouvée par nous bien pourveue de toutes munitions et de neuf pièces de canon, quatre grosses et cinq petites, dont les trois grands estoient françois et le quatriesme savoyarde. Voilà, Messieurs, de quelle façon ceste place a été réduite à l'obeissance de sa Majesté, nonobstant que nous ayons eu à combattre en cest exploit autant la rigueur du temps et la mauvaisité du pays que les ennemis, l'importance de laquelle n'a esté que trop hault publiée par eux lorsqu'avec dix mil hommes et quatre mil coups de canon ils la forcèrent fust environ deux ans. Je voulus encores après ceste prise, et avant que repasser les monts, proveoir des vivres et d'hommes à la place de Cavours, autant que le peu de cavalerie que j'avois avec moy me donna moyen d'y en jecter pour faire qu'elle peut subsister jusques à la venue de sa Majesté; et, bien que Monsieur de Savoye evantast ce dessein et qu'il fit loger pour s'y opposer toutes ces troupes despuis Pignerol jusques à Briqueras, si est ce que sans la perte d'un homme ni d'un grain de blé il nous succéda à souhait grâces à Dieu, en sorte qu'il ne tiendra qu'à sa Majesté qu'elle ne se conserve ceste place autant ou plus forte qu'autre qui puisse estre à la crestienté. Nous sommes tous en ces provinces fort désireux de sa venue sans laquelle elles s'en vont du tout plonger en ruine, et mesmes la Provence qui périclite infiniement Je prie à Dieu qui la nous veuille bien tost envoyer et vous donner, Messieurs, en parfaite santé, très longue et heureuse vie. De Grenoble le dernier febvrier 1595.

Vostre humble et tres afectioné serviteur.

LESDIGUIÈRES.

CXCVI. 1595 — 15 JUIN.

Orig. — Arch. de M. Paul de Faucher, à Bollène.
Imprimé : *Bulletin de la Société de statistique de la Drôme*. 1875, p. 268.

ADVEU SUR LA PRINSE DU CHASTEAU DE PIERRELATTE EN L'AN 1595, APRÈS LA MORT DE FEU MONSIEUR DE PORTES, PAR MONSEIGNEUR DE LESDIGUIÈRES.

Le seigneur des Diguières, conseiller du Roy en son conseil d'estat cappitaine de cent hommes d'armes de ses ordonnances, gouverneur et lieutenant général pour sa Majesté delà les monts, certifions et attestons à tous qu'il appartiendra que ayant esté advertis au mois de may dernier de l'extrême maladie du sieur de Portes, commandant au chasteau de Pierrelatte qui, venant à décéder, comme il fist bientost après, ladicte place, fort importante au service de vostre Majesté, estoit veillée par les ennemis, sur la diversité des partys qui courent, nous aurions mandé au sieur de la Croix, de Pierrelatte, très affidé au service de sadicte Majesté, soy saisir et emparer dudict chasteau et forteresse incontinant après le décès dudict sieur de Portes, en sorte qu'il s'en rendit le maistre par quelque moyen que ce fust pour la conserver à sadicte Majesté et nous en rendre bon compte. Ce qu'il auroit faict, et y ayant envoyé quelques soldats, l'un de ceux qui estoit dedans s'estant mis en deffense et devoir de s'opposer, auroit esté tué sur la place, dont le sieur de la Croix nous ayant advertis et requis nostre adveu de ladicte exécution pour nostre sujet, ayant eu nostre simple mandement par lettre missive par nous à lui escrite, avons déclaré et déclarons iceluy sieur de la Croix avoir faict et exécuté lesdicts exploits et saisye du chasteau de Pierrelatte par nostre commandement, approuvant en tant que de besoin tout ce qui en cest acte a esté faict par luy et tous ceux qui luy ont assisté, comme exploict militaire grandement important à sadicte Majesté. En tesmoin de quoy nous avons signé les présentes et à icelles faict mettre le cachet de nos armes.

A Grenoble le quinziesme jour de juin mil cinq cent quatre vingts quinze.

LESDIGUIÈRES.
Par Monseigneur,
BRÉMOND.

(Sceau.)

CXCVII.   1595 — 3 JUILLET.

Cop. — A M. Roman, à Gap.

[REQUÊTE DES CONSULS DE CHORGES].

A Monseigneur, Monseigneur des Diguières, pair de France, gouverneur & lieutenant général pour le Roy en Dauphiné, supplient humblement les pauvres consuls, manants et habitants du lieu de Chorges et vous remonstrent que par votre ordonnance du onzieme du mois dernier a été enjoint aux communes de l'Embrunais et Gapançais contribuer à l'avance pour la subsistance de l'estappe establie à Chorges. Or, les communautés du Champsaur n'y veulent aulcunement contribuer, disant estre du baillage du Graisivoudan et non du Gapançais. En outre, Saint Laurent du Cros, donné en aide à laditte estappe, a esté deschargé de quatre feus un tiers, ce qui l'empeche de servir à laditte estappe [1].

[1] Requête seulement analysée.

Il a esté pourveu sur les fins de la presente requeste à ce qui regarde l'advance qui doit estre faicte pour l'estappe de Chorges & ce par nostre du unsiesme de may; [elle en] sera exemptée sellon sa forme & teneur & l'advance sera faict par les communautés de l'Embrunois & Gapençois; mandons à icelle [estre] ordonné au surplus le lieu de Polienat en l'ellection de Romans en remplacement des quatre feus un tiers pour lesquels le lieu de Sainct Laurent du Cros a esté deschargé & par ce surplus sera pourveu s'il y escheoit.

Faict à Grenoble le 3 juillet 1595.

LESDIGUIÈRES.

Par Monseigneur,
Du Cros.

CXCVII.   1595 — 11 JUILLET.

Autog. — Bibl. de Grenoble. Documents originaux sur le Dauphiné. Vol. 8, n° 8.

A MONSIEUR LE BEGUE, COMMANDANT AU CHASTEAU DE MIREBEL.

Monsieur Le Begue, je vous envoye ce trompette pour vous faire sçavoir que j'ay observé envers vous jusques icy tout ce que se doibt entre gens de guerre, vous ayant faict investir depuis huict jours et fait voir cinq canons qui ont abbatu vos deffances, ce qui vous peut faire juger que j'ay assez de moyens de vous forcer à la raison. Et par ainsy je vous somme par ceste cy de rendre entre mes mains ceste place où vous estes, comme appartenant au Roy, autrement si vous attandez que ma batterie recommance, comme je vous déclare qu'elle fera demain matin, Dieu aydant, n'attandez de moy autre chose que de souffrir les peynes que méritera vostre opiniastreté et le droit des armes. Mais me promettant que vous vous resoudrez à ce que le debvoir et la raison vous commande, je demeureray, attandant vostre response, Monsieur le Begue,

Vostre bien humble pour vous fere service.

LESDIGUIÈRES [1].

Au camp devant Miribel le unzieme juillet 1595.

[1] Après avoir pris Exilles, ravitaillé Cavours et fait une courte expédition en Provence, Lesdi- guières résolut de chasser les troupes du duc de Savoie du Viennois et mit, le 9 juillet, le siége

CXCVIII.   1595 — 13 Juillet.

Autog. — Bibl. de Grenoble. Documents originaux sur le Dauphiné. Vol. 8, n° 9.

[ARTICLES DE LA CAPITULATION DU CHASTEAU DE MIRIBEL ACCORDÉS PAR MONSIEUR DES DIGUIÈRES.]

Le sieur de Begue avec les cappitaines et gens de guerre qui sont présentement dans le chasteau de Miribel en sortiront avec les conditions qui s'en suivent, que nous promettons sur nostre foy et honneur de leur observer de nostre part, tous ainsy que ledict sieur de Begue s'obligera pareillement sur ses foy et parolle de garder.

En premier lieu ledict sieur de Begue, avec lesdicts cappitaines et gens de guerre, sortiront dudict chasteau de Miribel et le remettront en nostre pouvoir, partiront ce jourd'huy la vie sauve avec leurs harmes, bagages et chevaux. Et pour leur sureté seront conduitz hors de l'armée et jusques au lieu des Eschelles par un gentilhomme et escorte necessaire qui leur sera par nous donnés. Et par ce qu'ils nous ont requis que leur escorte fust conduict par Messieurs de Crequy et de la Buisse, nous le leur avons accordé.

Fait au camp devant Miribel le treiziesme de juillet 1595.

Lesdiguières.

devant Miribel, qu'il reçut le 13 à composition. D'Albigny, qui s'attendait à ce siége, avait cependant mis tout son soin à fortifier ce château, comme il résulte d'un ordre signé de lui et daté du 6 juin 1595, par lequel il établit une imposition spéciale à cette intention (Bibl. de Grenoble. Documents originaux sur le Dauphiné. Vol. 8, n° 14). La lettre suivante, conservée au même dépôt (Vol. 8, n° 11), donne des renseignements intéressants sur le siége de Miribel : « ..... Je parleray en verité que nous n'avons jamais eu affaire à plus mauvais garçons. Ils estoient peu de gents dedans pour la grandeur de la place, 80 hommes de guerre environ, entre lesquels 15 armés. Lundy l'on commença à les battre avec cinq canons et deux moyenes ; mardy la batterye fust intermise à cause que les plattes formes n'alloyent pas bien. Le mecredi, à la pointe du jour, elle fust recommencée, et sur les deux heures l'on alla à l'assault ou il se trouva près de mille hommes en diverses trouppes, comman- dées pour se rafraischir les uns les aultres, qui fist durer l'assault plus de deux heures avecq la deffiance de ceulx de dedans, lesquels ne pouvant plus garder les tenailles, les quitterent et abandonnerent avec une grande playe des nostres, car nous y avons perdu cinq ou six capitaines, autant de sergents et plusieurs blessés dont le nombre est grand. Enfin je vous diray que l'attaque et la deffiance ont esté les plus belles qui se soyent vues de longtemps et plus furieuses de dedans. Il y eust en ce combat huict ou neuf de morts et plus de vingt de blessés et des plus honnestes gens, ce qui a reduict Monsieur le Beégue à traicter le lendemain de matin et sortir avec honorable capitulation que est la vie sauve, armes, hardes et bagages et chevaulx. Il est sorti en ceste façon chargé autant de réputation que pourroit estre gentilhomme de ses voisins, ce que je n'ai pas voulu faillir de vous faire savoir... (Voreppe, 15 juillet 1595). Cfve. »

CXCIX.   1595 — 15 Juillet.

Autog. — Bibl. de Grenoble. Documents originaux sur le Dauphiné. Vol. 8, n° 10.

[A MONSIEUR DE BEGUE.]

Monsieur de Beelgue, je serois marry d'avoir manqué à l'effect d'aucun point que je vous aye promis en vostre cappitulation, car cella ne m'arriva ni sera jamais ; encores moins voudrois je avoir souffert qu'aucun qui depande de moy y eust contrevenu, comme vous ne trouverez pas aussi que cella ayt esté si vous prenez soin de la bien lire, car les soldatz sulement et non les assassins et voleurs ordinaires y ont esté compris. Voyla pourquoy celluy duquel vous faites plainte, qui est prévenu de ces crimes, a esté arresté et mis entre les mains de la justice, où il aura toutte liberté de se justiffier de ce dont il est accusé. Et si tant est qu'il s'en puisse purger et face cognoistre tel que vous le qualiffiez dans vostre lettre, je vous respons sur mon honneur qu'il n'aura aucun mal ne desplaisir en sa personne ne autre chose qui luy apartiene, mais aussi s'il en advient autrement et qu'il se trouve aussi detestable en sa vie qu'il en est accusé, je ne pense pas qu'il y ayt homme de bien ni d'honneur qui le voulust advouer pour son compagnon ni porter à contrecœur qu'il en soit fait exemplaire justice. L'issue donques vous tesmoignera, comme feront aussi touttes mes autres actions que je suis inviolable en mes promesses et eusse bien desiré que vous eussiez usé du pouvoir que vous avez sur moy en chose plus juste et plus raisonable que ceste cy, car je desire de vous rendre preuve que je suis de cœur et d'affection, Monsieur de Beelgue,

    Vostre très humble pour vous faire service.

                                                LESDIGUIÈRES.

A Miribel le 15 de juillet 1595.

CC.   1595 — 13 Octobre.

Orig. — B. N. MS. Dupuy. Vol. 62, p. 252.

AU ROY.

Sire, il y a quelques jours que je fiz rendre à Monsieur du Fresne une grande quantité de depesches, venans de Flandres et d'Itallie, s'en allans au roy d'Espaigne, surprinses sur mer par le brigantin de Toullon. Depuis, par ceste mesme voye, il s'en est encores prins d'autres que j'ay aussy envoyées au sieur du Fresne qui y aura descouvert beaucoup de choses très importantes à vostre service. A la vérité, Sire, telles surprinses ne se peuvent estimer, et oze bien asseurer vostre Magesté que si elle tenoit deux gallaires au port de Toullon, l'Espaignol ne pourroit avoir si souvent des nouvelles d'Italie et de Flandres, ou il faudroit qu'il eust tousjours une bonne flotte sur mer, qui ne pourroit estre entretenue sans grands frais et encores plus d'incommodité. S'il plaist à vostre Magesté ordonner l'entretien desdictes deux gallaires par les moyens qu'on trouvera au pays, Monsieur de Soulliers, qui vous en a desjà parlé et qui maintenant vous en escript, et moy, aurons le soing de les faire valloir et servir. Et, en ce cas, Sire, il faudroit que vous luy donnissiez le pouvoir de l'une et à moy de l'autre, si vous estimez la chose aussy utile et necessaire qu'elle l'est. Cependant que vostre Magesté estoit à Lyon, le duc d'Espernon bastissoit des intelligences et ourdissoit des trahisons sur les places de Serres, Tallar, Ventavon et autres que j'ay eu ce bonheur d'acquérir et conserver en vostre obeissance. Le principal instrument de ceste trahison est un bastard de Ventavon [1] qui se vouloit rendre légitime de ceste maison, bonne, ancienne et tousjours

---

[1] Jean de Monstier, sieur de Saint-Martin, fut l'auteur de cette conspiration dans laquelle étaient entrés la plupart de ses parents. Chorier (Vol. II, p. 763, réimpression), qui a reproduit assez exactement les circonstances de cette trahison, a dénaturé la plupart des noms des personnages qu'il a cités à cette occasion. Saint-Martin fut décapité, Marguerite de Bosse, sa femme, appliquée à la question; Honoré du Mallet, son gendre, mari de Clermonde, sa fille, Jean de la Mare, son autre gendre, mari de Marguerite, Alexandre, Pierre et Balthazard, ses fils, envoyés aux galères. Ils obtinrent cependant plus tard des lettres d'abolition. Saint-Martin n'en était pas à son coup d'essai : ce fut lui qui tua, au mois d'avril 1587, Pierre de Chissé la Marcousse, gouverneur de Tallard, d'une arquebusade, après l'avoir attendu plusieurs jours caché derrière une haie.

fidelle à vostre service, par la surprinse d'icelle et le meurtre de quatre gentilzhommes, entre lesquelz est son père, lequel, avec un sien frère, sont si acablez de vieillesse et des peynes de la guerre, qu'ilz ont quicté le harnois pour le faire endosser aux deux autres qui viennent au monde où ilz promettent beaucoup pour vostre service. Une telle succession estoit promise à ce bastard avec le gouvernement de la place, une compaignie de chevaulx légers et troys compaignies de gens de pied. En faisant ce marché il avoit aussy promis de me faire tuer d'un coup de pistolet par un homme assez déterminé pour le faire, si Dieu ne luy eust touché le cœur et converty à déclarer ceste entreprise, comme il a faict auparavant l'exécution. Le bastard et ses complices ont esté saisiz; la Cour a dellegué des commissaires pour leur faire et perfaire leur procès et y a espérance que leurs depositions feront voir clair beaucoup de choses qui nous sont encores incogneues. Tant y a, Sire, que telles entreprinses et les autres actions dudit duc d'Espernon, qui les faict assez cognoistre, marque plus tost les intelligences qu'il a avec voz anciens ennemys qu'aucun signe de l'obeissance que vous attendez de luy. Le temps vous fera cognoistre que je ne me trompe point et que la seulle consideration de vostre service me faict regretter celluy là que nous perdons maintenant en attendant l'effect des vaines espérances dont cest homme essaye de vous repaistre. Sire, je supplie Dieu qu'il conserve longuement vostre Magesté et qu'il me face la grâce d'estre tousjours

Vostre très humble, très obeissant, très fidelle suget et serviteur.

LESDIGUIÈRES.

A Grenoble le XIIIe octobre 1595.

CCI.   1595 — 25 DÉCEMBRE [1].

Orig. — B. N. MS. F. 3592, p. 35.

A MONSEIGNEUR, MONSEIGNEUR LE CONESTABLE.

Monseigneur, la meilleure nouvelle que je vous puys donner pour le bien des affaires du Roy c'est que les deux cappitaines quy, par l'artifice d'Esperit de la Plane, avoyent tué Monsieur de Ganestably dans la

---

[1] L'année où cette lettre a été écrite ne sauroit être douteuse : une main moderne a écrit sur l'original la date de 1596, mais c'est une erreur. Caseaux, dont il est question dans le texte, fut

ville de Grace, de la part et au nom de Monsieur de Savoye, ceux là mesme ont tué à coups de poignards Esperit de la Plane et préservé par ce moyen ladicte ville d'une domination estrangère. La garnison des Espagnols s'y debvoit randre dans quelques jours, mais estant prevenue comme elle a esté, il ne se parle que du service du Roy dans

tué à Marseille au commencement de 1596, et Lesdiguières était précisément à Aix à la fin de 1595. Il y avait été envoyé par le Roi pour délivrer d'une manière définitive la Provence de la tyrannie du duc d'Épernon, allié avec les ligueurs, la Savoie et l'Espagne, et pour aider le duc de Guise, nommé gouverneur en sa place, à prendre possession de son gouvernement. La lettre suivante du Parlement de Provence à Lesdiguières indique clairement quelle était la triste situation du pays à cette époque et combien son intervention était ardemment désirée :

« Monsieur, les bons et louables effets de votre affection au service du Roy et de la particulière conservation de cette province nous ont promis que, continuant en cette même volonté, vous nous assisterés maintenant de votre prompt secours, estimant que vous aurés sceu comme le duc d'Épernon, jouant à jeu descouvert, a uni ses troupes avec celles de la ligue et mis le canon en campagne pour assiéger la ville de Salon, laquelle a été réduite sous l'obeissance du Roy par le sieur comte de Carces qui tient Saint Roman assiégé dans le château. Et d'autant que ledict duc d'Épernon continue ses progrès avec une extreme diligence, ayant déjà pris Lausson et fait desseins de batre les lieux circonvoisins pour se rendre la prise dudict Salon plus facile, dont la perte seroit l'advancement et restauration de la ligue et la ruine entière de la province et du service du Roy, attendu mesmement que toutes nos troupes y sont enfermés, lesquelles étant defaites, les bons sugets du Roy seroient reduit à un miserable état, nous vous prions derechef de nous departir votre prompt secours en une occasion tant importante et vous acheminer incontinent s'il vous plait avec vos troupes vers ledict Salon afin que par votre moyen on puisse obvier aux dangers qui s'en pourroient autrement ensuivre, et outre l'obligation que cette province vous en aura, nous ne manquerons point de representer à sa Majesté le remerciable service que vous luy ferés en tant important affaire, ayant nous cependant fait l'arrest duquel nous vous mandons la copie, afin de contribuer la part de notre devoir au bien et repos de cette province et conservation des sujets de sa Magesté. Sur quoy nous supplierons le Créateur, etc.

« Aix, le 4ᵉ mars 1595. »

(Bibl. Méjanes, à Aix. Reg. du Parlement.)

Lesdiguières reçut plus de dix lettres aussi pressantes avant de se décider à entrer en Provence. Il avait eu la promesse d'être nommé lieutenant du duc de Guise en Provence, mais il trouva une grande opposition dans le Parlement, oublieux des services rendus, et revint en Dauphiné fort mécontent. Voici ce qu'écrivait à ce sujet l'ambassadeur de Venise à son gouvernement : « ..... Monsieur des Diguières est parti, « lui aussi, de Provence fort mécontent, parce « que le Parlement d'Aix a refusé de vérifier sa « patente de lieutenant de Monsieur le duc de « Guise dans cette province que le Roi lui avait « donnée. Maintenant, à l'occasion de la prise de « Marseille, il a envoyé un de ses gens au Roi « pour obtenir le gouvernement de cette ville « pour Monsieur de Créqui son gendre. Mais « Madame la duchesse [de Guise], dont je vous « parlai, m'a dit qu'il n'en serait rien, parce que « elle croit que dans le traité de capitulation son « fils a promis de ne pas donner de gouverneur « à la ville, qui doit s'administrer elle-même..... « Paris, 9 mars 1596. — PIERRE DUODO. » (Arch. de Venise. Dépêches de France.)

Quant à la ville de Grasse, qui fait l'objet principal de la lettre de Lesdiguières, elle fut investie par le duc de Savoie en juillet 1592, tandis qu'il allait faire le siège d'Antibes : le capitaine de Ganestably, qui y commandait pour le roi de France, ayant été assassiné à l'instigation d'Esprit de la Plane, la ville se rendit aussitôt et la Plane en eut le commandement, qu'il exerça à l'aide d'une compagnie des ligueurs provençaux jusqu'au mois de décembre 1595, où il fut assassiné à son tour pour avoir voulu recevoir une garnison espagnole.

ladicte ville et de l'hobeissance deube à sa Maiesté. L'ilse de Martigue et la Tour de Boug ont suyvy ce bon commancement, où Monsieur de Guise a mis garnison. Maintenant l'armée du Roy tourne la teste contre Marseille où l'Espagnol pretend beaucoup de part, à la faveur de Casaux, quy a l'ame sy mauvaise que de traiter avec luy. Ce porteur a cest honneur que d'estre cogneu de vous, aussy aura-il cest advantage de vous dire les autres nouvelles de ceste province qu'il vous plairra de sçavoir. Vous suppliant de me despartir par son retour vos commandements ausquels je me conformeray avec la mesme devotion que je demeure, Monseigneur,

Vostre très humble et très obeissant serviteur.

LESDIGUIÈRES.

A Aix ce 25 de décembre.

CCII.   1596 — 29 FÉVRIER.

Orig. — B. N. MS. Dupuy. Vol. 63, p. 13.

AU ROY.

Sire, si le bonheur m'eust de tant voulu favoriser que le sieur de Saint Jullien aist esté oy de vostre Majesté à son arrivée, elle se feust trouvée satisfaicte en tous les poinctz de la lettre qu'il luy a pleu m'escrire au retour de Chollier du XIIIe de ce moys, et, bien que je soys asseuré d'avoir depuis obtenu ceste grâce, si est-ce, Sire, que en confirmant ce que ledit sieur de Saint Jullien avoit charge de vous dire sur ce subject, je supplie très-humblement vostre Majesté de trouver bon que je responde sommairement à tout ce qui est contenu en sadite lettre. Je dy donc, Sire, que quelque chose que les deputez de ceste province aient peu faire entendre à vostre Majesté sur le faict des levées qu'ilz disent avoir esté faictes contre les deffences que vous en aviez ordonnées, ilz ne se trouveront avouez de m'avoir voulu accuser de ce cryme de désobeissance duquel je n'ay jamais esté taché ny en apparence ny en effect. Vostre Majesté a congneu mes déportemens tous aultres et Dieu m'a faict la grace de recognoistre tousjours mon devoir. Je ne veulx pas nyer, Sire, que depuis que vous estes party de Lyon, après avoir souvent recherché Monsieur le

Maréchal d'Ornano, la Court de parlement et les commis des Estats de ce pays de pourvoir selon voz intentions à l'entretenement des garnisons des frontières d'icelluy et voyant que mes poursuyttes ne rapportoient aucun effect à la seurté des places, les cappitaines qui y commandent n'ayent, par mon avis, emprumpté de proche en proche des vivres pour la nourriture de leurs soldatz, en intention de les remplacer ou bien rendre les deniers qu'ilz en auroient receus, lorsqu'il auroit esté pourveu à leur payement : voilà ce qu'ils appellent levée. Jugez, Sire, s'il a mieulx valu en user ainsy que de laisser perdre ce qui a tant cousté à oster des mains de vos ennemys qui veillent incessamment sur nos actions pour se prévaloir de nos divisions, qui sont telles entre les troys ordres de ceste province, et l'union si mal observée, que si vostre seule aucthorité n'y intervient je n'y prévoy que de la confusion. Voilà, Sire, le compte de ceste myenne action, rendue pour le bien de vostre service et sans penser à commectre aucune offence. Si ce procéddé vous a despleu, je vous porteray ma teste affin qu'il en soit faict au plaisir de vostre Majesté. Ce n'est de ceste heure que les gens de biens sont subjectz aux ennuys, je scay d'où cela me vient et n'ay jusques icy gousté aucuns fruictz depuis qu'on s'est apperceu que mes services m'avoient acquis vostre bonne volonté. C'est à vous, Sire, à ordonner de l'entretenement des places, affin d'y establir une seurté et oster à vos ennemys le moyen d'y entreprendre. Si nostre union estoit aussi grande que notre désunyon ce seroit à nous à vous relever de ceste peyne, et puis vous demander la confirmation de ce qui en auroit esté resolu, mais puisque nostre mal nous en empesche, ce que vous en ordonnerez sera soingneusement observé et spécialement par moy, qui n'ay jamais visé que au but de l'obeissance de voz commandemens [1]. Ledict sieur de Saint

---

[1] Dans une lettre du 19 novembre 1595, écrite à Henri IV (B. N. MS. F. 15576, p. 77), Ornano se plaint amèrement de ces levées de deniers faites par Lesdiguières sans l'autorisation du Roi ou des États. Après avoir dit qu'il fait enjoindre au comte de la Roche, gouverneur de Romans et autres, qui se permettait également de pareilles exactions, de les cesser, et il ajoute : « Ils se plaignent qu'on « tolère bien telles levées audict sieur des Di- « guières et qu'ils ne doivent estre de pire con- « dition : ils ne sont seuls qui font ces plainctes « et qui en veullent uzer de ceste façon, ce qui « me met extrémement en peyne et apportera à « la fin un grand mal à ceste province, s'il ne « plaist à vostre Majesté d'y apporter quelque « remède et commander à icelui sieur des « Diguières de se despartir de telles levées. Car, « quoiqu'elle luy ait deffendu, et à tous les autres, « lorsqu'elle estoit à Lyon, tant verbalement que « par ses lettres patentes, il n'a laissé depuis « de faire une imposition de XVIII escus pour « feu, bien que ses garnisons ayent eu neuf mois

Jullien representera à vostre Majesté l'importance des places que j'ay jusques icy conservées, affin que la considérant, elle y ordonne la seurté qu'elle y estimera nécessaire. La seconde plaincte desdits députtez sur le faict de la radiature qu'ilz disent estre aux lettres patentes concernant l'octroy du pyonnier pour feu destiné à la fortification de Grenoble se doibt plustost attribuer à celuy qui a mis lesdictes lettres au net que de s'en adresser à vostre Majesté, laquelle je supplie très humblement se ressouvenir qu'elle m'accorda la vallidation de la levée dudict pyonnier qui avoit esté faicte depuis le premier jour d'octobre M. V^c IIII^{xx} XIII sur quatre baillages de ceste province où vostre auctorité estoit absolument recogneue, jusques au jour de la datte desdictes lettres, avec déclaration que vous entendiez que le reste de la province qui n'y avoit contribué, pour avoir esté occupé par vos ennemys ou aultrement divertye, y contribuast dès le commencement jusques audict jour, et permission de la continuer jusques à la fin de l'année passée sur toute la province. C'est ce que lesdictes lettres devoient contenir, suivant l'intention de vostre Majesté, qui en sera encores rememorée par ceulx à qui elle commanda l'expédition, et il peut estre, Sire, que celluy qui a mys la lettre en parchemyn s'appercevant de quelque obmission l'a voulu réparer. Et quant à ce qu'on vous veult faire comprendre que les deniers de cette levée reviennent à ung nombre infiny, ce sont des abuz qui se vérifieront par le compte qui sera rendu de ladicte subvention en vostre Chambre des comptes de ceste province, appellez les commis du pays, et pour vous en rendre encores plus certain, vous pouvez, s'il vous plaist, y faire assister ung commissaire qui soit à ce spécialement depputé. Sur ce propos je puis dire en vérité à vostre Majesté qu'il se trouvera fort peu de deniers levez sur vostre peuple mieulx emplòyez et avec plus de frugalité que ceulx-cy, et qu'il s'est faict plus pour un escu en ceste fortification qu'il ne s'est faict en pas un autre pour dix. La besongne le monstre, elle se mettra en beaucoup meilleur estat si la chose passe, comme il vous a pleu me l'accorder et que je le vous viens de représenter, mais

« et les autres six. C'est ce qui désespere un chascun & qui leur donne occasion d'un grand mescontentement et me faict perdre tous les gens de guerre. Si ledict sieur des Diguières le faict du consentement de vostre dicte Majesté et qu'il luy plaise de m'en advertir, je diray aulx autres qu'il fault qu'ils aient patience, sinon je la supplie très humblement d'y pourveoir et luy en escrire; & moy je me rengeray à ce qui sera de sa volonté. »

pour y adjouster la perfection, il est necessaire que vostre Majesté ordonne la continuation dudict pyonnier pour la présente année sur toute la province. Ceste place¹ le mérite pour estre la seule frontière de la Savoye dont déppend la perte totalle du pays ainsi que le vous peut figurer, siége d'une Court, d'une Chambre des comptes et de tous les officiers de voz finances. Au reste, Sire, je n'ay poinct eu de cognoissance de l'opposition que lesdicts depputez disent avoir esté faicte à l'établissement de la religion catholique ès villes de Dye et de Montelimar, mais je scay bien que vous aurez bientost des depputez de noz églises qui vous rendront compte de ceste particularité en vous representant ce qui est du reste de leurs charges. Je retourne, Sire, à vous supplier très humblement d'ordonner vostre volonté pour l'entretenement des garnisons, leur reduction et aussi des gens de cheval, à quoy chascun se conformera, y allast-il de la perte et du bien et de la vye; je le dy au moins pour moy. Après vous avoir donné avis de l'importance non seullement de ceste ville, mays aussy des places d'Exilles, Ambrun, Briançon et aultres semblables exposées à la teste de vostre ennemy, voisines de ses canons & plus grands magazins et qui peut en deux jours investir par siége ou surprendre la plus esloingnée de luy, je desire que le duc d'Espernon se resolve d'obeir à vos volontez, comme vous croyez qu'il est prest de faire. Si mon entremise et mes services ont apporté quelque avancement à ceste syenne resolution, la gloire en soit à vostre bonheur et saige prevoyance et non à moy qui suis et seray tousjours, Sire,

 Vostre très humble, très obéissant et très fidelle sujet et serviteur.

LESDIGUIÈRES.

Sire, puis qu'il plaist à vostre Majesté que j'aye communication des poincts du traitté que recherche Monsieur de Savoye, j'y rapporteray ce que je doibz à vostre service selon la congnoisssance que le temps m'a apprins de ce qui peut deppendre de ceste affaire, & je vous supplie très humblement d'agréer, si ce traitté passe oultre, que quelques gentilzhommes voz serviteurs soient satisfaiz des promesses qu'ilz ont dudict sieur de Savoye pour respondre de rançons, de pri-

¹ La place de Grenoble.

sonniers et aultres choses qui constent par escript, affin que ce qu'ilz en tireront soit employé à vostre service. A Grenoble le XXIXe febvrier 1596.

CCIII.   1596 — 9 Mars.

Orig. — Arch. munic. de Lyon. AA. 46, p. 11.

A MESSIEURS, MESSIEURS LES PRÉVOST DES MARCHANDZ ET ESCHEVINS
DE LA VILLE DE LYON.

Messieurs, je seroys très-marry d'apporter aucune incommodité aux marchantz de vostre ville, que je veulx, au contraire, favoriser de tout mon pouvoir. Il est vray que quelques muletz chargez de marchandises venantz d'Italie furent arrestez, ces jours passez, au Pont de Beauvoysin, par mon commandement, pour faire garder la convention que les gabellous avoyent faite avecques moy, que, moyennant certain rabbaiz des impostz et péages, qui leur fust accordé, touttes les marchandises qui viendroyent d'Ytalie à Lyon passeroyent par le Mont-Genèvre et non par le Mont-Senis, ce que n'ayant esté gardé par eux, j'en ay voulu sçavoir la cause et, par mesme moyen, leur faire comprendre, par ceste arrestation, qu'il est raisonnable, comme j'y suis bien aussi résolu, que touttes celles qui prendront autre chemin seront, doresenavant, de bonne prinse ; car, puisque celluy du Mont-Genèvre est le plus court, le plus aisé et le plus ancien et usité, il n'y auroit point de raison de souffrir que les intérêtz du Roy fussent privez de l'utilité de ce passage, et que ceux d'un prince estranger s'en prévalussent à leur intérêt. Bien est vray aussi que les marchantz ne doyvent estre chargez de plus grandz impostz qu'ilz payent en Savoye; mais tant s'en fault qu'ilz se puissent plaindre justement de ce costé là, que je leur ay faict tousjours offre, comme je fais encores, de les leur faire réduire à cella mesme (si tant est que ceux du Dauphiné soyent plus grandz), voyre à quelque chose du moins; et, par là, vous jugerez s'il vous plaist, Messieurs, si j'ay heu juste subjet de m'offancer contre ceux qui ont manqué à leurs convantions, lesquelles regardent le service du Roy et le bien publiq. Duquel manquement estoyent deubz beaucoup d'intérestz pour lesquelz je n'ay voulu arrester, toutesfois, une heure davantage lesdictes marchandises ; mais aussitost [après] avoir receu vos lettres et de Monsieur de La Guiche, je les ay fait incontinant touttes rendre, et donné tout contantement aux intéressez, comme vous rapporteront ces porteurs, qui m'ont donné assurance de revenir icy dans quelques jours, avec pouvoir de tous lesdictz marchantz négotiantz du costé d'Italie, de confirmer la susdicte convention et traitter à fondz ceste affaire ; ce que je vous supplie de vouloir trouver bon, et de m'assister au parachèvement de ceste bonne œuvre, de laquelle vostre ville ne peut ressantir intérest aucun, mais toutte ceste province, au contraire, beaucoup d'utilité. Me remettant donques à ce que ces porteurs vous fairont plus particulièrement entendre sur ce subjet, je ne m'y estendray d'avantage, vous suppliant de demeurer tousjours bien persuadez que rien ne vous est tant acquis que mon service, duquel je rechercheray les occasions de faire ressantir les effectz au général et aux particuliers de vostre ville, priant Dieu, Messieurs, qu'il vous tienne en sa sainte protection. C'est de Grenoble, le 9 de mars 1596.

Vostre bien humble, prest à vous faire service.

LESDIGUIÈRES.

CCIV.   1596 — 20 MARS.

Orig. — Arch. munic. de Lyon. AA. 46, p. 15.

A MESSIEURS, MESSIEURS LES PRÉVOST DES MARCHANDZ ET ESCHEVINS
DE LA VILLE DE LYON.

Messieurs, je vous supplie de croyre que mon intention ne fust jamais de porter aucun préjudice au cours et trafiq des marchandises qui vont d'Italie en nostre ville, en proposant aux marchans le chemin que les gabeullous s'estoyent obligez à moy de tenir, mais que mon seul but, au contraire, ne tend qu'à favoriser ce commerce, rendre les voytures et voyturiers plus assurez en leur chemin, les faire descharger d'une partie des impostz, et leur faire avoir meilleure commodité de vivres et de touttes autres choses, mieux qu'ilz n'ont pas du costé de Savoye, affin que les subjectz du Roy puissent recepvoir l'utilité de ce commerce et que ses ennemys en soyent privez. Les raisons que le sieur Bonet m'a proposées au contraire, ne me semblent pas suffisantes pour me destourner de cesté bonne intantion, laquelle doibt estre, ce me semble, en l'âme de tous ceux qui affectionnent le bien et avancement du service de Sa Majesté et de ses subjectz, et je ne doubte point que sadicte Majesté, en estant informée, ne l'approuve et authorise. Je m'en suis plus particulièrement expliqué audict sieur Bonet, et luy ay faict voir les dangers et hazardz que courront les voyturiers, passé que soit le moys de may, sur le Mont-Senis, ausquelz il n'est pas en mon pouvoir de donner remède. Je m'en remettray donques à ce qu'il vous en dira, et vous supplieray encores, à cest endroit, de vouloir demeurer tousjours bien persuadez que je suis du tout acquis à vostre service, et que ce qui regardera le général de vostre ville ne me sera jamais moins chèrement recommandé que mon faict propre. Priant Dieu, Messieurs, qu'il vous tienne en sa saincte protection. C'est de Grenoble, le 20 de mars 1596.

Vostre très humble et très affectionné à vous fere service.

LESDIGUIÈRES.

CCV.   1596 — 1er SEPTEMBRE.

Cop. — Arch. de l'État, à Turin.

[A MONSIEUR FAUSTIN CORNARO, AMBASSADEUR DE LA RÉPUBLIQUE DE VENISE.]

Monsieur je receuz hier voz lettres du 19 du passé, et vous remercie bien humblement des nouvelles dont il vous a pleu me faire part, j'ay esté si peu de temps encores en ceste court, que despuis mon arrivee il ne s'i est presentée chose qui merite de vous estre escritte. Le Roy est maintenant à Meaux ou il m'a commandé de l'aller treuver, il y a mandé aussi Messieurs de son conseil, Monsieur le Conestable et Messieurs les ducz de Montpensier et de Gioyeuse. Il y arrestera huict ou dix iours pour vacquer à la depesche de Monseigneur le Legat, et de là i'estime que sa Majesté s'en ira à Rouan ou une assemblée doibt estre tenue. Un ambassadeur d'Angleterre y doibt aussi arriver; Monsieur le duc de Bouillon y a passé despuis quelques iours et de la s'en ira vers les estatz du Pais bas. Ilz ont perdu la ville d'Hultz appres l'avoir bien deffendue ; les Espagnolz ont perdu en ce siege là durant sept semaines plus de 6 mil hommes, 40 cappitaines en chefz, trois maistres de camp, Monsieur de Rone general de leur armée, et y ont tiré 20 mil coups de canon; les assiegez apprès avoir soustenu plusieurs assaux ont composé de la reddittion de la place fort à leur advantage. L'armée du Roy est sur la frontière et dans l'Artois pour gaster le païs. La maladie contagieuse qui a fort affligé ceste ville de Paris et celles d'alentour, cesse tellement qu'elle n'y paroit tantost plus, Dieu merci. Je n'ay point encores veu icy Monsieur de Silleri despuis que ie suis en ceste court, mais il est bien certain que le Roy n'a pris encores aulcune resolution sur la paix ou guerre de Savoie ; cela touttesfois se pourra bien tost apprendre et l'hors ie ne manquerey point de vous en donner advis, comm'aussi de toult'autre chose qui meritera vous estre mandée. Je vous supplierey d'en vouloir faire de mesme de vostre part, et me tenir s'il vous plaict en vostre bonne grace. Quant à ce que est du bled, que vous desirez de recouvrer du Dauphiné, c'est chose à laquelle ie m'employerey tres voulontiers pour le desir que i'ay de vous servir, mais vous prendrez garde s'il vous plaict, que si vous entendez de le prendre dans les montagnes l'achept et le port vous sera excessivement cher et difficille, mais si vous le faictes achepter au Valantinois et le faire voyturer par la riviere du Rosne vous l'aurez à moindre prix et à moindre frais; il est vray qu'en ce cas vous avez à obtenir du Roy une permission de le sortir hors du Royaume, et quoyque soit, il est necessaire que vous exprimiez la quantité que vous avez voulonté d'en avoir. Pour le regard du prix, il est malaisé de vous dire au vray quel il est, car de iour à aultre il diminue ou haulse sellon le cours de la vente. Voilà, Monsieur, tout ce que ie puis vous dire, sur ce subiect; marquez-moy s'il vous plaict plus particulierement vostre intention et vous jugerez par bons effectz que ie vous servirey en celà et tout aultre subiect que vous aurez à gré avec aultant d'affection que ie prie Dieu, Monsieur vous tenir en sa saincte garde. C'est de Paris le premier de settembre 1596[1].

Vostre bien humble prest à vous fere service,

LESDIGUIÈRES.

[1] Lesdiguières avait été à cette époque appelé par le Roi à Paris pour recevoir ses instructions sur la guerre qui se préparait contre la Savoie.

CCVI.   1596 — Novembre [1].

Orig. — B. N. MS. F. 3592, p. 41.

A MONSEIGNEUR, MONSEIGNEUR LE CONESTABLE.

Monseigneur, vous scavez quel traitement les Espagnols font à Monsieur de Créquy, mon beau filz, qui luy ont occupé et ruiné presque tous ses biens en Picardie ou il ne lui reste plus que la terre de Poix, que la gendarmerie francezze à desia si souvant visitée qu'elle ne differe en autre chose à celles que lui detienent les dicts ennemys sinon qu'il en est le maistre. C'est pourquoy le dit sieur de Créquy s'en va vers vous, Monseigneur, pour vous supplier comme ie fais aussi tres humblement avecques luy qu'en ceste consideration vous ayez, s'il vous plait, agréable que ladicte terre de Poix demeure exempte du logis des gens de guerre et que par vostre authorité elle puisse estre conservée et nous aurons ceste obligation davantage à vostre service, Monseigneur, et l'un et l'autre, qui le vous rendrons tousiours avec autant de fidélité que vous en pouvez esperer. Et croyez, s'il vous plait, de moy plus particulierement qui suis, Monseigneur,

Vostre tres humble et tres obéissant serviteur.

LESDIGUIÈRES.

CCVII.   1596 — 7 Décembre.

Orig. — Arch. de l'état de Genève.

A MESSIEURS, MESSIEURS LES SINDICS ET CONSEIL DE L'ESTAT DE GENÈVE.

Messieurs, sur l'heure que vostre lettre du 17 passé m'a este presentée jay reçeu advertissement que les officiers du duc de Savoye

---

[1] Cette date, écrite au dos de la lettre par une main contemporaine, doit être exacte; ce fut en 1596, en effet, que les troupes espagnoles, sous les ordres de l'Archiduc, ravagèrent l'Artois, le Boulonnais et la Picardie.

demandoient la prolongation de la treve qui a de temps en temps este continuée entre nous des le jour que celle que vous aves eue avec ce prince a commencé; ce que je n'ay point voulu accorder mais différé de respondre jusque a ce que j'aye sceu de vous, Messieurs, de quelle façon, il sera résolu en vostre endroit. Vous m'escrivez qu'il vous accorde la tresve, si vous la voules prendre, soubs des conditions malaisées ou impossibles à soufrir; s'il perciste en sa résolution et que y voyant du desadventage pour vous vous rompies avec luy, il n'aura point de treve avec moy, qui vous supplie, Messieurs, m'advertir à point nommé de vos résolutions afin que sur cela je fasse les miennes. Je désire que nostre correspondance continue et que vous me donniez souvant de vos nouvelles avec asseurance que je ne vous espargneray point celles de ces provinces ausquelles j'essaieray de faire tousiours service au Roy a vostre advantage et partout où je me trouveray. Atendant donc de vos lettres, Messieurs, je prieray Dieu qu'il vous conserve. A Riez, le 7 décembre 1596 [1].

Vostre bien humble et plus affectionné serviteur,

Lesdiguières.

CCVIII.   1597 — 29 Mars.

Orig. — B. N. MS. F. 3578, p. 60.

A MONSEIGNEUR, MONSEIGNEUR LE CONESTABLE.

Monseigneur, je pensois trouver ici les vingt mil escus que le Roy avoit ordonnés pour le commancement de ce qui est necessaire de deça pour son service en intention d'en employer une grande partye a nos levées d'infanterie[2]. Avant que d'en partir j'escrips à Sa Majesté

---

[1] Ce voyage de Provence de Lesdiguières avait probablement pour but de s'entendre avec le gouverneur de cette province sur les secours qu'il pourrait en obtenir dans la guerre qu'il allait entreprendre contre la Savoie.

[2] Le prétexte de la nouvelle guerre que préparait la France contre la Savoie était la restitution du marquisat de Saluces, querelle de droit féodal qui divisait les deux cours depuis longtemps. On pourra voir sur cette question les manuscrits suivants à la Bibliothèque nationale : Dupuy 224. — MS. F. 3641, p. 51. — Gaignères, 20452, pp. 83 et 85. — 20483, p. 50. — Un long mémoire du chancelier Bellièvre. MS. F. 15894, etc. — On

et la supplie de commander que ce retardement cesse par ce qu'il est prejudiciable à ses affaires. Je m'asseure que vous le jugeres ainsy et que, comme principal pilotte, vous aures agreable de donner ordre que sa Majesté soit obeye en chose qui regarde de si prés le bien de son service. Je vous en supplie trés humblement, Monseigneur, car il faut que nous nous préparions aussy bien que les ennemys du Roy. Desia Monsieur de Savoye a payé la levée de III^m Suisses et faict estat de XII^C chevaulx; il a six regimens de Savoye et de Piedmont qu'il avoit acoustumé avec sa militie. Le Roy d'Espaigne faict lever des trouppes au royaume de Naples & du costé

---

pourra également consulter, sur les négociations qui précédèrent la déclaration de guerre, un intéressant mémoire inséré dans les *Mémoires et Correspondance de Duplessis Mornay* (T. VIII, p. 141).

La lettre suivante de l'ambassadeur de Venise est intéressante à reproduire :

« ..... Monsieur des Diguières a offert au Roi
« de commencer la guerre avec ses propres fonds
« à condition que, pour le remboursement des
« dépenses qui se pourraient faire, on lui donne-
« rait de solides garanties en Languedoc, en
« Provence et en Dauphiné. Ce point des garan-
« ties sera décidé par le conseil. Si il fait diffi-
« culté de les accorder, ce qu'on ne prévoit
« guères, il ne restera qu'à conclure une longue
« trêve avec le Duc, mais ce sera le dernier
« parti auquel on s'arrêtera. Ceux d'ici compren-
« nent qu'il n'y aurait pas de meilleur moyen
« pour se récupérer des pertes subies en Picardie
« que de tomber sur le Duc, et il n'est personne
« au conseil, si l'argent ne faisait défaut, qui ne
« le désirât. Monsieur des Diguières assurait que
« mille écus par mois lui pourraient suffire, et
« c'est peu. Le point difficile était de concilier
« les prétentions de ceux qui voulaient com-
« mander. On se rendait compte qu'en Savoie
« un capitaine catholique se ferait plus facilement
« obéir de populations qui, tant par leur pente
« naturelle, qu'à raison des misères qui les acca-
« blent, ne demanderaient pas mieux que de se
« voir placées sous la domination française. Elles
« ont gardé fidèle mémoire des bons traitements
« dont elles ont été l'objet en d'autres temps. On
« songeait donc à donner cette charge au maré-
« chal de Biron, mais Monsieur des Diguières a

« déclaré qu'il ne lui obéirait point, et Biron
« disait la même chose pour le cas où Monsieur
« des Diguières serait nommé. Après bien des
« pourparlers on est convenu de ceci : dans
« l'occasion Biron commandera en Savoie, des
« Diguières en Piémont et dans le Dauphiné. Si
« l'un d'eux doit passer dans le pays soumis au
« commandement de l'autre, chacun obéira à
« celui qui possède là l'autorité militaire. A cet
« effet le Roi a nommé Monsieur des Diguières
« son lieutenant en Dauphiné, ayant besoin en
« Piémont du gouverneur qu'il y avait établi pré-
« cédemment, et au maréchal Corse (d'Ornano),
« à qui cette lieutenance appartenait, il a donné
« à la place celle de Provence. On ajoute que
« ce dernier article cause des rumeurs parce
« que le comte de Carces prétend avoir cette
« charge. et de plus, d'après un privilége de la
« province, nul ne peut y être lieutenant s'il
« n'est du pays. Toutefois, ce n'est pas là un
« obstacle capable d'arrêter l'effet des résolutions
« qui ont été adoptées... (Saint-Maur, 19 octobre
« 1596). Pierre Duodo. »

Le même ambassadeur ajoute dans une autre lettre :

« .... Des Diguières comprend bien que s'il n'est
« pas soutenu par l'argent du Roi il ne pourra pas
« aller loin et faire la guerre dans un pays aussi
« ruiné que la Savoie, qu'il lui faudra nécessaire
« ment, pour entretenir ses troupes, se porter en
« Piémont ou s'établir dans la Bresse, où, le Rhône
« aidant, il lui sera facile d'empêcher les Espa-
« gnols qui pourraient venir d'Italie de franchir
« la frontière..... Paris, 29 mars 1597. » (Arch. de Venise. Dépêches de France n° 26).

de Millan pour envoyer en Flandres et si j'ay ce bonheur de me voir prest, j'espère de leur donner beaucoup d'affaires au passage qui pourra estre pour tout le moys prochain. Je travailleray cependant aux avances des vivres et munitions qui seront grandes à cause de la cherté des grains. Ce travail servira de peu si nous n'avons nostre infanterie ce qui ne se peut sans argent. Mais j'espère que vous exciterez ceulx qui ont la charge de cest affaire de s'en acquitter à l'avantage du service du Roy et de mon costé j'espere de servir Sa Majesté si à propos que l'effect de mon service paroistra encore plus loin que la ou il cera rendu. Je garderay aussy soigneusement la memoire du devoir que j'ay au vostre ne voullant cedder en cela à aucun que vous y ayes obligé. Honorez moy de tant que de donner foy à ces veritables parolles qui seront suyvies des effects lorsque vous commanderez vos volontes, Monseigneur, à

Vostre trés humble et trés obeissant serviteur,

LESDIGUIÈRES.

A Lyon le XXIXe mars 1597.

CCIX.   1597 — 29 Mars.

Orig. — B. N. MS. F. 15911.

A MONSIEUR, MONSIEUR DE BELLIÈVRE, CONSEILLER DU ROY EN SON CONSEIL PRIVÉ.

Monsieur, à mon arrivée en ceste ville je n'ay voulu faillir de donner advis à sa Majesté de ce que j'ay apris des affaires du duc de Savoye et du devoyr auquel il se met non seullement pour garantir et conserver ses estats, mais aussi pour pouvoir entreprendre & faire effect, s'yl y voyt jour, sus ceus du Roy. Il a ramassé et mis sus pied vingt cinq compagnies de gens de cheval qui font nombre de environ douze cens maistres plus alestis et mieus acomodés que ceus qu'il avoyt cy devant; outre ce il a sa noblesse et sa maison. Pour son infanterie elle consiste partie en sa militie qu'il a levée à double, asscavoir son antienne et une nouvelle qu'il a de nouveau composée, quelques Suisses qu'il faict lever et dont on asseure qu'il a fourny deniers pour trois mille et cinq ou six cens Espagnols qu'il a de reste de ses vieilles troupes. Il a aussy munitionné et proveu les places de frontieres. A l'estat de Millan et de Naples il se faict aussy des levées qu'on bruict estre pour la Flandres, mais je n'ay certitude ny du nombre ny de la route qu'elles tiendront. Monsieur, je vous represente ce que dessus pour vous faire voyr la nécessité de mettre promptement en effect les commandemens qu'il a pleu au Roy me donner, en quoy je ne veus nullement manquer et mesmes m'eforcer par dessus mon pouvoir; mais comme j'ay voullu jetter icy les premiers commencemens, j'ay eu advis de Monsieur Zamet de ne faire estat des vingt mille escus destinés pour l'infanterie et lesquels devoyent estre paiés il y a plus de trois moys et qu'il y est survenu de sy grandes difficultés que ie n'en dois rien atandre pour encores de son costé. Cela me couppe et oste le moien de bien poser les premiers fondemens, car sans argent ie ne puis avoyr ung seul homme de pied. D'ailleurs je trouve les grains sy chers de deçà que l'auance que ie me promettois de faire de toutes les munitions necessaires excedera de beaucoup l'estat que i'en faisois et toutesfois ie m'y porteray, en sorte que pour ce regard j'y satisferay. Il y a aussy l'assignation d'Auvergne, laquelle se tire en longueur à cause de la necessité que les garnisons raportent au pays et la pauvreté où elles réduisent le peuple, comme cy devant j'ay escript au Roy, de maniere que l'on n'a pas encores commencé pour ce regard de rien lever, et que quand des ceste heure on y mettroit la main, encores y yra-il beaucoup de temps. Il vous plaira, Monsieur, comme je vous en supplie humblement, d'avoyr soing de ces deux chefs ausquels consiste le nerf de cest affaire et tenir la main que je n'y soys abandonné, puis qu'il y va sy avant du bien du service du Roy de deçà, et vous resouvenir qu'il n'aura jamais tenu ny ne tiendra à moy que sa Majesté n'y voye la prosperité qu'elle desyre. Et comme qu'il en soyt je feray paroitre en effect que j'y raporteray ce que ie dois et mesmes, s'yl se peult, plus que de pouvoir. Je crains aussy une autre difficulté qui ne raporteroit pour ung peu de temps que trouble au service de sa Majesté, c'est que comme vous cognoissez trop mieus que moy, Monsieur, la perversité des humeurs de ce temps, peut estre il s'en trouvera en Daufiné et de catholiques et de la religion qui, à l'arrivée de Monsieur de d'Ornano, foumenteront des desseings et des causes pour l'y faire arrester par dessus le temps promis ; à quoy je vous supplie, Monsieur, de ietter l'œil et considerer que, comme il a pleu au Roy avoir souvenance de l'honneur dudit seigneur, je le requiers tres humblement d'avoyr soing du mien et prevenir le grand mal que cela pouroit raporter au bien de son service par deçà. Et pour vous montrer, Monsieur, que cela ne vient d'apréhention que i'en aye, j'ay sceu qu'à mon depard de la cour ledict seigneur d'Ornano s'en est faict ouyr. Je vous supplie humblement m'excuser sy je vous represente ainsy particulierement ce que je recognoy estre important au service du Roy, le zele que vous y raportez et l'affection que i'ay de vous rendre service m'en faict ainsy user. Aussy ie demeureray toute ma vye, Monsieur,

Vostre plus humble et plus affectioné serviteur.

LESDIGUIÈRES.

De Lyon le 29 mars 1597.

CCX. 1597 — 4 AVRIL.

Orig. — Arch. munic. de Grenoble.

[ORDRE AUX TRÉSORIERS DU DAUPHINÉ DE RABATTRE SUR LES IMPOTS L'ENTRETENEMENT DE LA COMPAGNIE DES GARDES.][1]

Monsieur Milhard, trezorier du tailhon et commis du trezorier de l'ordinaire des guerres en Dauphiné, ou vous, Maistre Vincent Vial, payeur de nostre compaignie, nous vous mandons et ordonnons, suyvant l'intention de sa Majesté et l'arrêt de Messieurs des Comptes dudict pays du vingt sixieme du passé, de raba[ttre sur les] assignations plus liquides la somme de ..... cent soixante deux escus ordonnée pour [le paiement de ladicte] compaignie pour le quartier d'octobre, novembre [et décembre] M V^c IIII^{xx} seize aux membres et [gendarmes icy] dessus nommés, ce à quoy montent et [s'élèvent les sommes] par eux reçues des susdictes communautés sur [leur entretenement] revenant à vingt ung sols pour chascung gendarme par jour et laquelle somme vous rembourcerez aux susdictes communautés sur ce qu'elles doivent de la taille de quinze escus pour feu, pour

---

[1] Cet ordre est précédé d'une longue énumération comprenant les soldats de la compagnie des gardes de Lesdiguières et les diverses communautés qui ont pourvu à leur entretien pendant ce trimestre.

qu'en deniers comptants, celles qui se trouveront, ce voir assignés sur nostre compaignie, sur peyne de respondre en vostre propre et privé nom dudict rambourcement. Prions et requerons les susdicts sieurs des Comptes liquider les vivres en deniers à la forme de nostredict taux et à pourportion de leurdicte solde lesdicts trois mois et par mesmes moiens decharger Maistre Pierre Le Blanc, recepveur desdicts estats dudict pays sur son comte, comme aussy ceux du tresorier de l'extraordinaire des guerres en saisies faictes et levés cy devant, attendu le susdict rambourcement et que sa Majesté ne l'a entendu et ne l'entend autrement. Declarons et certiffions ausdicts sieurs des Comptes et à tous autres qu'il appartiendra n'avoyr durant le susdict quartier estés nourris et entretenus aultres gendarmes de nostre compaignie que les susnommés par la presente que nous avons signée et faict expedier.

A Grenoble le quatriesme jour du mois d'apvril M V^c IIII^{xx} dix sept.

LESDIGUIÈRES.

CCXI. 1597 — 8 AVRIL.

Orig. — B. N. MS. F. 3578, p. 65.

A MONSEIGNEUR, MONSEIGNEUR LE DUC DE MONTMORANCY, PAIR ET CONESTABLE DE FRANCE.

Monseigneur, c'est mon devoir que de ne laisser rien passer aux affaires de deçà sans vous en donner avis. Je vous escrivis dernierement de Lyon les preparatifs que faict le duc de Savoye et les levées qui se font sur les estats de Millan et de Naples pour la Flandre; les moyens qu'il y avoit de combatre ou arrester ces troupes là, qui seront prestes de passer environ la fin de ce moys ou le commencement du prochain, à quoy je me preparois si j'estois promptement assisté des moyens que le Roy m'avoit ordonnés. Mais je n'en ay encore rien eu ny ne sçay qu'en esperer, et cependant les ennemys du Roy se prevauldront du temps au desavantage des affaires de sa Majesté. Elle vouloit que j'eusse une partye constante que le sieur Zamet devoit faire rendre à Lyon. Cela n'a point encores esté faict et n'ay autre chose eu de luy que des lettres d'excuse, non plus que du receveur general de Lyon qui dict qu'il ne se peut payer en toute ceste année qu'un quart de nostre assignation et encores le fault il attendre jusques après la recolte qui va quasy à la fin de l'an. Voilà, Monseigneur, à quoy nous en sommes; je prevoy du mal à ce retardement s'il dure davantage. C'est à vous à fere consideration à la necessité des affaires du Roy, suppliant très humblement d'apporter vostre authorité à le fere myeulx servir affin que je soie promptement secoureu selon qu'il avoit esté resolu. Je vous en supplie très humblement et de me tenir tousiours, Monseigneur,

Vostre très humble et très obeissant serviteur.

LESDIGUIÈRES.

A Grenoble, le VIIIe apvril 1597.

CCXII.   1597 — 18 Avril.

Orig. — Arch. de l'état de Genève.

A MESSIEURS LES SCINDICS ET CONSEIL DE GENÈVE.

Messieurs, auparavant la reception de vostre lettre du cinquieme du present qui m'a esté rendue par ce porteur, j'avois eu celle que vous avies commise au capitaine la Ramée à laquelle, à la verité, j'attendois l'occasion de respondre. Ceste seule satisfera à toutes les deux. Je vous diray donc que nous sommes en pareille considération que la vostre sur le bruit des levées du Roy d'Espagne tant au royaume de Naples que sur l'estat de Milan, et sur les preparatifs que fait le le duc de Savoye, nous nous tenons sur nos gardes comme vous faites car c'est le seul moyen pour eviter une surprise, principalement sur l'expiration de nostre treve qui finist à la fin de ce mois. Et en l'incertitude du succès des afaires, le Roy m'a commandé de redresser et mettre sur pied son armée pour opposer à toutes occasions, et notamment au passage de ces trouppes qui se preparent pour les Pais-Bas. Je travaille à cela avec intention de les combatre en quelque lieu que ce soit. S'il plaist à Dieu, vous mesnageres cest advis et le tiendres secret, selon vostre accoustumée prudence, et croyes au reste, Messieurs, qu'il ne viendra rien à ma cognoissance important à vos affaires que je ne vous en donne des nouvelles si à temps que vous aures loisir pour y penser et vous en resoudre, car vous ne pouves avoir bon ny mauvais succes que je n'y vueille participer tant je vous honore et desire servir. Regardes les moyens que j'en auray et par tous mes effects vous apercevres que je suis, Messieurs,

    Vostre bien humble prest à vous faire service. De Grenoble ce 18 avril 1597.

                                               LESDIGUIÈRES [1].

CCXIII.   1597 — 30 AVRIL.

                  Orig. — B. N. MS. F. 3578, p. 67.

[A MONSEIGNEUR, MONSEIGNEUR LE DUC DE MONTMORANCY, PAIR ET CONESTABLE DE FRANCE.]

Monseigneur, par celle qu'il vous a pleu m'escrire du XIIe de ce moys, et par le reste des depesches qui l'accompagnoient je recognois l'affection que vous avez voulu rapporter au payement de la partye destinée aux commencemens de nostre guerre et à la bonification de nostre assignation d'Auvergne. Si la chose réussit selon l'intention de sa Majesté et la vostre, je ne doubte point que nous ne soyons en moyen de faire quelque chose de bon, et dès ceste heure j'en fais estat asseuré. Mays je vous supplye très humblement de croire que oultre la considération du service du Roy, je vous en ay une très grande obligation de laquelle je conserveray la mémoire jusques à ce que j'aye le moyen de vous rendre des effectz qui vous puissent faire recognoistre que je suis, Monseigneur,

    Vostre très humble et très obéissant serviteur.

                                               LESDIGUIÈRES.

A Grenoble le dernier apvril 1597.

Monseigneur, j'ay chargé le sieur Monnet de vous représenter tout ce qui se passe de deçà fort particullierement.

---

[1] Peu de temps avant, le Roi annonçait, par une lettre bienveillante, aux syndics de Genève, qu'il appelait ses chers amis, le choix qu'il avait fait de Lesdiguières pour commander son armée contre le duc de Savoie et leur demandait leur appui moral en cette grave circonstance. (7 mars 1597). *Berger de Xivrey, Correspondance de Henri IV*, t. IV, p. 693.

CCXIV. 1597 — 3 Mai.

Orig. — A M. Raspack, à Eyguyans (Hautes-Alpes).

[LETTRES DE SAUVEGARDE AUX SIEURS REYNAUD, CARYER, BOFFIER ET TRUC, DE MONTMORIN.]

Le seigneur de Lesdiguières, gouverneur et lieutenant general pour le Roy en Savoye & Piedmont : nous avons prins & mis, prenons & mettons en la protection et sauvegarde du Roy et la nostre, Marin Reynaud, Claude Caryer, Laurens Boffier et Gabriel Truc, de Montmorin, ensemble leurs familles, ..., facteurs, negocia[teurs], grangiers, rentiers, maisons, grangeages, biens meubles, immeubles, ... grains, revenus, bestail et toutes choses à eux appartenans. Partant deffandons à tous gens de guerre tant de cheval que de pied, chefz & conducteurs d'iceulx, fourriers, aucunement aux consuls dudict lieu, de loger, donner logis ni .... ou permettre qu'aucun soit logé dans les maisons et grangeages des susnommés, moins y prendre, saisir ou amener aucun bestail, grains, meubles, vivres, foins, pailles, sous quelque pretexte que ce soit et aultrement ne leur faire aucun tort ni dommage en leurs personnes ni en rien qui leur appartienne à peine de la vye, en payant touteffois par eux leur rate part de tailles & aultres charges tant ordinaires que extraordinaires que ledict lieu supporte. Et parce qu'on pourra avoyr affaire en plusieurs endroicts des presentes, nous voulons que aux vidimus qui en seront faits, deuement collationnés par un notaire, foy soit adioustée comme à cet original.

Donné à Grenoble le IIIe may 1597.

LESDIGUIÈRES.

Par mondict seigneur,
BRÉMOND.

(Sceau.)

CCXV. 1597 — 24 Mai.

Cop. — Arch. de la Drôme. CC. 30.

[AUX CONSULS DE LA GARDE-ADHEMAR.]

Consuls, il a esté ordonné au conseil du Roy tenu près de nous que pour dresser l'armée que sa Magesté nous a commandé de metre sus, pour s'opposer au desseing des estrangiers ses ennemys, vous lougeres & recepvres en vous communautés & fournyres vivres & utansilles à la compaignie des gens d'armes de Monsieur du Poyet, à sçavoyr à chescun d'eulx cinq livres pain, deux livres chier, deux pots vin durant quinze jours seullement, sans permettre que lesdicts vivres soient convertis ny commués en argent ny autres choses.

Faict à Grenoble le XXIIIIe may 1597.

Avec vos aydes acostumés qui fornyront comme dessus.

LESDIGUIÈRES.

CCXVI. 1597 — 28 Mai.

Orig. — B. N. MS. F. 3607, p. 74.

A MONSEIGNEUR, MONSEIGNEUR LE DUC DE MONTMORANCY, PAIR ET CONESTABLE DE FRANCE.

Monseigneur, il y a des occasions importantes au service du Roy qui m'ont meu de depescher le sieur d'Auriac vers sa Majesté, l'ayant pour cest effect choisy entre les serviteurs qu'elle a auprès de moy. Il vous baisera les mains de ma part et vous rendra fort particulier compte du subiect de son voyage. Je vous supplie très humblement adiouster foy à sa parolle, me donner vos commandemens à son retour et me croire tousiours, Monseigneur,

Vostre très humble et très obéissant serviteur.

LESDIGUIÈRES.

A Grenoble du XXVIIIe may 1597 [1].

[1] Cette lettre et l'envoi d'Auriac à la cour avaient probablement pour cause les propositions de trahir le Roi faites par le duc de Savoie au maréchal d'Ornano ; la lettre suivante nous donne les détails les plus circonstanciés à ce sujet :

« ..... Le Duc avait envoyé un gentilhomme

CCXVII. 1597 — 24 JUIN.
Orig. — B. N. MS. F. 3607, p. 7.
Imprimé : *Album historique du Dauphiné*, par M. Champollion-Figeac. Paris, 1846-1847, p. 4.

A MONSEIGNEUR, MONSEIGNEUR LE DUC DE MONTMORANCY, PAIR ET CONESTABLE DE FRANCE.

Monseigneur, c'est pour vous donner avis de la surprinse que j'ay faicte de ce lieu de Sainct Jehan de Maurienne qui rend inutile le

bourguignon, muni de lettres de créance, à Monsieur le maréchal d'Ornano, pour lui dire que, sachant l'offense qu'il avait reçue de Monsieur de Diguières, lequel avait voulu s'immiscer dans son gouvernement, il lui offrait en ami et pour soutenir sa querelle, s'il voulait entrer dans son parti, quatre mille fantassins et quatre cents chevaux, avec douze mille écus par mois; ajoutant que, s'il lui arrivait d'avoir besoin de secours, son Altesse se rendrait de sa personne, avec pareil nombre de troupes, à Chambéry. Cette proposition parut fort étrange au Maréchal, en sa qualité de sujet très fidèle et dévoué à son Roi. Il répondit poliment à Monsieur le Duc qu'il le remerciait de sa bonne volonté, ajoutant qu'il n'avait pas reçu d'offense de la part de Monsieur de Diguières; que même, en ce cas, deux voies lui resteraient ouvertes pour obtenir réparation : l'une personnelle, étant chevalier et portant une épée avec laquelle il saurait bien toujours se faire rendre raison; l'autre d'un appel à la justice, qui, sous un Roi si grand et si ami de l'équité, ne pourrait lui faire défaut; mais qu'il n'avait, pour le moment, grâce à Dieu, besoin de recourir ni à l'une ni à l'autre..... Paris, 31 mai 1597.

« Pierre Duono. »

(Arch. de Venise. Dépêches de France, n° 26.)

Le même ambassadeur ajoute dans une lettre suivante :

« Les choses sont en pleine confusion en Dauphiné où le maréchal d'Ornano et Monsieur des Diguières exercent tous deux la lieutenance, d'où il résulte que le Maréchal étant dans la province, Monsieur des Diguières, piqué de jalousie, n'en veut sortir avec ses troupes de peur d'être exilé. Et ainsi six mille fantassins et quinze cents cavaliers qu'il a sous ses ordres écrasent les populations. Paris, 14 juin 1597. »

L'extrait suivant d'une lettre de d'Ornano confirme absolument les appréciations de l'ambassadeur de Venise :

« ..... Monsieur de Savoie, croiant que Monsieur des Diguières et moy veuillons venir aulx armes par une querelle generalle de particulliers, a despeché Monsieur le conte de Crolles vers Monsieur le conte de Viriville, son cousin germain, qui estoit en une sienne maison appelée Chappeau-Cornu, fort proche dudict Crolles, n'y ayant que le Rosne entre deux, et luy fist voir des lettres que ledict sieur de Savoie et Monsieur le conte Martinengues luy escrivoient, le priant de s'aboucher avec ledict sieur conte de Viriville pour me donner advis que les forces que ledict sieur des Diguières dressoit estoient pour me ruyner avec tous les catholiques et non pour s'attaquer à luy, qu'il auroit le moings de mal et qu'il m'assisteroit de ses forces et moiens et que promptement il m'envoieroit M hommes de pied et VI^c chevaulx, que luy mesme viendroit en personne à Chambéry et que, ayant besoing de sa presence en ceste province, il y viendroit aussy avec VI^m hommes de pied et XV^c chevaulx, me promettant que touttes les places qui se prendroient audict sieur des Diguières il me les remettroit entre les mains et qu'il me donneroit tant d'asseurance que je n'aurois occasion de doubter que j'aurois XII^m escus par mois et qu'il me donneroit pour cest effect bon respondant à Venise. Ledict sieur Conte luy respondit que les choses n'estoient point altérées et que, quant elles le seroient, que je ne recourrois jamais aux princes estrangers ny à aultres et que je m'attacherois à la bonté et justice de sa Majesté ; que, touttesfois, il me le feroit entendre, mais qu'il sçavoit bien

passage de Piedmont en Savoye par le Mont Senis, logis fort de nature et aisé à garder à cause des montaignes qui luy sont au derriere et de la riviere qui lui est au devant. Ce fut le jour d'hier que cest exploit fut faict nonobstant la resistance de cinq cens harquebuziers qui gardoient les avenues de la montaigne et à deux lieues de dix compaignies de gens à cheval et de deux mil hommes de pied que Monsieur de Savoye faisoit marcher devant luy, qui est à Suze, pour joindre aux forces de Savoye là où luy mesme alloit. Je suis à ceste heure entre lui et le comte Martinengue qui est à Aiguebelle avec six cens chevaulx et troys mil harquebuziers, de sorte que nous n'aurons pas faulte d'exercice doresnavant, mays la grosseur des rivières et la rupture des ponts au dessus et au dessoubs de nous, faicte par l'ennemy, nous gardera de nous voir si aisement que je le desirerais. Ceste mesme incommodité m'empesche de passer en la vallée de Tarantaise et de combatre deux mil Milanois ou Napolitains qui y passent pour la Flandre, si ce premier exploit ne les faict arrester pour se joindre aux trouppes de Savoye. A mesure que les occasions s'offriront je vous avertiray de ce qui nous succédera, et par tout le reste de mes deportements vous cognoistrez que je suis, Monseigneur,

Vostre très humble et très obéissant serviteur.

LESDIGUIÈRES.

Je m'asseure, Monseigneur, que les Millanoys sont auprès et qu'ils ne passent oultre tant leur importe ce passage ci, duquel s'ensuit fort communement la perte de la Sçavoye et qui separe du tout le Piemont.

A Sainct Jehan de Morienne le XXIIIIe juin 1597 [1].

que c'estoient des parolles iettées au vent. Aussy ay-je dit audict sieur Conte, pour le faire rapporter audict sieur de Crolles, que je remercyois ledict sieur de Savoye de sa bonne volonté, qu'il la gardast pour un aultre que pour moy, que je voulois croire que les armes que ledict sieur des Diguières avoit en main estoient pour le service de sadicte Majesté, et que, quand il les voudroit tourner contre moy, que je me promettois, après la grace de Dieu, de m'en pouvoir bien deffendre soubs l'appuy des bonnes graces de sadicte Ma-

gesté et avec l'ayde de mes amis et mon espée...

« Alphonce d'ORNANO.

« Moras, XVIIe may 1597. »

(A M. le connétable de Montmorancy. — B. N. MS. F. 3559, p. 9.)

[1] Lesdiguières, feignant de prendre la route de l'Oisans pour passer le mont Genèvre, traversa le col de Vaujany, s'empara de Saint-Jean-de-Maurienne le 23 juin, de toute la Maurienne les jours suivants, et chassa don Sancho de Salinas jusqu'au mont Cenis qu'il le força à repasser.

CCXVIII. 1597 — 3 JUILLET.

Orig. — B. N. MS. F. 3578, p. 69.

A MONSEIGNEUR, MONSEIGNEUR LE CONESTABLE DE FRANCE.

Monseigneur, si vous avez receu ma lettre du XXIIIIe du passé, vous aves aprins ce qui s'estoit passé de deçà jusqu'à ce jour là à l'avantage du service du Roy. Depuis je tournay la teste de l'armée du Roy devers dom Salines qui estoit logé fort pres de moy. Je luy ay faict quicter troys divers lieux où il s'estoit barriqué et en fin contrainct de passer le Mont Senys après avoir laissé seze caques de pouldre et quatre balles de meche. Il avoit baillé en garde à un cappitaine piedmontois le chasteau de Sainct Michel qui est en ceste vallée, mays je l'ay assiégé et prins par composition. Je le fais mettre en estat de faire plus grande resistance qu'il n'a faict et fais aussy acommoder ceste place le myeulx qu'il est possible. Je pars demain pour voir les trouppes dont le comte Martinengue a charge ; on m'assure qu'il est barriqué à Aiguebelle qui est à l'emboucheure de ce pays du costé de Chambery. Je suis deliberé d'attaquer ce logis et l'emporter si je puis parce qu'il est favorable à mes autres dessins. Ceste trouppe qui devoit aller en Flandre et que la grosseur des rivières m'avoit enpesché d'attaquer est retenue par Monsieur de Savoye pour un moys, et quant cela ne seroit, il n'en arrivera jamais en Flandre huict cens que ce ne soit tout. Il faict une levée de Suysses et croy qu'il sera en corps d'armée dedans troys sepmaines. Je fais venir du canon de Grenoble pour prendre quelque place qui assure nos commancemens. Je vous donnerai tousiours avis de ce que nous succedera et cognoistres que je veulx estre toute ma vye, Monseigneur,

Vostre trés humble et tres obéissant serviteur.

LESDIGUIÈRES.

A Sainct Jehan de Maurienne le IIIe juillet 1597.

CCXIX. 1597 — 4 JUILLET.

Cop. — B. N. MS. F. 15911.

[EXTRAIT D'UNE LETTRE A MONSIEUR LE BARON DE JOUX.]

Je suis en campagne depuis douze jours, où, Dieu merci, nous n'avons perdu le temps, aiant entièrement saisy tout le pays de Murianne, fermé entièrement le pas du Mont Sénis, chassé les forces du duc de Savoye jusques à Suze, & ce avec le plus grand effroy qu'il se peult, aiant quicté la pluspart de leurs armes et toutes leurs munitions de guerre. Bref, Salins qui les conduisoit, n'a guières bien faict pour la première fois; il avoit deux mil hommes de pied et quatre cens chevaulx. Maintenant je torne ma teste vers le comte de Martignande qui est du costé d'Aiguebelle et Mommelian et aux environs. Il a trois mil hommes de pied et cinq cens chevaulx; je luy prendray à sa barbe toutes les places qui sont deçà l'Izère pour les joindre au Daulphiné et à nostre conqueste, et après nous verrons si nous prendrons le chemin de Chambéry ou de la Tarantaige, où sont les Milannois qui debvoient passer en Flandres, mais ilz ont promis d'arrester ung mois, mais ce n'est pas grand chose, car ilz ne sont pas deux mil hommes en tout, et arrivant en Flandres ils ne seront pas mil; mais si les eaux diminuent je les empescheray à mon advis. Quoy qu'il en soit, nous sommes au pas; mais cela touche si droict au cœur du Roy d'Espaigne et luy meparty l'esprit de telle façon que sans doubte il fera ung grand effort, et si le Roy ne nous assiste mieulx que par le passé, l'affaire ne ira pas bien; si, au contraire, il faict, nous leur donnerons tant de besoingne qu'ilz n'auront envie d'aller en Flandres[1].

[LESDIGUIÈRES.]

[1] Au dos de ce fragment de lettres on lit, écrit d'une main contemporaine : « Extraict d'une lettre escripte par Monsieur des Diguières de sa propre main, de Sainct Jehan de Murianne, à Monsieur le baron de Joux, du IIII⁰ juillet.

CCXX. 1597 — 9 Juillet.

Orig. — B. N. MS. F. 3578, p. 71.

A MONSEIGNEUR, MONSEIGNEUR LE DUC DE MONTMORANCY, PAIR ET CONESTABLE DE FRANCE.

Monseigneur, je n'ay point manqué de vous escrire tout ce qui s'est passé en ce pays depuis que l'armée du Roy y est entrée. Maintenant je vous diray que nous avons assiégé le chasteau d'Aiguebelle et logé notre infanterie dedans le bourg qui en est distant d'une mousquetade; nous continuerons ce siége comme très important, bien qu'avec beaucoup d'incommodités en ceste arrière saison. Monsieur de Savoye a passé deçà les monts et après avoir demeuré troys jours à Montmelian il vient aujourd'hui à Confland; nous ne serons que à deux lieues les uns des autres, sans rivière ni montagne entre deux qui puisse empescher de nous voir de près. Je vous donneray avis de ce qui succedera de ceste aproche. Cependant, Monseigneur, je scay fort bien que de l'assignation de deux cens mil escus que le Roi a donné pour le soustien de ceste guerre il ne s'en recevra que la moittyé au plus, encore est ce chose incertaine. Il est donc nécessaire que sa Majesté face pourvoir de fons d'ailleurs affin que son service ne demeure et que son ennemy face, comme il a cy devant faict, proffict de ceste nécessité que j'apprehende extremement. Vous suppliant, avec toute l'humilité du monde, de le luy persuader et apporter vostre authorité à ce que Messieurs du conseil y pourvoyent, je vous baise très humblement les mains et demeure, Monseigneur,

Vostre très humble et très obéissant serviteur.

LESDIGUIÈRES.

Au camp d'Aiguebelle le IXe juillet 1597.

CCXXI.   1597 — 12 Juillet.

Orig. — B. N. MS. F. 3578, p. 73.

A MONSEIGNEUR, MONSEIGNEUR LE DUC DE MONTMORANCY, PAIR ET CONNESTABLE DE FRANCE.

Monseigneur, c'est à ce coup que je vous diray fort librement que si vous n'ambrassez la protection et l'antretien de ceste armée il n'en fault attendre que la ruyne et par conséquent celle des affaires du Roy. Je vous ay de temps en temps donné avis de nos progrès, de nostre estat et de nos necessités. Je depesche encore à sa Majesté le sieur Expilly, donneur de la presente, pour les lui faire comprendre. Il vous entretiendra de toutes choses et vous donneres s'il vous plaist foy à ses parolles. Vous suppliant très humblement d'intervenir en ces affaires comme celluy qui en est le principal protecteur et me faire cest honneur de croire que je suis, Monseigneur,

    Vostre bien humble et très obeissant serviteur.

                                  Lesdiguières.

Au camp d'Aiguebelle le XIIe juillet 1597 [1].

---

[1] Du 12 au 20 juillet les troupes de Lesdiguières emportèrent d'assaut la plupart des forts de la Maurienne, entre autres celui de la Rochette, le 19. Le récit suivant d'un fait d'armes auquel Lesdiguières fait allusion dans sa lettre du 26 juillet, existe sous le titre d'*Avis de Savoie*, aux archives de Venise (Dépêches de France, n° 26) :

« Du camp de Chamousset, 20 juillet.

« Je veux vous faire part d'un avantage qui « nous échut hier quand nous venions de prendre « le fort de la Rochette. En retournant donc à « Aiguebelle, que nous tenons toujours assiégée, « Monsieur des Diguières eut avis que le duc de « Savoie se trouvait à Miolans et qu'il élevait un « fort sur l'Isère pour passer de notre côté avec « ses troupes et venir prendre position près « d'Aiguebelle en vue de nous incommoder. « Nous partimes avec ledict Monsieur des « Diguières et environ 200 chevaux et nous gra- « vimes une colline afin de voir ce fort que l'on « construisait. Après l'avoir bien examiné et « reconnu, Monsieur des Diguières mit en déli- « bération si nous devions oui ou non attaquer. « Les avis furent unanimes pour l'attaque. Aussi- « tôt nous fimes descendre 2,000 arquebusiers « près dudit fort avec une pièce de canon qui « tira six ou sept coups, et à l'instant l'infanterie « et nous cavalerie leur tombâmes sur le corps « avec tant d'impétuosité que le fort fut enlevé « à la vue du Duc. Les ennemis ont eu près de « 400 hommes tués ou noyés..... Monsieur des « Diguières a reçu une mousquetade dans son « chapeau qui lui a frisé les cheveux. Tout le « pays est en rumeur et nous espérons prendre « Aiguebelle dans deux jours. Le Duc doit rece- « voir dans la huitaine un renfort de 4,000 hommes. « Nous avons l'espoir de bientôt nous battre et « de travailler utilement pour le service du Roi. »

CCXXII. 1597 — 21 Juillet.

Orig. — B. N. MS. F. 3578, p. 75.

A MONSEIGNEUR, MONSEIGNEUR LE DUC DE MONTMORANCY, PAIR ET CONNESTABLE DE FRANCE.

Monseigneur, à l'arrivée du sieur Expilly en Cour, vous aurez sceu tout ce qui s'est passé de deçà jusques au jour de son depart, j'envoye à ceste heure au Roy un discours de ce que nous a depuis succédé. Je scay que après sa Majesté vous en aures la premiere communiquation, et certes il merite d'estre leu en plein conseil affin que on cognoisse l'estat des affaires et ce qui est necessaire d'y apporter principallement pour un secours prompt et un entretenement de durée. Vous, Monseigneur, y tenes le premier lieu, et c'est aussy de vous que j'espere le plus d'assistance aux affaires du Roy, car sans cela il en fault peu esperer. Je remets toutes particularités à ce que vous lires fort amplement audict discours sur lequel il fault assoir un fondement fort veritable par ce que la vérité y est representée. Je prie Dieu, Monseigneur, qu'il vous aye en sa sainte & digne garde. Au camp d'Aiguebelle le XXIe juillet 1597.

Vostre très humble et très obeissant serviteur.

LESDIGUIÈRES.

CCXXIII. 1597 — 26 Juillet.

Autog. — B. N. MS. F. 3572, p. 70.
Imprimé : *Album historique du Dauphiné*, par M. Champollion-Figeac. Paris, 1846-1847, p. 5.

A MONSEIGNEUR, MONSEIGNEUR LE DUC DE MONTMORANCY, CONESTABLE DE FRANCE

Monseigneur, il ne s'est passé occasion en ceste armée que je ne vous en aye donné avis, et encore vous ay-je depuis trois jours escript ce qui estoit survenu sur le bord de l'Izere ou le duc de Savoye avoit faict un fort qui fut rompu et ce qui estoit dedans desfaict, nous continuons le siege du chasteau d'Aiguebelle dont nous croyons avoir raison dans troys ou quatre jours, car le canon est en batterie et commençons des aujourdhui à battre quelques deffences. On a faict entendre au Roy qu'il estoit passé une grande armée de Millanois et de Napolitains qui alloient joindre le cardinal d'Austrice pour incommoder les affaires du Roy et le divertir de son siege d'Amyens. Croyes, Monseigneur, qu'il n'a passé que de quatorze à quinze cens Millanois, bizogneus et fort nouveaulx qui ont preins un chemyn si couvert et esloingné de nous, marchans à si petites trouppes et logeans en des lieux si fermes qu'il nous eust esté impossible de les forcer sans canons, qui ne se peut mener en des lieux si mauvais que ceulx de leur chemyn. C'est fort peu de chose que ceste trouppe, mays nous en avons arresté une aultre de deux mil Espaignols et autant de Napolitains qui se joignirent au duc de Savoye au lieu de prendre le chemyn de Picardye ou ils estoient destines, de sorte que sa Majesté s'appercevra de ce service et du faict de la prinse de ceste place qui ne ferme pas seullement le passage du mont Senis, mais aussy couvre celluy de la venue du Sainct Bernard durant neuf moys en l'année que les rivieres sont petites. Ceste besongne parachevée nous en commencerons une aultre la ou nous appercevrons l'ennemy estre le plus descouvert. Mays, Monseigneur, le bruit qui court de deça que sa Majesté veult renouer le traitté qui estoit cy devant commencé entre elle et le duc de Savoye desgouste ceulx qui sont entrés en ceste guerre et resfroidit ceulx qui se vouldroient mettre et entrer en avances de leurs moyens comme on faict les premiers. Que ces nouvelles soient faulces ou veritables, elles empirent la condition des affaires du Roy et bonifie celles de ses ennemis qui sans doubte feront leur proffict de ceste armée si ces faulx bruicts de la faulte de moyens la diminuent car les soldats de fortune rechercheront le costé la ou on les fera vivre. Je vous supplye tres humblement, Monseigneur, d'y penser car c'est sur vous que j'ay jetté les yeulx pour obtenir du Roy les moyens du commencement et de la continuacion de ceste guerre qui importe autant que vous saves à sa Majesté, laquelle ne se doibt pas promettre, quoy qu'on lui face entendre, de pouvoir tirer des forces de ce pays sans des moyens guere moindres que ceulx que luy peut couster ceste armée qui est fort gaillarde et en estat de servir. C'est à sa Majesté à escrire ses vollontes et je vous supplye très humblement l'en persuader et de nous faire valloir les assignations qu'il luy a pleu nous donner pour les frais de ceste guerre. C'est de vous,

Monseigneur, que j'espere tout après le Roy, incontinant que j'aurai par votre moyen eu les commandemens du Roy et les vostres j'y obeyray, et cependant je ne lairray son armée inutile. Le duc de Savoye faict une levée de trois mil Suisses pres les cinq petits cantons, j'en ay eu avis du costé de Geneve; ceste armée est assez forte pour le voir quand ce nombre sera joinct à luy. Je vous tiendrai de jour en jour averty de ce qui nous succedera, vous suppliant de m'estimer tousiour, Monseigneur,

Vostre très humble et très obeissant serviteur.

LESDIGUIÈRES.

Du camp d'Aiguebelle du XXVIe juillet 1597.

Monseigneur, depuis ma lettre escripte, la place d'Aiguebelle que nous tenions assiégée a esté mise en l'obeissance du Roy elle est bonne et se fera encore meilleure. C'est la première place que les comtes de Savoie firent fortifier lorsque Beral de Saxe, premier d'iceulx qui ne portoit que le tiltre de comte de Maurienne print pied de deça[1].

---

[1] La lettre suivante de l'ambassadeur de Venise donne de curieux détails sur ce qui se passa entre la prise d'Aiguebelle (26 juillet) jusqu'au combat des Molettes (8 août), période pendant laquelle les lettres de Lesdiguières nous font défaut :

« ..... Un de mes amis vient d'arriver, qui jusqu'à ce moment n'avait pas quitté Monsieur de Diguières. Il annonce qu'il a mis à Saint-Jean-de-Maurienne mille hommes de garnison sous le commandement de Monsieur de Pasquier, son lieutenant, et autant à Saint-Michel, avec Monsieur de Créqui, son gendre. Celui-ci est catholique, et même il avait fait dire à l'évêque de Saint-Jean-de-Maurienne que, s'il voulait venir à son église, il le verrait très volontiers et le favoriserait. Son dessein, paraît-il, serait, après avoir affermi sa conquête dans les lieux qu'il occupe, de passer au Mont-Saint-Bernard et d'y construire un fort, afin d'intercepter pour Monsieur le Duc les secours venant d'Italie. Monsieur de Diguières écrit lui-même au Roi qu'il espère lui annoncer bientôt qu'il est maitre de tout, pour peu que son Altesse veuille faire son testament, c'est-à-dire en venir aux mains avec lui. Le Roi ne manque pas de l'aider autant qu'il peut ; et, en particulier, le gouverneur de Lyon lui a fait passer, par son ordre, vingt compagnies d'infanterie. Monsieur de Diguières n'a pu fortifier la Ferrière du Mont-Cenis ; mais il a fortifié les ponts qui traversent les vallées, à l'entrée desquelles il a fait élever des tours, que gardent des arquebusiers, et qui, ne pouvant être battues, sont difficiles à prendre par un ennemi qui ne serait pas maitre de la campagne. Je tiens de bonne source que les Etats allouent à Monsieur de Diguières cent cinquante mille écus par an, outre ce qu'ils fournissent à sa Majesté particulièrement pour cette entreprise.

« De l'armée, 16 août 1597. »

(Arch. de Venise. Dépêches de France, n° 26.)

CCXXIV.   1597 — 9 Août.

Orig. — B. N. MS. F. 3592, p. 37.
Imprimé : *Album historique du Dauphiné*, par M. Champollion-Figeac. Paris, 1846-1847, p. 7.

A MONSEIGNEUR, MONSEIGNEUR LE DUC DE MONTMORANCY, PAIR ET CONESTABLE DE FRANCE.

Monseigneur, je n'ay rien oublyé à vous representer de tout ce qui s'est passé en ce pays depuis que l'armée du Roy y est entrée : ma derniere depesche vous a asseuré de la prinse du fort d'Aiguebelle et du dessin que nous faisions de chercher nouvelle besongne. Il restoit au pouvoir de Monsieur de Savoye une place deça l'Izere nommée l'Eville, en assiette très forte, moityé precipice et le reste fermé de deux grands fossés un gros terrain entre deux. Nous l'avons eue pour moins de deux cens coups de canon et maintenant je la fais acommoder et munitionner. Elle se rendra des meilleures. Cependant qu'on travaille à cela, je me suis venu loger icy a une fort petite lieue de Montmellian ou estoit Monsieur de Savoye, il a passé l'eaue avec toute son armée et a prins logis a une canonnade de nous, un marais entre deux, sur nostre gauche et sur sa droitte y a un grand pré qui contient au moins mil arpens. Hier il s'y dressa escarmouche qui dura cinq heures entieres, nous en venions à un combat parfect sans l'empeschemen d'un ruisseau de six pieds de largeur et fort proffond. J'y fais faire des ponts pour le passer. Sa perte a esté plus grande que la nostre pour s'estre logé plus à decouvert que nous. Nous y avons eu quinze morts et trante blessés sans perte d'aucuns cappitaines, et pour le moins l'ennemy a deux cens cinquante morts ou blessés comme le rapportent ceulx des siens qui se sont jettés en ceste armée. Estans voisins comme nous sommes, malaisement nous pouvons nous esloingner sans un grand combat. L'yssue en est es mains de Dieu et moyennant son ayde je l'espere bonne. Je continuerai tousiours le devoir que j'ay de vous avertir de toutes choses, mays vous supplye tres humblement avoir soing de ceste armée et me tenir tousiours, Monseigneur, pour

Vostre très humble et très obeissant serviteur.

LESDIGUIÈRES.

Monseigneur, après avoir escript ceste cy j'ay voulu fort exactemen savoir nos pertes par une generale reveue de nostre infanterie, j'ay trouvé qu'elle est de près de six vingt hommes morts ou blessés et par le rapport de ceulx qui sont venus d'avec l'ennemy sa perte est de près de six cens hommes.

Au camp des Mollettes, le IXe aoust 1597.

CCXXV.   1597 — 14 Aout.

Orig. — B. N. MS. F. 3592, p. 39.
Imprimé inexactement : *Album historique du Dauphiné*, par M. Champollion-Figeac. Paris, 1846-1847, p. 8.

A MONSEIGNEUR, MONSEIGNEUR LE DUC DE MONTMORANCY, PAIR ET CONESTABLE DE FRANCE.

Monseigneur, voicy des nouvelles d'une seconde escarmouche à laquelle nous sommes aujourd'huy venus avec Monsieur de Savoye : il a eu l'honneur de l'attaque et le desavantage d'y avoir esté fort battu. La perte qu'il y a, à ceste foy, faicte, exede de plus de la moityé la preceddente. Il a voulu tanter nos retranchemens par troys endroicts où nous estions si bien préparés que, passé troys heures que le combat a duré, il a fallu qu'il se soit retiré. S'il continue nous defferons peu à peu son armée et conserverons celle du Roy toute entière pour d'autres bons esfects. Nous n'avons pas perdu en tout ce combat vingt hommes que morts que blessés par ce que nous sommes plus avantageusement placés que la premiere foys. Je vous donneray tousiours avis de ce qui nous succedera et demeureray en mon devoir que j'ay d'estre, Monseigneur,

Vostre très humble et très obeissant serviteur.

LESDIGUIÈRES.

Au camp des Mollettes le XIIIIe aoust 1597.

CCXXVI.   1597 — 14 Aout.
Cop. — B. N. MS. F. 15576, p. 107.

[A MADAME LA COMTESSE DE SAULT.]

Ma très chère et bonne sœur, j'accuse la reception de vos deux lettres du IX de ce mois ; par ma dernière je vous ay bien au long donné advis de ce qui s'estoit passé au dernier combat que nous avions fait avec Monsieur de Savoie ; depuis il s'est passé quelques jours sans faire beaucoup, sinon que des légères escarmouches ; mais aujourd'hui, sur les troys heures du soir, l'ennemy cuidant nous surprendre, s'estant mis en bataille sans battre le tambour ny sonner trompette, s'est jecté sur nos trenchées avec une furie & desespoir si grand qu'il n'est possible de plus ; enfin le combat a esté furieux s'il en fut jamais l'espace de trois heures, où les ennemis ont esté très bien battus, aians perdu pour le moins mil hommes ou morts ou blessés, & cependant que ce combat se faisoit ils avoient faict passer par le derrière mil ou XII^c hommes par le milieu des marais, lesquels ont esté taillés en pièces & y en est demeuré sur la place plus de II^c. Ce n'est pas du tout le gain de la bataille mais ce en est bien un bon eschantillon. Quoiqu'il en soit, puisque la rage porte ce prince à se precipiter, nous le lairrons venir & ne precipiterons rien, conservans nostre conqueste, & s'il continue nous en aurons nostre raison, & si le dessein que nous avons faict reussit, comme je crois qu'il fera, Dieu aydant, entre cy & le XXV de ce mois, le prince court une grande fortune, son armée, son artillerie & son estat. Monsieur de Créquy y a esté blecé, la blessure n'est pas grande, car elle ne l'a pas gardé de revenir au combat aussitost qu'il a esté pensé. C'est au bras droit, au dessoubs du coude, luy touche un peu l'os ; la bale est dehors. Ne vous en mectes en peine, car, Dieu mercy, ce ne sera rien ; le plus grand mal sera qu'il ne jouera aux dés de XV jours. Je vous feray au premier jour une plus grande depesche. Conservez moy l'honneur de voz bonnes graces & me tenes tousiours, s'il vous plaist, ma très chère & bonne sœur, pour

Vostre très humble frère & plus obeissant serviteur.

[LESDIGUIÈRES][1].

Au camp des Mollettes le XIIIIe aoust 1597.

[1] Cette lettre parut assez intéressante à l'ambassadeur de Venise pour qu'il crût devoir en envoyer une traduction à son gouvernement. (Arch. de Venise. Dépêches de France, n° 26.)

CCXXVII.　　　　1597 — 14 Août.

Orig. — Arch. munic. de Lyon. AA. 46, p. 17.

A MESSIEURS, MESSIEURS LES PREVOST DES MARCHANDS ET ESCHEVINS DE LA VILLE DE LYON.

Messieurs, j'ay tant de cognoissance de l'affection que vous rendez, de jour en jour, au service du Roy, que j'estime estre de mon devoir de vous donner aviz de l'estat des affaires de sa Majesté, en ces quartiers de deçà. J'ay, à cest effect, esleu le sieur de Sainct-Ferriol, donneur de la présente, qui vous en dira toutes particularitez, et aussy les moyens que nous avons, de deçà, de faire un signalé service à sa Majesté, qui redondera au bien commun de ses subjectz, en ces provinces, si je suis assisté de ses bons serviteurs pour le temps de quinze jours tant seulement, à compter du jour de leur départ jusques à celluy de l'arrivée en leurs maisons. Et par ce, Messieurs, qu'il y en a un grand nombre dedans vostre ville, qui ont pour principal exercice celluy des armes, je vous supplye apporter vostre authorité pour les esmouvoir à participer à l'honneur qui se présente en servant leur prince, et en m'obligeant à eulx et en général et en particulier. Je fais pareille instance à Monsieur de La Guiche, qui joindra son affection à voz bonnes vollontez, desquelles je feray rapport au Roy, qui les saura bien remarquer, et moy vous rendre mon service, en général et en particulier, si jamais il s'en présente occasion, en quoy que je n'espargneray ma propre vye. Et, en me remettant du surplus à la créance dudict sieur de Sainct-Ferriol, je ne vous feray ceste plus longue, que pour prier Dieu, Messieurs, qu'il vous ayt en sa saincte et digne garde.

Vostre bien humble, prest à vous faire service,

LESDIGUIÈRES.

Du camp de Mollettes, le 14e d'aoust 1597.

CCXXVIII. 1597 — 17 Aout.

Orig. — Arch. de l'état de Genève.

A MESSIEURS LES SCINDICQS ET CONSEIL DE GENÈVE.

Messieurs, vous verres une lettre que le Roy vous escript, je la vous envoye par ce qu'il m'en a fait l'adresse, et par une sienne, fait cognoistre le subiet pour lequel il vous depesche. A la vérité Messieurs il est necessaire pour le bien des afaires de sa Majesté, son contentement particulier et vostre propre honneur que vous vous disposies à luy ottroyer ce qu'il demande de vous. Je scay bien que vos incommodités vous ont porté aux precedentes résolutions et moy mesmes en ay asseuré le Roy soubz les asseurances que Monsieur de Beze m'en avoit données de vostre part, mais en pareilles affaires il faut changer comme le temps ; non que je vous veuille persuader une rupture si elle n'est fondée sur l'équité. Bien vous veux-je asseurer que le plus grand plaisir que vous puissiés faire à sa Majesté, c'est de ne renouer auçun traité avec le duc de Savoye, apres l'expiration de celuy que vous aves avec luy, si ce n'est du consentement de sadite Majesté, les afaires de laquelle n'y sont nullement disposees ny, à mon advis, ne seront en ce temps la. Monsieur de Sancy m'escript que le Roy vous promet l'entretenement de trois cens hommes de pied et de soixante et dix maistres soubz la charge du sieur baron de Conforgien; c'est chose qui vous sera observée, et pour peu que vous vous aydiez de vostre costé, vous pouvés faire vos afaires et aporter de la commodité à celles de sa Majesté. Je croy bien que vous ne pourrés rien remuer avant la prinse de vos fruitz, si on ne vous en donne occasion, mais cela fait, il faut, s'il vous plaist, mettre la main à la besogne qui enfin donnera de l'honneur aux uns et aux autres et vous maintiendra en amitié avec le Roy et certes il vaut mieux se joindre avec ses amis pour faire une bonne guerre que de demeurer en une mal asseurée trève avec ses ennemis. Il est bon que le Roy scache la résolution que vous prendres sur le contenu en sa lettre et qu'il vous plaise aussy m'en faire part si accortement que la chose soit cachée à nostre commun ennemi, et que nous puissions donner quelque solide fondement à nos desseins. Et des ceste heure je juge fort à propos que nous ayons une voye asseurée pour nos lettres, je l'attendray de vostre invention. Et cependant je vous diray que l'armée du Roy et celle du duc de Savoye ont esté proches l'une de l'autre d'une cannonade, un petit marest entre deux, l'espace de dix jours durant lesquels nous sommes venus à deux escarmouches les 8 et 14 du present mois; l'ennemy y a perdu plus de 15 cens hommes morts ou blessés, par le tesmoignage mesmes des siens qui se sont jettés en ceste armée. Nostre perte est de six vingts morts ou blessez au plus, sans que nous ayons perdu aucuns capitaines, mais l'ennemy ne peut pas dire ainsy car il y en a beaucoup perdu; hier il descampa et repassa l'Izère. Nous sommes attendans ce qu'il voudra faire et après cela nous cercherons de nouvelle besogne. J'attendray l'asseurance que vous me donneres, s'il vous plaist de la reception de ceste depesche et demeureray tousiours, Messieurs,

Vostre très humble et très afectionné serviteur.

LESDIGUIÈRES.

Au camp des Molletes, le 17e aoust 1597.

CCXXIX. 1597 — 24 Aout.
Orig. — Bibl. de Grenoble, MS. n° 319.

A MESSIEURS, MESSIEURS DE LA COUR DE PARLEMENT DE DAUPHINÉ.

Messieurs, sur la nouvelle que j'ay receue de l'arrest donné pour la levée d'ung sestier froment et ung d'avoyne affin de survenir à l'urgente nécessité des affaires du Roy en ceste armée, j'ay donné charge au sieur de Bellujon de vous en aller faire de ma part ung bien humble remerciement, et neantmoings vous supplier, comme je fais encores par ceste cy, de vouloir estendre plus outre ceste bonne volonté vostre en cest endroict pour les considérations très véritables qu'il vous représentera, sur l'asseurance que je vous donne, Messieurs, de vous rapporter de sa Majesté ung bien ample tesmoignage du gré qu'elle vous en sçaura d'avoir si utillement assisté ses affaires, en la nécessité où elles se trouvent à ceste heure. Je prie Dieu, Messieurs, qu'il vous tienne en sa saincte garde. Escrit au camp Bayard ce XXIIII° aoust 1597.

Vostre plus humble et très obeissant serviteur.

LESDIGUIÈRES.

CCXXX.   1597 — 26 Août.

Orig. — Arch. munic. de Lyon. AA. 46, p. 21.

A MESSIEURS, MESSIEURS LES PREVOSTS DES MARCHANDS, CONSULS ET ESCHEVINS DE LA VILLE DE LYON.

Messieurs, il fault à la vérité qu'en publiant les effectz de vostre affection au service du Roy, je die aussy très-franchement que sa Majesté en a peu de semblables à vous ; je ne fauldray poinct de luy rendre tesmoingnage fort véritable de l'assistance que maintenant [1] à ses affaires, de quoy je sçay qu'il vous saura beaucoup de gré. Pour moy, Messieurs, encores que vous procuriez, en cela, son bien, si vous diray-je que, comme porté de passion à son service, je m'en sens si fort vostre obligé, qu'il ne sera jour de ma vye que je n'employe aux occasions de vostre contantement, lorsqu'elles se présenteront et que je sçauray moyen de vous y rendre mon service, par le hazard de ma vye, de mes moyens et de mes amys. De quoy je vous supplye d'en faire un fort asseuré estat, et croire que je seray tousjours, Messieurs,

Vostre bien humble prest à vous faire service.

LESDIGUIÈRES.

Du camp de Pontcharra, le 26e d'aoust 1597.

CCXXXI.   1597 — 31 Août.

Orig. — Arch. munic. de Gap.

[ORDRE DE PAYER TROIS CENTS ÉCUS A JEAN PELLAPRAT DIT BASCOUD, SERGENT MAJOR DE LA VILLE DE MONTÉLIMART.]

Monsieur le tresorier général de l'artillerie de France, ou vous ses commis près de nous, payez, baillés et deslivrez comptant à Jehan Pellaprat dit Bascoud, sergent majour à Montelimar, la somme de trois centz escus sol que nous luy avons ordonné et ordonnons, à

---

[1] Suppléer les mots : *vous donnés*, oubliés par le secrétaire de Lesdiguières et nécessaires pour l'intelligence du texte.

sçavoir : la somme de deux cent cinquante escus sol, pour son remboursement de pareille somme qu'il a payée à Josserand Fauljas, marchant d'Anconne, et Pierre Dufaure, marchant de Montelimart, pour avoir par eulx voicturé et conduit quatre canons avec leurs rouaiges et affustz, qui ont esté prins par eulx dans ung basteau, sçavoir deulx au port de Barthezard de la Rays sur la riviere du Rosne, pres Aurenge et les deux autres au port dudict Anconne, suivant le marché fait par ledit Pellaprat avec ledit Fauljas et Dufaure, faict par devant Arnaud, notaire du Montelimart; le 8 du presant moys : la somme de trente escus sol pour les frais par ledit Pellaprat faitz à la conduicte d'iceulx et par nous arrestés à ladite somme, et vingt escus que nous luy avons ordonné et ordonnons pour s'en retourner audit Montelimar. Et rapportant une quittance dudit Pellaprat sur ce suffisante, ladite somme de trois centz escus vous sera passée et allouée en la despance de voz comptes, desduitte et rabattue par nos seigneurs des Comptes, lesquelz prions aussi le faire sans difficulté.

Faict au camp de Bayart, ce 31 du moys d'aoust mil cinq cens quatre vingt dix sept.

Pour trois cens escus.

LESDIGUIÈRES [1].

CCXXXII.   1597 — 1ᵉʳ SEPTEMBRE.

Cop. — Arch. de la Drôme. CC. 30.

[ORDONNANCE DÉLÉGUANT LE SIEUR ARNAUD POUR RECEVOIR UNE CHARGE FROMENT ET UNE CHARGE AVOINE PAR FEU IMPOSÉES POUR LA NOURRITURE DE L'ARMÉE.]

François de Bonne, seigneur des Diguières, lieutenant général pour le Roy en Piedmont et Savoye et commandant generallement pour son servyce en Daulphiné, à Messire François Arnaud, sallut : la cour de Parlement, par son arrest du vingt sixiesme aoust dernier, ayant

---

[1] Aux archives de Gap on trouve le compte de Bassecond et Rigot pour le transport des canons. Lesdiguières y ajouta au bas de sa main :
« La despence contenue en ceste parcelle monte trente escus sol qui sont deubs au cappitaine Bassequou pour les raysons y contenues.
« Faict au camp de Pontcharra le 30 aoust 1597.
« LESDIGUIÈRES. »

ordonné une levée d'une charge froment et une charge avoyne, messure de Grenoble, sur chascung des feus de ceste province pour la nourriture de l'armée de sa Majesté par nous comandée, nous aurions advises de commetre à la recepte d'yceulx mesmes aux Vallentinoys et Dioys quelques personnes cappable et inthelligente pour par sa dilligence pouvoyr estre promtement adsistés des graings provenant de ladicte imposition et par ce moyen fere contenir et vivre ladicte armée par bon ordre et enpecher qu'elle ne se desbande. A ceste causse estant deuement informé de vostre suffisance, cappacité, inthelligence et bonne dilligence au faict des vivres, vous avons, en vertu de nostre pouvoir, commis, depputté et estably, commetons et depputons et establissons par ces presentes pour fére ladicte recepte d'une charge froment et une charge avoyne, messure de Grenoble, le plus dilligement que fére pourres, sur tous les lieux contenus & escripts dans l'estat sy joinct, dans la ville de Grenoble, à la charge de rendre bon et loyal compte du tout, et que vous remettres en maings de Messire Gaspard Perrinet, garde des vivres en Daulphiné, tous lesdicts grains par ces récépices qui le rendront comptable partout où il appartiendra de ce fére. Vous avons donné & donnons plain pouvoyr & commission de constraindre lesdicts habitans desdicts lieux reffuzans & dillayans, au payement desdicts blé et autres, au terme porté par ledict arrest, par toutes voyes et autres en tel cas requizes et accoustumées pour les affaires de sa Majesté.

Faict au camp à Bayard ce premier jour de septembre mil cinq cens quatre vingt dix sept.

LESDIGUIÈRES.
Par mondict seigneur,
BREMOND [1].

---

[1] A la suite se trouve une lettre de François Arnaud, du 8 septembre, enjoignant aux consuls de faire transporter leur quote-part à Gières, où sont les magasins de l'armée, dans le délai de huit jours.

Voir la lettre au Parlement du Dauphiné du 24 août précédent, relative à cette imposition de froment et d'avoine.

CCXXXIII.   1597 — 8 Septembre.

Orig. — B. N. MS. F. 3578, p. 77.

A MONSEIGNEUR, MONSEIGNEUR LE DUC DE MONTMORANCY, PAIR ET CONESTABLE DE FRANCE.

Monseigneur, je vous ay tout escript des effectz de ceste armée, horsmis la deffaicte de Pragela [1]; mays je sçay bien que vous aurez veu la lettre que j'en ay escripte au Roy. Maintenant je vous diray en verité que aujourd'hui deux cens maistres et cens carabins des nostres qui ont passé la rivière de l'Izere soubs la conduicte des sieurs de la Baulme et de Saint Juers, ont deffaict cinq cens chevaulx legers de Monsieur de Savoye conduicts par don Salines qui prenoit avec ceste trouppe le chemyn de Grenoble. Deux cens maistres sont demeurez tant sur la place que à la poursuitte de la victoire. Beaucoup de chevaulx gaignés et plus de morts parce qu'il les falloit tuer pour abbattre les hommes qui estoyent des myeulx armés. Salines, colonel de la cavallerie légère du duc, prisonnier; son beau frère, nommé don Joan Toc, aussy; dom Parmenyon de mesmes, et les sieurs Evangeliste et comte Gastinar, morts sur la place avec autres dont on ne sçet encores le nom. Je sçay que ces bonnes nouvelles ne vous peuvent estre que agréables, et il ne fault point que sa Majesté ny vous, Monseigneur, en attendiez d'autres, si ceste armée est secoureue des moyens qu'elle luy a ordonnés, à quoy je vous supplye (en continuant mes importunités) apporter ce qu'il est de votre authorité et accoustumée affection au service de sa Majesté. Et après vous avoir baisé les mains je demeure, Monseigneur,

Vostre très humble et plus obeissant serviteur,

                                                           Lesdiguières.

Au camp de Pontcharra le VIIIe septembre 1597.

---

[1] Pendant que Lesdiguières était occupé dans la Savoie et le Graisivaudan, le duc de Savoie voulut faire envahir le Dauphiné par le mont Genèvre. Le capitaine Rosans, gouverneur d'Exilles, averti à temps et secondé par le ministre Perron, fit barricader toutes les routes, armer toutes les populations, et quand les Savoyards se présentèrent ils furent repoussés avec une perte de 1,200 hommes.

CCXXXIV. 1597 — 8 Septembre.

Cop. — B. N. MS. F. 15911.

[EXTRAIT D'UNE LETTRE A MONSIEUR DE BELLIÈVRE.]

Aujourd'huy j'ay faict passer delà l'Isère deux cens maistres et cent carabins soubz la conduitte des sieurs de la Baume et de Saint Jurs; l'un menoit les coureurs et l'autre le gros. La fortune leur a esté si bonne qu'ilz ont trouvé et deffaict neuf compagnies de cavallerie de Monsieur de Savoye où il y pouvoit avoir cinq cens maistres dont deux cens sont demeures sur la place et tous les cappitaines morts ou prisonniers, entre autres dom Salines, collonnel de la cavalerie legere, dom Johan Toc, son beau frère, dom Parmenion et quelque soixante autres de moindre qualité. Les sieurs Evangeliste et comte Gastinar y sont morts et autres de marque dont on ne scaist encores le nom. Il s'y est gaigné force chevaulx et en a esté beaucoup tué pour pouvoir abattre les maistres qui estoient fort bien armés de fer mais non pas de courage. C'est une nouvelle qui nous faict encores mieulx esperer, mais quoy qui nous arrive vous y aures tousiours la part que vous en doibts, etc. [1]

[Lesdiguières.]

CCXXXV. 1597 — 12 Septembre.

Orig. — Arch. munic. de Lyon. AA. 46, p. 7.

A MESSIEURS, MESSIEURS LES PRÉVOST DES MARCHANDS ET ESCHEVINS DE LA VILLE DE LYON.

Messieurs, les subjectz du Roy qui sont le long du Rosne, du costé de Daulphiné, sur les confins de la Bresse et de la Savoye, estoient en une juste appréhension du passage des ennemys, non en groz

---

[1] En tête de ce fragment de lettre on lit : « Du camp de Pontcharra le VIIIe septembre 1597 ; » et au dos : « Lesdiguières. » Cette missive devait être adressée à Bellièvre, ainsi que toutes les lettres qui font partie du volume 15911 des manuscrits français de la Bibliothèque nationale.

mais parcours et ravages, qui causeroit leur totale ruyne, qui n'est desjà que trop avancée. Ces passages sont de tant plus faciles ausditz ennemys, que les marchans voicturiers par eaue de vostre ville remontent d'ordinaire des batteaulx sur le Rosne pour la commodité de leurs marchandises. Et parce que l'ennemy prendra sans doute la commodité desditz batteaulx pour faire quelque préjudice au service du Roy et à ses subjectz, je vous ay bien voulu supplier, comme je faiz, de faire faire deffences ausditz marchans voicturiers de remonter, pour quelque temps, ancuns batteaulx, leur enjoignans de faire retirer et descendre ceulx qu'ilz ont au-dessus de Lyon, à peyne qu'ilz seront mis à fons, passé le dellay que vous leur donnerez pour ce faire. Je sçay bien que telles deffences apportent du préjudice à quelques-uns, mays aussy elles empescheront la ruine d'une bonne partye de ceste province, que je sçay que vous ne vouldriez voir, nous estant si prochaine et utile, et estant subjecte au prince à qui vous obéissez comme ses bons subjectz. Je vous baise les mains, Messieurs, et prie Dieu qu'il vous continue ses grâces. Du camp de Pontcharra, le 12ᵉ septembre 1597.

Votre bien humble et plus affectionné serviteur,

LESDIGUIÈRES.

CCXXXVI. 1597 — 12 SEPTEMBRE.

Cop. — Arch. munic. de Tallard.

[ORDRE AUX CONSULS DE REMOLLON, THÉUS, AVANSON, ESPINASSES, VALSERRES ET TALLARD DE FAIRE TRANSPORTER DE SERRES A VIF LES MUNITIONS RENFERMÉES DANS LE CHATEAU DE SERRES.]

D'aultant que le service de sa Majesté requiert de tout promptement fère porter quantité de monissions de guerre de sèles qui sont dans le chasteau de Serres, jusqu'au lieu de Vif; à ce faire ordonnons et très expressément enjoignons aux consuls et communaultés des lieux cy dessus mentionnés de tout incontinent et sans aulcung delay, après la notiffication de ceste ordonnance d'envoyer dans le chateau de Serres les mules qu'ilz sont cotizés au jour et heure qui leur sera assigné pour charger lesdites monitions, et en fère la voyture et charroy despuys ledit chasteau de Serres jusques au lieu de Vif, et ne faire aulcune difficulté sur peyne aux chargeurs ou consulz à quy aura esté notiffié d'en respondre à son propre et privé nom et d'estre puny comme deshobeyssant à sa Majesté, enjoignant à ces fins au cappitaine Philibert d'y tenir la main et les fère hobeyr.

Faict au camp, au chasteau de Bayard, le XIIe septembre 1597.

LESDIGUIÈRES [1].

CCXXXVII.   1597 — 13 SEPTEMBRE.

Cop. — Arch. des Hautes-Alpes.

[ORDRE AUX CONSULS ET CHATELAINS DE DONNER LE LOGIS ET VIVRE AUX SIEURS DU FAURE ET GAUTERON, ALLANT DE GAP A SERRES POUR LE SERVICE DU ROI.]

Le seigneur de Lesdiguières : d'aultant qu'il est très expédiant de faire amas de munitions de guerre, et en faire conduyre en ceste armée avec la plus grande dilligence que fere ce porra, avons à ses fins commis & commettons par ses presantes noble Sallomon du Faure & David Gauteron pour se transporter aux lieux de Gap & Serres, pour y executer la comission que pour cest effaict leur en a esté donné, enjoignant à ses fins aux consuls & communaultés par où ils passeront allant audict Gap, Serres & s'en retornant de leur donner libre entrée sans aulcune difficulté, d'aultant qu'ils partent de ceste armée ou il n'i a aulcuns mal ny danger de contagion par la grace de Dieu. Mandons & très expressement commandons aux consuls ou chastelains des lieux où ils s'adresseront de leur fornyr & administrer logis & à vivres tant à eux, les souldats quy les acompagnient, mullatiers et mullets quy portent lesdictes munitions, soyt en allant ou sejour & retour, et ce sans aulcune difficulté & ne leur en rien faire payer : enjoignant aux hostes ont [2] lesdicts chastelains et consuls les auront adresses de ne faire aulcuns reffus à les loger sans uzer aulcune excuse de dangier de contagion sur peyne de rebellion, permet-

---

[1] En tête se trouve le dénombrement des mules que devront fournir les communautés de Tallard, Remollon, Espinasses, Théus, Valserres et Avanson, s'élevant en tout au nombre de quarante.

[2] Ont, où ; du mot patois : onte.

tant auxdicts commissaires de les y contraingdre par toutes voies de rigeur, attendu qu'il importe au service de sa Majesté.

Faict au camp de Bayard, le treize septembre 1597.

LESDIGUIÈRES.

Par mondit seigneur,
L'ABBÉ.

CCXXXVIII.   1597 — 15 SEPTEMBRE.

Orig. — Arch. de M. le Vte de Sallemard, à Peyrins.

[ORDRE DE LESDIGUIÈRES AUX COMMUNAUTÉS PAR OU PASSERONT LES MALADES DE SON ARMÉE DE LEUR DONNER LE VIVRE ET LE COUVERT.]

Le seigneur de Diguières : au conseil du Roy tenu en son armée à Pontcharra a esté resolu de faire partir du camp tous les malades afin que les troupes quy y sont encore en fort bon nombre avec toute santé puissent plus facilement et plus promptement servir sa Majesté aux occasions quy s'y présentent, estantz desgagé de la presse et de l'incommodité que donnent ceux quy sont atteints de ces fiebvres qui tirent à trop de longueur pour l'expédition de la guerre. A ceste cause nous avons comis et cometons ....[1] pour conduire lesdits malades, enjoignants aux consuls et communaultés des lieux où îls passeront de leur fournir pain, vin, chair et le couvert au dehors de leur village pour la souppée et la disnée sans autre secours, sinon que la necessité y fut extrême, à peyne aux reffusants d'estre chastiés comme ennemis et rebelles à sa Majesté.

Faict au conseil du Roy tenu à Pontcharra le 15 de septembre 1597.

LESDIGUIÈRES.

Par mondit seigneur,
BRÉMOND.

[1] Lacune dans l'original.

CCXXXIX.   1597 — 30 Septembre.

Cop. — Arch. de M. le Vte de Sallemard, à Peyrins.

[A MONSIEUR DE LA ROCHE.]

Monsieur de la Roche, je treuve bien mauvais que vous [n']ayez prins le logis quy est ordonné pour dix jours à vostre régiment. Je vous prye incontinent la presente receue d'aller demeurer les dix jours que vous debvez à la Motte avec vos compagnies, aultrement vous pourrez estre recherché en vostre particullier en tout temps de la despence que vous donnez aulx aultres cottés. Et m'asseurant que n'y voudres fallir, je demeureray, Monsieur de la Roche,

Votre bien humble à vous fere service.

LESDIGUIÈRES.

A Grenoble ce 30e septembre 1597.

CCXL.   1597 — 9 Octobre.

Orig. — Arch. de M. le M{is} d'Arces, à Moirans.

[COMMISSION AU SIEUR D'ARCES POUR LEVER UNE COTTISATION DE PLOMB ET DE FILET POUR MUNIR LE FORT D'AIGUEBELLE.]

Le seigneur de Lesdiguières, gouverneur et lieutenant général pour le Roy en Savoie et Piemond : estant très requis et nécessaire pour le bien du service du Roy et conservation du fort d'Aiguebelle à son obeissance de faire une cotisation de plomb et de fillet pour convertir en mesche afin de garnir promptement ceste place et la munir de tout ce qui peut servir à la comodité des soldats en cas de necessité de siége ou aultrement, nous, à ceste cause, avons donné ce pouvoir et permission au sieur d'Arces, y commandant pour sa Majesté, de cottiser sur tous les manants et habitants des lieux qui deppendent de l'estappe d'Aiguebelle et de la Chambre, la quantité de douze quintaux de plomb et huict quintaux de filet qu'il fera promptement exiger pour jetter le tout dans le magasin du fort au meilleur mesnaige, toutefoys et au plus grand soulagement du peuple que faire se pourra.

De ce faire lui donnons plain pouvoir en vertu des presentes, données au camp de Pontcharra le neufviesme d'octobre 1597.

LESDIGUIÈRES.
Par mondict seigneur,
BRÉMOND.

CCXLI. 1597 — 15 OCTOBRE.
Orig. — Arch. munic. de Lyon. AA. 46, p. 19.

A MESSIEURS, MESSIEURS LES PREVOSTS DES MARCHANDS ET ESCHEVINS DE LYON.

Messieurs, je ne sçaurois estre que beaucoup vostre obligé de la bonne assistance qu'il vous a pleu de me donner, par l'arrivée des compagnies des cappitaines La Forge, La Chaulx et Sainct-Pardon en l'armée du Roy, à Pontcharra, pour laquelle je recercheray tousjours, avec beaucoup d'affection, de vous en rendre service en tous les endroictz quy se présenteront pour vostre particulier. Cependant que le mauvais temps et assés d'autres incommoditez, pressent ceste armée, j'ay trouvé bon qu'ilz ayent ramené leurs compagnies, en attendant de meilleures occasions que celles qui se peuvent présenter maintenant, selon leur bonne volonté et vostre bonne intention de profiter au service du Roy, en laquelle je vous supplie, de toute mon affection, de vouloir continuer et croire que la dévotion que je vous ay sera tousjours suyvye de ce tesmongnage que je suys, Messieurs,

Vostre bien humble, prest à vous faire service.

LESDIGUIÈRES.
Du camp de Bayard, ce 15e d'octobre 1597.

CCXLII. 1597 — 18 OCTOBRE.
Orig. — B. N. MS. F. 3592, p. 33.
Imprimé : *Album historique du Dauphiné*, par M. Champollion-Figeac. Paris. 1846-1847, p. 8.

A MONSEIGNEUR, MONSEIGNEUR LE DUC DE MONTMORANCY, PAIR ET CONESTABLE DE FRANCE.

Monseigneur, j'escrips au Roy la reprinse du chasteau d'Entremons que le cappitaine Fabry qui y commandoit de longue main avoit livré à Monsieur de Savoye, qui ne l'a guieres gardé, encores qu'il eust faict une grande parade de ceste prinse. Son armée est tousiours à Barrault où il faict travailler au fort qu'il y avoit commancé. Il n'a encores peu y mettre de l'eaue et malaisemen y en pourra il avoir s'il n'y faict faire des cisternes. Je suis contrainct par la saison et par la nécessité des malladies et la faulte de moyens de separer ceste armée. Il ne tardera guieres que l'ennemy n'en face de mesme, car il n'a pas moins d'incommodités que nous. Cependant que celle du Roy se raffraichira, les moyens que sa Majesté a ordonnes pour son entretenement viendront et serviront à luy faire une monstre, à rambourcer les avances et à faire nouvelle provision de vuivres et munitions de guerre. Cependant ladicte armée, toute séparée, ne perdra point le temps, car je l'occuperay, chascun en son endroit, si bien qu'elle rendra du service. Dedans cinq ou six jours une partye assiégera Allos, place qui est aux Terres neuves du comté de Nisse. Je vous supplye très humblement, Monseigneur, de fére tant envers le Roy qu'il rende l'assignation qu'il nous a donnée en Auvergne vallable, car c'est un asseuré moyen de bientost remettre son armée sur piedz. Je suis de beaucoup en avances tant de mon crédit que de celluy de mes amys, comme je luy escrips plus particulierement et le supplye de me donner moyen de rambourcement; à quoy il vous plaira l'interesser pour moy, qui suis pour toute ma vye, Monseigneur,

Vostre très humble et très obeissant serviteur.

LESDIGUIÈRES.

Ce XVIIIe octobre 1597 au camp de Pontcharra.

CCXLIII.   1597 — 14 NOVEMBRE.
Orig. — Arch. de l'état de Genève.

A MESSIEURS LES SCINDICS ET CONSEIL DE GENÈVE.

Messieurs, la multitude des affaires de la court empesche quelquefois la prompte expédition. Vous n'eussiés sceu choisir un meilleur intercesseur que Monsieur l'Ambassadeur, mais vostre depesche eust bien mérité un des plus intelligens d'entre vous. Les affaires d'Espagne et celles du Duc sont en mauvais estat, par la mort de cest ambitieux

Roy, et de la duchesse de Savoye, sa fille. Il trespassa le 12ᵉ octobre dernier et elle le 7ᵉ du present qui estoit un vendredi[1] ; l'armée de son mari est entièrement ruynée, et luy hors de moyen de vous nuire. Je le pinsse maintenant par tous costez ayant mis l'armée du Roy en trois parts, l'une est allé à la Maurienne pour donner sur quelque mutin qui s'est barriqué vers Lentlebourg, l'autre assiege Allos aux Terres neuves du comté de Nice, et je suis icy avec le reste pour veoir ce qui s'y peut faire, cependant que le Duc est mallade, je dy fort mallade, à Montmélian, soyt de fascherie de sa part ou de l'infériorité de ses affaires qui sont en tel point que vous n'avés rien à craindre. Et vous diray bien que si les vostres portoient de vous mettre en armes, advenant un traicté (duquel sans doubte le Roy sera recerché par ces deux estats), vostre condition en soit beaucoup meilleure. Vous y adviserés et au pis aler n'entrez point en une tresve plus longue que de dix et douze ou de quinze jours, de temps en temps, car vous serés

---

[1] Lesdiguières se trompait en annonçant la mort de Philippe II comme ayant eu lieu le 12 octobre 1597, c'était une nouvelle prématurée ; le roi d'Espagne ne mourut que le 13 septembre de l'année suivante. Catherine-Michelle d'Autriche, seconde fille de Philippe II et d'Elisabeth de France, femme de Charles-Emmanuel, duc de Savoie, mourut à Turin le 6 ou le 7 novembre 1597, ainsi que l'annonce Lesdiguières.

La lettre suivante de l'ambassadeur de Venise comblera la lacune de la correspondance de Lesdiguières pendant la fin de novembre :

« ..... Monsieur de Lesdiguières a partagé son armée en deux corps, dont l'un a passé en Dauphiné et attaqué, près de Vienne, Septème, dont le capitaine avait été corrompu par Albigni, sur les instances du duc de Savoie. Il a repris Saint-Genis et le fortifie. Il avait d'abord été barricadé par ledit Albigni, comme aussi le château du Pont-de-Beauvoisin. Monsieur d'Anbel, gouverneur de Diemos, sur le Rhône, à la suggestion du même Albigni, s'est déclaré pour son Altesse, et Lesdiguières sera obligé d'aller reprendre cette place, qui n'est pas très forte : on dit qu'il passera la rivière entre Genève et Lyon, ce qui lui importe beaucoup. On nous annonce que Monsieur le maréchal de Biron est entré en Bresse avec trois mille hommes de pied et mille chevaux.

L'autre partie des troupes de Lesdiguières a attaqué Alos, qui est un fort qui est regardé comme tout ce qui reste à son Altesse dans le vicariat de Barcelonnette. La conduite du siège est confiée à Monsieur de Bonne, parent de Lesdiguières et gouverneur de Embrun. La glace a rendu difficile le transport de l'artillerie, consistant en deux pièces de canon tirées du fort de Puymore ; on doit demain y envoyer des artilleurs. Le camp renferme trois mille hommes de pied, deux ou trois compagnies de gens d'armes et une de cavalerie. L'attaque est commencée depuis quelques jours : ce point une fois pris, et personne ici n'en doute, le Duc n'aura plus à lui, de Nice au Mont-Cenis, un pouce de terre dans ces montagnes. Il fait de grandes provisions de vivres, en blé surtout ; il a établi des étapes en divers lieux du côté de la Maurienne et vers ces frontières, ce qui dénote l'envie de tenter quelque autre entreprise. Les soldats de Lesdiguières et de cette place de Briançon, au nombre de 600, se sont portés, sous la conduite du gouverneur d'Exilles, vers le Château-Dauphin, en apparence pour y lever des contributions, mais en réalité pour pétarder la place.....

« Briançon, 30 novembre 1597.

« Pierre Duodo. »

(Arch. de Venise, Dépêches de France, n° 26.)

tousjours prins au mot, mais mon advis seroit que vous demeurissiés hors de treve. Je vous prie Dieu, Messieurs, qu'il vous ayt en sa grace. C'est de Gonselin, le 14e de novembre 1597.

Vostre bien humble serviteur,

LESDIGUIÈRES.

CCXLIV.   1597 — 5 DÉCEMBRE.

Orig. — Arch. de M. le Vte de Sallemard, à Peyrins.

[A MONSIEUR DE LA ROCHE.]

Le regiment du sieur de la Roche, qui a son despartement à la Motte Chalançon et à la Val de Bourdeaux, passera par Colmars, Seine et la Breoule, la Saulse, Laraigne, Montjay, Remusac, et de là à son cartier.

Fait à Voreppe le Ve decembre 1597.

LESDIGUIÈRES [1].

CCXLV.   1597 — 5 DÉCEMBRE.

Orig. — Arch. de M. le Vte de Sallemard, à Peyrins.

A MONSIEUR, MONSIEUR DE LA ROCHE.

Monsieur de la Roche, vostre garnizon est à la Motte et à la Val de Bordeaux pour y loger & vivre avecq tout votre regiment selon l'ordre que j'ay establi. Ne manqués de l'observer sans l'outrepasser, ce que vous ne pouves faire que vous ne m'offanciez et interessiez vostre reputation. Faites donc que je n'aye point de plainte d'aucun mauvays deportement de vous ni de ceux qui vous appartiennent, et ce me sera occasion de demeurer tousiours, Monsieur de la Roche,

Vostre bien humble à vous fere service.

LESDIGUIÈRES.

Ce Ve décembre 1597 à Grenoble.

[1] En note, de la main de M. de la Roche : « Mandement de Monsieur de Lesdiguières lors- que je venés avec mon regiment du siege d'Allos en Tourenne. »

CCXLVI.   1597 — 6 Décembre.

Orig. — Arch. munic. de Lyon. AA. 46, p. 9.

A MESSIEURS, MESSIEURS LES ESCHEVINS DE LA VILLE DE LYON.

Messieurs, ceste province du Daulfiné se treuvant desjà fort escoulée de grains, et hors de moyen de pouvoir, cy-après, fournir vivres à l'armée de sa Majesté, qui est sur la frontière et dans les estatz du duc de Savoye, me faict recourir aux lieux où, plus aysément et avecq plus de commodité et meilleur mesnage des deniers de sadicte Majesté, il s'en pourra recouvrer, et tourner la face du cuosté de Bourgogne, d'où l'on m'a dict que j'en pourray tirer quelque quantité, à raysonnable pris. En ce cas, la voyture n'en peult estre faicte que par la voye de Lyon; cella est cause que j'ay dépesché ung des miens à Monsieur de La Guiche, pour avoir permission de la traicte, et à vous aultres, Messieurs, pour vous supplier, comme je fais fort instamment, d'aider et favoriser cest affaire. Ce que je m'asseure de vous, d'autant plus qu'il importe le service du Roy et qu'il regarde le bien de tous, et que vous l'affectiounnés de mesme cœur que je veux demeurer toute ma vie, Messieurs,

Vostre bien humble pour vous faire service.

LESDIGUIÈRES.

A Grenoble, le 6e décembre 1597.

CCXLVII.   1597 — 18 Décembre.

Orig. — Arch. de M. le Vte de Sallemard, à Peyrins.

A MONSIEUR DE LA ROCHE.

Monsieur de la Roche, j'ay entendu qu'a vostre retour d'Alloz vous avez prins un aultre logis que celuy que je vous ay ordonné ce que je trouve fort mauvays et ne sçaurais approuver ceste procédure puisqu'en menant vostre entretenement ailleurs vous n'observez le reiglement que j'ay adressé à ceux de la Motte où il ne fault pas faillir de s'en aller incontinent et y séiourner et vivre dix jours à la forme que je vous ay reiglé, et ce temps expiré autant à la val de Bordeaux. Mais gardez, sur tous les plaisirs que vous désirez me faire, que je n'oye des plaintes, car cela me desplairroit, n'estant pas ma coustume de l'endurer. Conservez vostre règiment en bon estat avecq le nombre d'hommes qu'il fault et donnez moy souvent de voz nouvelles affin que je saiche où vous estes, car avant qu'il soit peut-être peu de jours j'auray affaire de vous. Je me recommande fort affectueusement à vos bonnes graces et demeure, Monsieur de la Roche,

Votre bien humble pour vous fere service.

LESDIGUIÈRES.

Ce XVIIIe décembre 1597, à Lessin, près Saint-Genis.

Il faut que vostre regiment soit en bon estat et qu'en chasqune compaignie il y aye soixante soldats sans les mambres, à scavoir dix corcellets, dix picques fortes, dix mosquets, et le reste en arquebuziers. La compaignie du mestre de camps est de quatre vins homes en effect, et prinse pour cent, et les aultres pour quatre vins compris les mambres.

CCXLVIII.   1598 — 24 JANVIER.

Orig. — Arch. de M. le Vte de Sallemard, à Peyrins.

[ORDRE AUX CONSULS ET HABITANTS DE SAINT NAZAIRE DE LOGER LES COMPAGNIES DES SIEURS DE LA ROCHE ET ROUSSET.]

Le seigneur de Lesdiguières, gouverneur et lieutenant général pour le Roy en Savoye et Piedmont, commandant généralement pour sa Majesté en Daulfiné : ayant cy devant logé et mis en garnison le regiment du sieur de la Roche à la val de Bordeaulx pour y vivre selon l'ordre et reiglement qui en a esté par nous dressé, et ne peuvant trouver moyen d'y vivre davantaige pour y avoir séjourné un long temps, nous avons ordonné que les manans et habitans des lieux de Saint-Nazaire et son mandement logeront la compagnye dudit sieur de la Roche et celle du cappitaine Rousset de sondit régiment à commencer le premier de fevrier prochain, auxquelles ilz fourniront assavoir : à chacun soldat par jour deux livres pain, un pot de vin et une livre chair pour ceux qui seront actuellement présens et résidens au logis, les cappitaines et membres prenans pour vingt aussi par jour conformément à nostre dict premier reiglement, jusques à ce que le temps permette de profiter les occasions pour le service de sa Majesté, laquelle despence sera payée et rambourcée ausdites communautés des deniers qu'il plairra à sa Majesté ordonner pour l'entretenement de son armée estrangere suivant le controlle qui en sera tenu par les chastelains et consulz dudit lieu et selon la juste valleur des denrées en deniers ou aultrement.

Faict à Grenoble, le vingt quatrieme janvier 1598.

LESDIGUIÈRES.

Par mondict seigneur,

(Sceau.) BRÉMOND.

CCXLIX. 1598 — 25 JANVIER.

Orig. — Arch. de M. le Vte de Sallemard, à Peyrins.

[DÉCLARATION POUR LE SIEUR DE LA ROCHE SUR LE LOGEMENT DE SON RÉGIMENT.]

Le seigneur de Lesdiguières, commandant generallement pour le Roy en Daulfiné : par ces presentes nous avons advoué & approuvé, advouons et approuvons le logement faict par le sieur de la Roche avecq son regiment composé de quatre compaignyes de gens de pied aux lieux de Saint Nazere et Chalençon, en vertu du mandement à luy addressé par le sieur de Morges, mareschal de camp en l'armée dont il a pleu à sa Majesté nous commettre la charge, dattée du quinziesme decembre dernier, où il a sejourné huict jours et faict fournir logis & vivres aux habitans desdites communautés, declarant que ce n'a esté sans nostre advis et expresse permission. En foy de quoy nous avons signé les presentes et à icelles faict mettre le cachet de noz armes.

A Grenoble ce XXVe janvier 1598.

LESDIGUIÈRES.

Par mondict seigneur,

(Sceau.) BRÉMOND.

CCL.   1598 —   JANVIER.

Orig. — Arch. munic. de Tallard.

[REQUÊTE DES CONSULS DE TALLARD.]

A Monseigneur, Monseigneur des Diguières, conseiller du Roy en son privé conseil d'estat, cappitaine de cent hommes d'armes de ses ordonnances, gouverneur en ces pays de Savoye et delà les monts et commandant generallement en son armée de ce pays de Dauphiné, supplient humblement les consuls de Tallhard, vous remonstrant que le quinziesme du mois dernier ils logerent les compagnies des seigneurs Saint Jean et capitaine Pin et donnerent, en outre de ce qu'ils etaient obligés de faire, un tonneau du meilleur vin au sieur de Saint Jean. Cependant ledict seigneur et le cappitaine Pin firent venir la compagnie du capitaine Moureau et partie de celles du sieur d'Aspremont et de Trinquier et quelques soldats du Champsaur qu'ils firent loger sans billet, exigeant cinq souls de plus que les vingt souls portés par votre ordonnance par chaque homme. Aux observations qu'on lui fit, le sieur Saint Jean repondit qu'il ferait venir le nombre de compagnies qu'il voudrait et les contraindrait à les loger. Les suppliants prierent le seigneur d'Heurtis et les capitaines Bosse et Volniere d'obtenir un allegement, ce à quoi ils ne purent reussir. Ce considéré, vous prions descharger la ville de Tallhard des despences faictes par elle de ce faict [1].

Nous ordonnons que la despance faicte par les deux compaignies lougées à Tallard sans nostre exprès commandement sera payée par le sieur de Saint Jean et par le cappitaine Pin, leur enjoignant expressement de faire restitution des susdictes quitances .... & deux escus qu'ils ont receu par jour; mandant au sieur tresorier de faire [reten]tion de tous leurs estats & payements jusqu'à ce que touttes les susdictes sommes [aient esté] ranbourcées & randues aux suppliants. Declarant que de tout ce quy aura [esté prins] & levé par dessus nos reglements, que ceux quy en auront faicte requisition en seront [responsables] de leur propre vie. Pour le surplus sera monstré aux parties suppliées [la presente requeste] dans les huict jours apprès l'inthimation pour [y faire response s'il y a lieu.]

[Faict au] conseil tenu à Grenoble le..... janvier 1598.

LESDIGUIÈRES.

[1] La requête est seulement analysée.

CCLI.   1598 — 25 Février.

Orig. — Arch. munic. de Nîmes. DD. IV, n° 200.

[A MESSIEURS LES CONSULS DE NISMES.]

Messieurs, [comme] scachant que des tousiours vous aves heu agréable de joindre voz vœux & vos faveurs à toutes les occasions quy se sont presentées pour le service du Roy, je vous fais ceste prière bien humble avec tant plus d'assurance qu'elle est de la mesme consideration que les autres qu'il vous a pleu m'accord[er] par cy devant. Le dessin de Monsieur de Scavoye est de reprandre le pays que les justes armes du Roy luy occupent, et ayant desià commencé d'assieger Eyguebelle, et ma resolution est de separer bien loin les effaicts de son entreprise; pour ce subiect j'assemble de forces et escris à Monsieur le duc de Ventadour de vouloir donner quatre ou cinq jours au cappitaine Maistre affin qu'il aye moyen d'assembler les six compagnies de son regiment. Je vous supplie de vouloir rapporter autant de facilité à cest affaire que vous aves de volonté au bien du service du Roy et donner chemin et passage audict cappitaine Maistre, affin qu'en l'occasion quy presse je puisse estre assisté de luy. Ce sera bien accroistre les obligations que je vous ay, mais aussy ceste faveur de celuy quy est, Messieurs,

Vostre bien humble pour vous fere service.

LESDIGUIÈRES.

A Grenoble ce XXVe febvrier 1598.

CCLII.   1598 — 27 Février.

Cop. — Arch. des Hautes-Alpes.

[COMMISSION AU CAPITAINE DU PONT POUR REQUERIR DES BETES DE VOITURE POUR LES BLES ET MUNITIONS NECESSAIRES A L'ARMÉE DU ROI.]

Françoys de Bonne, seigneur des Diguières, conseiller du Roy en son conseilh d'estat et privé, cappitaine de cent homes d'armes de ses ordonnances et commandant généralement pour sa Magesté desa

& dela les monts : pour subvenyr à la necessité qui estoyt en l'armée du Roy, conduite par nous, des bestes de voyture pour le charroy des bleds & munitions necesseres pour la norriture d'icelles, nous aurions comis et estably le cappitaine du Pont pour lever tous les mulets et bestes de voyture sur les communautés designées en l'estat au bas de nostre commission du XXIIe dexembre dernier cy joincte et despuys surcis icelle levée jusques à une plus urgente necessité des affaires de sadicte Magesté, laquelle s'offre presentement sur les desseincts du duc de Savoie, ennemy de sadicte Magesté, estant à presant avec grandes forces sur les affaires de ceste province. A ceste cause nous aurions de rechef et de nouveau commis & deputé ledict cappitaine du Pont pour fére la levée desdicts mulets sur tous et ungs chascung les lieux et mandements contenus audict estat & le chacung pour sa part le concernant & iceulx assemblés le plus diligemment que fére se porra pour s'en servir à l'efaict que dessus et en tout proceder suyvent & à la forme de nostredicte commission et estat au bas d'icelle y joincte avec deue injonction à tous recognoissants l'authorité du Roy & nostre de vous prester toute aide & faveur sy besoing est & requis en sont.

Donné à Grenoble le XXVIIe febvrier 1598.

LESDIGUIÈRES.

Par mondict seigneur,
BRÉMOND [1].

CCLIII. 1598 — 18 MARS.

Orig. — B. N. MS. F. 3578, p. 79.

A MONSEIGNEUR, MONSEIGNEUR LE DUC DE MONTMORANCY, PAIR ET CONESTABLE DE FRANCE.

Monseigneur, j'ay ces derniers jours exécuté une entreprise que j'avoys sur le fort que Monsieur de Savoye fit l'année passée construire à Barraulx ; de ceste exécution est ensuyvy la prinse de ceste place,

---

[1] Suit la taxe du Briançonnais fixée à 20 mulets et celle de la vicomté de Tallard à 2. Suit également une lettre du capitaine du Pont aux consuls les avertissant que les mulets doivent être amenés à Gap le 15 mars.

par l'escallade qui y fut donnée la nuict du dimanche des Rameaulx tirant au lundy XVIe de ce moys; et bien que ceulx de dedans eussent l'allarme et fussent préparés, si furent-ils emportes de vive force avec perte d'une centaine d'hommes, la prinse du sieur de Bellegarde qui y commandoit et de quelques aultres de moindre importance, et tout le reste de ce qui y estoit jusques au nombre de sept compaignies saulta les bâstiments pour sauver sa vye. J'ay envoyé au Roy cinq drappeaulx qui s'y sont trouvés, et les deux aultres se sont brusles dedans des cabanes où le feu se mit par disgrace en entrant dedans ledict fort. Il s'est trouvé fort bien muny de pouldre, bollés de canon, plomb, meche et bleds, avec neuf canons montés sur roues, dont six de batterie et troys de campaigne. Le dessin de la place est bien, mays non en sa perfection; il fault des moyens pour y travailler et pour y establir et entretenir une bonne garnison qui en ce temps doibt estre de six cens hommes, et en temps de paix de quatre cens. Car comme frontiere et voysine des estats de Savoye, elle doibt en tout temps estre gardée. Je donne ces mesmes avis au Roy et mon devoir est de les vous donner aussy, affin qu'ils effacent le desplaisir que les precedentes nouvelles de ces quartiers vous peuvent avoir apporté. Je desire sur toutes choses la continuation de vostre bonne grace, et qu'il vous plaise me tenir tousiours, Monseigneur, pour

Votre très humble et très obeissant serviteur.

LESDIGUIÈRES.

Monseigneur, en mesme temps que je vous faisois ceste depesche, j'ay eu avis que Monsieur de Savoye se prépare pour attaquer le fort que nous luy avons prins. J'y ay pourveu comme j'ay peu, et j'appelle au secours de ceste place tous les serviteurs du Roy voisins de ceste province, avec oppinion que s'il s'oppiniastre à ceste action, il nous donnera moyen de le combatre.

A Grenoble, du XVIIIe mars 1598.

CCLIV.   1598 — 22 Mars.

Orig. — Arch. de M. le Vte de Sallemard, à Peyrins.

A MONSIEUR DE LA ROCHE.

Monsieur de la Roche, encore que je ne vous aye mandé ces jours passés comme aux autres, je ne laissois pas pourtant de me ressouvenir de vous. Ne vous mettez point en peyne, je vous prye, car aussitost que j'en verray le temps propre je vous advertiray incontinent. Tenez moi cependant en vos bonnes graces avec toute certitude que je seray à jamais, Monsieur de la Roche,

Vostre humble ami à vous faire service.

LESDIGUIÈRES.

Ce 22 mars 1598 à Grenoble.

CCLV.   1598 — 23 Mars.

Orig. — Arch. de M. le Vte de Sallemard, à Peyrins.

A MONSIEUR DE LA ROCHE DE GRANE.

Monsieur de la Roche, je vous envoie les logis qu'il fault que vous faciés avec vostre regiment que je desire que vous ameniés le plus beau que vous pourrez, car nous sommes portes à la bataille. Il faut que vous soiez dilligent pour vous rendre au plus tost en l'armée. C'est tout ce que je vous diray pour le present ; je vous bese les mains et demeure

Vostre bien humble pour vous fére service.

LESDIGUIÈRES.

Il fault estre au premier d'avril dans le corps de l'armée.

A Grenoble le XXIIIe mars 1598.

CCLVI.   1598 — 9 Avril.

Orig. — Arch. de la Drôme, EE.

[AUX CONSULS DE SAINTE EUPHÉMIE.]

Consuls de Sainte Euphemye, je vous ay cy devant escripts que je désirois que vous satisfassiez le cappitaine Guinet des mil francs que vous luy devez; vous l'avez jusques icy tenu en longueur sans qu'il en ayt rien peu tirer de vous, encores que vous sachiez très bien qu'il n'y a rien si juste que ce qu'il vous demande et qu'il vous a baillé son bien dont il est maintenant à necessité. Cette consideration me luy a faict permettre de vous contraindre à le payer par toutes les voyes qui se doivent exercer contre les mauvais payeurs et y employer la force si elle est necessaire. Mays avant d'y procedder il vous rendra ce mot de ma part pour vous esmouvoir de la satisfere par la doulceur s'il est possible et je vous en prie pour eviter les frais et desordres qui en pourroient arriver, priant Dieu qu'il vous ayt en sa grace. A Grenoble le IXe apvril 1598.

Vostre entier et parfet ami.

LESDIGUIÈRES.

CCLVII.   1598 — 13 Avril.

Orig. — Arch. de M. le Vte de Sallemard, à Peyrins.

A MONSIEUR, MONSIEUR DE LA ROCHE.

Monsieur de la Roche, vous aves faict une grande perte par la mort de Monsieur du Poet [1], à laquelle plusieurs participent, entre iceux

---

[1] Consulter sur la mort de du Poët, tué en duel à Crest par Gouvernet en 1598 et non en 1601 comme l'affirment Videl (*Hist. de Lesdiguières*, p. 218) et Rochas (*Biographie du Dauphiné*, II, p. 115), un intéressant article de M. le pasteur Arnaud inséré dans le *Bulletin de la Société de statistique de la Drôme* (Vol. VII, p. 403). Une lettre de d'Ornano à Montmorency du 21 avril 1598 (B. N. MS. F. 3583) contient un récit très complet et très dramatique de ce duel célèbre, en voici l'analyse : Du Poët avait été chargé par du Puy-Saint-Martin de demander au fils de Gouvernet compte de quelques propos qu'il aurait tenus sur son compte ; après de loyales explications les deux adversaires se séparèrent réconciliés. A quelque temps de là le sieur de la Baume ayant

c'est moy quy porte un regret infiny de ce qu'il s'est perdu en une sy mauvaise occasion. Quand à moy, pour avoir toujours chery son amitie avec affection et sachant celle qu'il vous pourtoit, je vous ferey part de la mienne en tout ce que vous desirerez de moy, de quoy vous pouvez faire estat assuré. Je truve bon que vous soyez allé donner ordre à voz affaires. Quand au faict du Montellimar, je ne voy pas que chose du monde y périlhe ny qu'il y aye subject de vous y arrester, aussi je truve bon qu'apres avoir faict vos affaires que vous vous rendiez à vostre regiment que nous pourrons metre bientost en besongne. Et n'estant pour autre je serey pour tousjours, Monsieur de la Roche,

Vostre bien humble à vous fere service.

LESDIGUIÈRES.

Randes vous au plustost à vostre regiment et m'en donnes advis et empesches les desordres.

A Grenoble ce XIIIe d'Avrille 1598.

CCLVIII. 1598 — 20 AVRIL.

Imprimé : *Revue du Dauphiné*, t. V, p. 189.

A MONSIEUR CLAUDE DE CHANEL, CAPITAINE DE DEUX CENTS HOMMES DE PIED, EN ALLEVARD.

Je n'ay pu jusques à ceste heure, Monsieur, vous tesmoigner mes sentiments de contentement et satisfaction pour vostre si bonne conduite en la prise de ce fort de Barraulx en laquelle vous avez le plus contribué par vostre prudence, valleur et activité, suivant les rapports à moy faicts par plusieurs des miens et en particulier par mon cadet de Charance. Et vous diray, Monsieur, que je ne attendois pas moins

---

demandé au jeune Gouvernet s'il était vrai qu'il eût refusé de se battre avec Saint-Martin ; celui-ci répondit que si c'était du Poët qui avait dit cela il en avait menti. Du Poët, furieux de ce propos, jura de se battre en duel avec Gouvernet et avec ses fils successivement. Gouvernet chercha à l'apaiser et lui fit dire que si son fils avait tort il lui ferait faire raison ; du Poët ne voulut rien entendre et le lendemain vint à cheval, en chemise et une épée à la main, défier Gouvernet. Le duel eut lieu aux portes de Crest : chacun des adversaires reçut deux coups d'épée et du Poët mourut deux jours après ; il avait eu la gorge traversée.

de vous qui trouvez dans vostre famille exemples de toutes vertus et excellente conduite. J'ai chargé mon secretaire Galbert de vous tesmoigner mes pensées à vostre regard. Je vous aurois faict expedier sur le champ des lettres de noblesse comme j'ay faict à mon cadet de Charance si n'estoit notoire que vos ancetres en octroyoient aux autres, et puisque je ne puis ainsy recognoistre le grand et bon service qu'avez rendu au Roy en ceste occasion, je vous prie m'ayder à trouver celle de servir à vostre avancement et suis de toute mon ame

Vostre affectionné amy.

LESDIGUIÈRES[1].

De Grenoble ce 20 avril 1598.

---

[1] Nous publions cette lettre quoiqu'elle soit manifestement fausse. On aura remarqué sans doute combien, malgré le soin avec lequel on l'a composée, on y a laissé subsister des tournures modernes et étrangères au style ordinaire de Lesdiguières. Mais à cette raison générale viennent s'en joindre beaucoup d'autres quand on se livre à une analyse détaillée de ce document. Nous allons les énumérer rapidement :

1° Jamais Lesdiguières ne cite dans la suscription le prénom des personnages auxquels il écrit.

2° Toujours il place le mot *Monsieur* en vedette au commencement de la lettre.

3° François Philibert, le cadet de Charance, à partir de 1595 où il acheta à Étienne de Bonne d'Auriac la terre de Montalquier, quitta son ancien nom pour prendre celui de cette terre.

4° En tous cas, jamais Lesdiguières n'eût appelé François Philibert *mon* cadet de Charance, ce qui n'a aucun sens et semble impliquer une parenté qui n'existait pas, mais *le* cadet de Charance.

5° Il n'eût pas dit qu'il chargeait Galbert son secrétaire de témoigner sa satisfaction lorsqu'il le faisait précisément et d'une manière tout-à-fait exceptionnelle par la lettre précédente. Du reste, Lesdiguières n'a jamais eu, à notre connaissance, de secrétaire du nom de Galbert, du moins n'avons-nous trouvé aucune pièce contresignée par ce personnage.

6° Il n'eût pas parlé de faire expédier des lettres de noblesse et de s'arroger ainsi un droit qui n'appartenait qu'au Roi.

7° Il n'eût pas parlé des lettres d'anoblissement données par lui au cadet de Charance à la suite de la prise du fort de Barraulx, tandis que ces lettres avaient été accordées par le Roi six ans auparavant (décembre 1592) à l'occasion de la bataille de Pontcharra.

8° Si Lesdiguières avait voulu constater la belle conduite de Claude de Chanel par un document officiel, il n'eût pas envoyé une lettre, mais il lui eût délivré une attestation en forme de congé ou lettres patentes, comme on en verra plusieurs dans ce recueil, données à Pierre Armand, Jean de la Tour, etc.

9° Enfin nous ajouterons, pour clore toutes ces preuves déjà suffisantes, que le registre *In Ihesum Christum* des *Generalia*, d'où est extrait ce document, est une supercherie paléographique tentée en faveur de la famille Crouy-Chanel, supercherie assez habilement conçue et exécutée pour avoir trompé bien des personnes de bonne foi, mais qui est maintenant démontrée jusqu'à l'évidence.

CCLIX.   1598 — AVANT MAI.

Orig. — Bibl. de Grenoble, n° 322.

A MONSIEUR, MONSIEUR DE RICQUE.

Monsieur de Ricque, le cartier qui a esté donné à Monsieur d'Auriac pour sa compaignye de gens de pied n'a esté que pour huict jours, à raison de six vingtz hommes sur le mandement de Corps, Saint Firmin et Voguodemar, et pour les absens pendant lesdicts huict jours ils doivent cinq sols pour chacun par jour et non davantage. Vous ne ferez faute de vous en venir au cartier que vous avez ça bas puisque lesdicts huict jours sont passés et n'outrepasser ce que j'ay ordonné, comme je vous marque cy dessus. A quoy m'asseurant que ne manquerez, demeureray, Monsieur de Ricque,

Vostre bien humble pour vous faire service.

LESDIGUIÈRES [1].

CCLX.   1598 — 1er MAI.

Orig. — Arch. de M. le Vte de Sallemard, à Peyrins.

[ORDRE DE LOGEMENT POUR LE RÉGIMENT DU SIEUR DE LA ROCHE.]

Le seigneur Desdiguières, gouverneur et lieutenant general du Roy en Piedmont et Scavoye, et commandant generallement en Daulphiné pour le service de sa Majesté : estant bien necessaire de pourvoir au soulagement des villages quy ont logé le regiment du sieur de la Roche despuys le dernier establissement, nous ordonnons que les consuls & communautees soubs nommées fourniront logis et vivres au susdict regiment à la forme que s'ensuit, scavoir : La Chodière, Saint-Benoit et Rimond, logeront la compagnye du sieur de la Roche; La Chapelle en Vercors, Saint-Martin, Saint-Jullien, Saint-

---

[1] Cette lettre sans date est de la fin de 1597 ou du commencement de 1598; en tous cas elle est probablement antérieure au mois de mai de cette année, époque ou Lesdiguières fut instruit de l'existence de la trève qui précéda la paix de Vervins. On a vu ci-dessus plusieurs lettres du même genre écrites à M. de la Roche.

Agnan, logeront la compagnye du cappitaine Rousset; Vasieu, Rencurel et le Plan de Bays, logeront la compagnye de Monsieur de la Touche; Hespenel et Veronne logeront la compagnye du cappitaine la Cloche. A tous les soldats duquel regiment sera fourny par les susdicts consuls et communautés pour chascun et pour chasque jour trente onces de pain, une livre chair et un pot de vin, et ce durant huict jours, qu'il sera autrement ordonné à commencer du jour que lesdites compagnyes seront logées. Deffendant aux cappitaines de chasque compagnye de permettre que les soldats tiennent davantage que d'un laquais de quatre en quatre, ny qu'il soit payé pour tout droict des membres que vingt payes à la forme de nos reglements en nostre precedente ordonnance, ny qu'il soit commis aucun abus ny desordre sur les susdicts villages à peyne de nous en estre responsables de leur vie.

Faict au conseil tenu à Grenoble, ce premier de may 1598.

LESDIGUIÈRES.

CHOLLIER [1]

(Sceau.)

CCLXI. 1598 — 16 MAI.

Orig. — Arch. munic. de Lyon. AA. 46, p. 25.

A MESSIEURS, MESSIEURS LES ESCHEVINS DE LA VILLE DE LYON.

Messieurs, nous sommes en incertitude de la santé de Genève, sur les bruitz qui courent qu'il y a eu quelque excez de contagion. Je ne scay si celà procède d'animosité contre eulx, comme quelques-uns me veulent faire croire, ou si c'est la vérité; laquelle désirant sçavoir, j'ay commandé à ce porteur, l'un de mes serviteurs domesticques, de vous aller baizer les mains de ma part, et vous supplyer me faire ceste faveur de m'en esclaircir par luy. Car, selon ce qu'il vous plairra de m'escrire, et de la mesme façon qu'on se conduira à Lyon, on suivra en ceste ville, avec le mesme ordre. Et n'estant ceste à

[1] Il existe un grand nombre de pièces du même genre émanées de Lesdiguières : nous avons renoncé à les reproduire à cause de leur peu d'intérêt.

aultres fins, je supplye le Créateur, Messieurs, vous conserver en parfaite santé, bien longue et heureuse vye. De Grenoble, ce 16e may 1598.

Vostre bien humble pour vous faire service.

LESDIGUIÈRES.

CCLXII.   1598 — 27 MAI.

Orig. — Arch. de M. le Vte de Sallemard, à Peyrins.

[COMMISSION AU SIEUR DE SAINT GENIES POUR CONTRAINDRE LES HABITANTS D'ESPELUCHE DE LOGER LE TIERS DE LA COMPAGNIE DU SIEUR DE LA ROCHE.]

Le seigneur des Diguières, gouverneur et lieutenant général du Roy en Piedmont et Savoye, et commandant généralement en Dauphiné pour le service de sa Majesté : nous ayant apparu du reffust que les habitants du lieu d'Espeluche ont faict de recepvoir la troisieme partye de la compagnye du sieur de la Roche au proratte de leur feuz de mesmes qu'a faict Portes et Montboucher pour les autres deux tiers, avons commis et depputé, commettons et depputons le sieur de Saint-Genies pour se transporter au lieu d'Espeluche et signifier aux consuls et habitantz dudit lieu de recepvoir la tierce part de ladite compagnye, et payer la despance qu'a esté faicte despuys le jour de leur refus aux lieux qu'ilz l'ont soufferte, et ce de la part du Roy et de l'authorité qu'il luy a pleu de nous donner en la province à peyne de deshobeissance et d'estre prins comme rebelles et en cas de pertinacité[1]. Nous enjoignons audit sieur de Saint-Genies d'user de force par toutes voyes de guerre, et nous tenir adverty de ses diligences pour y pourvoir ainsin qu'il appartiendra.

Faict au conseil tenu à Grenoble, ce XXVIIe may 1598.

LESDIGUIÈRES.

CHOLLIER.

(Sceau.)

[1] Obstination.

CCLXIII.   1598 — 2 Juin.

Orig. — Arch. de la Drôme. EE.

[AUX CONSULS DE SAINTE EUPHÉMIE.]

Consuls de Sainct-Ephemye, ayant sceu par le despartement que Monsieur de Comps a faict de ce que debves, vous vous treuves assignés en faveur du sieur Lyon que j'ai retenu près de moy durant tout le temps que ceux de ma cournette blanche ont séjourné à Dieulefist, j'ey esté bien aise que sa vollonté se soit treuvée conforme à la mienne qui est de ne vous ennuyer de la despance, mais de vous aller convier luy mesme comme il faict au payement de ce que luy debvés. Je vous prie qu'il ne parte pas d'avec vous qu'il ne soit comptent. Et m'assurant que n'y vouldrez faire difficultés, puisque j'affectionne de tout mon cœur ce qui appartient au personnage, ce sera l'endroict que je serai tousiours, Consuls de Sainct Ephemye,

Votre entier et parfet ami.

LESDIGUIÈRES.

Grenoble, ce IIe juin 1598.

CCLXIV.   1598 — 10 Juin.

Orig. — Arch. de M. le Vte de Sallemard, à Peyrins.

A MONSIEUR, MONSIEUR DE LA ROCHE.

Monsieur de la Roche, de toutes les compagnies quy ont esté retenues puys le retranchement de l'armée, c'est la vostre qui me faict voir les plainctes que je n'en voulois pas esperer. Je vous faict ce mot pour vous dire que s'il y a des soldats parmy vostre compagnye quy ne puissent vivre et se contenter de deux livres de pain et troys souls argent oultre le lict et le couvert, que vous les congediez tout incontinent, vous assurant que des ceste heure vostre compagnye est entièrement cassée sy elle n'observe le susdict reglement. Aussy tost la presente receue j'entends que la moitié de vostre dicte compagnye se loge à Chasteauneuf de Rosne, pour y avoir le lict et le couvert et les fornitures que j'ay commandé estre payées à ceux de Donzere. Et m'assurant que vous tiendrez exactement la main à l'observance dudict reglement, ce sera l'endroict que je demeure, Monsieur de la Roche,

Vostre bien humble pour vous fere service.

LESDIGUIÈRES.

A Grenoble, ce X^e juin 1598.

J'entends qu'en vostre compagnye il y a autant de laquais que de soldatz; advisez de les fere tous chasser et qu'il n'y aye que cent arquebuzans et vingt pour les membres à vostre compagnye, autrement vous seriez recherché de la despance en vostre particulier.

CCLXIV. 1598 — 2 Juillet.

Autog. — Arch. de M. le Vte de Sallemard, à Peyrins.

A MONSIEUR, MONSIEUR DE LA ROCHE.

Monsieur de la Roche, j'ay poulcé le temps à l'espaulle et employé le vert et le secq pour entretenir nos trouppes retenues jusques à la fin du passé en attendant le ferme establissement de ceste paix[1]; je ne voy rien qui y contredise, ny aucun commandement que le Roy me face de plus mettre en despence le pays pour cest entretenement quy finissoit avec la fin du moys passé. Nous en sommes donc à un licenciement général et vous pouvez faire celluy qui est particulier à vostre compaignie, car dès le premier jour de ce moys qui estoit hier elle est sur voz bras. Deschargez vous en donc, si desjà vous ne l'avez faict, en attendant que par un nouvel employ aux occasions, je recognoistrai vostre mérite et vostre amytié laquelle j'honoreray tousjours, Monsieur de la Roche, parceque je veux être

Vostre bien humble pour vous faire service.

LESDIGUIÈRES.

A Grenoble, le IIe juillet 1598.

[1] Le traité de paix de Vervins. Voy. à ce sujet la lettre de Henri IV à Lesdiguières du 2 mai 1598, où il lui annonce la trève (*Berger de Xivrey*, vol. IV, p. 972). On pourra consulter utilement sur ce traité la : *Relation de ce qui se passa à la conférence pour la paix de Vervins*, mise par écrit par le secrétaire du Cardinal légat. (*Mémoires et Correspondances de Duplessis-Mornay*, t. VIII, p. 358.) et un grand nombre de documents manuscrits à la Bibliothèque nationale, entre autres les volumes 10755 à 10758 et 18063 à 18073, qui sont uniquement consacrés à ces négociations.

CCLXVI. 1598 — 21 Juillet.

Orig. — Arch. de M. le V¹ᵉ de Sallemard, à Peyrins.

A MONSIEUR, MONSIEUR DE LA ROCHE.

Monsieur, vous apprandrez par le retour du cappitaine la Cloche tout ce quy s'est peu faire au paiyement de voz assignations et comme quelque peu d'attante vous y pourra donner le contentement que vous désirez. Je me remettrey de toutes choses sur luy pour vous asseurer que je suis, Monsieur,

Votre bien humble pour vous fere service.

LESDIGUIÈRES.

A Grenoble, ce XXIᵉ juillet 1598.

CCLXVII. 1598 — 13 Aout.

Imprimé : *Histoire ecclesiastique des Eglises reformées recueillies en quelques vallées du Piedmont*, par Pierre Gilles. Genève, 1644, pp. 322-323.

[AUX HABITANTS DE LA RELIGION REFORMÉE DE VAL CLUSON¹.]

Messieurs, ce m'a esté beaucoup de plaisir d'entendre de vos nouvelles par ce que m'en a dit Monsieur le Ministre Guerin. Je les eusse désiré meilleures, parceque j'y ai du devoir et que sur toutes choses je voudrois vostre contentement et vostre entière liberté, mais vous savez qu'il y a toujours de la persécution pour ceux qui cheminent au droit sentier. Ne doutez point au demeurant, je vous prie, que je ne veuille participer à ce qui vous succédera, et que je ne

---

¹ Les habitants de Val-Cluson, inquiets du bruit que l'on répandait d'une prochaine persécution dirigée contre les Vaudois de Piémont, leurs frères, par le duc de Savoie, « trouvèrent bon, « dit Gilles, d'en avoir l'advis du sieur de Lesdi- « guières, gouverneur pour le Roy en Dauphiné, « et lui en firent parler par le sieur Bernardin « Guerin, ministre en l'eglise de Mentoles, auquel « il repondit : n'y avoir apparence qu'on machi- « nast contre les voisins des vallées tout le mal « qu'on bruyoit, que c'estoit plus tost des artifices « de quelques adversaires pour engendrer quel- « que confusion et en tirer du profit, à quoi fal- « loit opposer la prudence convenable pour esvi- « ter les extremités dangereuses d'un et d'autre « costé. » Il adressa également aux habitants la lettre qu'on vient de lire.

coure de tout mon pouvoir au devant de vostre mal, pour le destourner de vous par mon intercession envers vostre prince, qui, quoi qu'on vous dise, vous traitera en bons sujets et vous maintiendra en liberté de conscience, si vous lui estes obéyssans, comme je sçay que vous lui voulez estre. Et cheminans ainsi, j'embrasserai vostre protection et vous favoriseray autant que la raison et la commune cause m'y oblige, ainsi que ledit sieur Guerin vous fera entendre de ma part. Suppliant ici le Créateur, Messieurs, qu'il vous continue et augmente ses grâces, me recommandant aux vostres.

LESDIGUIÈRES.

De Puymore, ce 13 aoust 1598.

CCLXVIII. 1598 — 26 AOUT.

Orig. — Arch. de l'État de Genève.

A MESSIEURS LES SCINDICS ET CONSEIL DE GENÈVE.

Messieurs, j'ay receu vostre lettre du 10e de ce mois, à vostre stile, et veu le sommaire des demandes que vous avés faites à Monsieur de Savoye, la response qu'il vous y a faite et le project de la forme de vivre que ce prince desire d'estre establi entre vous et luy, par l'entremise du baron de Viry qui vous a envoyé la copie de ceste dernière pièce. Je ne m'arresteray pas aux deux premieres comme chose de peu et qui accommode vos affaires du jour au lendemain, en attendant un ferme establissement de repos auquel il semble qu'on vous confie par ceste cy. Vous me faites beaucoup d'honneur de recercher mon advis en ce faict si important, et je voudrois estre capable de le vous donner aussi utile que vostre nécessité et mon debvoir m'y convient; si ne lairay je de satisfaire à vostre desir, mais avant que de passer plus outre, je vous exhorteray d'estre plus que jamais sur vos gardes durant ces propositions de traictez, et cependant que vostre voisin est aupres de vous avec l'espée au poing, je scay bien que comme très prudens vous estes en perpétuelle desfiance, et je vous advise que vous la devéz augmenter à ceste heure et croire que tant de gens de guerre ne vous avoisinent pas et ne s'amusent à un si long séjour, sans quelque perniticux desseing. Je le voudrois aussi bien scavoir pour le vous descouvrir, comme je vous puis asseurer que ce prince fait soubz-main retenir tous les soldats qu'il peut remarquer de bonne vueille[1], tant en ceste province qu'en Lyonnois et en Provence. A l'adventure n'est ce pas pour vous nuyre, mais il me semble que vous devéz croire que cest orage peut fondre sur vous, afin que soyés plus preparés à y resister. Il y a toutefois apparence, par ce projet, qu'il vous veult laisser en repos pour y mettre ses propres subiets. C'est le propre des princes d'entendre ou recercher la paix, si elle leur est utile ou necessaire; celuy ci se la recoignoist propre en l'un et en l'autre point, et beaucoup, à mon jugement, plus avantageuse pour luy que pour vous, au change qu'il veut faire de la desmolition et rasement du fort Saincte-Catherine, à la restitution du balliage de Gex et chastelanie de Gaillard; car si ceste restitution a lieu, vous mettés vostre ennemi à l'entour de vous et au bord de vos franchises, au lieu que vous l'avéz en un seul endroit duquel vous vous prenéz garde. Je n'entens point parler de la demolition des Alinges que vous debvés demander si ce traicté passe plus outre. Quant à ce qu'il vous veult astreindre à ne donner aucun passage à aucuns gens de guerre qui marcheront contre luy, il me semble que vous y debvés bien penser et en recercher l'advis du Roy, aussi bien que sur ces restitutions, changemens et demolitions. Sa Majesté ayme vostre conservation par ce qu'elle luy importe, et elle sera encor plus obligée à vous proteger si vous ne voulés point faire de resolution en un tant important afaire sans elle; c'est le plus sain advis que je vous puisse donner en ceste occurrence, n'ayant remarqué que ces deux articles importants parce que le reste est reciproque, et de chose la ou vous ne pouvés veoir par les yeux d'authruy. Or je prie le Créateur, Messieurs, qu'il vous continue et augmente ses saintes graces. A Grenoble, le 26e aoust 1598.

Vostre bien humble et afectioné serviteur.

Lesdiguières.

---

[1] De bonne volonté.

CCLXIX.   1598 — 15 Octobre.

Orig. — B. N. MS. F. 3592, p. 31.
Imprimé : *Album historique du Dauphiné*, par M. Champollion-Figeac. Paris, 1846-1847, p. 9.

A MONSEIGNEUR, MONSEIGNEUR LE DUC DE MONTMORANCY, PAIR ET CONESTABLE DE FRANCE.

Monseigneur, je ne doubte point que vous n'ayez beaucoup agréé l'eslection qu'il a pleu au Roy faire de moy pour son lieutenent general en ceste province : aussy désiré-ic que en le servant fidellement en ceste honorable charge, je vous puisse agreer et rendre le service que je vous doibs. Ce sera tousiours avec beaucoup de devotion ; mais je désire vous rendre preuve de ceste myenne intention, laquelle je conserverai toute entiere, en attendant vos commandemens, et moy, Monseigneur, pour

Vostre très humble et très obéissant serviteur.

LESDIGUIÈRES.

A Grenoble, le XV⁰ octobre 1598 [1].

CCLXX.   1598 — 6 Novembre.

Orig. — B. N. MS. F. 3578, p. 81.

A MONSEIGNEUR, MONSEIGNEUR LE DUC DE MONTMORANCY, PAIR ET CONESTABLE DE FRANCE.

Monseigneur, j'ay veu par le departement [2] que vous avez envoyé, la nomination que vous avez faicte des commissaires des guerres de ceste province qui appartiennent à Monsieur le marechal d'Ornano.

---

[1] .....« Monsieur de Saint Jullien, secretaire de Monseigneur de Lesdiguières, dit dans une de ses lettres l'ambassadeur de Venise, est venu ici pour prier le Roi, aujourd'hui que toutes les difficultés sont aplanies, de confirmer à son maitre, par lettres, la lieutenance du Dauphiné, et cela tant à cause de l'opposition que lui fait le maréchal Corso (d'Ornano), pourvu lui-même d'un titre semblable, qu'en egard aux dispositions du Parlement de cette province qui, à l'heure presente, se montre content et satisfait. Sa Majesté a donné des ordres pour que, conformement à ce desir, ou fit une expedition..... Paris, 31 octobre 1598. — François CONTARINI. » (Arch. de Venise. Dépêches de France, n⁰ 27.)

[2] Répartition.

Je désirerois bien que ce feussent ceulx la, mais ie croy qu'ils seront absens lorsque les monstres se feront; qui me faict vous supplier d'estre contant de faire envoyer ung autre departement pour les sieurs de la Rivière, l'Abbé & de Chaulnes, qui par le passé ont faict ceste charge, près de moy, sinon de faire commander à ceulx que vous avez nommes de venir faire leurs charges. Sur quoy, attendent vostre intention, je demeureray, Monseigneur,

Vostre très humble et très obeissant serviteur.

LESDIGUIÈRES.

A Grenoble, le VIe novembre 98.

CCLXXI.   1598 — 14 Novembre.

Orig. — Arch. de la Drôme.

[AUX CONSULS DE SAINTE EUPHÉMIE.]

Consuls de Sainte Eufemye, le cappitaine Huguet aura faict representer ce que je luy dis concernant quelque partye que vostre communauté a esté assignée au sieur Leon, lequel s'en va expressement pour essayer d'en tirer payement. Regardez de le contenter sans attandre qu'il vous mette en despence, car je luy ay permis de vous y contraindre par toutes les voyes dont il pourra adviser pour la facilité de son payement, luy ayant mesme ottroyé de seiourner sur le lieu autant de temps que vous demeurerez de lui faire raison et y vivre à vos depens, et quant tout cela ne pourra suffire, à la moindre requeste qu'il me fera, je luy envoyeray le prevost avec tel nombre d'archers qui sera necessaire. Tout cela doublera six fois le principal si vous reffusez tant soit peu de luy donner satisfaction. Pourvoyez y donc pour vous relever de ces incommodites et je seray,

Vostre entier et parfet ami.

LESDIGUIÈRES.

Ce XIIIIe novembre 1598, à Grenoble.

CCLXXII.   1598 — 12 Décembre.
Cop. — Bibl. de Grenoble, n° 321.

CE SONT LES MÉMOIRES ET INSTRUCTIONS BAILLÉES PAR MONSIEUR DE LESDIGUIÈRES A MONSIEUR DU MOTTET POUR LES NÉGOCIATIONS DES AFFAIRES QU'IL A A TRAITER AVEC LE MINISTRE DE SON ALTESSE DE SAVOYE, COMME DEPPUTÉ DE LA PART DE MONSIEUR DE LESDIGUIÈRES.

Ledict sieur du Motet consentira absolument et sans aucune réserve à la démolition des fortifications du Pont-de-Beauvoisin, du chateau du Buqu......, et à la redition de celluy d'Arvillard es mains du sieur d'[Arvillars] à qui il appartient et au licenciement des garnisons de ladicte place, en payant au préalable par son Altesse ce qui est des garnisons et par lui [dû] desdictes fortifications jusques à la somme de......... mis es mains dudict sieur du Motet, comptée tant pour les arrerages que courant jusques à la fin de la présente année. Et ou cest article serait accordé il faudra [demander] que ladicte demolition soit faicte par les hommes et aux despens de son Altesse, soubz la conduicte des commissaires que ledict sieur de Lesdiguières y establira lesquels toutesfoys son Altesse [payera], sans que le Roy supporte aucuns frais pour ce regard. Au regard des places de Saint-Georges et Revill, si ledict sieur du Motet voit que lesdicts deputés de son Altesse en veuillent entrer en quelque traitté, il pourra y consentir et mesme la resouldre soubz le plaisir toutefoys du Roy et sans qu'il puisse sortir effect qu'après avoir esté agréé par sa Majesté aux charges et conditions qu'ensuyvent. Que moyennant la desmolition des fortifiquations desdictes places, soubz la mesme conduicte, par les hommes et aux depens de que dessus, son Altesse rende au Roy le Chateau-Daulphin, la Tour de Pont et face razer le fort de Beche-Daulphin. Qu'elle face payer les arrerages desdictes deux garnisons et le courant d'icelles, à la forme dudict estat qui en a esté dressé au vray, avant qu'elles en sortent. Et au cas que son Altesse ne veuille point desmolir ladicte place de Rovill, et que ce soit son intention de la garder en l'estat qu'elle est, il luy sera ainsy accordé, en remboursant les frais faicts à la fortiffiquation d'icelle dont sera baillé estat et non aultrement. [Au cas] qu'on demeure d'accord (soubz le bon plaisir du

Roy comme dict est) de la réciproque reddition ou desmolition des fortifiquations desdictes places en attendant l'exécution du traitté qui se fera pour ce regard, ledict sieur du Motet demandera qu'icelles places seront gardées aux frais de son Altesse qui entretiendra et fera payer à [Saint-Georges], deux cens hommes et à Roville cent cinquante pour [empecher] le desordre que le soldat feroit au paysan faulte d'entretenement, qui ne pourra d'avantage durer qu'aultant qu'il faudra de temps à donner avis dudict traitté au Roy, et à en obtenir la vallidation s'il luy plaist de la donner[1]. S'il [advient] que les depputés de son Altesse demandent à traitter du razement du fort de Barrault, ledict sieur du Mottet pourra prester l'oreille à leurs propositions et luy mesme proposer les conditions soubz lesquelles on y consentiroit, telles que ledict sieur de Lesdiguières les a mises en sa bouche, réservant tousjours la resolution, après en avoir donné avis à sa Majesté, de laquelle on vouldroit avoir le commandement avant que passer oultre audict traitte. Il faut aussy que ledict sieur du Mottet se souvienne (s'il luy plaist), que par tous les traittez faicts avec son Altesse, les assignations deues aux serviteurs du Roy sur le marquisat de Salluces ont tousjours esté reservées et le pouvoir au [trésorier] de les demander, recevoir et poursuyvre. C'est pourquoy s'il [vient] à propos il en fault faire instance et requerir libre accès et seurté pour celluy ou ceulx des commis du tresorier de l'extraordinaire qui yra audict marquisat pour ladicte poursuitte et recepte, pour éviter les desordres que les gens de guerre assignés feraient en l'exécution desdictes assignations.

Faict à Grenoble, le XIIe jour de décembre mil V^c quatre vingtz dix huict.

LESDIGUIÈRES.

L'ABBÉ.

---

[1] Par une ordonnance royale du 20 juillet 1598 (B. N. MS. F. 4014, p. 191), le Roi avait approuvé les préliminaires du traité que du Motet était chargé de conclure et les articles de la suspension d'armes faite entre Lesdiguières et le duc de Savoie.

CCLXXIII.   1598 — 19 Décembre.

Orig. — Arch. munic. de Lyon. AA. 46, p. 26.

A MESSIEURS, MESSIEURS LES PREVOSTS DES MARCHANDS ET ESCHEVINS DE LA VILLE DE LYON.

Messieurs, je prends le contantement que vous recevez de ma nouvelle promotion sur la charge de ceste province pour un tesmoingnage de l'amityé que vous me portez. Le Roy pouvoit faire eslection d'un plus cappable que moy d'entre ses serviteurs, mais non qui, avec plus de fidelité, luy rendist service en ceste occasion. C'est mon principal désir, activé de mon devoir, et ce me sera aussy beaucoup d'honneur si, en l'exercisse de ceste charge ou parmy mes aultres actions, j'ay le moyen comme la volonté de servir le corps de vostre ville ou les membres d'icelluy en particulier. Vous m'y trouverez tousjours disposé, et je vous supplie d'en faire estat bien asseuré. Ce porteur a esté oy au conseil du Roy, sur le faict de la charge que vous luy aviez donnée, en presence du procureur de ce pays, qui a respondu à sa proposition. L'affaire a esté renvoyée par le conseil à Messieurs les Trésoriers de France, qui en doivent cognoistre; vous saurez ce qu'il y a avancé. C'est tout ce que je vous puis dire sur le subject de la lettre qu'il vous a pleu me faire, du 13e du présent, et pour fin de ceste-cy, je prie Dieu, Messieurs, qu'il vous continue et augmente ses grâces. A Grenoble, le 19e décembre 1598.

Vostre bien humble pour vous faire service.

LESDIGUIÈRES.

CCLXXIV.   1599 — 10 Mai.

Cop. — Arch. de la Drôme. E. 2820.

[RÈGLEMENT POUR LE LOGEMENT DES COMPAGNIES DES SIEURS DE COMPS ET DE MONTBRUN.]

Le seigneur de Lesdiguières, lieutenant général pour le Roy au gouvernement de Daulphiné : sur les différents survenus entre les consuls de Dieulefit et les consuls de la ville du Buis pour raison de la despence des gentilshommes vollontaires de la cornette blanche conduicte par le sieur de Comps, establv à Dieulefit, et de la companye de gendarmerie du sieur de Monbrun estably à ladicte ville du Buis, tant à l'occasion des aydes, lesquelles leur sont estés respectivement bailliés, que pour le despartement des feus, appres avoir ouy les depputés dudict lieu de Dieulefit et de ladicte ville du Buis et veu l'establissement et reglement par [nous] novellement faict et le nombre des feux balhiés cy devant en ayde, nous avons ordonné pour eviter à toute confusion que l'ordre des feux balhiés par nostre ordonnance du vingt septiesme mars mil cinq cents quatre vingt dix huict pour l'entretenement desdictes companies sera suivy, declarant neandmoings que le lieu de Dieulefit n'y sera conprinct, et quand à la ville du Buis ne sera que pour la moitié de leurs feus. Ordonnant aussy que ce que le sieur de Monbrun ou son recepveur auront exigé de ceulx de Vinsobres ou de Venterol, comprinct au nombre des feus donnés à ceux dudict lieu de Dieulefit, leur sera rendu sans aulcune difficulté ny retardacion quelconque. Et en oultre ordonne que le lieu de Reberet sera dextraict dudict nombre des feus donnés pour la companye dudict sieur de Monbrun; et en ce quy conserne le lieu de Piegon pour ung feu et demy demeurera pour la compagnie dudict sieur de Monbrun, leur permettant moyennant ce que dessus respectivement esgaller la despance de l'une et l'aultre companye sur lesdicts feus à eux particullierement balhiés suivant ladicte ordonnance du 27e mars, en observant le taux et reglement sur ce par nous fait. Et au cas qu'il auroit esté excedé, ordonnons que ce quy auroit esté receu et exigé par dessus icelluy sera rendu.

Fait à Grenoble, au conseil du Roy, le Xe jour de may mil cinq cents quatre vingts dix neuf.

Lesdiguières.

Par mondict seigneur,
Brémond.

CCLXXV.   1599 — 29 Mai.

Orig. — Arch. de M. le Vte de Sallemard, à Peyrins.

A MONSIEUR, MONSIEUR DE LA ROCHE.

Monsieur, l'espérance que je vous avois donnée de mettre fin au différent que Botheac a avec Madame du Poet, commence de me manquer, ne croyant pas que mes occupations me puissent permettre de faire le voyage de Provence que j'avois délibéré. J'en suis marry pour ne pouvoir servir ladite dame aussi bien en ceste occasion que je me promettois en d'autres où elle m'eust recogneu utille en ce passage. Je scay fort bien que vous avez du crédit à son endroit, et que vous la pouvez disposer de se porter en ceste affaire selon que la raison me semble l'y convyer. Employez y donc ce que vous pouvez, affin d'en voir le bout par des expédients les plus doux qui se pourront choisir et que cela se termine sans que la justice y mette la main, car ce seroit luy donner cognoissance des choses dont il n'est nullement besoin, comme je pense vous avoir autrefois dit. Je seray fort satisfait si par vostre entremise on en voit sortir quelque effect qui puisse servir au contentement de ladite dame et de Botheac, et demeureray cependant comme je suis de tout mon cœur,

Vostre bien humble pour vous fere service.

LESDIGUIÈRES.

Ce 29 may 1599, à Grenoble.

CCLXXVI.   1599 — Fin de Mai ou commencement de Juin.

Cop. — *Histoire des Alpes Maritimes et Cottiennes*, par le P. Marcellin Fournier. MS. Bibl. de Lyon.
Imprimé : *Recherches historiques sur le Pèlerinage des rois de France à N.-D. d'Embrun*,
par M. A. Fabre. Paris, 1860, p. 270.

A MONSIEUR MON COUSIN, MONSIEUR DE BONNE, COMMANDANT POUR LE SERVICE DU ROI A AMBRUN ET AU BAILLIAGE DE L'AMBRUNOIS.

Monsieur mon cousin, j'ai accordé à Monsieur d'Ambrun son église et me suis contenté, pour le gratifier davantage de seize cents et cinquante écus pour les réparations. Je vous prie que huit jours après qu'on aura payé la moitié de ladite somme, de lui faire rendre sans excuse ni remise, son église et ses cloches et chaires, même celles des cordeliers qui y sont, ensemble les paroisses de Sainte Célle et de Saint Donat, ne pouvant point encore lui faire rendre celle de Saint Vincent employée pour le service du Roy. Et comme je m'assure que ledit sieur d'Ambrun contiendra là haut chacun en union sous l'obéissance de Dieu et de sa Majesté, aussi désiré je qu'il soit accueilli avec honneur et service que je désire lui rendre, en quoi j'aurai très agréable que vous serviez d'exemple aux autres. Cela est dû à son rang et à ses mérites qui le rendent des plus recommandables prélats de ce siècle. Je participerai à la satisfaction qu'il aura de vous et de façon que vous jugerez que je veux l'honorer et obliger en toutes sortes. Je remets vos occurences à ce porteur que vous aimerez si vous le recommandé-je de plus en plus, Monsieur mon cousin, ensemble la continuelle souvenance de

Vostre humble cousin pour vous faire service.

Lesdiguières.

Il faut que vous retiriez la première moitié, qui sont huit cent vingt cinq écus, et pour l'autre moitié, bonne caution qui s'oblige à son propre et privé nom à payer à Noël prochain et aussitôt leur faire délivrer ce grand temple, mais je vous prie qu'on ne touche aux chaires ni aux cloches, ni à rien qu'à la chaire de ministre [1].

CCLXXVII.   1599 — 5 Aout.
Orig. — Arch. de M. le Vte de Sallemard, à Peyrins.

[PERMISSION AU SIEUR DE LA ROCHE DE FAIRE SORTIR DES ARMES DE MONTÉLIMART.]

Le seigneur des Diguières, lieutenant general pour le Roy au gouvernement du Dauphiné : nous avons permis et permettons par ces présentes au sieur de la Roche sur Grane, de sortir librement de

---

[1] Lesdiguières avait fait faire certaines réparations à la toiture de la cathédrale d'Embrun, incendiée au moment de la prise et convertie en temple. Il rendit cette église au culte catholique, mais après seulement que l'archevêque lui eut remboursé les sommes qu'il avait avancées. Cette remise eut lieu le 8 juin 1599, ce qui donne une date certaine à la lettre précédente, qui a été écrite à la fin de mai ou au commencement de juin de cette année.

Montellimar toutes les armes tant à feux que autres, qu'il y peut avoir pour les faire transporter ou bon luy semblera. Déffendons très expressement à toutes personnes de quelle qualité et conditions qu'ils soyent ne luy donner aucun empeschement.

Faict à Grenoble, le cinquiesme d'aoust 1599.

LESDIGUIÈRES.

Par mondit seigneur,

(Sceau.) BRÉMOND.

CCLXXVIII. 1599 — 20 SEPTEMBRE.

Orig. — B. N. MS. F. 15899.

A MONSEIGNEUR, MONSEIGNEUR DE BELLIEVRE, CHANCELIER DE FRANCE.

Monseigneur, l'esperance que ceux de la noblesse de ceste province avoient de recueillir quelque fruict de l'élection que le Roy avoit faicte de Messieurs les presidens d'Illins, de Vic & de moy pour essaier de terminer le different qu'ilz ont avec le tiers estat leur avoit faict differer la poursuitte de leur droict. Mais puisque leurs offres, ni tous les moiens qu'on y a emploié, n'ont peu servir a esmouvoir ce peuple à ce qui est de l'équité, ils ont depesché Monsieur de Bonpar vers sa Majesté avec les pieces nécessaires pour leur production, l'aians toutesfois chargé expressément, Monseigneur, de vous requerir de prester l'oreille à la justice de leur cause et au devoir où ils se sont mis contre plus de trois cens ans de possession pour en sortir. Du jugement despend le repos de ceste province & la seureté d'icelle pour le service du Roy. C'est de vous, Monseigneur, qu'ils attendent la conservation de leur droit dont ils vous seront pour jamais obligez et je demeureray, Monseigneur,

Vostre très humble et obeissant serviteur [1].

LESDIGUIÈRES.

De Grenoble, le XXe septembre 1599.

---

[1] Dans le même volume que la lettre précédente de Lesdiguières on trouve quatre lettres des députés de l'ordre de la noblesse du Dauphiné au chancelier, exposant leurs prétentions; elles sont datées des 19 septembre 1599, 20 mai et 7 juillet 1601 et 7 juin 1602. Ces débats entre les trois ordres du Dauphiné portaient sur la question de savoir si le privilége d'exemption d'impôts attri-

CCLXXIX.   1599 — 15 Novembre.

Orig. — Arch. de M. le Vte de Sallemard, à Peyrins.

[PERMISSION DE CHASSER SUR SES TERRES ACCORDÉE PAR LESDIGUIÈRES AU SIEUR DE LA ROCHE.]

Le seigneur de Lesdiguières, lieutenant général pour le Roy au gouvernement du Dauphiné: nous avons permis et permettons par ces presentes au sieur de la Roche de tirer l'harquebuse à l'ours, au loup et au gibier non deffendu par les ordonnances du Roy, et ce aux terres et mandemens des lieux ou je possède des biens sans qu'il luy soit loisible de se servir pour la chasse du chien couchant que nous avons deffendu très expressement.

Faict à Loriol, le 15 novembre 1599.

Lesdiguières.

Par mondict seigneur,
Brémond.

(Sceau.)

CCLXXX.   1600 — 19 Mai.

Orig. — B. N. MS. F. 23196, n° 25.

AU ROY.

Sire, le subiect du voyage de ce porteur, c'est pour randre tant plus seurement ce pacquet dans lequel sont les advis que j'ay receu d'Italye & du Piedmont contenus dans les billets que vostre Maiesté

---

tué à la noblesse devait être réel ou personnel, c'est-à-dire si certaines terres dites nobles devaient être exemptes de tailles entre quelques mains qu'elles fussent, ou bien si un noble exemptait de plein droit de toute contribution les terres qu'il possédait. Le tiers-état soutenait le premier système, la noblesse le second. Ce différend commença vers le milieu du XVIe siècle et fut terminé sous le règne de Louis XIII par un arrêt du conseil du 31 mai 1634 confirmé par un autre arrêt du 21 octobre 1639, qui proclamaient la réalité de la taille. On trouvera un excellent résumé de ce grand procès dans la *Biographie du Dauphiné*, par M. Rochas, aux mots : de Brosse et Rambaud, tous deux syndics des communautés villageoises et les principaux agents du tiers-état, avec Jacques Amat et quelques autres dont les noms sont moins connus.

pourra voir, et par son retour pour apprandre la forme de vie qu'il vous plairra, Sire, que je tienne après le terme expiré d'avec Monsieur de Sçavoye. L'autre poinct, c'est pour représenter à vostre Magesté qu'ayant esté vostre bon plaisir de m'accorder voz lettres de grâce en faveur du sieur de Saint-Jurs[1], mon nepveu, qu'il vous plaise de m'en donner le fruict & l'effaict à ce que, par un nouveau commandement, la cour de Prouvence se désiste des pressées poursuites qu'on y faict contre ledit sieur de Saint-Jurs, et que la cognoissance de son crime en soit laissée à ce Parlement, en révoquant, s'il vous plaist, le pouvoir que ladicte cour de Provence presuppose d'avoir de vostre part. C'est le seul remède quy me reste, Sire, pour la conservation de ce gentilhomme quy pourra estre sy bien fortuné que de vous rendre quelque bon service, duquel je me rendrey la fidelle caution, de mesme qu'il est véritable que je suys, Sire,

Vostre très humble, très obeissant, très fidelle suget et serviteur.

Lesdiguières.

A Grenoble, ce jeudy, à six heures du soir, XIXe may 1600.

CCLXXXI. 1600 — 8 Juin.

Cop. — Arch. munic. de Briançon. Livre du Roi.

[REQUÊTE DES CONSULS DE BARDONNECHE.]

A Monseigneur, Monseigneur des Diguières, conseiller du Roy en son conseil d'estat privé, cappitaine de cent hommes d'armes de ses ordonnances & son lieutenant general en Daulphiné, supplient très humblement les consuls, manants et habitants de Bardonesche disant qu'ils vous ont presenté une requeste à fin de restitution de sommes par eux despensées pour la construction du fort de Beolar, que d'après vos ordres ils l'ont communiquée au sieur procureur du pays ; que ledict procureur leur a respondu qu'il y seroit pourveu en l'assemblée des villes, que à ceste assemblée on leur a respondu qu'on ne pouvait consentir à aucune estimation ou examen des traveaux du fort. Vous

---

[1] Saint-Jurs était probablement poursuivi pour quelque duel ou quelque assassinat : les poursuites, à la sollicitation de Lesdiguières, furent arrêtées. Six ans après le parlement de Grenoble le décréta de nouveau de prise de corps pour avoir appelé en duel d'Auriac, qui sollicitait contre lui dans un procès qu'il avait contre une de ses parentes. Lesdiguières le sauva encore de ce mauvais pas. Voir une lettre du Parlement au Chancelier du 1er juillet 1606 (B. N. MS. F. 15898).

plaise, sans esgard à ceste responçe, nommer qui vous plaira pour proceder à la visitation du fort pour estre ensuite pourveu au remboursement des suppliants [1].

Veu nostre precedent arret du IIIIe may suivant lequel la requeste des suppliants a esté monstrée au procureur du pays, les repponces par luy faictes le IIIe de ce mois, nous avons, aux fins de la precedente requeste & presente, commis & commettons les sieurs vibaly de Briançon ou procureur du Roy d'Astres & d'Ize, ce que sera signiffié audict procureur du pais affin qu'il n'en pretende cause d'ignorance.

Faict à Grenoble le 8me juin 1600.

LESDIGUIÈRES [2].

CCLXXXII.   1600 — 13 JUIN.

Orig. — B. N. MS. F. 23196, n° 31.

AU ROY.

Sire, la contenance des habitans de la vallée de Barcelonne (qui vous ont esté assuibiectis pendant ces dernières guerres), faict penser qu'ils cherchent les moyens de secouer le joug de l'obéissance qu'ils doivent à vostre Majesté. Il fault qu'ilz y soient poussez de plus hault que de leur propre mouvement, encores que leur prétexte soit de se vouloir exempter du payement de leurs garnisons, qui leur est demandé pour ceste année à la forme de l'estat que vostre Majesté en a faict expédier. Ils ne peuvent en cela avoir occasion de plainte, pour estre quictes à beaucoup meilleur compte que les précéddentes années, aussy feray-ie qu'ilz obéyront, et parce que leurs remuements apportent de l'umbrage, j'ay desia donné ordre à la seurté des places, affin qu'il n'en mésavienne contre vostre service. J'y estois résolu voyant approcher le temps de la résolution du traitté d'entre vostre Majesté et Monsieur de Savoye, mays j'en ay de nouvelles occasions par le bruit qui nous arrive de tous costez, que vous n'aurez point l'effect

---

[1] Cette requête est seulement analysée.

[2] A la suite de cette pièce viennent un procès-verbal de visite faite au fort de Béolar par MM. d'Astres et d'Yse, du 20 juin 1600, et un long mémoire de tous les travaux qui ont été faits dans ce fort, avec l'estimation de chacun; il s'élève à la somme de 5.765 francs trente sols.

que vous attendez de ce traitté. Votre Majesté peut avoir eu des avis plus certains, mays c'est mon devoir de luy donner ceulx cy et d'attendre, comme je fais, ses commandemens. Je prie Dieu, Sire, qu'il conserve vostre Maiesté en toute prospérité.

A Grenoble, ce XIIIe juin 1600.

Vostre très humble, très obeissant, très fidelle suget et serviteur.

LESDIGUIÈRES.

CCLXXXIII.   1600 — 14 JUIN.

Orig. — B. N. MS. F. 23196, n° 32.

A MONSIEUR, MONSIEUR DE VILLEROY, CONSEILLER DU ROY EN SON CONSEIL D'ESTAT ET SECRÉTAIRE DE SES COMMANDEMENTS.

Monsieur, vous avez sceu par les lettres de Monsieur de Berny, & par les miennes les instantes plaintes de ceulx de Barcelonne, que j'avois jusques icy pensé estre faictes pour ne point payer l'entretenement de leurs garnisons, à la forme de l'estat que le Roy en a faict pour ceste année, mays c'est seullement leur prétexte, ayant esté induitz à faire ce refuz pour avoir subiect (ou certes pour le fournir à celluy qui les possedde en affection) de prolonger l'affaire du Marquisat, et après une grande longueur en venir à une rupture, si le temps y est propre. Et de faict les bruitz qui nous viennent de partout, tant de Savoye que de Piedmont, asseurent que le Roy n'aura point le contantement qu'il s'est promis du traitté d'entre luy & Monsieur de Savoye. Ces gens de Barcelonne qui en ont quelque sentiment, se rendent insuportables et ne tendent qu'à une révolte. Ce que j'ay pensé le meilleur en ceste occurrence, ce a esté de bien asseurer les places par un renfort de garnisons, affin que demeurans au Roy, il les rende de sa main, si le traitté a lieu, plus tost que d'avoir ce désavantage de les perdre. J'estime qu'il agréera ceste proceddure qui tend à maintenir l'honneur. J'en escrips à sa Majesté, non si particulièrement qu'à vous, Monsieur, à qui je me remetz pour luy faire tout entendre. Je ne doubte point que vous n'ayez des aviz de tous les costez, et je me pense acquitter de mon devoir en vous donnant ceux-cy, affin que vous y pensiez, comme je vous supplie, de me faire entendre les intentions de sa Majesté. Cependant je me tiendray en ceste mesme desmarche et feray obéyr ces mauvaiz garçons sans oultrepasser la volunté du Roy, portée par son estat. J'auray aussy l'œil ouvert à la conservation de ceste vallée, principal passage de Piedmont, au cas qu'il y fallust aller aultrement que en paix. Je prie Dieu, Monsieur, qu'il vous ayt en sa grâce.

A Grenoble, le XIIII° juin 1600.

Vostre plus humble et plus obéissant serviteur.

LESDIGUIÈRES.

CCLXXXIV.   1600 — 19 JUIN.
Orig. — B. N. MS. F. 23196, n° 33.

AU ROY.

Sire, j'ay bien au long estendu en une lettre que j'escrips à Monsieur de Villeroy toutes les nouvelles et avis que nous avons de Piedmont et Savoye. Le récit qu'il en fera à vostre Maiesté les vous fera juger d'importance à vostre service. C'est pourquoy j'y attens voz commandemens pour y obéyr en m'acquitant de mon devoir pour me maintenir le tiltre, Sire, de

Vostre très humble, très obéissant, très fidelle suget et serviteur.

LESDIGUIÈRES.

A Grenoble, le XIX° juin 1600.

CCLXXXV.   1600 — 19 JUIN.
Orig. — B. N. MS. F. 23196, n° 35.

A MONSIEUR, MONSIEUR DE VILLEROY, CONSEILLER DU ROY EN SON CONSEIL D'ESTAT ET SECRETAIRE DE SES COMMANDEMENTS.

Monsieur, je vous ay ces jours passez donné des nouvelles du remuement de la vallée de Barcelonne, du prétexte d'iceluy, & de l'oppinion que j'en concevois, fondé sur les bruitz & communes apparances. Maintenant je vous envoie la coppie d'une lettre qu'un fidelle serviteur du Roy escript à un aultre de ce même tiltre, tous deux cogneuz et esprouvez de moy, qui y suis nommé par ce que les aviz qui y sont contenuz s'adressent à moy. Voyez-la, s'il vous plaist, Monsieur, et la joingnez à ma préceddente, et vous cognoistrez que cest avec juste raison si je m'umbrage de ces bruitz si pleins d'apparance de vérité, si ce n'est que je me trompe en l'intelligence secrette que peut avoir sa Majesté avec Monsieur de Savoye, chose qui va au-delà de ma cognoissance; mays s'il n'y en a point, je voy nostre voisin préparé aux armes et à des dessins incogneuz, qui seront aussytost exécutez que pensez, car nous n'avons pas un coustean à la main pour l'en empescher. Il ne se parle plus que de ses levées de gens de pied & de cheval, du renfort de ses garnisons, des munitions qu'il fait mettre en ses places, tant de deçà que de delà les montz, ce qu'il fait si ouvertement qu'il semble qu'il veult bien que tous le sachent, & que personne ne l'ignore. Parmy les siens il se dict qu'il veult retenir et plustost se faire ensévelir dedans son usurpation que de la rendre, comme il a promis au Roy, de sorte que nous voylà (ce semble) portez à la guerre, et en ceste certaine incertitude je me voy privé de tous moyens de parer un coup de surprinse tel qu'il le peut tirer quand il vouldra. Toutes nos garnisons sont petites et plustost propres à porter leur nom que à rendre l'effect à la conservation des places. C'este-cy qui est la principalle de la province est à moityé ouverte. Le fort de Barraulx formé d'une seulle pallissade et de terrains tout esboullez, gardé par deux cens hommes, qui en disent cent cinquante, au lieu qu'il y en fauldroit troys cens pour seullement le garder de surprinse. Ce sont les avantages qu'on a sur nous en ce quartier, mays quant à ce qui est du costé dont la coppie de lettre fait mention, croyez, Monsieur, que si Monsieur de Savoye veult, il peut entrer en la vallée de Pragèla, de là prendre sans grand effort la ville de Briançon, enfermer derrière luy le chasteau d'Exilles, s'en rendre le maistre, attendre toutes les forces du Roy en des passages estroitz, les garder de passer, quant il n'auroit que six mil hommes de pied, & par ce moyen faire perdre à sa Majesté les meilleurs & plus asseurez passages qu'elle ayt pour aller en Piedmont. Or cependant que ce prince se prépare, nous sommes habillez en gens de paix, & à la veille de voir un de ces jours ignominieusement perdre une bonne partye de ce gouvernement, sans espoir de résistance; je vous en escrips ainsy particulièrement, Monsieur, affin qu'il vous plaise faire tout entendre au Roy pour ma descharge, et que j'aye bientost ses commandemens sur ma forme de vivre. Faictes-les moy donner, je vous supplie; car après ce devoir que je rens à sa Majesté par vostre moyen, j'estime que rien de sinistre ne me pourra estre imputé. La lettre que j'escrips au Roy, se rapporte à ce que vous luy direz de la substance de ceste-cy; sur laquelle je seray attendant la volonté de sa Majesté & voz prudens aviz; mays je les désire tost pour y obtempérer et servir comme je doibs; car il me seroit fascheux de me laisser surprendre à la maison au préjudice de son service & de ma réputatation. Je prie Dieu, Monsieur, qu'il vous ayt en sa grâce.

A Grenoble, le XIXe juin 1600.

Vostre plus humble et plus obéissant serviteur.

LESDIGUIÈRES.

Monsieur, faites-moy tant de grâce que de commander à quelqu'un des vostres de faire rendre le pacquet que j'adresse à Monsieur de Créquy, et permettre qu'il vous parle du subiect de ceste despêche pour en avoir la responce.

CCLXXXVI. 1600 — 25 JUIN.

Orig. — Arch. de M. le Vte de Sallemard, à Peyrins.

A MONSIEUR, MONSIEUR DE LA ROCHE.

Monsieur, c'est choses asseurée que le Roy arrivera dedans peu de temps à Lyon, et que tost après sa desliberation est de venir en ceste province où il veut voyr sa noblesse de laquelle il a tousjours faist estat, autant que d'aucune qui luy ait rendu service. Je m'asseure que vous ne voudrez faillir de vous trouver en ceste occasion, qui regarde nonseulement l'acquit de vostre devoir, mais l'affermissement de vos privilléges, ainsy que l'a jugé l'assemblée de vostre ordre dernièrement faicte en ceste ville. Disposez-vous donc, je vous supplie à ceste honorable action et vous tenez prest au premier advis qui vous en sera donné. Priant Dieu, Monsieur, qui vous conserve,

Vostre bien humble pour vous fere service.

LESDIGUIÈRES.

A Grenoble, ce XXVe juing 1600.

CCLXXXVII.   1600 — 7 Juillet.

Orig. — B. N. MS. F. 23196, n° 38.

AU ROY.

Sire, si à l'arrivée de vostre Maiesté à Lyon, elle se laisse vincre aux persuasions de ces Messieurs du Lyonnois, je ne doubte point qu'elle ne jette en ce Daulphiné, le régiment de ses gardes et toute la foulle que la Cour peut apporter. Permettez, Sire, que j'oppose à ce dessin la misère de ce pays qui vous est aussy cogneue que son affection, et le devoir qu'il a tousiours (par dessus ses forces) rendu aux occurrences de vostre service. Ceulx qui luy pourchasseront ce desplaisir se sceurent bien exempter, contre vostre commandement, de la levée de deux régimens pour la dernière guerre de Savoye, en ayant rejetté la despence sur ce pays qui porta l'entière foulle de vostre infanterie, et davantage, considérez, Sire, que avenant rupture entre vous et Monsieur de Savoye, il fauldra que ceste province, comme plus proche voisine, soustienne le premier effort de la despence. Ce que je représente à vostre Majesté pour fortiffier la très humble prière que je luy fais d'exempter ce pays des frais de vostre abord, et les jetter sur ceulx qui les peuvent bien myeulx porter. Il subsistera par le moyen d'une telle gratification, et se préparera à vous randre son service lorsqu'il vous sera nécessaire. Et cependant je demeureray, Sire,
  Vostre très humble, très obeissant, très fidelle serviteur et suget.

LESDIGUIÈRES.

A Grenoble, le VIIe juillet 1600.

Sire, le sieur Basset est depputé par ce pays pour la poursuitte de l'effect de la très humble requeste qui est faicte par la présente, appuyée des raisons qu'il saura bien desduire à vostre Maiesté, si elle l'a agréable.

CCLXXXVIII.   1600 — 10 Juillet.
Orig. — Arch. de M. le Vte de Sallemard, à Peyrins.

[A MONSIEUR DE LA ROCHE.]

Monsieur de la Roche, je vous prie de faire bien surement tenir ma lettre à Monsieur de la Coronne et au plus tot que vous pourres en retirer reponse pour me la faire tenir incontinent après; ce que me promettant, je demeureray certainement, Monsieur de la Roche,
Vostre bien humble pour vous servir,

LESDIGUIÈRES.

Je vous recommande ceste lettre et moi à vos bonnes grâces.
Le 10e juillet 1600, à Vizille.

CCLXXXIX.   1600 — 11 Juillet.
Orig. — Arch. munic. de Serres.
Imprimé : *Les Guerres de religion et la Société protestante*, par M. Charronet. Gap, 1861, p. 250.

[A MESSIEURS LES CONSULS ET HABITANTS DE SERRES]

Messieurs les Consuls de Serres, j'ai seu que aucuns de vos habitans empeschent le paiement du ministre estably en l'église de Serres pour la presente année, sans dire aucune raison par laquelle on puisse cognoistre qu'ils soient bien fondés sur ce refus. Quy est cause que je vous fais celle-cy pour dire que vous ne manquiez de proceder à la péréquation des états & gages dudict ministre pour la presente année en la mesme forme que vous aviez accoustume sans qu'il y ayt aucune faute, et lorsque nous pourrons avec Messieurs les Commissaires nous acheminer aux montagnes pour proceder à l'exécution de l'édit, nous pourrons tout regler en sorte que nul n'aura sujet de plainte. Cependant, que ledict ministre soit promptement payé de la portion de cette année et s'il y a quelqu'un qui fasse difficulté à payer sa quote part de ladite cotisation, contraignez le par toutes voies en tel cas requises sans aucune difficulté, car tel est le reglement qui s'observe par tous les endroits où l'édit n'a point encore été exécuté.

LESDIGUIÈRES.

A Grenoble, le 11 juillet 1600.

CCXC.   1600 — 23 Juillet.
Cop. — Arch. munic. de Gap. Registre du conseil général.

[A MESSIEURS LES CONSULS ET HABITANTS DE GAP.]

Messieurs les Consuls de Gap, ayant le Roy mis en la sa resollution de dresser son armée pour la guerre estrangere, il a vollu que la levée d'une bonne partie de gens de guerre se fist en ceste province, en suicte de quoy vous avez esté donnés en despartement à nostre delegué pour la levée d'une compagnie de deux cents hommes de pied, lesquels vous recepvrez et leur fournirez logement et utencilles necesseres jusqu'au huictiesme du mois prochain, ensamble des vivres lesquels vous seront payés par les cappitaines au taux quy sera convenu entre heux et vous. Et m'asseurant que vous ne voudrez manquer à cella, puisqu'il y va du service du Roy, je serai entièrement, Messieurs les Consuls de la ville de Gap,

Vostre très humble voisin à vous servir.

LESDIGUIÈRES.

A Grenoble, le 23 juillet 1600.

CCXCI.   1600 — 25 Juillet.
Cop. — Arch. munic. de Romans. Registre des délibérations.

[A MESSIEURS LES CONSULS DE ROMANS.]

Messieurs les Consuls de Romans, ayant le Roy mys en deliberation de dresser son armée pour la guerre estrangiere, il a voulu que la levée d'une bonne partie se fist en ceste province. Il me semble que je ne sçaurois loger dans vostre ville personne de qui vous soyez plus favorablement traictés et sans desordre que les sieurs de Verdun et de Rozan, vos proches voisins, auxquels il a esté ordonné au chascung d'eulx une compagnie de deux cents hommes de pied, que vous recepvrez et leur fournirez les logis et utencilles necessaires jusques au huictiesme du moys prochain, ensemble des vivres au taux que sera resolu entre eux et vous lesquels vous seront payés par les cappitaines. Et n'estant ceste à aultres fins, je demeure, Messieurs les Consuls de Romans,

Vostre humble amy à vous servir.

LESDIGUIÈRES.

Ce XXVe juillet 1600, à Grenoble.

CCXCII. 1600 — 27 Juillet.

Orig. — Arch. de M. le Vte de Sallemard, à Peyrins.

AUX CONSULS DE DONZERE, CHATEAUNEUF DE ROSNE ET RAT,
ANCONNE ET SAVACE.

Consuls des lieux de Donzere, Chateauneuf de Rosne & Rat, Anconne & Savasse, ayant le Roy mis en desliberation de dresser son armée pour la guerre estrangere, il a voullu que la levée d'une bonne partie de gens de guerre se fist en ceste province ; vous avez donc estés donnés en despartement au sieur de la Roche pour la levée d'une compagnie de deux cents hommes de pied ; lesquels vous recevrez dans vos lieux & leur fornirez les logis et uttencilles necessaires jusques au huictiesme du moys prochain, ensemble des vivres, lesquels vous seront payés par les cappitaines au taux qui sera convenu entre eux & vous. Et m'asseurant que vous ne voudrez manquer à cella puysqu'il y va du service du Roy, je seray entièrement,

 Vostre bon amy.

            LESDIGUIÈRES.

A Grenoble, le XXVIIe juillet 1600.

CCXCIII. 1600 — 27 Juillet.

Cop. — B. N. MS. F. 23196, n° 46.

AU ROY.

Sire, les depputez de ce pays de Daulphiné estoient prestz à partir d'icy, à mon arrivée, pour vous aller rendre leur devoir ; mays je les ay retenus soubz l'asseurance de vostre voyage en ceste ville, où vostre Majesté viendra prendre leurs vœux et les aura autant agréables que s'ilz les vous portoient plus loing. Cependant il n'y a celuy d'entre eulx qui n'apporte ce qu'il doibt à vostre service, aux occasions sur lesquelles il vous a pleu me donner voz commandemens, et l'exécution d'iceulx me fera mériter le nom, Sire, de

 Vostre très humble, très obeissant, très fidelle suget et serviteur.

            LESDIGUIÈRES.

A Grenoble, le XXVIIe juillet 1600.

CCXCIV.   1600 — 6 Aout.

Orig. — Bibl. de Grenoble. Documents originaux sur le Dauphiné. Vol. 8, n° 13.

[A MONSIEUR DE BEEGUE]

Monsieur, le Roy m'a commandé de vous advertir qu'il se veut servir de vous en quelque occasion importante au bien de son service, & partant il est nécessaire que vous vous rendiez en ceste ville le XIIe du present avec voz chevaux, armes et equipaige où vous aprendrez de la bouche de sa Majesté mesmes ce que vous aurez à faire. Et encores que vous n'ayez de bons chevaux, il suffira d'estre montez sur des courtauds assez forts pour vous porter là où il sera besoing, & m'asseurant que vous ne voudrez faillir à cella, je demeureray, Monsieur,

Vostre bien humble pour vous fere service.

LESDIGUIÈRES.

A Grenoble, le VI aoust 1600.

CCXCV.   1600 — 6 Aout.

Orig. — Arch. de M. le Vte de Sallemard, à Peyrins.

COMMISSION POUR MONSIEUR DE LA ROCHE.

Le seigneur de Lesdiguières, lieutenant général pour le Roy au gouvernement de Daulphiné : est mandé et très expressement commandé aux consuls et habitans des lieux où passera le sieur de la Roche avec sa compagnie venant de Donzere à Grenoble, de luy fournir et administrer logis et vivres pour la couchée, et en passant tant seullement, en payant au taux de Messieurs du pays, à peine de desobeissance, attandu que le service du Roy le requiert ainsy.

Faict à Lyon, le sixiesme jour d'aoust mil six cens.

LESDIGUIÈRES.

CCXCVI.   1600 — DU 7 AU 11 AOUT.

Orig. — Arch. de M. de Monts, à la Côte-Saint-André.

A MONSIEUR, MONSIEUR D'ARMANAIS.

Monsieur, le Roy m'a commandé de vous advertir qu'il se veut servir de vous en quelque occasion importante au bien de ses affaires. Et partant il est necessaire que vous vous rendiez en ceste ville le 12 du present avec vos chevaulx, armes et équipaige, où vous apprendrez de la bouche de sa Majesté mesmes ce que vous aurez à faire. Et encores que vous n'ayez des bons chevaulx, il suffit d'estre montéz sur des courtauds assez forts pour vous porter là où il sera besoing. Et m'asseurant que vous n'y voudrez faillir, je demeureray, Monsieur,
   Vostre bien humble pour vous faire service.

LESDIGUIÈRES[1].

CCXCVII.   1600 — 18 AOUT.

Cop. — Arch. munic. de Briançon. Livre du Roi.

[COMMISSION DONNÉE AU PROCUREUR DU ROY A BRIANÇON DE VISITER LE CHASTEAU D'EXILLES.]

Le seigneur de Lesdiguières, lieutenant général pour le Roy au gouvernement du Daulphiné : nous avons commis & commettons par ses presentes le sieur Procureur du Roy au siege de Briançon pour se transporter au chasteau d'Exilles, et apprès avoir bien particulièrement visité les fortifflcations, cisternes, magasins & aultres lieux y estans, en dresser un procès-verbal & y speciffier bien au long les deffauts & manquements qu'il y pourra reconnoistre, pour en apprès nous envoyer le resultat affin d'en donner advis au Roy pour y pourvoir; mandant au sieur de Rozans luy donner en l'execution de la

---

[1] Lesdiguières alla trouver le Roi à Lyon le 6 août et revint à Grenoble le 14 : aussitôt les hostilités commencèrent avec le duc de Savoie. Donc cette lettre, écrite avant le début de la guerre, d'une ville où Lesdiguières se trouvait avec le Roi, ne peut avoir été écrite que de Lyon du 7 au 11 août.

presente commission toutte la faveur & adcistance quy luy sera necessaire.

Faict au camp devant Montmélian, le dix huict aoust mil six cents.

LESDIGUIÈRES.
Par mondict seigneur,
BRÉMOND [1].

CCXCVIII.   1600 — 24 AOUT.
Orig. — Arch. de M. le Vte de Sallemard, à Peyrins.

[A MONSIEUR DESCURES.]

Monsieur Descures, fournissez à cinquante soldats que Monsieur de la Roche a icy, cent pains pour le jour d'hyer & autant pour aujourd'huy XXIIIIe aoust 1600 [2].

LESDIGUIÈRES.

A luy delivré, fault prendre quitance de luy.

CCXCIX.   1600 —   OCTOBRE [3].
Imprimé : *Histoire de la vie du Connestable de Lesdiguières*, par L. Videl. Paris, 1638, p. 213.

AVIS AU ROY SUR LE TRAICTÉ DE PAIX DE SAVOYE.

Encore qu'un soldat, nourry dans le continuel exercice des armes, n'ait pas la suffisance et la capacité qui est nécessaire, pour traiter d'une affaire si importante, que celle qui se présente aujourd'huy, et surtout avec des personnes consommées de longue main aux grandes

---

[1] Suit le procès-verbal de la visite faite au château d'Exilles le 23 août par François Olivet, avocat consistorial et procureur du Roi à Briançon.

[2] Ce billet est écrit du camp de Montmélian, où se trouvait encore Lesdiguières à cette époque.

[3] Les conférences qui précédèrent le traité de Lyon durèrent pendant tout le mois d'octobre et le traité ne fut signé que le 7 janvier 1601. Cet avis date donc probablement du mois d'octobre, début des conférences.

La principale raison qui portait Lesdiguières à conseiller au Roi de ne pas céder au duc de Savoie le marquisat de Saluces était que cette contrée devant être annexée au Dauphiné, la lieutenance de cette province dont il était investi en deviendrait plus considérable. Voici comment s'exprime l'ambassadeur de Venise à ce sujet :
« On croit généralement que Lesdiguières, comme
« intéressé dans la question, parce que toutes les
« acquisitions faites en Savoie par sa Majesté
« demeureront réunies à son gouvernement de
« Dauphiné, et pour d'autres motifs encore, ne
« voit pas avec grand plaisir l'avénement de la paix

affaires, comme Messieurs du conseil; neantmoins pour obeyr aux commandements qu'il a pleu au Roy me faire, de lui donner mon avis en cette occurrence, ne pouvant m'en acquitter de bouche, j'ay pris la liberté de le mettre par escrit, avec protestation que je fais à ces Messieurs de le soumettre tout entier à leurs sentimens. Je diray donc qu'il me semble, qu'en tous les traittez, et en ceux principalement, qui se font entre des souverains, l'on doit avoir un singulier égard à l'honneur, à la dignité et à la reputation tant des choses que des personnes, afin que la fraude et l'artifice, ne prévalent sur la vérité, ne surprennent le plus franc des contractans, et n'imposent la loy au mieux fondé, en le privant de son droit, et le faisant céder à celuy qui en a le moins, ou qui bien souvent n'en a point du tout. Ces précautions me semblent d'autant plus necessaires aujourd'huy, que l'on a affaire avec des gens qui, en la pluspart des traittés fait avec les Roys de France, les ont circonvenus, trompez et lesez, soit par fausses interprétations données à leurs paroles ambigues, soit par des conditions dangereuses, soit par tromperies manifestes et par perfidie ouverte; de quoy il n'y a que trop de preuves dans les historiens tant Italiens que François, comme aussi dans les registres de la Chambre des Comptes de Dauphiné, notamment de nostre siècle, aux traittés de Cambray, Fussan, Carignan, etc. C'est pourquoy il faut aller grandement retenu, en l'eschange proposé, du marquisat de Salusses avec la Bresse, et bien considérer si ce que le duc de Savoye offre de sa part, vaut et est équipollent à ce qu'il détient; ce que je n'estime pas, voyant au contraire, qu'il ne donne aucune chose qui puisse aller du pair avec le Marquisat, dont la seule ville de Carmagnoles rapporte plus de commodité au duc que le Roy n'en retirera de ce qu'on luy offre. Car il faut sçavoir que ceste ville, qui est dans le milieu du Piedmont, est fort opulente, et d'un grand revenu comme y ayant les plus riches bourgeois et les meilleurs marchands qui

« et qu'il fera encore son possible pour l'empê-
« cher, bien qu'en apparence il semble la dési-
« rer..... (Lyon, 6 janvier 1601.) Marius CAVALLI. »
La plupart des lettres de Lesdiguières qui vont suivre démontrent combien était judicieuse à cet égard l'opinion de ce diplomate. L'avis de Lesdiguières était cependant partagé par des personnages éminents, entre autres par le président Jeannin. On trouve dans les *Mémoires et Correspondances de Duplessis-Mornay* (t. IX, p. 302), sous le titre d'*Avis donné au feu Roy sur la réduction du marquisat de Saluces occupé par M. le duc de Savoie*, un mémoire de ce personnage concluant dans le même sens que Lesdiguières par des raisons différentes.

soient jusques à Gennes avec les plus beaux marchez d'Italie, et y estant les fondigues [1] ou magasins du Piedmont. De plus il y a une église collégiale, qui a des dignités et des bénéfices de notable revenu, et à une lieue près, l'abbaye de Caseneuve, valant trente mille livres de rente. Outre ce, le revenu domanial vaut près de huit mille escus, et vaudroit au double et au triple, si l'on vouloit hausser les peages, daces [2] et gabelles, à l'instar de celles du Duc, comme il fera s'il luy demeure : joint à celà, les emprunts donatifs, et autres deniers extraordinaires qu'il a pris depuis l'usurpation, lesquels se trouveront monter à plus de deux cens mille escus par an. Or tout cela soit dit pour faire voir la valeur de la seule ville de Carmagnole, et qu'il y a une notable inégalité en ce qui est offert par le Duc. D'ailleurs, il n'y a point de doute, que son dessein et celuy des Espagnols, qui le portent à faire cet échange, est principalement de resserrer le Roy deçà les monts, et le priver de ses anciens droits et amis en Italie. A quoy sa Majesté ne pourra se dedire de renoncer entièrement, acceptant ce party.

Or, pour faire quelque ouverture pleine de raison il faut premièrement poser en fait, que le Roy est vrai seigneur et maistre tant du marquisat de Salusses, que de trente-six ou quarante villes ou villages, que le Duc luy occupe d'ailleurs en Piedmont; entre lesquelles les principales sont : Cavours, Cony, Fossan, Savillan, Busque, Mondevis et quelques autres. Secondement, qu'il a pareil droit sur Pignerol, Nice, Ast, Barcelone, Querasc et autres terres mentionnées aux remonstrances sur ce faites, par feuz Messieurs le duc de Nevers et Mareschal de Bourdillon, outre les adjudications faites au Roy François premier, sur le duché de Savoye et terres dépendantes de Bresse. Par ainsi, il faudroit que le Duc remît au Roy, la Savoye avec la Bresse, s'il n'ayme mieux luy rendre ce qu'il détient en Piedmont, avec le Marquisat et encore ne luy rendroit-il pas suffisamment à proportion de ce qu'il occupe. Je laisse à part le préjudice que fait à la reputation de sa Majesté et de ses predecesseurs cette injuste détention. Que s'il plaist au Roy par sa grande bonté, se contenter de moins, il semble que le duc luy pourroit remettre Salusses, Ravel, Versol, Dronier, Cental, Demont, Roque-Esparvieres et autres terres

---

[1] Fon leca : entrepôt.   [2] Impôt, tribut.

et vallées de ce costé là, avec celles de Savillan, Mondévis et autres jà nommées; ensemble le vicariat de Barcelonne, avec les contez de Lucerne, Sainct-Martin et Valperouse, desquelles aussi bien le Duc n'est pas maistre absolu, à cause de la religion dont elles font profession. En contreschange, le Roy pourroit laisser au Duc, Carmagnole, Caseneuve, Tarnavas, Isabelle, Valfeniere, Bauduc, Doliane, Chisson, Lecq, Rondin, Castillon, Bonvesin et Montbarquier, qui sont de bons et beaux lieux, enclavez dans les terres du Duc et partant à sa bienseance. D'ailleurs, Montbarquier est l'une des places fortes et des meilleures assiettes de ville de tout le Piedmont, comme il fut bien reconnu et escrit par le feu sieur Ludovic de Birague au Roy Charles IX, qui luy commanda de le faire fortifier, mais ledit sieur fut surpris de mort, sur le point de commencer cet ouvrage. Un autre party pourroit estre fait, que le Duc remît à sa Majesté, les terres qui sont du costé de Dauphiné, commençant par Pignerol, inclusivement, puis suivant jusques à Savillan et Cony, les bornant par les rivières de Gers et Sture, jusques à Demont, avec le vicariat de Barcelone, qui sont toutes terres contigues, et qui appartiennent vrayment au Roy par droit ancien, à luy adjugez avec ledit Marquisat, et par contreschange sa Majesté pourroit quitter et remettre Carmagnole, Nice, Fossan, Querasc et autres terres à luy adjugées comme il est dit, et neantmoins injustement occupées. Tant y a, que pour faire un traitté de durée, par eschange, restitution ou autrement, j'estime qu'il faut avoir les précautions que j'ay touchées au commencement de ce discours et consulter pour le surplus, non des personnes qui en parlent par ouy dire, mais qui ont curieusement et à fonds estudié cette matière et examine les titres de l'un et de l'autre prince. En quoy je trouve que Monsieur d'Illins, premier président au Parlement de cette province, s'est acquis une profonde connoissance et mérite bien d'estre ouy de sa Majesté. Quant à moy, je reviens à la protestation que j'ay faite au commencement, qu'il n'appartient pas à un soldat de parler de ces matières devant des personnages si capables comme Messieurs du Conseil de sa Majesté, pour obeyr aux commandemens de laquelle j'ay mis ces expediens par escrit, les soumettant à son bon plaisir, et ne voulant en cela que luy rendre un témoignage de mon obeyssance très humble.

LESDIGUIÈRES.

CCC. 1600 — 20 Novembre.

Orig. — A M. le Cte de Galbert, à Grenoble.

[PATENTES ET DECLARATIONS POUR LE SIEUR JEAN DE LA TOUR DE PASQUIERS.]

Le seigneur de Lesdiguières, lieutenant général pour le Roy au gouvernement de Dauphiné, ... Nous ayant esté remonstré par noble Jean de la Tour de Pacquiers le temps qu'il a employé à servir le Roy en ceste armée, pendant qu'elle a esté occupée au siége de Briançon et de Saint-Jacquemon, et autres occasions qui se sont présentées pour le bien des affaires de sa Majesté en ce pays de Savoye, et la despence qu'il a faite pendant ce temps-là, ne pouvant plus continuer pour estre esloigné de son pays, ni par conséquent rendre sesdits services comme il a faict jusques icy ; nous, pour ces causes et autres considérations, lui avons permis et permettons de se retirer en sa maison avec ses chevaulx et équipages ; partant prions tous justiciers et officiers de sa Majesté et autres qu'il appartiendra le faire plainement et paisiblement jouyr du béneffice de ce congé, nonobstant tous arretz à ce contraire, attendu la qualité de sesdits services.

Fait à Mostiers, le vingtième novembre mil six centz.

LESDIGUIÈRES.
Par mondit seigneur,
BRÉMOND.

CCCI. 1600 — 18 Décembre.

Orig. — B. N. MS. F. 20539, p. 72.

A MONSIEUR, MONSIEUR D'ELBENE.

Monsieur, ce porteur que vous aviez despéché pour le payement de vostre raçon vous dira ce qui l'a arresté de le faire, en quoy vous recognoistrez la delicatesse de ceulx qui ne veullent prendre vostre argent que à l'ordonnance du Roy. C'est à mon aviz par ce qu'ils savent que vous estes son serviteur et tenu à l'observation de ses éedicts. Vous prendrez la dessus telle resolution qu'il vous plairra m'offrant de vous servir en ceste occasion & par tout où je vous pourray faire paroistre que je suis, Monsieur,

Vostre bien humble pour vous fere service.

LESDIGUIÈRES.

A Moustiers, le XVIIIe decembre 1600.

CCCII. 1601 — 27 JANVIER.

Orig. — Arch. de M. le Vte de Sallemard, à Peyrins.

A MESSIEURS, MESSIEURS DE LA ROCHE ET AUTRES CAPPITAINES COMMANDANTS LES COMPAIGNIES DESPARTIES A AIX ET ROMMILLY.

Messieurs, vous verrez le décret que j'ay rendu sur la requeste de ceulx de Roumilly sur le faict de l'establissement des nourritures des compaignies du regiment de Monsieur de Crequy logées en leur lieu. Je vous prie qu'il ne soit point oultrepassé mays bien soingneusement observé, affin que toutes plaintes cessent, car je ne m'en pourroys adresser que à vous et à ceulx qui ont pareille charge que vous ausdictes compaignies. Priant Dieu, Messieurs, qu'il vous ayt en sa grâce,

Vostre bien humble.

LESDIGUIÈRES.

A Grenoble, le XXVIIe janvier 1601.

CCCIII. 1601 — 28 JANVIER.

Autog. — B. N. MS. F. 3578, p. 83.

A MONSEIGNEUR, MONSEIGNEUR LE DUC DE MONTMORANCY, PAIR ET CONESTABLE DE FRANCE.

Monseigneur, tout à ceste heure i'ai receu l'honneur de la vostre à laquelle ie respondrei pour vous dire que le sieur de Verdoin s'en va vers vous pour vous randre comte de ce qui se passe à Saint-Genis et recepvoir voz commandemants. Il est muni de bons titres et lettres pour vous fere cognoistre que nos actions sont nettes et rezonables. Pour ce qui reguarde le reste de la Savoye, il y a le regimant de Navarre qui est à Chambery, celluy de Chambaud aus faubourgs, et celluy de Crequi à Momellan, Conflans, Aix, Romilly, Aierme et Saint-Pierre d'Albigni, ausquels le Roy fet doner le pain, et le païs une livre de chair et ung pot de vin pour soldat. C'est l'ordre qui y est establý pendant que le Roy a esté à Lyon. Le moyen pour y remedier c'est de les congédier, et fere fere montre ; mais c'est à vous, Monseigneur, de me le commander et iuger cy cella se doibt pour le bien du service du Roy ; car de tous costés nous avons advis que les ennemis accroissent leurs troupes et qu'ils ne font nul etat de les licentier, avec beaucoup d'autres lenguages qui tendent plus tost à la guerre qu'à la paix. C'est ce que ie vous doibs dire affin qu'il vous pleze y aporter vostre sage menagemant et me comander voz vollontés, lesquelles ie suivray de point en point sans y rien obmettre. Il y a de puis [1] six compaignies de cavallerie qui sont du costé de Tonnon et aus environs, lesquelles vivent et ils appellent cella rations ; mais de desordre ie ne crois pas qu'ils en facent. S'il est au contrere qu'ils soint bien chatties. Sur ceux il vous plerra aussi me donner voz commademens lesquels seront suivis sans faulte. Vous avez aussi les guarnisons de tout ce pais qui demandent leur paiement du moys de janvier et le moyen de vivre le moys de février, qui est chose très necessere affin d'eviter les plaintes lesquelles ils font, mais c'est à eus de les fere cesser si me semble, en paiant ce qu'ils ont promis pour les guarnizons et prouvoiant pour l'advenir et aussi en ratifiant le tretté fet entre sa Magesté et Monsieur le Légat, lequel ils veullent altérer, s'il fault croire les advis qu'on en a de tous costés. Sur le tout i'atans l'honneur de voz commademants ausquels ie randrei toute ma vie très prompte obeissance et telle que vous iugerez et cognoistrez, Monseigneur, que ie suis,

Vostre très humble et tres obeissant serviteur.

LESDIGUIÈRES.

A Grenoble, le XXVIIIe janvier 1601, à midy.

---

[1] Lesdiguières a probablement voulu écrire : de plus.

CCCIV.   1601 — 31 Janvier.

Orig. — Arch. de M. le Vte de Sallemard, à Peyrins.

A MESSIEURS, MESSIEURS DE REYNIER ET DE LA ROCHE.

Monsieur, ceste cy sera commune à vous et à Monsieur de la Roche pour vous dire que j'ay tousjours creu que vous observeryez pour vos vivres les reglemens qui vous ont esté baillez et mesmes le décret que je fis dernièrement expedyer à ceux de Romily, au prejudice duquel et sans aucune consideration vos gens se licencyent à faire des desordres notamment sur les terres de Monsieur le comte de la Forestz. Vous sçavez que mon humeur est de hayr ces insolences et ceux qui les font aussi, especialement quant elles sont faites à des personnes que j'honnore comme ce gentilhomme là; par ainsi donnez y ordre et ne souffrez point que ces plaintes m'arrivent, car j'en reçois tant du desplaisir que si vous le sçavyez vous les previendriez en toute façon. Vous exortant aussi de faire reparer ce qui a esté fait et m'advertir qui sont ceux qui se sont donnez ceste licence pour en faire faire le chastiement. Je me prometz que vous tiendrez la main à l'observation des reiglemens qui vous ont esté prescriptz et ce sera m'augmenter de tant plus la volonté que j'ay de demeurer, Monsieur,

    Vostre humble allié [1] pour vous fere service.

                            LESDIGUIÈRES.

Je vous prie, ayez ce fait en recommandation si vous m'aimez.
Ce XXXIe janvier, à Grenoble.

---

[1] David de Reynier avait épousé Anne de Martin de Champoléon, belle-sœur de Madelaine de Bonne-Prabaud, femme de Charles Martin de Champoléon. En outre Anne de Martin était fille de Madelaine de Bérenger du Gua, sœur de la femme de Lesdiguières, qui avait ainsi une double alliance avec David de Reynier.

CCCV. 1601 — 1ᵉʳ Février.

Autog. — B. N. MS. F. 3590, p. 55.

A MONSEIGNEUR, MONSEIGNEUR LE DUC DE MONTMORANCY, PAIR ET CONESTABLE DE FRANCE.

Monseigneur, je vous despeche ce courrier exprès pour recepvoir l'honneur de vos commandemants sur les afferes de Scavoye et comme il vous plet que ie me conduize pour les regimants de Crequi et de Chambaut et aussi pour les compagnies de gens à cheval. S'il est necessere de les reformer, encores il fault prevoir à tout entieremant pour le moys de febvrier, car aultremant vous aures de grandes pleintes. Si vous avez advis qu'il y aye quelque advacemant et asseurance de la ratification du tretté et qu'il vous pleze me commader de licentier le regimant de Chambaud et une partie des gens de cheval, ie m'acheminerai tout aussi tost à Chambery pour ce fere, et de celluy de Crequi nous nous en servirons pour la conservation de Chambery et aultres places où les guarnizons sont fort retranchées; aultremant il n'en seroit pas seur, car sans doubte les peuples feront quelque revolte voyant l'armée du Roy licentiée et celle de Monsieur de Scavoye sus pied et qui grossit tous les iours et en laquelle ne se parle que de guerre. Il y a aussi les guarnizons, lesquelles attandent le paiemant du moys de janvier; et pour celluy où nous entrons il vous plerra aussi m'ordoner comme ie m'y doibts conduire, estant très necessere d'y prouvoir pour eviter le desordre, aussi certes les soldats n'y peuvent vivre sans paiemant ou vivres qu'ils apellent rations. Sur le tout ie vous suplie m'ordoner vos vollontés. On travalle fort à sortir les munitions de Monmellan, mais ie crains de trop hâter la besogne. C'est tout ce que ie vous puis dire, sinon prier Dieu, Monseigneur, qu'il vous tienne en sa sainte guarde. C'est de Grenoble le premier febvrier 1601.

Vostre très humble et très obeyssant serviteur.

Lesdiguières.

CCCVI.   1601 — 2 Février.

Autog. — B. N. MS. F. 3592, p. 13.

A MONSEIGNEUR, MONSEIGNEUR LE DUC DE MONTMORANCY, PAIR ET CONESTABLE DE FRANCE.

Monseigneur, aussi tost que ie suis arrivé en ceste ville ie vous ay depeché le sieur de Revol avec des memoires bien amples de tout ce qui est nesessaire pour le service du Roy et pour prouvoir aus pleintes des gens de guerre et à celles du peuple, par l'ordre qui y sera establi ainsi qu'il vous plerra ordonner. J'en attendrei donc voz commandemants lesquels ie vous suplie me departir aussi tost par le ranvoy de ce gentilhome. Lequel attandant ie prie Dieu, Monseigneur, qu'il vous tienne en sa saincte guarde. C'est de Chambery le IIe febvrier 1601.

Vostre très humble et très obeissant serviteur.

LESDIGUIÈRES.

CCCVII.   1601 — 5 Février.

Autog. — B. N. MS. F. 3607, p. 25.

A MONSEIGNEUR, MONSEIGNEUR LE DUC DE MONTMORANCY, PAIR ET CONESTABLE DE FRANCE.

Monseigneur, j'ay eu l'honneur de recepvoir la vostre après le partemant du courrier que ie vous ay dépéché, par laquelle ie vois les pleintes qu'on fet de la gendarmerie qui est au Chablés. Sur quoy ie vous suplierei très-humblemant qu'il vous pleze de commander celluy qu'il vous plerra pour aller sur les lieus, scavoir au vray ce qu'en est, et s'il se trouve que les gendarmes aient exédé l'ordre qui leur a esté donné, qu'ils soint chattiés sans remission. J'ay bien sceu que ceulx qui prenent ung escu par iour ne prenent aultre chose quelle que ce soit, ce n'est pas trop, si me semble, que de nourrir le mettre, le palafenier et le laqueis avec trois chevaus, mais si avec cella ils se font nourrir ils meritent rude chatimant. S'il vous plet,

Monseigneur, d'en voulloir scavoir la vérité, ie cuide que vous trouverez que ceulx qui font la pleinte sont ceulx qui font le desordre par la foulle qu'ils donnent à ce peuple duquel on a tiré de grands deniers et continuent à ce qu'on dict. Ie m'en remets à la verité, laquelle vous sera cogneue par le moyen ci dessus. J'attendrei le retour du courrier pour sçavoir comme i'ay à me conduire pour le congediemant des regimants, entretien des guarnizons pour le moys passé et prezant, à quoy est necessere de prouvoir. Et sur le tout attandant l'honneur de voz commandemants, ie prie Dieu, Monseigneur, qu'il vous tienne en sa sainte guarde. C'est de Grenoble le 5 febvrier 1601.

Vostre très humble et obeissant serviteur.

LESDIGUIÈRES.

CCCVIII.   1601 — 11 FÉVRIER.

Orig. — B. N. MS. F. 3590, p. 58.

A MONSEIGNEUR, MONSEIGNEUR LE DUC DE MONTMORANCY, PAIR ET CONESTABLE DE FRANCE.

Monseigneur, peu après le depart du sieur de Revol qui vous est allé trouver avec une myenne depesche, j'ay receu celle qu'il vous a pleu m'escrire pour les affaires de Barcellonne du cinquiesme du present. Il est veritable que ceulx de ceste vallée là n'ont jamais esté chiches de plaintes et en ont plus donné quand ils en ont eu moins l'occasion, voicy celles qui les ont mené à vous. J'envoyay dernierement sur leur frontiere deux des compaignies du regimen de Monsieur de Crequy pour estre près des garnisons de la Val de Maires s'il estoit besoing de les assister par ce qu'il y avoit des trouppes de Monsieur de Savoye logées sur le bord de la plaine. Mays cest umbrage ayant cessé et le bruit de la paix augmenté, ces deux compaignies ont esté congediées et n'y a maintenant en la vallée de Barcelonne que les garnisons y establyes par l'estat du Roy. Quant à la levée dont il y a plainte, c'est pour les six derniers moys de l'année passée de la forme dudict estat & des lettres patentes de sa Majesté dont Monsieur de Villeroy vous donnera asseurance. Ces gens donc vous vont importuner sans raison soubz le dezir qu'ilz ont de s'affranchir de ce payement et en frustrer ceulx qui ont faict les avances pour conserver le pays à sa Majesté, laquelle le rendant, n'entend pas qu'ilz fassent perte plus qu'elle a ordonné qu'ilz seront payés. C'est la verité de ceste affaire qui vous est representée, Monseigneur, par

Vostre très humble et très obeissant serviteur.

LESDIGUIÈRES.

De Chambery le XIe febvrier 1601.

CCCIX.   1601 — 12 Février.

Cop. — Registres des conseils de Genève. Vol. 96, p. 28.

[ANALYSE DU DISCOURS DE MONSIEUR DE LESDIGUIÈRES AUX DÉLÉGUÉS DU CONSEIL DE GENÈVE.]

Messieurs Lect, Roset et Chalrey ont rapporté qu'ayant conféré avec Monsieur de Lesdiguières sur les tailles dont on a d'anciens priviléges d'exemption, et puisqu'il est lieutenant en Savoye, l'ont prié de les nous confirmer ; le second point, concernant Armoy et Drallian qui estoit en propriété à la seigneurie, l'ont prié de permettre que la religion y soit exercée ; le troysieme, concernant la juridiction de Ternier, laquelle nous est donnée par le traité avec Monsieur de Sancy ; le quatriesme, touchant la terre de Gex ; le cinquiesme, concernant les debtes ; le sixiesme, de ce qu'on n'avoit esté expressement compris en ce traité de paix, non plus qu'en celui de Vervins.

Monsieur de Lesdiguières reprend ces points l'un après l'autre, commençant par une grande protestation de son amitié, outre l'obligation qu'il y a pour la gloire de Dieu, etc. En après, venant à respondre au regard des tailles, dit qu'en cela il présuppose qu'on a les droits d'immunité dont on se fortifie et faut qu'on luy en donne de bonnes mémoires lesquelles il fera valoir par le Roy et y adioustera ses raisons particulieres et que nostre député doit avoir charge de soliciter cela bien vifvement, d'autant plus qu'il scait que le Roy n'est exempt de jalousie.

Du second n'en fait aucune difficulté, donnant advis d'y establir au premier jour la religion sans en parler au Roy ny à son conseil.

Au faict de Ternier il y trouve de la difficulté parce qu'il dit ne debvoir donner occasion aux gens du Roy de blasmer ses actions maintenant qu'on est en termes de paix et que les affaires de France sont tellement constituées que le Roy est contraint de s'entretenir du Pape et que, pour contrecarrer les entreprises d'Espagne, il faut qu'il soit bien avec le Pape, dont le Roy a monstré la mesme volonté en faisant ceste paix si avantageuse pour complaire au Pape, et qu'au reste cela ne servira de gueres à cest estat, les choses estant si prestes à conclurre, le Duc ayant XV jours à respondre sur la ratification d'un traité au lieu d'un mois qu'il a demandé; que si on ne fait rien, le Roy aura plus d'occasions de nous faire du bien et luy d'y favoriser Messieurs, se servant aussi de Monsieur de Bouillon qui a du crédit en court. Parloit aussi de Monsieur de Silery et de son affection envers nous, comme aussi du president Janin, mais qu'on a aussi des contraires à la court et qu'on ne se doit trop fier aux promesses de la court, mais faire estat de la diligence du deputé.

A cela les seigneurs commis repliquerent qu'on avoit des terres enclavées en ce balliage, s'il trouveroit pas bon que si par provision les habitans demandoient justice au chastelain si on la leur faisoit.

Bien, dit-il, pourveu que ce soit sans bruit.

Quant aux debtes, a representé l'indigence du royaume et toutefoys, si on use d'une extreme diligence, dit qu'en ce cas on pourra tirer quelque chose; que Monsieur de Rosni est grand mesnager.

Quant à Gex, que les choses ne sont pas en leur entier et que, par le traité de paix dernierement fait, Gex est annexé à la corone inalienablement et annexé au Dauphiné et par consequent du domaine du Dauphin si le Roy a un masle, et puisque le traité porte cela il ne voit pas qu'on le puisse posseder, dont on ne se doibt contrister, d'autant qu'à son advis c'est le bien de Messieurs, parce que Monsieur de Savoye ne nous pourra travailler de ce costé là, où il n'y a pas grand revenu.

A quoy les seigneurs commis contredisent qu'il y va de l'interest de ceste seigneurie parce qu'on l'a acquise après que Berne l'a heu quicté et qu'au pis le Roy la pourroit bailler en hypotecque.

Ho! dit-il, c'est une espece d'alienation; mais si on rentre en guerre le Roy vous pourroit donner en payement Ternier.

Ils disent : Monsieur de Sancy l'a promis à Messieurs

Je ne scay, dit-il, mais la voudriez vous bien tenir du Roy? Au reste, pour la paix, je doute grandement que l'intention du roy d'Espagne est de troubler encore la France, mais le conseil du Roy est se tenir bien unis, mesmes avec les Eglises, pour prevenir les desseings, et comme l'Espagnol cerche des occasions pour essayer si le Roy nous aydera afin de le descrier, mais qu'en ce cas iceluy sieur des Diguières nous aydera de tous ses moyens, priant de le tenir pour amy comme le tesmoignera en toutes occasions et qu'il est sur son despart demain.

CCCX. 1601 — 12 Février.

Orig. — B. N. MS. F. 23196, p. 175.

[AU ROY.]

Sire, vostre Majesté a perdu un fidelle serviteur en perdant Monsieur le president Lubert, décedé le jour d'hier. Si la maladie a peu duré, le regret de sa mort demeurera longtemps à ceulx qui ont eu cognoissance de sa vertu et qui ayment vostre service. Je puis bien mettre en ce rang le sieur Expilly, pour vous avoir, tousjours et en toutes occasions, fidellement servy, mesmes en l'exercice de la justice que vous aviez dernièrement establye en ce pays de Savoye. S'il vous plaisoit, Sire, luy faire don de l'office de maistre des requestes de vostre hostel, que ceste mort a faict vacquer, j'ose asseurer vostre Majesté qu'il rempliroit dignement ceste place et que vous y auriez mis un personnage qui n'a jamais eu aultre obiect que l'honneur dont ceulx de sa profession doivent estre curieux. Je supplie très humblement vostre Majesté de gratiffier ce sien serviteur en ceste occasion et croire qu'il sera aymé de vous quand vous l'aurez cogneu et esprouvé. Sire, je fay une continuele prière à Dieu qu'il conserve longuement et heureusement vostre Maiesté. A Chambery le XIIe febvrier 1601.

Vostre tres humble, tres obeissant, tres fidelle suget et serviteur,

Lesdiguières.

CCCXI. 1601 — 12 Février.
Orig. — B. N. MS. F. 3578, p. 86.

A MONSEIGNEUR, MONSEIGNEUR LE DUC DE MONTMORANCY, PAIR ET CONESTABLE DE FRANCE.

Monseigneur, il a pleu à Dieu oster de ce monde Monsieur le president Lubert. Le Roy & le publicq y font une grande perte, et ce pays demeure par ceste mort destitué de l'administration de la justice parce que le reste du conseil est sans authorité & pouvoir. C'est donc à vous, Monseigneur, de promptement prouvoir à ceste si necessaire distribution pour contenir les choses en estat, attendant l'effect du dernier traitté d'entre sa Majesté & Monsieur le duc de Savoye. Que si je suis digne de vous donner mon aviz en ceste pressée occasion, il me semble que vous devez transferer le pouvoir des troys aux deux qui sont Messieurs de Chevrieres & de Granet pour (à l'intervention & requisition de Monsieur Expilly, procureur general de sa Majesté) decidder de tout ce qui appartiendra à leur cognoissance, à la charge d'appeller le nombre d'assesseurs necessaires en certains cas. Ce fait merite célérité, c'est pourquoi je vous en escrips si librement, asseuré que le Roy agréera ce que vous en ordonnerez en son absence, puisque c'est son service, la descharge de ses finances, le bien et contantement de ses subiectz. On attendra sur ce subiect & tout autre vostre volonté et je demeureray tousiours, Monseigneur,

Vostre très humble et très obeissant serviteur.

Lesdiguières.

A Chambery le XIIe febrier 1601.

CCCXII. 1601 — 18 Février.
Orig. — B. N. MS. F. 3592, p. 3.

A MONSEIGNEUR, MONSEIGNEUR LE DUC DE MONTMORANCY, PAIR ET CONESTABLE DE FRANCE.

Monseigneur, j'ay receu l'honneur de vostre lettre du XVIe qui acompaignoit celle qu'il plaist au Roy de m'escrire le Xe de ce moys. Ce matin est party homme exprès avec depesche de moy portant tout ce qui se passe en ces quartiers et l'ordre que j'ay donné suyvant votre intention à l'entretenement des garnisons & au regiment de Monsieur de Crequy. Il est bon & prest à servir & les garnisons en bon estat. Celluy de Monsieur de Chambault a esté licencié parce que, bien peu de temps après la monstre, il s'est si fort discipé qu'il n'eust peu rendre service ; mays sur l'incertitude de ces afferes j'ay gaigné ce point sur les cappitaines qu'ils laisseront leurs armes à Grenoble pour bientost remettre les hommes en corps, s'il en est besoing. Il a tantost passé un gentilhomme de Monsieur le duc de Savoye nommé le sieur d'Autel, qui va vers vous; je n'ay rien aprins de lui parce qu'il tient la negociation secrette, mays si je ne me trompe elle ne tend que à prolongation. J'auray l'honneur d'en savoir ce qu'il vous plairra affin que je me prepare tousiours au service du Roy et au vostre, Monseigneur, comme

Vostre très humble et très obeissant serviteur.

LESDIGUIÈRES.

A Chambery le XVIIIe febrier 1601.

CCCXIII.   1601 — 18 FÉVRIER.
Autog. — B. N. MS. F. 3578, p. 88.

A MONSEIGNEUR, MONSEIGNEUR LE DUC DE MONTMORANCY, PAIR ET CONESTABLE DE FRANCE.

Monseigneur, je vous mande l'ordre qui a es[té] establi pour les guarnizons de Scavoye et regimant de Monsieur de Crequi qui est la plus exacte qui ce peut pour le soullagemant de ce peuple, lequel à la verité est beaucoup soulag[é], n'aiant mis en despance pas ung cappiteine ny officier. Si ainsi vous l'avez agréable nous continuerons de dix en dix iours. Je ne suis en peine que de la cavallerie, laquelle est à Chablés et qui vit par ordre tel que Monsieur de Sancy a trouvé bon. La compagnie de Monsieur de la Baume est entiere dizant avoir esté chassée de son cartier, et pour n'en avoir point d'autre où elle peut vivre, i'ay esté contraint de la licentier. Ce pais là s'en trouvera aultant dechargé. Ceux de ce pais recoivent plusieurs lettres de Piemont, lesquelles ne parlent que de guerre et nouvelles levées qui se font en

Lombardie et à Naples. Je ne puis croire que Monsieur le duc de Scavoye refuze de ratifier le tretté de paix qui semble estre fort honorable pour luy. C'est tout ce que ie vous puis dire pour ceste heure, sinon l'offre de mon très humble service avec priere à Dieu qu'il vous doint, Monseigneur, en santé longue et heureuse vie. De Chamberi le 18 fevrier 1601.

Vostre très humble et très obeissant serviteur.

LESDIGUIÈRES.

CCCXIV.   1601 — 18 FÉVRIER.
Cop. — B. N. MS. F. 23196.

POUR RESOULDRE QUELQUES POINCTS DE LA RESPONCE QU'IL A PLEU A MONSEIGNEUR LE CONESTABLE FAIRE AUX MÉMOIRES DONT LE SIEUR REVOL ESTOIT PORTEUR DE LA PART DE MONSIEUR DE LESDIGUIÈRES.

Mondict seigneur le Connestable croira pour chose véritable qu'avant le retour du sieur Revol les régimens des sieurs de Crequy et de Chambaut avoient faict reveue et touché leur argent sans retention du pris du pain du Roy, de sorte que l'intention de mondict seigneur n'a esté observee pour estre arrivée trop tard; dequoy ledict sieur de Lesdiguières a beaucoup de regret, suppliant mondict seigneur la luy donner pour l'advenir si à temps qu'il la puisse suyvre et pour le service du Roy, et pour le contentement de mondict seigneur. Cependant il sera asseuré que le régiment de Monsieur de Crequi se trouve bon en entier pour servir aux occasions en ayant faict serrer les compagnies dedans et aux environs de Chambéry pour estre plus prest et contenneu pour le soulagement du peuple. Quant à celluy dudict sieur de Chambaud il a esté congédié après la monstre et les payemens à luy faictz, car il ne se pouvoit plus tenir en corps, et n'y avoit cappitaine qui ne se lassast à la veille de ceste paix, et qui ne fust en crainte de perdre ses advances s'il en eust faict sur le poinct de son licenciement. Mais les commissaires ont trouvé en l'un et en l'aultre le nombre d'hommes, et encores asseureront-ils mondict seigneur que en quelques compaignies ils ont veu plus de soldats qu'il n'en falloit. Or, pour faire vivre le regiment dudict sieur de

Crequi en attendant l'issue de ces affaires qui nous portent pour le moins jusques à la fin de ce mois de febvrier, et pour aussy entretenir les garnisons durant ledict temps, ledict sieur de Lesdiguières a faict l'ordonnance du fournissement des rations dont la copie est en ceste depesche, et sur ceste ordonnance estat de la distributton desdictes rations si modérées que le soldat aura peine d'y trouver sa vie avec le pain du Roy, dont aultre estat a esté dressé au juste sans y comprendre les cappitaines, officiers, ny membres des compagnies. Ceste forme de vie [avoit] esté ordonnée au plus pres de l'intention de mondict seigneur le Conestable, mais c'eust esté en vain qu'on y eust appellé des officiers, ny aulters principaulx subiects de Monsieur le duc de Savoye, la crainte duquel les retient tellement que tant s'en fault qu'ils voulussent tremper ny estre nommés en aucune action publique, qu'ils n'ont pas sorty de leurs maisons depuis l'arrivée dudict sieur de Lesdiguières audict Chambéry, mais il a communiqué le tout à Messieurs du conseil de justice estably par le Roy et prins leur advis, et on a secrettament faict parler à aucuns du Sénat, de la Chambre des Comptes et scindics qui ont agréé ceste forme de procéder, comme pleine de soulagement pour le peuple. Quant à ce qui est de la garnison particulière de ladicte ville de Chambery, elle seulle en fera l'entretenement à la forme de l'estat du Roy pour le présent mois de febvrier, en ayant ledict sieur de Lesdiguières faict ordonnance suyvant la volonté de mondict seigneur le Connestable portée par sa responce. Ledict sieur de Lesdiguières satisfera aussy à l'intention de mondict seigneur pour le payement d'un mois de l'année passée deue au sieur de la Buysse à cause de la garnison de Chambéry, et verra les reparations qu'il a faictes au chateau pour en mander l'estat et la valleur à mondict seigneur le Conestable; lequel sera asseuré que ledit sieur de Lesdiguières fera son debvoir pour faire vivre la cavallerie là où elle est, à la moindre foulle qu'il se pourra et s'en approchera pour ouyr les plainctes des lieux qui la nourrissent et y pourvoir le mieulx qu'il se pourra n'y pouvant parfaictement prouvoir sans la licencier puisqu'elle ne peut estre logée ailleurs; et à la vérité quand elle auroit vescu avec toute la douceur du monde, elle ne peust avoir apportée que beaucoup de ruyne à un si long service. Et pour fin, mondict seigneur le Conestable est très humblement supplié par ledict sieur de Lesdiguières de luy donner sur toutes occurences ses volontez et commandemens, et de ses nouvelles, s'il luy plaist, au cas que le courrier de Monsieur de Savoye arrive vers luy afin de donner ordre selon les occasions.

[Faict] à Chambéry, le XVIIIe febvrier 1601.

LESDIGUIÈRES.

TONNARD.

CCCXV.   1601 — 22 FÉVRIER.

Orig. — B. N. MS. F. 3592, p. 15.

A MONSEIGNEUR, MONSEIGNEUR LE DUC DE MONTMORANCY, PAIR ET CONESTABLE DE FRANCE.

Monseigneur, estant en ces quartiers de deça, j'ay recogneu que pour asseurer le pays de Chablais, en attendant l'yssue des affaires, il fault soingneusement conserver le fort des Alinges, et que la garnison ordinaire ne doibt pas estre moindre de cent cinquante hommes. Reste à regarder aux moyens de les entretenir pour l'avenir, et que pour le passé ce nombre, qui y a servy et y sert encores, soit comprins aux monstres des deux moys que le Roy veult faire aux aultres garnisons de la Savoye, de quoy je vous supplie très humblement avoir souvenance lorsque l'estat de leur payement se fera, me donnant au reste vostre volonté pour son entretenement de l'avenir. Je n'ay pas si tost esté arrivé icy que les principaulx des lieux là où nostre cavallerie est estendue ne me soient venu trouver pour en demander le deslogement. Ce n'est pas par delicatesse mais, à la vérité, c'est par impuissance, car ce logis a trop duré chez eulx et doresnavant il ne fault pas penser que hommes ny chevaulx y puissent subsister. Et puis que l'esperance nous porte à une brieve resolution des choses d'une façon ou d'aultre, il me semble, Monseigneur, que les subiects de Monsieur de Nemours en Fossigny pourroient porter sans grande foulle deux de ces compaignies, et le Genevoys une, au moins que tous ses subiects ensemble en accommodassent deux compaignies, et je regarderoys à loger les troys restans le myeulx que je pourroys à la descharge de ces gens icy qui sont fort ruynés. Vous y ferez, s'il vous plaist, consideration et si vous agréez cest expedient, il sera pressé que vous en escriviez à Monsieur de Nemours. Je m'en voys attendre sur le tout vostre resolution à Chambery & demeurerai tousiours, Monseigneur,

Vostre très humble et très obeissant serviteur.

LESDIGUIÈRES.

A Genève, le XXIIe febvrier 1601.

Monseigneur, ne croyez pas que Monsieur de Nemours trouve trop estrange de loger en ceste necessité deux ou troys de noz compaignies, car Monsieur le duc de Savoye l'y a acoustumé et en la paix et en la guerre. Trouvez bon aussy, s'il vous plaist, que je vous dye qu'il ne seroit que à propos que vous prinsiez resolution de tourner les yeulx du costé de la Provence pour en asseurer quelque place, parce que si Monsieur le duc de Savoye avoit quelque dessin, mon avis est que ce seroit plus tot de ce costé là que d'un aultre.

CCCXVI.   1601 — 26 Février.

Autog. — B. N. MS. F. 3592, p. 17.
Imprimé : *Album historique du Dauphiné*, par M. Champollion-Figeac. Paris, 1846-1847, p. 10.

A MONSEIGNEUR, MONSEIGNEUR LE DUC DE MONTMORANCY, PAIR ET CONESTABLE DE FRANCE.

Monseigneur, le passage de Monsieur de Gouvernet a esté si pressé que ie n'ay eu loizir de vous fere plus longue letre, aussi n'ay ie rien à vous dire de nouveau depuis la depêche que ie vous ay fette de Geneve, sur laquelle i'attans l'honneur de voz commandemants, et après ie vous depecherei homme exprès pour sçavoir comme nous devons vivre ce moys de mars et aussi pour la montre de janvier qui est trop plus que necesséré pour les guarnizons. Il y [a] aussi les compagnies de gens de cheval desquelles ie vous ay escrit et de quoy Monsieur de Gouvernet vous parlera, à quoy il vous plerra de fere bonne consideration et le craire comme moy mesme, qui prie Dieu, Monseigneur, qu'il vous tienne en sa saincte guarde. De Chambery le 26 febvrier 1601.

Vostre tres humble et tres obeissant serviteur.

LESDIGUIÈRES.

CCCXVII. 1601 — 27 Février.

Autog. — B. N. MS. F. 3592, p. 9.
Imprimé inexactement : *Album historique du Dauphiné*, par M. Champollion-Figeac.
Paris, 1846-1847, p. 10.

A MONSEIGNEUR, MONSEIGNEUR LE DUC DE MONTMORANCY, PAIR ET CONESTABLE DE FRANCE.

Monseigneur, s'en allant le sieur de Chateauvieus à Lyon pour se resoudre et recepvoir voz comandemants pour le fet de l'artillerie, je luy ay donné des memoires de tout ce qui reguarde le service du Roy en ces cartiers sur lesquelles il vous plerra declarer voz vollontés ; et puis qu'il semble que les afferes sont reduits en quelque prolonguation, je m'en vois à Grenoble où il y a assemblée d'estats et qu'il fault que ie m'y trouve à ceste occasion. Ie parts ce iourd'huy d'icy où ie lesse Monsieur de Crequi pour contenir toutes choses en ordre et pour y recepvoir voz commandemants, et aussi tost que vous iugerez qu'il sera temps de metre à execution le tretté de paix ie ne faudrei de me randre ycy à vostre premier commandemant. Ce qu'attandant ie prie Dieu, Monseigneur, qu'il vous tienne en sa sainte guarde. C'est de Chambery le 27 febvrier 1601.

Vostre très humble et très obeissant serviteur.

LESDIGUIÈRES.

CCCXVIII. 1601 — 27 Février.

Cop. — B. N. MS. F. 23196.

POUR REPRESENTER A MONSEIGNEUR LE CONESTABLE CE QUI EST NÉCESSAIRE POUR LE SERVICE DU ROY EN SAVOYE DE LA PART DE MONSIEUR DES DIGUIÈRES, QUI A AUSSY COMPRINS EN CE MÉMOIRE QUELQUES AULTRES PARTICULLARITEZ DEPPENDANTES DU MESME SERVICE.

Mondict seigneur considerera s'il luy plaist qu'estant la fin de ce mois de febvrier pour lequel, suivant son intention, ledict sieur de Lesdiguières avoit prouveu à l'entretenement du regimen dudict sieur de Crequy et garnisons de Savoye, il est nécessaire d'adviser aux moyens du mesme entretenement pour le prochain mois de mars, en attendant la fin des affaires. Il plaira à mondict seigneur donner sur ce sa vollonté ; mais ledict sieur de Lesdiguières est d'advis que l'ordre desia establv doibt estre observé pour ledict mois de mars, tant pour le pain du Roy que la distribution des rations de dix en dix jours, seul moyen, au déffault de l'argent de sa Maiesté, pour contenir le soldat et conserver le paisan, lequel, bien que soulagé par ceste forme de vivre, ne peut guerres supporter cest effort après tant de ruynes et deppences qu'il a soufferte. Il plaira à mondict seigneur commander que la monstre de janvier, deue aux garnisons dudict, se face en brief pour donner moyen aux cappitaines d'estre bien accompagnez des places qui seroient aultrement mal gardées. Sy aussy il luy plaist, de faire donner ordre à l'aultre monstre, tant pour les mesmes garnisons que régiment de Créquy, ce sera un moyen de faire subsister le paysan pour le remboursement qui luy sera faict de ses avances en rations comme il luy en a esté donné espérance, laquelle le faict de meilleur courage entrer en despence. Les cinq compaignies de cavallerie qui sont de présent en Chablais, en partiront le premier du prochain mois pour n'avoir plus de moyen d'y vivre, et aussy tost qu'elles seront sur les bras dudict sieur de Lesdiguières, il ne scet plus qu'en faire ny ou les mectre pour vivre. Si sur ces incertitudes elles sont congédiées, c'est un grand desservice faict au Roy qui feroit une notable despence pour en lever autant de nouveau, et si on les peut entretenir en l'estat qu'elles sont, il n'y a point de doubte qu'elles ne [se] rendissent fortes dedans dix ou douze jours après l'avertissement. S'il plaist à mondict seigneur de les faire conserver, il n'y a pour ceste heure autre moyen que d'en loger deux au Fossigny et une au Genevois, chose qui ne sera trouvée ny nouvelle ny estrange, car Monsieur le duc de Sauoye l'a forte accoustumée. Et quant aux deux autres on verroit de les separer et departir de plusieurs endroicts à la moindre foulle qui se pourroit. Mondict seigneur est très humblement supplié de donner sur ce ses commandemens le plus promptement que se pourra. Ledict sieur de Chasteauvieux, l'un des lieutenans de Monsieur le Grand maistre de l'artillerie, porteur de ceste depesche, s'en va à Lyon pour avoir de l'argent affin de satisffaire aux frais et despence du charroy des canons et munitions de Savoye en Daulphiné si le transport s'en faict. Il plaira à mondict seigneur le faire promptement despecher affin qu'il satisface à sa charge si les affaires viennent à presser. Estant ledict sieur de Chasteauvieux à Lyon, il a commandement de renvoyer en Provence les canons qui en ont esté tirez pour les occasions de Savoye, et, puis que les canons sont aussy renduz et remis aux lieux dont ils sont partiz, ledict sieur de Lesdiguières supplie mondict seigneur de commander que les six canons de Grenoble qui sont en l'arcenac de Lyon seront renvoyés comme plus propres et legers pour les montaignes et expressement faictz faire pour cest effect par ledict sieur de Lesdiguières, que, pour marque d'en auoir fait achepter la matière et faict faire la fonte à ses despens, y a faict mectre ses armes au dessoubs de celles du Roy; et s'il plaist à mondict seigneur que lesdicts canons soient renvoyez à Grenoble, les canons de Savoye qui y sont seront menez à Lyon, aussy bien ne s'en peut on servir aux montaignes pour estre trop pesans et incommodes. Et ne faut pas penser que aucun de ceulx de Montmeilan et de Barraux servent ailleurs que dedans les places où ils seront mis, soit à Barraulx ou à Grenoble, pour estre trop pesans. Que mondict seigneur donne donc sur ce ces commandemens.

Faict à Chambery, le XXVIIe jour de febvrier l'an mil six cens et un.

TONNARD.
LESDIGUIÈRES [1].

[1] Voici la réponse du Connétable au mémoire précédent, à la suite duquel elle se trouve dans le même volume des manuscrits de la Bibl. nationale :

« [A MONSIEUR DES DIGUIÈRES.]

« Monsieur, je respons poinct par poinct au memoire que le sieur de Chasteauvieux m'a apporté de vostre part et y ay adjousté ce que vous verrez touchant le fort des Alinges et celluy du Pont de Beauvoisin, qui me gardera de vous en dire davantage en ceste cy, par laquelle je vous priray tant seullement de donner charge à Monsieur de Crequy de faire tenir un chascun esveillé et sur ses gardes de peur de surprinse et sans toutesfois rien bouger ny altérer jusques à ce que vous ayez aultres nouvelles du Roy ou de moy. De quoy vous advertirez, s'il vous plaist, tous ceulx qui sera de besoing, selon que je m'en repose sur vous, à qui de tout mon cœur je me recommande, priant Dieu qu'il vous conserve, Monsieur, en santé longue et heureuse vie. De Lyon ce IIIe mars 1601.

« [MONTMGRENCY.] »

« REPONCES PAR MONSIEUR LE CONESTABLE AUX ARTICLES CY DESSUS.

« Sur le premier : Mondict seigneur le Conestable trouve bon l'advis dudict sieur des Diguières et suyvant icelluy fera continuer cy après la fourniture du pain ainsy qu'elle a esté faicte jusques icy aux gens de guerre à l'entretenement desquels il désire qu'il face pourvoir à l'accoustumée selon l'ordre qu'il y a establly par rations et de dix en dix jours durant le present mois, si plustost il n'a mandement au contraire, et tousiours le plus au soulagement du peuple et au meilleur mesnage que faire se pourra.

« Sur le IIe : Les deputtez de Monsieur de Savoye se sont obligez à payer six mil escus, pour le mois de janvier deu aux garnisons, incontinant que la ratiffication sera arrivée, tellement qu'il fault qu'elles pacientent jusques à ce qu'on ayt une finalle résolution, car si la paix s'effectue le fondz y est par ce moyen, si nous avons la guerre le Roy y pourvoira d'ailleurs : de quoy elles seront bientost esclaircies.

« Sur le IIIe : Sa Maiesté a escrit qu'elle faisoit

CCCXIX. 1601 — 1ᵉʳ Mars.
Autog. — Arch. munic. de Gap.

[A MONSIEUR, MONSIEUR DE MONTALQUIER, COMMANDANT POUR LE ROY A PUYMORE.] [1]

Mon compère, vous savez que j'avois prins beaucoup de peyne pour reunir les habitans de Gap, en fasson qu'ilz vesqussent paisiblement preparer le fondz pour la monstre d'un second mois dont mondict seigneur la ressouviendra par la premiere despeche.

« Sur le IIII⁰ : Par la derniere lettre que mondict seigneur le Conestable a escritte audict sieur des Diguières, il luy mande que sa Maiesté avoit promis à Monseigneur de Nemours de ne loger aucuns gens de guerre sur ses terres, occasion pourquoy il ne s'en voulloit dispenser sans scavoir là dessus la volonté de sadicte Maiesté, à laquelle il estoit d'advis que ledict sieur des Diguières en debvoit escrire et audict sieur de Nemours pour essayer de l'y disposer; et ne se peust despartir de ceste opinion ny faire aultre office que d'en escrire au Roy qui seroit bien marry que lesdictes compagnies se desbandassent en ceste incertitude, durant laquelle elles ne sont non seullement utiles mais trés nécessaires à son service ; tellement que mondict seigneur le Conestable prie trés instamment ledict sieur des Diguières de ne le permettre pas, ains les maintenir les plus fortes qu'il se pourra, sur tant qu'il affectionne le contentement de sa Maiesté et le bien de son service.

« Sur le V⁰ : Quand le sieur de Chasteauvieux rapportera l'estat de ce qu'il aura receu et despendu au faict de sa charge il luy sera pourveu.

« Sur le VI⁰ : Mondict seigneur a trouvé fort estrange qu'il n'ayt tout incontinant effectué le commandement qu'il luy a faict d'envoyer les canons et munitions en Provence où il n'y en a poinct qui puissent servir et luy en a faict une bonne réprimende et reiteratif commandement de n'y poinct faillir, car la Provence est desunie et extremement menassée de tous costez. Monseigneur de Guyse en a faict diverses fois instances et protesté à mondict seigneur qu'il ne pouvoit garder les places, d'où, s'il advient faulte à cause du retardement desdictes munitions et canons, ledict sieur de Chasteauvieux en respondra de sa vie. Car le Roy s'en repose sur ce que mondict seigneur en a escrit à sa Maiesté, qui a esté trés aise de ce qu'il luy envoyoit y avoir mandé lesdictes provisions. Partant il prie ledict sieur des Diguières de tenir la main qu'il y soit satisfaict en toute diligence afin que lesdictes provisions y arrivent à temps. Et pour les canons qu'il desire retirer de ceste ville, mondict seigneur le Conestable en escrira à sa Maiesté pour avoir sur ce sa volonté qu'il fera incontinent effectuer.

« Hier matin les deputtez de Monsieur de Savoye se vindrent plaindre que contre le traicté on desmolissoit le fort du Pont de Beauvoisin où mondict seigneur despecha incontinant un courrier pour scavoir qui en avoit donné la permission au cappitaine et luy commander ce cesser, et l'apresdisnée Monsieur le Nunce en vint encore parler et s'en plaindre monstrant un procés verbal par lequel il se void que ladicte desmolition se faict du mandement et en vertu de la commission dudict sieur des Diguières. Par ainsy il le prie de n'y faire poinct passer oultre car il le fauldroit reffaire et reparer comme à une contravention au traicté ; et si ledict sieur des Diguières en eust adverty mondict seigneur il n'eust pas conseillé ladicte desmolition.

« Quant à la garnison du fort des Alinges, puisque ledict sieur des Diguières dict qu'elle est si nécessaire, il fauldra pourvoir à son entretenement par rations sur les bailliages circonvoisins en observant le mesme ordre qui a esté tenu par les aultres garnisons au meilleur mesnage qu'il se pourra.

« Faict à Lyon au conseil tenu auprés de mondict seigneur où estoient Messieurs de Villeroy, de Scillery et president Janin, conseillers du Roy en son conseil d'estat et privé, le III⁰ mars mil six cent un.

« Montmorency.
« Par mondict seigneur,
(Sceau.)   « Maribat. »

[1] Cette lettre ne porte pas d'adresse, mais il n'est pas douteux que Montalquier, commandant le fort de Puymore, n'en ait été le destinataire.

et en bonne union; et, à cest effect, ilz avoient résolu de cottiser sur eux, toutes les années, six cens escus pour les choses pies et reparations des églises et temple, et pour autres choses, dont les deux tiers seroyent pour les catholiques romains, et le tiers restant pour ceux de la rellligion, moyen fort propre pour les fere vivre en paix et bonne concorde; mais, à ce que j'entens, à la suasion de quelques mal affectionez, ils se sont despartis de ceste resolution à mon grand regret. Mais aussy en consideration de ce bon œuvre, et pour leur maintien, je leur avois ceddé deux mil escus qu'ilz me debvoyent, les quelz il est raisonable qu'ilz me payent, puisque la rupture vient de leur costé, et non de moy qui vous prie et ordonne de leur fere entendre ce qui est de ma vollonté, et me fere promptement sçavoyr leur responce, laquelle je désire estre conforme au debvoir et à la raison. Sur ce, je prie Dieu, mon compère, qu'il vous tienne en sa saincte garde. A Grenoble, le premier mars 1601.

Vostre humble compère et parfaict amy à vous servir.

LESDIGUIÈRES.

CCCXX. 1601 — 2 MARS.

Orig. — Arch. munic. de Gap.

[REQUÊTE DES HABITANTS DE LA VILLE DE GAP FAISANT PROFESSION DE LA RELIGION REFORMÉE.]

A Nosseigneurs les commissaires, deputés par sa Majesté pour l'exécution de son édit de pacification, suppliant humblement les citoyens, manantz et habitans de la ville de Gap qui font proffession de la religion reformée, qu'il vous plaise leur provoir sur la requeste à vous presantée, le 28 apvril dernier passé, par le sieur sindic général desdictz reformés de ceste province de Daulphiné sur le cayer de leurs doleances à

Nous lisons en effet dans le procès-verbal du conseil particulier de la communauté de Gap du 7 mars 1601 (Arch. munic. de Gap) : « Monsieur « de Montalquier, gouverneur pour le Roy à « Puimore, a representé à la Compagnie comme « Monseigneur des Diguières lui a escript la let- « tre de laquelle a esté fait lecture, contenant « en sommaire que mondict seigneur est marri « de ce que la ville ne fait durer la convention « qu'il avait faict faire entre ceux du parti catho- « lique et de la religion, etc. » Ensuite Montalquier exhorte les habitants à vivre en repos et à se conformer aux volontés de Lesdiguières, sur quoi le chanoine Benoit Olier de Montjeu s'écrie que cette lettre a été arrachée à Monsieur des Diguières par des importunités et demande qu'on lui envoie des députés, ce que le conseil refusa de faire, promettant d'obéir aux avis de M. de Montalquier.

vous presanté à cest effait, contre les catholiques Roumains de ladicte ville, et ils prieront Dieu pour vostre prosperité.

Les suppliantz, tant de la religion refformée que catholiques romains, sont assignés à comparoistre par devant Monsieur le premier president et nous, au vingtiesme de ce mois, pour, sur ce, donner leurs raisons et icelles ouyes, estre ordonné ce qui sera advisé raisonable.
Faict à Grenoble le second de mars 1601.

Lesdiguières.

CCCXXI. 1601 — 2 Mars.
Orig. — B. N. MS. F. 3590, p. 51.

A MONSEIGNEUR, MONSEIGNEUR LE DUC DE MONTMORANCY, PAIR ET CONESTABLE DE FRANCE.

Monseigneur, je vous fais ceste dépesche en faveur de Messieurs de Morges, de Gouvernet, d'Auriac et de la Baume d'Autun qui m'ont prié d'intercedder vers vous pour leur faire toucher le payemen de leurs compaignies du moys de janvier dernier ordonné par le Roy. Il est vray que la reveüe n'en a point esté faicte, bien que les commissaires Tourneon et Montsire soient venus à Chambery pour y vacquer, mais l'aprehension qu'ils ont eue d'aller à Chablais mal accompaignés et en danger, et le peu de soing que les membres de ces compaignies ont rendu en l'absence des cappitaines en chef de les en poursuyvre a esté cause que ceste action est demeurée imperfaite. Et sur ce point on vous a à l'avanture faict raport que lesdictes compaignies exceddoient leurs reglemens à la foulle du peuple, ce qui vous a, comme j'ai sçeu, occasionné d'arrester les deniers destinés à leur payement. Sur quoy, Monseigneur, je vous asseureray que quoy qu'on vous aye voulu faire entendre, les compaignies n'ont poinct oultre passé leur establissement lequel a esté faict par Monsieur de Sancy à quarante sols par jour et le foin et l'avoyne, ce qui vient bien justement pour la nourriture du maistre, troys hommes & troys chevaulx. Aussy est-il vray que ceulx qui supportent ces frais n'y ont point trouvé d'exces. Mays toutes les plainctes que j'ay eues d'eulx, estant dernierement à Geneve, ne proceddent que du trop long sejour de tant d'hommes & de chevaulx en un si petit pays qui tend à sa descharge que je luy ay promise recognoissant bien qu'il n'en pouvoit plus. Je vous en ay donné avis et attens vos volontéz sur le nouvel establissement qu'il est necessaire de faire pour l'entretenement de ceste cavallerie. Sur quoy je vous asseureray, Monseigneur, qu'il n'est pas possible de la plus tenir sur pieds si ce n'est par l'ordre contenou aux derniers memoires que je vous ai adresséz. Ayant donc ces Messieurs bien et dignement servy le Roy et entretenou leurs trouppes levées à leurs despens durant le moys de janvier pour lequel le payement leur est ordonné, je vous supplie très humblement commander qu'il leur soit faict et à cest effect ouvrir la main au trésorier à qui vous l'avez fermée, et à la vérité il estoit desia entré en quelque avance qu'il avoit prestée & les cappitaines receue, comme à eulx deue sur une monstre donc on ne les doibt frustrer. Que si les rations receues du pays leur doivent estre precomptées sur la solde, ce ne peut estre sur janvier, car durant ce moys là leurs compaignies n'ont point eu de rations, mais sur febvrier; et puis si ces compaignies sont plus longtemps en corps comme il semble que les affaires du Roy le veuillent, il fauldra que leur argent de janvier se mange en mars par ce qu'en quelque lieu qu'elles soient elles ne peuvent vivre sans avoir la main en la bourse estant le pays entièrement mangé et désolé. Vous ordonnerez donc, s'il vous plaît, Monseigneur, qu'elles soient payées et adresserez vos departemens pour faire leur reveue à qui il vous plaira, car il ne fault point que vous doubtiez que le nombre n'en soit complet. Ordonnez aussi de leur logis duquel je ne vous puis donner aucun avis que celluy que ie vous ai deia donné et sur lequel j'attens vostre volonté que je desire prompte, parce que leur nouvel establissement est finy dès la fin de febvrier. Il a passé un courrier par Chambéry; on asseure qu'il marche pour obtenir un prolongement de delay d'autres quinze jours de la part de Monsieur le Légat. Tous les advis que j'ay du costé de Piedmont ne parlent que de la nouvelles levées et par tout s'estend le bruit de la guerre. Je vous supplie que je soic tenu en l'honneur de votre bonne grace, Monseigneur, et pour

Vostre très humble et très obeissant serviteur.

LESDIGUIÈRES.

[A] Grenoble, le IIe mars 1601.

Monseigneur, je vous ay escript à part pour les Suisses de Barraulx et ce porteur vous fera aussy instance pour l'entretenement des compaignies de Messieurs de Morges & de Verdun destinées à la garde du mesme fort desquelles il n'a point encore esté prouveu.

CCCXXII. 1601 — 5 Mars.

Orig. — B. N. MS. F. 3592, p. 7.
Imprimé : *Album historique du Dauphiné*, par M. Champollion-Figeac. Paris, 1846-1847, p. 11.

A MONSEIGNEUR, MONSEIGNEUR LE DUC DE MONTMORANCY, PAIR ET CONESTABLE DE FRANCE.

Monseigneur, ayant veu la lettre que vous avez escripte au cappitaine Rozans sur les aviz qui vous ont esté donnez du razement du fort du Pont de Beauvoisin [1]; j'ay prins subiect de vous depescher la présente pour vous donner compte des mouvemens de ceste action. Je vous diray donc que, en la conference tenue avant ceste derniere guerre à Voreppe par Monsieur de Vic & quelques depputtez de Monsieur le duc de Savoye, la desmolition de ce fort fut resolue à certaines conditions non depuis observées, tellement qu'il est demeuré en estat jusques à mon dernier voyage de Lyon ou, estant jugé inutile comme assis sur la liziere de Savoye du costé du Daulphiné, il ne fut point employé en l'estat des garnisons retenues en attendant l'effect du traitté, comme vous asseurera Monsieur de Villeroy. Le voyant ainsy sans entretenement & et hors d'apparance qu'il peust de rien proffitter au service du Roy, j'en ay faict fere le razement, ce que je n'eusses faict, si je l'eusses tant soit peu trouvé utile, sans vous en communiquer et avoir eu voz commandemens. Ce n'est rien que ce fort ce qui nous l'a faict garder a esté plustost pour la reputation que

---

[1] La démolition de ce fort fut sur le point de suspendre la conclusion de la paix : « ... Monsieur de Lesdiguières, dit l'ambassadeur de Venise, a fait raser au Pont de Beauvoisin, sur la frontière du Dauphiné, une toute petite forteresse, si même cette bicoque mérite ce nom. On veut qu'il l'ait fait à la sollicitation des habitants qui lui auraient payé une somme d'argent. Sa Révérence le Nonce s'en est plaint comme d'une infraction à l'accord intervenu d'après lequel on devait rester de part et d'autre dans le *statu quo*. On a fait partir deux courriers, l'un pour aller voir ce qu'il en est, l'autre pour demander des explications à Monsieur de Lesdiguières. On a en main l'ordre qu'il a donné par écrit et qui a peu satisfait ces Messieurs du Conseil.... Lyon 3 mars 1601. — Marius CAVALLI. »
(Arch. de Venise. — Dépêches de France, n° 30.)

pour la necessité et aussy que c'est un des passages qui tumbe de Chambéry par la montaigne d'Aiguebellette en Daulphiné. Mays à ceste heure que la Savoye est en l'obeissance du Roy, c'est soullager le peuple & ne rien perdre que de le desmolir. Voyla les raisons qui m'ont porté à ordonner ce razement desia ordonné et assez confirmé quand la place a esté expressément obmise en l'estat, ainsy que Monsieur de Villeroy, vous dira, s'il luy plaist s'en souvenir. Vous n'en serez donc plus en peyne et vous en asseurerez sur celluy qui est, Monseigneur,

Vostre très humble et très obeissant serviteur.

LESDIGUIÈRES.

A Grenoble, le V mars 1601.

CCCXXIII.   1601 — 8 MARS.

Autog. — B. N. MS. F. 3578, p. 90.

[A MONSEIGNEUR, MONSEIGNEUR LE DUC DE MONTMORANCY, PAIR ET CONESTABLE DE FRANCE.]

Monseigneur, vous serez adverti par le sieur de Franc de tout ce qui se passe en Sçavoye, et ce qui est necessere pour le service du Roy et à cest effet i'en ay fet dresser des memoires bien amples pour vous les represanter et ausquelles ie vous suplie très humblemant fere bonne consideration et commander ce qui sera de voz vollontes, affin que nous ne tumbions en peine ny desordre. Je vous ay donné advis du fet du Pont de Beauvezin, m'esbaissant de la pleinte que les deputés de Monsieur de Sçavoye vous ont fet, car oultre que c'est chose resollue par les deputés du Roy et dudict seigneur Duc, et aussi sa Magesté en avait cassé la guarnizon pour estre chose de nulle valleur et de nulle importance, et d'abondant si utile et necessere aus sugets de son Altesse qu'il ne ce peult davantage; et à la vérité toutes ces rézons sont cause que i'ay procédé au razemant de ce fort sans vous en donner advis, estimant que la chose ne le meritoit pas, car si elle fut esté de tant soit peu de consideration, j'en eusse eu voz commandemants, lesquels i'attans sur toutes choses et ausquels ie randrei prompte obeissance et telle que vous iugerez et croirez s'il vous plet, Monseigneur, que ie suis

Vostre très humble et très obéissant serviteur.

LESDIGUIÈRES.

[Ce V]IIIe mars 1601, à Grenoble.

CCCXXIV.   1601 — 10 MARS.

Orig. — B. N. MS. F. 3592, p. 11.
Imprimé : *Album historique du Dauphiné*, par M. Champollion-Figeac. Grenoble, 2e partie, p. 11.

A MONSEIGNEUR, MONSEIGNEUR LE DUC DE MONTMORANCY, PAIR ET CONESTABLE DE FRANCE.

Monseigneur, j'estoys en ce lieu de Vizille quand le present porteur y est arrivé aujourd'huy à sept heures du matin. Il m'a randu la lettre qu'il vous a pleu m'escrire du VIIIe, et pour y satisfére je pars presentement pour me rendre à Grenoble affin de mettre à part les pappiers necessaires au voyage que vous voulez que je face à Lyon, où je seray, s'il plaist à Dieu, mardy pour tout le jour & cependant je feray depesche pour la seurté des courriers, n'ayant eu aultre avis que le vostre d'aucun desplaisir qui leur soit arrivé. Mays si j'en descouvre quelque chose, je feray chastier ceulx qui auront faict le mal. Priant sur ce le Createur, Monseigneur, qu'il vous ayt en sa grace. A Vizille le Xe mars 1601, à huict heures du matin.

Vostre très humble et très obeissant serviteur.

LESDIGUIÈRES.

CCCXXV.   1601 — 17 MARS.

Orig. — Arch. de l'état de Zurich.

AUX MAGNIFFICQUES, PRUDENTS ET HONORES SEIGNEURS, MESSIEURS LES BOURMESTRE ET CONSEIL DE LA VILLE ET CANTON DE ZURICH.

Magniffiques, prudents et honorez seigneurs, cest honneste homme qui a voulu poursuivre l'exécution d'une sentence arbitralle donnée en faveur de Messieurs du pays de Daufiné contre le sieur Jan Henry

Lothman, pour la somme de trois mil six cens escus, a esté empesché par le délay d'un an que vous avez donné à ses héritiers, pour avoir moyen de respondre, sur ce qu'ils disent n'estre instruits de cest affaire. Ceste sentence avec le livre du deffunt qui a esté produit en jugement rendent la chose si claire qu'il n'est besoin d'une plus ample explication. C'est pourquoy, s'en retournant ledict porteur en vos cartiers avec un de vostre nation qui l'accompagne, pour continuer ceste poursuite, je l'ay bien voulu accompaigner de ce mot pour vous supplyer, Messieurs, vouloir administrer sur ceste occurrence la meilleure et plus prompte justice qu'il sera possible, affin que ces Messieurs puissent recueillir le fruit qu'ils se promettent de vostre équité accoustumée. J'auray part à l'obligation qu'ils vous en auront, et supplieray cependant le créateur, Magnifficques, prudents et honorez seigneurs, qu'il vous conserve en santé bien longue et contente vye. De Lyon, le XVIIe mars 1601.

Vostre bien humble et plus affectioné serviteur.

LESDIGUIÈRES.

CCCXXVI.   1601 — 19 Mars.

Orig. — A M. le Cte Georges de Soultrait.

A MONSIEUR D'HERCULES, COMMANDANT POUR LE ROY EN LA VAL DE MAIRES.

Monsieur d'Hercules, j'escrips aux cappitaines Gandiere & Cabrieres de sortir de la Val de Maires, avec les compaignies et leurs cappitaines, vous verrez ma lettre & tiendrez la main à son effect selon la fiance que j'ay en vous; et je me remetz ausdictes, à vostre vigilance et à celle du cappitaine la Rochette, à qui vous communiquerez ceste cy, pour la garde des fortz de ladite vallée que ne se peuvent encores rendre que nous n'ayons vuydé quelques afferes, pour lesquelles les députez de Monsieur le duc de Savoye et Monsieur d'Auriac se sont assemblez à Chaumont. Vous aurez des nouvelles de ce qui s'y passera, et cependant préparez-vous à la departye et, quand il vous sera ordonné, faites ouvrir les chemyns pour le transport des munitions de guerre, et tenez des hommes prestz pour fere ce transport, en vertu de la commission de Monsieur de Rosny ou d'un de ses lieutenans. Quant à vostre forme de vivre, elle vous a esté prescripte par Monsieur d'Auriac sur le premier establissement et si le temps d'icelle expire avant vostre deslogement, vous prendrez sur vos contribuables les vivres de vos soldatz à raison de cinq sols par jour pour chascun et non plus, car c'est chose resolue et qu'il se fault bien garder d'outrepasser. Je suis, Monsieur d'Hercules,

Vostre plus humble.

LESDIGUIÈRES.

A Grenoble, le XIXe mars 1601.

CCCXXVII.   1601 — 27 MARS.

Orig. — Archives de l'Isère.

[ORDRE AU SIEUR DE CHATEAUVIEUX DE RECEVOIR ET DÉPOSER DANS LES ARCHIVES DE LA CHAMBRE DES COMPTES LES DOCUMENTS APPORTÉS DE MONTMELIAN.]

Le seigneur de Lesdiguières, gouverneur et lieutenant general pour le Roy en Savoie : il est expressement ordonné au sieur de Chateauvieulx de recepvoir tous les actes, titres et documents qui lui seront desliverey par les sieurs Expilly, procureur general du Roy, et Janon, secretaire en la Chambre des Comptes de Daulphiné, et iceulx faire transporter de cette ville de Montmellian et de la Sales, dans des batteaux sur l'Izere, ou faire voiturer à Grenoble, pour les remettre dans les archives du Roy en ladite Chambre, et d'icelle remission en prendre acte pour servir à sa descharge.

Faict à Chambery le vingt septieme mars mil six cent et ung.

LESDIGUIÈRES.
Par mondict seigneur,
BRÉMOND.

CCCXXVIII.   1601 — 7 Avril.

Autog. — B. N. MS. F. 3592, p. 19.
Imprimé inexactement : *Album historique du Dauphiné*, par M. Champollion-Figeac.
Paris, 1846-1847, p. 10.

A MONSEIGNEUR, MONSEIGNEUR LE DUC DE MONTMORANCY, PAIR ET CONESTABLE DE FRANCE.

Monseigneur, aussi tost que i'ay eu l'honneur de recevoir la vostre du 28e du passé, ie l'ay comuniquée à Monsieur des Alimes, lequel a eu recours au tretté particullier qui c'est fet pour les ostages, lequel porte qu'ils ne seront congédiés qu'après l'entière execution du tretté de paix et non après la restitution de Mommeillan, qu'il ne se peut departir dudict tretté que par exprès commandemant de son Altesse, lequel il advertira par courrier exprès. Nous y tiendrons la main, Monsieur de Bastines et moy, et fezons tout ce qui se peut pour vuider ceste place, mais la grande quantité de maguazins et artillerie avec le mauvais temps nous arreste plus que nous ne voudrions comme ledict sieur des Alimes en est bon tesmoing et esperens, avec l'aide de l'ieu, dans quatre iours l'avoir remise, mais après nous serons suplantés pour attandre la restitution de Chasteau Dauphin et razemant de Beche Dauphin, et aussi l'asseurance du paiemant des cinquante mille escus; tout cella nous arrestera plus que nous ne voudrions. Il y a aussi que son Altesse ne c'est vollu arrester au tretté particullier qui me concerne se voullant tenir au tretté de paix, cella sera aussi ung moyen de prolonger l'exécution, car il faudra tenir une assemblée au Touvet pour vuider ces afferes, mais ie ne crois pas que pour ce particullier ils voullut arrester les ostages, à quoy nous tiendrons la main fort exactemant. Nous leur avons remis la ville de Chambery le 29 du passé et avec beaucoup de peine, car si on ne leur eut donné le moyen pour le paiemant des six mille escus, nous y serions encores, et ne perdrons une seule heure pour donner la perfection à l'œuvre telle que sa Magesté le commande, et vous tenir adverti de tout ce qui se passera. Et en attendant l'honneur de voz commademants, ie demeurerei toute ma vie, Monseigneur,

Vostre très humble et très obeissant serviteur,

                                               LESDIGUIÈRES.

[Ce V]IIe avril 1601, à Montmelian.

CCCXXIX. 1601 — 5 Mai.

Orig. — A M. le B⁰ⁿ Girardot, à Nantes.

A MONSIEUR HERCULES.

Monsieur Hercules, il fault que vous vous joingniez à celluy que Monsieur d'Auriac vous envoyera avec ma convocation pour traitter des affaires de séans avant la rédition des places. Ce sera à vous à faire paroistre ce qui est deu des arrérages des rations, n'en ayant pas presenté memoire autre que celuy qui viendra de vous. Si toutes choses se resolvent, ne rendez pas pour cela les places que je n'aye reçu les resolutions et vous mes nouveaulx avis, et si on ne peut demeurer d'accord j'escris à Monsieur d'Auriac qu'il est bon de renvoyer les difficultés à l'assemblée du jour. Ayez cependant l'oeil ouvert à la garde des places, car il y va du vostre et de celluy de vos amys. Je suis, Monsieur Hercules,

Vostre bien humble à vous servir.

LESDIGUIÈRES.

A Grenoble le cinquiesme may 1601.

CCCXXX. 1601 — 17 Mai.

Orig. — Arch. de l'état de Genève.

A MESSIEURS LES SCINDICS ET CONSEIL D'ESTAT DE GENÈVE.

Messieurs, en envoyant le sieur Tonnard vers Messieurs de Berne, je l'ay chargé de vous rendre ce mot avec la coppie d'une lettre que j'ay receue du Roy depuis celle que je vous fis tenir il y a quelques jours; par cette dernière vous verrez le soing particulier que sa Magesté veut prendre de vostre conservation et mesme la charge qu'elle m'en donne. Croyez que je ne manquerois de vous rendre ce que vous pouvez attendre de moy si les occasions s'offroient. Mais pour ce coup les apparances font juger que vous devez estre hors de l'aprehension d'un siege et non d'une surprise dont il faut vous prendre garde au passage de ces trouppes qui s'en vont en Flandre. Car si vostre voisin a quelque dessin sur vous, par inteligence il vouldra s'ayder du temps et de la faveur de ces forces étrangères qu'on asseure estre de sept à huict mil hommes. Vous aurez par cette voye la coppie du manifeste que vous avez faict démonstration de désirer, touschant les prétentions de Monsieur le Duc de Savoye sur vostre ville; ne vous sera (à mon advis) chose nouvelle pour avoir esté imprimé et de longue main préparé. Or je supplie le Créateur, Messieurs, qu'il vous aye toujours en sa saincte et digne garde.

Vostre bien humble et très affectionné serviteur.

LESDIGUIÈRES.

A Grenoble, le 17 mai 1601.

CCCXXXI. 1601 — 17 MAI.

Orig. — Bibl. de Grenoble, MS. n° 323.

MONSIEUR, MONSIEUR D'HERCULEZ, AU FORT DE SOIT.

Monsieur d'Hercules, le capitaine Besson vous fera voyr une lettre que j'escris aux scindictz de la vallee de Maire sur le suget de laquelle je vous prye d'apporter tout ce qui sera de vostre pouvoyr affin que cest homme se puisse ressentir de vostre assistance. Je me loueray des faveurs que vous luy ferez là dessus, et demeureray cependant, Monsieur d'Herculez,

Vostre bien humble à vous servir.

LESDIGUIÈRES.

Ce XVIIe mai 1601, à Grenoble.

CCCXXXII. 1601 — 17 MAI.

Orig. — B. N. MS. F. 15899.

A MONSEIGNEUR, MONSEIGNEUR LE CHANCELLIER DE FRANCE.

Monseigneur, voici Monsieur de Bompar qui poursuyvra pour la noblesse de ce pays le jugement du procès d'entre elle & le tiers estat; ce dernier ordre faict aussy la même poursuitte, & semble que toutes choses consentent à monstrer la fin de ce different. Dieu nous la donne

bonne & pleine d'autant de tranquilité que je le désire pour le bien du service du Roy & pour l'utilité de ceste province. Nous l'aurons toute telle par la modération que vous apporterez, s'il vous plaist, pour temperement à tant d'aigreurs qui se sont jettées entre ces deux ordres. La noblesse espere la conservation de ses priviléges par vostre justice; vous scavez de combien ce point importe au service du Roy, voilà pourquoy, remettant toutes choses à vostre rare prudence, je vous supplieray me tenir en vostre bonne grace, Monseigneur, et pour
Vostre très humble et très obeissant serviteur.

LESDIGUIÈRES.

A Grenoble le XVIIe may 1601.

CCCXXXIII.   1601 — DU 6 AU 15 JUIN [1].

Orig. — B. N. MS. F. 3592, p. 22.
Imprimé : *Album historique du Dauphiné*, par M. Champollion-Figeac. Paris, 1846-1847, p. 12.

A MONSEIGNEUR, MONSEIGNEUR LE DUC DE MONTMORANCY, PAIR ET CONESTABLE DE FRANCE.

Monseigneur, j'ay tousiours attendu à vous donner des nouvelles de ces quartiers de deçà jusques à ce que les afferes du Roy y fussent en estat qui vous peust donner de la satisfaction & du contantement; maintenant je vous diray pour choses veritables que les cinq & sixiesme de ce moys toutes les places qui se devoient rendre à Monsieur le duc de Savoye pour la dernière foys ont esté mises es mains de ceulx qu'il a commis à les recevoir fors la val de Maires où il s'est trouvé quelque difficulté pour ce qu'il estoit deu aux garnisons. Mays il y a commissaires de part et d'aultre assemblez pour la vuider, ce que je pense estre à ceste heure faict au contantement de chascun. Pour ce qui reste à fère en l'exécution de l'acte qui m'est particulier [2] &

---

[1] Cette lettre est écrite avant les conférences du Touvet qui n'étaient pas encore commencées le 18 juin et qui étaient supendues le 27. On peut donc en fixer la date du 6 au 15 de ce mois. Du reste, une main contemporaine a écrit au dos de cette pièce : juin 1601.

[2] Lesdiguières réclamait au duc de Savoie des sommes considérables provenant des assignations à lui faites sur le marquisat de Saluces. Les conférences du Touvet eurent lieu principalement pour discuter ses prétentious, et le Duc lui remit comme garanties de ses créances le fort d'Exille et la vallée de Barcelonnette. Un acte signé des plénipotentiaires et dont la copie authentique existe à la Bibliothèque de l'Institut (MS. Godefroy. Vol. 95, p. 209) consacre ces diverses bases du traité.

séparé du traitté général, les depputtez les vuideront au Thouvet à leur conference arrestée au XXVIII⁰ jour de ce mois et cela faict il n'y a rien qui empesche la restitution de l'Eville & la vallée de Barcelonne. Monsieur d'Albigny vient commander en Savoye & les garnisons y arrivent. Elles seront suyvies de sept à huict mil hommes de pied Espaignolz ou Napolitains qui vont passer deça les montz pour la Flandre. L'armée du Roy d'Espaigne destinée pour la Honguerie se grossist de jour en jour. Les Suisses en sont allarméz pour Geneve et les princes d'Itallie en sont en jalousie. C'est tout ce que j'ay digne de vous estre escript, vous suppliant très humblement que je sois tousiours en l'honneur de vostre bonne grace & tenu de vous, Monseigneur, pour

Vostre très humble et très obeissant serviteur.

LESDIGUIÈRES.

CCCXXXIV. 1601 — 18 JUIN.

Autog. — B. N. MS. F. 3578, p. 92.

A MONSEIGNEUR, MONSEIGNEUR LE DUC DE MONTMORANCY, PAIR ET CONESTABLE DE FRANCE.

Monseigneur, depuis ma dernière ie n'ay peu avoir aultre advis que le passage de l'armée espagnolle, laquelle est maintenant [à] Nicy où elle seiournera pour fere montre, les aultres dizent pour essaier d'executer une entreprinse qu'ils ont sur la ville de Geneve, lesquels sont en allarme et font très grande guarde. Ceste armée est compozée de vint enseignes d'Espagnols conduits par don Jan d'Agremont, nepveu du conte de Foentes, 24 enseignes de Napollitains et 26 de Millanoys conduits par le conte Teode Trivulce, fezans en tout huit mille hommes. Il y a aussi cinq cents lances et cinq cents carabins. Dans peu de iours nous verrons le chemin qu'ils prandront de quoy ie vous donnerei advis aussi tost comme aussi de la resollution qu'on prandra à l'assamblée du Touvet. Je sollicite aultant qu'il m'est possible le congé de Messieurs les ostages qui sont en Avignon, mais ie n'en puis venir à bout à cause des longueurs acoutumées de ces gens. A mesure que ie pourés y advancer quelque chose, ie ne faudrei vous en advertir et de tout ce qui viendra en ma cognoissance. Pour fin, Monseigneur, ie vous suplie très humblemant de m'honnorer de voz commademants ausquels ie randrei toute ma vie très prompte obeissance par laquelle vous iugerez, Monseigneur, que ie suis

Vostre trés humble et très obéissant serviteur.

LESDIGUIÈRES.

[Ce X]VIIIe juin 1601 au soir, à Grenoble.

CCCXXXV.   1601 — 27 JUIN.

Orig. — B. N. MS. F. 3581, p. 59.

A MONSEIGNEUR, MONSEIGNEUR LE DUC DE MONTMORANCY, PAIR ET CONESTABLE DE FRANCE.

Monseigneur, depuis la derniere depesche que je vous ay faite je n'ay rien appris de nouveau qui ne vous soit mieux cogneu qu'à moy, l'armée d'Espaigne a entierement passé le Rosne et se va rafraichir à ce qu'on nous asseure à Sainct-Claude où elle seiournera douze jours; les depputéz pour l'assemblée du Touvet n'ont rien peu conclure par ce que ceux de Monsieur le duc de Savoye, n'ayant leur pouvoir assez ample, ont esté contraintz de retourner vers son Altesse pour s'esclarcir de sa volonté sur certain point qui leur a esté proposé; ils doivent estre de retour au second de juillet & renouer ladicte assemblée. Je vous supplye très humblement m'honnorer de voz commandemens & de la continuation de voz bonnes grâces, et je supplyeray le Créateur, Monseigneur, qu'il vous maintienne en parfaite santé bien longue & heureuse vye. De Grenoble, le XXVII juin 1601.

Vostre très humble et très obeissant serviteur.

LESDIGUIÈRES.

CCCXXXVI.   1601 — 1er Juillet.
Orig. — A M. le Cte Georges de Soultrait.

[ORDONNANCE ENJOIGNANT AU CAPITAINE DU SERRE, GOUVERNEUR DE MAIRIA DE RESTITUER CETTE VALLÉE AU DUC DE SAVOYE.]

Nous, Françoys de Bonne, seigneur des Diguières, conseiller du Roy en son conseil d'estat, cappitaine de cent hommes de ses ordonnances, son lieutenant général en Daufiné & commissaire depputé par sa Majesté pour l'exécution du traicté de paix d'entre elle et Monsieur le duc de Savoye, en suitte de nostre dicte commission donné à Lyon le dix-neufvieme jour de janvier passé signée : Henry & par le Roy : de Neufville & scellée en cire jaune du grand scel sur simple queue, avons donné & donnons plain & entier pouvoir au sieur Hercules du Serre, commandant pour le service de sadicte Majesté aux fortz et vallée de Maires, de rendre et restituer au nom d'icelle audict seigneur duc de Savoye ou à ceux qui par luy seront commis, les places d'Aceil & autres qui luy ont estées baillées en garde audict pays, conformément audict traicté. Deschargeant ledict du Serre, en vertu de la présente, de ladicte garde & gouvernement, sans que pour ce il luy puisse estre imputé doresnavant aucune chose en cest endroit.

Faict à Grenoble, le premier jour du moys de juillet l'an mil six cens et ung.

LESDIGUIÈRES.
Par mondict seigneur,
(Sceau.)   BRÉMOND.

CCCXXXVII.   1601 — 8 Juillet.
Orig. — B. N. MS. F. 15897.

A MONSEIGNEUR, MONSEIGNEUR DE BELLIEVRE, CHANCELIER DE FRANCE.

Monseigneur, voicy Monsieur le president de Saint-Jullien qui en vous rendant son devoir vous rendra aussy le myen avec la presente que je n'escrips à aultre fin que pour vous donner nouvelle asseurance du pouvoir que vostre vertu, vostre rang et vostre mérite vous a acquis sur moy qui suis vostre serviteur autant que nul aultre qui se soit jamais voué à vous. Je vous supplie donc bien humblement que en ceste qualité j'aye tousiours l'honneur de vostre bonne grace et je supplieray aussy le Créateur qu'il vous donne, Monseigneur, en perfecte santé bien longue vye.

Vostre très humble et très obéissant serviteur.

LESDIGUIÈRES.

A Grenoble, le VIIIe juillet 1601.

CCCXXXVIII. 1601 — 10 Aout.

Cop. — Arch. munic. de Gap. Registre du conseil général et particulier, f° 242.

[A MESSIEURS LES CONSULS DE GAP.]

Messieurs les Consulz de Gap, depuis la dernière lettre que j'ay escripte au cappitaine Philibert, pour sursoyer les poursuittes qu'il faict pour le bois et chandelles à Puymore, il m'a faict veoir, estant ici, son ordonnance quy est pour les premiers mois de l'année passée; est chose que vous debvez très-bien, et laquelle vous ne saurez différer de payer, sauf vostre recours vers Messieurs du pais, pour vostre dégrévement. Je luy ay encore faict expédier une autre ordonnance pour les six derniers mois de l'année passée. C'est tout ce que je vous prie fère sur ce subject, demeurant, Messieurs les Consulz,

Vostre bien humble à vous fère servir.

Ce 10 aoust 1601, à Montmeillan.

LESDIGUIÈRES.

CCCXXXIX. 1601 — 12 Aout.

Orig. — B. N. MS. F. 23196.

AU ROY.

Sire, ce porteur qui n'a plus grand bien que l'honneur d'estre cogneu de vostre Magesté depuis longues années, s'en va poursuivre les provisions de l'office de viceneschal du Montellimar que je luy ay conseillé de prendre, après avoir fait cognoitre le droit que son resignant a audict office[1]. Et d'autant qu'on a persuadé à Monseigneur le prince de Conty que cest office estoit vacquant par la mort du sieur Colas[2], par conséquent qu'il estoit à sa disposition, & par ce moyen que cedict porteur pourroit estre traversé en poursuivant l'effect de sa resignation : il supplye très humblement vostre Magesté qu'autant que son resignant a de droict, autant luy soit conservé de justice pour la paisible jouissance de ceste charge en laquelle, Sire, avec la function d'icelle il vous pourra rendre de bons & fidèles services. Après la desfaite des Neapolitains à Pontcharra, luy ayant donné le port & conduite des drapeaux que voz armes gaignèrent sur voz ennemis, je supplyay vostre Majesté de luy départir de voz bienfaitz, maintenant, si je l'oze, je fais ceste seconde supplication à vostre Magesté à ce qu'il luy plaise le faire ressentir de quelque fruict de tant de courses qu'il a faites pour vostre service, au plus fort de la guerre, selon que j'ay pryé le sieur de Saint Jullien de le vous représenter plus particulièrement, & auquel me remettant, je supplyeray le Créateur, Sire, qu'il doint à vostre Magesté bien longue & heureuze vye. De Grenoble, le XIIe aoust 1601.

Vostre très humble, très obéissant, très fidelle suget et serviteur.

LESDIGUIÈRES.

CCCXL.   1601 — 12 AOUT.

Orig. — B. N. MS. F. 23196.

AU ROY.

Sire, la cognoissance de la juste poursuitte que fait le sieur d'Aulane, vostre suget & vassal, pour tirer rambourcement de Messieurs du pays du Comté Venaissin de la somme de quatre mil escus qu'il a payée pour eux & à leur descharge, a esté cause qu'à l'instance des

---

[1] Il s'agit ici probablement de Louis du Fau, fils de Breton du Fau et d'Anne de Margaillan, qui fut vi-sénéchal de Montélimar et l'était encore en 1617.

[2] Colas est une des figures les plus singulières de cette époque en Dauphiné : vice-sénéchal de Montélimar et ligueur acharné, il se mit d'abord à la tête d'un soulèvement de paysans et ruina les châteaux de plusieurs gentilshommes protestants dans les baronnies ; désavoué mais non puni par le Parlement, il demeura un des chefs du parti ligueur jusqu'à la prise de Montélimar. Il s'expatria alors, servit dans l'armée espagnole, devint gouverneur d'Arras et mourut en 1601.

amis dudit sieur d'Aulan, j'ay envoyé par devers eulx le sieur Cholier, à ce que la condition de ce gentilhomme, vostre suget, ne feust pas inégale à celle des autres du pays, quy en pareilles occasions ont esté rellevez d'une mesme despence. Et pour autant que ce gentilhomme appartient à plusieurs de voz bons serviteurs, je ne luy ay peu desnier ceste supplication que je fays très humble à vostre Magesté, à ce que son bon plaisir soit luy donner ses lettres de recommandation en justice, adressantes à Monsieur le vicelégat d'Avignon ; et qu'en un affaire tant accompaignée de raison et d'équité il vueille passer outre et juger du différent quy luy est commis par les conclusions du pays, à ce que ce vostredict suget ne porte en son particulier ce qui estoit et est encores deu, & doit estre souffert par tout ledict pays. Et en ceste occasion comme en toute autre, j'auray l'honneur de demeurer, Sire,

Vostre très humble, très obéissant, très fidelle suget et serviteur.

LESDIGUIÈRES.

Grenoble, ce XIIe aoust 1601.

CCCXLI.   1601 — 13 SEPTEMBRE.

Autog. — B. N. MS. F. 23196.

AU ROY.

Sire, je crois que vostre Magesté a esté satisfette touchant le fait du Montelimar par la prompte obéissance que le sieur du Poet et ces adhérans ont randu à vostre dicte Magesté. Le iour mesme que Monsieur le prezident de Saint Jullien marqua à vostre Majesté, le chatteau fut remis entre les mains de l'exempt de voz guardes : c'est donc à elle d'ordoner son bon plezir de ceste place [1]. Je vous randrei compte de ce

---

[1] Le gouvernement de Montélimar avait été donné à Gouvernet; la garnison, qui le redoutait, refusa de le recevoir et ferma les portes du château. Les deux pièces suivantes (B. N. MS. F. 23196) donneront à cet égard tous les éclaircissements désirables :

« L'an mil six cents et ung et le quatriesme jour du moys de mars, nous, Gabriel de Genton, escuyer de Curbaing, avons faict accès au chasteau de Montelymar acompaignés de Monsieur Daniel Vincens, docteur en droictz, advocat et soubztitut du procureur du Roy au siège de Montelymard, du cappitaine Jehan Pellepra dict cappitaine Bassegou, segond consul en ladicte ville, et Anthoine Blache, habitant audict Montelymar, et estans sur le pont dudict chasteau aurions appellé la sentinelle auquel aurions dict que desirerions de parler au cappitaine Rigot ou

qui se passe par deçà pour vostre service, qui n'est aultre que les fortifications de Grenoble, Barraus et Exilles, où Monsieur de Rosny

à celluy quy commande là dedans et peu après, sur la courtine de ladicte porte, se seroyt presenté cappitaine Daniel Arnaud qui nous auroyt dict qu'est ce que demandions. Auquel auryons dict que desirions parlé à celluy quy commande au dict chasteau ; lequel nous auroyt respondu que c'estoyt luy mesme que y commande et que sy voullions parler à luy qu'il nous fera ouvrir la porte ; et ce faict serions entrés conduicts mesmes dans le donjon où estans luy aurions dict que par diverses foys nous aurions faict accès audict chasteau pour parler à celluy que y commande pour scavoyr de luy s'il ne voulloyt poinct remettre ledict chasteau à noble Regné de la Tour, sieur de Gouvernet, en suyte des provisions qu'il a pleu à sa Majesté luy octroyer, à tache de Monseigneur des Diguières, son lieutenant general en ceste province, et verifications desdictes patentes faites par nous seigneurs de la Court. Sur quoy cappitaine Daniel Arnaud nous auroyt respondu mot à mot comme est cy après escript. Scavoyr, que la creincte que nous avons d'entrer à la subiection dudict sieur de Gouvernet nous a faict tenyr ainsin serrez et sans responce, afin que de là nous hussions moyen de prandre temps pour fere nous remonstrances au Roy qui nous descharge du joug de ceste servitude, voyre cappetivité, estant prest d'houbeyr à sa Majesté après que nous aurons esté ouys. Mes plustost que d'estre tourmentés comme nous serions sy nous y estions contreinctz, nous et nous adherans, esperons avoyr permission de vandre plustost nous biens et nous retirer ailheurs pour randre au Roy nostre subiection et houbeyssance avec plus de franchise et liberté qu'il ne nous seroyt permis soubz tel tourmant, aymant mieulx souffrir toutes sortes de peynes pour ung coup que de souffrir ceste presse tout le temps de nostre vie, croyant que sa Majesté prandra en bonne part nous remonstrances qui ne sommes accompaignés que de zelle & affection de très humbles & très oubeyssants subiectz recourant à sadicte Magesté pour vivre soubz sa protection et estre garantis de l'oppression de laquelle nous sommes menassés ; protestantz que nous nous soubzmetrons à la domination de tout tel autre qu'il playra à sa Majesté y commettre, de quelque quallité, condition ou nation qu'il soyt ; requerans sur ce qu'il soyt donné advis à Monseigneur des Diguières de nostre juste desir et que puyssions avoyr moyen de requerir au Roy pour nous estre proveu sellon sa clemence. Quoy par nous ouy et entendu avons declaré audict sieur Arnaud que des demain matin nous en dourrons advis à mondict seigneur pour y estre proveu cellon son accoustumée prudance. Et ainsin que dessus a esté par nous procedé et nous sommes soubzsignés avec ledict sieur Arnaud.

« ARNAUD, G. GENTON, VINCENT, PELLAPRA. »

« Syre, j'ay cy devant mandé à vostre Maiesté la declaration du sieur du Pouet Savasse concernant le commandement sur le chasteau de Montelimard. Le 12 de ce mois il s'est emparé de la ville, mis dehors à coups canon la garnison quy estoit establie de vostre authorité en une tour nommée Saint Martin, comme il plaise à vostre Majesté de voir par l'extraict de nostre procès verbal, ne y pouvant plus continuer la commission de laquelle il vous havoit pleu nous honorer, nous feusmes conseillez de nous en retirer, ce que mes compagnons est moy fismes après avoir veu battre et prendre ladicte tour, n'y pouvant plus rien servir. A nostre depart nous rencontrasmes ung gentilhomme quy nous estoit mandé par Monsieur du Passage, lequel nous offroit toute adsistance, et comme nous feusmes arrivez à Valence nous trouvasmes que il assembloit gens de guerre. Monsieur de Lesdiguières nous envoia le capitayne de ses guardes à mesmes subiect. Les habitans de la ville ont le cœur à vous, Syre, leurs corps et biens dependant auiourd'huy de la discretion dudict sieur du Pouet. Dieu ha voulu ayder les habitans de ladicte ville de Montelimard, d'autant que ce remuement ha passé sans effusion de sang et sans ravage. En attendant l'honneur de vos commandemens je supplieray le Créateur vous donner, Syre, en santé très longue et très heureuse vie. De Sainct André près Romans ce 15 juing 1601.

« Vostre très humble, très obeissant, très fidele subiect et serviteur.

« PRUNIER, sieur de SAINCT ANDRÉ. »

A la suite se trouve un assez long procès-verbal

trouve des deffauts. Il est vray qu'en l'assiette il y en a, mais par l'art avec le travail on y remediera le mieulx qu'on pourra et si bien, que ceulx qui sont dans les places en doibvent respondre à vostre Magesté, estans fortifiées et munies comme vostre Magesté l'entend; et de plus il est nécessaire de les fortifier pour la concervation de voz Etas, puisqu'il ne ce peut trouver de milleur assiette qui les couvre sans entrer en despance de plus d'ung million. A Barraus et à Exilles on travaille fort, comme vous fera voir Monsieur le prezident de Saint Jullien. Pour Grenoble le travail a cessé pour faulte d'argent, estant celluy qu'il vous a pleu ordoner despancé, qui n'est que dix mille escus l'année passée et sept mille ceste-cy, et ce sur le pais. Il reste encores deus bastions et leur courtine à revêtir pour clorre la ville. Si vostre Magesté a vollonté qu'on parachève de fermer la montagne, comme il est bien necessaire, car sans cella la fortification seroit imparfête, on dressera ung état de ce qu'il y fault, et crois que s'il luy plet ordonner sur le pais quarante mille escus en quatre années, comme elle a fait par ci devant, cella suffira pour la metre en bon état. C'est à vostre Magesté à m'ordoner sur le tout ces vollontés. Monsieur le duc de Scavoye fet travailler à Mommeillan avec une grande dilligence, n'y espargnant les dimanches mesmes. Saint Front y est; il y fet porter force munitions de guerre; il en fet de mesme en ces aultres places de frontière. C'est tout ce que je vous puis dire pour le present; sinon pour fin prier Dieu, Sire, qu'il doint à vostre Majesté longue et heureuze vie. C'est de Grenoble le 13 septembre 1601.

 Vostre très humble, très obéissant, très fidelle suget et serviteur.

LESDIGUIÈRES.

---

du même personnage sur les événements qu'il a racontés sommairement dans la lettre précédente.

Cependant le Roi étant directement intervenu la garnison de Montélimar n'osa pas pousser plus loin la rébellion et se rendit à la fin d'août à un exempt des gardes de sa Majesté envoyé pour cet effet.

CCCXLII.   1601 — 5 Octobre.

Cop. — Arch. munic. de Briançon. Livre du Roi.

A MONSIEUR, MONSIEUR LE VIBALLY DE BRIANÇON.

Monsieur, il a pleu à Dieu fere ceste grace à la France & en particulier à ceste province de luy donner un Dauphin duquel la Royne est acouchée heureusement, ainsy que vous verrez par la coppie de la lettre que le Roy m'a escripte sur ce subiect [1]. Il fault que nous recognoissions tous que c'est un don de la divine Magesté qui regarde ce royaulme de son œil de piété en luy faisant par la naissance de ce premier prince du sang concepvoir beaucoup d'esperances de sa manutantion & repos après ses longues agitations & travaulx. J'ay bien voulu vous fere participant de ces bonnes nouvelles et par mesme moyen vous prier de les fere publier en vostre siége par la lecture des lettres de sa Magesté, et cella faict, disposer tous les jurisdiciables de l'une & de l'aultre religion d'en fere feuz de joye & rendre publicques graces à Dieu duquel nous recepvons ce beneffice et le supplier pour la longue prosperité de sa Magesté & de ce fils aisné donné à tous ses subiects. Sur ce je demeure, Monsieur,

Vostre bien humble pour vous fere service,

LESDIGUIÈRES.

A Grenoble le Ve octobre 1601.

CCCXLIII.   1601 — 13 Octobre.

Autog. — B. N. MS. F. 3592, p. 24.
Imprimé inexactement : *Album historique du Dauphiné*, par M. Champollion-Figeac.
Paris, 1846-1847, p. 13.

A MONSEIGNEUR, MONSEIGNEUR LE DUC DE MONTMORANCY, PAIR ET CONESTABLE DE FRANCE.

Monseigneur, j'ay eu advis et asses prochain de vostre partement pour la court, et pour en scavoir au vray ce qui en est i'ay depeché ce

---

[1] La lettre du Roi jointe à celle de Lesdiguières est celle qui a été publiée par Berger de Xivrey, vol. V, p. 478 (*Correspondance du roi Henri IV*), elle porte la date du 27 septembre 1601.

courrier exprès affin qu'il vous pleze me marquer par luy le lieu où j'arei l'honeur de vous rancontrer et vous randre mon debvoir et recepvoir l'honneur de voz commandemants, estant resollu de vous suivre iusques à Lyon plustost que d'estre privé de l'honeur de vous voir. Ce sera donc au iour qu'il vous plerra me marquer ; ce qu'attendant je prie Dieu, Monseigneur, qu'il vous doint en santé longue et heureuse vie. C'est de Grenoble le 13 octobre 1601 au matin.

Vostre très humble et très obeissant serviteur.

LESDIGUIÈRES.

CCCXLIV. 1601 — 15 Octobre.

Orig. — B. N. MS. F. 15897.

A MONSEIGNEUR, MONSEIGNEUR DE BELLIEVRE, CHANCELIER DE FRANCE.

Monseigneur, ceux de la ville de Sisteron ont creu que mes prieres avoyent quelque lieu en vostre endroit et sur ceste oppinion ilz ont désiré ce peu de lignes que je vous fays pour vous supplier très humblement les vouloyr favorizer de vostre crédit en la poursuitte d'un procès qu'ilz ont contre ceux de Forcalquier par devant le conseil privé. Il semble que leurs demandes sont accompagnées de beaucoup d'équité, comme vous pourrez trop mieux juger, & je me persuade que cela, soustenu & assisté de vostre recommandation, ne pourra tendre qu'à une heureuze yssue de laquelle le service du Roy en sera mieux fortiffié en ce pays là, & je ne vous en auray pas moins d'obligation que si c'estoit pour mes propres affaires. Je prye Dieu, Monseigneur, qu'il vous conserve en parfaite santé, bien longue & heureuze vye. De Grenoble le XVe octobre 1601.

Vostre très humble et très obeissant serviteur.

LESDIGUIÈRES.

CCCXLV.   1601 — 20 Décembre.
Orig. — B. N. MS. F. 15897.

A MONSEIGNEUR, MONSEIGNEUR LE CHANCELIER.

Monseigneur, vous saurez de Monsieur le president de Saint Jullien l'estat de ceste province où, grace à Dieu, tous les subiects du Roy se contiennent en unyon soubs le bénéfice de la paix et l'esperance de sa durée. Je ne voy rien de deçà de plus digne de vous que ces bonnes nouvelles avec lesquelles je joiugs la nouvelle offre que je vous ay de longue main faicte du service que je vous doibs. Usez en donc, s'il vous plaist, comme de ce qui vous appartient, et en attendant que vous en preniez autant de possession que vous y avez de droit, je demeure, Monseigneur,

Vostre bien humble et plus affectionné serviteur.

LESDIGUIÈRES.

A Grenoble le XXe decembre 1601.

CCCXLVI.   1601 — 21 Décembre.
Orig. — B. N. MS. F. 23196.
Imprimé inexactement : *Album historique du Dauphiné*, par M. Champollion-Figeac. Paris, 1846-1847, p. 13.

AU ROY.

Sire, par le quatorziesme article de l'édict de vostre Magesté faict à Nantes au moys d'avril mil V^c IIII^{xx} XVIII, l'exercice de la religion préthendue refformée ne peust estre faict en voz terres et pays qui sont delà les montz. Le lieu de Chasteaudaufin et sa valée a esté de tout temps des Roys dauphins comme membre du Daufiné, du ressort dudict balliage de Briançon audit pays. Vostre Magesté jugera sy ceste place du ressort dudict balliage doit estre comprise entre celles de delà les montz mentionnées audict article dudict édict, lesquelles ont autres juges & magistratz. Aussi le lieu de Chasteaudaufin comme deppandant dudict balliage de Briançon en Daufiné a esté demandé & nommé par ceulx de ladicte religion préthendue refformée pour le second lieu de balliage où l'exercice doit estre faict suyvant le XI⁰ article dudict édict. La vérité est que avant & après les troubles, il y a eu audict lieu des habitans de l'une et l'autre relligion, lesquelz ont eu l'exercice libre de leur religion respectivement, tout ainsy qu'ont eu les sugetz de vostre Magesté en Pragela, Vaucluson, Exilles, Ours, Sezanne et Bardonnesche, beaucoup plus proches du Piedmont que voz sugetz de Chasteaudaufin. Le duc de Savoye a aussi ses sugetz des vallées de Luzerne, Campillon, Boby, Angroigne, Sainct Martin, Perouse, Sainct Germain & Pramol, plus voisins de Thurin que Chasteaudaufin, qu'il a conservez en l'exercice libre de la religion préthendue refformée, et lesquelz y sont maintenuz et en jouissent sans aucun exercice de la religion catholique, appostolique romayne. Quant son Altesse se saisit de Chasteaudaufin, les habitans luy presentèrent des cahiers pour estre maintenuz & conservez en leurs privileges et coustumes anciennes, et entre autres un touchant le libre exercice de ladicte religion ; ce qui leur feust acordé, tout ainsi que son Altesse le permettoit à ses autres sugetz. Tout le temps que son Altesse l'a occupé, ils n'en ont esté recerchez ; apres la restetution, ilz ont continué leur possession, et comme lieu de balliage où il pouvoit estre estably. Sa Magesté, par son brevet donné à ceux de ladite religion prethendue refformée à Chastelerault le neufviesme juin 1598, n'ayant peu, attandu l'estat des affaires, comprendre en la permission de l'exercice de ladicte religion ses pays de delà les montz, Bresse & Barcelonne, elle promet neantmoins, lorsque lesdicts pays seront en son obeissance, traitter les sugetz d'iceux pays pour le regard de la religion et autres pointz acordez par son édict comme ses autres sugetz, et cepandant qu'ils seront maintenuz en l'estat où ils sont à present. Voz sugetz, Sire, de l'une & l'autre religion audict Chasteaudaufin ont tousiours eu bonne intelligence ensemble, se sont comportez soubz vostre obeissance & observation de voz édictz sans s'estre donné empeschement en l'exercice de leur religion respectivement, et nous ont requis mutuellement les laisser comme ils sont. De tout ce que dessus vostre Magesté en eust peu avoir le rapport que nous eussions tiré des uns & des autres ; mais les passages sont cloz & fermez par l'abondance des neiges, de telle sorte qu'il est impossible de faire venir à nous aucuns des habitans de l'une & l'autre religion de l'age et qualité requise ; car pour faire rapport de tout ce que vostre Magesté nous ordonne &

commande par sa lettre du septiesme octobre dernier, il fault avoir des plus vieux, qui soyent le moindre aagé de cinquante ans ; ce sera au plus tost que les chemins & montaignes seront deschargées des neges. Cepandant nous n'avons voulu manquer d'escripre à vostre Magesté ce que nous en avons appris et qui se veriffye par actes qui vous seront representez par le sieur de Saint Jullien, premier president en vostre Chambre des Comptes, lequel en porte les extraictz, et lequel vous dira, Sire, les causes pour lesquelles nous n'avons esté sur le lieu & plusieurs autres de vostre province de Daufiné pour parachever l'execution que vous nous en avez commise, y ayant toutesfois rapporté tout ce qui a esté de nostre pouvoir & devoyr pour l'execution d'iceluy sur les occurrences qui se sont presentées. Sa Saincteté & son Altesse doivent par raison estre plus jaloux de voyr l'exercice public de ladicte religion aux terres de son Altesse proches de Turin et au cœur de ses Estatz que de le voyr en terres & estatz de vostre Magesté en Daufiné, entre ceux là qui l'ont tousiours heu, mesmes du temps qu'il les a occuppez. Toutesfois vostre Magesté y pourvoira et nous commandera ce qui sera de son bon vouloir et intention ; à quoy nous ne manquerons de satisfaire et de nous conformer tousiours à ce qui sera de voz commandements et voluntez, priant Dieu, Sire, donner à vostre Majesté en toute prospérité très longue et très heureuse vie. De Grenoble, ce XXIe décembre 1601.

 Voz très humbles, très obeissants, très fidelles sugetz et serviteurs.

        Lesdiguières, D'Yllins [1].

---

[1] Cette lettre, la suivante et plusieurs autres que l'on trouvera à leurs dates respectives, ont rapport à l'exécution de l'édit de Nantes pour laquelle le Roi avait délégué, par les lettres patentes du 6 août 1599, trois commissaires : Lesdiguières, d'Yllins et de Vic. Nous publierons dans le dernier volume de cet ouvrage, et parmi les pièces relatives à Lesdiguières, le *Procès-verbal de ce qui s'est passé en Dauphiné pour mettre à exécution l'édit de Nantes*. Ce document, d'une haute importance historique pour la province du Dauphiné, nous dispensera d'entrer pour le moment dans de plus longs détails à ce sujet.

On trouvera aux manuscrits de la Bibliothèque nationale (MS. F. 23197) une lettre d'Yllins au Roi du 4 janvier 1602, dans laquelle il lui annonce son départ en compagnie de Lesdiguières pour faire exécuter l'édit de Nantes dans les montagnes du Dauphiné.

CCCXLVII.   1602 — 3 Janvier.

Orig. — B. N. MS. F. 23197.

AU ROY.

Sire, il y a près de deux ans que l'Archevesque de Thurin m'escrivit une ou deux lettres expressives du dessin qu'il faisoit de visiter ce qui est de son diocese enclavé dedans ce Daulphiné. J'envoiay ses lettres à vostre Majesté et en mesme temps luy fiz responce telle qu'elle ne le pouvoit que beaucoup contenter; et de faict je scay que soubz l'asseurance que je luy donnois, il fut lors en la Val Cluson (pays où Pragela est assis), et que là il receut tout l'honneur qu'il eut sceu désirer, sans touteffoys y establir la messe, dont toute ladite vallée a esté privée depuis plus de cinquante ans, et quoy qu'on face entendre à vostre Majesté, je la supplie très humblement de croire qu'il n'y habite un seul catholique romain. Il est bien vray que les vallées de Sezane, Oulx, Bardonesche et Sallebertran deppendent aussy du diocese dudict Archevesque qui n'a point besoing d'y mettre la messe, car elle y a tousiours esté et y est encores et n'a jamais esté empesché d'y faire sa charge, encores que pour entrer esdictes vallées il faille passer à la porte du fort d'Exilles qui ferme cest endroit contre le Piedmont du costé de Suze. Quand je sauray qu'il vouldra aller en toutes lesdictes vallées pour y faire ses visites et ses establissemens telz qu'ils sont portéz par vostre éedict, il y sera bien receu et tout ce qu'il a pleu à vostre Majesté luy promettre et asseurer fort soigneusement observé. Messieurs d'Yllins et de Vic mes colegues pour l'exécution dudict éedict [pourront] asseurer vostre Majesté qu'elle y a esté servie selon ses volontéz et que tant [s'en fault] que le grand nombre d'une religion aye contrainct ou captivé l'aultre, que à Lyvron, où il ne se trouva qu'un seul catholique romain, la messe y fut establie en sa consideration. C'estoit bien l'intention dudict sieur d'Yllins et la myenne en l'absence dudict sieur de Vic, suyvant le pouvoir qu'il vous a pleu nous donner d'achever ceste execution par toutes noz montaignes comme elle a esté faicte par tout le plat pays de ceste province, mays nous fusmes interrompus par le commandement que vostre Majesté me fit de l'aller trouver lors que Monsieur le duc de Savoye fut à Paris, et, depuis ceste dernière paix d'entre vous et luy, nous en avons esté retenus pour n'avoir eu les moyens necessaires aux fraiz de ce parachevement encores que nous en ayons faict instance. Vostre Majesté commandera sur ce ce qu'il luy plairra, et j'y obeyray comme je doibs. Je me resiouis autant ou plus que nul autre de vos serviteurs de la digne eslection que vous avez faicte de Monsieur le comte de Soissons pour representer vostre Majesté en ceste province. Il recevra de moy l'honneur, le service et l'obeissance telle que je la doibs à un prince de vostre sang et que vous cherissez comme cestuy cy pour ses rares et vertueuses qualitéz. Et sur ce, je prie Dieu, Sire, qu'il conserve vostre Majesté en toute prosperité. A Grenoble, le IIIe janvier 1602.

  Vostre très humble, très obeissant, très fidelle sujet et serviteur.

LESDIGUIÈRES.

CCCXLVIII.   1602 — 25 MARS.

Orig. — B. N. MS. F. 23197.

AU ROY.

Sire, entre tous ceulx de vos subiects qui vous ont rendu des services recommandables parmy les dernières confusions glissées en vostre royaulme, vostre Majesté peut remarquer Monsieur Chaine, président en vostre Cour de parlement de Provence, pour s'estre rendu imitateur de l'affectionnée fidélité qui a esté rendue depuis plus de quatre vingtz ans en ça à vostre coronne par le père qui l'a mis au monde et mesmes en ces troubles de la ligue où, avec beaucoup de pertes et d'incommoditéz, il servit utilement à vostre Majesté pour la reduction de la ville d'Aix en vostre obeissance. Je puis tesmoingner de ceste action pour y avoir esté present et les circonstances qui l'ont preceddée, rendues avec tant d'acortesse, m'ont tousiours faict estimer ce personnage digne de vostre bonne grace et s'en suivant de vostre liberalité. Il se presente une occasion pour luy faire paroistre que vous les avez agréables, autant avantageuse pour vostre service qu'elle luy est honorable. Il désire promouvoir un sien filz aisné en l'estat de conseiller au mesme parlement que la resignation qui luy en a esté faicte (soubz le bon plaisir de vostre Majesté) par le sieur Menier. Le quart denier qui vous en appartient, Sire, est peu auprès de son mérite, et je vous supplie très humblement de l'en gratiffier en don affin de faire paroistre au père que vous voulez le service du fils, et vous acquerir une pepiniere de serviteurs en sa maison. J'oze asseurer vostre Majesté qu'elle n'en aura jamais que contantement et cest oppinion faict que je rendz ainsy librement mes offices à ceulx que je scay estre necessaires à vostre service. Et n'ayant aultre intention, je ne puis que demeurer, Sire,

> Votre très humble, très obeissant, très fidelle suget et serviteur.

LESDIGUIÈRES.

A Valence, le XXVe mars 1602.

CCCXLIX.   1602 — 30 MARS.

Orig. — Arch. de M. le Vte de Sallemard, à Peyrins.

A MONSIEUR, MONSIEUR D'ENTREVAULX.

Monsieur, ayant sceu le different d'entre vous et Monsieur de Chambaud, j'ay estimé que ma charge et le devoir que j'ay à mes amys m'obligeoit [de] vous depescher Monsieur d'Arces, donneur de la presente, par la bouche duquel vous serez instamment prié de ma part, comme je vous supplie et convie par vostre propre courtoisie, de prendre la peyne de venir jusques icy pour me donner cognoissance du droict que vous avez en ceste affaire avec asseurance que je vous donne de m'en rendre curi[eux] conservateur tant et si avant que vous apre[ndrez] que je suis véritablement, Monsieur,

> Votre bien humble [pour] vous fere service.

LESDIGUIÈRES.

Montelimart, le XXX mars 1602.

CCCL.   1602 — 20 Avril.

Orig. — Arch. de M. le Vte de Sallemard, à Peyrins.

A MONSIEUR, MONSIEUR DE LA ROCHE.

Monsieur de la Roche, j'ay veu la lettre que vous m'escrivez sur la notiffication que Botheac vous a faite de l'ordonnance qui fust publyee au Montellimar avant mon despart, elle n'est pas si expresse pour les choses passées qu'elle ne serve pour celles advenir et partant je desire et vous conjure de vous contenir dans les limites y espexciffyées, car encore que vous m'en ayez donne assez d'asseurance à Vallance à mon retour, je ne laisse pourtant de vous en rafraischir le souvenir et vous exorter autant que je puis d'obtempérer à l'intention du Roy que je vous ay representée avec la mienne. Ce sera vostre bien et repos et des autres aussi qui en ont plus de besoin que vous. Pour tout le reste ne vous en mettez point en peyne, car estant comparu à Valance, vous n'avez que faire de venir icy où je m'esforceray et partout ailleurs de vous rendre tous les meilleurs offices que vous vous devez promettre de celuy qui sera à jamais, Monsieur de la Roche,

Vostre bien humble pour vous fere service.

LESDIGUIÈRES.

Ce XXe avril 1602, à Grenoble.

CCCLI.   1602 — 18 Mai.

Orig. — Arch. munic. de Briançon.

[ORDONNANCE DEFENDANT DE MOLESTER LES PERSONNES QUI SE RENDRONT AUX FOIRES DE BRIANÇON.]

Le seigneur des Diguières, lieutenant général pour le Roy au gouvernement de Daulphiné : nous donnons asseurance à tous marchans, tant de ceste province qu'estrangers, qui se voudront, pour leur traficq et commerce, trouver aux deux foyres de Briançon qui se trouvent en la présente année, au jeudy avant le jour de Pentecoste et à la

Sainct Barnabé, suivant les franchises desdites foyres et durant huict jours pour chacune d'icelles, pendant lequel temps, deffendant à tous ceulx qui recongnoissent notre authorité de troubler, molester, inquiéter, prendre ne retenir pour quelque debte et occasion que ce soit, sauf les cas d'[espionnage], lesdits marchans et traficquans es dites foyres, à peyne de la vye, si, afin qu'aucun n'en prétende cause d'ignorance, sera partout où il appartiendra publié et affiché la présente, au vidimus de laquelle deuement collationnée par deux notaires royaulx, nous entendons que foy soit adjoustée comme à cet original.

Faict à Grenoble, le dix-huitiesme jour de may l'an mil six cent deux.

LESDIGUIÈRES.

Les présentes non valables pour les manans et habitans de Barcelonne et sa vallée.

CCCLII. 1602 — 20 MAI.

Orig. — B. N. MS. F. 20539, p. 74.

A MONSIEUR, MONSIEUR D'ELBENE.

Monsieur, vous me faites beaucoup d'honneur de vous ressouvenir d'une personne qui ne vous rendit jamais aucun service, procédant ce témoignage de bonne volonté plustost de vostre bon naturel que d'aucun suget que vous en ayez. Aussi faut-il, Monsieur, que vous croyez, Monsieur, que s'il se présentoit occasion où j'eusse le moyen de vous faire voyr combien je me sens vostre redebvable; je n'y voudrois espargner aucune chose qui soit en moy. Continuez-moy ceste mesme faveur, je vous supplye, & vous vous acquerrez pour jamais le cueur et l'affection, Monsieur, de

Vostre bien humble à vous fere service.

LESDIGUIÈRES.

Ce XXe may 1602, à Grenoble.

CCCLIII. 1602 — 25 Mai.

Orig. — Arch. munic. de Tallard.

[ORDONNANCE ENJOIGNANT AUX HABITANTS DE TALLARD DE FOURNIR DEUX HOMMES LE JOUR ET CINQ LA NUIT POUR GARDER LE CHATEAU.]

Le seigneur des Diguières lieutenant général pour le Roy au gouvernement de Daulphiné : pour éviter la surprise qui pourroit arriver au chasteau de Tallard comme estant proche des frontières de Barcelonne où nous avons advis asseuré qu'il se faict levée de gens de guerre pour Monsieur le duc de Savoye, et désirant prévenir les moyens qu'ils pourroyent avoir d'entreprendre sur ladicte place si proche d'eux et estant si importante qu'elle est au bien du service du Roy et repos du pais, nous avons ordonné que les consuls, manans et habitans du lieu et du vicomté de Tallard fourniront pour la garde et seureté de ladicte place à commancer dès aujourd'huy, assavoir : cinq des habitants des plus capables à porter armes pour la nuict et deux le jour à leurs propres despens, et continuer ladicte garde jusques à ce qu'autrement par nous soit ordonné, à quoy ils seront contraints par le sieur d'Auriac et ce, par les voyes en tel cas accoustumées, attendu que le service du Roy le requiert,

Ainsi faict à Grenoble, le vingt-cinquiesme may 1602.

LESDIGUIÈRES.
Par mondict seigneur,
(Sceau.) BRÉMOND.

CCCLIV. 1602 — 25 Mai.

Orig. — B. N. MS. F. 3578, p. 95.

A MONSIEUR, MONSIEUR MARIDAT, SECRÉTAIRE DE MONSEIGNEUR LE CONESTABLE.

Monsieur Maridat, vous me ferez un singulier plaisir de fere voir la lettre que j'escrips à Monsieur le Conestable, et le plus souvent que vous pourrez aux occasions propres l'asseurer qu'il n'y a personne au monde qui soit plus son serviteur que moy. Je lui donne ceste mesme asseurance et luy escrips aussy en faveur des commissaires des guerres et notamment pour le sieur Tonnard que vous cognoissez et aymez. Je vous prie de tout mon cœur d'ambrasser son affere, car si elle est bien considérée, il se trouvera qu'il n'est pas raisonnable que les offices pareilz à celuy qu'il possèdde soient privéz des privileges dont ilz ont tousiours jouy. Une déclaration particulière nous mettra hors de peyne, et je vous seray très obligé si vous vous employez à l'obtenir par la faveur et authorité de vostre maistre qui y peut tout. Je suis, Monsieur Maridat,

Vostre bien humble pour vous fere service.

LESDIGUIÈRES.

A Grenoble, ce XXVe may 1602.

CCCLV. 1602 — 28 Mai.

Orig. — B. N. MS. F. 3592, p. 28.
Imprimé inexactement : *Album historique du Dauphiné*, par M. Champollion-Figeac.
Paris, 1846-1847, p. 16.

A MONSEIGNEUR, MONSEIGNEUR LE DUC DE MONTMORANCY, PAIR ET CONESTABLE DE FRANCE.

Monseigneur, si j'ay demeuré long temps de vous escrire, ç'a esté à faulte d'en avoir subiect digne de vous. Je n'ay pas pourtant laissé d'avoir devant les yeulx l'honneur que je vous doibs et ce devoir m'a tousiours augmenté le desir de paroistre vostre très humble serviteur. Il y a long temps que j'en recherche le moien, et en l'attendant je nourris en moy une affection toute entiere pour vostre service, affin de ne demeurer ingrat de tant d'amytié qu'il vous a pleu me demonstrer. J'en ay nouvelle occasion par la juste faveur que vous avez voulu de nouveau rapporter aux affaires de Monsieur de Créquy. Il ne sera jour de ma vye que je ne m'en sente vostre obligé, Monseigneur, et que je ne desire recognoistre une telle obligation en m'exposant librement partout où j'auray voz commandemens que je recevray tousiours à beaucoup de faveur. Cependant, je vous remercie très humblement de la continuation de celles que j'ay receues, j'en conserveray la mémoire comme je doibs pour me rendre digne de vostre bonne grace. Au reste, Monseigneur, je seray, s'il vous plaist, excusé si je vous importune d'un affaire que j'estime estre necessaire de venir à vostre cognoissance. Vous savez que les commissaires des guerres sont des principaulx officiers de la gendarmerie de laquelle vous estes (après le Roy) le premier chef et principal appuy. Ceulx de ceste qualité ont tousiours jouy des previléges de noblesse comme estant l'office destinée à un noble, aussy jouissent-ils par toutes les provinces de France de toute sorte d'exemption, notamment en ceste province où il se trouvera des vefves mainteneues aux priviléges de l'office après la mort de leurs maris par arrests du Conseil privé de sa Majesté donné les partyes ouyes, et touteffois ceulx de ceste qualité se trouvent comprins en l'arrest dernièrement donné sur le defferent des troys ordres de ceste province, avec exclusion du previleges, ce que je pense estre advenu à vostre insceu, car aultreman vous eussiez, à mon aviz, faict conserver la dignité de cest office et des officiers qui la possedent, comme leur protecteur. Et par ce, Monseigneur, qu'il y en a un seul[1] en ce pays véritablemen digne de ceste charge qui a eu l'honneur de faire le serment en voz mains après avoir eu ses provisions et quictance de finances, et qu'il y a cinquante ans que l'office qu'il possède a passé de main en main sans bouger de ceste province où ses priviléges luy ont esté conservez, je vous supplie très humblement qu'ilz ne luy soient point ostez affin qu'une charge si honorable ne perde son lustre et que celuy qui l'exerce jouisse avec honneur du fruict des services qu'il a rendus au Roy depuis vingt ans en ça auprès de moy. Je say bien, Monseigneur, que vostre intention est de faire retrancher la multitude de pareils offices institués parmi nos desordres, mays cestuy cy se trouvera des plus anciens et de la première institution non subiecte à retranchement. Et puis, en retranchant les offices, les previleges se trouveront retranchez et sera assez à temps de faire l'un avec l'aultre sans mutiler des charges si honorables. A quoy vous aurez, s'il vous plaist, égard pour faire, par vostre moyen, oster de l'arrest les commissaires des guerres par nouvelle déclaration du Roy, plus tot en reduire le nombre à un ou deux pour éviter la surcharge du peuple. Celuy pour qui je vous parle ne le charge point car il a fort

[1] Il résulte de la lettre écrite par Lesdiguières à Méridat, secrétaire du Connétable, le 25 mai précédent, que le commissaire des guerres dont il est question ici est Jean Tonnard.

peu avec son office ; ayez-le s'il vous plaist en recommandation, à la très humble prière qui vous en est faicte. Monseigneur,

Vostre très humble et très obeissant serviteur.

LESDIGUIÈRES.

Grenoble, le XXVIIIe may 1602.

CCCLVI.   1602 — 31 MAI.
Orig. — B. N. MS. F. 15897.

A MONSEIGNEUR, MONSEIGNEUR LE CHANCELIER DE FRANCE.

Monseigneur, l'integrité qui a esté compaigne du chappitre Saint Bernard de Romans au milieu de nos inciviles confusions les rend recommendables entre les serviteurs du Roy. Sa Majesté a confirmé leurs anciens privileges à eulx conceddés par ses prédécesseurs pour l'augentation de leur eglise, ils en ont jouy sans contredit, mais ils craignent que l'arrest depuis naguieres donné au diferent de noz Daulphinois les porte à quelque prejudiciable alteration. C'est pourquoy, Monseigneur, ils recourent au Roy, pour, par le moyen de vostre equité, obtenir de sa Majesté une declaration pour l'affermissement de leursdicts privileges. Je vous supplie très humblement de les appuier de vostre juste faveur pour tousiours inciter ce corps à perseverer en son fidelle devoir comme il a jusques icy faict. Et en cest endroict je supplie le Créateur vous donner, Monseigneur, en toute perfection de santé bien longue vye. A Grenoble le 31e may 1602.

Votre bien humble et plus obeissant serviteur,

LESDIGUIÈRES.

CCCLVII.   1602 — 15 JUIN.
Orig. — B. N. MS. F. 15897.

A MONSEIGEUR, MONSEIGNEUR LE CHANCELLIER DE FRANCE.

Monseigneur, entre les affaires particulieres où vous fistes paroistre vostre affection estant de deçà, ce fut en celle du cappitaine Beauregard pour l'anoblissement qu'il avoit pleu au Roy luy donner; car vous le voulustes recommender bien expressement à Messieurs de la Cour & commis des Estatz de ce pays de Daulphiné. Il s'y promet la mesme faveur de vous & vostre equitable justice, en la declaration qu'il va demander à sa Majesté pour l'affermissement de cest honorable tittre qu'il a certes bien merité. Je vous supplye, Monseigneur, luy estre propice autant que ses fidelles services vous y pourront exciter, affin de luy donner occasion de les continuer comme il en a la volonté & parce qu'ils se rendent recommendables d'eulx mesmes par la representation qui vous en sera faicte ; je ne vous ennuyeray pas davantage & prieray Dieu, Monseigneur, qu'il vous aye en sa grace. A Grenoble le XVe juin 1602 [1].

Vostre bien humble et plus obeissant serviteur.

LESDIGUIÈRES.

CCCLVIII. 1602 — 15 JUIN.
Orig. — B. N. MS. F. 15807.

A MONSEIGNEUR, MONSEIGNEUR LE CHANCELIER DE FRANCE.

Monseigneur, les services que le sieur de Gauteron rendoit au feu Roy en l'exercice des armes luy acquit le tiltre de noblesse ; il a tousiours depuis continué avec tant de fidellité que s'en estant rendu odieux à la Ligue elle l'a tout à faict ruyné par la prinse de ses biens, par la mort violente de sa femme et ne luy reste aujourd'huy que les batimens rompus et la terre en friche. Encores peut-il subsister s'il plaist au Roy luy continuer ce qui luy est resté de plus specieus qui est le tiltre de noble que sa vertu luy a acquis et par une nouvelle declaration l'oster de l'arrest dernierement donné sur les differens des ordres de ceste province. Il en est digne, Monseigneur, et je vous supplie très humblement luy rendre en ceste occasion vostre bonne justice affin de l'acourager à la perseverance de sa fidelité au service de sa Majesté, suppliant sur ce le Createur vous donner, Monseigneur, en toute perfection de santé, bien longue vye. A Grenoble le XVe juing 1602.

Vostre très humble et plus obeissant serviteur.

LESDIGUIÈRES.

[1] Le président d'Yllins écrivit également au Chancelier, en cette circonstance, une lettre en faveur du capitaine Beauregard ; elle est datée du 21 juin 1602 et se trouve dans le volume 15818 des manuscrits français de la Bibliothèque nationale. Voir la note de la lettre du 29 juin suivant.

CCCLIX.   1602 — 18 Juin.

Autog. — B. E. MS. F. 3592, p. 5.

A MONSEIGNEUR, MONSEIGNEUR LE DUC DE MONTMORANCY, CONNESTABLE DE FRANCE.

Monseigneur, ci ce n'estoit Monsieur le prezidant de Saint Jullien par lequel vous scaves ce qui ce passe par deçà, ie vous ferois plus longue letre. Il me suffit donc, Monseigneur, de vous continuer l'hoffre de mon très humble service en attendant l'honeur de voz commademants ausquels ie randrei toute ma vie si prompte obeissance que vous iugerez, et par mes actions, que ie me veus rendre capable de meriter voz bonnes graces et de me dire partout, Monseigneur,

Vostre très humble et très obeissant serviteur.

LESDIGUIÈRES.

Ce XVIIIe juin 1602 à Grenoble.

CCCLX.   1602 — 20 Juin.

Orig. — Arch. de M. le Mis de Florent, à Tain.

[COMMISSION POUR LE SIEUR DE LA ROCHE COMME GENDARME DE LA COMPAGNIE DE MONSEIGNEUR DE LESDIGUIÈRES.]

Le seigneur des Diguières, lieutenant general pour le Roy au gouvernement du Daulphiné : desirant en tant qu'en nous est recognoistre le sieur de la Roche pour les bons et fidelles services qu'il a de longue main randus au Roy tant aux guerres de Piemond, Savoye, qu'en divers autres endroicts où les ocasions se sont offertes pour le bien du service de sa Magesté ausquelles il a donné parfaicte cognoissance de sa vertu et merite, en consideration desquelles qualités nous l'avons retenu et retenons en la compagnye de gendarmes dont il a pleu à sa Magesté nous honnorer, pour jouir et user des à present des honneurs, dignites, droicts et immunites y apartenans. En foy de quoy nous avons signé les presentes et à icelles faict mettre le cachet de nos armes.

A Grenoble le vingtieme juin l'an mil six cents et deux.

LESDIGUIÈRES.

Par mondit seigneur,
BRÉMOND.

(Sceau.)

CCCLXI. 1602 — 24 JUIN.

Cop. — B. N. MS. F. 3491, p. 126.

[A MONSIEUR, MONSIEUR L'ARCHEVESQUE DE TURIN.][1]

Monsieur, j'ay receu celle qu'il vous a pleu m'escrire le XIXe de ce mois par le père Valentin avec les autres pieces dont vous l'avez

---

[1] Les deux pièces suivantes expliqueront la cause et le but de la correspondance entre Lesdiguières, l'Archevêque de Turin, les autorités de Briançon et le Roi concernant le Val-Cluson :

« Le seigneur reverendissime et illustrissime Archevesque de Thurin transporté en ce Valcluson et au lieu de Fenestrelle pour continuer aux aultres lieux de la vallée afin de l'exercice de la religion cathollique, appostolique, romaine, et jouyssance des biens & droicts ecclesiastiques suyvant l'edit du Roy donné à Nantes, article IIIe, IIIIe, XXVe & aultres, avec l'asseurance, protection & sauvegarde des ecclesiastiques y venents, seiournants et qui y seront establys ou qui pour ledict exercice & jouyssance du beneffice de cest edict y seront employés pour estre de son diocoze, requerant vous, Monsieur d'Astres, comissere de ceste partie, depputé promouvoyr à ce les consuls, comnis de la vallée qui sont assemblés en cedict lieu de Fenestrelle cejourd'huy dix huictiesme de juing 1602 comme il luy est venu à notice, et en cas de refus les y contraindre et aultrement luy pourvoir de remède convenable et sy fera bien.

« Par mondict Monseigneur,

« FABRITIS, canonicus pro secretis. »

(Arch. munic. de Briançon. Livre du Roi.)

« RESPONSES DES CONSULS DE VALCLUSON AUX DEMANDES DE MONSIEUR L'ARCHEVESQUE DE THURIN.

« Aux demandes faictes par Monsieur l'archevesque de Thurin ce XVIIIe juin 1602 au lieu de Fenestrelles en Valcluson aux consuls de ladicte vallée par l'entremise de Monsieur d'Astres, gouverneur pour sa Majesté es ville & chasteau de Briançon demandant :

« En premier lieu, que l'exercice de la religion catholique, apostolique & romaine soit continuée en la presente vallée.

« Secondement, la jouissance des biens & droictz des ecclesiastiques.

« Tiercement, la protection & sauvegarde des ecclesiastiques qu'il y pretend establir & employer pour l'exercice de ladicte religion, le tout à la forme de l'eedict de Nantes, articles 3, 4. 25, et finallement en cas de refuz y estre contrainctz.

« Respondent lesdicts consulz, assistez de Messieurs les Ministres de la parolle de Dieu en ladicte vallée & en presence du sieur Chastellain audict Val, au premier chef, que d'autant qu'en ladicte vallée n'habite personne qui soit de ladicte religion catholique, apostolique & romaine ni qui requiere l'exercice d'icelle, ne semble à propos ny de l'yntention de sa Majesté conteneue

chargé, estant extremement content de ce que vous m'asseurez de n'avoir receu que bon traittement pour vostre personne & pour ceux qui vous accompagnent en la Valle-Cluson. Je scay que ceux qui y habitent sont sy obeissans aux volontéz du Roy que vous n'en aurez que bonne satisfaction pour ce regard & toute l'asseurance que vous en scaurez desirer. Pour le surplus de l'action qui vous y a conduict, c'est la vérité qu'elle leur est un peu estrange. Mais ils ne seront point si mal advisez que de vous empecher de faire dire la messe par les lieux de ladicte vallée quand vous jugerez necessaire et je m'asseure aussi qu'ils ne retiendront point les revenus ecclesiasticques car ils scavent qu'ils offenseroient le Roy; & de faict il n'y a jamais esté touché que durant nos guerres civilles, comme vous scaurez s'il vous plaist vous en enquerir, & parce qu'il est aysé à prévoir que aucuns poincts que vous demandez en exécution dudict éedict rencontreront beaccoup de contrariété et qu'il est besoin que le Roy mesme interprete quelques articles de sondict éedict, Monsieur le premier président & moy envoyons aux sieurs vibailli & d'Astres une commission pour s'enquerir sur certaines circonstances qui vous seront par eulx communiquées & nous en envoyer information, que sera jugée par sa Majesté & son jugement exécuté sans delay. Cependant, Monsieur, je prie Dieu qu'il vous donne longue & heureuse vie.

LESDIGUIÈRES.

A Grenoble le XXIIII° juin 1602.

dudict edict d'y continuer l'exercice de ladicte religion qui n'y a esté exercée de leur memoire.

« Au second, respondent qu'ils ont tousiours payé & payent annuellement lesdicts droits & revenus aux ecclesiasticques, lesquelz ilz les tiennent et arrentent comme ilz font paroistre par bons documents & acquits si de besoing.

« Au III° respondent n'y estre tenuz par ledict eedict pour estre en pays champestre, ouvert & frontiere.

« En dernier lieu declarent vouloir obeir à sa Majesté en tout ce qui est porté par ledict eedict sans contraincte, requerans ledict sieur Archevesque de ne les rechercher plus outre que de ce qui est de l'intention de sadicte Majesté & dudict eedict. »

(B. N. MS. F. 3491, p. 126.)

Cette réponse ne porte pas de date, mais comme elle est postérieure à la requête de l'archevêque de Turin et antérieure à la réponse de Lesdiguières, elle a été écrite du 19 au 22 juin 1602.

CCCLXII.   1602 — 24 Juin.
Cop. — B. N. MS. F. 3491, p. 127.

[A MESSIEURS LE VIBAILLY ET GOUVERNEUR DE BRIANÇON.]

Messieurs, nous sommes fort satisffaictz de l'honneur & de l'assistance que vous avez rendus en nos noms à Monsieur l'Archevesque de Thurin aux affaires qui l'ont mené en la Val Cluson concernant l'establissement de la religion catholique, appostolique & romaine en ladicte vallée suivant l'éedict de Nantes. Continuez luy, s'il vous plaist, la mesme assistance sans rien obmettre de ce que vous y devez raporter. Et par ce que nous n'estimons pas les choses préparées en ladicte vallée à une entiere exécution dudict éedict à cause des contrariétéz qui s'i offrent ainsi que nous avons veu par les sommations & repponces faictes de part & d'autre, nous vous adressons nostre commission pour soigneusement informer sur les deux points contenus en icelle, desquels vous communiquerez audict Archevesque. A quoy vous tiendrez promptement la main, toute difficulté cessant, et au demeurant à l'exécution selon sa forme & teneur. Et en attendant de voir voz procès verbaux pour les envoyer au Roy, nous prions Dieu, Messieurs, qu'il vous ayt en sa saincte garde. A Grenoble le XXIIIIe juin 1602.

LESDIGUIÈRES, D'YLLINS.

CCCLXIII.   1602 — 24 Juin.
Cop. — B. N. MS. F. 3491, p. 127.

COMMISSION AUX SIEURS VIBAILLY ET GOUVERNEUR DE BRIANÇON.

Les commissaires deputés par le Roy pour l'exécution de son éedict de Nantes en Dauphiné, au sieur de Chaillol, conseiller du Roy, vibailli des montagnes de Dauphiné au siége royal et présidial de Briançon et au sieur d'Astres, commandant pour sa Majesté en la ville & chasteau dudict Briançon salut : sur l'advis qui nous auroit esté cy devant donné par le sieur reverendissime Archevesque de Turin, que suivant & en vertu dudict éedict & de la commission à luy donnée par sa Maiesté par ses lettres de cachet, son intention estoit de s'acheminer en la Val Cluzon, pour y restablir l'exercice de la religion catholique, appostolique & romaine, nous vous aurions donné charge par nos lettres missives d'aller avec le substitud du procureur général de sa Magesté sur la frontière de ladicte vallée du costé de Pignerol, pour prendre & recevoir ledict Archevesque & les siens et l'accompagner en tous les lieux d'icelle vallée où il trouveroit necessaire d'establir ledict exercice, de quoy nous entendons par le raport qui nous en a esté faict de la part dudict sieur Archevesque, & par ses lettres que vous en estes bien & deuement acquitéz. Et d'autant que sur les occurrences & difficultéz qui se presentent en cest affaire, il est besoing vous pourveoir de plus ample pouvoir & commission, ne pouvans aller sur les lieux sans faire prejudice au service de sa Magesté qui nous retient de deçà pour le deu de noz charges; à ceste cause nous vous avons commis & commettons pour parachever l'assistance qui est deue audict sieur Archevesque, au restablissement de ladicte religion catholique, appostolique & romaine & célébration de la messe aux lieux de ladicte vallée que bon luy semblera, et avant que passer plus outre à l'execution dudict éedict notamment pour l'article second, vous informerez diligemment, & par tesmoings dignes de foy à la dilligence du substitud dudict procureur général du nombre de ceulx de ladicte vallée qui font profession de la religion catholique, appostolique & romaine, et du temps qu'il y a que l'exercice d'icelle n'y a esté faict, pour, l'information rapportée devers nous & veue par sa Magesté, estre par elle ordonné selon son bon plaisir. Et cependant faictes faire plaine & entière main levée & delivrance audict sieur Archevesque & autres ecclesiasticques qu'il appartiendra, du revenu temporel de leurs bénéfices assis en ladicte vallée sans exception ny réserve, si aucuns estoient destenuz contre l'intention du Roy avec inhibition à tous de les troubler en la possession d'iceulx, et en outre mettre en la sauvegarde & protection du Roy tous les habitants d'icelle indifféremment, & la protection les ungs des autres, avec deffense de se provocquer au prejudice dudict éedict & sur les peines y contenues. Et pour ce faire, vous donnons pouvoir en vertu de celuy que nous avons de sa Magesté, mandons à tous qu'il appartiendra à vous, en ce faisant, obeir par ce qu'il s'agit du service de sa Magesté.

Faict à Grenoble, le XXIIIIe jour de juin 1602.

LESDIGUIÈRES, D'YLLINS.

CCCLXIV.   1602 — 29 Juin.

Orig. — Bibl. de l'Institut. MS. Godefroy. Vol. 263, p. 112.
Imprimé : *Album historique du Dauphiné*, par M. Champollion-Figeac. Paris, 1846-1847, p. 16.

AU ROY.

Sire, le sieur Archevesque de Thurin est en la Val Cluson, qui vulgairement se nomme Pragella, tiltre de la principalle paroisse d'icelle ; et parce que vostre service sur ces nouvelles occurances ne nous a peu permettre de nous y trouver pour, suivant nostre charge, en l'assistant y exécuter vostre éedict de Nantes, nous avons commis en nostre lieu le vibailly et le gouverneur de Briançon, pour nous représenter & faire en ceste action comme nous mesmes. Ce prélat a commencé et continuera à faire dire la messe par tous les lieux de ladite vallée que bon luy semblera. Il aura la jouissance des biens ecclesiastiques qui ne luy ont jamais esté ostez que durant les guerres de relligion, et en somme il sera contant & vostre Majesté satisfaicte pour ces deux poinctz. Mais d'aultant, Sire, qu'il faict instance pressée d'avoir la possession des cemetières & la restitution des mazures ou anciennement les églises estoyent basties, pour y édifier de nouveau & y loger des relligieux & prebstres, lesquelz il desire estre en la protection de vostre Majesté, de voz officiers & des chastelleins, consuls & habitans de ladite vallée, et qu'il se donne de grandes oppositions à ces demandes, nous en avons surciz l'effect jusques à ce qu'il soit par nosdits commis informé sur aucuns poinctz resultans de vostre éedict et contenuz en la commission que nous leur avons adressée, pour, l'information faicte & veue par vostre Majesté, en ordonner selon sa volonté, laquelle nous rechercherons pour y obeir comme doyent faire, Sire,

  Vos très humbles, très obeissans & très fidelles subjectz & serviteurs.

LESDIGUIÈRES, D'YLLINS.

A Grenoble, le XXIXe juin 1902.

CCCLXV. 1602 — 29 Juin.

Orig. — B. N. MS. F. 15897.

A MONSEIGNEUR, MONSEIGNEUR LE CHANCELLIER.

Monseigneur, les services que le sieur de Frediere a fidellement rendus des sa jeunesse au Roy et à ses predecesseurs, paroissent par escript aux commissions des charges honorables qu'il a eues parmy les armées de leurs Majestés, ils sont tesmoignés par des personnes de qualité et dignes de foy et se font cognoistre par quatre harquebuzades en sa personne pour marque de sa valleur et de son affectionnée fidelité. Sa vertu luy a adiugé sans contredit le tiltre de noblesse lequel encores il possedde par son extraction, suyvant la forme d'user de ce pays, comme fils naturel de feu Monsieur de la Roche, baron de Montmaur. Il est très digne regetton de ceste souche et ne s'en est jamais rendu indigne, encores que la branche droite et legitime, qui est le comte de la Roche, aye prevariqué par la revolte [1]. Mays cestuy cy, demeuré en sa fermeté sans variation, se voyant exclus de ce qu'il tient de plus cher par l'arrest dernierement donné pour ce Daulphiné [2], a recours au Roy pour obtenir declaration de

---

[1] Balthazard Flotte, comte de la Roche et baron de Montmaur, suivit d'abord la fortune de la Valette et fut nommé par lui gouverneur de Romans, ayant depuis épousé une parente du duc de Savoie dont il fut nommé grand veneur, il fortifia, malgré les défenses du Roi, la ville de Romans, avec l'intention de la livrer au duc de Savoie. Ce complot ayant été déjoué (25 octobre 597), le comte de la Roche parvint à s'enfuir en Piémont. Quelques années après il se brouilla avec le Duc, revint en France et y fut condamné et exécuté à mort pour assassinat commis sur un prêtre italien qui se rendait à la Cour (juillet 1614).

[2] L'arrêt dont il s'agit ordonnait que l'on ferait une révision des nouveaux annoblissements qui avaient été concédés par Henri III et Henri IV avec une prodigalité inouïe à l'occasion de services plus ou moins réels rendus pendant les guerres religieuses. Comme les nobles ne payaient point de tailles et que la province versait au trésor une somme fixe, plus il y avait d'annoblissements plus le peuple était surchargé d'impôts. Les syndics des communautés villageoises avaient demandé que les exemptions fussent réelles et non personnelles, c'est-à-dire que certains fonds qualifiés nobles fussent à tout jamais exempts de tailles, mais que les nouveaux annoblis ne pussent, par le seul fait de leur annoblissement, exempter d'impôts tous leurs biens présents et à venir. Leur demande ne fut pas agréée, mais on leur promit seulement, par arrêt, de faire une exacte révision des nouveaux annoblissements; cette promesse fut exécutée d'une manière illusoire et presque tous les annoblis furent maintenus dans leur privilége. Lesdiguières, qui avait le plus contribué à ces annoblissements multipliés, défend son œuvre dans cette lettre, dans celle du 15 juin précédent et dans plusieurs autres qui vont suivre.

sa Majesté en l'affermissement de ses privileges. J'implore pour cest effect vostre bonne justice en sa faveur et je vous supplie très humblement de ne la luy desnier soubz l'asseurance que je vous donne avec verité de son merite & de ses services, lesquels il continuera jusques à la fin de sa vye, et saichant que c'est son intention aussy bien que son devoir et que vous aymez ceulx qui ne se lassent point de bien faire, je ne vous en feray point de plus estroitte recommandation et vous diray seullement que je suis tousiours, Monseigneur,

Vostre très humble et très obeissant serviteur.

LESDIGUIÈRES.

A Grenoble XXIX.e juin 1602.

CCCLXVI.   1602 — 6 JUILLET.

Orig. — B. N. MS. F. 15897.

A MOESEIGNEUR, MONSEIGNEUR LE CHANCELLIER.

Monseigneur, le different qui estoit entre les troys ordres de ceste province a esté cause que le sieur de Fassins, prevost général des mareschaulx en icelle, ses lieutenans et archers, n'ont esté payés de leur solde de laquelle il leur est deu deux ans entiers. Il recourt au Roy et à vostre bonne justice pour en avoir le payement sur ce pays et puisque l'ordre qui s'observoit en ceste action a esté interrompu, je croy que vous trouverez bon que ceste Chambre des Comptes ayt commission de sa Majesté pour imposer ce qui se trouve deu audict sieur de Fassins, lequel et le reste des officiers qui sont soubs luy ne peuvent plus servir ny mesme s'entretenir sans estre payés, ayant avancé le leur et celuy de leurs amys en attendant ce qui leur est si justement deu. Je vous supplie très humblement les favoriser affin qu'ils continuent à rendre leur devoir comme je puis vous tesmoigner que ledict sieur de Fassins a jusques icy faict et, pour luy en donner plus de moyen, si sa Majesté trouve bon que doresnavant son payement soit comprins en l'estat des garnisons de ceste province, il n'y a point de doubte qu'il ne l'aye à point nommé. C'est mon devoir d'intercedder pour luy puis qu'il a pleu au Roy me mettre en une charge qui me met en interest de voir la justice bien exercée. Je prie Dieu, Monseigneur, qu'il vous aye tousiours en sa saincte grace. A Grenoble le VIe juillet 1602.

Vostre très humble, très obeissant serviteur.

LESDIGUIÈRES.

CCCLXVII.   1602 — 13 JUILLET.

Orig. — B. N. MS. F. 15577, p. 126.

AU ROY.

Sire, je devrais plustost asseurer votre Majesté de la reception des deux lettres qu'il luy a pleu m'escrire les XIIIIe et XXIIe du passé, sur les nouvelles occurrences que Dieu et votre prudence vous ont suggerées pour la seureté de vostre personne et affermissement de vostre estat, mays avant que d'escrire, j'ay estimé qu'il estoit necessaire de satisfaire au desir que vous avez eu que ces mouvemens ne fissent rien mouvoir en ceste province au preiudice de vostre service; or, Sire, je puis asseurer vostre Majesté que tout y est disposé à obeissance et prest à s'opposer à ce qui vous est contraire; c'est chose que j'ai tousiours recogneue, mais bien expressement en ceste occurence où vostre noblesse a esté preste de monter à cheval et les villes à me donner de leurs hommes s'il eust fallu garnir la frontière, sur le passage des troupes estrangeres, ou vous rendre quelque autre service. Je me suis contanté de leur bonne volonté sans leur donner peyne, puisqu'il n'en a point été besoing, et ma compagnie que j'avois mise en corps a été aussytost separée qu'assemblée, pour éviter la foule qu'elle eust apportée. Noz voisins ne bougent et semble qu'ilz en veuillent plustost à Genève qu'à nous. Leur milice de Savoye et de Piédmont est avertie de se tenir preste. Il arrive aujourd'huy à Aiguebelle, quelques Napolitains qui ont passé par la Maurienne. Il n'y a pas plus de douze cens hommes en cette trouppe, trop petite pour passer en Flandres, aussy assure-on qu'elle est destinée pour la seureté des places de Savoye et pour fatiguer Genève sur le point de ceste récolte dont il semble que ceste ville-là soit en danger d'estre privée, et je say qu'elle se prépare pour la recuilir et conserver. Ce sont des commencemens qui auront quelque suitte, en laquelle ces gens auront besoing de vostre assistance, mays je voy, Sire, que vous la leur voullez donner, et je l'ay aprins par la lettre que le capitaine Rigault m'a rendue de vostre part du VIIe de ce moys. Je ne fauldray pas de le leur faire sçavoir par un gentilhomme exprès, puisque vous me le commandez ainsy. Je doibs, avant que finir ceste-cy, asseurer vostre Majesté que ceste province est toute pleine de resiouissance de la grâce que Dieu vous a faicte de descouvrir les pernicieux desseins qui se brassoient contre votre personne, contre votre sang, et contre votre estat [1]. C'est une singulière assistance et faveur que vous recevez de luy, après tant d'aultres, et un signe certain que vous estes conservé de sa main puissante, pour la conservation de votre pauvre peuple, parmy lequel et plus que aucun aultre, je supplie sa divine bonté, Sire, qu'il vous continue tousiours ses sainctes grâces, et à moy l'honneur de me nommer longuement,

    Vostre très humble, très obeissant, très fidelle suget et serviteur.

LESDIGUIÈRES.

De Grenoble, le XIIIe juillet 1602.

CCCLXVIII.   1602 — 23 JUILLET.

Orig. — B. N. MS. F. 15897.

A MONSEIGNEUR, MONSEIGNEUR LE CHANCELLIER.

Monseigneur, s'il plaist au Roy, à la très humble requeste que je luy fais, donner au sieur de Garcin lettres de déclaration sur l'anoblissement qu'il y a cy devant eu de sa Majesté, je vous supplie très humblement luy octroyer en ceste occasion vostre bonne justice et favorable expedition affin qu'il ne soit renvoyé, avec response aux depesches qu'il a de ma part rendues à sa Majesté. Il est homme plein d'honneur et de valleur qui a rendu des services dignes de ce qu'il

---

[1] Il s'agit ici de la criminelle tentative de rebellion du maréchal de Biron, décapité le 31 juillet 1602.

poursuit. Vous en aurez assez la cognoissance sans que je vous en ennuye par une longue lettre, aussi veulx-je finir ceste cy en priant Dieu, Monseigneur, qu'il vous aye en sa saincte grâce.

De Grenoble, le XXIIIe juillet 1602.

Vostre très humble et très obéissant serviteur.

LESDIGUIÈRES.

CCCLXIX. 1602 — 24 JUILLET.

Orig. — B. N. MS. F. 3592, p. 1.

A MONSEIGNEUR, MONSEIGNEUR LE DUC DE MONTMORANCY, PAIR ET CONNESTABLE DE FRANCE.

Monseigneur, il fallut en l'année passée que j'emprumptasse du tresorier de de ce pays un quartier du payement de ma compaignie, que j'estimois devoir prendre sur le taillon, pour avoir moyen de la mettre sur pied comme je fiz par le commandement du Roy sur l'aprehension des remuemens du costé de Bourgougne et de Savoye; depuis ayant sceu que les deniers du taillon [1] de ladicte année avoient esté destinéz à aultres effectz sur l'instance que j'ay faicte à sa Majesté de me relever de cest emprumpt faict pour son service, elle m'a asseuré d'y donner ordre et m'en oster hors d'interest. Je sçay, Monseigneur, que vous serez present au conseil où l'expédience en sera prinse [2], c'est pourquoi je vous supplie très humblement m'y favoriser autant que vous cognoissez qu'il y a de justice de mon costé pour ce regard. J'estime aussy que sa Majesté vouldra ordonner le payement de madicte compaignie pour la presente année, parce que depuis la prinse de Saint Genis par ceulx de Genève, je l'ay tousiours estendue le long de nostre frontiere en attendant les occasions de la mettre en gros. J'implore aussy, Monseigneur, vostre faveur pour obtenir ce payement, affin de vous en estre obligé comme je le suis desia par tant de bons offices qu'il vous a pleu m'impartir et qui me rendent pour jamais, Monseigneur,

Vostre très humble et très obeissant serviteur.

LESDIGUIÈRES.

Grenoble, le XXIIIIe juillet 1602.

[1] Contribution annuelle.   [2] Où l'expédition en sera faite.

CCCLXX.   1602 — 11 Aout.

Orig. — B. N. MS. F. 15897.

A MONSEIGNEUR, MONSEIGNEUR LE CHANCELIER.

Monseigneur, il a pleu au Roy donner au sieur Le Blanc les privileges de noblesse après avoir sceu au vray que luy ou ses predecesseurs en ont jouy l'espace de plus de quarante ans à cause de leurs honorables charges, si les lettres qui lui en doivent estre expediées trouvent de la difficulté fondée sur l'aprehension de la conséquence, et qu'il soit trouvé meilleur de recompenser ces services d'un nouvel anoblissement, j'ose vous asseurer, Monseigneur, que tous les ordres de ceste province consentiront en sa faveur à la volonté du Roy, tant le mérite de ce personnage est cogneu. Et à la vérité, ces fidelles et vertueux déportements le rendent recommandable par tout où il a servy sa Majesté et le publicq. Je vous en ay plus amplement escript et vous diray encores qu'il doibt estre conservé comme un serviteur fidelle, utile et necessaire à sa Majesté en ceste province, car je ne l'ay jamais veu las de bien faire ny retenu de hasarder sa vye et son bien en la servant. Ces considérables qualités le vous feront avoir en spéciale recommandation. Et moy, Monseigneur, je prie Dieu qu'il vous aye tousiours en sa saincte grâce. A Grenoble, le XIe aoust 1602.

Vostre très humble et très obeissant serviteur.

LESDIGUIÈRES.

CCCLXXI.   1602 — 15 Aout.

Orig. — Arch. munic. de Vienne.

[ORDONNANCE AUTORISANT LES HABITANTS DE LA VILLE DE VIENNE A TIRER A L'ARQUEBUSE AU PAPEGAY ET A LA BUTTE.]

Le seigneur des Diguières, lieutenant général pour le Roy au gouvernement de Dauphiné, ensuitte des privileges que les manans & habitans de la ville de Vienne ont de s'assembler toutes les années pour tirer à l'harquebuse au papegay et à la butte, en confirmant iceux, nous leur avons permis et permettons de s'exercer audict jeu en temps et lieux accoutumés, conformément à leursdicts privilleges sans qu'il soit loisible à aucun de quelle qualité & condition qu'ils soyent leur donner aucun trouble ou empeschement, s'y comportant néantmoings modestement et sans aucun abus, à peyne d'estre descheus du bénéfice des presentes que nous avons signées, et à icelles faict mettre le cachet de noz armes.

A Grenoble, le quinziesme jour d'aoust 1602.

LESDIGUIÈRES.
Par mondict seigneur,
BRÉMOND.

(Sceau.)

CCCLXXII.   1602 — 16 AOUT.

<small>Cop. — A M. Gariel, bibliothécaire de la ville de Grenoble.
Imprimé : *Petite Revue des Bibliophiles Dauphinois*, p. 172.</small>

[ORDONNANCE ENJOIGNANT AU SERGENT MAJOR DE ROMANS DE DÉPOSER LES CLEFS DE LA VILLE ENTRE LES MAINS DU SACRISTAIN DE SAINT-BARNARD ET DE RECEVOIR DE LUI LE MOT D'ORDRE EN CAS D'AUSENCE DU GOUVERNEUR.]

Le sieur des Diguières, lieutenant général pour le Roy en Daulphiné, sur la requeste à nous présentée par les sieurs sacristain et chanoines de l'églize Saint-Barnard de Romans, tendant à ce que pour les causes y contenues, en les maintenant en la possession de leurs priviléges, il soit par nous ordonné qu'en l'absence du gouverneur de ladite ville, le sergent major ou capitaine de quartier remettra les clefs d'icelle ez mains, et viendra prendre le mot du guet dudit sacristain ou du juge que le chappitre de ladite esglize a droit d'establir pour exercer justice alternativement avec le juge royal : oy ledit sieur sacristain et le juge dudit chappitre persistans en ladite requette, et le sieur Chaboud ayant charge des conseils de ladite ville de Romans, assignés à luy suivant notre décret du 28e juillet dernier passé, ainsy qu'il a fait apparoir par lettres missives, empeschant l'effet d'icelle requette : avons dit que le sieur de Saint-Ferreol, gouverneur dudit Romans, sera adverty de resider en ladite ville pour y faire sa charge, et au surplus ordonné que les partyes communiqueront dedans six semaines, respectivement les unes aux autres, les priviléges et autres pièces dont elles se veulent ayder, et cependant et sans préjudice de leurs droits, il sera fait assemblée publique en ladite ville, où assistera ledit juge de Saint-Barnard et deux chanoines de ladite églize pour faire élection de trois des plus notables et affidés de ladite ville, l'un desquels sera par nous choisi pour avoir la garde desdites clefs, et donner le mot en l'absence du gouverneur de ladite ville.

Fait à Grenoble, le XVIe jour d'aoust, l'an mil six cents et deux.

Lesdiguières.

[Par mondict seigneur,]
Tonnard.

(Sceau.)

CCCLXXIII.   1602 — 18 Aout.

Orig. — B. N. MS. F. 23196.

AU ROY.

Sire, j'ay cy devant escript à vostre Majesté l'oppinion que j'avois que Monsieur de Savoye se servait du zèle de l'Archevesque de Thurin pour (soubz pretexte de l'établissement de la religion catholique romaine en la Valcluzon ou Pragela) s'establir luy mesme en ce pays là, à desseing de vous oster le passage qui seul vous reste pour rouller le canon de là les monts; c'est chose asseurée, Sire, que vous n'avez que le mont Genèvre, lequel à sa cheutte du costé du Piédmont, faict deux branches de chemin, l'un tirant droit à Suze, par le chasteau d'Exilles, et l'aultre tournant à la main droite, va par le Pragela jusques à la porte de Pignerol sans empeschement; c'est ceste facilité que Monsieur de Savoye veut rendre difficile, et avec le temps passer plus oultre dedans ceste province gaingnant l'avantage que vous avez sur luy. La veue du lieu le feroit bien myeulx comprendre que le discours, et vostre Majesté en sçaura bien plus que je ne luy en puis escrire, si elle se faict monstrer la carte de ce Daulphiné avec les confins du Piedmont. Tant y a, Sire, que ce passage qui est unique et facile pour le canon vous doibt estre cher et en singulière recommandation pour le conserver, et en tenant par ce moyen voz ennemiz en considération, les tenir loing de vous sans leur ouvrir le moyen d'en aprocher comme ilz l'auroient, s'ilz se rendoient aussy privez dedans le Pragela qu'ilz y sont estrangers. Depuis la depesche que j'ay faicte sur ce subiect à vostre Majesté, laquelle a voulu m'y faire responce, j'ay sceu au vray que lorsque ledict Archevesque fut en ce pays-là, il avoit parmy ceulx de sa suitte un ingénieur pour recognoistre l'assiette des lieux les plus propres à fortifier, entre lesquelz il remarqua fort un rocher qui ferme le chemyn au dessoubs du vilage de Fenestrelles, ou autresfoys y a eu une église. Si l'Archevesque venoit à bout de ce qu'il prétend, il la feroit rebastir, et elle se convertiroit en un fort lorsque Monsieur de Savoye vouldroit enfanter les dessins qu'il conçoit. J'adjouste ceste lettre à ma précéddente, et Monsieur le Président d'Yllins et moy attendrons le jugement que vous donnerez sur l'information qui est envoyée à vostre Majesté concernant l'exécution de l'éedict de Nantes en ladite vallée. Je supplie le Créateur, Sire, qu'il donne à vostre Majesté très heureuse et bien longue vye. A Grenoble, le XVIIIe aoust 1602.

Vostre très humble, très obeissant, très fidèlle suget et serviteur.

LESDIGUIÈRES.

CCCLXXIV.   1602 — 24 AOUT.
Orig. — B. N. MS. F. 23197.

AU ROY.

Sire, la lettre qu'il a pleu à vostre Majesté m'escrire du IXe de ce moys m'a esté rendue par le sieur president de Saint Jullien. Il m'a instruit de voz intentions sur les occurrances de deçà et je les suyvray autant que vous le desirez et que mon devoir m'y oblige. Je confereray avec voz principaulx et plus fidelles officiers des moyens qu'il y a de retirer les subiects de vostre Majesté qui se prostituent parmy les estrangers contraires à vostre service et feray executer ce que sera sur ce resolu. Les rigoureuses ordonnances ne peuvent estonner que ceulx qui ont à perdre et ne retireront le soldat qui grossit tellement en Savoye le regimen du baron de la Valdizere à present logé à Roumilly que de quatre cens hommes qui y sont il ne s'en trouvera pas quatre vingtz autres que Françoys. C'est le propre de ces gens là de prendre de la besougne là où ilz en trouvent. Albigny passa à Suze pour aller en Piedmont avec six chevaulx de postes le VIIIe de ce moys et le XXe il s'est rendu à Aiguebelle pour son retour en Savoye : il y demeura le XXI en attendant quinze compaignies d'Espaignolz qui y arriverent le mesme jour soubz la conduitte de dom Sanche de Lunes et sont allées à Conflans pour y joindre huict aultres compaignies espaignoles qui ont passé par la val d'Augste, menéz par dom Cristofle d'Aguillares. Ilz doivent là attendre le reste de leur regimen demeuré en Piedmont et dict on qu'il n'y a plus que cinq compaignies qui sont à Carmaignoles commandées par dom Michel Mescoa. Un de vos messagers secrets nous raporte que ledict sieur d'Albigny estant à Aiguebelle envoya appeler les chastelains des communaultés voisines et leur commanda de mettre garde sur les passages pour empescher qu'aucun de Savoye n'entrast en voz terres et que tous les François qui se treuveroient sur le chemyn de Savoye fussent saisis et menes à luy. Il a sejourné à Montmelian et assez longtemps demeuré enfermé au chasteau avec le colonel Just quy y commande. Le mesme messager dict aussy qu'il n'estoit pas loing d'un de ceulx qui accompaignoient Albigny à son voyage de Piedmont quand il dist à un sien amy que avant qu'il fust six jours la guerre seroit declarée à bonnes enseignes. C'est tout ce que je scay de plus important au service de vostre Majesté. Bientost il se verra que deviendra toute ceste infanterie quy est logée à Conflans, à Roumilly et à Anissy; si elle file pour passer le Rosne j'en advertiray vostre Majesté et j'attens cependant ses commandemens tant par Saint Bonnet que par le sieur d'Arlond qui est le porteur de ceste depesche. Ayez agréable que je le recommande à vostre Majesté comme j'ay faict par lettre separée de ceste cy, priant Dieu, Sire, qu'il donne à vostre Majesté en toute prosperité, perfecte santé & très longue vye. A Grenoble le XXIIIIe aoust 1602.

Vostre très humble, très obeissant, très fidelle suget et serviteur.

LESDIGUIÈRES.

CCCLXXV. 1602 — 24 Aout.
Orig. — B. N. MS. F. 23197.

AU ROY.

Sire, le sieur Ferrant, premier consul de ceste vostre vile de Grenoble l'un des depputtés que le Daulphiné vous envoye, presentera requeste à vostre Majesté pour ladicte ville qui prevoit sa ruyne toute asseurée par la vehemence des rivieres d'Ysère et du Drac, si elle n'est evitée par un nottable secours et reparation. Et parce que les frais en sont grands, il est necessaire que l'authorité de vostre Majesté intervienne en la levée des deniers qui y doivent estre destinés affin que plus aisement le payement se tire de ceulx qui y seront tenus. Il y a aussy quelques aultres particularitéz qui regardent le bien, commodité et seureté de ceste mesme ville dont il sera dressé memoires ausquelz je supplie très humblement vostre Majesté avoir egard puisque tout tend au bien de vostre service. Sur quoy je demeure, Sire,

Vostre très humble, très obeissant, très fidelle suget et serviteur.

LESDIGUIÈRES.

A Grenoble le XXIIIIe aoust 1602 [1].

CCCLXXVI. 1602 — 24 Aout.
Orig. — B. N. MS. F. 15897.

A MONSEIGNEUR, MONSEIGNEUR LE CHANCELIER.

Monseigneur, la requeste que presente au Roy le sieur Ferrant, premier consul de Grenoble, est si juste et ce qui y est demandé est

---

[1] Le consul de Grenoble porta au Roi, en même temps que cette lettre de Lesdiguières, une lettre presque semblable du secrétaire Aymon datée du 23 août. En voici le début : « Sire, le premier « consul de vostre ville de Grenoble a charge des « habitants d'icelle de supplier très humblement « vostre Majesté à ce qu'il luy plaise d'octroyer « quelque levée sur le général de ceste province « pour arrester & contenir la rivière du Drac, « laquelle, par son impetuosité & debordement, « se jette contre ladicte ville, & s'il n'y est reme- « dié en dilligence, est à craindre. Sire, qu'elle « ne ruyne bientost une partye de ses murailles « & des bastions.....
« AYMON. »
(B. N. MS. F. 23197.)

tant necessere pour eviter un plus grand mal, qu'elle se recommande d'elle mesmes, si ne veulx-ie pourtant faillir de la vous recommander et vous supplier très humblement de la favoriser de vostre bonne justice affin que toute ceste province qui y a interest vous en soit toute entiere obligée et moy en particulier qui suis, Monseigneur,

Vostre très humble et très obeissant serviteur.

LESDIGUIÈRES.

A Grenoble le XXIIIIe aoust 1602.

CCCLXXVII.   1602 — 26 Aout [1].

Orig. — B. N. MS. F. 23197.

AU ROY.

Sire, vostre province de Daulphiné, representée par ses déppués qui s'humilient maintenant devant vous, prend la hardiesse de foeliciter vostre Majesté de la naissance de Monseigneur le Daulphin. Elle commençoit à se relever de dessoubz le faiz de la guerre par la paix que vostre vertu a donnée à voz subiects et son bonheur s'acomplist par la faveur du ciel quy a faict naistre ce prince pour elle puisque c'est d'elle qu'il prend son nom. Ayez, Sire, les voeus nouveaulx qu'elle vous faict de son obeissance agréable et permettez qu'elle coloque avec tout vostre royaume, le plus beau de son esperance sur ce beau reietton de vostre prudence et valeur. Sire, je supplie le Createur qu'il conserve longuement vostre Majesté en toute prosperité et perfecte santé. A Grenoble le ..... aoust 1602.

Vostre très humble, très obeissant, très fidelle suget et serviteur.

LESDIGUIÈRES.

---

[1] Cette lettre n'est pas écrite, comme ses termes pourraient le faire croire, à l'occasion de la naissance du Dauphin, mais à l'occasion de l'anniversaire de cette naissance : le Dauphin naquit en effet le 27 septembre 1601 (Voir la lettre publiée sous la date du 5 octobre 1601). Il existe à la Bibliothèque nationale une lettre presque semblable du président Rabot d'Yllins, qui présente au Roi les félicitations des trois ordres du Dauphiné (B. N. MS. F. 23197); elle est datée du 26 août 1602. La lettre de Lesdiguières doit être de la même époque, peut-être même a-t-elle été expédiée à Paris par le même courrier.

CCCLXXVIII.   1602 — 30 Aout.
Orig. — B. N. MS. F. 23198.

AU ROY.

Sire, je vous despechay Saint Bonnet le XIXe de ce moys et le XXIIIIe le sieur d'Arlond partit d'icy avec tous les aviz que j'avois concernant vostre service, maintenant je m'ayde de la diligence de la poste pour asseurer vostre Majesté au vray des trouppes de gens de pied qui ont passé les monts et qui sont espendues par la Savoye et logées par forme de garnison si près de nous que nous n'en pouvons estre que en une juste jalousie. Les Espaignols dernierement arrivéz sont en nombre de vingt et troys enseignes bien comptées et recogneues qui font troys mil hommes et plus, fort bien armés et la plupart soldats qui paroissent faconnés et aguerris. Il s'en est logé troys enseignes dedans la ville de Montmelian, le reste est dispercé à Charbonnieres, Argentine, Sainte Heleine, Myolans, Conflans et Moustiers. Les Napolitains, qui en la derniere reveue faisoient quinze cens hommes, sont logés à Anissy et le regimen du baron de Valdizere qui se grossit tous les jours de françoys tant de la garnison de Barraulx que de l'infanterie qu'avoit dernierement Monsieur le mareschal de Laverdin, faict plus de cinq cens hommes, logés à Roumilly. C'est donc la verité, Sire, que nous nous voyons avoisinéz de plus de cinq mil hommes qui en attendent encores d'aultres. On dresse estappe à Suze pour cinq compaignies de Tudesques (ainsy sont appeléz en Itallie les Lansquenets) qui doivent passer dedans huict jours et tient on asseuré que de nouveau trante enseignes d'Espaignols se desbarquent en Vaye près Genes et qu'il se leve au Milanois quelques trouppes de gens de cheval, avec un bruit commun par tout le Piedmont que nous sommes à la guerre. Il est malaisé de rien recognoistre pour encores des dessins de noz voisins, mays les voyans si proches, je ne voy qu'une bien juste occasion d'entrer en aprehension de ces frontieres de deçà, mal garnies d'hommes et quasy ouvertes. Ceste ville a deux bastions en terrin tout esboullé et sans revestissement et quasy tous les parapects à faire, ce qui rend la muraille basse et aisée à l'escalade. Barraulx est ouvert, la fortiffication cesse et la garnison n'en est point payée à faulte que les deniers des assignations données pour l'une et pour l'aultre ne peuvent venir et de là procedde la desbauche des soldats et le peu d'asseurance de la place. Il seroit bien necessaire, Sire, en attendant qu'on peust apercevoir quelque chose de certain parmy ces incertitudes de renforcer promptement Barraulx de cent hommes et faire payer la garnison affin de la tenir complette et de mettre en ceste ville de Grenoble deux cens hommes pour, avec la garnison qui est de six vingtz, garder une surprinse. Quant à Exilles, un peu esloingné de nous et trop proche et envyé du duc de Savoye, il doibt à mon aviz estre renforcé de cinquante hommes, Briançon de trante et Ambrun d'aultre cinquante. Je regarde aussy à Vyenne lieu tout descouvert du costé de Saint Genis et me semble que pour en asseurer les chasteaulx et garder les portes de surprinse cinquante hommes y serviroient beaucoup. Tout ce renfort ne monte pas plus de cinq cens hommes qui se pourroient entretenir deux ou troys moys pour l'asseurance des places de frontiere et à un besoing, si l'une estoit plus menassée que l'aultre, on y pourroit jetter de ces soldats qui se trouveroient tous prestz. Ce sont les avis que je doibs donner à vostre Majesté et sur lesquelz je la supplie très humblement de prendre une prompte resolution affin que la longueur n'apporte de prejudice à vostre service. Car de la façon que nous sommes, vous ne vous pouvez asseurer de nostre costé estans plustost en proye que en deffence à voz ennemys qui sont en gros à la porte de voz places mal garnies d'hommes sans ce renfort de tout necessaire. Si donc, Sire, il vous plaist de nous le donner pour quelque temps que j'en aye bientost vostre intention et les moyens, et si vostre Majesté ne veult pour ceste heure en faire les fraiz, commandez aux commis de ce pays d'en faire les avances sans demeure de peur que voz voisins (je ne scay si je les doibs appeler voz ennemys) ne se prevallent de la paresse qui ne nous est que trop ordinaire. Si leurs dessins visent à vostre prejudice, j'estime qu'ilz regardent Grenoble, Lyon et Vyenne ou l'une de ces places [1].

---

[1] Les armements du duc de Savoie, qui causaient tant d'appréhension, et à si juste titre, à Lesdiguières, n'étaient pas préparés contre lui mais contre Genève, ainsi que nous le verrons bientôt; seulement le Duc, pour endormir la vigilance des Genevois, disait hautement qu'il en voulait au Dauphiné : aussi voyons-nous Lesdiguières, dans les lettres suivantes, prendre toutes ses mesures en conséquence.

On parle de Geneve, mays je ne puis croire qu'ilz la puissent surprendre, encores moins attaquer par siége ouvert, car je n'y voy point de préparatifs suffisans pour une telle place. Il ne passera pas un homme de guerre deçà les monts que je ne le saiche pour en avertir vostre Majesté, de laquelle j'attens les commandemens et les intentions sur ce que je luy represente nous estre necessaire. Et cependant je supplie le Créateur, Sire, qu'il donne à vostre Majesté toute prosperité et très longue vye. A Grenoble le XXXe aoust 1602.

Vostre très humble, très obeissant, très fidelle suget et serviteur.

LESDIGUIÈRES.

CCCLXXIX.   1602 —   AOUT.

Orig. — B. N. MS. F. 23197.

AU ROY.

Sire, le sieur Bruere de Romans a l'honneur d'estre anobly par la grace de vostre Majesté qui a voulu luy donner ceste belle marque de la recognoissance de ses services, tels qu'ils sont representéz par voz lettres d'anoblissement, jusques icy demeurées infructueuses et sans verification à cause du different des troys ordres de ceste province terminé par vostre arrest du XVe d'avril dernier passé. Vostre Majesté s'y est reservé la cognoissance qu'elle veult prendre du mérite de ceulx qui ont eu ce tiltre depuis quelque temps affin de le leur confirmer si elle le juge raisonnable. Ceste restriction aussy, juste que favorable aux gens d'honneur, met en esperence ledict sieur Bruere que sa bonne fortune (quasy preste à estre entiere) sera surhaucée par la bonté de vostre Majesté, sur laquelle s'appuiant plustost que sur sa propre dignité, il dresse son recours par mon intercession avec la très humble priere qu'il vous faict, Sire, de luy confirmer vostre bienfaict par nouvelle declaration qui l'en face jouir sans contredit; ses premiers services luy ont faict acquerir vostre grace premiere et sa perseverance en la rondeur et fidelité qu'il doibt à vostre Majesté luy donneront ceste seconde, laquelle j'ose demander pour luy comme tesmoing du devoir et de la devotion qu'il a tousiours rendue à vostre service, mesmes aux dernieres occasions de la revolte du comte de la Roche où ce personnage se monstra un singulier instrument de la conservation de vostre ville de Romans par l'inteligence qu'il avoit avec beaucoup de voz serviteurs et quasy tous ses parans [1]. Un tel homme que cestuy cy est utile et necessaire en vostre place telle que celle où il habite, composée de plusieurs humeurs qui peuvent estre rangées par une seulle prudence. Je prie Dieu, Sire, qu'il donne à vostre Majesté tout le bonheur qui luy est desiré par

Vostre très humble, très obeissant, très fidelle suget et serviteur.

LESDIGUIÈRES.

A Grenoble le .... aoust 1602.

CCCLXXX. 1602 — 26 SEPTEMBRE.

Orig. — B. N. MS. F. 23197.

AU ROY.

Sire, je doibs asseurer vostre Majesté que les lettres qu'il luy a pleu m'escrire des premier et huictiesme de ce moys m'ont esté rendues; je les ay receues au voyage que j'ay faict à Coppet (qui est fort près de Geneve) et la curiosité de voir les bastimens que je fais faire en ceste myenne maison m'a faict donner jusques là. Après avoir veu les trouppes qui sont en Savoye séparées, dépparties et logées comme par forme de garnison et cependant j'avois donné ordre d'estre averty en vingt quatre heures du moindre mouvement qu'elles eussent faict pour se remettre en corps, affin de me rendre en autant de temps en ceste ville. Mon voyage a duré vingt et un jour et ne me les suis point si particulierement donnéz que je n'en aye employé une partye à vostre service par la conference que j'ay eue avec Messieurs de Geneve.

---

[1] Balthazard Flotte, comte de la Roche, gouverneur de Romans, ayant épousé Marthe de Clermont d'Amboise, parente du duc de Savoie, fut nommé grand veneur de ce prince et consentit à lui livrer la ville de Romans. Ces mesures étaient si bien prises qu'il aurait infailliblement réussi sans sa propre imprudence et le courage de Saint-Ferréol, son lieutenant. D'Ornano et du Poët accoururent avec quelques troupes, la Roche fut obligé de prendre la fuite, ses biens furent confisqués et sa famille exilée. Cependant ses enfants obtinrent peu après des lettres d'abolition pour un crime dont ils n'étaient pas coupables. Une lettre du maréchal d'Ornano à Montmorancy (B. N. MS. F. 3592, p. 72) raconte cette conspiration et son issue dans tous ses détails.

Je les ay confirméz en l'asseurance qu'ilz ont prinse de la bonne volonté que vostre Majesté leur porte et du desir qu'elle a à leur conservation, suyvant ce que je leur en avois desià faict savoir par Saint Bonnet comme vous me l'aviez comandé. Je les voy plains de courage et parmy leur foiblesse et leur pauvretté ilz font paroistre beaucoup de resolution. La garde s'y faict très bonne et est malaisé de les surprendre. Ilz se plaingnent fort des officiers establis sous vostre authorité au baillage de Gex pour la perception d'un impot de Traverse, car on le lève à tort et à travers sur les fruictz que leurs bourgeois recueillent aux possessions qu'ilz ont audict baillage et mesmes en certains vilages de leur souveraineté enclavéz dedans voz terres, disent qu'ils n'ont jamais esté si rudement traittéz par Monsieur de Savoye tant qu'il les a avoisinés de ce costé là, mais il commence fort à les vexer. Vostre Majesté se fera s'il luy plaist monstrer les memoires qu'ils m'ont bailléz pour y prouvoir. Et à la vérité il y a beaucoup de considerations qui vous doivent esmouvoir à les gratiffier et cherir à l'egal de voz propres subiectz mesmes, en ce qu'ilz desirent que vous les faciés comprendre en l'allience d'entre vostre Majesté et les cantons de Suisses ainsy que le contient le dernier article desdicts memoires. Vostre Majesté aura (s'il luy plaist) égard à eulx pour de tant plus eschauffer l'affection qu'ilz font paroistre vous avoir parce qu'elle est assez considerable pour en tenir compte. Pendant ceste myenne occupation Tonnard a visité de ma part les seigneurs de Berne, il les a mis en umbrage de ces trouppes qui sejournent en Savoye et faict entrer en aprehension du mal qui menasse Genève. Ilz avoient desià l'allarme et ont tellement disposé leurs affaires que au premier signe de remuement, ilz mettront dedans deux jours huit mil hommes de pied aux champs pour courir là où la necessité pressera. L'affection que je doibs au bien de voz affaires a faict passer ledict Tonnard jusques à Solleure et de là il m'a apporté nouvelles de Monsieur de Vic qui estoit lors sur son depart pour aller à vous, et maintenant il vous aura donné asseurance que ceste nation est quasy repurgée des inteligences estrangeres pour se joindre à vostre alliance ; je m'en reiouis autant qu'aultre de voz serviteurs quy affectionnent la conservation de vostre estat. Les cinq compaignies du regimen de Bourg qu'il vous a pleu nous départir sont arrivées ; j'en ay mis deux à Vyenne et troys en ceste ville pour se jetter à Barraulx s'il en est besoing [1]. Ceste infanterie espaignolle, napolitaine, savoisienne et françoise dont je vous ay escript est tousiours en Savoye. Il s'en desbende quelques soldats, mais peu, parce qu'on les nourrist d'esperance et qu'ilz ne voyent point de besougne ailleurs. Il y est arrivé de nouveau quatre compaignies d'Espaignolz venus par la Maurienne, elles ont passé à Charbonnieres et à Chambery sans s'y arrester, mais je ne peux encores savoir si elles seront establies du costé de Geneve ou si elles passeront la montaigne pour aller au Pont de Beauvoisin ou à Saint Genis. Il y a en ceste derniere place deux cens hommes commandéz par un gentilhomme nommé Saumon et n'y est encores point entré d'Espaignolz. Le comte de Saint Frons (aultrement Hercules), ingénieux, y a esté et recogneu que la place se peut malaisement fortifier. Il n'a pas laissé d'y dessigner quelques retranchemens, ravelins, guerites et reparations de courtines. Les Espaignolz (quoy que j'aye escript à vostre Majesté) ne sont point dedans le fort de Charbonnieres, bien sont ilz au Bourg et aux autres lieux dont je vous ay donné aviz. C'est sans doubte pour l'exécution de quelque dessin, car j'ay parlé à homme qui a veu à Thurin bastir un pont portatif de charpenterie qui se peut par roues mettre du bord de la contrescarpe jusques sur le parapet de la muraille et y passer six hommes de front. Il se bruit sourdement que c'est pour Geneve, elle en est bien avertye, mais nous croyons que ce peut estre aussy pour quelque place de ceste province comme Lyon, Vyenne ou Grenoble; quant à Barraulx, quelques unes de ces nuicts passées on en a voulu recognoistre le fossé, la garde ne l'a point permis. Tout demeure par ce moyen en aleine et chacun faict bonne garde. Or, Sire, soit que noz voisins veuillent couvrir leurs desseins et nous amuser, ou que ce soit à bon escient, je scay de bonne part qu'il se parle d'un change de la Savoye à quelques terres vers le Milanois. Il y a à penser si la chose est croyable. Salines est depuis peu de jours arrivé en Savoye; je ne scay s'il aporte quelque nouveau commandement, bien a il faict courir le bruit qu'il doibt venir quelque cavalerie de deçà. Il est malaisé de savoir au vray quelle artillerie,

---

[1] Il existe aux manuscrits de la Bibliothèque nationale (MS. F. 23197) deux lettres de Morges, gouverneur de Grenoble, au Roi, des 19 août et 9 décembre 1602, sur les réparations urgentes à faire au fort de Barraux en prévision d'une attaque possible du duc de Savoie.

provisions et munitions il y a en Savoye, je feray tout ce qui me sera possible pour en savoir des particularités affin d'en donner avis à vostre Majesté puisqu'elle desire en aprendre quelque chose. Monsieur de Disemieu escript à vostre Majesté et envoye memoire des choses necessaires aux chasteaux de Vyenne; à la verité, Sire, ilz sont en mauvais estat et est bien besoing d'y prouvoir. J'attens des avis du lieu d'où je vous en ay donné troys foys, dont les derniers vous ont esté rendus par sieur Bonnet; il est besoing que vostre Majesté pense à la recompense et entretenement de celuy qui les dõnne pour en estre myeux servye, et ne le point degouster. Je vous supplie d'y prouvoir, car après luy avoir fourny du myen je le tiens en esperance de la liberalité de vostre Majesté à laquelle je supplie le Createur, Sire, donner en prosperité très longue vye. A Grenoble le XXVIe septembre 1602.

Vostre très humble, très obeissant, très fidelle suget et serviteur.

LESDIGUIÈRES.

CCCLXXXI. 1602 — 1er OCTOBRE.

Orig. — B. N. MS. Dupuy. Vol. 63, p. 165.

AU ROY.

Sire, la dernière depesche que j'ai faite à votre Majesté est du XXVIe du mois passé. Je vous y ay entre aultres choses écript que les etrangers qui sont en Savoye n'avaient encores été mis en aucune place de garde, comme le bruit en avoit couru, mais maintenant j'assure votre Majesté que les Espaignolz sont dedans le fort de Charbonnières et que le sieur de Laudes, qui le gardoit, en est dehors par le commandement qu'il en a eu du duc de Savoye à Thurin, où il a esté avant que de sortir sa compagnie de ceste place, laquelle étoit, durant son voyage, commandée par un cappitaine espagnol, et ledit sieur de Laudes est à cette heure à Chambery avec sa compagnie. Quant à Montmelian, c'est chose que votre Majesté doibt tenir pour véritable que les compagnies qui sont dedans la ville (toutes espaignolles) vont l'une et l'autre, jour et nuit, à la garde du bas fort, et qu'elles attendent de jour en jour le commandement d'entrer en la place et d'en oster le colonel Just qui y est avec la garnison de Piedmontois. On me donne aviz que pour gratifier Monsieur de Nemours, les Napolitains qui estoient à Anissy vont à Romilly et le régiment du baron de la Valdysere qui y estoit va à Chambery. Il se bruit qu'il doibt encore passer de deçà quelques troupes qui viennent de Milanois ; ce n'est pas toutesfois chose bien asseurée, mais il est vray, et vous le devez croire, Sire, que depuis huit jours en çà, tous les charpentiers qu'on a peu ramasser en Savoye ont été envoyéz, ou de gré ou de force, au Mont Saint Bernard, pour y recevoir dix neuf (aucuns disent vingt neuf) canons qui sont ameméz du Piedmont deçà les montz, soit pour la provision de Montmelian, ou pour l'exécution de quelque grande entreprinse : nous en saurons le nombre au vray lorsqu'ils seront arrivés à Conflans, pour le faire savoir à votre Majesté qui aussy saura, à ma premiere depesche, le nom de celui qui commande à Charbonniere, et tous les autres avis que je pouray lors avoir. Cependant votre Majesté se souviendra, s'il luy plait, que sur le commencement de la prison de feu Monsieur le maréchal de Biron [1] on fesoit bruit de deçà qu'il étoit arrivé à Chambery un gentilhomme assez bien acompagné qui avoit passé en Piedmont ; aucuns croyoient que c'étoit Monsieur le baron de Lux, et ne s'en peut lors rien savoir de certain. J'ai depuis deux jours sçu au vray que c'étoit le comte Hieronime de Cassan, Milanois, envoyé par le comté de Fuentes avec une notable somme en or, dispercé en plusieurs coissinets des chevaulx de poste qui portoient ses gens, et qu'ayant aprins à Chambery ces nouveautés survenues en vostre court, il s'en seroit retourné et remporté son argent qu'on a estimé peser, par le maniement d'un des coissinets, plus de trois cens livres. C'étoit ce qui se devoit délivrer pour entretenir les partisans et les garder de refroidir, comme votre Majesté aura su par les aviz que j'avois d'Itallie, là où (entre autres choses) il se disoit qu'il se falloit desfier du naturel de ceux à qui on avoit à faire, et les mettre promptement en besougne, de peur du changement. Je n'ai pour le present autre chose qui soit digne de vous. Et en cest endroit, je supplie le Créateur, Sire, qu'il donne à

---

[1] Voir la très remarquable lettre écrite à Lesdiguières par Henri IV pour lui apprendre l'exécution de Biron (*Berger de Xivrey*, t. V, p. 644). Voir également, sur la conduite de Lesdiguières vis-à-vis de Biron, les *Mémoires de Sully* (Vol. III, p. 516).

votre Majesté en toute prosperité très longue vye. A Grenoble le premier octobre 1602.

Votre très humble, très obeissant et très fidèle subjet et serviteur.

LESDIGUIÈRES.

CCCLXXXII.   1602 — 15 OCTOBRE.

Cop. — Arch. de l'état de Genève.

A MESSIEURS, MESSIEURS LES SINDICS ET CONSEIL DE L'ESTAT DE GENÈVE.

Messieurs, le sieur de Saint-Bonnet s'en allant vers vous pour ses particulieres affaires, je luy ay donné charge de vous visiter de ma part pour tousiours m'entretenir en vostre amytié. L'occasion qui le mène vous est cogneue, il vous demande justice au faict d'entre luy et Monsieur de Verace. Tous les jurisconsultes qui en ont oy parler à la verité et qui le sont par leurs estudes, [tant] sur ce qui est escript que sur les parolles, luy donnent le droict, et quant à moy je trouve qu'il n'a que tort de s'estre trop fyé. Je vous supplie de luy rendre justice bonne et prompte affin qu'il se puisse rendre bien tost là où l'honneur et le devoir l'appellent; je vouldroys qu'il n'i eust point ceste occupation, vous seriez dellivrez de son importunité, luy de perte et moy du desplaisir que j'ay de voir mes amys en un procès qu'une bonne foy pouvoit empescher. Je prie Dieu, Messieurs, qu'il vous ayt en sa saincte grace. A Grenoble, le XVe octobre 1602.

Vostre bien humble et plus affectionné serviteur.

LESDIGUIÈRES.

CCCLXXXIII.   1602 — 18 OCTOBRE.

Orig. — B. N. MS. F. 15897.

A MONSEIGNEUR, MONSEIGNEUR LE CHANCELIER.

Monseigneur, il a pleu au Roy accorder à mon instante prière, au sieur Aymon present porteur declaration sur lettres d'anoblissement, et au sieur Tonnard un restablissement en sa personne seullement du previlége d'Eudes Le Maire duquel il est descendu, autant en consideration des services qu'il a rendus depuis vingt ans en ça à sa Majesté que de ceste descendance, et bien que la revoquation de ce privilege ayt esté depuis naguieres faicte pour quelques considerations, elles ne peuvent toutesfoys porter prejudice audict Tonnard qui a tousiours vescu noblement et hors des lieux où les fermiers des droicts du Roy exigent ce qui leur a esté baillé à ferme par sa Majesté, à laquelle ils ne peuvent pour ce regard demander diminution. Ledict sieur Aymon vous dira plus particulierement de ceste affaire, en laquelle et en la sienne propre, je vous supplie très humblement leur donner pour l'amour de moy vostre juste faveur, affin qu'ils jouissent en servant sa Majesté, du fruict de sa bonne volonté. Et ce me sera une occasion de continuer au devoir que j'ay d'estre toute ma vye, Monseigneur,

Vostre très humble et plus obeissant serviteur.

LESDIGUIÈRES.

Monseigneur, j'ay donné charge audict sieur Aymon de s'approcher de vous pour vous faire part des nouvelles de ces quartiers, et des avis que je donne par luy au Roy.

A Grenoble, le XVIIIe octobre 1602.

CCCLXXXIV. 1602 — 18 Octobre.

Orig. — B. N. MS. F. 23197.

[AU ROY.]

Sire, le secrétaire Aymon present porteur (qui a l'honneur d'estre cogneu de vostre Majesté) estoit sur le point d'entreprendre ce voyage pour un sien affaire dont il vous parlera, et moy de me servir de luy pour vous rendre ceste depesche, quand la vostre du troisiesme de ce moys m'a esté rendue. Elle m'a faict haster son départ affin que, en vous donnant les nouvelles que nous avons de nos voisins, vostre Majesté fust aussy satisffaicte du faict de Chaumont duquel le Pappe vous a escript en plainte, pour le regard de la religion. Je commenceray par ce subiect et vous diray, Sire, que Chaumont est le dernier vilage de ce Daulphiné, vers la frontière de Piedmont, du costé de Suze, assis à my chemin de Suze et du chasteau d'Exilles, et distant de l'un et de l'aultre d'une petite lieue. Il y a beaucoup de gens de la religion en ce lieu là et aux environs, et c'est la vérité que depuis trente ans l'exercice de la religion s'y est faict et continué au veu et sceu de tous ceulx qui l'ont voulu voir et savoir, ce qui se prouvera par le tesmoingnage des catholiques sans y employer autre, et si le mien est receu de vostre Majesté, je luy puis veritablement dire qu'il y a vingt-cinq ans que j'y ay veu ledict exercice. La plainte donc qui vous est faicte pour ce regard, Sire, est vaine ou bien de la mesme invention que celle de Pragela (passage de l'importance que j'ay representé à vostre Majesté); et ne l'ayant peu vostre voisin gaigner comme il desiroit soubz pretexte de religion non plus que le Chasteau Daulphin, il se veult par le mesme pretexte aprocher d'Exillles, et chasser de là autour les plus fidelles subiects que vous y ayez, par la privation de l'exercice de leur religion, qui est le lien qui les attache le plus près à la consideration de l'obeissance qu'ilz vous doivent. Il se peut aussy estre servy à Rome pour ce dessin de la legereté d'un des Biragues titulaire de la prevosté d'Oulx, dont ce vilage déppend, et du mescontantement qu'il a de voir le sieur Pierre de Birague, son frère aîsné, administrer, suyvant vostre volonté, le revenu temporel de ceste prevosté que les roys vos predecesseurs et vous, Sire, avez il y a longtemps laissée en ceste maison pour une marque de bienvueillance, à condition que l'aisné en soit administrateur, bien qu'un autre en fust titulaire, ce quy a tousiours fasché cestuy cy qui vouldroit aussy bien manier l'argent de ce bénéfice qu'il manie son breviaire en faisant le service, s'estimant un grand pilier d'église, plus propre à maintenir la religion catholique que son frère, lequel il vouldroit peut estre accuser de négligence au faict de Chaumont. En voilà donc, Sire, la vérité et mes aviz sur les mouvemens de ceste incivile poursuitte, sur quoy vostre Majesté fera la consideration qu'il luy plaira. Je vous ay desia escript que des cinq compaignies quy sont en ceste province, j'en avois mis deux à Vyenne où elles sont encores, et ainsy le sieur de Disimieu a ce renfort pour les deux chasteaulx en attendant que vostre Majesté y prenne une resolution selon le cours que prendront les affaires. Cependant, Sire, j'ay donné audict Aymon mémoire et créance pour vous representer ce qui se passe vers noz frontières, c'est la suite de ma preceddente depesche du premier de ce moys, et ceste cy sera suyvie de celle que vous portera le sieur president de Saint-Julien, que je feray partir au plustot puisque Monsieur de Crequy m'a faict cognoistre que vous le désiriez, et par luy mesme je vous donneray les aviz que nous aurons du lieu duquel vous en avez eu troys foys. La cognoissance que vous avez des services que ledict Aymon vous a rendus a faict que vous luy avez accordé en ma faveur, à la requeste de Monsieur de Crequy, declaration sur lettres d'anoblissement, vous en commanderez, s'il vous plaist, l'expédition, car certes il mérite ceste grâce. Je vous en remercie très humblement, Sire, de celle qu'il vous a pleu faire à Tonnard par le restablissement de son previlége; c'est à mon instance que vostre Majesté luy a octroyé ce bien que vous avez voulu servir de remarque à ses services, il les continuera toute sa vye, puisque oultre son naturel devoir et son inclination vous l'y avez tant obligé, et quant à moy, Sire, je supplie le Créateur qu'il donne à vostre Majesté en toute prosperité, parfaicte santé et très longue vye. A Grenoble, le XVIIIe octobre 1602.

Vostre très humble, très obeissant, très fidelle suget et serviteur.

LESDIGUIÈRES.

CCCLXXXV. 1602 — 18 OCTOBRE.

Orig. — B. N. MS. F. 23197.

POUR SERVIR D'INSTRUCTION AU SIEUR SECRÉTAIRE AYMON.

Ledict sieur Aymon asseurera sa Majesté que les aviz qu'elle a receuz dudict sieur des Diguières, par sa depesche du premier jour du present moys d'octobre, se trouvent véritables, nottammant en ce qui touche les canons qui viennent de Piedmont en Savoye par le mont Saint-Bernard; et par ce que ladicte depesche ne pouvoit asseurer le nombre desdicts canons au vray, le commun bruict les estimant lors à vingt-neuf ou trante-neuf, il se peut maintenant dire veritablement par le rapport de l'homme bien affidé qui les a veuz, qu'il y en a trante-sept desia avancez jusques en la val d'Augste; quand ilz seront plus au large et en lieu où on les puisse mieulx recognoistre et distinguer les canons d'avec les coulleuvrines ou moyennes, s'il y en a, sa Majesté en aura toutes particularitéz. Cependant ledict sieur Aymon pourra asseurer qu'on tient que ce sont tous gros canons, ce qui se peut malaisement croire. Sur ce qu'il a pleu à sa Majesté desirer scavoir quelles munitions de guerre et autres provisions peuvent avoir esté mises à Montmélian depuis que la place a esté rendue au duc de Savoye, ledict sieur Aymon dira à sa Majesté qu'il y a des gens employés pour recognoistre qui se peut malaysement apprendre au vray, mais c'est la verité que depuis peu de jours et mesmes depuis le commencement de ce moys, le duc de Savoye a envoyé de Thurin à Suze cent quarante chariots en divers jours, chacun chariot chargé de pouldre et tiré par quatre bœufs; de Suze, ceste pouldre se voitture par mulletz et passe le mont Senis et par la Maurienne à Montmellian. Il se dit que tout ainsy que les communaultéz de quelques endroictz de Piedmont ont contribué leurs bœufs et charriots pour la voitture de ladicte pouldre jusques à Suze, celles de la Maurienne et aultres de deça les monts la rendront à Montmelian : on hastera ceste besongne qui sera longue, car les chemins se rendront difficiles en cest hiver, et la quantité de ceste pouldre n'est pas moindre de trois mille cinq cens quintaulx. Quant aux balles nécessaires en Savoye, les fuzines [1] d'Argentine en fournissent autant qu'il plaist au duc de Savoye, qui en avoit tiré ceste grande provision qui se trouva dedans la place de Montmelian lorsqu'elle fut conquise par sa Majesté. Ceulx qui essayent de descouvrir les intentions dudit duc de Savoye jugent diversement de ses desseins : aucuns estiment qu'il les bastit sur l'espérance d'une rupture par la faveur du roi d'Espagne, autres qu'il regarde Geneve, et que toutes ses provisions ne sont faittes que pour l'expugner par siege ouvert, si les secrettes entreprises qu'il a ne réussissent. Mais ceulx qui en pensent le mieux juger croyent que les intelligences estrangeres se norrissent en France, et que à ce printemps elles produiront quelques fruictz, et où l'esperance decevroit ceulx qui s'y attendent, ils jetteront en mesme temps les yeulx et tourneront leur effort sur Geneve. Le bruit est tout commun en ceste ville la et parmy les trouppes qui l'avoisinent, que c'est à elle qu'on en veut, elle est sur ses gardes, et son allarme redouble par l'approche

---

[1] Mines, du latin *fodina*.

des Nappolitains qui se sont depuis trois jours deslogéz d'Anissy où ilz estoient et ont prins logis à la Roche et à la Bonne ville. Les Espagnolz se sont logéz en leurs places et ainsy s'approchent peu à peu de Geneve, affin de ne point partir de loin pour l'exécution d'une entreprise. Mais il se dict parmi ces trouppes, que leur approche est pour favoriser les ouvriers et pionniers qui vont faire un fort sur un lieu nommé Lancy, au bord de la rivière d'Arves, bien près de Geneve. C'est ainsy qu'on parle diversement de ces afferes, et tant plus il s'y trouve de repugnance, plus y doibt-il avoir de deffiance, et semble que sa Majesté doive de tant plus estre esmeue à y penser et faire prouvoir à tout ce qui peut perecliter au prejudice de son service. Ledict sieur Aymon asseurera sa Majesté que Monsieur des Diguières tient fort soingneusement la main à tout ce qui regarde son service sur ceste frontiere, et qu'il ne s'y passera rien d'important que sa Majesté n'en soit avertye aussy promptement qu'elle le sauroit souhaitter, et où il se presenteroit occasion ou commandement de sa Majesté audict sieur Aymon de revenir promptement devers ledict sieur des Diguières, suppliera d'estre promptement expedié et usera de la plus grande dilligence qu'il pourra à son retour.

Faict à Grenoble, le dix huictiesme jour d'octobre l'an mil six cens & deux.

LESDIGUIÈRES.

TONNARD.

(Sceau.)

CCCLXXXVI.   1602 — 22 Octobre.

Orig. — B. N. MS. F. 3592, p. 26.
Imprimé : *Album historique du Dauphiné*, par M. Champollion-Figeac. Paris, 1846-1847, p. 18.

A MONSEIGNEUR, MONSEIGNEUR LE DUC DE MONTMORANCY, PAIR ET CONESTABLE DE FRANCE.

Monseigneur, la continuation de mon devoir vous sera rendue par Monsieur le president de Saint-Jullien avec ce mot que je vous faiz, affin d'estre maintenu en vostre bonne grâce, comme l'un de voz plus humbles serviteurs. Vous saurez que nous sommes avoisinez d'une assez bonne trouppe d'estrangers espendus en garnison par la

Savoye, avec apparance d'y passer l'hiver; ce qui nous tient en considération en attendant qu'il se puisse appercevoir quelque chose au travers des desseins qu'on estime, par commun bruit, devoir esclatter sur Genève. Mays il n'y a rien d'assez asseuré pour le nous faire croire, et parmy toutes sortes d'incertitudes, je vous supplie croire asseurément que je seray tousjours, Monseigneur,

Vostre très humble et très obéissant serviteur.

LESDIGUIÈRES.

A Grenoble, le XXIIe octobre 1602.

CCCLXXXVII.   1602 — 27 OCTOBRE.

Orig. — Arch. de M. le Vte de Sallemard, à Peyrins.

A MONSIEUR, MONSIEUR DE LA ROCHE.

Monsieur, vous scaurez de Monsieur de Genton l'intention du Roy sur l'affaire de Montélimard, et parce qu'il est assez cappable et confident pour vous en representer les particullaritez, je ne vous en diray autre chose par ceste cy, seulement vous supplieray de le croire comme moy-mesme et vous asseurer que je seray tousiours, Monsieur,

Vostre bien humble pour vous faire service.

LESDIGUIÈRES.

[Ce] 27 octobre 1602, à Grenoble.

CCCLXXXVIII.   1602 — 29 OCTOBRE.

Orig. — Arch. des Hautes-Alpes.

AUX CONSULS ET HABITANTS DE LA COMMUNAUTÉ DE SERVIERES.

Consuls de Servieres, j'avois dit il y a quelque temps au sieur Lauzet, de vous poursuivre au payement de deux mil escus que le sieur Videl m'a remis sur vostre communauté, et lorsqu'il vous a voulu donner cognoissance de la charge qu'il avoit en cela de moy, vous y auries opposé des difficultés desquelles je desire estre esclercy et partant je vous fais ceste cy pour vous dire que vous ne manquiez pas de vous trouver icy mercredy au soir XXXe de ce moys, pour me faire entendre vos raisons ; ce que me promettant je seray

Vostre bon amy.

LESDIGUIÈRES.

Ce XXIXe octobre 1602, à Briançon [1].

CCCLXXXIX.   1602 — 14 NOVEMBRE.

Orig. — B. N. MS. F. 15897.

A MONSEIGNEUR, MONSEIGNEUR LE CHANCELLIER.

Monseigneur, vous avez voulu cognoistre et aymer Monsieur Ferrant, conseiller en ceste Court, et c'est à ceste heure que vous pourrez produire le fruict de vostre amytié, non à luy, parce que la mort vous en empesche, mays à une desolée vefve et à cinq enfans qu'il a aujourd'huy laissés avec peu de biens et beaucoup d'honneur, après avoir servy le Roy et le publicq l'espace de vingt quatre ans. La mort a prévenu le dessin qu'il avoit de laisser son office à son fils aisné, et maintenant ceste affligée famille recourt au Roy et le sup-

---

[1] La venue de Lesdiguières était attendue depuis quelques jours à Briançon, comme l'indique la délibération du conseil de cette ville dont nous donnons les extraits suivants :

« On annonce que Monseigneur de Lesdiguières vient à Embrun pour le baptême de l'enfant de Monsieur de Bonne et de là doit venir à Briançon... C'est la première fois qu'il entre en cette ville en la qualité de lieutenant général du Roi... Ladite ville fournira la dépense entièrement avec les autres logis que Messieurs les Consuls bailleront pour les chevaux et parties de sa suite. Messieurs les Consuls sont priés de lui faire trouver et porter volailles et venaisons necessaires qu'ils feront rechercher par le baillage pour traiter ledict seigneur le mieux qu'il sera possible, aussi lui feront tenir les meilleurs vins qui se trouveront par la ville. Seront aussi préparés à la porte de la ville et dudict logis arcs triomphaux le mieux qu'il se pourra faire avec les armes du Roi, dudit seigneur et de la ville et les escripts que lesdicts sieurs consuls ont fait faire à Grenoble et en cette ville, dont ils sont remerciés de leur prevoyance sur ce fait ; aussi sera commandée à toute la jeunesse de cette ville et communauté pour lui aller au devant avec l'espée et poignard au meilleur equipage que faire ils pourront, avec l'enseigne et tambours et prie le cappitaine Georges Liotard ou tel autre chef de ville que Messieurs les Consuls requeront de conduire ladite jeunesse et de la presenter et offrir à mondict seigneur avec une sommaire remonstrance ; des plus, à l'entrée de la ville lui seront présentées les clefs d'icelle et ung jeune enfant bien instruit avec quelques vers qu'il recitera sur le sujet de ladite presentation et lesdites clefs dans un sac de velours ou satin cramoisi bien faict avec ses houppes de soie..., etc.

« 24 octobre 1602. »

(Registre des délibérations. Arch. munic. de Briançon.)

plient de recognoistre en eulx par l'octroy gratuit de cest office la fidelité des services de celuy qui les a abandonnés si desprouveus. Vous serez supplié par beaucoup de vos serviteurs de favoriser une si juste poursuitte, et en ceste qualité je vous supplie très humblement de la favoriser. C'est une œuvre charitable, digne de vous et qui vous obligera beaucoup de gens d'honneur. Je participeray à ceste obligation pour demeurer comme je suis desià, Monseigneur,

Vostre bien humble et plus obeissant serviteur.

LESDIGUIÈRES.

A Grenoble, le XIIIIe novembre 1602.

CCCXC. 1602 — 18 NOVEMBRE.
Orig. — B. N. MS. F. 23197.

AU ROY.

Sire, après avoir fidellement servy vostre Majesté auparavant et depuis son avenement à la coronne il vous a pleu vallider touttes mes actions par lettres patentes vérifiées privement en la Cour du Parlement de ce pays. Je me reposois soubz ceste asseurance et ceulx qui avoient leur appuy sur mes pouvoirs ainsy authoriséz, demeuroient sans aucune crainte, quand quelques uns, qui interpretent voz eedicts à leur fantaisie, ont voulu à mon preiudice et contre la raison esbranler ce qui doibt demeurer ferme, ainsy que vostre Majesté entendra, s'il luy plaist, de la bouche du sieur Almeras, l'un de vos secretaires, bien instruict de ceste affaire. Je vous supplie très humblement, Sire, de me donner, en ceste occurrence, nouvelle declaration confirmative de voz premieres volontéz preceddées par des traittez et accordz de treve faicts en ceste province, suyvis de la paix que vous avez avec tant de travaulx acquise à tous voz subiects. Et ainsy je demeureray asseuré sans estre inquietté des choses qui ne peuvent estre subiectes à recherche, et saichant bien que c'est vostre intention, je demeure tousiours, Sire,

Vostre très humble, très obeissant, très fidelle suget et serviteur.

LESDIGUIÈRES.

A Grenoble le XVIIIe novembre 1602.

CCCXCI.   1602 — 19 Novembre.

Orig. — B. N. MS. F. 15807.

A MONSEIGNEUR, MONSEIGNEUR LE CHANCELLIER.

Monseigneur, le sieur de Clerc, donneur de la presente, se presente à vous pour vous faire cognoistre l'envye qu'il a d'estre receu advocat au grand conseil. Sa cappacité le fera juger digne de ceste charge et le desir qui le possedde d'y servir le publicq est si louable qu'il ne doibt point estre regecté de vous. Aussy suis-ie bien asseuré qu'il rencontrera vostre juste faveur en un si beau dessin, et parce qu'il m'a esleu pour son intercesseur à ceste fin en vostre endroit, je vous supplie très humblement de la luy donner pour donner le prix qui est deu à la vertu et obliger en ceste occasion, Monseigneur,

Vostre très humble et plus obeissant serviteur.

LESDIGUIÈRES.

A Grenoble le XIXe novembre 1602.

CCCXCII.   1602 — 24 Décembre.

Orig. — B. N. MS. F. 23197.

AU ROY.

Sire, j'ay depuis deux jours donné à vostre Majesté les nouvelles que j'avois eues de Monsieur le mareschal de Bouillon [1], maintenant

---

[1] On craignait à cette époque un soulèvement des réformés et on pensait que M. de Bouillon se mettrait à leur tête, aussi le Roi donna-t-il à Lesdiguières et Saint-Jullien les instructions les plus précises pour maintenir la turbulente noblesse protestante du Dauphiné dans le devoir. Saint-Jullien lui écrit, à la date du 18 décembre 1602, que Gouvernet et Montbrun ne songent pas à remuer et sont en villégiature dans leur terre de Miribel et que toute la noblesse obéira aux ordres du Roi. « ..... Jamais, ajoute-t-il, « ceste vostre province ne s'est trouvée en plus « grande quiétude qu'elle est maintenant ny « toutes les humeurs des hommes tant d'une que « d'autre religion mieus disposées à vous rendre « la fidelité & obeissance qu'ils vous doyvent, « estant très véritable qu'il n'avoyt aucune nou- « velle de Monsieur de Bouillon..... Ayant en « attendant dépeché aux principaus gentilhommes « de ce pays, conformément à mes instructions, « et à ceus qui ont charge des places de s'y reti- « rer, ensemble aux habitans des villes de veiller « à leur conservation affin que rien ne s'altère « pour vostre service et qu'ils ne soyent prevenus

je suis incité à vous faire ceste depesche par le devoir que j'ay de vous donner aviz que mercredy dernier Monsieur de Savoye passa deçà les monts avec sept chevaulx de poste, et aussytost qu'il fut passé il feit mettre garde à la Ferriere (qui est à my montée du Mont Senis du costé de Piedmont) pour tenir son passage secret. Il est donc à ceste heure près de nous, et son proceddé, en même temps que les trouppes qui estoient esparcés par la Savoye se rassemblent, nous est fort suspect, et c'est sans doubte qu'il va exercer quelque dessin, et sur la juste aprehension que nous en avons on nous veult faire croire que la France se met aussy en rumeur, ce que vostre Majesté ne me faict point cognoistre par aucune de ses lettres, et ainsy je demeure en peyne et plein de desir d'avoir souvent voz commandemens. Nous sommes mal prouveus pour soustenir un effort s'il arrivoit à l'improviste : que vostre Majesté prenne donc, s'il luy plaist, garde à nous autant que son service le requera. J'ay donné avertissement à ceulx de Geneve par homme exprès qui passe par voz estats pour plus grande seureté. Je demande tousiours et sur touttes occasions voz volontéz, affin que en les mettant à effect je sois tousiours recogneu de vous, Sire,

Vostre très humble, très obeissant, très fidelle suget et serviteur.

LESDIGUIÈRES.

A Grenoble le XXIIIIe décembre 1602.

CCCXCIII.   1602 — 29 DÉCEMBRE.

Orig. — B. N. MS. F. 23197.

[AU ROY.]

Sire, j'ay jusques icy diferé de faire savoir à vostre Majesté le succèz de l'entreprinse que Monsieur de Savoye a ces jours passéz

« d'aucuns faus advis. Vostre Majesté se peut
« assurer qu'il n'y a nulle aparence de deçà d'y
« voyr du mal ains toute tranquilité et repos... »
(B. N. MS. F. 23197.)

« Vostre Maiesté peut estre en repos, dit le
« même Saint-Jullien dans une autre lettre,

« Monsieur des Diguières tenant sy dignement la
« main à l'obeissance de vos commandements et
« observation de vos edicts de pacification qu'il
« n'y arrivera aucune altération..... 20 décembre
« 1602. » (B. N. MS. F. 23177.)

tanté sur Geneve affin de vous en pouvoir escrire au vray par l'asseurance que j'en attendois du mesme lieu. Les deux lettres qui m'en ont esté escriptes, dont la coppie est en ceste depesche, représentent le danger où ceste ville là s'est trouvée, et comme elle en a esté dellivrée. L'[escalade] a esté donnée entre la porte Neuve qui regarde la Savoye et le Rosne [et ceux qui la] donnoient se sont servy de quelques clayes mises sur la bourbe que l'eau ma[recageuse et] basse, a laissé au fossé, et ayant abordé la muraille, il en est entré dedans près de troys cens et sur l'effort qu'ilz ont faict à la porte pour en faire ouverture, l'allarme s'est tellement eschauffée que les habitants avec quelque perte des leurs, les ont deffaicts et contraincts de saulter les bastions après avoir laissé soixante morts et treize prisonniers qui ont tout aussy tost esté penduz. Sonas, Atignac, Cornage, Chaffardon, sont les principaulx des treze, et ces deux derniers daulphinois. Il y en a aussy d'aultres parmy les morts, car les amys d'Albigny se sont trouvés les plus vaillans et la pluspart y sont demeurés. Luy mesme commandoit l'escalade et estoit dedans le fossé cependant que Monsieur de Savoye estoit au Plain Palais attendant l'ouverture de la porte, mays il s'est retiré sans y entrer non moins trompé de son espérance que ceulx de dedans se monstrent encores estonnéz. Ilz m'ont demandé Monsieur du Villars qui en estoit revenu il y a près d'un moys, et saichant que vostre Majesté a agréé le sejour qu'il y a faict, je le leur renvoye. J'attends voz commandemens sur ce qu'ilz me pourront demander en leur necessité, et cependant je ne leur refuseray rien, recognoissant le dommage que vous aporteroit leur perte. On asseure que Monsieur de Savoye repasse delà les montz pour préparer ce qui est necessaire à l'expugnation de la place par un siege ouvert. Le danger où elle s'est trouvée me faict aprehender celuy où nous nous trouvons en ceste ville quasy toute ouverte. Je l'ay souvent représenté à vostre Majesté, et je la supplie de considérer qu'un moindre effort que celuy de Geneve la vous peut oster, et qu'en la vous ostant, oultre la perte de voz serviteurs, vous hazardez ceste province toute entière. Le plus prompt remède à ce mal en attendant l'entière guérison, c'est de lever & prendre sur toute la province un pionnier ou troys sols par jour, pour feu durant quatre moys; ce service rendra notre fossé, quasy comblé, en la proffondeur qu'il doibt estre pour y mettre l'eau, et ainsy nous serions hors du danger de la surprinse le plus à craindre, et peu à peu nous acheverions nos muraillez. Je supplie très humblement vostre Majesté d'agréer cest expedient comme le plus propre et le moins sensible, et en vérité, necessaire à vostre service. Je vous ay ces jours passéz donné aviz de la depesche que Monsieur de Bouillon m'avoit faicte et d'icelle envoyé coppie à vostre Majesté. J'estime que Monsieur de Gouvernet en aura faict de mesme d'une semblable qu'il a eue de ceste part, et qu'il vous aura averty que ledict sieur de Bouillon luy a depuis, par aultre depesche, demandé seureté pour passer en Alemaigne. Ledict sieur de Gouvernet ne m'en a rien escript, ce qui est cause que, par homme exprès, Monsieur du Passage a avis de faire veiller et d'observer soingneusement tout ce que le sieur president de Sainct-Jullien luy a faict savoir de la part de vostre Majesté. Qu'elle me donne, s'il luy plaist, ses volontéz sur toutes ces occasions, et je supplieray le Créateur, Sire, qu'il vous donne en toute prospérité très longue vye. A Grenoble, le XXIXe decembre 1602.

Vostre très humble, tres obeissant, très fidelle suget et serviteur.

LESDIGUIÈRES [1].

---

[1] À cette lettre se trouve jointe la suivante du conseil de Genève à Lesdiguières :

« Monsieur, vous avez sceu cy devant par plusieurs de nos lettres comme son Altesse de Savoye nonobstant qu'elle sceust et ayt confessé que nous estions entrez en la paix faicte en janvier 1600 entre sa Majesté & luy nous a neantmoins oppressé diversement, non seulement par la retention de noz revenus, par deffense de commerce et autres violences & extortions, n'ayant voulu donner aucun lieu aux justes & grandes remonstrances que sa Majesté luy a geminées, mais aussy a brassé plusieurs entreprinses pour nous esbahir & surprendre en ce temps paisible. Or est-il que pour assovir son très pernicieux dessein le sieur d'Albigny, sabmedy dernier XIe de ce moys, environ la minuit, auroit mené au devant de nostre ville, du costé du Plain Palaix, environ deux mil hommes tant de cheval que de pied, tous gens d'eslite, et en a getté environ deux cens dans nostre fossé près la jadis porte de la Corrateyne, et ayant dressé des eschelles entrées l'une dans l'autre, les a faict entrer sur les troys heures du matin le dimenche XIIe du present, les accourageant luy mesme, dans ledict fossé. Si bien qu'estans descendus à la ville les uns se sont gettéz vers nostre porte Neufve pour la petarder et faire entrer par là le gros qui leur faisoit espaule en ladicte place de Plain Palaix, les autres vouloyent gagner la porte de la Monnoye pour, par ce moyen, entrer dans le milieu de nostre ville. Mais il a pleu à nostre bon Dieu nous regarder de son œil favorable et donner coer aux nostres, en sorte qu'ilz les ont repousséz si vivement qu'ilz en ont tué sur la place la meilleure partye ; les autres ont esté pris et depuis pendus par nostre commandement ; le reste s'est précipité par les murailles en bas, de sorte que nous entendons que plusieurs sont mortz ou grievement blesséz. C'est une delivrance miraculeuse de nostre Dieu de laquelle nous avons un suget particulier de le louer. Mais comme il n'est vraysemblable que ledict sieur d'Albigny ne pousse plus oultre sa mauvoise volonté, veu mesmes que nous entendons que son Altesse n'est pas loin de nous, nous vous prions & requerons de toute nostre affection qu'il vous plaise faire

CCCXCIV. 1603 — 13 Janvier.

Orig. — B. N. MS. F. 3578, p. 97.

A MONSEIGNEUR, MONSEIGNEUR LE DUC DE MONTMORANCY, PAIR ET CONESTABLE DE FRANCE.

Monseigneur, j'ay prié Monsieur le president de Saint Jullien de vous supplier de me faire ordonner sur le taillon de ceste province le payement de ma compaignie de gensd'armes de l'année passée et de la presente. Durant les preceddantes je n'ay receu qu'un quartier par année, ce qui n'a que de bien loing aproché de l'entretenement que j'ay donné à mes compaignons qu'il est besoing tenir montéz et arméz sur ceste frontiere, comme ils le sont, ainsy que je vous en assure et que vous le saurez d'ailleurs s'il vous plaist de vous en enquerir. Ayez y donc, je vous supplie, egard pour ladicte derniere année et la presente, et que au moins je soys payé pour six moys de chacune d'icelles. Le Roy en sera servy plus promptement aux occasions qui se peuvent offrir, moy deschargé et plus obligé à demeurer tousiours, Monseigneur,

Vostre très humble et très obeissant serviteur.

Lesdiguières.

[De Greno]ble le XIIIe janvier 1603.

digne consideration du préiudice qu'apporteroit la prise de ceste ville au service de sa Majesté, il vous plaise continuer vostre faveur envers nous & nous assister de vostre sage & prudent advis de ce qu'avons à faire en ceste grande necessité. De quoy nous confians, fesons fin à la presente, priant Dieu, Monsieur, qu'il vous ayt en sa saincte garde. A Geneve le XIIIe decembre 1602.

« Vos bien affectionnés serviteurs.

« Les Syndics et Conseil de Geneve. »

A la suite est une autre lettre des mêmes personnages à Lesdiguières sur le même sujet, mais sans importance et sans date. Dans le même volume 23197 des manuscrits de la Bibliotheque nationale on trouve une autre lettre des syndics de Geneve du 13 decembre 1602, mais écrite à M. de la Guiche, gouverneur de Lyon. Elle contient les mêmes détails sur l'entreprise du duc de Savoie que la lettre que l'on vient de lire. On trouvera également trois relations de cet évé-nement dans les manuscrits de la Bibliothèque nationale, fonds Dupuy, V. 277 et 23.

Il est interessant de lire dans Videl (p. 224) ce que pensait Lesdiguières de l'entreprise sur Genève : Selon lui elle était parfaitement bien organisée et dans les meilleures conditions pour réussir ; si elle échoua ce fut parce que 1° on n'avait pas répandu l'effroi dans la ville en tirant de nombreuses mousquetades et forcé les habitants à rester chez eux en faisant feu sur tous ceux qui tenteraient de sortir ; 2° on n'avait pas mis le feu à un quartier de la ville pour y attirer les habitants tandis que les troupes auraient fait sauter une porte et seraient entrées par elle en grand nombre ; 3° on était resté trop longtemps sans agir comme trop sûr du succès après la réussite de l'escalade. Ces réflexions de Lesdiguières, parfaitement justifiées par l'événement, expliquent plusieurs des succès militaires de ce capitaine, les prises de Gap et Embrun, par exemple.

CCCXCV.   1603 — 27 Janvier.

Orig. — Arch. de l'État de Genève.

A MESSIEURS, MESSIEURS LES SCINDICS ET CONSEIL DE GENÈVE.

Messieurs, j'attens encore les commandemens du Roy sur ce que j'auray à faire pour ce qui vous concerne, cependant je ne doubte point que sa Magesté n'ait bien agréable que je vous envoye l'assistance que vous me demandez par vostre lettre du 10ᵉ de ce mois, qui est nostre 20 [1], et l'eusse fait soubs la conduite du capitaine.......... [2]. present porteur, sans les difficultés qu'il vous proposera, sur lesquelles j'attens que luy mesmes m'apporte vostre resolution, et tout incontinant je satisferay à vostre desir et au debvoir que j'ay à vostre conservation que je n'affectionne pas moins que vous mesmes. J'estime que le comte de Tournon le vouloit ainsy representer par son élégant discours plain de fleurs de rhetorique, mais il avoit besoin d'une autre manteau pour couvrir une si mauvaise action qui ne peut etre appellée que par son nom propre encores qu'il s'efforce de la desguiser. Je prie Dieu, Messieurs, qu'il vous ayt en sa garde. A Grenoble le 27 janvier 1603.

Vostre bien humble et plus affectionné serviteur.

LESDIGUIÈRES.

CCCXCVI.   1603 — 2 Avril.

Cop. — B. N. MS. F. 23198.

[A MONSIEUR DES DIGUIÈRES.]

Monsieur, je suis venu du comté de Bourgogne en ceste ville des la semaine passée pour redresser & menager les biens & domaine de ma principauté, en ayant trouvé

---

[1] Malgré une ordonnance du conseil de Genève du 11 janvier 1575, enjoignant aux notaires et autres officiers de se conformer à la coutume introduite depuis quelque temps en France pour le commencement de l'année, l'usrge de commencer l'année à Noël persista encore longtemps, comme le démontre la lettre précédente et quelques autres encore. Cet usage de faire commencer l'année à Noël datait de 1305 et avait été introduite dans l'église de Genève par l'évêque Aymon de Quart. Avant cet évêque c'était à Pâques que commençait l'année.

[2] Lacune dans l'original.

bon de commencer par le retranchement du nombre des soldats, ay ordonné au sieur de Blacons, mon cappitaine & gouverneur au chasteau, de reduire les vingt quatre hommes qu'il y a eu en temps de guerre à six, que je tiens bastans pour la conservation d'icelluy chasteau durant mon sejour par deçà et d'en casser les aultres comme superflus, jusques à ce que, à mon despar ou aultre occasion, j'eusse trouvé bon de remestre de rechef ledict nombre. Mais au lieu d'hobeir & obtemperer à mes commandements, entrant en doubte & ombrage que je desseignois¹ quelque changement en son endroict, va suscitant ceulx de la relligion refformée soubz voile & pretexte que ceste mesnagerie & retranchement tand à leur ruine & extirpation, semant de faux bruictz que j'attendois trouppes Espagnolles du costé de Provence & aultres du comtat de Venise pour effectuer mes dictes intentions. Tellement que les sieurs ministres, à l'exhord dudict des Blacons & du sieur de Gouvernet, qui arriva icy en grande haste le jour d'yer, m'ont presenté requeste a ce que pour leur asseurance vouldrois continuer l'antienne garnison & ledict de Blacons pour gouverneur, et en oultre qu'en cas de son decès leur laisserois le choix & nomination d'un aultre successeur. Ledict de Blacons & sieur de Gouvernet se ventent d'y faire entervenir les esglises du Languedoc et de vostre gouvernement, estant advisé qu'il ont desia taché de praticquer celles du Languedoc. Je ne scay si je m'en dois autrement douter, attendu que les clairs voyans de mes subiectz de ladicte relligion voyent à l'oeuil qu'ils font jouer les esglises pour couvrir leur dissidence particulliere, et doutant que ne vous soyent donnéz de semblables faux adviz, vous ay bien voulu advisé ce que dessus, que vous prie de croire estre chose véritable et que les susdicts bruicts sont faulx et controuvéz; vous donnant ma parolle & asseurant sus mon honneur que je n'euz oncques intention ou pencée d'attenter ou innover la moindre chose que ce fut au prejudice de ladicte relligion et vous proteste devant Dieu que je leur conserveray & maintiendray tous et chacun les droictz & promesses que leur ay faictes & données par le passé. Ma qualité, l'estat de mes affaires, de mes frères, parens & alliéz en donnent assez d'asseurance. Vous nous pouvez, Monsieur, obliger tous très estroictement en ceste occasion en tenant la main que les subiectz de la relligion estans soubz vostre gouvernement ne soient abuséz par telles inventions faulces et leur deffendre de ne faire aucun remeuement Il y a plusieurs gentilhommes & aultres de la relligion qui seroyent beaucoup rasseuréz s'il vous plaisoit d'escripre à l'esglise que leur estant baillée les asseurances necessaires de ma part comme j'offre de faire à vostre adviz comme seigneur le plus voysin representant la personne de sa Majesté, ils n'entrent en party pour aucun particullier. Je vous prie très affectueusement m'obliger de tant & tous les miens que de fere publier incontinant lesdites deffenses, moyenner ladicte lettre et me donner particullierement vostre conseil & adviz par le retour du present porteur. Et en attendant prie Dieu, Monsieur, vous conserver en tout heur & prosperité. Du chasteau d'Orenges le II° d'avril 1603.

Monsieur, je vous prie croire que cecy est la pure verité & excuserez un domage general qui [ne] doibt estre prefféré au particullier, car j'ay recogneu qu'ayant encores

---

¹ Que j'avais le dessin de faire quelque changement.

despuis augmenté ladicte garnison à dix, il n'a proffité pour desvoyer leurs mauvaises intentions. Par quoy vous prie me faire ceste faveur et demeureray perpetuellement obligé à vous servir comme vostre très affectionné serviteur.

Le Prince d'Orenges [1].

CCCXCVII.   1603 — 6 Avril.

Cop. — B. N. MS. F. 23198.

[A MONSEIGNEUR LE PRINCE D'ORANGE.]

Monseigneur, je croy ce que vous m'escrivez des occasions qui vous ont porté à Orange et que voz intentions ne regardent que au bon mesnage, mais vous ne devez pas trouver trop estrange si les sugets de vostre principaulté et leurs voysins qui font profession de la religion entrent en ombrage & en desfience de perdre la seureté

---

[1] Ce différend entre le prince d'Orange et ses sujets réformés dura fort longtemps. Lesdiguières l'apaisa en 1605 seulement, et Videl donne une lettre de Henri IV à Lesdiguières du 30 septembre de cette année, où il le félicite du service qu'il lui a rendu dans cette occasion (Videl, p. 233). Voici également comment s'exprime à ce sujet l'ambassadeur de Venise auquel nous avons fait jusqu'à présent de si nombreux emprunts : « Le « Roi s'etant assuré dans l'assemblée de Chatel- « lerault que le gouverneur qui a usurpé sur le « Prince la place d'Orange n'est pas soutenu par « le gros des reformés du royaume, a chargé « Monseigneur de Lesdiguières d'aller la repren- « dre, et dans le cas où le gouverneur se refuse- « rait à la lui remettre, de l'y contraindre par la « force. A la première sommation le gouverneur « a répondu qu'il ne remettrait pas la place à « Monseigneur de Lesdiguières mais au Roi lui « même quand sa Majesté le desirerait. En con- « sequence le Roi a dépéché un sergent de ses « gardes pour la recevoir en son nom. Ce qui « n'empeche pas Lesdiguières de réunir 2,000 « hommes de pied et de s'y porter avec du canon « pour le cas où le gouverneur resisterait. La « place est très forte, mais pourvu qu'elle ne soit « pas secourue, et elle ne le peut être, les réfor- « més ne s'y interessant point, ne fut ce que par « egard pour le comte Maurice, frère du prince « d'Orange, il faudra qu'elle succombe..... Paris, « 16 aout 1605. — Angelo Badoer. »

Cette affaire, de peu d'importance en elle-même, prit de grandes proportions à cause de l'appui que Blacons, gouverneur d'Orange, trouva auprès de toute la noblesse protestante de la province. Aussi existe-t-il un grand nombre de pièces sur ce sujet aux manuscrits de la Bibliothèque nationale. Voici l'énumération des principales : Mémoire au Roi par Marie de Chabeuil, veuve du sieur d'Aramon, partisan du prince d'Orange, assassiné par ordre de Blacons et Gouvernet, 8 avril 1603 (B. N. MS. F. 23197); — Lettre du prince d'Orange au Roi, 10 avril (id.); — Lettre du Roi à Blacons, 12 avril (id.); — du Roi à Gouvernet, id. (id.); — de Blacons au Roi, 18 avril (id.); — du Roi à Blacons, 26 avril (id.); — du Roi à Gouvernet, id. (id.); — du prince d'Orange au Roi, 30 avril (id.); — de Blacons au Roi, 2 mai (id.); — de Gouvernet au Roi, 3 mai (id.); — de Blacons au Roi, 7 mai (23198); — du même au même, 13 mai (id.); — du même au même, 30 mai (23197); — du même au même, 6 septembre (23198); — du même au même accompagnée d'un mémoire justificatif, 27 septembre (id.); — de Gouvernet au Roi, 30 septembre (id.), etc., etc. L'ordre du Roi à Lesdiguières de faire rendre la ville d'Orange à son maître se trouve aux archives du Doubs (E. 1228).

qu'ils ont eue par la longueur de plusieurs années en vostre ville & chasteau dont ils ont tousiours faict estat autant que d'autre place que le Roy leur ayt laissée. C'est ce qui les fait un peu esmouvoir, et puisqu'il vous plaist recercher mon advis sur ceste occurrance, je vous diray que si après quelque retranchement à vostre utilité voz affaires peuvent permettre de laisser les choses en l'estat qu'elles sont & sans alteration, la creance que vozdicts sugetz & voisins doivent prendre de vous seroit de beaucoup fortiffyée et le temps améneroit les choses au point que vous les desirez. Cependant vous devez estre asseuré qu'il ne se fera aucun remeuement ni levée d'armée en ceste province soubz quelque pretexte que ce soit sans l'expresse volonté de sa Majesté. Il n'est donc point besoin d'en faire des deffances de sa part puisque l'obeissance qui luy est deue retient assez ses serviteurs dedans le devoir. Les asseurances que vous voulez donner de vostre saine affection à vos sugetz les incitera aux choses raisonnables sans les y convier par mes lettres, aussi est-il bon que l'honneur en demeure à vous seul, et je ne prevoy rien de si facile si après une juste reduction de la garnison vous laissez en liberté ceux qui la voudroient augmenter à leurs deppens, ainsi que ce porteur m'a dit estre vostre resolution. Voilà ce que je vous puis dire pour responce à vostre lettre du IIe de ce moy, et je finiray ceste cy en priant le Createur, etc.

[LESDIGUIÈRES.]

Le VIe avril 1603, à Grenoble.

CCCXCVIII.   1603 — 9 AVRIL.

Orig. — B. N. MS. F. 23193.

AU ROY.

Sire, j'attens encores la venue de Monsieur de Vic pour conferer avec luy suyvant les commandemens qu'il a pleu à vostre Majesté m'en donner des X et XXIIes du moys passé, et lorsqu'il arrivera à Lyon il y trouvera de mes lettres qui l'incittent à me donner le jour et le lieu de nostre entreveue si commode pour luy que son voyage et vostre service n'en recoivent point de retardement. Le duc de Savoye faict ses preparatifs pour la guerre de Genève et ne laisse de faire paroistre qu'il desire la paix de ce costé là, car il l'a recherchée et tant faict envers ceulx qui ont l'authorité en la ville que soubz bons ostages ils ont envoyé leurs deputéz pour tant seulement y raporter ce qu'on leur proposeroit; mays ayans raporté à ceulx qui les avoient envoyéz que leur ennemy en est tousiours sur les vieilles prétentions, ils se sont resoluz de ne plus prester l'oreille et continuer la guerre, suyvant en cela la résolution des cantons de leur aliance, principalement des Bernoys qui veulent entrer en guerre ouverte, de quoy jusques à present ilz avoient faict difficulté. Ceste bonne volonté ne rendra aucun effect qu'ilz ne saichent premierement ce que vostre Majesté fournira en faveur de ceulx de Geneve et que l'asseurance n'en soit donnée. C'est pourquoy la presence de Monsieur de Vic est fort necessaire pour maintenir ceste humeur, faire vos offres & traitter de vostre condition en ceste occasion. J'essaye tant que je puis de la fortifier par le courage que je donne soubz main à ceux des vallées de Piedmont quasy prests à se lascher et amolir aux larges et avantageuses offres de leur prince quy se veult, s'il peut, developer des affaires de delà pour myeulx entendre de deçà, et je fais ce que je puis pour le maintenir en exercice par la liaison de ceulx de Geneve avec ceulx des vallées dont je ne perds pas l'esperance [1]. Ce commen-

---

[1] Les intermédiaires entre les protestants des vallées vaudoises et Lesdiguières étaient les ministres Perron et Guerin, fort dévoués à la France : « Sire, écrit Saint Jullien au Roi, Monsieur des « Diguières receut avant hier une despeche du « ministre qui a la conduite des affaires des val- « lées par laquelle il luy donnoit advis comme « Monsieur de Savoye leur avoit mandé, que sy « dans la VIII.ᵉ du present ils ne luy rendoyent « responce resolue sur des articles qu'il leur « avoit accordés, qu'il les y contraindroit par « la force, de sorte qu'il prevoyoit que sans « l'assistance qu'ils esperent il ne les pourroit « empecher de traiter. C'est pourquoy, Syre, « vous estes très humblement suplié de mander « au plustot vos instructions et comandemens « d'autant que la chose presse et que mal ayse- « ment l'on pourra retenir gueres de temps « ces peuples sens entrer en besongne..... Les « advis que Monsieur des Diguières a d'Ytallie, « dont il envoie à vostre Majesté la coppie, « monstrent qu'il ne tiendra audict sieur de « Savoye que la guerre ne s'échauffe jusques à « bailler ses enfants et ses principalles places au « roi d'Espaigne, asscavoir Thurin et Carma- « gnolle, pour en tyrer assistance et par ce moyen « tacher de l'y embarquer, même en luy offrant « Geneve... 4 may 1603. » « Syre, dit-il dans une « autre lettre, j'ay receu fort à propos la lettre « dont il a pleu à vostre Majesté m'honorer du « 6 du present, car j'estoys pressé par ceus des « vallées de leur donner resolution à cause des « maus qu'ils souffrent et du peril auquel ils se « voyent. Je l'ay profitée de sorte envers le « gouverneur de vostre chasteau d'Exilles, les « ministres Perron et Guerin qui ont grand pou- « voir parmy ces peuples et qui vous servent « fidelement sans parler de vostre nom, que le

cement de guerre n'a pas bien esté commancé et le progrez en est fort languissant; en somme il ne s'y faict rien qui vaille le parler. Il y a dans la ville de Geneve trop d'hommes pour la garder et trop peu pour sortir et entreprendre : parmy la multitude de leur conseil il n'y a que confusion, les fols y ont plus de voix que les sages et le grand nombre surpasse le meilleur, de là vient le mescontentement de leurs chefs de guerre qui ne peuvent souffrir les folies des mal-advisés. Monsieur du Villars en est si las qu'il est prest de les abandonner pour beaucoup d'indignités qu'il y reçoit. Il est besoing, Sire, qu'ilz ayent un homme d'authorité et le moyen de le tenir dehors avec armée, car tout ce qu'ilz voient dedans la ville leur apporte umbrage tant ilz sont jaloux de leur liberté. Je ne trouve pas qu'ilz ayent prudemment faict de hazarder Monsieur de Naides à Saint Genis avec trop peu d'hommes, fort loing d'eulx et trop près de voz estatz, sans en communiquer à ceulx qui ont l'honneur de vous y servir, marque speciale de la diffience, compaigne ordinaire de l'ignorance. Ledict sieur de Naides n'a que deux cens cinquante hommes, et il en fauldroit cinq cens pour garder ceste mauvaise place. A mesure que le Duc se fortifiera il essayera de s'oster ceste espine du pied, ce ne pourra estre sans nous mettre en jalousie et en peyne de border la frontiere de ce costé là de quelques gens de guerre. J'assembleray pour cest effect ma compaignie, comme je fiz lors du bruit des remuemens de feu Monsieur de Biron. Je n'ay eu depuis l'establissement de la paix aultre moyen qu'un quartier par an sur le taillon de ceste province pour entretenir ceulx de madicte compaignie quy sont montéz et arméz en leur maison, et toutes les années le trésorier m'en a faict les avances, sans lesquelles je n'eusses peu fournir à mes compaignons mesmes pour l'année derniere M.VI^c deux dont je suis payé et touteffois on en demande l'argent au trésorier. Je vous supplie très humblement qu'il n'en soit point molesté mays deschargé en vertu des acquitz qu'il en doibt raporter, et doresnavant que ce que je doibs prendre sur ledict taillon ne soit point diverty affin que le moyen de vous bien servir me demeurant, augmente le desir et la

---

« coup a esté différé pour ceste foys et que le duc « de Savoye, quoi qu'il aye voulu fayre, ne les « a peu porter à la paix. Monsieur des Diguières « et moy avons tousjours jugé que pour byen « avancer le faict il estoit necessaire que Messieurs « de Zurich, Berne et Geneve fissent de leur « costé... 17 may 1603. » (B. N. MS. F. 23197).

volonté que j'en ay. Vostre Majesté verra, s'il luy plaist, la coppie d'une lettre que Monsieur le prince d'Orenge m'a escripte et la responce que je luy ay faicte. Il est à Orenge où il veult fere des changemens, il y a trouvé de l'opposition, et encores qu'il semble n'en vouloir que à la personne de Monsieur de Blacons, peult estre que ses dessins passent plus oultre. Vostre Majesté a un grand interest que ce petit estat soit es mains de quelqu'un des vostres qui vous en puisse respondre, car vous savez que celuy à qui il appartient est nourry et porte son affection chez un prince qui n'a l'œil ouvert que pour vostre ruyne. Vostre Majesté y pensera et me donnera sur ceste occurrance ses commandemens, attendant lesquels je supplie le Créateur, Sire, qu'il vous donne en toute prosperité bien longue vye. A Grenoble, le IXe apvril 1603.

>Vostre très humble, très obeissant, très fidelle suget et serviteur.

LESDIGUIÈRES.

CCCXCIX. 1603 — 5 JUIN.

Orig. — Arch. de l'état de Genève.

A MESSIEURS, MESSIEURS LES SINDICS ET CONSEIL DE L'ESTAT DE GENÈVE.

Messieurs, vos deux lettres des quinze et dix neufviesme du passé, à vostre compte, m'ont esté rendues par le sieur de la Maisonneuve, et j'ay sceu de sa bouche ce que vous luy aviez commis pour me representer; vous m'honorez beaucoup par la confience que vous avez en moy de vos plus importans affaires, et puisque vous y avez desiré mon avis, selon ce qui occurre, je l'ay donné audit sieur de la Maisonneuve pour le vous faire entendre, luy ayant aussy faict ouverture de quelques expédiens que j'estime importer au bien de vosdictes affaires. Vous les entendrez et y ferez consideration pour les faire passer oultre si vous les jugez utiles. Ledict sieur de la Maisonneuve a veu la peyne qu'il y a eue à acommoder la querele d'entre les sieurs du Vilars et de Disimieu à l'occasion de la prinse et sac de Saint Beron [1]; malaisement en fussions nous venus à bout sans la promesse que j'ay faicte audict sieur de Disimieu que vous prendriez sa maison et ses subiectz en vostre sauvegarde, et que vous les declareriez exemptz du payement de la contribution du passé et de l'advenir. Je vous supplie de luy donner l'effect de ceste myenne promesse et m'en envoyer l'expedition en bonne forme, car cela est necessaire pour maintenir ces gentilshommes en paix, et encores pour plus aisement faire suporter audict sieur de Disimieu le tort qu'il estime avoir receu en ceste fascheuse action, de laquelle encores il fauldra que vous luy faciez faire justice, car sa plainte a desjà esté au Roy, comme vous verrez par la coppie des lettres que sa Majesté en a escriptes, et je ne doubte point qu'elle ne vous en escrive aussy bientost. Suppliant en cest endroit le Créateur, Messieurs, qu'il vous ayt en sa saincte grace. A Grenoble le cinquiesme juin 1603.

Vostre bien humble et plus affectioné serviteur.

LESDIGUIÈRES.

CD.   1603 — 10 JUIN.

Orig. — B. N. MS. F. 23197.

AU ROY.

Sire, les deux lettres qu'il a pleu à vostre Majesté m'escrire des XIIIe et XXXe du passé m'ont esté rendues et entre ces deux j'en ay receu une troisiesme du XXIXe du mesme moys, particuliere pour l'affaire de Monsieur de Disimieu touchant le sac de sa maison de Saint Beron en Savoye faict par la garnison de Saint Genis. Ceste mauvoise action (commise en partye par la faulte de ceulx qui gardoient ladicte maison) a engendré une querele entre ledict sieur de Disimieu et le sieur du Vilard, venue quasy jusques au point du combat, mais l'interposition de vostre authorité par mon moyen est

---

[1] Saint-Beron était un fief appartenant à Disimieu en Savoie que les troupes de Genève pillèrent. Disimieu en rendit responsable du Villars, général des Genevois, et loin d'être apaisée aussitôt, cette affaire, dont il sera question dans plusieurs des lettres suivantes, n'était pas encore terminée en 1606, comme Lesdiguières nous l'apprend par sa lettre au chancelier du 24 mai de cette année.

arrivée à temps pour les en empescher, et depuis je les ay renduz bons amys, m'estant chargé de supplier vostre Majesté, comme je faiz très humblement, d'escrire à Messieurs de Geneve de faire justice audict sieur de Disimieu de quelques uns de ses serviteurs tuéz et restitution de ses meubles et de son bestial prins lorsque ladicte maison a esté forcée. A la verité, Sire, je l'avois asseuré qu'elle seroit respectée, et ceste asseurance le tenoit en esperance de recevoir un autre traittement que celuy qu'il a receu, arrivé par desastre et pour ne se bien entendre; car ceulx de Saint Genis, conduicts par le sieur de Margaron, alloient à la guerre, et passant à Saint Beron, eurent aviz que quelqu'un des ennemys s'y estoit retiré; au lieu de s'en enquerir par la doulce voye, ilz s'aprocherent en trouppe sur laquelle ceulx de dedans tirerent et en blesserent : voylà l'occasion de la noyse [1]. Vostre lettre donnera du contentement à ce gentilhomme plus, à mon aviz, qu'il n'aura de satisfaction, mays elle fera cognoistre que vous voulez que vos subiects soient espargnéz et que les desordres de ceste guerre ne portent jusques à eulx. Ceste double entreprinse de Saint Genis dont j'avoys escript à vostre Majesté n'a pas reussy, encores que la trouppe qui entreprenoit l'exécution se soit presentée jusques à la porte et qu'un seul cappitaine y soit entré soubz pretexte de parler à celuy qui faisoit la main, mays c'estoit en effect pour voyr la contenance de ceulx de dedans, et l'ayant apperceue aultre qu'il ne la desiroit, sort et faict tourner tous, sans autre alarme. Le terme de l'effect des aviz que je vous avois envoyez s'aproche, car c'est dedans la fin de ce moys que les places se doivent bailler s'ils sont veritables; je tiens cependant l'homme en esperance sans beaucoup luy promettre pour l'avenir en attendant que vostre Majesté resolve si elle s'en servira ou non. Je scay bien, Sire, que la commission que vous avez donnée pour la levée du taillon en ceste année est icy il y a longtemps, ce qui en retarde les deniers c'est la tenue de l'estat retardée jusques au Xe du prochain, et fauldra encores en attendre les deniers pour

---

[1] « La querelle de Monsieur de Dizimieu aveq Monsieur du Villar n'est encore terminée, dit Saint Jullien dans une lettre au Roi du 25 mai 1603, ils se devoyent battre auprès de Saint Genis, mais ce combat n'a eu effet. Il importe au service du Roy que la chose ne passe plus avant, parce que le sujet y pourroyt embarquer la pluspart de la noblesse du Vyennois et des montaignes, et seroyt à propos que vostre Magesté commandat à Monsieur des Diguières, par une bonne lettre, de les faire amys. » (B. N. MS. F. 23197.)

la commodité de voz subiectz jusques après la recolte, estant impossible qu'ilz payent auparavant. Je supplie très humblement vostre Majesté me prouvoir pour l'année derniere du quartier que j'avois prins par avances affin qu'il ne tumbe sur mes bras : vous me mettez en esperance de m'en faire payer et je ne m'en puis promettre qu'un entier effect de vostre bonne volonté à laquelle je me raporte et confie de tout, mays je vous supplie très humblement, Sire, que ceste partye soit au plus tot payée au receveur de ce pays qui me l'a avancée, affin que je ne m'en trouve en peyne, et m'excusez, s'il vous plaist, si je vous importune tant souvent sur ce mesme subiect. Il ne s'est point parlé parmy les églises réformées de ceste province d'y faire aucune colecte pour la subvencion de Geneve, j'en eusses donné aviz à vostre Majesté et faict supercedder[1] tout jusques à l'arrivée de voz commandemens, et si la chose se proposoit cy après, j'en useray ainsy sans faillir. Je feray servir selon voz intentions ce que vous avez voulu m'envoyer du faict des ambassadeurs de Monsieur l'electeur Pallatin, s'il en est besoing, et tiendray la chose aussy secrete qu'elle le merite et que vous le desirez. Il y a quelque temps que je donnay aviz à vostre Majesté de la publication qui avoit esté faicte de son ordonnance en ceste province pour la retraitte de ses subiectz qui servoient les princes estrangers sans sa permission ; auparavant le délay de ladicte ordonnance escheu, le comte de la Roche[2] me demanda asseurance pour se retirer en sa maison pour y vivre comme vostre subiect ; j'estimay qu'il estoit bon de la luy bailler pour favoriser ceste sienne envye et l'oster des mains qui le dettenoient. Je supplie vostre Majesté de me faire savoir si vous avez agréable sa retraitte, car s'il n'estoit ainsy je ne vouldroys pour rien l'asseurer pour peu après luy voir recevoir du desplaisir ; j'aurai donc, s'il vous plaist, voz commandemens sur ceste occasion. Vous aurez sceu que le traitté de Geneve est rompu et les occasions de ceste rupture dont Messieurs de Geneve ont voulu me faire part ; ilz s'arrestent[3] fort sur le point que **Monsieur de Savoye** refuse, et s'il ne l'octroye, malaisement ce traitté se renouera il. Nous sommes attendans le succés des affaires d'Orenges, et cepen-

---

[1] Retarder.
[2] Voir les notes qui accompagnent la lettre à Bellièvre du 29 juin, et celle au Roi du .... août 1602.
[3] Ils insistent.

dant je loue Dieu et le remercie de tout mon cœur de ce qu'il luy a pleu vous renvoyer vostre santé, je le supplie vous la continuer aussy longtemps que je la vous desire; ceste bonne nouvelle nous est aussy tost arrivée que celle de vostre malladie. Je suis pour toute ma vye, Sire,

> Vostre très humble, très obeissant, très fidelle suget et serviteur.

LESDIGUIÈRES.

A Grenoble, le Xe juin 1603.

CDI.   1603 — 14 JUIN.

Orig. — B. N. MS. F. 23197.

AU ROY.

Sire, il n'y a que quatre jours que je fiz depesche à vostre Majesté en responce de celles que j'avois auparavant receu d'elle. Maintenant je vous fais ceste cy pour vous asseurer que aujourd'hui doivent arriver à Suze troys mil cinq cens Espaignolz qui, estans en Savoye, joindront ceulx quy y sont pour tous ensemble prendre le chemyn de Flandres. J'estime qu'ilz ne seront pas moins de quatre mil cinq cens, encores qu'on les compte pour six mil, car les vingt troys enseignes qui sont en Savoye ne font guieres moins de deux mil cinq cens hommes. Ils meneront aussy avec eulx les Napolitains qui sont audict pays de Savoye, leur nombre ne va pas plus hault de mil hommes. Ceste arrivée donnera un peu d'allarme à Geneve, elle en sera quitte pour cela sans en recevoir aultre desplaisir. Il se dict que dedans un moys et demy au plus tard le comte Théodore Trivulce passera avec une trouppe de Milanois qui sera suyvie d'une aultre soubz la conduitte du marquis Spinola; ny l'une ny l'aultre ne sont pas prestes. Le duc de Savoye est fort près de Thurin s'il n'y est desià arrivé, parce qu'il estoit party de Nisse lorsque ces aviz m'ont esté escriptz l'unziesme du present. Je n'en ay point d'ailleurs qui soient dignes de vostre Majesté à laquelle je supplie Dieu, Sire, donner en parfecte santé bien longue et heureuse vye. A Grenoble le XIIIIe juin 1603.

Vostre tres humble, tres obeissant, tres fidelle suget et serviteur,

LESDIGUIÈRES.

Sire, si contre le bruict commun ces trouppes sejournoient en Savoye, j'en advertiray vostre Majesté et de toutes aultres choses qui meriteroient venir à vostre cognoissance.

CDII.   1603 — 15 JUIN.

Orig. — B. N. MS. F. 23197.

[AU ROY.]

Sire, je donnay hier aviz à vostre Majesté des Espaignolz qui passent le mont Senis pour aller joindre en Savoie ceux qui y sont et prendre le chemyn de Flandres; j'ay aujourd'huy esté averty de bon lieu que le duc de Savoye se sert de ces trouppes là pour oster Saint Genis à ceulx de Genève. Il n'y a rien de plus aisé, car la place vault si peu qu'un pré bien retranché vauldroit myeulx : il n'y a ny vivres ny munitions de guerre, quoyque j'aye souvent averty lesdits de Geneve d'y jetter des farines et des pouldres, mais ilz ne sont pas assez bons cappitaines pour aprehender leurs necessitéz et conserver la reputation. Elle se va fort diminuer à leur preiudice en perdant ceste place, et ce qui me fasche le plus c'est que vostre perte y sera plus grande que la leur, parce qu'il y a là dedans de quatre à cinq cens bons soldats françoys, voz subiects, propres à rendre un bon service, qui se vont perdre au contentement de ceulx qui ne desirent que vostre ruyne. Pour empescher qu'ilz n'ayent cest avantage je supplie très humblement vostre Majesté de trouver bon que je luy die qu'il seroit à propos et fort necessere de faire loger à Augste, proche de Saint Genis d'une canonnade, les cinq compaignies du regiment de Bourg que vous nous avez desparties ; là elles se retrancheroient et se feroient tous les jours voir aux assiegéz et aux assiegeans, une petite riviere qui limite vostre estat et celuy de Monsieur de Savoye entre deux, et pour renfort je prendrois en ceste province quelques soldats retirez en leurs maisons sans qu'il coustast ny à vostre Majesté ny au pays que la nourriture pour quelques jours. Si cest expedient vous estoit agréable, Sire, il fauldroit escrire aux commis de cedict pays de fournir lesdicts vivres par l'ordre acoustumé et à Monsieur de la Guiche de nous ayder des autres cinq compaignies du mesme regiment quy sont à Lyon et commander à Monsieur de Boisse de s'approcher du bord du Rosne vers le port de Cordon avec tout ce qu'il pourroit assembler. Il ne fault point doubter qu'un tel remuement ne mist en consideration ces entrepreneurs et qu'il ne fist esvanouir leur entreprinse, sans que vostre Majesté ny voz serviteurs peussent estre soupçonnéz que d'une juste jalousie de la conservation de voz frontieres sur le passage de ces trouppes. Ma compaignie s'y trouve desià estendue et je la logerois plus serrée lorsqu'il en seroit besoing et l'occasion passée chascun se retireroit. Ce sont les aviz que j'ose donner à vostre Majesté, j'y attens ses commandemens et les desire promptement parce que l'affaire presse. Suppliant sur ce le Créateur, Sire, qu'il donne à vostre Majesté très longue et très longue vye. A Grenoble le XV⁰ juin 1603.

Vostre très humble et très obeissant, très fidelle suget et serviteur.

LESDIGUIÈRES.

CDIII. 1603 — 23 JUIN.

Autog. — Arch. de M. le Vᵗᵉ de Sallemard, à Peyrins.

A MONSIEUR, MONSIEUR DE LA ROCHE DE GRANE

Monsieur, depuis vostre partement d'icy je n'ay point eu de vos nouvelles ni mesme sceu si nostre neguotiation à Pierrelatte a reussi ou si vous estes en esperance de la faire reussir, ce que je desire pour vostre contentement, et en ce cas je vous prie d'empescher que la seconde fille ne prenne aucun parti que je ne vous aye veu, car de deçà il se presente un fort honeste cavallier et duquel on aura beaucoup de contentement, et vous principallement, en cas que le vostre reussisse, sinon si vous n'y avez point d'esperance il ne fault en parler que je ne vous aye veu, et du tout me donner advis par le retour de ce laquais. Fettes cependant asseuré estat de moy et de tout ce qui est en mon pouvoir pour estre du tout au vostre, et que je suis et serai toute ma vie, Monsieur,

Vostre bien humble pour vous fère service.

LESDIGUIÈRES.

Si vostre faict est resollu, je vous prie de donner jusques icy et si le beau père y vient il ne sera que bon.

Ce XXIII° juin 1603, à Grenoble.

CDIV. 1603 — 24 JUIN.

Orig. — B. N. MS. F. 23197.

AU ROY.

Sire, je suis attendant les commandemens de vostre Majesté sur les aviz que je luy ay donnéz du dessin que le duc de Savoye faict de se servir des trouppes qui passent en Flandres pour oster Saint Genis à ceulx de Geneve. Cependant il est ces jours passéz avenu que les Savoyards, usant d'une licence desmesurée, sont entréz en ce Daulphiné à main armée par le Pont de Beauvoisin où ilz ont blessé et tué de voz subiects et, passant plus oultre aux environs de ce lieu, commis les mesmes exces par troys ou quatre foys et donné une harquebuzade au greffier du prevost que je tiens là pour tenir la main à l'observation de la police et au chastiment des voleurs qui s'aydent de ceste guerre sans servir ny un party ny aultre. Je ne scay qui les a portéz à cest attentat ou si c'est pour nous y acoustumer affin de plus aisement prendre leur logis sur vous pour leur pretendu siége, mays recognoissant que c'est trop entreprendre sur vostre authorité, j'ay estimé vous en devoir avertir, asseuré que en l'attente de voz volontés vous trouverez bon que j'use d'une juste revenge pour faire paroistre à ces maladviséz qu'un grand prince ne doibt souffrir une telle iniure d'un moindre que luy, mais ce sera avec bien plus de reteneue que les siens n'en ont eu. L'endroit de leur passage ne se peut garder qu'avec de l'infanterie, aussy n'y ay je voulu tenir aucun de ma compaignie sans y mettre des gens de pied, comme je feray aussy bien que à Augste si vous me le commandez. J'auray donc, s'il vous plaist, Sire, voz intentions sur ma preceddente depesche et sur la presente et le plustost sera le meilleur. Les Espaignolz acheverent de passer le Mont Senis le XIXe du present et sont maintenant de deçà; il y a vingt enseignes conduittes par dom Piedro de Padiglia, fils de la gouvernante maggior de la royne d'Espaigne et proche parant du Conestable. Dedans douze ou quinze jours le comte Guy de Saint Georges passera avec un regiment d'Italiens. On haste les trouppes du marquis Spinola quy se preparent assez lentement au Milanois. Il ne passe personne du costé de la Val d'Augste; il y a cinq jours que le duc de Savoye est de retour à Thurin, ses enfants ne sont point encores passez en Espaigne, il s'en est plaint au prince Dorie, et Dorie s'en descharge sur dom Carles, son fils, qui a la charge de cest embarquement. Il est empesché ou retardé, à ce qu'on dict, par les menées du duc de Lerme qui ne vouldroit point voir ces princes en Espaigne, tant il a peur d'y voir diminuer son crédit à leur avantage. Je n'ay pour le present aultre chose qui soit digne de vostre Majesté à laquelle je supplie Dieu, Sire, vouloir donner perfecte santé & très longue vye. A Grenoble le XXIIIIe juin 1603.

 Vostre très humble, très obeissant, très fidelle suget et serviteur.

LESDIGUIÈRES.

Sire, en escrivant la presente j'ay sceu que pour certain les enfants de Savoye se sont embarqués pour Espaigne sur les gallaires de Malte pour n'avoir peu avoir celles de Genes.

CDV. 1603 — 6 Juillet.

Orig. — Arch. des Hautes-Alpes.
Imprimé : *Les Guerres de religion et la Société protestante*, par M. Charronet. Gap, 1861, p. 262.

A MESSIEURS LES CONSULS DE GAP.

Messieurs les Consuls de Gap, il est très véritable que je priay Monsieur d'Auriac avant hier de vous dire que vous deviez avoir autant de soing de la garde de vostre ville comme jamais. Je vous confirme le mesme advis par celle-cy, par des considérations que je ne vous veux dire. Pensez y donner ordre en sorte qu'il n'y mésadvienne, vous asseurant que sci par vostre négligence il y arrivait quelque malheur, et que le service du Roy en souffrît, je m'en prendrai plutôt à vous en particulier qu'à aulcune aultre chose. Je m'en repose donc sur vostre dilligence, et seray cependant, Messieurs les Consuls de Gap,

Vostre humble amy à vous servir.

Ce 6 juillet 1603.

Lesdiguières.

CDVI. 1603 — 1er Septembre.

Orig. — Bibl. de l'Institut, MS. Godefroy. Vol. 264, p. 48.

A MONSIEUR, MONSIEUR DE VILLEROY, CONSEILLER D'ESTAT ET SECRETAIRE DES COMMANDEMENTS DU ROY.

Monsieur, la présente qui est en forme de procès verbal y enclos est la suitte & l'accomplissement de la depesche que je vous fiz dernierement, en laquelle il y avoit une lettre de Monsieur de Bompar. C'est luy qui a subtilement tiré ceste coppie, et l'original en doit estre envoyé par son Altesse de Savoye, comme on m'a asseuré. Mais voyant la chose de telle importance et considerant quel peril le retardement tire après soy, j'ay fait partir le sieur de Busselin pour vous rendre le tout bien cachetté. Je vous supplye le presenter de vostre main au Roy et que par mesme moyen ledict sieur de Busselin fasse en vostre présence la reverance à sa Majesté, à laquelle il demandera, pour récompense de ceste diligence et de beaucoup de services qu'il luy a cy devant rendus, un anoblissement qui le maintienne au rang honorable qu'il a tousiours tenu. Personne ne luy envyera ceste qualité, car il est aymé & chacun cognoist qu'il l'a mérité. Je vous supplye bien humblement de luy donner de vostre faveur tant qu'il puisse obtenir ceste grâce de sa Majesté, et avec luy vous obligerez en ceste occasion, Monsieur [1],

Monsieur, si il arrive au Roy une pareille depesche de Savoye, il est bon que le Roy ne dye point avoir eue ceste-cy, affin de ne point oster au sieur de Bompar le moyen de le servir à une autre occasion.

A Grenoble, le premier septembre 1603.

CDVII.   1603 — 1er SEPTEMBRE.
Orig. — B. N. MS. F. 15578, p. 264.

AU ROY.

Sire, ceste lettre renvoye vostre Majesté à un procès verbal qui s'est dressé en Savoye pour une conspiration dressée contre vostre vye et celle de la Royne; c'est l'acomplissement de ma preceddente depesche, et j'ay commis ceste cy à la diligence du sieur de Busselin qui la vous rend, sans luy declarer aucune particularité que celle de l'importance de vostre service, consideration qui le fera aller nuict et jour. Ce service, Sire, avec tant d'aultres qu'il vous a rendus en toutes voz guerres de deçà dont je vous rendz veritable tesmoignage luy fera (s'il vous plaict) donner de vous un anoblissement qui le maintienne au rang honorable qu'il a tousiours tenu en ceste province, où il n'y a personne qui luy dispute ceste qualité; mays ne l'ayant point de la nature, il la demande à vostre Majesté, et je vous supplie très humblement la luy octroyer affin d'adiouster ceste obligation au devoir qu'il a de vous continuer son service. Je prie le Createur, Sire,

---

[1] Cette lettre, quoique en original, n'est point signée : cependant les plis dont elle est sillonnée démontrent qu'elle a été envoyée au destinataire.

qu'il conserve vostre Majesté longuement et heureusement. A Grenoble ce premier septembre 1603.

> Vostre' très humble, très obeissant, très fidelle suget et serviteur.

LESDIGUIÈRES.

CDVIII.   1603 — 1er OCTOBRE.

Orig. — Arch. de l'état de Genève.

A MESSIEURS LES SINDICS ET CONSEIL D'ESTAT DE GENÈVE.

Messieurs, j'ay jusques icy estimé que la mauvaise saison et l'estat de vos affaires avoient retardé la justice que je vous ay prié de me rendre au differant pendant devant vous entre le sieur de Vérace et moy [1]. Maintenant que toutes sortes d'obstacles et considerations cessent et ont prins fin, et mesme que le temps de la prorogation du delay de six moys, par vous donné à ma party pour satisfaire à la premiere prononciation, est escheu, j'envoye le sieur Tonnard devers vous pour vous supplier, comme je fais aussy, de dire droict audict procureur, lequel est de longue main complet et en estat de recevoir vostre jugement souverain, lequel j'attend de vous fort equitable. Mais je vous requiert instamment, Messieurs, de ne le plus differer et que rien ne vous arreste de le prononcer, car si à ce coup je n'obtenois de vous l'effect d'une si juste requeste, j'aurois une juste occasion de me plaindre d'un vray reffus et de rechercher ailleurs la justice que je n'auroy peu avoir chez vous qui la rendez à ceulx qui la vous demandent. Je ne croiray point que vous me voulez mettre en cette peyne et mesprisez jusques là l'affection que je vous ay tousjours rendue, plustost me donnerez vous en ceste occurrence subiect de l'eschauffer que de la reffroidir, et me concervant tel que je vous ay tousjours esté, je prieray Dieu, Messieurs, qu'il vous maintienne en sa saincte grace. A Grenoble le 1er jour d'octobre 1603.

> Vostre bien humble et plus affectionné serviteur.

LESDIGUIÈRES.

---

[1] Ce différend devait avoir pour origine l'acquisition de la terre de Coppet, sur le lac de Genève, faite tout récemment par Lesdiguières, qui se trouvait probablement voisin de M. de Vérace.

CDIX. 1603 — 2 Octobre.

Orig. — B. N. MS. F. 3578, p. 99.

A MONSEIGNEUR, MONSEIGNEUR LE DUC DE MONTMORANCY, PAIR ET CONNESTABLE DE FRANCE.

Monseigneur, vous m'avez faict l'honneur de bien voir le sieur Philippon qui a charge de mes affaires et de m'y promettre vostre favorable assistance, laquelle je recognois necessaire, et vous supplie très humblement me la donner au faict du payement de ma compaignie pour ceste année et pour le rambourcement de ce que j'empruntay la derniere pour son entretenement lorsqu'on estoit en aprehension des remeuemens du costé de Bourgongne. Je croyois le prendre sur le taillon de ladicte année, mays en ayant le Roy disposé aultrement, je me trouve obligé à rendre ce que j'ay prins en prest du receveur de ce pays, ce qui a esté employé au service de sa Majesté. Aussi m'a elle promis de m'en relever, et vous serez mon intercesseur (s'il vous plaist) pour me faire avoir l'effect de ceste promesse, affin qu'ayant sur moy constitué ceste nouvelle obligation je la joigne à toutes celles que je vous ay pour demeurer comme je suis, Monseigneur,

Vostre tres humble et tres obeissant serviteur.

LESDIGUIÈRES.

A Grenoble le IIe d'octobre 1603.

CDX. 1603 — Première quinzaine d'Octobre.

Orig. — B. N. MS. F. 15578, p. 294.

A MONSIEUR, MONSIEUR DE VILLEROY, CONSEILLER D'ESTAT ET SECRETAIRE DES COMMANDEMENS DU ROY.

Monsieur, je vous doibs le bien humble remerciement de la faveur de vostre lettre escripte à Can le XVe du passé, et des nouvelles de Flandres qui l'accompaignoient. Je vous supplye que ceste cy m'acquitte de l'une & de l'aultre et que j'aye tousiours cest avantage d'estre en vostre bonne grace comme un de voz obligez serviteurs. Vous aurez, à mon aviz, faict un sain jugement des intencions du prisonnier de Monsieur de Savoye qui tendoit à le surprendre du costé de la Roure. Il y en a une grande apparance, puisque les noms de ceulx dont il parloit ne se trouvent point, son intention ne pourra de rien nuyre, car de pareilz ou plus hardiz entrepreneurs que cestuy cy seront retenus de s'adresser de deçà quand ilz auront sceu le traittement qu'on luy a faict. Je vous baise les mains, Monsieur, et supplye le Createur qu'il vous ayt tousiours en sa grace. A Grenoble le ..... d'octobre 1603 [1].

Vostre bien humble et plus obeissant serviteur.

LESDIGUIÈRES.

CDXI. 1603 — 11 NOVEMBRE.

Orig. — Arch. des Hautes-Alpes.
Imprimé : *Les Guerres de religion et la Société protestante*, par M. Charronet. Gap, 1861, p. 263.

[A MESSIEURS LES CONSULS DE GAP.]

Messieurs les Consuls de Gap, bien que je vous aye escript cy devant de ne faire faulte de satisfaire au terme à la partie que me devez et que je vous aye mandé que c'estait la derniere fois que je vous en escripvez, je l'ay bien encore vollu faire ceste fois par Monsieur de Montalquier qui vous asseurera de ma part, comme je le fais par ces lignes, que si au terme je n'ay de vos nouvelles vous aurez des miennes par le moyen de mes gardes qui ne beugeront de chez vous que vous n'ayez acquitté ce debvoir. Evitez ce mal si vous m'en croyez et je seray toujours, Messieurs les Consuls de Gap,

Vostre bon amy à vous servir.

LESDIGUIÈRES.

11 novembre 1603.

---

[1] Une note manuscrite contemporaine de cette lettre dit qu'elle fut reçue par Villeroy le 18 octobre.

CDXII. 1604 — 27 Janvier.

Orig. — B. N. MS. F. 15897.

A MONSEIGNEUR, MONSEIGNEUR DE BELLIEVRE, CHANCELLIER DE FRANCE.

Monseigneur, aussytost qu'on vous aura représenté l'inconvenient où ceste ville est exposée par l'approche de la rivière du Drac[1], vous cognoistrez de combien il est necessaire de repousser un si mauvais voisin : c'est pour ceste poursuitte que le sieur Espié est depputé de ladicte ville vers le Roy. Sur la requeste qui en fut au commencement de l'année derniere presentée à sa Majesté, elle voulut avoir l'avis des trésoriers de France ; il luy est maintenant envoyé et aussy le plan de l'assiette & du cours vieil & nouveau de ce torrent, et sur la demande du moyen de subvenir à ceste necessité, il ne s'en trouve point un plus propre ny moins nuysible que l'octroy des quinze sols pour charge de vin estranger qui entre & se vend en ladicte ville. S'il plaist à sa Magesté de le donner pour quelques années avec la permission de le lever pour ceste réparation, comme desjà on a faict pour le pont de dessus l'Ysere, suivant son commandement, il n'y a point de doubte que le peril ne soit evité et la ville delivrée d'un si fascheux ennemy. Je vous supplie très humblement de trouver bon

[1] Voici ce que le président d'Yllins écrit au Chancelier le 26 août 1602 (B. N. MS. F. 15898) sur le même sujet : « Ceste ville est comme investye et enceinte de deux rivières, savoir de l'Yzere et du torrent du Drac, qui est si rapide & furieux, que lorsque les neiges fondent ou les pluyes sont fréquentes ledict torrent faict ung merveilleux desgast ; joinct que despuis quelques années en çà il a laissé son ancien canal et s'est approché si prés de nos murs que les fossés de la ville se remplissent de l'eau dudict Drac, comme ils sont à present, et si ce torrent est si impetueux qu'il empesche le cours de ladicte riviere de l'Yzere et la faict regorger contre la ville, et venant ces deux rivieres à croistre et s'enfler tout à coup, indubitablement elle court fortune d'estre submergée comme il est arrivé aultrefois. Et lorsque la feu Reyne mère du Roy vint en ce pays, que fut en l'année mil cinq cents soixante dix neuf, deux arches du pont tumbarent et alla-t-on par batteaux par ceste dicte ville environ deux jours. Estant la capitale de ce pays où est la principalle demeure du lieutenant du Roy, la séance de la Cour de parlement & Chambre des comptes, les tiltres du Roy et ceulx des trois ordres où tous ceulx du pays sont contraincts de venir pour leurs afferes une fois l'année, il semble très raysonnable que tout le corps dudict pays doibt tremper à une seulle levée pour y faire une bonne & perdurable reparation. » Le Parlement écrivit également une lettre au Chancelier sur cette question qui intéressait à un si haut point la ville de Grenoble, elle est datée du 24 août 1602 (B. N. MS. F. 15898).

Voir la lettre au Roi du 24 août 1602, et la note qui y est jointe.

que ledict sieur Espié vous parle de ceste affaire et de l'y favoriser autant que vous estimerez qu'il en est de besoing pour le service de sa Majesté & le bien publicq, et encores que ce soit une cause commune, si vous en auray je une particuliere obligation pour me maintenir tousjours au devoir que j'ay de demeurer, Monseigneur,

Vostre très humble et très obeissant serviteur.

LESDIGUIÈRES.

A Grenoble, le XXVIIe janvier 1604.

CDXIII. 1604 — 29 Mai.
Orig. — Arch. de M. le Vte de Sallemard, à Peyrins.

[PERMISSION AU SIEUR DE LA ROCHE DE PORTER LE PISTOLET.]

Le seigneur de Lesdiguières, lieutenant pour le Roy au gouvernement du Daufiné : Par ces présentes signées de nostre main et scellées du cachet de nos armes, nous avons permis au sieur de la Roche de Grane, gendarme de nostre compaignye, de porter le pistolet pour l'asseurance de sa personne aux lieux où il sera nécessaire qu'il aille pour la commodité de ses affaires en ceste province. Deffandant à tous ceux qui recognoissent l'authorité qu'il a pleu au Roy nous donner, ne luy faire ou permettre qu'il luy soit faict, mis ou donné aucun trouble, destourbier ou empeschement, à peyne de désobeissance.

Faict à Grenoble le 29e may mil six cent quatre.

LESDIGUIÈRES.
Par mondict seigneur,
(Sceau.) BRÉMOND.

CDXIV. 1604 — 3 Juin.
Orig. — B. N. MS. F. 23498.

AU ROY.

Sire, je remercie très humblement vostre Majesté de ce qu'elle a daingné favorablement recevoir l'action de grace que je luy ay rendue pour la liberalité qu'en a receu Monsieur de Crequy ; luy et moy confessserons tousiours que nous ne savons point si bien servir et meriter que vous, Sire, recognoistre et recompenser. C'est ce qui maintient tous voz serviteurs en leur devoir et qui vous faict jouir de leur affection toute entiere, c'est aussy ce qui appuie et soustient l'esperance que j'ay que ledict sieur de Crequy aura de vous, Sire, ce que vostre bonne volonté luy a faict esperer. Tous ceux qui ayment vostre service se reiouissent de deça de l'heureux succès qui arrive aux affaires des Pays Bas soubz la prudente conduitte du prince Maurice, j'en ay aprins quelque chose par la lettre de vostre Majesté du XIXe du passé. Il luy avoit pleu m'en faire escrire une preceddente du XVIe et depuis une aultre du XXe, toutes deux sur le subiect de la valise que ce courrier espaignol perdit il y a quelque temps à la Tour du Pin, et bien qu'une telle perte soit arrivée par sa seule faulte, si n'ay je pas laissé d'en faire faire une fort curieuse recherche par voz officiers des lieux circonvoisins, et tout cest effort estoit vain sans la publication d'une lettre monitoire qui feit qu'un matin la valise se trouva sur le seuil de la porte d'un temple, mais toute ouverte et rien que des pappiers dedans. Le juge de la Tour du Pin a faict procès verbal portant inventaire desdicts pappiers et pacquets et ayant tout eu en mes mains, je l'ay envoyé au sieur d'Albigny, gouverneur de Savoye, par un soldat de sa garde qui l'estoit venu querir. Rien n'en a esté retenu, et touteffoys on se plainct de la perte d'un pacquet adressant au marquis de Vilene. C'est chose asseurée, Sire, qu'il n'a point esté retenu par aucun de voz serviteurs, encores qu'il se trouve inventorié audict procès verbal, il fault donc que le soldat l'ayt perdu ou que ceste plainte se face de gaietté de cœur et sans raison pour dresser une querelle. Quoy que ce soit, Sire, je vous supplie très humblement de croire que j'ay rendu tout devoir en ceste action et que la seule faulte qui y a esté faicte c'est de n'avoir envoyé la valize et les pappiers à vostre Majesté. Rien n'en a empesché que la publique seureté de la paix et le desir que noz voisins nous la conservent comme vous la leur maintenez. Je ne voy aultre chose de deça qui mérite d'estre escripte à vostre Majesté, et je prie Dieu luy donner, Sire, avec une perfecte santé toute prosperité et très longue vye. A Grenoble le IIIe juin 1604.

> Vostre très humble, très obeissant, très fidelle suget et serviteur.

LESDIGUIÈRES.

CDXV. 1604 — 3 Juin.

Orig. — B. N. MS. F. 23198.

AU ROY.

Sire, à l'arrivée de Monsieur de Morges il m'a rendu troys lettres de la part de vostre Majesté, deux fort expressives du contantement que vous avez de luy et du dessin que vous faictes de l'aymer. J'ose asseurer vostre Majesté qu'il se rendra digne de cest honneur par ses fidelles services et que vous ne vous repentirez jamais de le recevoir en vostre bonne grace. La troisiesme de vosdictes lettres, Sire, declare l'entreprinse qu'on vous a descouverte sur Exilles; je croy pour verité que Monsieur de Savoye nourrist et entretient tousiours quelque dessin à vostre preiudice et qu'il n'y espargne gens ny argent, estimant que de beaucoup d'entreprinses il en fera réussir quelqu'une advenant un changement de temps. Le sieur d'Albigny le sert fort fidellement en cela à vostre préiudice et n'y a François desbauché qui ne se jette en ses bras et qui ne soit bien receu de luy. Ces termes generaulx peuvent bien rendre croyable le particulier mesnage d'Exilles et y a beaucoup d'aparance quand on nomme les entrepreneurs; il peut aussy estre que ces gens se servent de ce moyen pour avoir ce qu'ilz demandent de vostre Majesté, et que l'ayant obtenu pour rentrer en leurs maisons dont ils sont fugitifs, ce qu'ilz diront servira de peu. Mays quoy qui en arrive, Sire, il me semble que vostre grace ne leur doibt estre refusée, et cependant je feray profiter ces premiers aviz à l'avantage de vostre service, tant pour la seureté de la place que pour voir un peu plus clair en la chose, à quoy j'employeray toute sorte d'industrie et ne fauldray à vous escrire tout ce que j'en apprendray. Il y a quelque temps, Sire, que sur la difficulté que voz officiers faisoient de me faire payer sur les deniers du taillon de ceste province de l'an mil six cens deux un quartier deu à ma compaignie, il vous pleut me faire cognoistre par voz lettres reiterées que vous vouliez que j'eusses ce payement et que quant les deniers du taillon auroient esté destinez à autre effect vous me feriez payer d'ailleurs. Depuis celuy qui faict mes affaires de delà et qui faict la poursuitte de ce payement m'a escript que je seray payé de ce quartier là mays qu'il ne me fault point attendre d'avoir les deux quartiers de l'année derniere et de la presente : je ne croy pas que ce soit vostre intention, Sire, ny que je sois ainsy traitté, puisqu'il est necessaire pour vostre service que je despende beaucoup plus que ne monte le quartier de chacune année à l'entretenement de tant d'honnestes gens qui vous conservent leur affection. Vostre Majesté sçet que je les assemblay par vostre commandement en l'an six cens deux à cause de l'aprehension des remeuemens de Bourgougne et en l'an six cens troys lorsque ceulx de Geneve surprinrent Saint Genis, et maintenant je les tiens prests pour les occasions de vostre service et n'y a celuy qui n'ayt un cheval et des armes pour vous servir. Je sçay que vostre Majesté n'entend pas que ce soit à mes despens et elle sçet aussy que ce qu'il luy plaist me donner par son estat est si peu que je ne les en puis subvenir, c'est pourquoy, Sire, je vous supplie très humblement de commander que je sois assigné pour tous lesdicts quartiers et que doresnavant je ne sois contrainct d'en importuner vostre Majesté, mays que tousiours je sois payé en chascune année des deniers dudict taillon qui sont destinéz à vostre gendarmerie, ayant egard que c'est icy une frontiere où vous devez plustost entretenir des hommes qu'ailleurs. Et sur ce je supplie le Créateur, Sire, qu'il donne à vostre Majesté en parfecte santé très longue et heureuse vye. A Grenoble le IIIe juin 1604.

 Votre très humble, très obeissant, très fidelle suget et serviteur.

LESDIGUIÈRES.

CDXVI.   1604 — 18 JUIN.

Orig. — Arch. munic. d'Embrun.

[REQUÊTE DES CONSULS D'EMBRUN.]

A Monseigneur de Lesdiguières, conseiller du Roy en ses conseils privé et d'estat et son lieutenant général en Dauphiné, supplient humblement les consuls d'Embrun et de La Dret, disant que le cappitaine Arnoux Philibert, gouverneur de la citadelle d'Embrun, confisque à son profit, pour l'arrousement de son jardin, la fontaine de la rue Neuve. Or, les nouvelles fortifflcations ont incommodé les anciennes fontaines de la ville, de telle sorte qu'elles sont souvent comme taries, et s'il arrivait la disgrace d'un feu la ville brulerait faute d'un pot d'eau. L'eau des autres fontaines pourroit occasionner de grandes maladies pour ce qu'elle est ordinairement pourrie et infecte. En outre il y a pour l'usage de la citadelle une bonne citerne que les suppliants s'offrent à faire reparer pour leur part. Ils vous prient donc ordonner que la fontaine restera où elle a tousjours esté et que le capitaine Philibert renoncera à son entreprise [1].

Ceste requeste est renvoyée à Monsieur de Bonne, gouverneur pour sa Majesté de la ville d'Ambrun, pour pourvoir et fére reglement sur l'usage de la fontayne dont s'agit, ainsy qu'il verra estre raysonable et utile pour la necessité de l'eau en la citadelle et la comodité et usage de la ville.

Faict à Saint Bonet [2] le 18 juing 1604.

LESDIGUIÈRES.

CDXVII.   1604 — 17 JUILLET.

Orig. — B. N. MS. F. 23198.

AU ROY.

Sire, je me plains justement à vostre Majesté d'une procedure la plus violente et la moins juste qui se puisse dire que vostre Cour du parlement de Tholouse a faicte, non contre mes serviteurs seulement que j'ay à Villemur, mais contre moy mesmes de qui ilz n'ont jamais receu aucun subiect de mescontentement, et vous supplie très humblement, Sire, de m'y vouloir rendre la justice qu'un très fidelle subiect & serviteur doit attendre de son Roy & maistre comme je me le promets de vostre Majesté. Ilz ne m'ont pas traitté comme tel, mais selon leurs passions : leur arrest, qui est un abrégé de leurs discours

---

[1] Cette requête est seulement analysée.

[2] Une lettre de Saint-Jullien nous apprend quel était le but du voyage de Lesdiguières dans le haut Dauphiné : « Je parleray, dit-il au Roi, aux « ministres des vallées en cas qu'ils s'y trouvent « ou du moins au ministre Perron qui contynue « de byen servyr et d'observer exactement les « moyens que le duc de Savoye veult tenir pour « priver vostre Majesté du passage au delà les « monts qui est de telle importance que sans tirer « un coup de canon il enleveroyt Briançon et « Exilles, dont le dernier est le plus necessaire à « vostre estat qui soyt sur toute la frontyere. Non « pas qu'il face demonstration d'estre prest à « l'exécution, mais la verité est telle qu'il y bastit « des desseings... Monsieur des Diguières a pris « le chemin des montaignes où il demeurera « quinze jours et ne sera de retour de troys « semaines... Grenoble 12 juin 1604. » (B. N. MS. F. 23198.)

outrageux pleins de mespris, et particullierement de vostre advocat général de Caumelz, en donne une preuve toute certaine. Le recit au long dans ceste lettre vous en seroit trop ennuyeux, Sire, je vous supplie très humblement que le sieur de Bellujon le vous represente ou à celuy que vous aurez agréable de commettre; je le despeche exprès pour ce subiect à vostre Magesté, affin que par mesme occasion il la puisse rendre bien edifiée de ses desportements, contre les blasmes que ceux qui portant à regret de me voir posseder ceste terre de Villemur, ont portéz contre luy jusques aux oreilles de vostre Magesté concernant Monsieur le mareschal de Bouillon, pour vous rendre suspect la fidellité qu'il a tousiours gardé à vostre service & dont je vous ay cy devant donné tesmoignage et me prive du service qu'il m'a utilement rendu en ce lieu de Villemur, après avoir longuement servy vostre Magesté près de moy. Ayez donc s'il vous plaist agréable de l'ouir, Sire, et de m'accorder les lettres de provision necesseres pour n'avoir rien à demesler avec ledict Parlement, luy interdisant la cognoissance de ce qui me concerne & à mes serviteurs, comme je vous en supplie très humblement, et de vouloir encores ouyr ledict de Bellujon sur les difficultéz qui se presentent en la convocation des Estats de ceste province affin que, par le reiglement que vostre Magesté y donnera, vostre service y soit mieux avancé. L'estat aussi auquel ceste ville est réduitte, Sire, est infiniment dangereux, je supplie très humblement vostre Magesté d'y faire pourvoir selon la necessité qui y est et que ledit de Bellujon vous representera, s'il plaist à vostre Magesté, laquelle je prie Dieu, Sire, vouloir maintenir soubz sa saincte protection. De Grenoble le XVIIe juillet 1604.

Vostre très humble, très obéissant, très fidelle suget et serviteur.

LESDIGUIÈRES.

CDXVIII.   1604 — 24 JUILLET.
Orig. — B. N. MS. F. 23198.

AU ROY.

Sire, je me suis aproché à deux lieues près de Lyon pour recognoistre une petite acquisition que j'ay faicte de quelque terre de la maison du Bouchage escheue au partage de Madame de Nancey et bientost après mon despart d'icy j'yrois volontiers à Coppet et passerois vers Messieurs de Berne, ausquelz je doibs une visitation, si j'en avois la permission que j'ay demandée à vostre Majesté. Je l'attends et l'auray d'elle si ce myen voyage luy est agréable, et l'entreprendray encores plus courageusement si en le faisant je vous puis rendre mon service dans les occasions qui se peuvent offrir de delà. Que j'aye donc, Sire, s'il vous plaist, vostre bon plaisir et bon commandement affin que par mon obeissance vous m'aperceviez tousiours dedans le devoir. Tout est en fort bon estat en ceste province, nostre plus proche voisin ne bouge, ses Espaignolz sont dispercez en garnison à Montmelian, à Romilly et à Anissy, bien payez et entretenuz de l'argent du roy d'Espaigne à ce qu'on dict. Depuis quelques jours en çà les principaulx ministres de Savoye ont envoyé des commissaires qui ont retenu et achepté les bledz par tous les lieux où il y a marché chacune sepmaine; c'est signe qu'ilz en ont à faire pour quelque dessin ou pour la nourriture de quelques trouppes qui doivent passer pour la Flandre. Et de vray il n'y a que quatre ou cinq jours qu'on nous assuroit qu'il en passeroit bientost, mays depuis on tient que le comte de Fuentes les a retenues estimant en avoir besoing contre les Grisons. Nous faisons fort travailler à Exilles et Barraulx ; le revestissement de ceste derniere paroist fort et commence de se bien faire veoir à Montmelian, mays en l'une et l'aultre fortifications nous ne vivons que d'emprumpt en esperance de rambourcer des deniers qui proviendront des assignations qu'il vous a pleu promettre et qui ne sont encores baillées au tresorier. Il est necessaire que vostre Majesté commande qu'elles luy soient bientost dellivrées et qu'elles soient si liquides que les deniers n'en soient point retardéz, parce qu'il est besoing de mettre à perfection ce qui est commencé. Je vous ay plusieurs foys représenté le mauvais estat de la ville de Grenoble toute ouverte et supplié fort instamment de faire donner le moyen de faire parachever les murailles, je vous en supplie encores très humblement, Sire, et de considerer que de la conservation de ceste ville là deppend l'entière seureté de toute ceste province. Je prie Dieu, Sire, qu'il donne à vostre Majesté, en toute prosperité, perfecte santé et très longue vye. A Saint Laurens de Meures le XXIIIIe juillet 1604.

Vostre très humble, très obeissant, très fidelle suget et serviteur.

LESDIGUIÈRES.

CDXIX.   1604 — 31 Aout.

Orig. — Arch. de M. le Vte de Sallemard, à Peyrins.

A MONSIEUR, MONSIEUR DE LA ROCHE.

Monsieur de la Roche, j'escris à Monsieur de Saint Ginis fort affectionement pour son fils & m'asseure qu'il oubliera sa collère et luy tendra la main en sa necessité ; s'il ne le fait je luy escriray encore plus serré. C'est la moindre chose que je dois à vostre contantement & au desir que j'ay d'estre à jamais, Monsieur de la Roche,

Vostre bien humble pour vous fere service.

LESDIGUIÈRES.

Le dernier aoust 1604, à Grenoble.

CDXX.   1604 — 17 Septembre.

Orig. — Arch. munic. de Tallard.

[LAISSEZ PASSER POUR UN SOLDAT ALLANT A TALLARD.]

Le seigneur des Diguières, lieutenant général pour le Roy au gouvernement de Daulphiné : Est mandé aulx consuls et habitants des lieux où ce soldat passera[1], tant aller qu'au retour, s'en allant à Tallard pour affere important au service du Roy, de luy fornir et administrer logis et vivres pour la couchée et en passant, sans y appourter aucune difficulté.

Faict à Grenoble le dix septiesme septembre mil six cents et quatre.

LESDIGUIÈRES.
BRÉMOND.

[1] Ce soldat devait probablement remettre aux consuls de Tallard l'ordonnance suivante dont il devait remplir à son arrivée la date laissée en blanc par Lesdiguières.

CDXXI. 1604 — 20 Septembre.

Orig. — Arch. munic. de Tallard.

[ORDONNANCE ENJOIGNANT AUX HABITANTS DE TALLARD DE FOURNIR QUATRE HOMMES POUR GARDER LE CHATEAU LA NUIT.]

Le sieur des Diguières, lieutenant général pour le Roy au gouvernement de Daufiné : Pour ne laisser le chasteau de Tallard (place de frontière) depourveu de garde, pendant l'absence du sieur d'Auriac, s'en allant en Cour pour affaire très importante au service du Roy, et par son commandement exprès, nous avons estimé nécessaire d'y establir quelque nombre d'hommes, en attendant qu'autrement y soit pourveu, et ne pouvant, quant à présent, les prendre ailleurs que sur la vicomté et ville mesmes dudit Tallard, comme ayant le plus d'interest en la conservation de ceste place, nous avons ordonné que tous les habitants indifferament s'assembleront pour cest effect, et d'un commun consantement, par déliberation expresse, fourniront par advance quatre hommes cappables pour la garde et conservation dudit chasteau, nuict et jour, à leurs propres despens et durant l'absence dudit sieur d'Auriac, si mieulx ils n'aiment fournir l'entretènement à quatre autres que des leurs qui seront mis à leur place. Laquelle despence leur sera rembourcée par le pays, selon qu'il plaira au Roy l'ordonner sur l'estat des garnisons de ceste province qui sera dressé pour l'année prochaine.

Faict à Grenoble le XXe septembre 1604.

Lesdiguières.
Par mondict seigneur,
Brémond.

CDXXII. 1604 — 21 Septembre.

Orig. — Arch. munic. de Lyon. AA. 46, p. 27.

A MESSIEURS, MESSIEURS LES PREVOSTS DES MARCHANDS ET ESCHEVINS DE LA VILLE DE LYON.

Messieurs, je n'attendois rien moins de vous que la plainte que vous me faictes, par vostre lettre du 18e de ce moys, rendue par le sieur Thézé, parce que je n'estimois pas vous en avoir donné occasion ; aussy vous est-elle arrivée à mon insçeu et contre mon intention, mal entendue et interpretée par les commissaires establiz, de mon ordonnance, pour empescher le transport des grains dans ceste province. Car ilz sont chargez d'avoir l'œil aux grands amas que les marchans en font pour les desplacer et sortir tous à un coup, et non d'empescher l'ordinaire et acoustumé commerce qui s'en faict à Lyon aux jours de marché. J'ay donné ordre de lever cest empeschement, affin que vostre plainte cesse et que nostre bonne voisinance continue. Je la désire et sçay qu'elle est nécessaire à tous, et que rien n'en doibt estre innové ; aussy ne le souffriray-je de mon costé, mais, par toutes sortes d'actions, je feray tousjours paroistre que je suis, Messieurs,

Vostre bien humble à vous fere service.

LESDIGUIÈRES.

A Grenoble ce 21ᵉ septembre 1604.

CDXXIII.   1604 — 24 SEPTEMBRE.
Feuille imprimée. — A M. Roman, à Gap.

[ORDONNANCE AUX CONSULS DES COMMUNAUTÉS DE DAUPHINÉ DE FOURNIR UN PIONNIER OU TROIS SOLS PAR JOUR POUR L'ACHÈVEMENT DES MURAILLES DE GRENOBLE.]

Le seigneur des Diguières, lieutenant général pour sa Majesté en Dauphiné : Chatelain & consuls de....., nous attendons de jour à autre les moyens qu'il a pleu au Roi promettre pour le parachevement des murailles de Grenoble. Mais les advis que nous avons des desseins que les ennemis de sa Majesté font pour s'en emparer, ne peuvent souffrir plus longue attente : si que pour prevenir l'inconvenient qui regarde & tire en consequence la perte & ruine entiere de ceste province, en l'assemblée des principaux seigneurs, gentilshommes & officiers de sa Majesté, après meure deliberation, il a esté advisé de demander (par forme d'emprunt) sur toutes les communautés de ceste dite province, par jour & pour chacun feu, un pionier fourni de vivres & utils propres au travail des plus necessaires reparations qui sont à faire pour la seureté de ladite ville, afin de la mettre hors du danger de surprise, et ce pour un mois seulement. Ne faillez donc de faire ladite fourniture (à proportion de vos feux) à commencer incontinent après la reception des presentes. Et si vous estimez estre plus soulagez de payer trois sols par iour au lieu desdicts pionniers, ladite assemblée vous en donne le choix : auquel cas pous payerez la somme à laquelle montera vostre part dudict pionnage au 1ᵉʳ d'octobre prochain es mains de......., commis à en faire la recepte, ou au porteur de ses quittances, qui vous serviront à demander & obtenir le remboursement de ce que vous aurez ainsi presté & avancé sur les premiers deniers que sa Majesté ordonnera pour ceste reparation. Et à ce ne faites faute sur peine d'y estre contraints comme pour les propres deniers & affaires de sa Majesté.

Fait à Grenoble le XXIIIIᵉ septembre 1604.

LESDIGUIÈRES.

TONNARD [1].

---

[1] A cette pièce est jointe une quittance des sommes payées par les consuls de Chanousse et Montjay entre les mains de Dominique Pellissier, soldat des gardes de Lesdiguières, pour acquitter eur quote-part de l'impôt ordonné.

L'extrait des deux lettres suivantes du président de Saint-Jullien nous donne des détails circonstanciés sur les bruits de guerre et d'invasion de la part du duc de Savoie répandus à cette époque en Dauphiné et qui préoccupèrent vivement Lesdiguières :« Syre, m'estant acheminé à Coupet « pour satisfaire aux commandements de vostre « Magesté et y ayant sejourné deux jours près « de Monsieur des Diguières, il luy arriva des « advis particuliers de ce que Chevalyer, qui est « es mains de Monsieur d'Auriac, disoyt et asseu- « royt que l'on estoyt à la veille de la perte de « Grenoble et Baraus et que c'estoyt Monsieur de « Morges qui les remettoyt au roy d'Espaigne et « faisoyt encores beaucoup pys sous de grandes « et advantageuses conditions, que cela porta « Monsieur des Diguières à rompre son voiage « et venyr jour et nuict voyr ce qui en estoyt ; et « quoy qu'il ne voulut d'abord ny après y adiouter « la créance que l'on luy figuroyt sur le dyre « dudict Chevalyer, neantmoins il estima, Syre, « estre de son devoyr de ne negliger une chose « de telle consequence et importance. A son « arrivée icy il a trouvé Monsieur de Morges et « en façons et en actyons sy esloigné de ceste « perfidye qu'il ne l'a voulu croyre..... ains une « sy franche affection dudict sieur de Morges à « vostre servyce qu'elle ne se peult exprimer.... « 16 septembre 1604. — SAINT JULLIEN. »

« Syre, dit le même Saint-Jullien dans une « seconde lettre, des dimanche dernier 26 du « passé, Monsieur d'Auriac est arrivé en ce lyeu « avecq les prisonniers qu'il conduit à vostre « Magesté, où Monsieur des Diguières se trouva « une demi heure après, ayant depuis ce temps « employé toute leur industrye pour descouvrir « et mettre au cler les entreprises qui sont tant « sur cette province que sur la ville de Geneve, « en quoy ils ont apporté un tel soing et une si « grande assiduité qu'ils y ont employé cinq jours « tous entiers sans pensser ny vaquer à aultre « chose pour fère voyr sy au juste et nettement « ce qui en est, que vostre Magesté en puisse « avoyr certitude et vos places de deçà la seureté « que les gens de byen desyrent, jugeans que ce « seroit manquer au devoyr et à ce que vostre « Magesté a ordonné à Monsieur des Diguières « s'ils ne decouvroient, avant le depart desdicts « prisonnyers, ce qu'ils savent des desseins que « l'on a en ses quartyers..... Ils ont parlé ouver- « tement du desseing qu'ils savent sur Genève, « ainsy que vous verrez par ce que ledict sieur « d'Auriac vous portera, mais pour Grenoble il « s'y voyt encores peu de jour. Il est vray qu'ils « confessent l'entreprise, des particularités et « moyens d'exécution et le nom de ceulx quy y « trempent ils n'en ont rien expliqué, ayans remis « à le faire à demain..... Vizille, 2 octobre 1604. « SAINT JULLIEN. » (B. N. MS. F. 23198).

CDXXIV.   1604 — 12 Novembre.
Orig. — B. N. MS. F. 15897.

A MONSEIGNEUR, MONSEIGNEUR DE BELLIÈVRE, CHANCELLIER DE FRANCE.

Monseigneur, c'est le sieur de Bellujon qui vous rendra ceste cy de ma part, lequel j'envoye pour mes affaires à la Cour et particulierement pour celle de Villemur dont je vous ay ces jours passez escript pour vous requerir, Monseigneur, d'agréer que ceste affaire ne se vuydat point sans que je fusse ouy ou ledict sieur de Bellujon pour moy, sur le jugement d'icelle. Or, maintenant, je vous supplie très humblement, Monseigneur, de m'y vouloir départir vostre accoustumée justice en retenant ceste cause au privé conseil du Roy ou par devant tels autres juges qu'il vous plairra commettre dans Paris, car ce me seroit un trop grand prejudice que mes parties fussent mes juges en ce faict, dont les justes recusations que j'ay contre ces Messieurs de Tholouse & de Castres vous donneront cognoissance & ledict sieur de Belluion de mon droict, s'il vous plaict de l'en ouyr, comme je vous en supplie très humblement, et de croire ce qu'il vous representera de ma part en ceste affaire et en toutes les autres que j'ay par dela dont je luy ay donné charge. Et en me remettant sur sa confience & suffisance je prierey Dieu, Monseigneur, vous donner, en parfaicte sante, heureuse & longue vie. De Grenoble, le XIIe novembre 1604.

Vostre bien humble et plus obeissant serviteur.

                                         LESDIGUIÈRES.

CDXXV.   1604 — 25 Novembre.
Orig. — B. N. MS. F. 15897.

A MONSEIGNEUR, MONSEIGNEUR LE CHANCELIER.

Monseigneur, vous saurez les raisons qui meuvent Madame de Saint-Esteve à demander au Roy l'évoquation qui luy est necessaire pour la conservation des biens de ses enfans, enfans d'un père quasy mort avant que de naistre et qui a donné ce peu de temps qu'il a vescu au service du Roy. Ceste recherche, Monseigneur, ne se peut prendre pour une fuitte ny pour un desir de tourmenter la partye en la tirant de son ordinaire jurisdiction, mays plus tost pour une apréhension de longueur et une juste crainte de l'iniustice en chose où il va de tout pour elle et les siens. Je vous supplie très humblement de favoriser sa poursuitte de vostre equité et trouver bon que j'intercedde pour elle envers vous, Monseigneur, en qualité de

Vostre très humble et plus obeissant serviteur.

LESDIGUIÈRES.

A Vallance, le XXVe novembre 1604.

CDXXVI.   1604 — 27 NOVEMBRE.

Orig. — B. N. MS. F. 15897.

A MONSEIGNEUR, MONSEIGNEUR LE CHANCELLIER.

Monseigneur, l'affaire qui mène Monsieur Bocaud à la Court ne luy est pas si particuliere qu'elle ne se monstre publique en l'interest qu'y pretendent les eglises reformées. Elles estiment que les leurs ne doivent estre excluz de tenir les premieres charges aux cours souveraines et ceulx qui leur sont contraires veulent, s'ilz peuvent, rendre inutile la déclaration que le Roy en a faicte à l'avantage dudict sieur Bocaud en lui donnant l'office de Premier president en la Cour des aydes de Montpelier. Il est vray qu'artificieusement ils s'aydent du fils du dernier possesseur de l'office porteur d'une resignation si deffectueuse qu'elle cloche en toutes ses partyes. J'ay este prié de vous faire considerer ceste action et de vous supplier comme je fais d'y penser sur ce que plus particulièrement vous en dira celuy qui est intéressé en son particulier. Priant Dieu, Monseigneur, qu'il vous ayt touiours en sa sainte grace. A Vallance le XXVIIe novembre 1604.

Vostre très humble et plus obeissant serviteur.

LESDIGUIÈRES.

CDXXVII.   1604 — 20 Décembre.
Orig. — B. N. MS. F. 15897.

A MONSEIGNEUR, MONSEIGNEUR LE CHANCELLIER.

Monseigneur, vous saurez du donneur de la presente tout ce qui se passe en ces quartiers où les choses publiques et particulieres sont en assez bon estat. Je raporte aux unes pour le service du Roy et aux aultres pour vostre respect, tout ce que je puis et doibs. Je vous supplie très humblement de me continuer touiours la faveur de vostre bonne grace et croire que je seray toute ma vye, Monseigneur,

Vostre très humble et plus obéissant serviteur.

LESDIGUIÈRES.

A Grenoble, le XXe decembre 1604.

CDXXVIII.   1604 — 30 Décembre.
Autog. — B. N. MS. F. 15897.

A MONSEIGNEUR, MONSEIGNEUR LE CHANCELLIER.

Monseigneur, je pancerois fere tort à mon debvoir si, par le retour de Monsieur de Bullon, je ne vous donnois cette nouvelle asseurance de mon bien humble service que ie desirerois vous pouvoir randre avec non moins d'affection que ie crois vous avoir de l'obligation de tant de bonne vollonté qu'il vous a plu me tesmogner en diverses occasions. Il vous dira mieulx que ie ne vous scarois escrire tout ce qui ce passe par deca et mesmes la particullarité de la brouillerie survenue entre Monsieur le conseiller de Viryeu et Monsieur Basset, laquelle nous avons esteinte au contantement de tous les gens de bien. Et pour ne vous ennuier de plus longue letre ie remectrei le tout à la suffizance de ce porteur, qui vous dira aussi quelque chose qui me concerne touchant ma viconté de Villemur ou i'ay besoing de votre bonne iustice pour recognoitre l'iniure qui m'a esté fette mal à propos et sans cause. Je prie Dieu, Monseigneur, qu'il vous doint en santé longue et heureuse vie. C'est de Grenoble, le 30e decembre 1604.

Votre très humble et très obeyssant serviteur.

LESDIGUIÈRES.

CDXXIX. 1604 — FIN DE L'ANNÉE.

Imprimé : *Histoire de la vie du Connestable de Lesdiguières*, par L. Videl. Paris, 1638, p. 228.

RÉPONSE DE LESDIGUIÈRES SUR DES FAUSSES IMPUTATIONS ET DES CALOMNIES CONTRE LUY QUE L'ON AVOIT DIT AU ROY.

On dit que Monsieur des Diguières fait le Roy en plusieurs de ses actions.

« Il repond que s'il plaist à sa Majesté de les considérer, en gros ou en detail, et de les examiner à la rigueur, elle n'y trouvera rien qui puisse donner la moindre couleur à cette imposture, n'y ayant aucun de ses serviteurs, de qui elle ait receu, et dont elle doive attendre plus de soumission et d'obeissance qu'il luy en rendra jusqu'à la fin. »

Qu'il tient le Parlement et les ordres de la province tellement assujettis, qu'ils ne dépendent plus que de luy.

« Il vit si bien avec eux, qu'il les a tous pour amis; ou du moins il est certain qu'il n'y desoblige personne. Au surplus, c'est avoir bien mauvaise opinion d'eux, de penser qu'estant de condition libre, comme ils sont, ils voulussent se soumettre à d'autre subjection qu'à celle qu'ils doivent naturellement au Roy; outre que l'on peut s'enquérir d'eux, s'il y exerce aucune violence. »

Qu'il a deux compagnies et deux capitaines des gardes qui le servent par quartier.

« Le nombre de ses gardes n'est que de cinquante qui ne font qu'une compagnie, composée de deux brigades, dont l'une relève l'autre, parce qu'ils n'ont pas assez d'appointemens pour servir tous à la fois. Ceux qui les commandent estoient capitaines à bon titre, avant qu'il leur eut donné cet employ, et il n'estime pas, que n'ayant chacun que vingt cinq hommes à commander, ils voulussent pour si peu se nommer capitaines. »

Qu'il a des armes dans sa maison de Vizille pour armer dix mille hommes de pied, et trois mille de cheval, avec force munitions, et force artillerie dans ses places.

« Il avoue qu'il a tout cela, mais c'est par la permission du Roy, et sa Majesté scait bien, qu'elles ne sont que pour son service ; car le Dauphiné, estant, comme il est, frontiere des états d'un Prince qui ne feroit point scrupule de troubler la paix publique, pour exécuter quelque signalée entreprise, témoin celle de Geneve, il importe que celuy qui a l'honneur de commander pour le Roy en cette province, soit toujours prest à s'y opposer, voir à la prevenir, s'il en est besoin. »

Qu'il a de grandes intelligences hors du royaume, parmy ceux de sa religion.

« Il ne les entretient que pour le service du Roy, et la pluspart par son commandement, avec des princes ou des peuples alliez à sa couronne : mais quelle raisonnable conséquence en peuvent tirer les ennemis du sieur des Diguieres pour mettre en doute sa fidélité? »

Qu'il a de grands biens, et qu'il en acquiert tous les jours.

« Ces biens, qui ne sont pas grands, consistent aux assignations que le Roy luy a ordonnées, pour le remboursement des avances qu'il a faites, avec l'aide de ses amis, en plusieurs importantes occasions, nommement aux guerres de Piedmont et de Savoye, où il a entretenu des armées entières à ses dépens; mais sans faire valoir icy, les services qu'il a rendus en cet endroit, quel inconvenient y a-t-il qu'il ait du bien, puis qu'il l'emploie si utilement; et, s'il est permis de le dire, ne sçait-on pas que les affaires de sa Majesté, seroient souvent tombées dans un grand désordre, s'il n'eut eu les reins forts pour les soutenir? Au reste, comme il s'étonne qu'il y ait des personnes assez injustes, pour donner cours à ces impostures, il se console de cette asseurance, qu'elles seront toujours rejettées de sa Majesté, qui a trop de connaissance de son affection et de sa fidelité pour en douter, et envers qui seulement il seroit obligé de justifier ses actions et sa vie, quand son malheur voudroit qu'elle n'en fut pas bien édifiée[1]. »

[1] Ce document, publié par le seul Videl, est d'une authenticité très douteuse : il est fort possible que Lesdiguières ait répondu aux calomnies répandues contre lui à la Cour par l'envoi de

CDXXX. 1605 — 10 Mars.
Orig. — B. N. MS. F. 15897.

A MONSEIGNEUR, MONSEIGNEUR LE CHANCELIER.

Monseigneur, j'ay plus de subiect & d'occasion que de plume, d'anchre & d'escripture pour vous remercier de tant de faveur qu'il

quelque mémoire, mais dans des termes et surtout avec un plan différents de ceux de la pièce précédente. Videl, en en conservant le sens, a dû en retoucher le style et la forme générale ; c'était du reste ainsi qu'il procédait ordinairement, ne se faisant aucun scrupule de modifier à sa fantaisie les documents originaux qu'il publiait. Néanmoins, il est certain que Lesdiguières fut sur le point d'être disgracié dans le courant de l'année 1604 : le Roi lui reprochait l'autorité trop absolue qu'il avait su prendre en Dauphiné, ses liaisons trop intimes avec les grands seigneurs protestants, et à plusieurs reprises il le fit admonester par le président de Saint-Jullien.
« Syre, dit ce dernier dans une lettre au Roi, je
« suis arrivé presque en même temps en ceste
« ville que Monsieur des Diguières, à qui j'ai
« rendu vostre lettre et faict entendre ce qu'il
« vous avoyt pleu me commettre. Il vous y faict
« responce et par icelle paroistre l'obeissance
« qu'il continue à rendre à vos volontés & com-
« mandemens, mais je ne doibs celer à vostre
« Majesté, Syre, que comme je ne me suis deceu
« en sa prudence & en la synceriré de son cœur
« à vostre service, aussy que je l'ay trouvé fort
« affligé des impressions et doubtes qui entrent
« en son âme que vous rabattiez quelque chose
« de la fiance que vous deviez avoir en son inte-
« grité, pour des raisons qu'il m'a dytes que je
« ne puis escrire ny faire entendre que de bouche
« à vostre Majesté. Et comme son affection et son
« zele a esté tousiours grand et sans mesure à
« vous byen servyr en des temps qu'un esprit
« moins ferme que le syen se fut laissé emporter
« par les grands avancements, byens et honneurs
« qui assurement luy estoyent offerts, aussi son
« deuil en augmente et est tel qu'il porte preju-
« dice à sa santé ; ne le vous devant tayre, Syre,
« voyant sy avant dans ses penssées et que demeu-
« rant en son antiènne possession de vouloyr et

« procurer le byen de vostre servyce, tous doubtes
« de changement en vos graces luy doyvent estre
« ostés. Il demeure aux termes d'un fidel servi-
« teur, c'est ce que j'en puis dyre à vostre Ma-
« gesté pour ceste fois duquel il m'a parlé en la
« sorte que je vous escris, et outré de se voyr
« élogné, à ce qu'il présupose, de la bonne part
« qu'il croyoit que ses services luy avoient aquises
« en vostre endroyt, non que pour cela il ayt
« aucun mouvement qui tende qu'à byen faire et
« en tout et partout demonstrer qu'il est vostre
« serviteur très fidelle comme il a touiours esté...
« Grenoble, XIII° avril 1604. — SAINT JULLIEN. »
(B. N. MS. F. 23198). Une autre lettre de Saint-Jullien complète les détails de la précédente :
« Syre, y dit ce personnage, suivant le commau-
« dement et la créance qu'il a pleut à vostre
« Magesté me donner à mon départ de Fontay-
« nebleau pour faire scavoir à Monsieur des
« Diguières, je me suys acheminé en ce lyeu et
« la luy ay représentée non seullement de bouche
« mais, parce qu'il l'a desyrée, par escript affin
« par escript mesme d'en esclercyr nettement
« vostre Magesté et vous monstrer la scincerité
« de son cœur et sa fidelité à vostre servyce. Je
« la luy ay baillée ; sa responce contentera telle-
« ment vostre Magesté qu'elle n'aura pas sujet
« de croyre qu'il n'a aucune visée qu'à vous plaire,
« Syre, ne se pouvant exprimer comme il desyre
« en ce qui le concerne et en toutes choses le
« contentement de vostre Magesté..... Monsieur
« des Diguières m'a asseuré qu'il n'a reçeu nule
« lettre de Monsieur de Bouillon et qu'il n'a
« aucune communication aveq luy ; que sy quel-
« qu'un laquay s'est vanté de luy en porter, il
« desireroyt que l'on les eust prise, car la verité
« est telle que couvertement ny autrement il n'a
« part avec ledict sieur de Bouillon..... Coupet,
« XII° septembre 1604. — SAINT JULLIEN. » (B. N.
MS. F. 23198).

vous a pleu me departir aux affaires de Villemur. Je ne vous en saurois assez remercier, mays je vous supplie très humblement d'avoir agréable la recognoissance que je fais de vous en estre fort estroittement obligé. C'est un chemyn qui m'est ouvert pour amener à raison par la justice les mauvaiz subiectz de ceste vicomté accoutumez par le temps à la desobeissance & au mespris du devoir. Vous les recognoistrez telz, Monseigneur, & ce sera alors que vous serez incité à les rendre meilleurs par vostre accoustumée equité. C'est ma coustume de vous importuner, mays puis que vous ne me reiectez jamais je vous demande encores par une speciale faveur le seau de l'anoblissement qu'il a pleu au Roy m'acorder pour le sieur de Gillier, protestant, Monseigneur, de vous vouloir le moins que je pourray fascher de semblables afferes, ausquelles je scay que vous alez fort retenu. Monsieur de Crequy, vous rendra ceste lettre avec son devoir à ce nouvel abord à la Court. Je vous supplie luy fere cest honneur de l'aymer tousiours & vous bien asseurer que je seray toute ma vye, Monseigneur,

Vostre très humble et très obeissant serviteur.

LESDIGUIÈRES.

A Grenoble, le Xe mars 1605.

CDXXXI.   1605 — 28 MARS.

Orig. — B. N. MS. F. 15897.

A MONSEIGNEUR, MONSEIGNEUR LE CHANCELLIER.

Monseigneur, vous aurez bien tost des deputtéz de la Cour des comptes de Provence pour faire des remonstrances au Roy sur une evoquation qui luy a esté signiffiée de la part du fermier général des selz du mesme pays. Ceste Cour trouble l'unyon & inteligence qui s'est bastie entre ledict fermier et les commis des Estatz de ce pays sans laquelle ils eussent esté contrainctz de demander rabais du pris de leur ferme tant celle de Provence leur apporte d'interest. Mays ceste liaison contient toutes les deux en estat et se peut faire certain estat des deniers qui en doivent provenir au service de sa Majesté. Toutesfoys, Monseigneur, vous aurez à prendre garde, s'il vous plaist, à l'action de ladicte cour qui en visant au but de la manutention de son authorité, préiudicie, à mon aviz, sans le vouloir faire, à l'utilité que sa Majesté tire de ces fermes. Il y paroist par un arrest qu'elle a donné un peu auparavant la signification de ceste evoquation, contraire au reglement que sa Majesté veult estre observé au faict de ses gabelles et ce sur le dire d'un particulier sans oyr lesdicts commis ny le fermes de Provence qui estoient les vrayes partyes y ayant interest. Vous n'en ferez pas ainsy, Monseigneur, lorsque lesdicts deputtéz auront parlé, car si leurs raisons sont dignes de consideration, vous ne fermerez point la porte à celles qni se peuvent desduire par lesdicts commis & fermiers pour le service de sa Majesté et le bien du publicq, parce que vostre prudence recognoistra aisément que de la resolution de ceste affaire deppend la ruyne ou la manutention desdicts fermiers. C'est mon devoir de vous donner cest avertissement, recevez-le en bonne part, Monseigneur, de

Vostre très humble et plus obeissant serviteur.

LESDIGUIÈRES.

A Grenoble, le XXVIIIe mars 1605.

CDXXXII.   1605 — 1er AVRIL.
Orig. — B. N. MS. F. 15897.

A MONSEIGNEUR, MONSEIGNEUR LE CHANCELIER.

Monseigneur, voicy Monsieur de Saint-Aulban qui se delibère de sejourner à la Cour, jusques à ce qu'il soit hors de la peyne des recerches de Ponat; c'est un faict duquel le père de ce gentilhomme n'a jamais esté coupable et se peut prouver par cent tesmoings dignes de foy qu'il ne s'y est point trouvé. Mais sans entrer en ses preuves, il s'arreste à la volonté que le Roy a declaré avoir de l'en vouloir tirer. En quoy, Monseigneur, il implore vostre juste faveur et je vous supplie très humblement de la luy donner affin que ce serviteur soit conservé à sa Majesté, avec le moyen de la servir, et vous maintenir en la pocession qui vous est acquise, Monseigneur, d'obliger tousjours

Vostre très humble et très obeissant serviteur.

LESDIGUIÈRES.

A Grenoble, le premier avril 1605.

CDXXXIII.   1605 — 19 Avril.

Orig. — Arch. de l'état de Genève.

A MESSIEURS, MESSIEURS LES SINDICS DU CONSEIL DE L'ESTAT DE GENÈVE.

Messieurs, vous savez qu'après vostre dernier traitté [1] faict avec le duc de Savoye, j'empeschay par un appointement le mauvais effect qui estoit près de suivre la querelle survenue entre les sieurs du Villard et de Disimieu, à l'occasion de la prise et sacq du chasteau de Saint-Beron. Mon entremise donc appoincta le criminel, mais elle n'eut pas la force d'oster audict sieur de Disimieu l'intention qu'il avoit d'intenter action civile contre ledict sieur du Villard, pour l'interest qu'il pretendoit avoir receu en la surprinse de ceste sienne maison. Il en monstre maintenant l'effect en l'assignation qu'il luy a faict donner par devant le Roy et Messieurs de son conseil, pour se voir condamner à réparer et satisfaire à ses pretentions. Vous aurez bien souvenance, Messieurs, que ceste action s'est passée en vous faisant service, que ledict sieur du Vilart qui vous a fidelement servy ne s'y est point trouvé et que l'éxeqution s'en est faicte par le sieur de Margaron qui dependoit de vostre suite et authorité, et si la raison l'a faict passer oultre, il n'est pas raisonnable que ledict sieur du Vilard en soit inquietté davantage. Il est certain qu'ayant, comme vous avez, participé pour le tiers au butin faict et autres surprises, le devoir vous oblige aucunement à soustenir ceulx que on en veult inquieter. Toutes ces raisons, Messieurs, me font vous supplier de regarder aux moyens que vous pouvez avoir d'oster hors de peine ce gentilhomme qui vous est acquis en tittre de serviteur et à moy de parent et amy. Ce que pour le present il demande de vous, c'est que vous escriviez au sieur de Chasteauneuf, vostre deputté en court de representer au Roy, à Monsieur le Chancelier et aultres seigneurs du conseil de sa Majesté, le faict tel qu'il s'est passé, ce que je vous

---

[1] Ce traité, signé entre la ville de Genève et le duc de Savoie, à Saint-Jullien le 21 juillet 1603, eut pour principal rédacteur M. de la Rochette, président du Sénat de Savoie : Lesdiguières n'y fut pas étranger.

supplie ne luy desnier car il pourra advenir qu'elle assopira ce different par son authorité à vostre entremise pour garder que ces gentilshommes ne se plongent en un long procès, ce qui ne vous pourroit apporter que du desplaisir. Je prie Dieu, Messieurs, qu'il vous tienne toujours en sa grace. A Grenoble, ce 19ᵉ apvril 1605.

Vostre très humble et plus affectionné serviteur.

LESDIGUIÈRES.

CDXXXIV. 1605 — 22 Mai.

Orig. — B. N. MS. F. 15897.

A MONSEIGNEUR, MONSEIGNEUR LE CHANCELLIER.

Monseigneur, je garde tousjours la mémoire entiere de la bonne justice que vous m'avez rendue en l'evocation du procès que j'ay contre mes sugectz de Villemur en la cognoissance de ceste affaire, vous recognoistrez si je n'avois pas juste desir qu'elle fust vuidée par devant vous, car cela estant, je ne puis aucunement doubter que la justice ne me soit rendue & conservée. Je l'attendz de vostre integrité accoustumée et attendz aussy pour me revancher de tant d'obligations les occasions qui me donneront moyen de vous faire cognoistre combien je suis, Monseigneur,

Vostre très humble et plus obeissant serviteur.

LESDIGUIÈRES.

A la Verpilliere, le XXIIᵉ may 1605.

CDXXXV. 1605 — 29 Mai.

Orig. — B. N. MS. F. 15897.

A MONSEIGNEUR, MONSEIGNEUR LE CHANCELIER.

Monseigneur, puis qu'il vous a pleu rendre voz bons offices à Monsieur de Crequy pour eslever sa bonne fortune par la grace que le Roy lui a dernierement faicte en agréant la demission que Monsieur de Crillon a faicte en sa faveur, de la charge de maistre de camp du regiment des gardes de sa Majesté, je vous en doibs très humblement remercier. Ceste lettre est escripte sur ce seul subiect et pour vous asseurer avec toute verité, Monseigneur, que jamays ma maison ne recevra avantage ny honneur qui ne soit desiré et employé à vostre service et de tous ceulx qui vous appartiennent. Il me sera beaucoup plus aisé de vous rendre l'effect de ces paroles que de les continuer pour les vous faire croire. J'attendray vos commandemens sur toutes les occasions où il vous plaira me les donner, affin que en m'acquitant de mon devoir, vous cognoissiez que je suis, Monseigneur,

Vostre très humble et très obeissant serviteur.

LESDIGUIÈRES.

A Grenoble, le XXIXe may 1605.

CDXXXVI.   1605 — 28 JUIN.

Orig. — Arch. de M. le Vte de Sallemard, à Peyrins.

A MONSIEUR, MONSIEUR DE LA ROCHE, A GRANE.

Monsieur de la Roche, je vous envoys ce soldat de mes gardes exprès pour vous prier, comme je fais par ceste cy, vouloir prendre la peyne de vous rendre jeudy au soir, trentieme de ce moys, à Roquemaure, pour une affaire que vous scaurez estant là, et s'il est possible que Monsieur de Comps s'i peut rendre à mesme temps que vous, je vous prie luy mander un homme exprès pour prendre la mesme peyne que vous, je m'asseure que l'un et l'autre l'aurez agréable puisque c'est, Monsieur de la Roche, pour

Vostre bien humble pour vous faire service.

LESDIGUIÈRES.

C'est chez Monsieur de Gueis, à Rochemaure.
A Grenoble, le 28e juin 1605.

CDXXXVII.   1605 — 6 Juillet.

Orig. — B. N. MS. F. 15897.

A MONSEIGNEUR, MONSEIGNEUR LE CHANCELIER.

Monseigneur, nous avons receu les deux lettres qu'il vous a pleu escrire à chacun de nous du XXIIIIe de juin et parce que le faict qui y est touché nous touche en commun, nostre avis a esté de vous fere plustost ceste response commune que de la séparer en deux pour la rendre particuliere, et quand elle eust esté séparée tousiours eust-elle tendu à mesme fin. C'est la verité qu'il y a environ troys ans que le Roy, pour gratiffier au pappe Clement huictiesme solicité par l'evesque de Saluces à la persuasion de quelques capuchins, commanda par une lettre de son cachet, d'interdire pour six moys l'exercice de la religion pretendue reformée en la vallée du Chasteau-Daulphin, où il y a cinq cens familles qui en font profession. Ces gens, prompts à l'obeissance, s'abstindrent de ce qu'ils ont le plus en affection non seullement le temps à eulx préfixé, mays plus de deux ans et jusques à ce que se pourvoyans par requeste à nous adressée, ils demanderent le restablissement dudict exercice qu'ils appelloient le lien quy les joignoit à la cognoissance de Dieu, du Roy et d'eulx mesmes. Et par ce que la privation qu'ils en avoient eue venoit de la seule authorité de sa Majesté nous ne peusmes moins faire que d'ordonner qu'ils se pourvoyeroient devers elle. Sur cette ordonnance il a pleu à sa Majesté nous commettre, par son arrest et lettres dont vous aurez icy la coppie, pour leur prouvoir, et en vertu de ceste commission le lieu de Chasteau-Daulphin a esté par nous donné pour second lieu du bailliage de Briançon et l'exercice de ladicte religion restablie, non en ce mesme lieu, mays loing au deça de deux lieues et tirant vers le Daulphiné en un lieu nommé la Chenal. Or, Monseigneur, en exécutant la volonté du Roy, nous ne pouvions nous conduire avec plus de moderation, car la Chenal est un village tellement dedans les Alpes, qu'encores qu'il pende un peu du costé du Piedmont si est-ce qu'il est esloingé de plus de quatre lieues de la plaine et n'y a lieu en toute la vallée où on eust peu faire cest establissement si on ne l'eust voulu davantage aprocher de ceulx qui l'ont odieus. De dire qu'il le falloit faire deça les monts, il ne se pouvoit, parce que la montaigne, qui s'appelle le col de l'Aignel, sépare les terres et ne se peut passer que troys moys de l'année, encores fault il le plus souvent que ce soit à pied et un voyage de quatre grandes lieues qui en font dix voire douze d'Italie. Il fault vous dire davantage, Monseigneur, c'est qu'il est à craindre que ces importunités quy sont jettées aux oreilles du Roy et es vostres, ne tendent à quelque dessin qui regarde plus tost l'estat que la religion, car ceulx de Pragela qui sont si transalpins qu'ils avoisinent Pignerol, ont cest exercice et le duc de Savoye mesmes le permet à ses subiects de Boby, de Luserne, de la Perouse, de Saint-Martin et d'Angrogne qui ont le pied dedans la pleine, et toutesfoys il n'y en a plaincte ny recherche. Nous disons cecy pour vous y faire penser et pour vous asseurer comme nous faisons, Monseigneur, que nous avons suyvy les termes de nostre commission et de l'éedict, voire retiré autant qu'il s'est peu cest establissement du Chasteau-Daulphin, ne voyant aucun moyen de le changer ou du tout oster que par la proposition qui en pourra estre faicte en la prochaine assemblée de Chastellerault, si sa Majesté la jugee raisonnable. Suppliant icy le Créateur, Monseigneur, qu'il vous ayt tousiours en sa grâce. A Grenoble, le VIe juillet 1605 [1].

Voz très humbles & plus obeissans serviteurs.

LESDIGUIÈRES, PRUNIER DE SAINT-ANDRÉ.

CDXXXVIII.   1605 — 5 AOUT.

Orig. — B. N. MS. Dupuy. Vol. 801, p. 244.

A MONSIEUR, MONSIEUR DE THOU, CONSEILLER DU ROY EN SON CONSEIL D'ESTAT ET PRÉSIDENT EN SA COUR DE PARLEMENT.

haitteray incessamment les moyens de la recognoistre par mon service. Adressez les moy, je vous supplie, Monsieur, et croyez que je les observeray fort soingneusement. Cependant je feray chercher les memoires de la guerre de Savoye et les vous envoyeray au vray et selon la cognoissance que j'ay de ce qui s'y est passé. Je souhaitte une plus grande occasion pour vous fere paroistre que je suis & que je veulx tousiours estre, Monsieur,

Vostre bien humble et plus obeissant serviteur.

LESDIGUIÈRES.

A Saint-Pol, le Ve aoust 1605.

CDXXXIX. 1605 — 13 Aout.

Orig. — B. N. MS. F. 15897.

A MONSIEUR, MONSIEUR DE SAINT ANDRÉ, CONSEILLER DU ROY EN SES CONSEILS PRIVÉ ET D'ESTAT ET PREMIER PRÉSIDENT EN SA COUR DE PARLEMENT DE DAUFINÉ.

Monsieur, je vous eusse plustost donné cognoissance du succez de ce voyaige sans l'esperance que j'avois de voir de jour à autre quelque evenement qui vous peut estre plus agreable que ceux qui sont paruz jusques aujourd'huy, lesquels à la vérité ne promettent rien de bon à ceux qui en sont les autheurs. Nous fismes tant de dilligence à nostre dessente que le troisieme jour du despart nous nous rendismes à huit heures du matin à une lieue d'Orange, en intention de trouver les portes ouvertes. Mais ce feust bien tout autrement car les consuls qui en avoyent donné toute asseurance me vindrent dire par leurs depputés qu'ils n'y avoyent plus de pouvoir & que Monsieur de Blacons avoit fait saisir entierement la ville & fait venir force soldats pour la bien garder. Ceste nouveauté inopinée me fit rebrousser chemin à Saint-Pol-Trois-Chasteaux, d'où je depeschés Monsieur de Bulion au Roy pour luy faire entendre tout ce qui s'estoit passé. De là je m'en suis venu icy attandre ce qui sera du bon plaisir de sa Majesté. Ce sera dans trois ou quatre jours que j'en auray des nouvelles, et selon la nouvelle resolution qu'il faudra prendre nous nous conduirons. Vous saurez toutes choses et cependant vous me croirez veritablement, comme je suis, Monsieur,

Vostre très humble et plus affectionné serviteur.

LESDIGUIÈRES.

Ce XIIIe aoust 1605, au Montellimar.

CDXL. 1605 — 1er Septembre.

Orig. — Arch. munic. d'Embrun.

[ORDONNANCE ENJOIGNANT AUX CONSULS DES VILLES DE DAUPHINÉ DE VERSER UNE SOMME DE CENT QUARANTE ÉCUS POUR S'EXEMPTER DU LOGEMENT DU RÉGIMENT DU SIEUR DU BOURG.]

Le seigneur des Diguières, lieutenant général pour le Roy au gouvernement du Daulphiné : estant le bon plaisir du Roy que les cinq compagnies du régiment du sieur du Bourg, continuent leurs service en ceste province, nous avons estimé ne les pouvoir mettre en lieu où elles soient plus utiles au bien du service de sa Majesté qu'en la ville de Grenoble, y aiant desia demeuré quelque temps, et il faut par conséquent s'occuper de la despance de laquelle les habitans doibvent estre degrevés par le pais. Et ne la pouvant supporter davantaige, sans l'adcistance des aultres villes, nous avons ordonné, en attendant qu'il y soit autrement pourveu, que ceste despance soit jetée sur l'universel du pais, à la prochaine tenue des Estatz, que les habitans desdictes villes de la province forniront chascung pour ung mois, à commencer au présent mois de septembre, aux susdictes cinq compagnies de gens de pied establis en ladite ville de Grenoble, la somme de cent quarante escus, à quoy nous avons reduit le plus justement que nous ayons peu les utancilles, bois et chandelles tant du logement que de cinq corps de garde, ung pour compagnie par mois; si mieulx ils n'aiment les recepvoir à logis dans leurs villes, laquelle somme les consuls de chascune d'icelles metront entre les mains d'iceulx du dit Grenoble pour estre la distribution [faicte] aulx capitaines et soldatz selon notre reglement.

Faict au Montélimard, le Ier septembre 1605.

LESDIGUIÈRES.

BRÉMOND.

CDXLI.   1605 — 6 Septembre.

Autog. — B. N. MS. F. 15897.

A MONSEIGNEUR, MONSEIGNEUR LE CHANCELLIER.

Monseigneur, enfin l'affere d'Orenges s'est terminée par la douceur, selon que ie le desirois pour rendre le Roy obey. Monsieur de Bullion qui a tousiours assisté à ce négoce, s'est voulu charger de vous en fere le recit, j'en serai donc, s'il vous plet, excusé, Monseigneur, mais non deschargé du devoir et des obligations que ie vous ay pour recognoissance desquelles ie ne puis vous doner autre assurance que de demeurer tousiours, Monseigneur,

Vostre tres humble et plus obeissant serviteur.

LESDIGUIÈRES.

A Vallance, le VIe septembre 1605.

CDXLII.   1605 — 6 Décembre.

Cop. — Arch. munic. d'Embrun.

[ORDRE AUX CONSULS DEPUIS GRENOBLE A EXILLES DE FOURNIR LE VIVRE ET LE LOGIS AU SIEUR DE BAUTHEAC.]

Le seigneur des Diguières, lieutenant général pour le Roy en Daufiné : est mandé aux consuls et habitans des lieux qui sont d'icy à Exilhes, de fournir de logis, clous, montures à un prisonnier que le sieur de Bauthéac, lieutenant du sieur du Poueyt, conduit en la présante ville, ensemble luy donner toutte assistance en cas de besoin, sans y apporter aucune difficulté, attendu que c'est pour le service du Roy.

Fait à Grenoble, le 6e décembre 1605.

LESDIGUIÈRES.

Par mondict seigneur,
BREMOND.

CDXLIII. 1606 — 30 Janvier.

Orig. — A M. le Cte Douglas, à Montréal.

A MESSIEURS, MESSIEURS DE LA COUR DE PARLEMENT DE DOLLE.

Messieurs, apres avoir acquis par infeodation de l'illustre République & canton de Berne, la terre et baronnie de Coppet au pays de Vaulx [1], j'en ay recherché les droicts autant qu'un juste possesseur le peut faire. Et en en faisant la recherche j'ay sceu au vray que la pluspart de la montaigne qui deppend de la dicte baronnie (là où j'ay droict tant d'ancienneté que par nouvelle acquisition) a esté injustement usurpée par aucuns des subjects de la Franche-Comté, qui ploye soubz le joug de vostre equitable justice. Ceste usurpation, Messieurs, m'a faict recourir aux seigneurs souverains de la dicte République, et comme leur humble vassal les supplier de me maintenir en mes dicts droictz en conservant les leurs propres & leur authorité. Sur quoy ils ont résolu de vous escrire la lettre que j'ay acompaignée de la présente, qui tend à vous requerir, comme je faiz, d'avoir bon egard à la raisonnable demande qui vous est faicte de la restitution d'une telle usurpation, laquelle (en ce qui me regarde) je ne puis que fort malaisement souffrir. Ayant des moyens, graces à Dieu, de me maintenir en mes droictz, soubz la faveur et le bon plaisir de leurs excellences ausquelz je vous supplie de faire réponse qui les contente, et qui me puisse asseurer, pour l'avenir, de la jouissance des choses usurpées et qui m'appartiennent. Sur ce, je prie le Créateur, Messieurs, qu'il vous tienne toujours en sa saincte grâce. A Grenoble, le XXXe janvier 1606.

Vostre bien humble pour vous faire service.

LESDIGUIÈRES.

---

[1] L'inféodation de cette seigneurie à Lesdiguières date du mois de mai 1601 ; il l'acheta aux seigneurs de Berne pour le prix de 32 mille écus.

CDXLIV.   1606 — 10 Février.
Orig. — Arch. de l'État de Berne.

AUX TRÈS HONORÉS ET PUISSANTS SEIGNEURS, MESSEIGNEURS L'ADVOYER ET CONSEIL DE L'ILLUSTRE REPUBLIQUE DE BERNE.

Vos Excellences ne pouvoient faire election de nul de vos vassaulx qui avec plus de fidelle dexterité ne representasse vos intentions sur les occurences du pays de Valley qu'a faict le sieur de Bourgtot duquel je ne puis trop louer et estimer la passionné affection qu'il porte au bien de vostre service. Il m'a rendu la lettre qu'il a pleu à vos Excellences m'escrire, et tres dignement exposé ce que vous aviez commis à sa créance, et après y avoir bien pensé j'en ay dressé quelques memoires que j'ay promptement envoyés par homme exprès à un seigneur confidant que j'ay à la court affin de parler de ceste affaire premierement à Monsieur le Garde des scaulx et puis après tout deux ensemble au Roy. J'estime que sa Majesté les escoutera comme des choses qui regarde son service et le bien de ses aliés et pour davantage les inciter, j'ay trouvé bon que les dicts memoires s'arrestassent plus tot au faict d'estat qu'aulx considerations de la religion que je confesse principales, encore qu'elles n'y soient touchées que par accessoire, ainsi qu'il vous plaira voir par la copie que j'en ay donnée au sieur de Bourgtot qui vous dira avec ces memoires les resolutions que je prins en ceste occasion pour les contentement et service de vos Excellences. Je les supplie bien humblement les tenir particulieres, comme aussi lesdicts memoires, et si vous vous en servez pour la députation qu'il me semble que vous devez incontinant faire au Roy, il sera bon d'en prendre la substance et non le stil, amplifiant la chose et la pressant comme vous jugéz qu'il est necessaire. Et quant à moy je diray franchement à vos Excellences, ami et serviteur que je vous suis, que ceste affaire ne doibt point estre negligée estant de l'importance que vous le savez bien juger par vostre prudence. En tant, très honorés et puissants Seigneurs, je supplie l'Eternel qu'il vous continue et augmente tousjours sa saincte grâce. A Grenoble, le Xe febvrier 1606.

Vostre très humble et plus obeissant serviteur.

Lesdiguières.

CDXLV. 1606 — 4 Mars.

Orig. — Bibl. de Grenoble. Documents originaux sur le Dauphiné. Vol. 2, n° 44.

CERTIFFICATIONS DU SEIGNEUR DES DIGUIÈRES DES SERVICES RENDUS AU ROY PAR LE SIEUR DE LA MORTE. ANNÉE 1606.

Nous, François de Bonne, seigneur des Diguières, conseiller du Roy en son conseil d'estat, cappitaine de cent hommes d'armes de ses ordonnances et son lieutenant général au gouvernement du Daufiné : certiffions au Roy et tous autres qu'il appartiendra, que le sieur de la Morte, trésorier provincial de l'extraordinaire des guerres en ceste province, a de nostre expres commandement faict plusieurs voyages devers sa Majesté pour affaires importans le bien de son service, des quels il s'est fidelement acquitté, notamment en celuy qu'il feist au moys de may de l'année mil six cens et un, pour faire entendre à sa Majesté comme le duc de Savoye fesoit caser son armée sur pied en la frontiere de Piedmont, et plusieurs autres particularitez touchant la restitution des places et de l'effectuation de la paix entre sa dicte Majesté et le dict Duc, que nous ne pouvions luy faire entendre que par la bouche d'une personne confidente, affin d'avoir prompte résolution de sa volonté sur les dictes occurrances. L'autre qu'il feist au moys de décembre de l'année mil six cens et quatre pour informer sa dite Majesté bien au vray des entreprinses que l'estranger avoit sur plusieurs places de ce pays, suivant et conformément aux memoires secrettes qu'il en receust de nous et ce qu'il en avoit esté particulierement discouru. Par le moyen desquels voyages et autres faicts par le dict sieur de la Morte et de la diligence qu'il y a lyé il en est reussy du bien pour le service de sa dicte Majesté et du soulagement pour la dicte province, ce que nous ne pouvons d'avantage particulariser pour bonnes considérations. Ayant aussy le dict sieur de la Morte dignement servi le Roy en sa charge et en des autres occasions près de nous en ses armées et ailleurs où il a esté par nous commandé. De quoy nous pouvons seulement rendre témoignage et non autre, n'estant à propos de les déclarer plus au long. En témoin de quoy nous luy avons fait expedier la présente certiffication signée de nostre main et scellée du cachet de nos armes.

A Grenoble, le quatriesme jour du moys de mars l'an mil six cens et six.

Lesdiguières.

Tonnard.

CDXLVI.   1606 — 7 Avril.

Autog. — B. N. MS. Dupuy. Vol. 63, p. 237.

AU ROY.

Sire, il se présente une occasion qui à son rencontre semble particulliere, regardant comme elle fet des personnes de basse condition, mais estant de plus près considerée, elle regarde vostre service et tire hardiment en consequence la conservation du repos ou l'agitation de la province. La verité est telle, Sire, que peu auparavant la closture du Parlement avant Pasques vostre Procureur général en ceste Cour luy fit voir une information prinse à la requeste de son substitut à Romans contre le sieur Agard, ministre des églises de Chasteaudouble et Romans, lequel se treuve chargé d'avoir demandé à un ieune barbier qui luy fesoit son poil, s'il se pourroit pas trouver homme de son mestier qui, avec une grande récompense, voulut entreprendre de coupper la gorge à vostre Majesté en luy fesant la barbe. Si ce ne sont les mesmes mots c'est la substance de l'accusation. Sur cette informacion vostre ditte Cour, sans m'en advertir ny communiquer, encores qu'il semblat que la chose le meritat, decerna prinse de corps contre l'acusé qui, en aiant eu l'avertissement, en prevint l'exécution par sa vollontaire remise aux prisons de la consiergerie du palais de cette ville, où estant à luy fust donné connaissance de l'ordonnance de la premiere chambre de la Cour. Le commissaire se transporta aus dites prisons où voulant interroger par serment le prisonnier, il refusa de le prester et demanda renvoy aus iuges que vous avez donnés à luy et à ceuls de la relligion de laquelle il fet profession par votre éedit de Nantes, qui est la chambre establie en ce Parlement. Le commissaire fet son raport, sur lequel la mesme chambre ordonna que plus amples interrogatoires luy seront fets pour estre pourveu sur le renvoy requis, et sur le second reffus fét par le prisonnier de respondre, l'affere est demouré indécise iusques à ce qu'il ait pleu à vostre Majesté en déclarer sa volonté. Voilà, Sire, le sommaire de ce qui est passé ; ces remises et difficultes alongent l'affere, détiennent ce ministre en une longue prison au mescontentement de ceuls de la religion qui le tiennent innocent, calompnieusement accusé, en en prenent pour principal indice cette libre presentacion qui fet paroistre une âme franche et exempte d'un crime si exécrable. J'y ay voulu un peu pénétrer et par les naives parolles du prisonnier a paru une grande apparence de son innocence, elle ne se peut toutesfois descouvrir que par l'ordre de la iustice et par les formes acoustumées. Cependant cette severe detention arrivé sur le poinct d'un sinode provincial qui se doit tenir l'unziesme de ce moys à Saint-Marcellin. Je prevoy les plainctes qui y seront fetes d'une telle longueur, du reffus de renvoy qui y sera interpreté pour un desni de iustice, et sera mal aisé que ce commencement de rumeur ne vienne iusques à vous, mais i'espere bien que Dieu me fera la grace de fère qu'il n'apporte aucune mauvaise fin. Il importe donc que vostre Magesté ordonne promptement le renvoy de cette cause en ladicte chambre et qu'elle luy commande d'y vacquer dilligemment et sans intermission tant qu'elle prenne le succès qu'elle doit prendre par l'equité [1]. Ces derniers iours, Sire, vingt sept enseignes d'Espagnols naturels ont passé les monts et doyvent seiourner en Savoye avec les autres qui y sont de longue main, attendant que les trouppes de nouvelle levée fete à Naples, en Sicille et au Milanois les ayent ioinctes, et iusques à ce que le marquis Spinola desia arrivé à Milan

---

[1] Le ministre Agard fut élargi bientôt après, la dénonciation dont il avait été l'objet ayant été trouvée sans fondement. Il était encore ministre à Châteaudouble en 1608. Cependant cette affaire préoccupa assez vivement le Parlement de Grenoble pour qu'il crût en devoir écrire au Roi et au Chancelier de France. Trois lettres écrites à cette occasion se trouvent à la Bibliothèque nationale (MS. F. Vol. 15898), deux sont du 5 avril 1606, une autre est sans date. Voici ce que dit à ce sujet Morges dans une lettre à Villeroy du 25 avril 1606 (B. N. MS. F. 15579, p. 14) : « Le ministre Chamyer est chargé de tenir quelque propos (au synode de Saint-Marcellin) pour le regard de ce ministre qui a esté amprisonné audict Grenoble pour avoir mal parlé du Roy..... Au demeurant ledit seigneur que scavez (Lesdiguières) m'a dit dernièrement... que ledit sinode feroit de grandes plaintes et qu'ils heussent desia commancé de ce faire, voire qu'ils se fussent soulevez et prins les armes à cause de ce ministre amprisonné s'il ne les heut contenus et arrestés. Ce que je ne me pus tenir de luy niher. »

et qui doit passer en Savoye, y ioingne toutes ses gens de guerre qu'on tient revenir à douse mil hommes. On m'asseure aussi que le duc de Savoye met sus pied deus mille fantassins piedmontois; ie ne doute point que vostre Magesté recoyve les plus véritables advis de tout ce qui se passe aus quartiers de deça, mais ie suis tenu de vous donner ceuls qui viennent à ma cognoissance et qui regardent vostre service, affin que comparant les uns aus autres, vous preniéz les meilleurs et faisiez iugement de ce qui en peut arriver. Les deus points de cette lettre m'ont semblé si importans que i'ay creu vous en devoir advertir par ce courrier, estimant que vous arés bien agreable que ie le vous aye envoyé expres, affin que par son retour i'aye sur l'un et sur l'autre les commandemens qu'il plairra à vostre Magesté de donner, Sire, à

Vostre tres humble, tres obeissant et très fidelle suiet et serviteur.

LESDIGUIÈRES.

A Grenoble, le VIIe avril 1606.

CDXLVII.   1606 — 23 AVRIL.

Autog. — B. N. MS. F. 15897.

A MONSEIGNEUR, MONSEIGNEUR LE CHANCELLIER.

Monseigneur, vous scaurez de la bouche de Monsieur de Bullion ce qui se passe en ces quartiers de deca et le succès du voyage qu'il a fet à Orenges par le commendement du Roy. Je ferois tort à sa suffisance si ie m'estendois davantage sur un tel suiect en ceste lettre, aussi ne la fai-ie que pour me rementevoir à l'honneur de vostre bonne grace, laquelle ie vous suplie très humblement me continuer incessament comme constament ie demeurerey tousiours, Monseigneur,

Vostre très humble et très obeissant serviteur.

LESDIGUIÈRES.

A la Verpillere, le XXIIIe avril 1606.

CDXLVIII.   1606 — 12 Mai.

Orig. — B. N. 23198.

AU ROY.

Sire, le sieur de Comans a passé icy à son retour de Provence ; le recit de son voyage fera paroistre à vostre Majesté qu'il y a faict de très belles remarques. Celles de la coste dudict pays et specialement les moyens de rendre les isles d'Hieres habitables ne vous pourront estre que fort agréables, et c'est la vérité, Sire, que c'est un des plus beaulx endroicts de ceste mer-là, l'ayant moy mesmes recogneu lorsque je servois vostre Majesté en Provence. Il ne sert maintenant que de retraitte aux corsaires, et si ceulx d'Hieres s'y habitoient, il serviroit de seurté aux marchans qui feroient volontiers la recognoissance de ce bien par le payement d'une bonne imposition sur leurs marchandises. Ce dessin ne peut donner de grands frais et aporteroit beaucoup de commodité à plusieurs, et à vous seul, Sire, l'honneur d'avoir esté le fondateur d'une ville, aussi bien que le restorateur de tout le royaume. Si l'envye vous en prend par la vive persuasion dudict sieur de Comans, je supplie Dieu qu'il vous donne la grace de voir un si bel œuvre à perfection, et à moy d'estre toute ma vye creu de vous, Sire,

Vostre très humble, très obeissant, très fidelle suget et très obligé serviteur.

LESDIGUIÈRES.

A Grenoble le XIIe may 1606.

CDXLIX.   1606 — 24 Mai.

Autog. — B. N. MS. F. 15897.

A MONSEIGNEUR, MONSEIGNEUR LE CHANCELLIER.

Monseigneur, le sieur du Villars, donneur de la presente, est tiré en procès au conseil du Roy à l'instance du sieur de Disemieu qui se plaint de ce que, durant la derniere guerre d'entre le duc de Savoye et les seigneurs de Geneve, une sienne maison nommée Saint

Beron, assise en Savoye, fut prinse et saccagée par ceulx de la garnison de Saint Genis, là où ledit sieur du Villars avoit quelque commandement, et en cette quallité il s'adresse à luy et pretend qu'il le doit desinteresser de la perte qu'il a fete à ce sac. Il est advenu contre l'intention dudit sieur du Villars et à son insceu, comme il vous asseurera; mais, s'il y a de la iustice dedans les armes, il a esté iustement fet, puisque cette maison, qui estoit en sauvegarde, a servi de retraitte aus ennemis et a tiré et tué les amis. Le discours en est assez succint; permettez s'il vous plet, Monseigneur, que ledit sieur du Villars vous en entretienne un quart d'heure et vous cognoistrés qu'une telle procedure s'en va renouveller la querelle que i'ay apoinctée entre ces gentilshommes, si le Roy ne l'assopit par authorité, faisant cognoistre audit sieur de Disemieu le peu ou point d'aparence de raison qu'il a de troubler ledit sieur du Villars. J'en ay suplié sa Magesté, je croy que ledit sieur de Disemieu obeyra à ses comandemens; mais si la passion repoulce la raison, sa Magesté pourra, s'il luy plait, renvoyer la cognoissance de ce différent au duc de Savoye et à la seigneurie de Geneve pour le decider suivant les articles de leur traitté; aussi en sont-ils les vrais iuges puisque la chose s'est passée pendant leur guerre, dedans leurs estats et par personnes qui dependoient d'eulx. Je vous suplie très humblement d'avoir en singuliere recomendation la iustice dudit sieur du Villars pour davantage vous obliger, Monseigneur,

Vostre très humble et très obeissant serviteur.

LESDIGUIÈRES.

A Grenoble le XXIIIIe may 1606.

CDL.   1606 — 17 JUIN.

Orig. — Arch. de M. le Vte de Sallemard, à Peyrins.

A MONSIEUR, MONSIEUR DE LA ROCHE, A GRANE.

Monsieur, j'accompagne de ce mot l'advis que Monsieur de Crequi vous donne du jour qu'il fera la presentation des lettres qu'il a eues du Roy pour jouyr en survivance de la charge que je possede [en ceste province et vous suplie bien humblement d'estre present à sa reception, si un tel voyage [ne] vous incommode; luy et moy vous en [serons] egalement obligés comme de l'une des [plus] signalées faveurs que nous atandons de vous. Cependant je demeure pour jamais, Monsieur,

Vostre très humble pour vous fére service.

LESDIGUIÈRES.

Ce 17ᵉ juin 1606, à Grenoble ¹.

CDLI.   1606 — AVANT LA FIN SEPTEMBRE ².

Orig. — B. N. MS. F. 15897.

A MONSEIGNEUR, MONSEIGNEUR LE CHANCELIER.

Monseigneur, vous verrez pour la principale piece du proccès d'entre mes nepveus du Gaz et de Saint-Laurens et Monsieur de Grenoble, un traitté de bonne foy faict avec luy lors que feu Monsieur du Gaz luy remit l'evesché entre les mains aux conditions qui y sont contenues et demeurées sans observation de la part de cest evesque. Maintenant on luy demande l'effect de ses promesses ou bien la mesme piece, dont mondict nepveu de Saint-Laurens est digne au jugement de ceulx qui le cognoissent. S'il y a des deffaulx en ce traitté, ledict sieur de Grenoble n'est pas pourtant excusable d'ingratitude et mesdict nepveus n'en doivent point perdre leur droict. Je vous supplie très humblement, Monseigneur, qu'il leur soit conservé par vostre authorité et droicture; je vous fais ceste requeste par ce que je leur doibs mon assistance et que rien ne leur appartient qui ne me touche jusques au cœur, tant je les affectionne. Aussy est-il veritable

---

¹ Créqui, gendre de Lesdiguières, reçut du Roi la survivance de la charge de son beau-père et prêta serment entre les mains du Roi le 27 mai 1606 à Fontainebleau. Voir sur ce sujet un rapport de Claude Bullion intitulé : *Ce qui s'est passé à la réception de M. de Créqui* (B. N. MS. Dupuy. Vol. 89, p. 191). Cette pièce donne des détails très intéressants sur les chefs du parti protestant en Dauphiné à cette époque et sur l'opinion du Roi à leur égard.

² Nous avons fixé cette date à l'aide des données suivantes : Gabriel de Bérenger du Gua, beau-frère de Lesdiguières, mourut vers 1605 ; Gaspard Fleard, évêque de Grenoble, mourut en octobre 1606 ; c'est donc entre la mort du premier et celle du second, c'est-à-dire avant la fin de septembre 1606, que fut écrite cette lettre.

que l'obligation qu'ils vous auront de la bonne justice qu'ils attendent de vous, portera jusques à moy qui suis, Monseigneur,

Vostre très humble et plus obeissant serviteur.

LESDIGUIÈRES.

A Grenoble, le............

CDLII.   1606 — 8 NOVEMBRE.

Orig. — A M. Giraud, à Romans.

PATENTE ET DECLARATION POUR MONSIEUR DE PRESSINS.

Nous, François de Bonne, seigneur des Diguières, lieutenant général pour le Roy au commandement du Dauphiné : Nostre désir ayant tousjours esté de procurer de tout notre pouvoir le bien du service de sa Majesté et nous oposer aux mauvais dessaings de ses ennemis, mesmes de ceux qui ont tenu et suivy le party de la Ligue, et pour cest effet tâché de reduire autant de villes, places d'importance, qu'il nous a esté possible, à l'obeissance qu'elles devoyent à leur souverain et legitime prince, nous avons particulièrement fait plusieurs entreprises sur la ville de Grenoble, comme capitale de la province de Dauphiné, en l'une desquelles, et pour pouvoir plus facilement parvenir à nos intentions, nous aurions recogneu en personne, acompagné d'une fort petite trouppe, les endroits qui nous avoyent esté rapportés estre les plus commodes pour nous rendre maistre de ladite ville, entre lesquels estoit le chasteau de la Plaine, proche d'un demy quart de lieue d'icelle, et lors occupé par ceux de la Ligue. Lequel voulant faire recognoistre et nous en saisir, ceux qui estoyent dedans nous auroient salué de plusieurs mousquetades qui nous auroient obligé de le faire aprocher jusques dans une grange ou escurie raprochée, où nous fismes jetter quelque soldatz pour les mettre à couvert; ce que voyant ceux de ladite garnison, ils se seroyent mis en devoir de les en déloger, et n'ayant les nostres moyen de les soustenir nous leur aurions fait commander de se retirer, et en se retirant de mettre le feu à ladite grange, pour d'autant incommoder ceux dudit chasteau, ce qu'on executa, en sorte qu'elle fut entierement consumée par le feu qu'on y mit. Et n'ayant peu en ce voyage avancer autre chose au desavantage et incommodité de ladite ville, et pour l'exécution de nos entreprises, nous nous serions retiréz jusques à ce que revenant dans quelque temps après, en continuation de mesmes dessaings, Dieu auroit beny, soubz notre conduite, les armes de sa Majesté en façon que nous aurions reduit soubz son obeissance ladite ville de Grenoble, et par conséquent ledit chasteau de la Plaine, [et] par suite [pour arreter] les courses des ennemis, fait changer la garnison, avec commandement au gouverneur qui y fut establv par nous, de ne laisser entrer dans iceluy que ceux qui estoyent soubz sa charge et non autre, mesmes le feu sieur Evesque de Grenoble auquel en ladite qualité ledit chasteau apartenoit, pour luy oster tout moyen, et aux siens, d'entreprendre (quand ils en auroyent eu envie) quelque chose à notre prejudice. Comme aussi nous aurions fait augmenter et aprofondir les fossez que ceux de la Ligue y avoyent auparavant fait faire, lesquels touchoyent les fondements de la muraille dudit chasteau. Et depuis ladite garnison y auroit esté entretenue jusques aux dernieres guerres de Savoye (auparavant l'arrivée de sa Majesté en notre province), pendant lequel temps ledit chasteau de la Plaine auroit esté ruyné en plusieurs endroits, tant à cause de la demeure et logement de soldats, que pour n'avoir les couverts esté entretenus par l'imprevoyance de ceux qui ont eu commandement dans icelluy. Desquelles ruynes arrivées, soit au dedans ou au dehors, par le brulement de ladite grange, le sieur de la Plaine, comme héritier dudit feu sieur Evesque de Grenoble, naguieres decedé, craignant d'estre recherché à l'advenir, il nous auroit prié et requis luy en vouloir faire expedier ceste declaration et certification : ce que nous luy avons volontiers octroyé en faveur de la verité. Partant avons aprouvé et aprouvons par les présentes toutes les choses qui y sont contenues, comme faites par notre commandement et pour le service de sadite Majesté. En fin de quoy nous avons signé ci-dessous, fait contresigner par l'un de nos secrétaires et aposer le scel de nos armes.

A Fontainebleau le huictiesme jour de novembre l'an mil six cens et six.

Lesdiguières.
Par mondit seigneur,
Tillier.

(Sceau.)

CDLIII.   1606 — ¹.

Orig. — B. N. MS. Clairambault. Vol. 73, p. 337.

A MONSIEUR, MONSIEUR DE PONCHARTRAIN, CONSEILLER ET SECRÉTAIRE D'ESTAT.

Monsieur, je sens plus que nul autre l'incommodité qu'aporte au service du Roy l'absence du sieur Beins, ingenieur de ceste province; le remède doibt venir de vous, Monsieur, et de Messieurs les Intendants des finances en le faisant payer de ses gages ordinaires en ceste province, et non ailleurs, car les assignations que l'on luy donne l'occupent tellement qu'il employe une bonne partie de l'année tant à les obtenir qu'à en poursuivre le payement. C'est pourquoy je vous supplie très affectionnement, Monsieur, trouver bon qu'il soit employé pour sesdits gages ordinaires dans l'estat que vous envoyerez au Recepveur général de cestedicte province l'année prochaine, puisqu'en cela les finances de sa Majesté n'en reçoivent aucune surcharge; car sy elles sont chargées desdicts gages de deçà, elles seront d'autant deschargées ailleurs, & par ce moyen le Roy mieux servy par ledict sieur Beins, qui se rend tous les jours plus capable de son service, et moy plus comptant pour l'employer utillement sans perdre temps. Et ce faisant ie vous en demeureray bien obligé pour m'en dire toute ma vie, Monsieur,

Vostre bien humble et plus affectionné serviteur.

LESDIGUIÈRES.

CDLIV.   1607 — 10 JANVIER.

Orig. — A. M. Roman, à Gap.

[COMMISSION A NOBLE FRANÇOIS PHILIBERT DE COMMANDANT LA PLACE DE PUYMAURE.]

Françoys de Bonne, seigneur des Diguières, conseiller du Roy en ses conseils privé et d'estat, cappitaine de cent hommes d'armes de

---

¹ Cette date est écrite sur cette lettre par une main contemporaine.

ses ordonnances et son lieutenant général au gouvernement du Dauſiné, à noble Françoys Philibert, sieur de Montalquier, salut : Il a pleu au Roy, après avoir cogneu l'importance de la place de Puymore, principale forteresse des montagnes de ceste province et qui peut longtemps arrester et occuper par siege une puissante armée estrangere si elle entroit en icelle, ériger la garnison qui est desià et sera doresnavant establye pour la garde de ladicte place, en tiltre de morte-paye, pour y estre entretenue en temps de paix et de guerre, tout ainsy que ses autres morte-payes es frontières de son royaume, et d'icelle nous donner la charge et commandement, comme il est plus au long contenu par les lettres patantes sur ce expediées. Et d'autant que les affaires d'importance et la charge en laquelle nous sommes employés pour le service de sa Magesté ne nous permettent de resider en ladicte place ny y estre aussi souvent qu'il seroit necessaire pour la manutention d'icelle, il est besoin d'y establir un personnage d'authorité fidele serviteur de sa Magesté, qui y ait l'œil et y prenne soigneusement garde, y representant nostre personne en toutes les occasions quy s'offriront concernant le service de sadicte Magesté et la seureté de ladicte place. Ne pouvant faire eslection d'aucun en qui ceste principale partye de fidelité soit plus remarquée qu'en vous, ayant d'ailleurs certaine cognoissance de longue main de vostre valleur, dilligence et experience au faict des armes par les notables preuves que vous en avez rendues : Scavoir faisons à tous qu'il appartiendra que, pour ces causes et autres bonnes & justes considerations visans au bien du service de sadicte Magesté à ce nous mouvans, nous vous avons commis, ordonné et establi par ces presentes et en vertu du pouvoir à nous donné par sa Magesté, commettons, ordonnons et establissons pour nostre lieutenant en ladicte place de Puymore affin d'avoir en nostre absence non seulement l'œil à la garde & conservation d'icelle, commander à la garnison qui y est et sera cy après establye, mais aussi remarquer les deffautz et mynes de la fortiffication, icelle faire reparer et mettre en tel estat qu'à ceste occasion il n'y mésadvienne, et pour ce faire, bailler et donner les marchez et prisfaicts à gens & ouvriers cappables et suffisans, ausquels vous ordonnerez le payement du travail et besoigne qu'en suitte d'iceux les entrepreneurs feront, de tous deniers quy seront affectés et destinés pour ce regard à la descharge des trésoriers des réparations et fortiffications de ceste province quy feront lesdicts payemens, voulant que les ordonnances et aquictz qui en seront par vous faicts, estre autant bons et vallables que si par nous ils avoyent esté expedyés, pryant à ces fins Messieurs les auditeurs de leurs comptes iceux allouer et passer à la despence d'iceux sans aucune difficulté; disposer les corps de garde de ladicte place, veilles, sentinelles et escoutes selon la necessité du temps, soit en siege soit hors iceluy, et généralement faire pour la seureté et conservation d'icelle tout ce que peut & doit faire un bon, asseuré et experimenté cappitaine, tout ainsy que ferions et faire pourrions si presens & en personne y estions; pour par vous jouyr de ladicte charge et commission soubs l'authorité du Roy et la nostre, aux honneurs, gages et estats qui vous seront ordonnés en l'estat du payement de ladicte garnison. De ce faire vous avons donné et donnons plain pouvoir, mandons et commandons à tous qu'il appartiendra vous obeyr et entendre es choses touchans & concernans lesdictes presentes.

Données à Paris le dixiesme jour du moys de janvier l'an mil six cens et sept.

LESDIGUIÈRES.

Par mondict seigneur,

(Sceau.) BRÉMOND.

CDLV. 1607 — 5 JUIN.

Orig. — Arch. de l'hospice de Romans.

[AUTORISATION DE CHASSER ACCORDÉE A MADAME L'ABBESSE DE VERNAISON.]

Le seigneur de Lesdiguières, lieutenant général pour le Roy au gouvernement de Dauphiné : Nous permettons à Madame l'abbesse de Vernaison de faire tirer par un ou deux de ses serviteurs ou domestiques de l'arquebuse aux loups, renards, bléreaux, sangliers, ours et autre gibier non defendu par les ordonnances du Roy, dans l'étendue de la foret dudit lieu et environ de la maison tant seulement. Deffendant à tous ceux à qui ces presentes seront exhibées ne leur donner aucun trouble ou empechement à peyne de desobeissance.

Fait à Romans le 5 juin 1607.

LESDIGUIÈRES.

Par mondict seigneur,

(Sceau.) BRÉMOND.

CDLVI. 1607 — 26 Juin.
Orig. — Arch. munic. de Tallard.

[ORDONNANCE SUPPRIMANT LA GARNISON DE TALLARD.]

Le seigneur de Lesdiguières, lieutenant pour le Roy au gouvernement de Dauphiné : Comme ainsy soit que par notre ordonnance expresse nous ayons cy-devant prouveu de quatre hommes à la garde du chasteau de Tallard pendant l'absence du sieur d'Auriac, occupé pour le service du Roy en certaines afféres de notable importance, et que ceste place se treuvant sur la frontière de la province, la conservation en aye esté très-utile et nécessaire aux habitantz de la visconté de Tallard, lesquelz, pour cest effaict, nous avons chargés comme y estant les plus intéressés, attandant qu'il y feust autrement prouveu. Ce que ne pouvantz supporter pour estre trop chargés, et considérant d'ailleurs que ceste garde n'est pas moings utile et nécessaire à l'advenir qu'elle a esté le passé, pour les considérations que dessus, nous avons modéré lesditz quatre hommes à un portier ordinaire audit chasteau, l'entretènement duquel lesditz habitants payeront sur l'universel de ladite visconté esgallement, et à proportion de feuz, pour après en fère taxation avec le moings de faoulle que fère se porra, sauf à iceulx habitantz de se prouvoyr en degrèvement, comme ils verront affère, contre le pays, tant pour le passé que pour l'advenir, ausquelz est mandé de mettre ceste notre ordonnance à exécution, à peyne d'y estre contraintz, attandu que le service du Roy le requiert ainsi.

Faict à Grenoble le 26 juing 1607.

LESDIGUIÈRES.
BRÉMOND.

CDLVII. 1607 — 6 Aout.
Cop. — Arch. munic. de Gap.

[RÈGLEMENT POUR L'ENTRETIEN DE CINQ COMPAGNIES.]

Le seigneur des Diguières, lieutenant pour le Roy au gouvernement de Dauphiné : Nous ayant esté verballement remonstré par les consulz de ceste ville la difficulté que ceulx des autres de la province font de paier, ensuitte de nos ordonnances, ce qu'elles doibvent pour les utansilles des cinq compagnies establies en garnison en icelles, et les plaintes des capitaines pour ne recevoir les deniers au temps qui leur sont deubs, affin de les distribuer à leurs soldats et empêcher par ce moyen tous désordres; désirant y pourvoir en sorte qu'ilz n'ayent plus de suject de recourir à nous pour ce regard, nous avons ordonné que lesdictes villes paieront le premier jour du mois qui escherra à leur département chascune la somme de cent cinquante six escus entre les mains des consuls de la présente ville, et, à faulte d'y satisffère, qu'elles y seront contrainctes comme pour les propres deniers et affaires du Roy, et cependant que ceulx de ceste ville en feront l'advance, voire emprunteront les deniers, au remboursement desquelz, ensemble des intérestz qui en seront paiés en despance, elles seront tenues et contrainctes comme dessus au paiement, sauf leur recours au pais pour leur dégrèvement.

Faict à Grenoble, le sixiesme jour d'aoust mil six centz sept.

LESDIGUIÈRES.

CDLVIII.   1607 — 3 OCTOBRE.

Orig. — Arch. de l'état de Genève.

A MESSIEURS, MESSIEURS LES SINDICS ET CONSEIL D'ESTAT DE GENÈVE.

Messieurs, s'en allant le sieur Lambert, lieutenant du prévost de ceste province et juge de la présente ville, en vos cartiers, pour l'affaire qu'il vous représentera, je vous ay bien voulu faire ceste cy pour vous supplyer de le vouloyr favoriser en tout ce qu'il aura besoin de vostre assistance, estant asseuré que vous aurez agréable d'apprendre de luy des choses qui regardent le bien de vostre estat. Je ne vous puis dire aucune nouveauté que Monsieur Tonnard ne vous aye représentée. Vous suppliant de me croire tousjours, Messieurs,

Votre bien humble et plus affectionné serviteur.

LESDIGUIÈRES.

A Grenoble le IIIe octobre 1607.

CDLIX. 1607 — 12 Novembre.

Orig. — B. N. MS. Dupuy. Vol. 801, p. 246.

A MONSIEUR, MONSIEUR DE THOU, CONSEILLER DU ROY ET PRESIDENT EN SA COUR DE PARLEMENT.

Monsieur, vostre merite vous faict présider le premier en la Chambre où le sieur Piramus de Candolle a un procès qui luy est de bonne importance & auquel il croyt avoir le droict; il est de mes serviables amys qui a soing & faict la recepte du revenu de ma baronnie de Coppet, assise en l'estat des Bernoys, et ainsy je doibs avoir soing de ce qui le touche. L'accés que vous m'avez donné à vous, Monsieur, me faict avec hardiesse & sans crainte vous supplier bien humblement de le favoriser en ceste occasion autant que l'equité le vous pourra permettre, et comme vous estes son principal juge, estre aussy le principal protecteur de son droict. Excusez moy de ceste liberté, s'il vous plaist, & après en avoir considéré la civilité, accusez en l'affection que je porte aux myens & celle qu'il vous a pleu si cordialement promettre à celuy qui vous promet & jure de tousiours estre, Monsieur,

Vostre bien humble et plus obeissant serviteur.

LESDIGUIÈRES.

A Grenoble le XIIe novembre 1607.

CDLX. 1607 — 20 Décembre.

Cop. — Arch. munic. d'Embrun.

[ORDONNANCE NOMMANT LE SIEUR NICOUD RECEVEUR DES DIX VILLES.]

Le seigneur de Lesdiguières, lieutenant général au gouvernement de Dauphiné, au sieur François Nicoud, de ceste ville de Grenoble, salut : Scavoir faisons à tous qu'il appartiendra que pour les bons et fidèlles rapportz qui nous ont esté faitz de vos sens, prodhomie, diligence et fidélitté, nous vous avons comis et comettons par ces presentes pour fère la recepte des deniers deubs par les dix villes principalles de ceste province et qui s'exigent de moys en moys sur icelles, pour estre employés aux frais du logement, ustencilles, boys et chandelles de six corps de garde des cinq compagnyes du régiment du sieur de Bourg, estably en garnison en ceste ville, conformément à nos ordonnances qui ont esté et seront cy après expediées; et, en cas de refus ou difficulté, nous donnons entier pouvoir audict sieur Nicoud d'y contraindre les reffusants ou dellayans par prinse, saisye, vente et exploitation des biens meubles et bestail, arrest et debtention de leurs personnes, et par toutes autres voyes comme pour les propres deniers et service du Roy, jusques en soit autrement par nous ordonné ou qu'il aye esté autrement pourveu; à la charge toutefoys de rendre bon et fidèle compte desdicts deniers et prêter le reliqua comme et par devant il appartiendra.

Faict à Grenoble le vingt décembre mil six centz et sept.

LESDIGUIÈRES.

Par mondit seigneur,
BRÉMOND.

CDLXI.   1608 — 19 Avril.

Orig. — Arch. de la Drôme. E. V° Polloud.

[PATENTE ET DECLARATION POUR NOBLE ARMAND DE FOYSSIN.]

François de Bonne, seigneur des Diguières, conseiller du Roy en son conseil privé d'estat, cappitaine de cent hommes d'armes de ses ordonnances, gouverneur & lieutenant general pour sa Magesté en Daulphiné : Savoir faisons à tous qu'il apartiendra que noble Armand de Foyssin, jadis prevost des mareschaulx en ceste province, a tousjours bien, deubement & fidellement exercé ladite charge de prevost. Mesmes des le temps qu'avons esté pourveu par sadite Magesté du gouvernement de ceste province, et mesmes aux années 1599, 1600 et aultres suyvantes, et pour les expeditions de guerre, il nous a tousjours suivy avec sa compaignie en la guerre de Savoye, mesmement en la derniere guerre qui feust en l'année 1600 à ses propres coust et despans, et servy en toutes les occasions qui se sont presentées, tant pour le service de sa Magesté que pour le bien du publicq, suyvant les commandemens que luy avons faict, sans avoir jamais receu aulcune plaincte de luy ny de sadicte compagnie; et en foy de ce avons faict la presente attestation par nous signée et scellée de nostre scel.

A Grenoble le dix neufviesme apvril mil six cent et huict.

LESDIGUIÈRES.
Par mondict seigneur,
BRÉMOND.

(Sceau.)

CDLXII.   1608 — 15 AOUT.

Orig. — Arch. de M. le Bon de Franclieu, à Saint-Geoire (Isère).

[PERMISSION DE CHASSER ACCORDÉE A JACQUES ANDRÉ, HUGUES GIRARD ET ANTHOINE ROSSET.]

Le seigneur de Lesdiguières, lieutenant général pour le Roy en Daulphiné : Nous avons permis, comme par ces présentes nous permettons, à Jacques, André et Hugues Girards frères, du lieu de Voyron, et à Anthoine Rosset, dudit lieu, allants et venants parmy les champs, de tirer de l'arquebuse aux ours, loups, sangliers, renards, blereaux, canards, oyseaux passagiers et aultre gibier non prohibé ny deffendu par les ordonnances du Roy, sans toutesfois qu'il leur soit loisible de se servir de ceste nostre permission pour la chasse du chien couchant que nous leur deffendons très expressement, et à touttes personnes, de quelle quallité et condition qu'ils soient, leur donner aulcuns trouble, destourbier ou empeschement, ains leur laisser plainement jouir du beneffice de ces presentes que nous avons signées de nostre main et à icelles faict mettre et apposer le cachet de nos armes.

A Grenoble ce quinziesme aoust mil six cent huict.

LESDIGUIÈRES.
Par mondit seigneur,
BRÉMOND.

(Sceau.)

CDLXIII.   1608 — 1ᵉʳ Novembre.

Orig. — A M. le Bᵒⁿ de Coston, à Montélimar.

A MONSIEUR, MONSIEUR DE FRESNES, CONSEILLER DU ROY EN SON CONSEIL D'ESTAT ET PRESENTEMENT PRESIDENT EN LA CHAMBRE MIPARTYE A CASTRES.

Monsieur, le sieur de Sibleras, gentilhomme qualiffié et le merite duquel vous est assez cogneu, a un procès par devant Messieurs de vostre compaignye en laquelle vous tenez le premier rang. Il a desia beaucoup employé du temps et une bonne partye de ses commodités à ceste poursuite esperant l'heureuse yssue que la justice de sa cause luy semble promettre, sans y avoir sceu avancer aucune chose. Il ne desire aultre faveur ny support que celuy que son droit luy peut donner; c'est pourquoy, estimant que mon intercession peut quelque chose en vostre endroit, je ne luy ai peu reffuser celle cy que je vous fais pour vous supplyer très humblement, Monsieur, vouloyr jetter les yeux sur son expedition affin qu'il ne se consume davantage en despence. Je me sentiray vostre obligé des courtoisyes qu'il recevra à ma contemplation et vous en vaudray service avec toute l'affection qui se peut esperer d'un qui sera à jamais, Monsieur,

Vostre bien humble et plus affectionné serviteur.

LESDIGUIÈRES.

Ce 1ᵉʳ novembre 1608, à Valence [1].

---

[1] La date a subi un grattage et le chiffre 1608 a été remplacé par celui de 1595 : cette pièce faisait en effet partie des documents remis en 1608 aux commissaires du Roi par la famille de Sibleras pour faire ses preuves de noblesse, et elle avait intérêt d'en reculer autant que possible l'ancienneté pour laquelle l'attestation de Lesdiguières était d'une grande importance. Heureusement la vraie date, écrite d'une main presque contemporaine au dos de la pièce, n'a pas été grattée et peut être considérée comme authentique.

CDLXIV.   1609 — 28 Février.

Cop. — Arch. de M. de Centenier, à Pernes.

A MONSIEUR, MONSIEUR DE PIÉGON, A TULLETE.

Monsieur de Piegon, estant en discours avec Monsieur de Gouvernet de quelques syens afferes je me suis ressouveneu du procès qu'il a avec vous et des letres que j'escrivoys à Castres à vos juges pour vous randre bonne justice ; là dessus portant ces paroles plus oultre j'ay vollu savoir s'yl y avoyt moyen de le fleschir à quelque acord. A quoy, après luy avoyr representé plusieurs resons, je pense l'avoir disposé, m'ayant asseuré qu'yl remettroyt entre mes meyns la justice de sa cause pour en disposer. Sy de vostre costé vous estyez en mesme vollonté et de prendre ung homme de la robbe et luy ung aultre, je seray vollontyers le surarbitre et y deployerey tout ce quy sera de mon scavoir et crédit pour vous raccomoder. J'ey cependant tyré parolle de luy qu'il fera cesser de son costé ceste poursuyte ; sy vous en faictes aultant du vostre on pourroyt acheminer cest affere à quelque bonne fin que je souhaitte de bon cuer pour le contantement de vous deux, estant comme je suys en vostre particullyer, Monsieur de Piégon,

Vostre bien humble à vous fere service.

LESDIGUIÈRES.

Ce XXVIIIe febvrier 1609, à Grenoble.

CDLXV.   1609 — 17 Mars.

Cop. — Arch. de M. de Centenier, à Pernes.

[A MONSIEUR DE PIÉGON.]

Monsieur de Piegon, je vous ay escript ces jours passés qu'estant entré en discours avec Monsieur de Gouvernet sur ses afferes, il vint à propos de parller du particullyer quy est entre luy et vous, sur quoy luy ayant proposé ung accord par voye amyable, il m'asseura qu'il se porteroit à tout ce que je luy conseillerois. Donnez moi donc response de vostre intention là dessus affin que le sachant je fasse de deux choses l'une, ou luy dire qu'il se deffende en justice, ou que vous vous porterez à la decision de vos differents par ceste voye amyable. J'attends donc vostre volonté et demeure, Monsieur de Piégon,

Vostre bien humble à vous faire service.

LESDIGUIÈRES.

Ce XVIIe mars 1609 à Grenoble.

CDLXVI. 1609 — 21 MARS.

Cop. — Arch. de M. de Centenier, à Pernes.

[A MONSEIGNEUR DES DIGUIÈRES.]

Monseigneur, il est bien veritable que je resus celle qu'il vous plust m'escrire le 17e de ce moy, et dix huit jours appres la datte d'icelle[1], par le moyen de Monsieur de la Croix, à laquelle je ne fallys tout aussitost respondre et assurer, Monseigneur, comme je foys par ceste-cy, que j'obeyrey à jamais à tous les commandements dont il vous plerra m'honorer et vous tesmoignerey par mon obeyssance et fidelle servitude que je suys et serey toute ma vye, Monseigneur,

Vostre très humble et très obeyssant serviteur.

PIÉGON.

A Tullete ce XXIe mars 1609.

CDLXVII. 1609 — 22 MARS.

Cop. — Arch. de M. de Centenier, à Pernes.

[A MONSIEUR DE PIÉGON.]

Monsieur de Piégon, le temps fust esté maintenant fort propre pour parller de vos afferes avec Monsieur de Gouvernet s'yl eust eu ses papyers et vous aussy en ce peys, mais, à ce que j'ey peu apprendre, ils sont à Castres, d'où il les fault retyrer et l'un et l'aultre, et les envoyer en ceste ville à celluy ou ceulx que vous choizirez, et allors

---

[1] Il doit y avoir ici une lacune portant sur un passage relatif à la lettre du 28 février imprimée ci-dessus. En effet, M. de Piégon ne peut pas écrire le 21 mars qu'il a reçu la lettre du 17 du même mois dix-huit jours après sa date.

on prendra ung jour asseuré pour vous rendre en ceste ville, où Monsieur de Gouvernet m'a engagé sa parolle qu'il se trovera aussitost que je luy manderey et se rangera à tout ce que je cognoistrey estre rezonable, rezollu de demeurer là. Sy vous en faictes de mesmes ne doubtez point que je n'aye soin de vostre droict et que je ne vous sorte de ce facheux affere, vous asseurant par ceste cy qu'il ne tyendra point à vostre partye. Mandez donc promptement audict Castres et me donnez aussitost après de vos nouvelles, surçoyant cependant toutes poursuytes. Je suis, je vous asseure, Monsieur de Piégon,

Vostre bien humble pour vous fere service.

LESDIGUIÈRES.

Ce XXIIe mars 1609 à Grenoble [1].

CDLXVIII.   1609 — 25 MARS.

Orig. — Arch. de M. le Vte de Sallemard, à Peyrins.

A MONSIEUR, MONSIEUR DE LA ROCHE, A GRANE.

Monsieur, je vous envoye les lettres que vous m'avez demandé pour vostre cousin, je désire qu'elles luy servent autant que si je les avois escriptes pour moy. J'en ay fait une à Monsieur de Paulo pour le remercier de l'assistance qu'il me promet de donner à vostre cousin. Il ne se présentera jamais occasion où je vous puisse tesmoigner à l'un et l'autre mon affection que vous ne me trouviez toujours, Monsieur, pour

Vostre humble ami prest à vous fere service.

LESDIGUIÈRES.

A Grenoble le 25e mars 1609.

---

[1] A cette lettre en était jointe une de Brémond, secrétaire de Lesdiguières, que voici :

« Monsieur, vous verrez la response que le maistre faict à vostre lettre. C'est, s'il me semble, le plus sallutere advys qu'il vous scauroit donner pour sortyr de ce procès et vous reconcillier avec vos allyés ; vous y penserez et suyvrez cela sy vous estes byen conselyé, vous asseurant qu'en ceste occasion et toute aultre je vous ferey tousjours paroitre que je suys et serey auttant qu'il me restera de vye, Monsieur,

« Vostre bien humble et plus affectionné serviteur.

« BRÉMOND.

« Ce XXIIe mars 1609 à Grenoble. »

CDLXIX.   1609 — 3 Novembre.

Orig. — Arch. de M. le Vte de Sallemard, à Peyrins.

A MONSIEUR, MONSIEUR DE LA ROCHE, A GRANE.

Monsieur de la Roche, j'ay ouy l'homme qui m'a rendu vostre lettre et bien compris tout ce qu'il m'a remonstré de vostre part; sur quoy je vous diray que je vous remercie de toute mon affection du souvenir que vous avez de moy, vous asseurant que vous ne l'aurez jamais de personne qui vous honore plus [et] ny qui de meilleur cœur desire de faire [pour vous ce qui] s'en presentera. Je trouve que vous ne faites pas bien [de vous] facher du mariage du sieur du Poët; les fondements en [ont esté] jettés sans vostre sceu & consentement, cela est [fort certain] que c'est une imprudence de se tourmenter d'une chose où il n'y a point de remede. Il me semble qu'il faut que vous vous accomodyez avec eux et que vous ne regrettyez point la recerche que les sieurs de Chambaud, de Blacons et autres de la mayson font de vostre amityé, dissimulant autant que la discretion vous pourra permettre vostre desplaisir. Je ne trouve point mauvays que Monsieur de Gouvernet aye essayé de loger sa fille, [car c'est] à un père qui ayme ses enfants de recercher leur bien. [Pour vous,] prenez le temps comme il vient et vous accomodez ceux parmy lesquels vous aurez à vivre, [c'est le] conseil que vous peut donner, Monsieur de la Roche,

Vostre bien humble pour vous fere service.

LESDIGUIÈRES.

Ce 3 novembre 1609, à Paris.

CDLXX.   1610 — 12 Janvier.

Orig. — B. N. MS. F. 3651, p. 52.

A MONSIEUR LE DUC DE NEMOURS.

Monseigneur, je n'ay vollu lesser partir le sieur Troullons sans vous randre mon devoir et fère offre de mon très humble service.

Vous sçarés par ledit sieur Troullons l'état des affères d'entre sa Majesté et son Altesse, lesquels, pour vostre sage conduite et entremise, sont si bien acheminés je crois, que la perfection s'en ensuivra[1]. Sa Magesté m'a commandé de me retirer en ma charge en Dauphiné, où estant je pourrai plus commodément recevoir les commandemants de son Altesse. Je vous suplie aussi très humblemant m'honorer des vostres ausquels je randrai très prompte obeissance et de telle vollonté que je suplie le Créateur, Monseigneur, qu'il vous doint en santé très longue vie. C'est de Paris le 12 janvier 1610.

Vostre très humble et très obeissant serviteur.

LESDIGUIÈRES.

CDLXXI. 1610 — 13 JANVIER.

Orig. — Arch. munic. de Lyon. AA. 46, p. 29.

A MESSIEURS, MESSIEURS LES PREVOST DES MARCHANS ET ESCHEVINS DE LA VILLE DE LYON.

Messieurs, aussitost que vostre lettre m'a esté rendue, j'ay voulu scavoir du sieur Huvet le suget de vostre plainte. Il m'a asseuré qu'il ne pensoit vous faire aucunement desplaisir d'entendre au party que vous affectionnez, et que, sçachant maintenant vostre intention, il s'en despart entièrement, résolu d'affectionner, à l'advenir, tout ce qui vous touchera, et ne rien entreprendre au désadvantage des affaires de vostre ville. Je l'empescheray bien aussi de se servir de mon nom pour cela, tant qu'il s'avouera à moy ; plustost le porteray-je à tout ce que je cognoitroy estre de vostre contantement, comme désireux de vous témoigner, en cela et toute autre chose, que je suis, Messieurs,

Vostre bien humble pour vous faire service.

LESDIGUIÈRES.

Le 13ᵉ janvier 1610 à Paris.

[1] Allusion à l'alliance conclue entre le duc de Savoie et Henri IV dans le but de faire la guerre aux Espagnols. La mort du roi de France la rendit inutile.

CDLXXII. 1610 — 23 Mars.

Orig. — Arch. de l'État de Genève.

A MESSIEURS LES SCINDICS DU CONSEIL D'ESTAT DE L'ILLUSTRE REPUBLIQUE DE GENEVE.

Messieurs, j'accepte pour un signalé traict de vostre affection le contentement que vous me demonstrez avoir du nouvel honneur que j'ay receu du Roy en recevant de luy la charge de mareschal de France, charge (je le confesse) trop pesante pour ma faiblesse, si ma fidellité ne la fortiffloit et ne luy aydoit à la supporter. Le sieur de Chasteauneuf m'a sur ce desclaré vostre bonne volonté en me rendant vostre lettre du IXᵉ du present qui est du XIXᵉ. Je luy ay dict sur les occurances de ce temps ce qui touche vostre bien et conservation, laquelle j'ay tousjours en singulière recommandation, j'y suis incité et lié par un lien indissoluble. Croyez le ainsy et croyez aussy ce que vous en dira plus particulierement le sieur de Chasteauneuf. Je m'en remets à sa suffisance et à la fiance que vous avez en luy, priant Dieu, Messieurs, qu'il vous tienne tousjours en sa grace.

Vostre bien affectionné à vous fere service.

LESDIGUIÈRES.

De Grenoble le 23ᵉ mars 1610.

CDLXXIII. 1610 — 1ᵉʳ Avril.

Cop. — Arch. munic. d'Embrun.

[COMMISSION AU CAPITAINE PAUL LAGIER DE FAIRE REPARER LES ROUTES DEPUIS GRENOBLE JUSQU'A CHATEAU-DAUPHIN.]

Le seigneur de Lesdiguières, mareschal de France et lieutenant général pour le Roy au gouvernement de Dauphiné : Désirant, pour satisfère au commandement qu'il a pleu au Roy nous fère, de pourvoir au charroi de quelques pièces de canons, du cousté d'Exilles, pour le bien de son service, et de préparer pour cest effaict les chemins par Champsaur, Ambrunois, Briançonnois et jusques au Chasteau-Dauphin, et d'alheurs nous ayant esté faict plusieurs plaintes par les marchans, voituriers et aultres personnes négociant et traffiquant sur les grands chemins royaulx et publicq qui vont de ceste ville à Gap et dellà à Embrun et jusques à Exilhes et audit Chasteau-Dauphin, des mauvais passages qui y sont, ne pouvant que avec grande difficulté y fere passer aulcung charroy et voiture, et encore avec asard de les perdre, et considérant que ceste incommodité est fort préjudiciable au commerce, au bien et utilité du public, nous avons estimé y devoir pourvoir de remède convenable, pour éviter un plus grand mal. A ceste cause, nous enjoignons et ordonnons très expressement aux consulz et habitants des lieux qui abotissent lesdits grands chemins royaulx et publics de fere promptement travalher, chascun en droict soy, aux réparations d'icelluy, mesmes de mauvais passages et contours y estans, en sorte qu'il soit partout de trois toises de large, et, au cas de reffus ou difficulté, nous donnons plain pouvoir au cappitaine Paul Lagier, enseigne de nos gardes, et aux soldatz d'icelles qu'il accompagnera, d'y contraindre les reffusantz par toutes voyes, mesmes par la nourriture et l'entretènement d'iceulx, à leurs despens, jusqu'à entière satisfaction de l'heuvre et réception d'icelle par ledit cappitaine Paul Lagier, auquel, en tant que de besoing, donnons pouvoir d'en balher les priffait necessères tant desdits chemins que des pontz, en la presence et adcistance des consulz des lieux qui seront appelés avant toute œuvre.

Faict à Grenoble le 1er apvril 1610.

LESDIGUIÈRES.
BRÉMOND.

CDLXXIV. 1610 — 1er MAI.

Orig. — Arch. de l'État de Genève.

A MESSIEURS LES SCINDICS ET CONSEIL D'ESTAT DE L'ILLUSTRE REPUBLIQUE DE GENEVE.

Messieurs, sur l'avis qui m'a esté donné que les Espagnols qui sont épars par les garnisons en Savoye se doivent tost assembler pour se rendre au Millanois prés le comte de Fuentes et qu'ils veullent prendre le chemyn de Vallay par le Chablais, je vous fay ce mot pour vous prier et conjurer, par l'affection que vous portez au bien des affaires du Roy, que si vous estes requis par les ministres de son Altesse de Savoye de joindre de voz gens de guerre aux siens pour empescher lesdicts chemyns, vous le faciez promptement et sans difficulté, soubs l'asseurance que je vous donne, que vous ferez en cela chose fort agréable à sa Majesté qui convient en ce faict avec son Altesse. Mays je vous prie encore de rendre cest office de tenir la deliberation que vous y prendrez fort secrette jusques au jour de son execution. Priant sur ce le Créateur, Messieurs, qu'il vous conserve. A Puymore le premier jour de may 1610.

Vostre bien humble pour vous fére service.

LESDIGUIÈRES.

CDLXXV. 1610 — 1er MAI.

Autog. — B. N. MS. F. 3609, p. 54.

A MONSEIGNEUR, MONSEIGNEUR LE CONNESTABLE.

Monseigneur, vous scaurez bien particulierement par Messieurs de Crequi et de Bullon le succès de nostre negociation avec son Altesse de Savoye qui me gardera de vous ennuier par une longue lettre, desirant seulement que cele-cy serve pour vous asseurer de la continuation de mon très humble service et pour vous suplier de me vouloir conserver l'honneur de vos bonnes graces que ie cheris à l'esgal de ma vie. Aussi ne la plaindrois-ie pas si, en la perdant, ie vous pouvois tesmoigner et rendre certain que ie suis, Monseigneur,

Vostre très humble et très obeissant serviteur.

LESDIGUIÈRES.

A Gap le premier may 1610.

CDLXXVI.   1610 — 12 Mai.

Orig. — Arch. de l'État de Genève.

A MESSIEURS DU CONSEIL D'ESTAT DE L'ILLUSTRE REPUBLIQUE DE GENEVE.

Messieurs, j'ay veu Monsieur Savyon et ouy tout ce qu'il m'a voulu représenter de vostre part, suivant la charge qu'il en avoit. Sur quoy il vous fera entendre les discours qui se sont passés entre nous, ausquels je luy ay veritablement tesmoigné comme je feray en touttes autres occasions, que je suis de toute mon affection, Messieurs,

Vostre bien affectionné à vous fére service.

LESDIGUIÈRES.

Ce 12 may 1610 à Grenoble.

CDLXXVII.   1610 — 18 Mai.

Orig. — Arch. de l'État de Genève.

A MESSIEURS DU CONSEIL D'ESTAT DE L'ILLUSTRE REPUBLIQUE DE GENEVE.

Messieurs, j'ay sceu par le cappitaine de Bruc la faveur que vous luy avez despartie à ma consideration pour l'achept et sortie des armes qu'il a faict en vostre ville, ensemble pour la recherche des soldats qu'il en a amenez. En quoy vous m'avez beaucoup obligez, vous en remerciant bien humblement avec offre de vous servir aux occasions où j'en aurey moyen. Demourant cependant avec cette vollonté, Messieurs, pour

Vostre plus affectionné à vous fére service.

LESDIGUIÈRES.

A Grenoble le 18 may 1610.

CDLXXVIII. 1610 — 25 Mai.

Orig. — Arch. de la Drôme, EE, 2820.

A MESSIEURS LES CONSULS DU BUYS.

Messieurs les Consuls du Buys, ce pourteur s'en allant pour faire le payement en deniers aux gens de guerre de l'armée du Roy qui sont logés en vostre ville durant les huit jours accordés par le pays, je l'ay voullu accompagner de ceste cy pour vous en tenir advertis, affin que le scaichant & ledict payement ce faisant en vostre presence lesdicts gens de guerre n'ayent à vous demander aulcungs vivres : & n'estant ceste à aultre fin je demeure, Messieurs les Consuls du Buis,

Vostre humble et parfect ami.

LESDIGUIÈRES.

Logez ce porteur en part où l'argent qu'il porte puisse estre assouré.

A Grenoble ce XXVe may 1610.

CDLXXIX. 1610 — 26 Mai.

Orig. — Arch. de l'état de Genève.

A MESSIEURS LES SCINDICS ET CONSEIL D'ESTAT DE L'ILLUSTRE REPUBLIQUE DE GENEVE.

Messieurs, je croy certainement que ce funeste accident arrivé à la personne du Roy vous a aporté de l'estonnement et du déplaisir, aussy n'y a il point de gens d'honneur affectionnez à la France qui n'ayent de ressentiment de la perte qu'elle a faicte d'un si bon pere [1].

---

[1] Dès que le crime de Ravaillac fut connu à Grenoble, Lesdiguières fit prêter serment de fidélité par tous les habitants au fils d'Henri IV. Voici ce qu'écrit Expilly a Sillery à ce sujet :

« La Cour de Parlement, où était Monsieur le « marechal Lesdiguières, a trouvé bon que tous « les subiectz eussent à faire serment de fidelité « à sa Maiesté, non qu'il y ait à craindre de « trouble, mais pour confirmer l'observation de « l'édit de pacification, à quoi tout le monde, de « l'une et l'autre religion, est très disposé.

« Grenoble 30 mai.

« EXPILLY. »

(Bibl. de l'Institut. MS. Godefroy. Vol. 266, p. 14.)

Elle est si grande qu'il n'y a point de discours qui la puisse assez declarer. Monsieur de Chasteauneuf m'a visité de vostre part sur ce subject et rendu votre lettre du XII⁰ de ce moys, à vostre compte. Je luy ay dict et estimé vous devoir escrire qu'après cette mort si inopinée vous devez (à mon avis) promptement depescher à la Court quelqu'un des vostres pour confirmer le vœu de vostre affection au Roy et prendre ses intentions pour vostre seurté et son contentement. Ce sera l'obliger à vous continuer la bonne volonté que vous recevies du Roy son père et à embrasser vostre conservation comme il faisoit. J'ay escript (comme ledict sieur de Chasteauneuf m'a fait cognoistre que vous le desiries) à Monsieur le duc de Savoye sur la plainte que vous faictes, avecque juste raison, de l'infraction du traitté de Saint-Jullien. Je luy en ay faict voir la lettre que j'envoyeray à son Altesse à la plus prompte commodité, et si j'en obtiens response vous saurez ce qu'elle contiendra. Je prie sus ce le Créateur, Messieurs, qu'il vous maintienne tousjours en sa saincte grace. A Grenoble le XXVI⁰ may 1610.

Vostre très affectionné à vous fere service.

LESDIGUIÈRES.

CDLXXX.   1610 — 31 MAI:

Orig. — Arch. de la Drôme, EE.

[A MESSIEURS LES CONSULS DU BUIS.]

Messieurs les Consuls du Buys, j'ay appris par vos lettres et sceu de la bouche de ce porteur la resolution que vous avez prise de regler vos deportemens selon l'intention du Roy qui est que tous ses sugets se contiennent paisiblement et sans rien alterer à ses édicts de paciffication. Vous ferez encores mieux de continuer comme il vous y exorte. avec asseurance que vivant bien je recercheray tousiours les moyens de faire pour vous. Ne pouvant quant à present changer aucune chose à l'establissement des compagnyes quy vous ont esté baillées, la despence desquelles vous est payée, y ayant donné tel ordre que vous n'y employerez rien du vostre, j'auray soin de vous temoigner en cela et toute autre chose à l'advenir que j'aime autant vostre repoz et solagement que d'aucune autre ville de la province. C'est de Grenoble le dernier jour de may 1610.

Vostre entier et parfet ami.

LESDIGUIÈRES [1].

CDLXXXI. 1610 — 31 MAI.

Autog. — B. E. MS. F. 3609, p. 12.

A MONSEIGNEUR, MONSEIGNEUR LE CONNESTABLE.

Monseigneur, j'envoye le sieur Baron de Marcieus au Roy et à la Royne sa mère pour fere entendre à leurs Magestés le succès du voiage que j'estimez à propos qu'il fit vers son Altesse de Savoye incontinant que i'eus apris la funeste nouvelle de l'accident arrivé à la personne du feu Roy. En quoy il s'est conduit sagement, heureusement pour cet estat. S'il vous plet d'en scavoir les particularités vous les entendrez de sa bouche, et serez cependant asseuré par ces lignes de la continuation de mon service très humble, duquel ie vous supplie fere tousiours estat comme de celuy, Monseigneur, de

Vostre très humble et plus obeissant serviteur.

LESDIGUIÈRES.

A Grenoble le dernier de may 1610.

CDLXXXII. 1610 — 3 AOUT.

Orig. — Arch. de l'état de Genève.

A MESSIEURS DU CONSEIL D'ESTAT DE L'ILLUSTRE REPUBLIQUE DE GENEVE.

Messieurs, par le sieur Bouteroue je vous mandey tout ce que je scavoy pour lors et que j'estimey vous devoir estre communiqué pour le bien et conservation de vostre estat. Depuis j'ay eu l'honneur de voir Monsieur de Chasteauneuf qu'il vous a pleut envoyer devers moy,

---

[1] A cette lettre en est jointe une de Brémond, secrétaire de Lesdiguières, qui en est simplement le commentaire.

auquel j'ay aussi fait entendre tout ce que dès le départ dudict sieur Bouteroue peut estre arrivé à ma cognoissance ; il vous fera entendre particulierement ce qui en est et vous asseurera comme je faict aussi, Messieurs, de mon affection à vostre service et qu'il ne se présentera aucune ocasions où je la vous puisse tesmoigner que vous n'en receviez les effects tous tels que vous les scauriez espérer et désirer de moy qui, après avoir prié Dieu vous avoir en sa saincte protection, demeurerey, Messieurs,

Vostre bien humble et plus affectionné serviteur.

LESDIGUIÈRES.

A la Mure le IIIe d'aoust 1610.

CDLXXXIII.   1610 — 16 Aout.

Orig. — B. N. MS. Dupuy. 801, p. 248.

A MONSIEUR, MONSIEUR DE THOU, CONSEILLER DU ROY EN SON CONSEIL D'ESTAT ET CONSEILLER EN SA COUR DE PARLEMENT.

Monsieur, j'ay trop demeuré à vous escrire, je n'ay pas pourtant laissé d'avoir en la souvenance l'honneur & le service que je vous doibs. Pleust à Dieu que l'occasion se presentast à moy pour vous rendre l'un & l'autre, vous m'y verriez aussy prest & affectionné que je m'y sens obligé. Acceptez, Monsieur, la volonté que j'en ay et je vous en donneray les effects quand il vous plaira. Monsieur de Bullion vous en asseurera, oultre l'asseurance que je vous en donne, et vous dira les nouvelles de nos voisins et les nostres ; il en a toute cognoissance. Je vous supplie de tenir tousiours en vostre bonne grace, Monsieur,

Vostre bien humble et plus affectionné serviteur.

LESDIGUIÈRES.

A la Verpillere le XVIe aoust 1610.

CDLXXXIV.   1610 — 12 Octobre.

Orig. — Arch. de l'État de Genève.

A MESSIEURS LES SINDIQUES ET CONSEIL DE LA VILLE DE GENÈVE.

Messieurs, vous m'obligez beaucoup par la confiance que vous avez en moy et la croyance que vous continuez, que, comme aux ocasions qui se sont passées pour vostre bien et conservation, j'y ay contribué tout ce qui m'a esté possible, je percisterey en cette volonté. Certes vostre perte est trop importante à la France, et mon affection trop grande pour ne vous en vouloir autant que jamais rendre de certains tesmoignages aux occurrance qui s'en offriront. Pour ce qui se présente maintenant et qui vous tient en aprehention, qui sont ces armées de Piemont & du Milanois, il est veritable qu'elles diminuent plutost qu'elles n'augmentent par les fréquentes maladies qui sont parmy eux, et bien que, par permission de leurs Magestés, Monsieur de Nemours face levée en ces provinces voisines de deux régiments de gens de pied d'environ quatre mils hommes pour servir le duc de Savoye, si est ce qu'il[1] n'en faut rien craindre, car ce sont tous personnes de nos amis ou de nostre cognoissance et beaucoup de la religion. Pour le voiage du prince Philibert en Espagne il est certain que ç'a esté par l'avis de la Reyne et de son conseil, sans qu'on doyve présumer beaucoup d'inteligence entre ledict Duc et les Espagnols. Et pour les bruits qui courent que ces deux armées se doyvent joindre pour aller fondre sur vous, ceux qui ont cognoissance de leurs affaires n'en croyent rien, et pour moy je n'y remarque aucune aparance, pour estre meshuy[2] hors de saison et ne pouvoir tenir ce dessain si secret que nous n'en eussions quelque cognoissance. Si à l'avenir j'en puis descouvrir quelque chose, je ne manquerey à vous en donner avis, ny de vous rendre tous les services et toutes les assistances que je pourrey, en quoy je serey secondé par beaucoup de personnes qui désirent passionément vostre bien et vostre repos, outre l'interest particulier de la France qui, en ce cas, vous assistera infailliblement. Quand à ce qui me regarde vous devez estre veritablement asseurez que tout ce qui

---

[1] Cependant il n'en faut.   [2] Aujourd'hui.

dependra de moy sera employé franchement pour vous, Messieurs, supliant Dieu qu'il vous conserve & maintienne sous sa saincte protection. De Mens le XII⁰ d'octobre 1610.

Vostre bien humble et affectionné serviteur.

LESDIGUIÈRES.

CDLXXXV.   1610 — 12 DÉCEMBRE.

Affiche imprimée. — A M. Roman, à Gap.

[ORDONNANCE PERMETTANT AUX COMMUNAUTÉS DE REPOUSSER A MAIN ARMÉE LES TROUPES QUI VOUDRAIENT S'Y LOGER SANS ORDRE DE SA MAJESTÉ.]

Le seigneur de Lesdiguières, mareschal de France et lieutenant général pour le Roy au gouvernement de Dauphiné : Nous ayant esté represente par les commis & procureur des Estats de ce pais de Dauphiné, les foulles, oppressions & excessives despences que les communautez villageoises d'iceluy ont souffertes pour le passage des gens de guerre levez par permission du Roy pour le service de Monsieur le duc de Savoye, tant en ceste province qu'autres voisines, sans en avoir receu aucun payement, satisfaction ou recompance, ayant par ce moyen contrevenu à l'ordre & raiglements que nous aurions sur ce dressez, conformes à la vollonté & intention de sadicte Majesté, & desirans y pourvoir pour l'advenir pour éviter à la desolation dudict pays, en suitte du pouvoir & authorité qu'il a pleu à sa Majesté nous donner, nous avons permis & permettons aux habitans desdictes communautez, & mesmes de celles qui sont sur les frontieres, de s'eslever à main armée contre les trouppes, tant de gens de cheval que de pied, qui se voudroyent (de leur propre mouvement & sans ordre de sa Majesté ou de nous) getter dans icelle province, pour y loger ou faira aucune sorte de despence, affin de les en empescher, voyre les forcer & contraindre d'en sortir par voye de faict & autres en tel cas requises & necessaires; leur donnant de ce faire tout pouvoir par cesdictes presentes, suyvant la volonté & intention de sadicte Majesté, & affin que personne n'en pretende cause d'ignorance, nous ordonnons qu'il sera faict plusieurs extraicts vidimés des presantes & envoyez par tous les lieux & endroits de ce gouvernement.

Faict & resolu au conseil du Roy estant près de nous le douziesme iour de decembre l'an mil six cens dix, à Grenoble [1].

LESDIGUIÈRES.
Par mondict seigneur,
BRÉMOND.

CDLXXXVI.   1610 — 29 DÉCEMBRE.

Orig. — Arch. de la Drôme, EE.

[A MESSIEURS LES CONSULS DU BUIS.]

Consuls du Buys, aussitost que vous aurez receu la presente il fault que vous vous resolviez de donner contentement au sieur Bard de la partie que vous luy debvez. Vous ne pouvez pas ignorer qu'elle ne soit bien deue, et quant vous y voudriez faire quelque difficulté, venez vous en avecque l'acte de transaction passée avecq feu le cappitaine Bourdon de ladicte debte, et on vous sortira à l'instant du doubte que vous en porrez avoir. Gardez vous de faillir à cela sy vous avez envye de me conserver pour

Vostre bon ami.

LESDIGUIÈRES.

J'ay commandé audict sieur Bard d'attandre ycy vostre responce; soyez ycy dans huict jours, autrement j'y pourvoyerey.

Ce XXIXe decembre 1610 à Grenoble.

---

[1] Ces deux derniers mots sont ajoutés à la main.

INDEX

DES DESTINATAIRES DES DOCUMENTS IMPRIMÉS DANS CE VOLUME.

ALBIGNY (D'). CXXIV.
ALLONS (D'). CXLIV.
ANCELME. LXXIX.
ANDRÉ, GIRARD et ROSSET. CDLXII.
ARCES (D'). CCXL.
ARMANAIS (D'). CCXCVI.
ARMAND. CXXXV.
ARNAUD. CCXXXII.
AUDEYER. CI.
AYMON. CCCLXXXV.
BARCILONNETTE DE VITROLLES (Consuls de). LXIV.
BARDONNÈCHE (Consuls de). CCLXXXI.
BAUDISSE (DE). XXXIV, XXXV, XXXVI.
BEAUMONT (Capitaine). LXV.
BÈGUE (Capitaine LE). CXCVII bis, CXCVIII, CXCIX, CCXCIV.
BELLEGARDE (Maréchal DE). V.
BELLIÈVRE (Chancelier DE). CCIX, CCXXXIV, CCLXXVIII, CCCXXXII, CCCXXXVII, CCCXLIV, CCCXLV, CCCLVI, CCCLVII, CCCLVIII, CCCLXV, CCCLXVI, CCCLXVIII, CCCLXX, CCCLXXVI, CCCLXXXIII, CCCLXXXIX, CCCXCI, CDXII, CDXXIV, CDXXV, CDXXVI, CDXXVII, CDXXVIII, CDXXX, CDXXXI, CDXXXII, CDXXXIV, CDXXXV, CDXXXVII, CDXLI, CDXLVII, CDXLIX, CDLI.
BERNE (Avoyers et Conseil de). XXIII, CDXLIV.

BEZ (Capitaine). CXXX.
BILLARD (Trésorier). XLVII.
BOFFIER. XX.
BOLLÈNE (Habitants de). LXVI.
BONNE (Jean DE). CCLXXVI.
BONNE (Jean et Gaspard DE). CII.
BOUCHAGE (Mme DU). CLII.
BOYER (Capitaine). CXXXIX.
BRIANÇON (Consuls de). CXXXI, CCCLI.
BRIANÇON (Consuls, Habitants et Gouverneur de). CXIV.
BRIANÇON (Procureur du roi à). CCXCVII.
BRIANÇON (Vibailli de). LXXVIII.
BRIANÇON (Vibailli et Gouverneur de). CCCLXII, CCCLXIII.
BUYS (Consuls du). CDLXXVIII, CDLXXX, CDLXXXVI.
CADIÈRE ET CERESTE (Habitants de la). CXLI.
CAILLE ET MICHEL. LXXXIII.
CALAS (DE). CLXXX.
CALIGNON (DE). LXIX, CLXXXVI.
CAPRIS (DE). XIV.
CATHERINE DE MÉDICIS. XXVI, XXVII, XXVIII, XXIX.
CHABANAS (Capitaine). XXXIX.
CHANCELIER (Le). Voy. BELLIÈVRE.
CHANEL (DE). CCLVIII.
CHARALONNE (Consuls de). CXLIII.
CHATEAUVIEUX (DE). CCCXXVII.
CHAU (Juge de la).

INDEX

Chorges (Consuls de). CXCVII.
Ciotat (Consuls de la). CXL.
Claret (Consuls de). CLXII.
Comps et de Montbrun. CCLXXIV.
Cornaro (Faustin). CCV.
Connétable (Le). *Voy.* Montmorency.
Croix (Capitaine La). CXCVI.
Cugie, Comps, Gentillet et Buolc. XXIV.
Dauphin (Prince). X.
Dauphiné (Communautés du). CCXXXVIII, CDXXIII, CDLXXXV, CDXL.
Députés de l'assemblée de La Mure. XVII, XVIII, XIX.
Députés de l'assemblée de Serres. XV, XVI.
Députés des églises du Dauphiné. XLII.
Die (Assemblée de). XI, XII, XIII.
Die (Consuls de). XL, LV, LVI.
Die (Nobles et ecclésiastiques de). LIV.
Digne (Consuls de). CLXVI.
Diguières (Mme des). LIX.
Dolle (Parlement de). CDXLIII.
Donzère, Chateauneuf de Rhone, Chateauneuf-de-Rat, Anconne et Savasse (Consuls de). CCXCII.
Elbène (D'). CCCI. CCCLII.
Embrun (Consuls d'). LXXXII, LVIII, LXXXIV, LXXXV, LXXXVI, CXII, CDXVI.
Embrun (Habitants d'). LIII.
Entrevaux (D'). CCCXLIX.
Epernon (D'). CLXX.
Escures (D'). CCXCVIII.
Espine (De L'). XLV, LXXXVII.
États du Dauphiné. CXXI.
Evenes (D'). LVII.
Faure et Gauteron (Du). CCXXXVII.
Fermiers des bénéfices du Diois. XXII.
Foyssin (De). CDLXI.
Fresnes (De). CDLXIII.
Gap (Clergé de). CIII, CVI, CVII, CVIII.
Gap (Consuls de). LXXV *bis*, CXXXVIII, CCXC, CCCXXXVIII, CDV, CDXI, CDLVII.
Gap (Réformés de). CCCXX.
Gap et Tallard (Consuls et habitants de). LXVIII.
Garde-Adhémar (Consuls de la). CCXV.
Genève (Syndics de). CLVII, CLIX, CXCV, CCVII, CCXII, CCXXVIII, CCXLIII, CCLXVIII, CCCIX, CCCXXX, CCCLXXXII, CCCXCV, CCCXCIX, CDVIII, CDXXXIII, CDLVIII, CDLXXII, CDLXXIV, CDLXXVI, CDLXXVII, CDLXXIX, CDLXXXII, CDLXXXIV.
Gentilshommes réformés du Dauphiné. XXV.
Gordes. I.
Gouvernet. XXI, CX.
Grenoble (Conseil de). CXX, CXXV.
Grenoble a Exilles (Consuls depuis). CDXLII.
Hercules (D'). CLXXII, CCCXXVI, CCCXXIX, CCCXXXI, CCCXXXVI,
Hermite et Pourrès. LXXXI.
Joux (Bon de). CCXIX.
Lagier. CDLXXIII.
La Morte. CDXLV.
Lesdiguières. VI, XXX, LXXXIX, XCI, XCV, XCIX, CXX, CXXI, CXXII, CXXV, CXLVIII, CLXXI, CCCXCVI, CDLXVI.
Lyon (Prévost des marchands et échevins de). CLXXVIII, CLXXIX, CCIII, CCIV, CCXXVII, CCXXX, CCXXXV, CCXLI, CCXLVI, CCLXXI, CCLXXIII, CDXXII, CDLXXI.
Maisse (De). CXLVII.
Maridat. CCCLIV.
Mayenne (Duc de). XLIII.
Miracle de Jossoyn (Dlle). LXVII.
Mison (Garnison de). CLXXXIII.
Montalquier (De). *Voy.* Philibert (François).
Montbrun (De). LXXX.
Montdragon (Consuls de). LII.
Montélimar (Sénéchal de). LXXVII.
Montmorancy (Connétable de). XCVII, CCI, CCVI, CCVIII, CCXI, CCXIII, CCXVI, CCXVII, CCXVIII, CCXX, CCXXI, CCXXII, CCXXIII, CCXXIV, CCXXV, CCXXXIII, CCXLII, CCLIII, CCLXIX, CCLXX, CCCIII, CCCV, CCCVI, CCCVII, CCCVIII, CCCXI, CCCXII, CCCXIII, CCCXIV, CCCXV, CCCXVI, CCCXVII, CCCXVIII, CCCXXI, CCCXXII, CCCXXIII, CCCXXIV, CCCXXVIII, CCCXXXIII, CCCXXXIV, CCCXXXV, CCCXLIII, CCCLV, CCCLIX, CCCLXIX, CCCLXXXVI, CCCXCIV, CDIX, CDLXXV, CDLXXXI.
Mottet (Du). CCLXXII.

NEMOURS (Duc DE). CDLXX.
NEVERS (Duc DE). CXLIX, CLXXIII.
NICOUD. CDLX.
NIMES (Consuls de). CCLI.
NOYER (Consuls du). XXXI, XXXII.
ORAISON (Marquis D'). CLXIII.
ORAISON, SAINT CANNAT, BUONS, VALAVOIRE ET DES CROTTES. CLX.
ORANGE (Consuls d'). LXXI.
ORANGE (Prince D'). CCCXCVII.
ORNANO (Maréchal D'). LXXIII, LXXVI, CLXXXI.
ORRES (Consuls des). LXI, CIV, CV, CXXIII.
OULX (Consuls d'). CXI.
PARAT. IV, CIX, CXXXVII.
PARLEMENT, CONSULS ET GOUVERNEUR DE GRENOBLE. CXXVII.
PARLEMENT DE DAUPHINÉ. II, III, XLI, LXXXVIII, XC, XCII, XCIII, XCIV, XCVI, C, CXVII, CXIX, CXXXVI, CCXXIX.
PARLEMENT DE PROVENCE. CLXXV, CLXXVI.
PELLAPRAT DIT BASCOUD. CCXXXI.
PÉRIER (DU). CL.
PHILIBERT (François). XLIX, LI, CCCXIX, CDLIV.
PHILIBERT (Henri DE) CXCII.
PIEGON (DE). CDLXIV, CDLXV, CDLXVII.
PIERRELATTE (Consuls de). LXIII.
POET (DU). XLVIII.
PONT (Capitaine DU). CCLII.
PONTCHARTRAIN (DE). CDLIII.
PRABAUD (DE). CXXXIII.
PRADE (LA). VII, VIII, IX.
PRESSINS (DE). CDLII.
PRUNIER. *Voy.* SAINT-ANDRÉ.
REMOLLON, THEUS, AVANSON, ESPINASSES, VALSERRES ET TALLARD (Consuls de). CCXXXVI.
REYNAUD, CARYER, BOFFIER ET TRUC. CCXIV.
REYNIER ET DE LA ROCHE (DE). CCCIV.
RICOU (DE). CXXXIV.
RICQUE (DE). CCLIX.
ROCHE (DE LA). CCXXXIX, CCXLIV, CCXLV, CCXLVII, CCXLIX, CCLIV, CCLV, CCLVII, CCLIX, CCLX, CCLXIV, CCLXV, CCLXVI, CCLXXV, CCLXXVII, CCLXXIX, CCLXXXVI, CCLXXXVIII, CCXCV, CCCII,
CCCL, CCCLX, CCCLXXXVII, CDIII, CDXIII, CDXIX, CDXXXVI, CDL, CDLXVIII, CDLXIX.
ROI (Au). CXV, CXVI, CXLII, CLIII, CLVI, CLXV, CLXVII, CLXVIII, CLXXIV, CLXXXII, CLXXXV, CLXXXVII, CLXXXVIII, CLXXXIX, CXCI, CXCIII, CC, CCII, CCLXXX, CCLXXXII, CCLXXXIV, CCLXXXVII, CCXCIII, CCXCIX, CCCX, CCCXXXIX, CCCXL, CCCXLI, CCCXLVI, CCCXLVII, CCCXLVIII, CCCLXIV, CCCLXVII, CCCLXXIII, CCCLXXIV, CCCLXXV, CCCLXXVII, CCCLXXVIII, CCCLXXIX, CCCLXXX, CCCLXXXI, CCCLXXXIV, CCCXC, CCCXCII, CCCXCIII, CCCXCVIII, CD, CDI, CDII, CDIV, CDVII, CDXIV, CDXV, CDXVII, CDXVIII, CDXXIX, CDXLVI, CDXLVIII.
ROMANS (Consuls de). CCXCI.
ROMANS (Sergent-major de). CCCLXXII.
SAINT-ANDRÉ (Prunier DE). CDXXXIX.
SAINT-ANDRÉ, VIRIVILLE, BLANIEU ET CALIGNON. CXVIII.
SAINTE-EUPHÉMIE (Consuls de). CCLVI, CCLXIII, CCLXXI.
SAINT-GENIS (De). CCLXII.
SAINT-JULLIN (DE). CXXXII.
SAINT-NAZAIRE (Consuls de). CCXLVIII.
SAINT-PAUL-TROIS-CHATEAUX (Clergé du diocèse de). LXII.
SAINT-SAUVEUR (Consuls de). LX.
SANCY (DE). CLV.
SAULT (Consuls de). LXXIV.
SAULT (Comtesse de). CCXXVI.
SAULT (Juge de). LXXII.
SAVOIE (Duc de). CLIV, CLVIII.
SAVOIE (Sujets du duc de). CXLVI.
SÉCHILLIANE (DE). CXC.
SÉGUR (DE). L.
SERRE (DU). *Voy.* HERCULES (D').
SERRES (Consuls de). CCLXXXIX.
SERVAIN (DE). XXXVII, XXXVIII, XLIV, XLVI.
SERVIÈRES (Consuls de). CLXI, CCCLXXXVIII.
SISTERON (Garnison de). CCXXXIV.
TALLARD (Consuls de). CXXIX, CXXXVIII,

INDEX DES DESTINATAIRES.

CLI, CLXIX, CXCIV. CCL, CCCLIII, CDXXI, CDLVI.
TALLARD, LA SAUSSE, SIGOYER, LARDYER ET VALLÉE DE (ConsVitrollesuls de). LXXXV.
THONNARD. CXXXVI, CLXIV.
THOU (DE) CDXXXVIII, CDLIX, CDLXXXIII.
TOUR-DE-PASQUIERS (DE LA). CCC.
TREMBLEY (DU). CXLV.
TRÉSORIERS DU DAUPHINÉ. CCX.
TURIN (Archevêque de). CCCLXI.

USEZ (Église réformée d'). CLXXVII.
VAL CLUSON (Réformés de). CCLXVII.
VALETTE (LA). LXX.
VARCE (Mlle DE). XXXIII.
VERNAISON (Abbesse de). CDLV.
VEYNES (Assemblée de). XLII.
VIENNE (Habitants de). CCCLXXI.
VILLEROY (DE). CCLXXXIII, CCLXXXV, CDVI, CDX.
ZURICH (Bourgmestre et conseil de). CCCXXV.

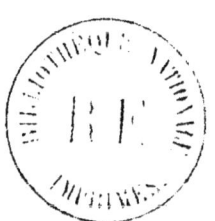

INDEX

DES DÉPOTS OU SONT CONSERVÉS LES DOCUMENTS IMPRIMÉS DANS CE VOLUME.

Additions au Mémoire historique et critique de la vie de Roger de Saint-Lary de Bellegarde, par M. le Mis de C... Paris, 1767. V, VI.
Agoult (Cte d'). XXI.
Aix (Bibl. Mejanes, à). CLXXV, CLXXVI.
Arces (Mis d'). CCXL.
Berne (Arch. de). XXIII, CDXLIV.
Bibliothèque de l'Institut. MS. Godefroy, I, II, CCCLXIV, CDVI.
Bibliothèque nationale. MS. F. III, X, XXIV, XXV, XXVI, XXVII, XXVIII, XXIX, XXX, XLI, XLII, XLIII. XLVII, LXV, CXV, CXLII, CXLVI, CXLVII, CXLVIII, CXLIX, CLII, CLIII, CLIV, CLV, CLVI, CLVIII, CLXIII, CLXV, CLXVI, CLXVII, CLXVIII, CLXX, CLXXI, CLXXIII, CLXXIV, CLXXVII, CLXXXII, CLXXXIII, CLXXXIV, CLXXXV, CLXXXVI, CLXXXVII, CLXXXVIII, CLXXXIX, CXCI, CXCIII, CC, CCI, CCII, CCVI, CCVIII, CCIX, CCXI, CCXIII, CCXVI, CCXVII, CCXVIII, CCXIX, CCXX, CCXXI, CCXXII, CCXXIII, CCXXIV, CCXXV, CCXXVI, CCXXXIII, CCXXXIV, CCXLII, CCLIII, CCLIX, CCLXX, CCLXXVIII, CCLXXX, CCLXXXII, CCLXXXIII, CCLXXXIV, CCLXXXV, CCLXXXVII, CCXCIII, CCCI, CCCIII, CCCV, CCCVI, CCCVII, CCCVIII, CCCX, CCCXI, CCCXII, CCCXIII, CCCXIV, CCCXV, CCCXVI, CCCXVII, CCCXVIII, CCCXXI, CCCXXII, CCCXXIII, CCCXXIV, CCCXXVIII, CCCXXXII, CCCXXXIII, CCCXXXIV, CCCXXXV, CCCXXXVII, CCCXXXIX, CCCXL, CCCXLI, CCCXLIII, CCCXLIV, CCCXLV, CCCXLVI, CCCXLVII, CCCLXVIII, CCCLII, CCCLIV, CCCLV, CCCLVI, CCCLVII, CCCLVIII, CCCLIX, CCCLXI, CCCLXII, CCCLXIII, CCCLXV, CCCLXVI, CCCLXVII, CCCLXVIII, CCCLXIX, CCCLXX, CCCLXXIII, CCCLXXIV, CCCLXXV, CCCLXXVI, CCCLXXVII, CCCLXXVIII, CCCLXXIX, CCCLXXX, CCCLXXXI, CCCLXXXIII, CCCLXXXIV, CCCLXXXV, CCCLXXXVI, CCCLXXXIX, CCCXC, CCCXCI, CCCXCII, CCCXCIII, CCCXCIV, CCCXCVI, CCCXCVII, CCCXCVIII, CD, CDI, CDII, CDIV, CDVII, CDIX, CDX, CDXII, CDXIV, CDXV, CDXVII, CDXVIII, CDXXIV, CDXXV, CDXXVI, CDXXVII, CDXXVIII, CDXXX, CDXXXI, CDXXXII, CDXXXIV, CDXXXV, CDXXXVII, CDXXXVIII, CDXXXIX, CDXLI, CDXLVI, CDXLVII, CDXLVIII, CDXLIX, CDLI, CDLIII, CDLIX, CDLXX, CDLXXV, CDLXXXI, CDLXXXIII.
Briançon (Arch. de). XI, XII, XIII, LXXVIII, CXIV, CXXXI, CXXXIII, CCLXXXI, CCXCVII, CCCXLII, CCCLI.
Budé (Cte de). CLXIII.

CARPENTRAS (Bibl. de). CLXXX.
CENTENIER (M. DE). CDLXIV, CDLXV, CDLXVI, CDLXVII.
CHAPER (M. Eug.). XXXIII, LIV, LXVIII, CXXXII, CXLIV.
CIOTAT (Arch. de la). CXL.
COMMARMOND (M.). LXIX.
COSTON (Bon DE). CDLXIII.
DOUGLAS (Cte). CDXLIII.
DROME (Arch. de la). L, LXII, LXIII, LXXVII, CXXXVI, CLXIV, CCXV, CCXXXI, CCXXXII, CCLXI, CCLXIII, CCLXXI, CCLXXIV, CDLXI, CDLXXVIII, CDLXXX, CDLXXXVI.
EMBRUN (Arch. d'). LIII, LVIII, LXXXI, LXXXII, LXXXIII, LXXXIV, LXXXV, LXXXVI, CXII, CDXVI, CDXL, CDXLII, CDLX, CDLXXIII.
FAUCHER (M. Paul DE). CXCVI.
FRANCLIEU (Bon DE). CDLXII.
GAIGNAIRE (Étude de Me). CVI, CVII, CVIII, CIX, CXXXVII.
GAILLAUD (M. l'abbé). CXLIV.
GALBERT (Cte DE). CCC.
GAP (Arch. de), LXXV bis, CCXC, CCCXIX, CCCXX, CCCXXXVIII, CDLVII.
GARIEL (M. H.). CXC, CCCLXXII.
GENÈVE (Arch. de). CLVII, CLIX, CXCV, CCVII, CCXII, CCXXVIII, CCXLIII, CCLXVIII, CCCIX, CCCXXX, CCCLXXXII, CCCXCV, CCCXCIX, CDVIII, CDXXXIII, CDLVIII, CDLXXII, CDLXXIV, CDLXXVI, CDLXXVII, CDLXXIX, CDLXXXII, CDLXXXIV.
GIRARDOT (Bon DE). CCCXXIX.
GIRAUD (M.). CDLII.
GRENOBLE (Bibl. de). VII, VIII, IX, LXXXVIII, LXXXIX, XC, XCI, XCII, XCIII, XCIV, XCV, XCVI, XCVIII, XCIX, C, CI, CXVII, CXVIII, CXIX, CXX, CXXI, CXXII, CXXIV, CXXV, CXXVI, CXXVII, CXCVII bis, CXCVIII, CXCIX, CCX, CCXXIX, CCLXXII, CCXCIV, CCCXXXI, CDXLV.
GUILLAUD (Dr). XXXVII, XXXVIII, XLIV, XLVI.
HAUTES-ALPES (Arch. des). IV, LXXIX, LXXX, CIII, CLXI, CCXXXVII, CCLII, CCCLXXXVIII, CDV, CDXI.

HISTOIRE DE LA VIE DU CONNÉTABLE DE LESDIGUIÈRES, par Videl. Paris, 1638. LIX, LXX, LXXVI, CCXCIX, CDXXIX.
HISTOIRE DES ALPES MARITIMES ET COTTIENNES, par le P. Marcellin Fournier. MS. Bibl. de Lyon. CCLXXVI.
HISTOIRE ECCLÉSIASTIQUE DES ÉGLISES RÉFORMÉES RECUEILLIES EN QUELQUES VALLÉES DE PIEDMONT, par Pierre Gille. Genève, 1644. CCLXVII.
HISTOIRE GÉNÉRALE DE PROVENCE, par l'abbé Papon. CLX.
ISÈRE (Arch. de l'). CX, CXIII, CXXXV, CCCXXVII.
LYON (Arch. de). CLXXVIII, CLXXIX, CLXXXI, CCIII, CCIV, CCXXVII, CCXXX, CCXXXV, CCXLI, CCXLVI, CCLXI, CCLXXIII, CDXXII, CDLXXI.
LYON (Arch. de la Cour d'appel de). LVII.
MÉMOIRES DE LA LIGUE, par Goulart et Gouget. Amsterdam, 1758. LXXIII.
MILAN (Arch. de). XXXIV, XXXV, XXXVI.
MONTDRAGON (Arch. de). LII, LXVI, LXVII.
MONTS (Cte DE). CCXCVI.
MORTE-FELINE (M. DE LA). XXII, XXXIX, XL.
NIMES (Arch. de). CCLI.
NOTICE HISTORIQUE SUR LA VILLE DE VALRÉAS, par Aubenas. Paris, 1838. XLVIII.
NOYER (Arch. du). XXXI, XXXII.
ORANGE (Arch. d'). LXXI.
ORRES (Arch. des). LX, LXI, CIV, CV, CXXIII.
RASPACK (M.). CCXIV.
REVUE DU DAUPHINÉ. CCLVIII.
ROMAN (M. J.). XX, XLIX, LI, CII, CXXX, CXXXVIII, CL, CLXII, CLXIX, CXCII, CXCIV, CXCVII, CDXXIII, CDLIV, CDLXXXV.
ROMANS (Arch. de). CCXCI.
ROMANS (Arch. de l'hospice de). CDLV.
SAINT-CYR (Arch. de). CXXXIX, CXLI.
SAINT-SAVOURNIN (Arch. de). CLXXII.
SALLEMARD (Vte DE). CCXXXVIII, CCXXXIX, CCXLIV, CCXLV, CCXLVII, CCXLVIII, CCXLIX, CCLIV, CCLV, CCLVII, CCLIX, CCLX, CCLXIII, CCLXIV, CCLXIV, CCLXVI, CCLXXV, CCLXXVII, CCLXXIX, CCLXXXVI, CCLXXXVIII, CCXCII, CCXCV,

CCXCVIII, CCCII, CCCIV, CCCXLIX, CCCL, CCCLX, CCCLXXXVII, CDIII, CDXIII, CDXIX, CDXXXVI, CDL, CDLXVIII, CDLXIX.

SAULT (Arch. de). LXXII, LXXIV.

SERRES (Arch. de). CCLXXXIV.

SOULTRAIT (Cie DE). CXXXIV, CCCXXVI, CCCXXXVI.

TALLARD (Arch. de). LXIV, LXXV, CXXVIII, CXXIX, CLI, CCXXXVI, CCL, CCCLIII, CDXX, CDXXI, CDLVI.

TURIN (Arch. de). CXI, CCV.

VALLENTIN (M.). LV, LVI.

VALLIER (M. G.). CXVI.

VIENNE (Arch. de). XIV, XV, XVI, XVII, XVIII, XIX, CCCLXXI.

VINCENT (M. l'abbé). XLV, LXXXVII.

ZURICH (Arch. de). CCCXXV.

INDEX

DES NOMS D'HOMMES ET DE LIEUX CONTENUS DANS CE VOLUME [1].

Abbé (L'), secrétaire de Lesdiguières. CXXXV, CXXXVII, CXLI, CLIX, CCXXXVII, CCLXX.
Abrachi. Louis Abrachi, cap^{ne}, de Tallard. CLXI.
Aceil. *Acceglio*, com^{ne}, vallée de la Maira, province de Coni (Italie). CCCXXXVI.
Achiardi, secrétaire du duc de Savoie. CLIV.
Admirale (L'). Anne de Baternay du Bouchage, fille de René et d'Isabelle de Savoie, femme de Bernard de Nogaret de La Vallette, amiral de France. CXVI.
Agard. David Agard, ministre de Romans et de Châteaudouble de 1604 à 1608. CDXLVI.
Agramont (D'). Jean de Guzman de Zuniga, Mis d'Ayamonte, fils de François et d'Anne-Félix de Guzman de Zuniga. CCCXXXIV.
Aguillares (D'). Christophe-Manrique d'Aguillar, officier espagnol. CCCLXXIV.
Aierme. CCCIII.
Aignel (Col de l'). Col donnant accès de la vallée de Château-Dauphin dans celle du Queyras à travers le mont Viso. CDXXXVII.
Aiguebelle, Eyguebelle. Chef-lieu de c^{on}, arrondissem^t de Saint-Jean-de-Maurienne (Savoie). CCXVII, CCXVIII, CCXIX, CCXX, CCXXI, CCXXII, CCXXIII, CCXXIV, CCXL, CCLI, CCCLXVII, CCCLXXIV.
Aiguebelle (D'). Charles d'Aiguebelle, prieur de Montgardin et Clamensane, fils de Pierre et de Diane de Miannes. CVI.
Aiguebellette. Com^{ne}, c^{on} du Pont-de-Beauvoisin, arrondissem^t de Chambéry (Savoie). CCCXXII.
Aix. Chef-lieu d'arrondissem^t du départem^t des Bouches-du-Rhône. LXIX, CLXIII, CLXVIIn, CLXVIII, CLXX, CLXXIII, CLXXIV, CLXXVI, CLXXVII, CLXXX, CLXXXV, CLXXXVI, CCI, CCCXLVIII.
Aix. Chef-lieu d'arrondissem^t du départem^t de la Savoie. CCCII, CCCIII.
Albenne (D'). Mazin ou Thomas d'Albenne, de Lyon. CLXXIII.
Albigny. Charles - Emmanuel - Philibert de Simiane Gordes, seig^r d'Albigny, marquis de Pianezza, fils de Gordes (*voir ce nom*), gouverneur pour la Ligue de Grenoble (1588-1590), épousa une fille naturelle du duc de Savoie, au service duquel il resta, et qui le fit emprisonner et probablement assassiner en 1609. LXIX, LXXXVIII,

---

[1] Quand les chiffres de renvoi sont suivis d'un *n*, le nom est cité dans une note et non dans le texte lui-même.

INDEX DES NOMS D'HOMMES ET DE LIEUX. 549

LXXXIX, XCI, XCVII, CXVIIn, CXX, CXXII, CXXIV, CXXV, CXXVII, CLXXIV, CXCVII bis n, CCXLIIIn, CCCXXXIII, CCCLXXIV, CCCXCIII, CDXIV, CDXV.

ALBY. François Alby, de Valence. CLIIIn.

ALEIZAN. *Alixan*, com^{ne}, c^{on} de Bourg-du-Péage, arrondissem^t de Valence (Drôme). LXXIII.

ALEMAIGNE. *Allemagne*. CCCXCIII.

ALEYRON. Michel Aleyron, membre du conseil des 40 notables de Grenoble. CXX.

ALFONCE. *Voy.* ORNANO.

ALIMES (DES). René de Lucinge, seig^r des Alimes, ministre plénipotentiaire du duc de Savoie (1602). CCCXXVIII.

ALINGES. *Les Allinges*, com^{ne}, c^{on} et arrond^t de Thonon (H^{te}-Savoie). CCLXVIII, CCCXV, CCCXVIIIn.

ALLEMAGNE. Com^{ne}, c^{on} de Ries, arrond^t de Digne (Basses-Alpes). LIXn.

ALLIÉRES. Laurent Allemand, seig^r d'Alliéres, oncle de Montbrun. CXXXII.

ALLONS (D'). Alexandre Disdier, seig^r d'Allons, coseig^r de Méreuil, gouverneur de Serres, fils de Louis. CXLIV.

ALLOS, ALLOZ. *Allons*, com^{ne}, c^{on} de Saint-André, arrond^t de Castellanne (B^{ses}-Alpes). CCXLII, CCXLIVn, CCXLVII.

ALMÉRAS. Antoine Alméras, conseiller et secrétaire du roi au Parlement de Grenoble, fils de Guillaume, viguier de Bagnols, épousa Françoise Alméras, sa parente. CCCXC.

ALPES (LES). CXLVI, CDXXXVII.

ALPHONSE. *Voy.* ORNANO.

ALTESSE (Son). *Voy.* SAVOIE (DUC DE).

AMAT. Jacques Amat, Bon du Poët et d'Avanson, seig^r de Rabou, Chaudun, Montalquier, Upaix et Château-Renard, syndic des communautés villageoises, conseiller du roi, trésorier de France, fils de Claude et de Claudine de Grimaud, épousa Élisabeth de Souchon. CCLXXVIIIn.

AMBRUN. *Voy.* EMBRUN.

AMBRUN (Archevêque d'). *Voy.* EMBRUN.

AMBRUNOYS. *Voy.* EMBRUNAIS.

AMÉDÉE (DON). Amédée de Savoie, marquis de Saint-Rambert, fils naturel d'Emmanuel-Philibert, duc de Savoie, et de Lucrèce Proba, mort en 1610. CXV.

AMYENS. Chef-lieu du départem^t de la Somme. CCXXIII.

ANCELME. Soffrey Anselme, apothicaire à Sisteron puis receveur des décimes du diocèse de Gap pour les réformés (1577-1580). LXXIX.

ANCONNE. *Ancone*, com^{ne}, c^{on} et arrond^t de Montélimar (Drôme). CCXXXI, CCXCII.

ANGLETERRE. CCV.

ANGRONGNE, ANGROGNE. *Angrogna*, com^{ne} et vallée, province de Pignerol (Italie). CLVIII, CLXXXIX, CCCXLVI, CDXXXVII.

ANICY, ANISSY. *Annecy*, chef-lieu du départ^t de la H^{te}-Savoie. CCCXXXIV, CCCLXXIV, CCCLXXVIII, CCCLXXXI, CCCLXXXV, CDXVIII.

ANSELME (D'). Pierre d'Anselme, seig^r de Blauvac, maréchal de camp, lieutenant et homme de confiance du maréchal de Bellegarde, fils de Louis et de Catherine de Cambis, épousa Marie des Achards (1566) et Sybille Bernardi (1579). V, VI.

ANTIBES. Chef-lieu de c^{on}, arrond^t de Grasse (Alpes-Maritimes). LXIX, CCIn.

ANTON. *Anthon*, com^{ne}, c^{on} de Meyzieu, arrond^t de Vienne (Isère). CXXXII.

AOSTE, AUGSTE, OSTE. Com^{ne}, c^{on} du Pont-de-Beauvoisin, arrond^t de la Tour-du-Pin (Isère). LXIX, CLV.

ARABIN. Laurent Arabin, ingénieur de Lesdiguières, né à Corps. LXXVn.

ARAGON (D'). François d'Aragon, contrôleur général des greniers à sel, épousa Anne Baile La Tour. CXX.

ARAMON (D'). Pierre Luel, sieur d'Aramon, fils d'Alexandre et de Louise de Moras, épousa Marie de Chabeuil; assassiné à Orange en 1603. CCCXCVIn.

ARBALESTRIER. Jean Arbalestrier, seig^r de Montclar, secrétaire au parlement de Grenoble de 1573 à 1603. XCI, XCIV, CXVIII, CXXIV, CXXVI, CXXVII.

ARCES (D'). Jean d'Arces, seig^r de Domène, lieuten^t au gouvernement du fort Barraux, gouverneur d'Aiguebelle, fils de Claude et de Françoise de Boulogne, épousa Claudine de Berenger. CXXXII, CCXL, CCCXLIX.

ARCHANT (LE ou L'). Nicolas de Gremonville, seigr de Larchant, capne de cent hommes d'armes de la garde du roi, chevalier de son ordre, fils de François et d'Anne d'Estahson, mort en 1592. V, VI.

ARÈNES (D'). Jean d'Arènes, consul d'Embrun et coseigr des Crottes, fils d'Isnard, épousa N. de Bosse. CXXIII.

ARGENTINE. Comne, con d'Aiguebelle, arrondt de Saint-Jean-de-Maurienne (Savoie). CCCLXXVIII, CCCXXXV.

ARLES. Chef-lieu d'arrondt du départt des Bouches-du-Rhône. LXIX.

ARLOND (D'). Pierre d'Arlos, seigr de la Servette, Leymen, Chareysia et Crangeac, capne au service de la Savoie (1590-1610), fils de Claude et de Claudine de Montferrand, ép. Pernette de Cusin. CCCLXXIV, CCCLXXVIII.

ARMANAIS. Aymar de Blanc, seigr et Bon d'Armanais et Bizonnes, épousa Marie de Prunier. CCXCVI.

ARMAND. Pierre Armand, seigneur de Luz, anobli en 1591. CXXXV, CCLVIIIn.

ARMOY. *Armiaz*, hameau, comne de Cranves-Sales, con d'Annemasse, arrondt de Saint-Jullien (Haute-Savoie). CCCIX.

ARNAUD. François Arnaud, notaire à Montélimar. CCXXXI, CCXXXII.

ARRAS. Chef-lieu du départt du Pas-de-Calais. CCCXXXIX n.

ARTHAUD. Capitaine. LVIII.

ARTOIS. CCV, CCVI n.

ARVE. Rivière qui se jette dans le Rhône au-dessous de Genève. CLIX, CCCLXXXV.

ARVILLARS. *Arvillard*, comne, con de la Rochette, arrondt de Chambéry (Savoie). CCLXXII.

ASPREMONT. Claude Sauret, sr d'Aspremont, gouverneur et défenseur de La Mure (1580), fils de Claude et d'Anne Gombert, épousa Louise de Rousset et fut tué en duel par le sieur de Creyers (1581). I, XXI.

ASPREMONT (D'). Laurent Baile, seigr d'Aspremont et Theus, fils de Claude-César et de Claudie de Morges, épousa Françoise Sauret, dame d'Aspremont. CCL.

ASPRES. Chef-lieu de con, arrondt de Gap (Hautes-Alpes). CIIIn, CL.

ASTI, AST. Chef-lieu de la province de ce nom (Italie). CCXCIX.

ASTIERS (DES). Jacques des Astiers, marchand et membre du conseil des 40 notables de Grenoble. CXX.

ASTRES (D'). Annibal d'Astres, gouverneur de la ville de Briançon de 1595 à 1620. CCLXXXI, CCCLXI, CCCLXII, CCCLXIII.

ATIGNAC. Capitaine. CCCXCIII.

AVANSON. Comne, con de La Bâtie, arrondt de Gap (Hautes-Alpes). LXXXIII, CCXXXVI.

AVIGNON. Chef-lieu du départt de Vaucluse. CXLVI, CCCXXXIV, CCCXL.

AUBAIGNE. *Aubagne*, chef-lieu de con, arrondt de Marseille (Bouches-du-Rhône). CXXXIX.

AUBERIVE. Comne, con de Roussillon, arrondt de Vienne (Isère). LXXIX.

AUDEYER, AUDOYER. Jean-Claude Audeyer, conseiller (1587), puis président (1606) du parlement de Dauphiné, épousa N. Émé, fille de Guillaume, mourut en 1646. LXXXIXn, XC, XCIV, XCVI, XCVII, XCIX, CI, CXVIII, CXX, CXXV, CXXVI, CXXVII.

AUGSTE (Le Val d'). *Vallée d'Aoste*, Savoie. CCCLXXIV, CCCLXXXV, CDII, CDIV.

AULANE. *Aulan*, hameau, comne de Montbrun, con de Sederon, arrondt de Nyons (Drôme). XLV.

AULANE (D'), AULAN (D'). Voy. ESPINE (DE L').

AULTEFORT. Voy. HAULTEFORT-BELLIÈVRE.

AURENGE. Voy. ORANGE.

AURIAC. Étienne de Bonne, seigr d'Auriac, La Rochette et La Bâtie, vicomte de Tallard, fils de Charles et de Jeanne de Varey, né vers 1545, épousa Madelaine de Rousset et mourut vers 1630. CXXXII, CXXXIV, CLIII, CLIVn, CCXVI, CCLVIIIn, CCLIX, CCLXXXn, CCCXXI, CCCXXVI, CCCXXIX, CDV, CDXXI, CDXXIIIn, CDLVI.

AUSTRICE (Cardinal D'). André d'Autriche, cardinal, gouverneur des Pays-Bas, évêque de Constance et de Brixen, né en 1558, mort en 1600, fils de Ferdinand, empereur, roi des Romains, et d'Anne de Hongrie. CCXXIII.

AUTEL (D'). CCCXII.
AUVERGNE. CXLII, CCIX, CCXIII, CCXLII.
AYMOND, AYMON. Jean-Louis Aymon, commis et secrétaire à l'aliénation du domaine delphinal, premier huissier du Parlement, secrétaire du Parlement (1596), anobli en 1593, trésorier du Dauphiné en 1614, auditeur et secrétaire de la chancellerie du Parlement en 1629. CXLIX, CCCLXXV n, CCCLXXXIII, CCCLXXXIV, CCCLXXXV.
BADOER (Angelo). Diplomate vénitien en France. CCCXCVI n.
BAILLY. Georges Bailly, conseiller au Parlement de Grenoble depuis le 1ᵉʳ août 1568, mort en 1595. CXXXII.
BAJOUE (Louis). Louis Bajoue, seigʳ de Mions, de Tullins, trésorier provincial de l'extraordinaire des guerres en Dauphiné et receveur général du taillon. XLVII.
BALLET. Chef protestant inconnu. (Ce nom a été peut-être mal lu.) XLIII.
BALLIECH. Secrétaire d'Épernon. CLX n.
BARAUS. Voy. BARRAULT.
BARBEYRON. Jean de Barbérac, capⁿᵉ des gardes de Montmorancy-Damville, gouverneur de Viens, marié à Marguerite Blain en 1573. CXXVII.
BARDIER. Peut-être Louis Barbier, pasteur à Die de 1587 à 1603. LXXIII.
BARCELONNETTE, BARCELONNE. Chef-lieu d'arrondᵗ (Basses-Alpes). CXI n, CXVI, CXXIII, CCLXXXIII, CCLXXXV, CCXCIX, CCCVIII, CCCXXXIII, CCCXLVI, CCCLI, CCCLIII.
BARCELONETTE (Vallée de). TERRES NEUVES DU COMTÉ DE NICE. TOURENNE. Vallée de l'Ubaïe ou de Barcelonnette, arrondᵗ de Barcelonnette (Bˢᵉˢ-Alpes), française depuis le traité d'Utrecht. CXV, CCXLII, CCXLIII, CCXLIV n, CCLXXXII.
BARCELONETTE, BARCILONETTE DE VITROLLES. Barcillonnette, chef-lieu de cᵒⁿ, arrondᵗ de Gap (Hautes-Alpes). LXIV.
BARD. CDLXXXVI.
BARDONNÈCHE. Bardonecchia, commᵉ, province de Suze (Italie). CXI n, CXV, CCLXXXI, CCCXLVI, CCCXLVII.
BARDONNÈCHE (DE). Arnoux de Bardonnèche, capⁿᵉ, épousa Aliénor d'Abon. LXXV bis.
BARLES. Commᵉ, cᵒⁿ de Seyne, arrondᵗ de Digne (Basses-Alpes). CXV.
BARONNIES (Les). Contrée composée des baronnies de Mévouillon et Montauban en Dauphiné, capitales Le Buis et Nyons. XLV, LXXIII.
BARRATTA. Envoyé par le duc de Savoie vers Lesdiguières en 1589. CXV n.
BARRAULT, BARRAULX, BARRAUS, BARAUS. Barraux, commᵉ et forteresse, cᵒⁿ du Touvet, arrondᵗ de Grenoble (Isère). CXLII, CCLIII, CCLVIII, CCLXXII, CCLXXXV, CCCXVIII, CCCXXI, CCCXLI, CCCXLJ, CCCLXXVIII, CCCLXXX, CDXVIII, CDXXIII n.
BASSET. Claude Basset, 1ᵉʳ consul de Grenoble et avocat. CXX, CXXV, CCLXXXVII.
BASSET. Félix Basset, juge royal de Grenoble puis conseiller au Parlement de Dauphiné, fils de Claude, anobli en 1586, mort en 1613. CXXI, CXXXII, CDXXVIII.
BASTINES (DE). Jean Colomb, sieur de Batines, de la Roche des Arnauds, capⁿᵉ. CCCXXVIII.
BAUD. Benoît Baud, bourgeois et consul de Gap. LXXV bis.
BAUDISSE (DE) ou BANDISSE. Personnage de la famille des Orsini de Rome, mais établi depuis longtemps dans le marquisat de Saluces où il fut un agent du roi de Navarre; son père mourut à Montcontour. XXXIV, XXXV, XXXVI.
BAUDUC. Bauducci, hameau de la commᵉ de Montcalieri, province de Turin (Italie). CCXCIX.
BAUDZ (Les). Les Baux, hameau, commᵉ de La Roche, cᵒⁿ et arrondᵗ de Gap (Hautes-Alpes). CVI.
BAULME (DE LA), BAUME (DE LA), LA BAUME D'AUTUN. Antoine d'Hostun, seigneur de La Baume, bailli des Baronnies, sénéchal de Lyon, maréchal de camp, conseiller d'État, ép. Diane de Gadagne, mort en 1609. LXXIII, LXXXIX, CCXXXIII, CCXXXIV, CCLVII n, CCCXIII, CCCXXI.
BAUME LES SISTERON (La), BAULME (La). Hameau, commᵉ, cᵒⁿ et arrondᵗ de Sisteron (Basses-Alpes). CIII n, CVI.

BAUTHEAC. *Voy.* BOTHEAC.

BAYARD. Hameau, com^{ne} de Pontcharra, c^{on} de Goncelin, arrond^t de Grenoble (Isère). CCXXIX, CCXXXI, CCXXXII, CCXXXVI, CCXXXVII, CCXLI.

BAYS. *Plan de Baix*, com^{ne}, c^{on} de Crest, arrond^t de Die (Drôme). XXI.

BEAUCAIRE. Chef-lieu de c^{on}, arrond^t de Nîmes (Gard). CLIII n, CLXXIII.

BEAUCASTEL (DE). N... de Beaucastel, sieur de l'Ange, de Die, mort en 1580. XXXIX.

BEAUJOLOIS. LXXXIX, CXLII.

BEAUMONT. Jacques de Beaumont, dit le cap^{ne} Beaumont, cousin du baron des Adrets, gouverneur de Château-Dauphin en 1588. LXV, LXIX.

BEAUREGARD. Esprit Michel, Sr de Beauregard, ingénieur de Lesdiguières, anobli en 1597, épousa Rebecca de Poligny et Alix Martin de Champoléon, mourut en 1618. LXXV n, CCCLVII.

BEAUREPAIRE. Chef-lieu de c^{on}, arrond^t de Vienne (Isère). LXXXI.

BEAUVOYS. Paul de Beauvais, chanoine de Gap, fils de Pierre et neveu de Guillaume Farel. CVI.

BÊCHE-DAUPHIN. Ancien fort dans la vallée de Château-Dauphin (Italie), aujourd'hui détruit. CCLXXII, CCCXXVIII.

BÈGUE (LE), BEEGUE, BEELGUE. Annibal de Grimaud, sieur de Bègue, gouverneur du château de Miribel pour le duc de Savoie, puis capitaine au service de la France, fils de Jean et d'Isabeau de Brunel, épousa Jeanne Béatrix-Robert de Bouquéron (1578). CXCVII *bis,* CXCVIII, CXCIX, CCXCIV.

BEINS (DE). Jean de Beins, de Grenoble, ingénieur du Dauphiné, anobli en 1611. CDLIII.

BELLAFON, secrétaire de Lesdiguières. Peut-être ce mot doit-il être lu : Bellujon (*voir* ce nom). CLXXXIII.

BELLEGARDE (DE), MARÉCHAL (M. le). Roger de Saint-Lary, seig^r de Bellegarde, colonel d'infanterie, maréchal de France, gouverneur du marquisat de Saluces, fils de Pierre et de Marguerite d'Orbessan, ép. Marguerite de Saluces, et mourut probablement empoisonné en décembre 1579. V, VI, XXI, XXIV n, XXX.

BELLEGARDE (DE). Claude-André de Bellegarde, marquis d'Entremonts et des Marches, commandant du fort Barraux, fils de Jean-François et de Florentine de Perrache, ép. Gasparde d'Oncieux. CCLIII.

BELLIER. François de Galles, sieur du Bellier, baron de Mirabel et du Vivier, colonel des légionnaires du Dauphiné, fils d'Olivier, mourut sans enfants en 1623. CXLII n.

BELLIÈVRE, BELIÈVRE. Pomponne de Bellièvre, surintendant des finances, président au Parlement de Paris, chancelier de France, mort en 1607, fils de Claude, 1er président au Parlement de Grenoble, et de Louise de Fay d'Espeisses, épousa Marie Prunier de Saint-André. CLXXXIX, CCIX, CCXXXIV, CCLXXVIII, CCLXXX n, CCCXXXII, CCCXXXVII, CCCXLIV, CCCXLV, CCCLVI, CCCLVII, CCCLVIII, CCCLXV, CCCLXVI, CCCLXVIII, CCCLXX, CCCLXXVI, CCCLXXXIII, CCCLXXXIX, CCCXCI, CD n, CDXII, CDXXIV, CDXXV, CDXXVI, CDXXVII, CDXXVIII, CDXXX, CDXXXI, CDXXXII, CDXXXIII, CDXXXIV, CDXXXV, CDXXXVII, CDXLI, CDXLVI n, CDXLVII, CDXLIX, CDLI.

BELLOY (DE). Jean du Belloy, seig^r du Belloy et de Moranges, gentilhomme picard, pannetier de Henri III, échanson et maître d'hôtel de Henri IV, fils de Jean. CLXVII, CLXVIII n.

BELLUJON. Daniel de Bellujon, baron de Villeneuve et de Coppet, gouverneur de Villemur, confidant de Lesdiguières. CCXXIX, CDXVII, CDXXIV.

BEOLAR. *Beaulard,* village et fort, vallée de Bardonnèche, province de Suze (Italie). CCLXXXI.

BERAUD, secrétaire de Lesdiguières. CI.

BERENGER DU GUA. Madelaine de Berenger du Gua, femme d'Aubert Martin, seig^r de Champoléon et Montorcier, fille d'André de Berenger du Gua, et de Madelaine de Berenger-Pipet. CCCIV.

BERGERAC. Chef-lieu d'arrond^t (Dordogne). VI n, VII n.

BERNARD. Antoine Bernard, juge de Serres (1579). XVI.

BERNE. Capitale du canton de ce nom (Suisse). XXIII, CCCIX, CCCXXX, CCCLXXX, CCCXCVIII n, CDXVIII, CDXLIII, CDXLIV.

BERNOIN (Antoine). Personnage inconnu de Montdragon. LXVII.

BERNY (DE). CCLXXXIII.

BERRES. Chef-lieu de canton, arrond¹ d'Aix (Bouches-du-Rhône). LXIX, CXXXIII.

BERTEAUD. Antoine Bertaud, marchand et membre du conseil des 40 notables de Grenoble. CXX.

BESAUDUN, BESOUDAN, BEZAUDUN. Louis-Honoré de Castellanne, seigʳ de Bezaudun, viguier de Marseille (1589), maistre de camp du duc de Savoie (1591), tué par ordre d'Épernon en 1594. CXXXIII, CLXVIII n, CLXXIII, CLXXIV.

BESSON. François Besson, depuis 1560 greffier du Parlement de Grenoble en remplacement d'Antoine, son père. XCIX.

BESSON. Capitaine. CCCXXXI.

BEVONS. Comne, con de Noyers, arrond¹ de Sisteron (Basses-Alpes). CLXXXIII n.

BEUBY. Voy. BOBI.

BEZ. Capitaine, de Briançon. CXXX.

BEZAUDUN. Voy. BESAUDUN.

BÈZE (DE). Théodore de Bèze, célèbre réformateur, né à Vezelay en 1519, mort à Genève en 1605. CCXXVIII.

BÉZIERS. Chef-lieu d'arrond¹ du départ¹ de l'Hérault. XLVI.

BIARD. Secrétaire de Lesdiguières. LXI, LXII.

BILLIARD. Pierre Billard, conseiller du roi, trésorier de l'extraordinaire des guerres en Dauphiné. XLVII.

BIRAGUE. Ludovic de Biragne, colonel de l'infanterie italienne (1554), chevalier de l'ordre du roi, maréchal de camp (1558), lieutenant au gouvernement de Piémont (1562), capne de 50 hommes d'armes (1565), mort en 1570. CCXCIX.

BIRAGUE. Charles de Biragne, fils de Ludovic, gouverneur du marquisat de Saluces en 1578. XXI n.

BIRAGUE. Pierre de Biragne, fils de Galéas et d'Antoinette Trivulce, chevalier de Malte. CCCLXXXIV.

BIRON. Armand de Gontaut, maréchal duc de Biron, gouverneur de Bourgogne, fils de Jean et d'Anne de Bonneval, épousa Jeanne d'Ornesan, et fut décapité en 1602 pour haute trahison. VI, CCVIII n, CCXLIII n, CCCLXVII n, CCCLXXXI, CCCXCVIII.

BLACHE. Antoine Blache, citoyen de Montélimar. CCCXLI n.

BLACONS, MIRABEL, MIRABEAU. Hector de Mirabel de Forets, seigʳ de Blacons, capne de 50 hommes d'armes, gouverneur d'Orange, fils de Pierre, épousa Françoise de Miribel, mourut en 1596. I, II, XXIV, XLIII, XLVIII, LX, LXII, LXIII, LXXV bis, CLI, CLIII n.

BLACONS. Alexandre de Mirabel de Forets, Sʳ de Blacons, gouverneur d'Orange, fils du précédent, mort en 1631. CCCXCVI, CCCXCVIII, CDXXXIX, CDLIX.

BLAGNEU (DE). Guillaume Rivail, Sʳ de Blagnieu, conseiller au Parlement de Grenoble, fils d'Aymar et de Marguerite Girard de Mourmoison, épousa Marguerite de Sassenage. CXVII, CXVIII, CXXVII, CXXXII.

BLANC. Claude Le Blanc, Sʳ de Camargues, fils de Benoît, mari de Catherine d'Agoult, consul de Gap, mort en 1598. LXXV bis.

BLANC (LE). Pierre Le Blanc, Sʳ de Mions, receveur des États du Dauphiné, contrôleur du domaine, second président des Comptes du Dauphiné, anobli en 1602. CCX.

BLANC (LE). Jean Le Blanc, Sʳ du Percy, Saint-Étienne et Saint-Maurice, dit le capitaine Le Perse, capne des gardes de Lesdiguières, épousa Marie Gouffet et Catherine de Larmusière, fut anobli en 1602, mourut en 1637. CCCLXX.

BLOIS. Chef-lieu du départ¹ de Loir-et-Cher. XLII.

BLUSSET. Antoine de Blusset ou Blosset, capne, maréchal des logis des gendarmes de Lesdiguières. LVIII.

BOBI, BEUBY, BUBI. *Bobbio*, comne, province de Pignerol (Italie). CLVIII, CLXXXV, CLXXXVI, CCCXLVI, CDXXXVII.

BOCAUD. André Boccaud, Sr de Montbert, fils de Benoît, épousa Paule Bonne de Martel et Jeanne de Gallien, testa en 1636. CDXXVI.

BOCSOZEL, CHASTELLARD. Joffrey de Bocsozel, Sr du Chatelar, conseiller au Parlement de Grenoble (1573-1596), fils de François et de Jeanne Terrail, fille du chevalier Bayart. CXXVII.

BOFFIER. Marc-Pierre Boffier, habitant de Saint-Étienne-d'Avançon. XX.

BOFFIER. Laurent Bouffier, fils de Pierre, menager de Montmaurin, ép. Louise Beaupy. CCXIV.

BOFFIN, Félicien Boffin, S^r d'Argenson, avocat général au Parlement de Grenoble, fils de Félicien, comme lui avocat général. LXXXIX, XC, XCIV, XCVI.

BOISSE (DE). CDII.

BOLLÈNE. Chef-lieu de c^{on}, arrond^t d'Orange (Vaucluse). LXVI.

BOMBAIN. Voy. PASQUIERS.

BOMPAR. Voy. BONPAR.

BONET. XIX, CCIV.

BONNE (DE), BONE. Jean de Bonne, S^r d'Oze et Vitrolles, coseig^r de Veynes, fils de Jean et Jeanne de Theys, gouverneur d'Embrun, épousa Lucrèce Martin de Champoléon. CII, CCXLIII n, CCLXXVI, CCCLXXXVIII n, CDXVI.

BONNE PRABAUD (DE). Gaspard de Bonne, Sr de Prabaud, coseig^r de Veynes et de Chorges, frère du précédent, ép. Claudine de Berenger et Sybille Artaud de Montauban, fut cap^{ne} de 50 hommes d'armes, gouverneur d'Embrun, et fut tué en Piémont en 1593. LI n, LVIII, LXXVIII n, LXXXI, LXXXII, LXXXIII, CII, CIV, CV, CXXXIII, CLXVIII.

BONNE PRABAUD (DE). Madelaine de Bonne Prabaud, fille du précédent, épousa Charles Martin de Champoléon. CCCIV n.

BONNET-FINE (DU), BONET-FINE. Charles du Bonnet-Fine, seig^r des Vignaux, avocat au Parlement de Grenoble, fils d'Honoré du Bonnet et de N. Fine. CXVIII, CXX, CXXII, CXXV, CXXVI, CXXVII.

BONNEVILLE. Chef-lieu d'arrond^t de la Haute-Savoie. CCCLXXXV.

BONNIER. XLIV.

BONPAR (DE), BOMPAR. Claude de Bompart, gentilhomme dauphinois. CCLXXVIII, CCCXXXII, CDVI.

BONREPOS (DE). Louis Armuet, seig^r de Bonrepos, chevalier de l'ordre du roi, gouverneur d'Embrun (1570-1573), fils de Jean et de Jeanne Flotte, épousa Françoise de Saint-Marcel d'Avançon. XCIV.

BONTHOUX. Genon Bontoux, avocat et membre du conseil des 40 notables de Grenoble. CXX.

BONVESIN. *Bonvicini*, hameau de la com^{ne} de Santanello, province de Gênes (Italie). CCXCIX.

BOSANSI. *Bosancieux*, fort construit par Lesdiguières au pont de Claix, c^{on} de Vif, arrond^t de Grenoble (Isère). LXXIII.

BOSCOUDON. *Boscodon*, hameau, com^{ne} des Crottes, c^{on} et arrond^t d'Embrun. Ancienne abbaye fondée en 1130, supprimée en 1769. CXII.

BOSSE (DE), LA BREOULLE. Jacques de Bosse, dit cap^{ne} La Breoule, fils de Jacques et de Marguerite de Coques, gouverneur de La Breoulle. CXXIII, CCL.

BOSSE (DE). Marguerite de Bosse, fille du précédent, épousa Jean de Moustiers, Sr de Saint-Martin, et fut appliquée à la question pour crime de trahison. CC n.

BOTHEAC, BAUTHEAC. Antoine de Bautheac, lieutenant des maréchaux en Dauphiné (1599-1615). CCLXXV, CCCL, CDXLII.

BOTHÉON. Guillaume de Gadagne, Bon de Bothéon, chevalier des ordres du roi, sénéchal de Lyon, mort en 1592. LXXIII n.

BOUCHAGE (Maison DU). Famille dauphinoise, connue dès le XIIe siècle et éteinte au XVIe; son nom patronymique était Bathernay. CDXVIII.

BOUCHIER. Raymond de Grégoire, cap^{ne} Bouchier, de Montmaur. CLVIII.

BOUC (Tour de). *Port de Bouc*, com^{ne}, c^{on} de Martigues, arrond^t d'Aix (Bouches-du-Rhône). CCI.

BOUILLON (Duc DE). Henri de la Tour d'Auvergne, Vte de Turenne, puis duc de Bouillon, maréchal de France (1592), lieutenant pour le roi de Navarre en Languedoc et Albigeois (1580), cap^ne de 50 lances (1575), ambassadeur en Angleterre (1612), commandant l'armée des princes (1615), né en 1555, mort en 1623 ; il épousa Charlotte de la Marck, duchesse de Bouillon. CCV, CCCIX, CCCXCII, CDXVII, CDXXIX n.

BOUILLON. *Voy.* BULLION.

BOULONNAIS. CCVI n.

BOURBON (Cardinal DE). Charles de Bourbon, évêque de Laon, archevêque de Rouen, légat du pape et cardinal, oncle du prince de Condé, roi de la Ligue, mort en 1594. CLIII.

BOURDEAUX. *Bordeaux*. V.

BOURDILLON (DE). Imbert de la Platrière, Sr de Bourdillon, maréchal de France, fils de Philibert et de Catherine de la Fayette, ép. Claudie de Darnes, mourut en 1567. CCXCIX.

BOURDON. Capitaine. CDLXXXVI.

BOURG. Hameau, com^ne des Marches, c^on de Montmélian, arrond^t de Chambéry (Savoie). CCCLXXX.

BOURG (DE). Jean de Bourg, cap^ne des gendarmes de Montmorency, puis colonel d'un régiment, ép. Louise de Boudon. CCCLXXX, CDII, CDXL, CDLX.

BOURG DE VALENCE. Com^ne, c^on et arrond^t de Valence (Drôme). LXXIII.

BOURGOGNE, BOURGOUGNE, BOURGONGNE. CXLII, CCXLVI, CCCLXIX, CCCXCVI, CDIX, CDXV.

BOURGTOT (DE). CDXLIV.

BOUSCHAGE (Mme DU). Jacqueline de Montbel, comtesse d'Entremonts, fille de Sébastien et de Béatrix Pacheco, épousa en premières noces Claude de Bathernay, Sr du Bouchage (1561), et en secondes noces l'amiral de Coligny. CLII.

BOUTEROUE. Denis de Bouteroue, ministre protestant de Grenoble (1607-1639). CDLXXXII.

BOYER. Antoine de Boyer, Sr de Bandol, cap^ne, un des 45 gentilshommes du duc d'Angoulême, gouverneur de la Cadière, fils d'Antoine et de Catherine Martelly, épousa Jeanne de Beyran. CXXXIX, CXL, CXLI.

BRAS (DE). Marc-Antoine d'Escalis, Sr de Bras, Saint-Julien, Estaillon et Bellegarde, conseiller du Parlement de Provence, premier président en 1616, fils d'Artus et de Madelaine Doria. Il épousa Hortense de Bourdon, dame de Pons. CLXXIV.

BREMOND. Noël Bremond, secrétaire de Lesdiguières, greffier du Parlement en 1602, conseiller du roi, contrôleur provincial des guerres, anobli en 1607. CXXXVI, CLXIV, CXCII, CXCVI, CCXIV, CCXXXII, CCXXXVII, CCXL, CCXLVIII, CCXLIX, CCLII, CCLXXIV, CCLXXVII, CCLXXIX, CCXCVII, CCCXXVII, CCCXXXVI, CCCLIII, CCCLX, CCCLXXI, CDXIII, CDXX, CDXXI, CDXL, CDXLII, CDLIV, CDLV, CDLVI, CDLX, CDLXI, CDLXII, CDLXVII n, CDLXXIII, CDLXXIX n, CDLXXXV.

BREOULLE (LA), BRIOULE. *La Breoule*, com^ne, c^on de Seyne, arrond^t de Digne (B^ses-Alpes). V, LXX, CCXLIV.

BREOULLE (LA). *Voy.* BOSSE.

BRESSE. Aujourd'hui département de l'Ain, appartint à la Savoie jusqu'en 1601. VI, XXIV n, CXLII, CCVIII n, CCXXXV, CCXLIII n, CCXCIX, CCCXLVI.

BRIANÇON. Chef-lieu d'arrond^t du départ^t des Hautes-Alpes. LXIX, LXXIII, LXXVIII, CXI n, CXIV, CXV, CXXX, CXXXI, CXXXVI n, CLXXIII, CLXXXII, CCII, CCXLIII n, CCLXXXI, CCLXXXV, CCXCVII, CCCXLVI, CCCLI, CCCLXI n, CCCLXII, CCCLXIII, CCCLXIV, CDXVI n.

BRIANÇON. Hameau, com^ne et c^on de Jauziers, arrond^t de Barcelonnette (B^ses-Alpes). CCC, CCCLXXXVIII, CCCLXXXVIII n, CDXXXVIII.

BRIANÇONNOYS, BRIANÇONNAIS. Principauté, vibailliage, maintenant arrond^t de Briançon (Hautes-Alpes). X, XLII n, LXXVIII, LXXXVIII n, CXI n, CXIV, CXXXI n, CL, CLXI, CLXXXVII, CCLII n, CDLXXIII.

BRICHERAES, BRICHERAIS. *Voy.* BRIQUERAS.

BRIGNOLLES, BRIGNOLES. Chef-lieu d'arrond^t du départ^t du Var. CLX n, CLXXVI.

BRIOULE (LA). *Voy.* BREOULLE (LA).

BRIQUEMAUD. Colonel protestant, fils de François, pendu à la Saint-Barthélemy. LXXV *bis*, CXXVII.

BRIQUERAS, BRICAIRAS, BRICHERAES, BRICHERAIS. *Bricherasio*, com^{ne}, province de Pignerol (Italie). CXLVI, CXLVII, CLIII, CLIV n, CLV, CLVII, CLVIII, CLXVIII, CLXXIII, CLXXXI, CLXXXII, CLXXXV, CLXXXVI, CLXXXVII, CLXXXVIII, CLXXXIX, CXCV.

BRISSAC (DE). Charles de Cossé, duc de Brissac, fils de Charles et de Charlotte d'Esquetot, épousa Judith d'Acigné et Louise d'Ongnies, fut colonel et mourut en 1621. V, VI.

BROSC (DE). Gouverneur de Saint-Paul-sur-Durance. CLXXI n.

BROSSES. Claude Brosses, seig^r de Serisin, châtelain d'Anjou, syndic des communautés villageoises et député aux états généraux de 1604 par le Dauphiné; né vers 1560, mort vers 1640. CCLXXVII n.

BROUAGE. Hameau, com^{ne} de Hiers-Brouage, c^{on} et arrond^t de Marennes (Charente-Inférieure). V, VI.

BRUC (DE). Capitaine. CDLXXVII.

BRUERE. Jean-Paul Bruere ou Bruyere, avocat, lieutenant de la judicature de Romans en 1591, 1er consul de cette ville. CCCLXXIX.

BRUN. Guigues Brun, marchand et membre du conseil des 40 notables de Grenoble. CXX.

BRUNEL. Claude de Brunel, Sr de Rodet et Saint-Maurice, cap^{ne}, fils de Gaspard et de Jeanne Reygnier, épousa Marie Durand (1602). CLXXXI, CLXXXII.

BRUNY. Valet de chambre du prince Dauphin. X.

BUBI. *Voy.* BOBI.

BUFFEVENT. Jean de Buffevent, Sr de Mallissolles, président au Parlement de Grenoble (1574), ancien vibailli de Vienne. CXVIII, CXXVII, CXXXII.

BUFFIÈRES (DE). Claude Rabot, Sr de Buffières, conseiller du roi, maître des comptes, fils de Bertrand et d'Agnès Paccat, ép. Jeanne de Chapponay (1543-1587). LXXI.

BUIS (LE), BUYS, BUY. Chef-lieu de c^{on}, arrond^t de Nyons (Drôme). VI, LXIX, LXXIII, CX, CCLXXIV, CDLXXVIII, CDLXXX, CDLXXXVI.

BUISSE (LA), BUYSSE (LA). Louis de Galles, Sr de la Buisse et Voiron, colonel des légionnaires du Dauphiné, Lyonnais, Forez et Beaujolais, maréchal de camp, gouverneur de Chambéry (1600), né en 1567, mort en 1616. CXCVIII, CCCXIV.

BUISSON (DU). Antoine du Buisson, Sr de Montmaur, gentilhomme de la maison de La Valette, gouverneur de Provence. LXIX, LXX n.

BULLION (DE), BOUILLON, BULION. Claude Bullion, conseiller du roi, maître des requêtes de son hôtel, garde des sceaux et président du Parlement de Grenoble (1606), surintendant des finances, président à mortier du Parlement de Paris et surintend^t de l'ordre du Saint-Esprit. CCCXCIII, CDXXVIII, CDXXXVIII, CDXXXIX, CDXLI, CDXLVII, CDLXXV, CDLXXXIII.

BUOLC. XXIV.

BUONS. Pompée de Pontevés, seig^r de Buons, chevalier des ordres du roi, lieutenant du gouverneur de Provence, député de la noblesse (1594), fils de Gabriel et d'Anne de Sade, épousa Marguerite de La Baume Suze. CLX, CLXIII.

BURGAUD. Benoît Burgaud, chanoine de Gap. CVI.

BURTHER. Noble Faconde Burther, membre du conseil des 40 notables de Grenoble. CXX.

BUSQUE. *Busca*, com^{ne}, province de Coni (Italie). CCXCIX.

BUSSELIN (DE). Pierre de La Motte, Sr de Busselin, anobli en 1606. CDVI, CDVII.

BUYS (LE). *Voy.* LE BUIS.

BUYSSON. Jean Buysson, chanoine de Gap. CIII n, CVI.

BUYSSON. Mathieu Buysson, bourgeois de Gap. LXXV *bis*.

CABANET (DE). Claude de Cabanes, fils de Bertrand et de Marie Estienne, épousa Anne de Bionneau en 1583. CLXXII.

CABRIÈRES. Capitaine. CCCXXVI.

CACHE. Claude Cache, hôte de Gap. XX.

CADET DE CHARENCE. *Voy.* PHILIBERT (François).

CADIÈRE (LA). Com^{ne}, arrond^t du Vigan, c^{on} de Saint-Hippolyte (Var). CXXXIX, CXL, CXLI.

CAHOURS. *Voy.* CAVOURS.

CAILLE. Jean Caille, muletier d'Avanson. LXXXIII.

CALAS (DE). Claude Raymond Fabri, Sr de Calas, conseiller au Parlement de Provence (1574), oncle du célèbre Peiresc, fils de Nicolas, également conseiller, et de Catherine de Chiavari; il épousa Madelaine Bompart et mourut doyen du Parlement. CLXXX.

CALIGNON, CALLIGNON. Soffrey Calignon, chancelier de Navarre, président de la Chambre de l'Édit de Grenoble, l'un des rédacteurs des édits de Poitiers et de Nantes, né en 1550, fils de Genton et de Claudie Giraud, ép. Marthe du Vache et mourut le 9 sept. 1606. XVI, XXI, XXV, XXXVII, XLI, LXIX, CXVII, CXVIII, CXXVII, CXXXII, CLIII, CLXXXVI.

CALIGNON. Hugues Calignon, frère du précédent, un des trésoriers de Lesdiguières, épousa Suzanne Basset et Lucrèce de Montchenu. CXIV.

CAMBRAY. Chef-lieu d'arrondt, départt du Nord. CCXCIX.

CAMPILLON. *Campiglione*, comne, province de Pignerol (Italie). CCCXLVI.

CAN. *Caen*, chef-lieu du dépt du Calvados. CDX.

CANASSE. Capitaine. CLXXXVII n.

CANDOLLE (DE). Piramus de Candolle, d'une famille provençale établie à Genève, homme d'affaires de Lesdiguières pour sa baronnie de Coppet. CDLIX.

CAPRIS. François de Capris, châtelain d'Upaix de 1564 à 1595, fils de Jean, également châtelain d'Upaix de 1539 à 1557. XIV.

CARCES, CARSES. Gaspard de Pontevés, Cte de Carces, fils de Jean et de Marguerite de Brancas, gentilhomme de la Chambre, chef de la Ligue en Provence, puis lieutenant du roi dans cette province et grand sénéchal, mort en 1611. LXIX, CLX n, CLXVII n, CLXXI, CLXXIII n, CLXXIV, CLXXV, CLXXVI, CLXXXII n, CCI n, CCVIII n.

CARIGNAN. *Caregnano*, Comne, province de Turin (Italie). CCXCIX.

CARLES (DOM). Carlo Doria, fils de Jean André, prince Doria, général des galères de Gênes. CDIV.

CARMAGNOLE, CARMAIGNOLES. *Carmagnola*, comne, province de Turin (Italie). CCXCIX, CCCLXXIV, CCCXCVIII n.

CARMAUS. Nom probablement défiguré par le copiste. XLII.

CARSES. *Voy.* CARCES.

CARYER. Claude Carier, bourgeois de Montmorin. CCXIV.

CASAUX. Charles Casaux, capne, consul et commandant de Marseille pour la Ligue, tué en 1596 par Pierre Liberta. Il était fils de Guillaume Casaux. CCI.

CASSAN (DE). Jérôme de Cassan, capne milanais au service de l'Espagne. CCCLXXXI.

CASTEL-ARNOUX. *Voy.* CHATEAU-ARNOUX.

CASTILLE (Connétable DE), CONNÉTABLE. Don Juan Fernando de Velasco, duc de Frias, Cte de Haro, camerero et copero mayor du roi d'Espagne, gouverneur de Milan, connétable de Castille, président du conseil d'Italie, mort en 1613, fils d'Inigo et d'Anne d'Aragon, ép. Maria Giron et Juana de Cordova. CLXXIII, CLXXIV, CXCI, CXCV, CDIV.

CASTILLON. *Costignole,* comne, province de Saluces (Italie). CCXCIX.

CASTRES. Chef-lieu d'arrondt, départt du Tarn. CDXXIV, CDLXIII, CDLXIV, CDLXVII.

CATHERINE, LA ROYNE, LA FEUE REYNE. Catherine de Médicis, reine de France. XXI, XXIV, XXV, XXVI, XXVII, XXVIII, XXIX, XXX, CDXII n.

CATILLON. Antoine Catillon, membre du conseil des 40 notables de Grenoble. CXX.

CAVALLI. Mario Cavalli, diplomate vénitien en France. CCXCIX n, CCCXXII n.

CAVOURS, CAHOURS. *Cavour,* comne, province de Pignerol (Italie). CLIII, CLV, CLVI, CLVIII, CLXXIII, CLXXXVII, CLXXXIX, CXCI, CXCIII, CXCV, CXCVII bis n, CCXCIX.

CAUMELZ. Avocat général au Parlement de Toulouse. CDXVII.

CAZENEUVE. *Abbaye de Casanova*, près de Carmagnole, province de Turin (Italie). CCXCIX.

CAZETTE (LA). Georges de Ferrus, coseigr de Névache, gouverneur d'Exilles, fils de Jean, épousa Éléonore Borrel, dame de La Cazette à Sisteron, d'où son surnom de capitaine

La Cazette. Il fut tué à Oulx en 1590. CXI, CXV.

CEDERON. Chef-lieu de c^{on}, arrond^t de Nyons (Drôme). LXX.

CENTAL. *Centallo,* com^{ne}, province de Coni (Italie). CLIV n, CCXCIX.

CERESTE, CIRESTE, CYRESTE. *Cereste,* com^{ne}, c^{on} de Reillanne, arrond^t de Forcalquier (Basses-Alpes). CXL, CXLI.

CERESTE. Erreur de copiste (voir l'errata). *Voy.* CROZE (DE).

CEVE. Pierre de Sève, Sr de Montilier, fils de Pierre et de Madelaine Camus, épousa, en 1578, Marie Verne. CXCVII *bis* n.

CHABANAS. Jean Chabanas, ancien boucher de Die et capitaine protestant. XXXIX.

CHABAUDON. Antoine Chabaudon, membre du conseil des 40 notables de Grenoble. CXX.

CHABERT. Félix Chabert, surnommé Magnien, membre du conseil des 40 notables de Grenoble. CXX.

CHABESTAN. Com^{ne}, c^{on} de Veynes, arrond^t de Gap (Hautes-Alpes). CIII n.

CHABEUIL. Marie de Chabeuil, femme du S^r d'Aramon (voir ce nom), assassiné à Orange en 1603. CCCXCVI n.

CHABLAIS, CHABLÉS. Ancienne baronnie de Savoie, capitale Thonon, aujourd'hui départ^t de la H^{te}-Savoie. CCCVII, CCCXIII, CCCXV, CCCXVIII, CCCXXI, CDLXXIV.

CHABOUD. Mandataire des consuls de Romans. CCCLXXII.

CHAFFARDON. Claude de Roux, Sr de Chaffardon, officier dauphinois au service de la Savoie. CCCXCIII.

CHAILLOL, VIBAILLY DE BRIANÇON (LE). François de Chaillol, vibailli de Briançon de 1570 à 1617, fils de Lazare, également vibailli. LXXVIII, CCCXLII, CCCLXI, CCCLXII, CCCLXIII.

CHAINE. *Voy.* CHAYNE.

CHALANÇON. *Voy.* LA MOTTE CHALANÇON.

CHALREY. Citoyen de Genève. CCCIX.

CHALVET. Michel Chalvet, membre du conseil des 40 notables de Grenoble. CXX.

CHAMBAUD, CHAMBAULT. Jacques de Chambaud, Sr de Privas, Vacherolle et Valaurie, gentilhomme ordinaire du roi, gouverneur de Saint-Maximin, colonel, maître de camp, fils de Gabriel et de Louise de Raymond-Montrond. LXXVIII n, CCCIII, CCCV, CCCXII, CCCXIV, CCCXLIX, CDLXIX.

CHAMBÉRY. Chef-lieu du départ^t de la Savoie. CXVI, CCXVI n, CCXVIII, CCXIX, CCCIII, CCCV, CCCVI, CCCVIII, CCCX, CCCXI, CCCXII, CCCXIII, CCCXIV, CCCXV, CCCXVI, CCCXVII, CCCXVIII, CCCXXI, CCCXXII, CCCXXVII, CCCXXVIII, CCCLXXX, CCCLXXXI.

CHAMBRE (LA). Chef-lieu de c^{on}, arrond^t de Saint-Jean-de-Maurienne (Savoie). CCXL.

CHAMET, REYNIER. David de Reynier, Sr de Chameil et Rourebeau, cap^{ne}, fils de Jean et de N. Folquier, épousa Anne Martin de Champoléon. I, II, CCCIV.

CHAMOUSSET. Com^{ne}, c^{on} d'Aiguebelle, arrond^t de St-Jean-de-Maurienne (Savoie). CCXXI n.

CHAMOUX. Membre du conseil des 40 notables de Grenoble. CXX.

CHAMPOLÉON. Albert Martin, Sr de Champoléon et Orcières, cap^{ne} de 50 hommes d'armes, fils de Georges et de Françoise Gombert, épousa Madelaine de Berenger du Gua, belle-sœur de Lesdiguières. I, II, XLIII, LXVIII.

CHAMPOLÉON. Anne Martin de Champoléon, fille du précédent, épousa David de Reynier, Sr de Rourebeau. CCCIV n.

CHAMPOLÉON. Charles Martin, Sr de Champoléon et Montorsier, frère de la précédente, maître de camp de cavalerie, député des églises de Dauphiné, épousa Madelaine de Bonne Prabaud. CCCIV n.

CHAMPSAUR. Vallée comprenant les cantons d'Orcières et Saint-Bonnet (Hautes-Alpes). LXXV n, CXCVII, CCL, CDLXXIII.

CHAMYER. Daniel Chamier, célèbre ministre et théologien protestant, né à Montélimar en 1565, mort au siège de Montauban en 1621, fils de Daniel, également ministre. CDXLVI n.

CHANCELIER (LE). *Voy.* BELLIÈVRE.

CHANEL (DE). Claude de Chanel (dans une lettre fausse). CCLVIII.

CHANOUSSE. Com^ne, c^on de Rozans, arrond^t de Gap (Hautes-Alpes). CDXXIII n.

CHAPELLE-EN-VERCORS (LA). Chef-lieu de c^on, arrond^t de Die (Drôme). CCLX.

CHAPPEAU-CORNU. Terre et seigneurie du Viennois sur le bord du Rhône. CCXVI n.

CHAPPONAY. Laurent de Chapponay, seig^r d'Eybens, receveur du clergé, fils de Soffrey. CXX.

CHARALONNE. Probablement *Chatillon-sur-Charalonne*, départ^t de l'Ain. CXLIII.

CHARENCE (Cadet DE). *Voy.* PHILIBERT (François).

CHARBONNIÈRES. Hameau, com^ne d'Entremonts, c^on des Échelles, arrond^t de Chambéry (Savoie). CCCLXXVIII, CCCLXXX, CCCLXXXI.

CHARLES VIII. Roi de France. X n.

CHARLES IX. Roi de France. CCXCIX.

CHARPEY. Com^ne, c^on de Bourg-du-Péage, arrond^t de Valence (Drôme). CII.

CHARVET. Ennemond Charvet, procureur et membre du conseil des 40 notables de Grenoble. CXX.

CHASTEAUDOUBLE. Com^ne, c^on de Chabeuil, arrond^t de Valence (Drôme). VII, VIII, IX, XIX, CDXLVI.

CHASTEAUNEUF (DE). Conseiller d'État et syndic de Genève, fils d'Amédée et de Pauline de Lormesc, épousa Anne de la Tour et Judith de Roset (1555-1636). CDXXXIII, CDLXXII, CDLXXIX, CDLXXXII.

CHASTEAUNEUF-DE-MAZANC, DE MAZENC. Com^ne, c^on de Dieulefit, arrond^t de Montélimar (Drôme). XXIV, LXXVII.

CHASTEAUNEUF-DU-RHOSNE. Chef-lieu de c^on, arrond^t de Montélimar (Drôme). LXIII, CCLXIV, CCXCII.

CHASTELLARD. *Voy.* BOCSOZEL.

CHASTEUIL (DE). Louis de Galaup, Sr de Chasteuil, conseiller d'État, né en 1555, mort en 1598. CLXXV.

CHASTILLON (DE). Gaspard de Coligny, Sr de Châtillon, Cte de Coligny, fils de François, amiral de Guienne, et de Marguerite d'Aillé, né en 1584, mort en 1646, gouverneur de Montpellier et maréchal de France. XLVIII.

CHATEAU-ARNOUX, CASTEL-ARNOUX. Com^ne, c^on de Volonne, arrond^t de Sisteron (B^ses-Alpes). LXX, CLXXXIII n.

CHATEAU-DAUPHIN. *Castel Delphino*, com^ne autrefois du marquisat de Saluces, aujourd'hui province de Saluces (Italie). LXV, LXXI, CLIV n, CCXLIII n, CCLXXII, CCCXXVIII, CCCXLVI, CCCLXXXIV, CDXXXVII, CDLXXIII.

CHATEAUNEUF. *Châteauneuf val Saint-Donat*, com^ne, c^on de Peypin, arrond^t de Sisteron (Basses-Alpes). CLXXXIII n.

CHATEAUNEUF. *Châteauneuf de Galaure*, com^ne, c^on de Saint-Vallier, arrond^t de Valence (Drôme). LXXXI.

CHATEAUNEUF-DE-RAT. *Châteauneuf-d'Isère*, com^ne et c^on de Bourg-du-Péage, arrond^t de Valence (Drôme). CCXCII.

CHATEAU-QUEYRAS. Com^ne, c^on d'Aiguille, arrond^t de Briançon (Hautes-Alpes). LXV n.

CHATEAU-RENARD. Chef-lieu de c^on, arrond^t d'Arles (Bouches-du-Rhône). CLIII.

CHATEAUVIEUX (DE), CHATEAUVIEULX. André de Perrinet, Sr de Châteauvieux, lieutenant du grand maître de l'artillerie, trésorier de l'extraordinaire des guerres, fils de Laurent. CCCXVII, CCCXVIII, CCCXXVII.

CHATELLERAULT. Chef-lieu d'arrond^t de la Vienne. CCCXCVI n, CDXXXVII.

CHATTE ET GEYSSANS, CLERMONT-GESSENS. Jean Aynard de Clermont-Chatte, Sr de Geyssans, maréchal-des-logis du Cte de Suze, gouverneur d'Embrun, fils de Jacques et Jeannette de la Fonnerie, épousa Périnette de Sallignon. LI n, CXXXII.

CHAU (LA). Com^ne, c^on de Séderon, arrond^t de Nyons (Drôme). CXIII.

CHAULIER. Pierre Chaulier, avocat et vice-sénéchal de Montélimar en 1602. CXVI.

CHAULNES (DE). Claude de Chaulnes, trésorier puis président au bureau des finances de Dauphiné. CCLXX.

CHAUMONT, CHAUMONS. *Chiomonte*, com^ne de la province de Suze (Italie). CXI n, CXIV, CXCIII, CXCV, CCCXXVI, CCCLXXXIV.

CHAUX (LA). CCXLI.

CHAYNE, CHAINE. Louis du Chesne, conseiller puis président au Parlement de Provence,

560   INDEX

fils de Guillaume, aussi conseiller, et d'Antoinette du Laurens, épousa Anne de Bausset de Roquefort. CLXXIV, CCCXLVIII.

CHENAL (LA), PONT. *Ponte Chianale*, com^{ne}, province de Saluces (Italie). CLIV n, CDXXXVII.

CHESSILIANE (DE). *Voy.* MOTTET.

CHEVALYER. Capitaine savoyard CDXXIII n.

CHEVRIÈRES (DE). Jacques Mitte de Miolans, seig^r de Chevrières et Saint-Chamond, conseiller d'État, cap^{ne} de 50 hommes d'armes, lieutenant général en Lyonnais, chevalier de l'ordre du roi, fils de Jean et de Françoise Maréchal, épousa Gabrielle de Saint-Priest et Gabrielle de Gadagne. LXXVIII n, XCV n.

CHEVRIÈRES (DE). Jean de La Croix, Sr de Chevrières, Saint-Vallier, Vals, Serves, Ornacieux, Pisançon, etc., conseiller, avocat général, président à mortier au Parlement de Grenoble, puis évêque de Grenoble en 1607, après la mort de sa femme, fils de Félix et de Guigonne Portier, épousa Barbe d'Arzac et mourut en 1619. CCCXI.

CHISSÉ-LA-MARCOUSSE. Pierre de Chissé, Sr de la Marcousse, gouverneur de Tallard (1586-1587), assassiné en 1587, fils de Pierre et de Louise de Beaumont. CC n.

CHISSON. *Chisone*, rivière prenant sa source au col de Rodoret et se jetant dans le Pô, province de Pignerol (Italie). CCXCIX.

CHODIÈRE (LA). *La Chaudière*, com^{ne}, c^{on} de Saillans, arrond^t de Die (Drôme). CCLX.

CHOLLIER, CHOLIER. Secrétaire de Lesdiguières. CCII, CCLX, CCLXII, CCCXL.

CHORGES. Chef-lieu de c^{on}, arrond^t d'Embrun (Hautes-Alpes). LXXXVI, CXCVII.

CIPIERRE. Com^{ne}, c^{on} et arrond^t de Grasse (Var). V.

CIRESTE. *Voy.* CERESTE.

CLAPASSON. Antoine Clapasson, membre du conseil des 40 notables de Grenoble. CXX.

CLAPASSON. Marchand et membre du conseil des 40 notables de Grenoble. CXX.

CLARET. Com^{ne}, c^{on} de La Motte, arrond^t de Sisteron (Basses-Alpes). CLXI, CLXIX.

CLARY. Bourgeois de Gap. LXXV *bis*.

CLAVESON. Jean d'Hostun-Claveson, Bon de Montfrin, Sr de Saint-Aoust, gouverneur de Briançon, né en 1552, fils de Pierre et de Jeanne du Fey. CXIV, CXXXI.

CLAVEZON. Probablement pour Valcluson, *voy.* ce mot. CXXXIII.

CLÉMENT VIII, LE PAPE. Clément VIII, Hippolyte Aldobrandini, né à Fano, élu pape en 1592, mort en 1605 à 69 ans. CCCIX, CCCXLVI, CCCLXXXIV, CDXXXVII.

CLERC (LE). CCCXCI.

CLERMONT. Hameau, com^{ne} et c^{on} du Monestier-de-Clermont, arrond^t de Grenoble (Isère). LXIX.

CLERMONT D'AMBOISE. Marthe de Clermont d'Amboise, femme de Balthazard Flotte, Cte de la Roche. CCCLXXIX n.

CLERMONT-GESSANS DE CHASTE. *Voy.* CHATTE.

CLERVANT (DE). Claude-Antoine de Vienne, Sr de Clervant, Bon de Coppet, Sr de Courcelles et Bethencourt, commandant les régiments protestants suisses, fils de Claude et de Claudine du Châtelet. IX.

CLOCHE (LA). Antoine Faure, cap^{ne} La Cloche de Pierrelatte, fils de Laurent et de Philippine de Veyras. XIX n, CCLX, CCLXVI.

COLAS. Jacques Colas, vice-sénéchal de Montélimar (1579), chef de la Ligue dans les Baronnies, gouverneur de la Fère, tué en 1600 à Neuport. CCCXXXIX.

COLLIXIEULX. Ennemond Collixieux, marchand et membre du conseil des 40 notables de Grenoble. CXX.

COLMARS. Chef-lieu de c^{on}, arrond^t de Castellanne (Basses-Alpes). CCXLIV.

COLONEL (LE). *Voy.* ORNANO.

COMANS (DE). CDXLVIII.

COMPS. Marin de Vesc, Sr de Comps et Dieulefit, fils de Sébastien et Honorée Brunier, épousa Françoise des Alrics de Rousset. XVI, XVII, XVIII, XIX, XXIV, CCLXXIV, CDXXXVI.

COMTAT, CONTAT, COMTÉ VENESSIN, COMTAT DE VENISE. Comtat Venessin appartenant au Saint-Siége, capitale Avignon. XLV, LXIX, LXXIII, CCCXL, CCCXCVI.

CONDÉ (Prince DE). Louis de Bourbon, prince

de Condé, C¹ᵉ de Soissons, fils de Charles, duc de Vendôme, et de Françoise d'Alençon, gouverneur de Picardie, chef des réformés de France, assassiné à Jarnac, ép. Éléonore de Royes et Françoise d'Orléans-Longueville. V, XXXIX, XL, XLII.

CONDORCET. Paul de Caritat, Sʳ de Condorcet, intendant des armées de la principauté d'Orange, fils de Henri et Sébastienne de Poitiers. I, II.

CONESTABLE (LE). *Voy.* MONTMORANCY.

CONEU. Capitaine. LVIII.

CONFLAND, CONFLANS. Hameau, comⁿᵉ de Clusaz, cᵒⁿ de Thones, arrondᵗ d'Annecy (Hᵗᵉ-Savoie). CCXX, CCCIII, CCCLXXIV, CCCLXXVIII, CCCLXXXI.

CONFORGIEN (Bᵒⁿ DE). CCXXVIII.

CONSTANS, GAP (doyen de). Sixte Constans, chanoine, vicaire général de l'évêque et doyen du chapitre de Gap (1571-1596). LXXV *bis*, CIIIn, CVI, CVII.

CONTARINI. François Contarini, diplomate vénitien. CCLXX.

CONTIN. Jean Contin, juge de la Chau. CXIII.

CONTY (Prince DE). François de Bourbon, prince de Conti, fils de Louis, prince de Condé, et d'Éléonore du Roye, mort en 1614 sans postérité. CCCXXXIX.

CONY. *Cuneo*, chef-lieu de la province de ce nom (Italie). CXV, CCXCIX.

COPPET, COUPET. Comⁿᵉ du cᵒⁿ de Vaud (Suisse). CCCLXXX, CDVIIIn, CDXVIII, CDXXIIIn, CDXXIXn, CDXLIII, CDLIX.

CORDON (Port de). Hameau, comⁿᵉ de Bregnier. Cordon, cᵒⁿ et arrondᵗ de Belley (Ain). CDII.

CORNAGE. CCCXCIII.

CORNARO. Faustin Cornaro, diplomate vénitien. CCV.

CORNILLON. Hameau, comⁿᵉ de Fontanil, cᵒⁿ et arrondᵗ de Grenoble (Isère). LXXXVIIIn, LXXXIX, XCI, XCVII.

CORONNE (DE LA). Jean Esprit, surnommé le capⁿᵉ La Couronne, fut blessé au siége de Montmélian. CCLXXXVIII.

CORP, CORPS. Chef-lieu de cᵒⁿ, arrondᵗ de Grenoble (Isère). LXIX, LXXVn, CXXXIV, CCLIX.

CORRATAYNE (Porte de la). *Porte de la Courtine*, à Genève. CCCXCIIIn.

COSNE. Chef-lieu d'arrondᵗ (Nièvre). LXIIn.

COSSÉ. Artus de Cossé-Brissac, maréchal de France, gouverneur de l'Anjou et Lorraine, fils de René et de Charlotte Gouffier, ép. Françoise Le Boucher, puis Nicole Le Roy. Né en 1512, il mourut en 1582. VI.

COSTE-SAINT-ANDRÉ (LA). Chef-lieu de cᵒⁿ, arrondᵗ de Vienne (Isère). CLXXIX.

COUPET. *Voy.* COPPET.

COURBON (DE). Jacques de Courbon, Sʳ de Saint-Léger, coseigʳ de Romette, gouverneur de Saintes (1585), fils de Guy et de Bonaventure Viguier, épousa Jeanne de Gombaud et mourut vers 1600. CLXXVI.

CRÉMIEU. Chef-lieu de cᵒⁿ, arrondᵗ de la Tour-du-Pin (Isère). CXXXII.

CREQUY (DE), CREQUI. Charles de Créqui-Blanchefort, Cᵗᵉ de Sault, Sʳ de Montlaur, Beauchêne, etc., duc de Lesdiguières, maréchal de France, fils d'Antoine et de Chrétienne d'Aguerre, Cᵗᵉˢˢᵉ de Sault, épousa Madelaine de Bonne, fille de Lesdiguières, et fut substitué au nom, aux armes et au duché de son beau-père. Il mourut en 1638. CLXV, CXCVIII, CCIn, CCVI, CCXXIIIn, CCXXVI, CCLXXXV, CCCII, CCCIII, CCCV, CCCVIII, CCCXII, CCCXIII, CCCXIV, CCCXVII, CCCXVIII, CCCLV, CCCLXXXIV, CDXIV, CDXXX, CDXXXV, CDL, CDLXXV.

CREST. Chef-lieu de cᵒⁿ, arrondᵗ de Die (Drôme). L, CXXXVIn, CCLVIIn.

CREVOULX. Comⁿᵉ, cᵒⁿ et arrondᵗ d'Embrun (Hautes-Alpes). LX.

CREYERS. Jean de la Villette, seigʳ de Creyers, fils d'Antoine et de Catherine de Saint-Marcel d'Avançon. LXVIII, LXXV *bis*.

CRILLON. Louis de Balbe de Breton, Sʳ de Crillon, né en 1541, lieutenant-colonel général de l'infanterie, capⁿᵉ des gardes du roi, mort en 1615. Il était fils de Gilles et de Jeanne de Brissac. CDXXXV.

CROIX (DE LA). Jacques de Suffise, capⁿᵉ La Croix, de Pierrelatte, fils de Jean et de Blanche de La Croix, épousa Marie de Raymond. CXCVI, CDLXVI.

CROLLES (DE). CCXVI n.

CROS (DU). Charles du Cros, anobli en 1608, secrétaire de Lesdiguières puis président de la Chambre de l'Édit de Grenoble (1609), assassiné à Montpellier en 1622. CXCVII.

CROTTES (LES). Com^{ne}, c^{on} et arrond^t d'Embrun (Hautes-Alpes). LI n.

CROTTES (DES). Mathieu de Rame, seig^r des Crottes, Rame, Mison, Piegu, Pallon, coseig^r de Savine, gouverneur de Digne, fils d'Antoine et de Catherine de Dardaillan, épousa Lucrèce de Villeneuve-Trans et mourut vers 1620. CLX, CLXVI.

CROZE (DE). Paul de Mystral, Bon de Crozes, seig^r de Dons, fils de François et de Louise d'Albert, 1er consul d'Aix (1593), député aux États (1594), épousa Sylvie de Brancas. CLXXIV, CLXXVI, CLXXVII.

CRUCILLIEUX, CRUSILLIEU. Claude de Lay, seig^r de Crucillieux, lieutenant au gouvernement de Gap. CXXVII, CXXXII.

CUERS. Chef-lieu de c^{on}, arrond^t de Toulon (Var). CXLI.

CUGES. Com^{ne}, c^{on} d'Aubagne, arrond^t de Marseille (Bouches-du-Rhône). CXXXIX.

CUGYE, CUGIE, CUGY. Aimé de Glane, Sr de Cugie et Eurre, fils de Jean, épousa en premières noces une fille de Montbrun et en deuxièmes Antoinette de Massues-Vercoiran. VIII, XII, XXIV, XXVII, XXVIII, XXIX, XXX, XLII, LXIX, LXXIII.

CURBAING. *Curban,* com^{ne}, c^{on} de la Motte, arrond^t de Sisteron (B^{ses}-Alpes). CCCXLI n.

CYRESTE. *Voy.* CERESTE.

DAMANS. Marchand, membre du conseil des 40 notables de Grenoble. CXX.

DAUPHIN (Le Prince). François de Bourbon, dauphin d'Auvergne, gouverneur du Dauphiné de 1567 à 1579, fils de Louis de Bourbon, duc de Montpensier, et de Jaqueline de Longwie. Né en 1539, il mourut en 1592. X.

DAVIN. Hugues Davin, fils de Simon et d'Anne Gauthier, médecin et chanoine de Gap. LXXV *bis*, CVI.

DAVIN LA MAGDELAINE. Gaspard Davin, Sr de la Madelaine, frère du précédent. LXXV *bis*.

DEBOURG. André Debourg, avocat et docteur à Vienne, député de cette ville aux États de Blois (1576), juge archiépiscopal (1578), député aux États de Grenoble (1579), mort en 1580. XIX.

DEMONT. *Demonte,* com^{ne}, province de Coni (Italie). CCXCIX.

DESTOURBE (LA). *La Détourbe,* hameau, com^{ne} de Moidieu, c^{on} et arrond^t de Vienne (Isère). LXXVIII.

DIBLON. CLXXXVII, CLXXXVIII.

DIE. *Voy.* DYE.

DIEMOS. Com^{ne}, c^{on} d'Heyrieux, arrond^t de Vienne (Isère). CCXLIII n.

DIEULEFIT. Chef-lieu de c^{on}, arrond^t de Montélimar (Drôme). LXIII, CCLXIII, CCLXXIV.

DIGNE. Chef-lieu du départem^t des Basses-Alpes. CXV, CLXVI.

DIGUIÈRES (LES). Hameau, com^{ne} du Glaizil, c^{on} de Saint-Firmin, arrond^t de Gap (Hautes-Alpes). IV, X, XXIX, XXXIX, XLVII, XLVIII, XLIX, L, LI, LXXVIII.

DIGUIÈRES (Mme DES). Claudine de Berenger du Gua, fille d'André, Sr du Gua, et de Madelaine de Berenger, dame de Pipet, ép. François de Bonne, S^r des Diguières, en 1564, mourut à Puymaure en 1608. LIX.

DIOIS. *Voy.* VALENTINOIS ET DIOIS.

DISEMIEU (DE), DISIMIEU. César Martin de Disimieu, conseiller d'État, gouverneur de Vienne, maréchal de camp, fils de Claude et de Philiberte de Clermont-Montoison, épousa Marguerite de Budos. CCCLXXX, CCCLXXXIV, CCCXCIX, CD, CDXXXIII, CDXLIX.

DOLAN. *Voy.* ESPINE (DE L').

DOLIANE. *Dogliani,* Com^{ne}, province de Coni (Italie). CCXCIX.

DOLLE. *Dôle,* chef-lieu d'arrond^t du départ^t du Jura. CDXLIII.

DONZÈRE. Com^{ne}, c^{on} de Pierrelatte, arrond^t de Montélimar (Drôme). CCLXIV, CCXCII, CCXCV.

DORIE (Prince). Jean-André Doria, général des galères de Sicile. CDIV.

DORNANS. Erreur du copiste. *Voy.* ORNANO.

DOUVILLE. CLXXVI.

DOYSE. Gaspard de Brancas, B⁰ⁿ d'Oyse, fils d'Ennemond ou Aymon, B⁰ⁿ d'Oyse, Villars et Villosc, et de Catherine de Joyeuse; il fut viguier de Marseille (1619), et épousa Françoise de Castellanne d'Adhemar de Monteil, puis Diane de Gerard d'Aubres. CLXXIV.

DRAILLAN. *Draillant*, Comⁿᵉ, cᵒⁿ et arrondᵗ de Thonon (Haute-Savoie). CCCIX.

DRAC, DRAT. Rivière qui prend sa source à Orcières (Champsaur) et se jette dans l'Isère à Grenoble. LXXIIIn, CCCLXXV, CDXII.

DRET (LA). Quartier de la comⁿᵉ d'Embrun situé au midi, sur la rive droite de la Durance, et composé des hameaux de Chauvet, Caleyere et le Petit-Puy. CDXVI.

DREVET. Antoine Drevet, membre du conseil des 40 notables de Grenoble. CXX.

DRONIER. *Dronero*, comⁿᵉ, province de Coni (Italie). CCXCIX.

DU BENOICT. Claude du Benoict, trésorier provincial de l'extraordinaire des guerres en Dauphiné. CXLV.

DUFAURE. Pierre Dufaure, marchand de Montélimar. CCXXXI.

DUODO. Pierre Duodo, diplomate vénitien. CCIn, CCVIIIn, CCXVIn, CCXLIIIn.

DU PÉRIER. Receveur de Lesdiguières, né à Serres. CL.

DURANCE. Rivière qui sort du mont Genèvre et se jette dans le Rhône. CLXXIn, CLXXIII, CLXXIV.

DYE, DIE. Chef-lieu d'arrondᵗ (Drôme), ancien évêché. XI, XII, XIII, XXI, XXII, XXIII, XXXIX, XL, LIV, LV, LVI, LXIX, LXXVIII, CII, CXXXVIn, CCII.

DYOIS. *Voy.* VALENTINOIS ET DIOIS.

ÉCHELLES (LES). Comⁿᵉ, cᵒⁿ de Voiron, arrondᵗ de Grenoble (Isère). CXLII, CXCVIII.

EGUES (DE L'). Claude de l'Aigue, Sʳ de l'Aigue et la Sablière, fils de Georges, Sʳ de l'Aigue, Mantonne et la Chapelle, et de Madelaine-Laurence de Grolée, dame de Bressieu; il épousa Louise de Peloux, et mourut en 1622. CLXXIIIn.

ELBENE (D'). Alexandre d'Elbene, Sʳ de Villesceau, gentilhomme ordinaire du roi, gouverneur de Pierre-Châtel, colonel général de l'infanterie italienne, ambassadeur en Toscane, fils d'Albizzi et de Lucrèce Cavalcanti, ép. sa cousine Marguerite d'Elbenne. CCCI, CCCLII.

ÉLECTEUR PALLATIN (L'). Frédéric IV de Bavière, électeur Palatin, surnommé le Sincère, né en 1574, mort en 1610, fils de Louis IV et d'Élisabeth de Hesse, épousa Julienne de Nassau. CD.

EMBRUN, ENBRUN, AMBRUN. Chef-lieu d'arrondᵗ (Hautes-Alpes), ancien archevêché. X n, LI, LIII, LVIII, LX, LXI, LXIX, LXXXI, LXXXII, LXXXIII, LXXXIV, LXXXV, LXXXVI, CIV, CV, CXI, CXII, CXIV, CXV, CXXIII, CXXXVIn, CXLII, CLI, CLVI, CLXXXIII, CCII, CCXLIIIn, CCLXXVIn, CCCLXXVIII, CCCLXXXVIIIn, CCCXCIIIn, CDXVI, CDLXXIII.

EMBRUN (Archevêque d'). Guillaume de Saint-Marcel d'Avançon, abbé de Long-Pont, archevêque d'Embrun (1558), fils de Jean, ambassadeur à Rome, et de Philippine Allemand, neveu de François, évêque de Grenoble, chef de la Ligue en Dauphiné, mort en 1600. LXXXVIIIn, LXXXIX, XC, XCI, XCIV, XCV, XCIX, C, CCLXXVI.

EMBRUNAIS. Comté et circonscription archiépiscopale dont Embrun était la capitale. XLIIn, LXVIII, LXXIII, CXXIII, CL, CXCVII, CDLXXIII.

EMMANUEL. *Voy.* SAVOIE (DUC DE).

ENTREMONTS. *Entremont-le-Vieux*, comⁿᵉ, cᵒⁿ des Échelles, arrondᵗ de Chambéry (Savoie). CCXLII.

ENTREVAUX (D'). CCCXLIX.

ÉPERNON. *Voy.* ESPERNON.

ESCURES (D'). Pierre Fouqueu, Sʳ d'ESCURES, maréchal des logis des camps et armées du roi. CCXCVIII.

ÉSILLES, ESSILLES. *Voy.* EXILLES.

ESPAGNE. CXLVIIIn, CLXVIII, CCIn, CCXLIII, CCCIX, CCCXXXV, CDIV, CDLXXXIV.

ESPAGNE (Le Roy d'). Philippe II. CXLII, CXLVIII, CLXVIII, CLXXXII, CLXXXVIIIn, CC, CCXII, CCXIX, CCXLIII.

ESPAGNE (Le roi d'). Philippe III. CCCIX,

CCCXXXIII, CCCLXXXV, CCCXCVIII n, CDXXIII n.

Espagne (Royne d'). Marguerite d'Autriche, fille de Charles, archiduc de Gratz, duc de Styrie et Carinthie, et de Marie de Bavière, épousa Philippe III, roi d'Espagne, en 1599, mourut en 1611. CDIV.

Esparron, Sparron de Pallières. Com^{ne}, c^{on} de Riez, arrond^t de Digne (B^{ses}-Alpes). CXXXIII, CXXXV.

Espeluche. Com^{ne}, c^{on} et arrond^t de Montélimar (Drôme). CCLXII.

Espernon, Épernon. Jean-Louis de Nogaret de La Valette, duc d'Épernon, colonel général de l'infanterie, gouverneur de Provence, né en 1554, de Jean et de Jeanne de Saint-Lary Bellegarde, mourut en 1642. Il avait épousé Marguerite de Foix, Ctesse de Candale. LXX, CXLII, CLIII, CLIVn, CLXn, CLXIII, CLXV, CLXVI, CLXVII, CLXVIII, CLXX, CLXXI, CLXXIII, CLXXIV, CLXXV, CLXXVI, CLXXVII, CLXXXII, CLXXXIII, CLXXXIV, CLXXXV, CLXXXVI, CLXXXVII, CLXXXVIII, CLXXXIX, CC, CCIn, CCII.

Espié. Bourgeois de Grenoble, député au roi par le conseil de cette ville. CDXII.

Espinasse. Com^{ne}, c^{on} de Chorges, arrond^t d'Embrun (H^{tes}-Alpes). LXXXI, CCXXXVI.

Espine (de l'), Aulan (d'), Aulane (d'), Dolan. Hercule de l'Espine, seig^r d'Aulan, La Rochette et Le Poët-dom-Percip, fils de Fouquet et de Marguerite d'Eurre, épousa Antoinette de Panissy (1573). XLV, LXXXVII, CCCXL.

Espinouse (D'). Scipion de Villeneuve, seig^t d'Espinouse, commandant dans le château d'Allemagne (1586) et gouverneur de Bobbio (1594), fils de Pierre et de Delphine d'Agout, ép. Sarah du Mas de Castellane. CLXXXV, CLXXXVII n.

Estables. Louis du Vache, S^r d'Estables, conseiller au Parlement, président de la Chambre de l'Édit (1599), fils de Joffray, châtelain de Saint-Marcellin. VIIn, XXVII, XLIII, LXVIII, LXIX.

Este-Ferrare. Anne d'Este-Ferrare, fille d'Hercule II, duc de Ferrare, et de Renée de France, ép. en premières noces Jacques de Savoie, duc de Genevois, et en deuxièmes François de Lorraine, duc de Guise. XXXVIII n.

Estienne. *Voy.* Thienne.

Étoille. Com^{ne}, c^{on} et arrond^t de Valence (Drôme). LXXIII.

Évangelista. Officier au service du duc de Savoie. CCXXXIII, CCXXXIV.

Évenes (D'). Gaspard de Simiane, S^r d'Évenes, frère de Gordes (*Voir ce nom*). LVII.

Éville (L'). Fort ruiné, com^{ne} des Molettes, c^{on} de Montmélian, arrond^t de Chambéry (Savoie). CCXXIV, CCCXXXIII.

Exilles, Essiles, Exilhes. Com^{ne} de la province de Suze (Italie). CXIn, CXV, CXXXV, CXLVII, CLIIIn, CLIVn, CXCI, CXCII, CXCIII, CXCV, CXCVII *bis* n, CCII, CCXXXIII n, CCXLIIIn, CCLXXXV, CCXCVII, CCCXLI, CCCXLVI, CCCLXXIII, CCCLXXVIII, CCCLXXXIV, CCCXCVIII n, CDXV, CDXVI n, CDXVIII, CDXLII, CDLXXIII.

Expilly. Claude Expilly, fils de Claude et de Jeanne de Richaud, né à Voiron en 1561, d'abord officier puis procureur général à la Chambre des Comptes de Dauphiné, président du Conseil souverain de Savoie, avocat général au Parlement de Grenoble, épousa Isabeau Bonneton et mourut en 1636. CXX, CCXXI, CCXXII, CCCX, CCCXI, CCCXXVI, CDLXXIX n.

Eybens. Com^{ne}, c^{on} de Grenoble (Isère). LXIIn, CXX.

Eychirolles. Com^{ne}, c^{on} et arrond^t de Grenoble (Isère). XXVII.

Eyguebelle. *Voy.* Aiguebelle.

Fabri. André Fabri ou Fabry, pasteur à Morges (1572), la Mure (1579-1598), à Mens (1602-1618), à Mont-de-Lens (1620), né à Luc (Var), mort à Mens en 1622. XVI, XVII, XVIII, XIX.

Fabritis. Chanoine de Turin, secrétaire de l'archevêque de cette ville. CCCLXI.

Fabry. CCXLII.

Façon. Philippe Façon, membre du conseil des 40 notables de Grenoble. CXX.

FASSINS (DE). *Voy.* FOYSSINS.
FAU (LOUIS DE). Louis du Fau, fils de Breton du Fau et d'Anne de Margaillan, sénéchal de Montélimar depuis 1602. CCCXXXIX n.
FAUCON. Valentin Faucon, de Sederon, un des trésoriers de Lesdiguières. CX.
FAULJAS. Josserand Faulgas, marchand d'Ancône. CCXXXI.
FAURE. IX.
FAURE (DU). André du Faure, trésorier général en Dauphiné, fils de Pierre, Sr de Saint-Laurent, et de Guigonne Guyon, ép. Alix Nicat, dame de Montmaurin, puis Léonore Sauret d'Aspremont. XLIX, LI, LVIII.
FAURE (DU). Salomon du Faure, frère du précédent. CCXXXVII.
FAYE D'ESPEISSES. Jacques Faye, Sr d'Espeisses, président au Parlement de Paris, né en 1543, mort en 1590, fils de Barthélemy, président aux enquêtes, il épousa Françoise de Chalvet. VII n.
FAYOLLE. Jean Fayolle, membre du conseil des 40 notables de Grenoble. CXX.
FENESTRELLES. Comne et forteresse, province de Pignerol (Italie). CCCLXI n, CCCLXXIII.
FERRANT. Henri Ferrand, premier consul de Grenoble, conseiller au Parlement de Dauphiné, mort en 1602, fils de Jean Ferrand, secrétaire des Comptes, épousa Léonce Émé de Saint-Julien. CCCLXXV, CCCLXXVI, CCCLXXXIX.
FERRIER. Noble Étienne Ferrier, capne, né à Boujoux dans le Comtat. I, II.
FERRIÈRE DU MONT-CENIS (LA). Hameau, comne de Notre-Dame-du-Cruet, con de la Chambre, arrondt de Saint-Jean-de-Maurienne (Savoie). CCXXIII n, CCCXCII.
FILIBERT (François). *Voy.* PHILIBERT.
FIN (LA). Jean de La Fin, Sr de Beauvoir-le-Nocle, conseiller, secrétaire du roi, épousa Beraude de Ferrières. CLXVII n, CLXVIII, CLXX, CLXXI, CLXXIII, CLXXIV, CLXXVI.
FLANDAINE. Fort aujourd'hui ruiné, comne de Saint-Martin-le-Colonel, con de Pont-en-Royans, arrondt de Grenoble (Isère). LXXIII.
FLANDRES. CC, CCVIII, CCIX, CCXI, CCXVII, CCXVIII, CCXIX, CCCXXX, CCCXXXIII, CCCLXVII, CDI, CDII, CDIV, CDX, CDXVIII.
FLEARD. Jacques Fleard, premier président en la Chambre des Comptes de Dauphiné (1554-1564). CXXXII.
FLEURANCE, FLEURANCHE. Chef-lieu de con, arrondt de Lectoure (Gers). V, VI.
FLORAC. Chef-lieu d'arrondt (Lozère). LI n.
FLORENS. *Voy.* REGNARD.
FLORY. Jean Flory, membre du conseil des 40 notables de Grenoble. CXX.
FLOUR, secrétaire de Lesdiguières en 1586. LX.
FLOUR. Étienne Flour, notaire à Upaix. XIV.
FOENTES (Cte DE), FUENTES (DE). Don Pedro Enriquez de Siste, capne général de la cavalerie à Milan, capne général en Portugal, grand d'Espagne, gouverneur du Milanais, fils de Alva Enriques, épousa Juana de Azevedo y Fonseca, comtesse de Fuentes, et mourut en 1610. CCCXXXIV, CCCLXXXI, CDXVIII, CDLXXIV.
FONTAINEBLEAU, FONTAYNEBLEAU. Chef-lieu d'arrondt, départt de Seine-et-Marne. CDXXIX n, CDL n, CDLII.
FORCALQUIER. Chef-lieu d'arrondt du départt des Basses-Alpes. CCCXLIV.
FORESTS (DE LA). François de La Forest, chevaucheur ordinaire des écuries du roi (1591-1610). CCCIV.
FORESTZ, Forés. *Le Forets*, capitale Montbrison. LXXXIX, CXLII.
FORGE (LA). CCXLI.
FORGET, FRESNE (DU). Pierre Forget, Sr du Fresne, secrétaire d'État (1589). Né en 1544, il mourut en 1610. CLXVII n, CC, CDLXIII.
FORMI. Antoine Formi, officier au service du duc de Savoie. CLVIII.
FOSSAN. *Voy.* FUSSAN.
FOSSIGNY. *Faucigny*, ancien comté de Savoie, capitale Bonneville (Hte-Savoie). CCCXV, CCCXVIII.
FOYSSINS (DE), FASSINS (DE). Armand de Foyssins, prévôt général des maréchaux en Dauphiné, viguier de Sainte-Colombe, anobli en 1599. CCCLXVI, CDLXI.
FRANC (LE ou DE). Jean-Baptiste de Franc, trésorier de France, général des vivres en Dauphiné, d'Abbeville en Picardie, épousa

Isabeau de Lionne. CLXVII, CXCI, CXCIII, CCCXXIII.

FRANCHE-COMTÉ. CXLII, CDXLIII.

FRANÇOIS Ier, Roi de France. CCXCIX.

FREDIÈRE (DE). Jean Flotte, Sr de Freydière et Châteauvieux, cap^{ne}, maréchal de camp, fils naturel légitimé de Jean Flotte, B^{on} de La Roche et Montmaur. CCCLXV.

FRESNE (DU). *Voy.* FORGET.

FRETTE (LA). François de Louvat, seig^r de Passins, dit le cap^{ne} La Frette. CXXVII, CXXXII.

FRIZE (DE). Pierre de Frize, avocat à Saint-Marcellin, conseiller à la Chambre de l'Édit, descendait de Jean de Nully dit Frize, barbier de Louis XI, mort en 1580. XVI, XVII, XVIII, XIX, XXVI, XXVII.

FUENTES (DE). *Voy.* FOENTES.

FURMEYER. Jacques Rambaud, Sr de Furmeyer, Montgardin et Ancelle, fils de Guelix et d'Anne Matheron, frère du célèbre cap^{ne} Furmeyer; prévôt du chapitre de Gap, il abjura le catholicisme en 1562, ép. Louise de Moustier et mourut sans enfants (1590). XLIII, LXVIII.

FUSSAN, FOSSAN. *Fossano,* com^{ne}, province de Coni (Italie). CCXCIX.

GAILLAC (DE). Pierre de Gailhac, commissaire des guerres, mari de Garsende de Ribes (1579), mort en 1597. LXXI.

GAILLARD. Com^{ne}, c^{on} d'Annemasse, arrond^t de Saint-Jullien (H^{te}-Savoie.). CCLXVIII.

GALBERT. Secrétaire de Lesdiguières (*dans une lettre fausse*). CCLVIII.

GANDIÈRE. N... Astier, de Tallard, Sr de Gandière, cap^{ne}. CCCXXVI.

GANESTABLY (DE). Gouverneur en la ville de Grasse, tué en 1592 par Esprit de La Plane. CCI.

GAP. Chef-lieu du départ^t des Hautes-Alpes. IV, V, IX, XIV, XX, XXI, XXIV, XXVIII, XXXI, XXXII, XXXIII, XXXIV, XXXV, XXXVII, XXXVIII, XL, XLI, XLII, XLIII, XLIV, LXVIn, LXVIII, LXIX, LXXIII, LXXV *bis*, LXXX, CIII, CVI, CVII, CVIII, CIX, CXI, CXXVIII, CXXIX, CXXXVIn, CXXXVIIn, CXLV, CL, CLIIIn, CLXXXIX, CXCII, CCXXXVII, CCLIIn, CCXC, CCCXIX, CCCXX, CCCXXXVIII, CCCXCIIIn, CDV, CDXI, CDLXXIII, CDLXXV.

GAP (Archidiacre de). Antoine Buysson, archidiacre de Gap. CVI.

GAP (Doyen de). *Voy.* CONSTANS.

GAP (Évesque de). *Voy.* PAPARIN DE CHAUMONT.

GAP (Prevost de). Guillaume Baile de la Tour, prévôt du Chapitre de Gap (1570-1590), fils d'Hugues, seig^r de Saint-Jullien. CVI.

GAP (Théologal de). Clément Marchand, chanoine Théologal de Gap. CVI.

GAPENÇAIS, GAPPENCOYS, GAPPANCÉS. Comté et circonscription épiscopale dont Gap était la capitale. XLIIn, LXVn, LXVIII, LXXIII, CL, CLXXXII, CLXXXIV, CXCVII.

GARCIN. Ennemond Garcin, Sr de la Tour et Saint-Robert, maréchal des logis des gardes de Lesdiguières, gouverneur de Cornillon, fils d'Amé. CCCLXVIII.

GARDANNE. Chef-lieu de c^{on}, arrond^t d'Aix (Bouches-du-Rhône). CLXXV.

GARDE ADHÉMAR (LA). Com^{ne}, c^{on} de Pierrelatte, arrond^t de Montélimar (Drôme). CCXV.

GARDE DES SCEAUX (LE). *Voy.* SILLERY.

GARRON (DE). Messager envoyé par Épernon au roi. CLXXIn.

GAST. XLII.

GASTINAR (Cte). Philibert Mercurin Arborio, comte, puis marquis de Gattinara, officier, puis grand maître d'hôtel du duc de Savoie. CCXXXIII, CCXXXIV.

GAULTIER. Louis Gauthier, chanoine de Gap. CVI.

GAUME. Antoine Gaume, doyen du Chapitre de Saint-Sauveur de Grignan, puis évêque de Saint-Paul-Trois-Châteaux en 1585, né à Richeranche (Drôme) de parents roturiers, mort en 1598. LXII.

GAUTHERON, GAUTERON. David Gautheron, fils d'Antoine et de Renée de Loras, anobli en 1581. CCXXXVII, CCCLVIII.

GAUTHIER (DE). Gaspard de Gauthier, juge ordinaire de Gap, 1588. LXVIII, LXXV *bis*.

GAZ (DU). Gabriel de Berenger, Sr du Gua,

fils d'André et de Madelaine de Berenger, épousa Alix de Laire; beau-frère de Lesdiguières, mort vers 1605. CDLI.

GAZ (Du). Gaspard de Berenger, Sr du Gua, fils du précédent, épousa Isabeau d'Aragon. CDLI.

GEMENOS. Com^{ne}, c^{on} d'Aubagne, arrond^t de Marseille (Bouches-du-Rhône). CXXXIX.

GENES. *Voy.* GENNES.

GENÈVE, GENESVE. XLII, LXIX, CXV, CXVI, CXLII, CXLVII, CLVII, CLIX, CXCV, CCVII, CCXII, CCXXIII, CCXXVIII, CCXLIII, CCLXI, CCLXVIII, CCCIX, CCCXV, CCCXVI, CCCXXI, CCCXXX, CCCXXXIII, CCCXXXIV, CCCLXVII, CCCLXIX, CCCLXXVIII, CCCLXXX, CCCLXXXII, CCCLXXXV, CCCXCII, CCCXCIII, CCCXCV, CCCXCVIII, CCCXCIX, CD, CDI, CDII, CDIV, CDVIII, CDXV, CDXXIIIn, CDXXIX, CDXXXIII, CDXLIX, CDLVIII, CDLXXII, CDLXXIV, CDLXXVI, CDLXXVII, CDLXXIX, CDLXXXII, CDLXXXIV.

GENEVOYS, GENEVOIS. Comté de Genève, dont une partie était restée au duc de Savoie (Haute-Savoie). CCCXV, CCCXVIII.

GENÈVRE (Mont). Montagne et com^{ne}, c^{on} et arrond^t de Briançon (H^{tes}-Alpes). LXXIII, CCIII, CCXVII, CCCLXXIII.

GENNES, GENES. Capitale de l'État et province de ce nom (Italie). CCXCIX, CCCLXXVIII, CDIV.

GENTIL. Jean-Baptiste Gentil, né à Florac, originaire de Gênes, ingénieur et pétardier de Lesdiguières. LIn.

GENTON. Gabriel de Genton, de Curbau en Provence, fils d'Hector, cap^{ne} et gouverneur de la ville et château de Tallard. CXXIX, CXCIV, CCCXLIn, CCCLXXXVII.

GENEST. Secrétaire du Parlement de Provence. CXLI.

GENEVOIS (Duc DE). Jacques de Savoie, duc de Genevois et de Nemours, fils de Philippe et Charlotte d'Orléans, né en 1531, mort en 1585, ép. Anne d'Este Ferrare. XXXVIIIn.

GENTILLET. Innocent Gentillet, jurisconsulte grenoblois, président du conseil de justice de Die, désigné pour présider la chambre tri-partie (1579), mort en 1591. VIIn, XVI, XVII, XVIII, XIX, XXIV, XLI, XLIII.

GERS. *Gesso*, rivière prenant naissance au col de Tende et se jetant dans la Stura, province de Coni (Italie). CCXCIX.

GEX. Chef-lieu d'arrond^t du départ^t de l'Ain. CCLXVIII, CCCIX, CCCLXXX.

GIÈRES. Com^{ne}, c^{on} et arrond^t de Grenoble (Isère). LXXXVIIIn, XCI, CCXXXII n.

GILLIER. Gaspard-Philippe de Gilliers, de Romans, maître d'hôtel de Lesdiguières, anobli par Henri IV. CDXXX.

GIRARD, GIRAUD. Esprit Girard ou plutôt Giraud, assesseur au bailliage de Gap, 1588. LXVIII, LXXV *bis*.

GIRARD. Jacques, André et Hugues Girard, trois frères bourgeois de Voiron. CDLXII.

GIRAUD. Secrétaire de Lesdiguières. LXXVII, LXXVIII, XCIII, CVI, CXXXIX, CXLIII, CLIV.

GIRAUD. *Voy.* GIRARD.

GONAS (DE). Balthazard de Berenger du Gua, Sr de Gonas, fils d'André et de Madelaine de Beranger de Pipet; beau-frère de Lesdiguières. XXXIII.

GONSELIN. Chef-lieu de c^{on}, arrond^t de Grenoble (Isère). LXXXVIII, CCXLIII.

GORDES. Chef-lieu de c^{on}, arrond^t d'Apt (Vaucluse). CLXXII.

GORDES. Bertrand Raymbaud de Simiane, Bon de Gordes, lieutenant général au gouvernement du Dauphiné (1564-1578), fils de Bertrand et de Pierrette de Pontevez, épousa Marguerite Alleman de Champs, mourut en 1578. I, III, XI, LVII.

GOUVERNET. Réné de la Tour, Sr de Gouvernet, Montauban, Mevouillon et Aix, Mis de la Charce, maréchal de camp (1591), conseiller d'État, cap^{ne} de 100 hommes d'armes, sénéchal du Valentinois et Diois, gouverneur de Die, Nyons, Mevouillon et Montélimar, surnommé le Grand Baron, né en 1545 de Guigues et d'Esprite du Bosquet, épousa en 1573 Isabeau de Montauban, mourut en 1619 à Die. I, II, III, XXI, XXIV, XXXn, LV, LVI, LXIX, LXXn, LXXIII, CX, CXIII,

CXXVII, CLXXXV, CLXXXVI, CLXXXVII, CLXXXIX, CCLVII n, CCCXVI, CCCXXI, CCCXLII n, CCCXCII n, CCCXCIII, CCCXCVI, CDLXIV, CDLXV, CDLXVII, CDLXVII, CDLXIX.

GOUVERNET (Mlle DE). Isabeau Artaud de Montauban, fille d'Antoine et de Marguerite de Planchette de Piégon, épousa Réné de la Tour-Gouvernet en 1573 (*voir ce nom*). XXI.

GRACE, GRASSE. Chef-lieu d'arrond^t du départ^t du Var. CCI.

GRAISIVAUDAN, GRAYSIVODAN. *Vallis Gratianopolitana* : Vallée de l'Isère au-dessus et au-dessous de Grenoble. LXIX, LXXIII, LXXXIX, XCVII, CXXII, CLIV n, CXCVII, CCXXXIII n.

GRAND MAISTRE DE L'ARTILLERIE. *Voy.* ROSNI.

GRAND PRIEUR. Henri de Valois, duc d'Angoulême, Grand Prieur de France (1570), gouverneur de Provence (1577-1586), fils naturel de Henri II et de Flamen Leviston. Il épousa Charlotte de Montmorancy et fut assassiné le 2 juin 1586, à Aix, par Altoviti. V, VI.

GRANE. Com^{ne}, c^{on} de Crest, arrond^t de Die (Drôme). CDXXXVI, CDL, CDLXVIII, CDLXIX.

GRANET. Pierre de Granet, vice-sénéchal de Saluces, conseiller d'État, conseiller au Parlement de Grenoble (1598), mort en 1602. CCCXI.

GRANGE (LA). Château près de Saint-Marcellin (Isère). LXXVI.

GRASSE. *Voy.* GRACE.

GRATIAN. Gratien de Bonne, cap^{ne}, fils naturel de Michel de Bonne, chanoine d'Embrun, gouverneur du château des Diguières. CXLIV.

GRAYSIVODAN. *Voy.* GRAISIVAUDAN.

GREIGNAN (Cte DE). Louis-François de Castellanne d'Adhemar de Monteil, seig^r de Grignan, épousa Jeanne d'Ancezune de Venejan. LXII.

GRENOBLE. Chef-lieu du départ^t de l'Isère. XI, XIV, XXIV n, XXV, XXVII, XXX, XLV, LXIX, LXXIII, LXXXVIII, LXXXIX, XC, XCI, XCII, XCIII, XCIV, XCV, XCVI, XCVII, XCVIII, XCIX, C, CI, CXVI, CXVII, CXVIII, CXX, CXXI, CXXII, CXXIII, CXXIV, CXXV, CXXVI, CXXVII, CXXX, CXXXI, CXXXII, CXXXIV, CXXXV, CXXXVI, CXXXVIII, CXLII, CXLIII, CXLIX, CLII, CLIII, CLIX, CLXI, CLXIII, CLXIV, CLXV, CLXVI, CLXVII, CLXVIII, CLXXVIII, CLXXX, CLXXXI, CLXXXII, CXCV, CXCVI, CXCVII, CC, CCII, CCIII, CCIV, CCX, CCXI, CCXII, CCXIII, CCXIV, CCXV, CCXVI, CCXVIII, CCXXXII, CCXXXIII, CCXXXIX, CCXLV, CCXLVI, CCXLVIII, CCXLIX, CCL, CCLI, CCLII, CCLIII, CCLIV, CCLV, CCLVI, CCLVII, CCLVIII, CCLX, CCLXI, CCLXII, CCLXIII, CCLXIV, CCLXV, CCLXVI, CCLXVIII, CCLXIX, CCLXX, CCLXXI, CCLXXII, CCLXXIII, CCLXXIV, CCLXXV, CCLXXVII, CCLXXVIII, CCLXXX, CCLXXXI, CCLXXXII, CCLXXXIII, CCLXXXIV, CCLXXXV, CCLXXXVI, CCLXXXVII, CCLXXXIX, CCXC, CCXCI, CCXCII, CCXCIII, CCXCIV, CCXCV, CCXCVI n, CCCIII, CCCIV, CCCV, CCCVII, CCCXII, CCCXVII, CCCXVIII, CCCXIX, CCCXX, CCCXXI, CCCXXII, CCCXXIII, CCCXXIV, CCCXXVI, CCCXXVII, CCCXXIX, CCCXXX, CCCXXXI, CCCXXXII, CCCXXXIV, CCCXXXV, CCCXXXVI, CCCXXXVII, CCCXXXIX, CCCXL, CCCXLI, CCCXLII, CCCXLIII, CCCXLIV, CCCXLV, CCCXLVI, CCCXLVII, CCCL, CCCLI, CCCLII, CCCLIII, CCCLIV, CCCLV, CCCLVI, CCCLVII, CCCLVIII, CCCLIX, CCCLX, CCCLXI, CCCLXII, CCCLXIII, CCCLXIV, CCCLXV, CCCLXVI, CCCLXVII, CCCLXVIII, CCCLXIX, CCCLXX, CCCLXXI, CCCLXXII, CCCLXXIII, CCCLXXIV, CCCLXXV, CCCLXXVI, CCCLXXVII, CCCLXXVIII, CCCLXXIX, CCCLXXX, CCCLXXXI, CCCLXXXII, CCCLXXXIII, CCCLXXXIV, CCCLXXXV, CCCLXXXVI, CCCLXXXVII, CCCLXXXIX, CCCXC, CCCXCI, CCCXCII, CCCXCIII, CCCXCIV, CCCXCV, CCCXCVII, CCCXCVIII, CCCXCIX, CD, CDI, CDII, CDIII, CDIV, CDVI, CDVII, CDVIII, CDIX, CDX, CDXII, CDXIII, CDXIV, CDXV, CDXVI n, CDXVII, CDXVIII, CDXIX, CDXX, CDXXI, CDXXII, CDXXIII, CDXXIV, CDXXVII,

CDXXVIII, CDXXIX n, CDXXX, CDXXXI, CDXXXII, CDXXXIII, CDXXXV, CDXXXVI, CDXXXVII, CDXL, CDXLII, CDXLIII, CDXLIV, CDXLV, CDXLVI, CDXLVIII, CDXLIX, CDL, CDLI, CDLII, CDLVI, CDLVII, CDLVIII, CDLIX, CDLX, CDLXI, CDLXII, CDLXIV, CDLXV, CDLXVII, CDLXVIII, CDLXXII, CDLXXIII, CDLXXVI, CDLXXVII, CDLXXVIII, CDLXXIX, CDLXXX, CDLXXXI, CDLXXXV, CXLXXXVI.

GRENOBLE (Évêque de). François Fleard, 1er président de la Chambre des Comptes du Dauphiné (1564), puis évêque de Grenoble (1575), mort à Tullins en 1606, fils de Jean également 1er président de Comptes. CDLI, CDLII.

GRENNY. XLIV.

GRIGNAN. Comté, aujourd'hui c°n, arrond¹ de Montélimar (Drôme). LXXIII.

GRISONS. Canton suisse, autrefois confédération indépendante. CDXVIII.

GUEIS (DE). Josserand de Guyon de Geis, Sr de Pampelonne, fils d'Antoine et d'Isabelle de Vesc, commandant le château de Rochemaure. CDXXXVI.

GUERIN. Bernardin Guerin, pasteur à Molines (1596-1598), à Mantoles (1598-1626). CCLXVII, CCCXCVIII n.

GUICHE (DE LA). Philibert de la Guiche, chevalier de l'ordre (1579), colonel des Suisses (1589), gouverneur du Lyonnais, Forez et Beaujolais (1595), grand maître de l'artillerie, mort en 1607. Il était fils de Gabriel et d'Anne Soreau, et ép. Éléonore de Chabannes, puis Antoinette de Daillon de Lude. CCIII, CCXXVII, CCXLVI, CCCXCIII n, CDII.

GUIENNE. V, VI, XVI, XXI.

GUIGUE, GUIGUES, GUIGON. Jean Guigues ou Guigon, marchand de Romans, chargé d'affaires des Suisses et du duc de Savoie. VII, VIII, IX.

GUIGON. Bernardin Guigon, marchand et consul de Romans, député aux États de Grenoble (1579). XIX.

GUINET. Capitaine. CCLVI.

GUIS. Secrétaire d'Épernon. CLXXIII n.

GUISE. Henri de Lorraine, duc de Guise, fils de François et d'Anne d'Este, Ctesse de Givors, né en 1550, gouverneur de Champagne et Brie, grand maître de France, épousa Catherine de Clèves et fut tué aux États de Blois en 1588. LXX.

GUISE, GUYSE. Charles de Lorraine, duc de Guise, gouverneur de Provence, né en 1571, mort en 1640, fils d'Henri et de Catherine de Clèves, épousa Henriette-Catherine, duchesse de Joyeuse, Ctesse du Bouchage, veuve du duc de Montpensier. CCI, CCCXVIII n.

GUISE (Mme DE). Catherine de Clèves, femme de Henri de Lorraine, duc de Guise. CCI n.

HAULTEFORT-BELLIÈVRE. Jean de Bellièvre, Sr de Hautefort, ambassadeur en Suisse et 1er président au Parlement de Grenoble, fils de Claude et de Louise de Fay d'Espeisses, mort en 1580. IIIn, XXVIII, XXX.

HENRI (Le Roi). Henri II, roi de France. V.

HENRY III, HENRY. LXII n, LXXVI, XCVII, CCCLXV n.

HENRI IV, roi de France. LXXVI, CXIV, CXXI, CXXII, CXXVII, CLX, CCCXXXVI, CCCLXV n.

HERCULE, SAINT-FRONT. Hercule Negro, Cte de Saint-Front, ingénieur italien au service des protestants, qu'il trahit. XLII, CXXXII, CCCXLI, CCCLXXX.

HERCULES (D'), HERCULES DU SERRE. Hercules du Serre, gouverneur de la vallée de Mairia, capne sous les ordres de Lesdiguières, fils de Benoit, Sr du Rivail, coseigr de Montorcier, et de Louise de Bonne, mourut en 1622 sans alliance. CLXXII, CCCXXVI, CCCXXIX, CCCXXXI, CCCXXXVI.

HERMITE. Antoine Hermite, muletier d'Espinasse. LXXXI.

HESPENEL. *Espenel*, comne, con de Saillans, arrondt de Die (Drôme). CCLX.

HEURTIS (D'). François de Pontis, Sr de Pontis et d'Urtis, fils de Barthélemy et d'Honorade de Baschi, épousa Marguerite Martin de Champoléon, mort en 1606. CCL.

HEURRE. *Eurre*, comne, con de Crest, arrondt de Die (Drôme). XI.

HIERES (D'). Erreur de copiste; *lire:* Hieres.

Antoine d'Hières, seigr de Charancieu, fils d'Obert et d'Antoinette de Virieu, maistre de camp, chevalier de l'ordre du roi, ép. Madelaine de Rivoire. LXVIII.

HIERES (Isles d'). Iles formant un con, arrondt de Toulon (Var). CDXLVIII.

HONGRIE. (Prieur de). CXCIII, CXCV.

HONGUERIE. Royaume de Hongrie. CCCXXXIII.

HUGUET. Capitaine. CCLXXI.

HUILLET. Arnoul Hulliet, chanoine de Gap. CVI.

HULTZ. *Hulst*, ville du pays de Vaes en Hollande. CCV.

HUMBERT II. Dernier Dauphin de la maison de la Tour-du-Pin, qui céda le Dauphiné à la France en 1349. X n, XVII.

HUVET. CDLXXI.

ILLINS. *Voy.* YLLINS.

INDES DE PORTUGAL. Amérique du Sud. CCLVIII.

ISABELLE. *Isola Bella*, comne, province de Turin (Italie). CCXCIX.

ISÈRE. *Voy.* IZÈRE.

ISLE DE CRÉMIEU (L'). *Voy.* CRÉMIEU.

ITALLYE, ITALIE, ITALYE, YTALIE. CXV, CXLII, CXLVI, CXLVIII, CLV, CLVI, CLXXIV, CLXXXVIIIn, CC, CCIII, CCIV, CCXXIIn, CCLXXX, CCXCIX, CCCXXXIII, CCCLXXXI, CCCXCVIIIn, CDXXXVII.

IZE (D'). *Voy.* ROSANS.

IZÈRE, ISÈRE, YSÈRE. Rivière qui prend sa naissance en Savoie, passe à Grenoble et se jette dans le Rhône au-dessus de Valence. LXIX, LXXIII, CCXIX, CCXXI n, CCXXIII, CCXXIV, CCXXVIII, CCXXXIII, CCXXXIV, CCCXXVII, CCCLXXV, CDXII.

JAMESCIEU. *Jameyzieu*, hameau de la comne de Tigneu-Jameyzieu, con de Crémieu, arrondt de la Tour-du-Pin (Isère). CXXXII.

JANIN. *Voy.* JEANNIN.

JARRIE, JARRIES, JARRYE. Comne, con de Vizille, arrondt de Grenoble (Isère). VII n, XII, XIX, XXVII.

JEAN. Capitaine et ingénieur inconnu, peut-être le même que Jean Sarrazin (*Voir ce nom*). LXIX.

JEANNIN, JANIN. Pierre Jeannin, fils d'un cordonnier, né à Autun en 1540, avocat des États de Bourgogne (1572), conseiller et président au Parlement de Dijon, député aux États de Blois, premier président de Dijon, contrôleur général des finances, mort en 1623 (22 mars). CCXCIX n, CCCIX, CCCXVIII n.

JOBERT. Madelaine Jobert, veuve du sieur de Beaucastel, de Die. XXXIX.

JOLIVET. Fort construit par Lesdiguières dans le Graisivaudan. LXXIII.

JONCHIÈRE (DE LA). Aymar de Forest, Sr de La Jonchière et de Beauregard, fils de Gabriel. Il fut lieutenant dans la compagnie de Morges dont il avait épousé la sœur Isabeau. LVIII.

JONS (DE). *Voy.* JOUX.

JOSSOYN (DE). Miracle de Jossoyn, veuve d'Antoine Bernoin, de Montdragon. LXVII.

JOUX (DE), JONS (DE). Jacques-Antoine de Grammond, Bon de Joux, chevalier des ordres du roi (1618), fils de Gaspard et d'Adrienne de Joux, dame de Fellon et de Vallejaux, ép. Jeanne de Grammond-Vezet. CLIII, CLIVn, CCXIX.

JUST. Colonel piémontais, commandant au fort de Montmélian. CCCLXXIV, CCCLXXXI.

LABOREL, LABOUREL. Claude Gruel, Sr de Laborel, Villebois, Le Saix et Chabertan, fils de Gaspard et de Jeanne de Tholon, né en 1520, chevalier de Saint-Michel (1570), gouverneur de Gap, le Gapençais et le Graisivaudan (1563-1574), épousa Catherine de Villette et mourut sans enfants en 1591. LXVIII, LXXV *bis*.

LAGIER. Paul de Laget, de Rosans, coseigr d'Eyguians, soldat des gardes de Lesdiguières, épousa Madelaine Autard de Bragard. CDLXXIII.

LA GOY. Étienne de Meyran, Sr de La Goy, fils de Balthazard, anobli en 1582 par Henri III, épousa Marguerite de Cette, dame de Nans. CLX n.

LAMANON (DE). Alexandre de Paul, Sr de Lamanon, fils de Jacques et de Marguerite de Camaret, anobli en 1572. CLXVIIn, CLXXIV.

LAMBERT. Lieutenant du prévôt des maréchaux et juge à Grenoble. CDLVIII.

LAMBESC. Chef-lieu de c^on, arrond^t d'Aix (Bouches-du-Rhône). CLXXIII n.

LANCY. Village de la banlieue de Genève. CCCLXXXV.

LANGUEDOC, LENGUEDOC. XI, XVI, XXI, XLII, XLVIII, LXIX, LXXIII, CXV, CXLII, CLIII, CLXVII, CLXVIII, CLXXIV, CLXXXVII, CCVIII n, CCCXCVI.

LARAGNE. Chef-lieu de c^on, arrond^t de Gap (Hautes-Alpes). CCXLIV.

LARCHAMP. Voy. ARCHANT (L').

LARDYER. *Lardier*, com^ne, c^on de Tallard, arrond^t de Gap (Hautes-Alpes). LXXV.

LAUDES (DE). Capitaine savoyard commandant le fort de Charbonnières. CCCLXXXI.

LAUSSON. *Lausac*, hameau, com^ne et c^on de Tarascon, arrond^t d'Arles (B^ches-du-R^ne). CCI n.

LAUZET. Homme d'affaires de Lesdiguières. CCCLXXXVIII.

LAVERDIN (DE). Jean de Beaumanoir, Mis de Lavardin, maréchal de France, gouverneur du Maine et du Perche, né en 1551, mort en 1614, fils de Charles et de Marguerite de Chourses, épousa Catherine de Camain, dame de Negrepelisse. CCCLXXVIII.

LECQ. *Lequio*, com^ne, province de Mondovi (Italie). CCXCIX.

LECT. Citoyen de Genève. CCCIX.

LÉGAT (LE). Octave Aquaviva, fils de Jean-Jérôme, duc d'Atria, et de Marguerite Pie, cardinal en 1591, légat en 1593, archevêque de Naples en 1601, mort en 1610. CCV, CCCIII, CCCXXI.

LENCEOV. CXXXII.

LENGUEDOC. Voy. LANGUEDOC.

LENTLEBOURG. *Lens-le-Bourg*, chef-lieu de c^on, arrond^t de Saint-Jean-de-Maurienne (Savoie). CCXLIII.

LÉON. CCLXXI.

LERME (Duc DE). François de Rosas de Sandoval, duc de Lerme, Mis de Denia, cardinal, premier ministre de Philippe III, roi d'Espagne, retiré des affaires en 1618, mort en disgrâce en 1625. CDIV.

LESSIN. Hameau, com^ne de Chimillin, c^on du Pont-de-Beauvoisin, arrond^t de la Tour-du-Pin (Isère). CCXLVII.

LESSINS (DE). Annet de Maugiron, seig^r de Leissins, bailli du Viennois, frère de Laurent de Maugiron (*Voir ce nom*). LXXVIII n.

LESTROIT. *Letrait*, com^ne, c^on de Tallard, arrond^t de Gap (Hautes-Alpes). XXXVI.

LEVESIE (DE). Michel de Levesie, fils de Guy, coseig^r de Savine, et de Marie de St-Michel, procureur du roi comme son père au bailliage d'Embrun. LXXXVI.

LION. Voy. LYON.

LIOTARD. Georges Liotard, cap^ne de quartier à Briançon. CCCLXXXVIII n.

LISLE. Thimothée du Mas, S^r de l'Isle, frère de Nicolas du Mas de Castellanne, Bon de Vitrolles et d'Allemagne. I, II.

LIVRON, LYVRON. Com^ne, c^on de Loriol, arrond^t de Valence (Drôme). III, XXIII, XXIV, XXVII, XLIV, LXXIII, CLIII n, CCCXLVII.

LOMBARDIE. CCCXIII.

LOQUES. XXXV.

LORGUES. Chef-lieu de c^on, arrond^t de Draguignan (Var). CXV.

LORIOL. Chef-lieu de c^on, arrond^t de Valence (Drôme). CCLXXIX.

LOTHMAN. Jean-Henri Lothman, citoyen de Zurich. CCCXXV.

LOUBARON. *Leberon*, collines longeant la Durance entre Cavaillon et Cadenet (B^ches-du-Rhône). CLIII.

LOUDUN. Il faut plutôt lire Embrun. *Voy.* ce mot. LXIX.

LOUIS XI. X n.

LOUPPIE (LA). Hercule de Tholon, seig^r de La Loupie, coseig^r de Vinsobres, fils de Jean et de Fleurie du Puy Montbrun. CXXVII.

LOYS. Jean Louis, procureur et membre du conseil des 40 notables de Grenoble. CXX.

LUBERT. Pierre Lubert, conseiller au Parlement de Tours (1589), président au Parlement de Savoie, mort en 1601, fils de Denis Lubert, contrôleur des finances en Bourgogne. CCCX, CCCXI.

LUCERNE, LUZERNE. *Luserna*, vallée et village, province de Pignerol (Italie). CXLVI, CXLVII, CLIII, CLV, CLVIII, CCXCIX, CDXXXVII.

LUNES (DE). Sancho de Luna et Roxas, commandeur de Villa-Escusa, fils d'Antoine et de Françoise Henriques de Roxas. CCCLXXIV.

LUYE (LA). Ruisseau qui prend sa source à La Bâtie-Neuve et se jette dans la Durance à la Madelaine (Hautes-Alpes). LXXV.

LUX (DE). Edme de Malain, B⁰ⁿ de Lux, conseiller d'État, lieutenant au gouvernement de Bourgogne, fils de Joachim et de Marguerite d'Espinac, tué en 1613 par le chevalier de Guise pour avoir trempé dans l'assassinat des Guise à Amboise. CCCLXXXI.

LUZERNE. *Voy.* LUCERNE.

LYON, LION. V, VI, LXIX, LXXVIII n, CXXXII, CLXVIII, CLXXIII, CLXXIV, CLXXVIII, CLXXIX, CLXXXV, CXCI, CXCIII, CC, CCII, CCIII, CCIV, CCVIII, CCIX, CCXI, CCXXIII n, CCXXX, CCXXXV, CCXLI, CCXLIII n, CCXLVI, CCLXI, CCLXXIII, CCLXXXVI, CCLXXXVII, CCXCV, CCXCVI n, CCXCIX n, CCCIII, CCCXVII, CCCXVIII, CCCXXII, CCCXXIV, CCCXXV, CCCXXXVI, CCCXLIII, CCCLXXVIII, CCCLXXX, CCCXCIII n, CCCXCVIII, CDII, CDXVIII, CDXXII, CDLXXI.

LYON. CCLXIII.

LYONNE (DE). Sébastien de Lyonne, receveur et trésorier général du Dauphiné, mari de Bonne de Portes, anobli en 1581. CXXVII.

LYONNOIS. LXXIII, LXXXIX, CLXVII, CLXXXVI, CXCI, CXCIII, CXCV, CCLXXXVII.

LYVRON. *Voy.* LIVRON.

MAIGNAN (DE). Annibal de Seguiran de Magnan, Sʳ d'Auribeau, fils de Gaspard de Seguiran et d'Isabeau de Magnan, dame d'Auribeau, épousa Lucrèce Agar de Puyricard. CLXXV.

MAINE (Duc DU). *Voy.* MAYENNE.

MAIRE (LE). Eudes Le Maire, valet de chambre de Philippe Iᵉʳ, roi de France, qui, pour le récompenser d'avoir accompli à sa place le voyage de Terre-Sainte, lui donna, à lui et ses descendants, le privilége d'être exempt de tout impôt. Ce privilége fut aboli par Henri IV, par édit du 24 mai 1596. CCCLXXXIII.

MAIRES (Val de). Vallée de la Maira ou Magra, rivière qui naît au col de Maurin et se jette dans le Pô, province de Coni (Italie). CCCVIII, CCCXXVI, CCCXXXI, CCCXXXIII, CCCXXXVI.

MAISONNEUVE (DE LA). Jacques de La Maisonneuve, conseiller et syndic de Genève (1550-1626), fils de François et de Mye Revillod. CCCXCIX.

MAISSES, MESSES. André Hurault, seigʳ de Maisses, ambassadeur à Venise sous Henri III et Henri IV, fils de Nicolas et d'Anne Maillard, mort en 1607. CXV, CXVI, CXLVII, CXLVIII, CLIII.

MAISTRE. Capitaine. CCLI.

MALIGAY (DE). Honoré de Grasse, Sʳ de Malijay, capⁿᵉ. CLXXVI.

MALLENY. Prieur de Pellautier. CIX.

MALLET (DE). Honoré de Mallet, mari de Clermonde de Moustiers, condamné aux galères pour crime de trahison. CC n.

MALTE. Ile de Malte. CDIV.

MANDELOT. François de Mandelot, Sʳ de Passy, Lerme et Vireaux, Vᵗᵉ de Chalons, chevalier de l'ordre du roi, conseiller d'État, lieutenant général en Lyonnais, Foretz et Beaujolais, capⁿᵉ de 100 hommes d'armes, fils de Georges et de Charlotte d'Igny, ép. Éléonore Robertet et mourut le 24 novembre 1588. LXXIII n.

MANOSQUE. Chef-lieu de cᵒⁿ, arrondᵗ de Forcalquier (Basses-Alpes). CXLI n, CLXXI n, CLXXIII, CLXXIV.

MANTE (DE LA). CXLVIII.

MANTES. Chef-lieu d'arrondᵗ (Seine-et-Oise). CLXVII n.

MANTOUE. Capitale du duché de ce nom (Italie). CLXXIII.

MARANS, MARAN. Chef-lieu de cᵒⁿ, arrondᵗ de La Rochelle (Charente-Inférieure). V, VI.

MARCIEUS (DE). Octavien Émé, Sʳ de Saint-Jullien, Bᵒⁿ de Marcieus, maître des requêtes, fils de Barthélemy, épousa Diane de Montaynard; chargé d'affaires de Lesdiguières à la Cour. CDLXXXI.

MARE (DE LA). Jean de La Mare, mari de Marguerite de Moustiers, condamné aux galères pour crime de trahison. CC n.

MARÉCHAL (LE). *Voy.* BELLEGARDE.

MARGARON (DE). Officier au service de Genève. CD, CDXXXIII.

MARIDAT. Secrétaire du connétable de Montmorency. CCCXVIII n, CCCLIV, CCCLV n.

MARQUET. Barthélemy Marquet, jurisconsulte de Valence, député des Églises réformées (1581), conseiller à la Chambre de l'Édit (1582), président à la même Chambre (1603), épousa Jeanne de la Boisse, mourut en 1609. LXIX.

MARQUIS (LE). *Voy.* ORAISON.

MARQUISAT (LE). *Voy.* SALUCES.

MARREL. (DU). Jean du Marrel, avocat et membre du conseil des 40 notables de Grenoble. CXX.

MARRES. André Marres, membre du conseil des 40 notables de Grenoble. CXX.

MARSANNE. Pierre de Marsanne, seig^t de Saint-Genis et Fontjuilianne, d'abord lieutenant puis gouverneur à Montélimar (1590). LXIX.

MARSEILLE. LXIX, CXLI, CCI.

MARTIGUES (Isle de). *Martigues*, Chef-lieu de c^{on}, arrond^t d'Aix (Bouches-du-Rhône). CCI.

MARTIN. Jean Martin, enseigne. CXXXIII.

MARTIN. Thimotée Martin, homme d'affaires de Lesdiguières. CLXI.

MARTININGUES, MARTIGNANDE. Marc-Antoine Martinengo, Cte de Villa-Chiara, général des armées italiennes à Avignon, en Provence et en Savoie. CXV, CXXXIII, CCXVI n, CCXVII, CCXVIII, CCXIX.

MARTINON. Genon Martinon, procureur et membre du conseil des 40 notables de Grenoble. CXX.

MAS (LE). Charles du Puy, Sr du Mas, cousin de Montbrun. I, II, XLIII.

MATEL. Barthélemy Matel, membre du conseil des 40 notables de Grenoble. CXX.

MAUGIRON. Laurent de Maugiron, cap^{ne} de 100 hommes d'armes, lieutenant général en Dauphiné à trois reprises (1549-1556 — 1562-1564 — 1578-1588), fils de Guy et d'Auzanne L'Hermitte, épousa Jeanne de Maugiron; né en 1528, il mourut en 1588. VII, VIII, XI, XII, XIII, XIX, XLII, LVII n, LXII n, LXVIII, LXIX, LXXIII n.

MAUGIRON. Thimoléon de Maugiron, fils du précédent, lieutenant général intérimaire du Dauphiné (1588), gouverneur de Vienne (1589-1591), épousa Françoise de Tournon et fut tué au siége du Pousin en 1622. LXXVIII n, CXLII n.

MAUPRADE. Erreur de copiste (*Voir l'Errata*). *Voy.* MAYRARGUES.

MAUREAU. Paul Moreau, cap^{ne} sous les ordres de Lesdiguières. CLXXXIII, CCL.

MAURICE (Prince). Maurice de Nasseau, stathouder des Provinces-Unies, fils de Guillaume, prince d'Orange, dit le Taciturne, et d'Anne d'Egmont, né en 1567, mort en 1625 sans alliance. CCCXCVI n.

MAURIENNE, MURIANNE, MORIENNE. Circonscription épiscopale de Savoie, capitale Saint-Jean-de-Maurienne. CXVI, CCXVII, CCXIX, CCXXI n, CCXXIII, CCXLIII, CCCLXVII, CCCLXXXV.

MAYENNE, MAINE (DU), MAYNE (DU). Charles de Lorraine, duc de Mayenne, grand amiral et lieutenant général du royaume, fils de François, duc de Guise, et d'Anne d'Este-Ferrare, né en 1554, mort en 1611. Il avait épousé Henriette de Savoie. IV n, XXIV n, XXXVIII, XLIII, XLV n, LXIX, CXIV.

MAYNE (DU). *Voy.* MAYENNE.

MAYRARGUES. Louis d'Allagonia, Sr de Meyrargues, 1er consul d'Aix, 1er procureur du pays, député par les États de Provence à la Cour, décapité pour trahison en 1605. CLXXIV.

MAZEAN. Capitaine au service du duc de Savoie. CLXXXVII n.

MAZERES. Il y a dans le Languedoc et la Gascogne grand nombre de localités de ce nom. XLII.

MAZET. Bourgeois de Gap. LXXV *bis*.

MEAUX. Chef-lieu d'arrond^t du départ^t de Seine-et-Marne. CCV.

MELANS. *Meylan*, com^{ne}, c^{on} et arrond^t de Grenoble (Isère). LXXXI.

MENIER. Christophe de Meynier, Sr de Lambesc, conseiller au Parlement de Provence, député aux États généraux (1594). CCCXLVIII.

MENS. Chef-lieu de c^on, arrond^t de Grenoble (Isère). I, II, XVI, XLI, LXXII, CDLXXXIV.

MENTOLES. Com^ne, vallée de Valcluson, province de Pignerol (Italie). CCLXVII n.

MESCOA (Michel). Cap^ne espagnol. CCCLXXIV.

MESSES. Voy. MAISSES.

MEVILLON, MEVOUILLON, MEULHON, MUEILLON. Mevouillon, com^ne, c^on de Sederon, arrond^t de Nyons (Drôme). XXIV, XXIX, LXIX, LXXIII, CX, CXIII.

MEULHON. Voy. MEVILLON.

MEYRE. LXV.

MEYSSONNIER. Georges Meissonnier, charbonnier d'Embrun. CXII.

MICHEL. Pierre Michel, muletier d'Avanson. LXXXIII.

MILAN. Capitale de la Lombardie (Italie). CLXVIII, CLXXIII, CLXXIV, CCVIII, CCIX, CCXI, CCXII, CDXLVI.

MILHARD. Jean Milhard, commis à la recette de l'extraordinaire des guerres en Dauphiné. CCX.

MILLANOYS, MILANOIS. Duché de Milan. CCCXXXIV, CCCLXXVIII, CCCLXXX, CCCLXXXI, CDIV, CDXLVI, CDLXXIV, CDLXXXIV.

MIOLANS, MYOLANS. Hameau, com^ne et c^on de St-Pierre-d'Albigny, arrond^t de Chambéry (Savoie). CCXXI n, CCCLXXVIII.

MIRABEL, MIRABEAU. Voy. BLACONS.

MIRANDOL. Mirano, hameau de la com^ne de Caramagna, province de Coni (Italie). CLIII, CLV.

MIREBEL, MIRIBEL. Hameau, com^ne de Saint-Roch, c^on de Sallanches, arrond^t de Bonneville (Haute-Savoie). CXCVII bis, CXCVIII, CXCIX.

MIREBOUC, MIREBOUQ. Mirabocco, village, province de Pignerol (Italie). CXLVII, CLXXXVII.

MIRIBEL. Com^ne, c^on de Romans, arrond^t de Valence (Drôme). CCCXCII n.

MIRIBEL (Mlle DE). Laurence de Berenger du Gua, fille d'André et de Madelaine de Berenger-l'Ipet, ép. Claude Grinde, Sr de Miribel; belle-sœur de Lesdiguières. XXXIII.

MIZON, MISON. Com^ne, c^on et arrond^t de Sisteron (Basses-Alpes). CLXXXIII, CLXXXIV.

MOCENIGO. Jean de Mocenigo, diplomate vénitien. CLXXIV n, CLXXXVIII n.

MOIRANS, MOIRENS, MOYRENS. Com^ne, c^on de Rives, arrond^t de Saint-Marcellin (Isère). LXXXVIII n, LXXXIX, XCI, CXVI.

MOLLANS. Com^ne, c^on du Buis et arrond^t de Nyons (Drôme). LXIX.

MOLLETTES. Com^ne, c^on de Montmélian, arrond^t de Chambéry (Savoie). CCXXII n, CCXXIV, CCXXV, CCXXVI, CCXXVII, CCXXVIII.

MOLLIER. Secrétaire de Lesdiguières. XLV, LXXXVII.

MOLIN (LE). Antoine Bernard, Sr du Moulin, dit le cap^ne Moulin, capitaine de quartier à Gap. LXXV bis.

MOMMELIAN. Voy. MONTMÉLIAN.

MONDEVIS. Mondovi, com^ne, province de Coni (Italie). CCXCIX.

MONERY. Commis à la recette des contributions de guerre à Dieulefit. LXIII.

MONESTIER-DE-CLERMONT. Chef-lieu de c^on, arrond^t de Grenoble (Isère). LXXIII.

MONETIER. Monêtier-de-Briançon, chef-lieu de c^on, arrond^t de Briançon (H^tes-Alpes). CXI n.

MONET, MONNET. Capitaine. XLVI, CCXIII.

MONMELLAN. Voy. MONTMÉLIAN.

MONNAYE (Porte de la). Une des portes de Genève. CCCXCIII n.

MONRONT, MONROND. Georges de Bardel, Sr de Montrond, Theus et Remollon, fils d'Étienne et de Suzanne Martin de Champoléon, ép. Françoise de Pierre et mourut en 1619. I, II.

MONTAIGNAC. Com^ne, c^on de Riez, arrond^t de Digne (Basses-Alpes). CXV.

MONTALQUIER. Hameau, com^ne, c^on et arrond^t de Gap (Hautes-Alpes). CCLVIII n, CDLIV.

MONTALQUIER (DE). Voy. PHILIBERT (François).

MONTANYS. Pierre Montagnier, secrétaire de la communauté de Bourgoin, député aux États de Grenoble (1579), syndic des communautés villageoises (1580). XIX.

MONTAUBAN. Chef-lieu du départ^t de Tarn-et-Garonne. XLVIII.

MONTBARQUIER. CCXCIX.

MONTBONNOD, MONTBONNOUD, MONT-BONNOT. Com^ne, c^on et arrond^t de Grenoble (Isère). LXXXVIII n, LXXXIX, XC, XCI, XCII, XCIII, XCIV, XCVI, XCVII, XCIX, C, CI.

MONTBOUCHER. Com^ne, c^on et arrond^t de Montélimar (Drôme). CCLXII.

MONTBRUN. Charles du Puy, Sr de Montbrun, chef des réformés des Baronnies (1562) et de tout le Dauphiné (1563), né vers 1530, épousa Justine Alleman de Champs, fut fait prisonnier au mois de juillet 1575 et eut la tête tranchée à Grenoble le 13 août de la même année. I, II, III.

MONTBRUN (Mlle DE). Justine Alleman de Champs, fille de Charles et d'Anne d'Albigny, épousa Charles du Puy-Montbrun, chef des réformés de Dauphiné. II, III.

MONTBRUN. Jean du Puy, seig^r de Montbrun, fils des précédents, député des églises réformées du Dauphiné, maréchal de camp, né vers 1568, mort vers 1658. LXXIII, LXXX, CCLXXIV, CCCXCII n.

MONT-CENIS (LE), MONT-SENIS. Montagne qui sépare la Savoie du Piémont. CXVI, CXCV, CCIII, CCIV, CCXVII, CCXVIII, CCXIX, CCXXII, CCXLIII n, CCCLXXXV, CCCXCII, CDIII, CDIV.

MONTDRAGON, MONDRAGON. Com^ne, c^on de Bollène, arrond^t d'Orange (Vaucluse). LII, LXVII, CLV.

MONTELIMART, MONTELAYMAR, MONTHELIMARD, MONTELLIMAR, MONTELIMARD. Chef-lieu d'arrond^t (Drôme). XLIX, L, LXII, LXIII, LXIX, LXXVII, CXXXVI n, CCII, CCXXXI, CCLVII n, CCLXXVII, CCCLXXXVIII, CCCXLI, CCCXLIX, CCCL, CCCLXXXVII, CDXXXIX, CDXL.

MONTELLIER. Com^ne, c^on de Chabeuil, arrond^t de Montélimar (Drôme). LXXIII, CII.

MONTEZON. Voy. MONTOYSON.

MONTGARDIN. Com^ne, c^on de Chorges, arrond^t d'Embrun (Hautes-Alpes). CVI.

MONTJAY. *Montjai*, com^ne, c^on de Rosans, arrond^t de Gap (Hautes-Alpes). CCXLIV, CDXXIII n.

MONTLOR. François-Louis Artaud de Montauban d'Agoult de Vesc, seig^r de Montlaur et du Bauchene, Cte de Sault, chevalier des ordres du roi, gouverneur de Lyon (1562), épousa Christine d'Aguerre. CXXVII.

MONTLUEL. Chef-lieu de c^on, arrond^t de Trévoux (Ain). XXX.

MONTMAUR. Com^ne, c^on de Veynes, arrond^t de Gap (H^tes-Alpes). LXX n, CII, CCCLXV.

MONTMELLIAN, MONMELIAN, MOMMELIAN, MOMELIAN. Chef-lieu de c^on, arrond^t de Chambéry (Savoie). CXVI, CCXIX, CCXX, CCXXIV, CCXLIII, CCXCVII, CCXCVIII n, CCCIII, CCCV, CCCXVIII, CCCXXVII, CCCXXVIII, CCCXXXVIII, CCCXLI, CCCLXXIV, CCCLXXVIII, CCCLXXXI, CCCLXXXV, CDXVIII.

MONTMORENCY-DAMVILLE, CONNESTABLE (LE). Henri Ier de Montmorency, duc de Damville, maréchal, connétable de France, fils d'Anne, connétable de France, et de Madel^ne de Savoie-Tende, mort en 1614 à 79 ans, ép. Antoinette de la Marck, puis Louise de Budos. LXVI n, LXIX, XCV, XCVI, XCVII, XCIX, C, CI, CLX n, CLXIII, CLXVII, CLXVIII, CLXX, CLXXI, CLXXIII, CLXXIV, CLXXVI, CLXXVII, CLXXXV, CLXXXVI, CLXXXVII, CCI, CCV, CCVI, CCVIII, CCXI, CCXIII, CCXVI, CCXVII, CCXVIII, CCXX, CCXXI, CCXXII, CCXXIII, CCXXIV, CCXXV, CCXXXIII, CCXLII, CCLIII, CCLVII n, CCLXIX, CCLXX, CCCIII, CCCV, CCCVI, CCCVII, CCCVIII, CCCXI, CCCXII, CCCXIII, CCCXIV, CCCXV, CCCXVI, CCCXVII, CCCXVIII, CCCXXI, CCCXXII, CCCXXIII, CCCXXIV, CCCXXVIII, CCCXXXII, CCCXXXIV, CCCXXXV, CCCXLIII, CCCLIV, CCCLV, CCCLIX, CCCLXIX, CCCLXXIX n, CCCLXXXVI, CCCXCIV, CDIX, CDLXXV, CDLXXXI.

MONTMORIN. Com^ne, c^on de Serres, arrond^t de Gap (Hautes-Alpes). CCXIV.

MONTORCIER. Benoît de Montorcier, Sr de Montorcier, né vers 1545 de Philibert et de Gillette Tertulle, mort sans alliance en 1576. I, II.

MONTOYSON, MONTOISON. Antoine de Clermont-Montoyson, fils de Claude et de Louise de Rouvroy, colonel d'infanterie des gendarmes du connétable de Montmorency, épousa en 1576 Marguerite de Simiane-Gordes, fille du gouverneur du Dauphiné, mort en 1597. LXIX, XCV, CXVI.

MONTPELLIER. Chef-lieu du départ¹ de l'Hérault. XLVI, CLXXIV, CDXXVI.

MONTPENSIER (Duc DE). Henri de Bourbon, duc de Montpensier, fils de François et de Renée d'Anjou, ép. Henriette-Catherine de Joyeuse, duchesse de Joyeuse, Ctesse du Bouchage. Né en 1573, il mourut en 1626. CCV.

MONT-SAINT-BERNARD. Montagne qui sépare l'Italie de la Savoie. CCCLXXXI, CCCLXXXV.

MONTSIRE. Commissaire des guerres. CCCXXI.

MORARD. Antoine de Morard, conseiller au Parlement de Grenoble depuis le 19 juin 1573, mort en 1595. CXXXII.

MORESTEL. Chef-lieu de c^{on}, arrond¹ de la Tour-du-Pin (Isère). CXXXII, CLIV n.

MORELLO. Louis Morello, officier au service du duc de Savoie. CLVIII.

MORIENNE. *Voy.* MAURIENNE.

MORGES. Giraud de Berenger de Morges, Sr de Tréminis, le Monetier-de-Percy, Revel, etc., cap^{ne} de 50 hommes d'armes, fils de Jean et de Olive Odde de Bonniot, épousa Georgette de Berenger du Gua, et mourut en 1587. Il était beau-frère de Lesdiguières. I, II, III, XXIV, XXVI, XLIII.

MORGES. Abel de Berenger de Morges, fils du précédent, gouverneur de Barraux, Grenoble, maréchal de camp, neveu de Lesdiguières, mourut non marié. LVIII, LXIX, LXXV *bis*, CXXVII, CLXXXI, CCXLIX, CCCXXI, CCCLXXX n, CDXV, CDXXIII n, CDXLVI n.

MORTE (DE LA). François de La Morte, sergent major de la ville de Grenoble, 1587. CL.

MORTE (DE LA). Jean de La Morte, trésorier provincial de l'extraordinaire des guerres en Dauphiné (1598), mari de Madelaine de Berenger Pipet, fils du précédent, anobli en 1606. CDXLV.

MOTTE-CHALANÇON (LA), MOTTE (LA). Chef-lieu de c^{on}, arrond¹ de Die (Drôme). CCXXXIX, CCXLIV, CCLXV, CCXLVII, CCXLIX.

MOTTET (DU), MOTET, CHESSILIANE (DE). Charles du Mottet, seig^r d'Oulle, Séchillienne, Champier et Nantoin, gentilhomme de la chambre du roi, ép. Alix Stuard, puis Hippolyte Émé de Saint-Jullien ; fils de Bernardin et de Huguette de Maritan. CXVIII, CXX, CXXI, CXXII, CXXVI, CXXVII, CCLXXII.

MOUSTIERS, MOSTIERS. *Moustiers en Tarentaise*, chef-lieu d'arrond¹ du départ¹ de la Savoie. CCC, CCCI, CCCLXXVIII.

MOUSTIERS. Chef-lieu de c^{on}, arrond¹ de Digne (B^{ses}-Alpes). LXIX.

MOUSTIERS. Pierre de Moustiers, bâtard légitimé de Jacques, seig^r de Sainte-Marguerite, bourgeois de Gap, épousa Marguerite de Gras, mort en 1594. LXXV *bis*.

MOYDIEU. Louis de Buffevent, Sr de Moydieu, conseiller au Parlement de Grenoble, épousa Marguerite Aréoud. XCIX, CXVIII, CXIX, CXX, CXXII, CXXV, CXXVI, CXXVII.

MOYRENS. *Voy.* MOIRANS.

MUEILLON. *Voy.* MEVILLON.

MULASSAN. Capitaine. CLXXXVII n.

MURE (LA). Chef-lieu de c^{on}, arrond¹ de Grenoble (Isère). VII, XV, XVII, XVIII, XIX, XXIV, XXV, XXVI, XXVII, XXVIII, CDLXXXII.

MURES. Jean de Bourrelon, seig^r de Mures, chambellan du duc d'Alençon, gouverneur d'Embrun (1577-1581), maistre de camp, fils de Guillaume, seig^r de Chonas. Il fut tué en Flandres. CXXVII, CLXXXI.

MURIANNE. *Voy.* MAURIENNE.

MURIENNE. Chanoine de Notre-Dame de Grenoble. CXX.

MYCOUD. Antoine Micoud, marchand et membre du conseil des 40 notables de Grenoble. CXX.

MYOLANS. *Voy.* MIOLANS.

NAIDES (DE). Gouverneur pour les Genevois du fort de Saint-Genis. CCCXCVIII.

NANCEY (Mme DE). Gabrielle de Baternay du Bouchage, fille de René et d'Isabeau de Savoie, épousa Gaspard de La Chatre-Nancey, cap^{ne} des gardes du roi. CDXVIII.

NANS. Hameau, com^{ne} et c^{on} de Saint-Vallier-de-Thiey, arrond¹ de Grasse (Alpes-Maritimes). CXXXIX.

NANTES. Chef-lieu de la Loire-Inférieure, où fut promulgué, en 1599, l'édit de ce nom. XIV n, CCCXLVI, CCCLXI n, CCCLXII, CCCLXIII, CCCLXIV, CCCLXXIII, CDXLVI.

NAPLES. CLXVIII, CLXXIII, CLXXIV, CCVIII, CCIX, CCXI, CCXII, CCXIII, CDXLVI.

NAVARRE. CLXXXVI, CCCIII.

NAVARRE (Le roi de). Henri, roi de Navarre, plus tard Henri IV. IX, XXXIX, XL, XLII, XLVIII, LI, LII, LVI, LX, LXII, LXIII, LXVI, LXVIII, LXIX, LXXIII, CXX, CXLVI.

NEMOURS (Duc DE). Charles-Emmanuel de Savoie, duc de Nemours, fils de Jacques, duc de Genevois, et d'Anne d'Est-Ferrare, frère utérin du duc de Mayenne, général des armées de Savoie, commandant à Lyon et dans le Lyonnais et Dauphiné pour la Ligue, mort en 1595. XXXVIII n, CXXXIII n, CXLII, CLV.

NEMOURS. (Duc DE). *Voy.* SAINT-SORLIN.

NÉRAC. Chef-lieu d'arrond¹ (Lot-et-Garonne). XIV n.

NEUFVILLE (DE). *Voy.* VILLEROY.

NEUVE (Rue). Rue d'Embrun. CDXVI.

NEVERS (Duc DE). Louis de Gonzague, duc de Nevers, né en 1540, fils de Frédéric II, duc de Mantoue, épousa en 1565 Henriette de Clèves, duchesse de Nevers, mourut en 1595. CCXCIX.

NEVERS (Duc DE). Charles de Gonzague, duc de Nevers, Clèves et Réthel, gouverneur de Champagne, fils de Louis et de Henriette de Clèves, épousa Catherine de Lorraine (1599) et mourut en 1637). CXLIX, CLXXIII.

NEVYER. Antoine Nevière, marchand à Gap. CLIII n.

NICE, NISSE. Chef-lieu du départ¹ des Alpes-Maritimes. CCXLIII n, CCXCIX, CDI.

NICOUD (François). Receveur des dix villes de Dauphiné. CDLX.

NICY. *Voy.* ANICY.

NIONS, NYONS, NYHONS. Chef-lieu d'arrond¹ (Drôme). VI, XII, XXI, XXIV, LXXI, LXXIII.

NISMES. Chef-lieu du départ¹ du Gard. CLXXIV, CCLI.

NISSE. *Voy.* NICE.

NONCE (LE), NUNCE (LE). Pierre Aldobrandini, cardinal, nonce, chargé d'affaires du pape pour la conclusion de la paix de 1602. CCCXIX, CCCXXII n.

NOTRE-DAME-DES-PLANS. Ancienne abbaye, maintenant ferme, à 3 kil. de Bollène, sur le territoire de la comⁿᵉ de Montdragon (Vaucluse). LXVI, LXVII.

NOYER (LE), NOYERS (LES). Comⁿᵉ, cᵒⁿ de St-Bonnet, arrond¹ de Gap (Hautes-Alpes). XXXI, LVI.

NOYERS. Chef-lieu de cᵒⁿ, arrond¹ de Sisteron (Basses-Alpes). CLXXXIII n.

NYONS, NYHONS. *Voy.* NIONS.

OLIER DE MONTJEU. Benoît Olier de Montjeu, fils de Claude, vibailli de Gap (1511-1549), vibailli lui-même (1549-1595). CCCXIX n.

OLIVET, PROCUREUR DU ROI A BRIANÇON. François Olivet, procureur du roi à Briançon (1590-1603), avocat consistorial, docteur en droit. CCXCVII.

OLLIER. Gaspard Olier de Montjeu, chanoine de Gap, fils de Claude et frère de Benoît, tous deux vibaillis de Gap. CVI.

OLLIOULES, OLLIOLES. Chef-lieu de cᵒⁿ, arrond¹ de Toulon (Var). CXXXIX.

ORAISON (D'), OURAISON. Antoine d'Oraison, Sʳ de L'Aigue, Vᵗᵉ de Cadenet, gouverneur de Manosque, lieutenant général en Provence (1593), fils d'Honoré et de Catherine de Clermont-Lodève, épousa Marthe de Foix. I, II, III, CLX, CLXIII, CLXXI n, CLXXIII n, CLXXIV, CLXXV, CLXXVI, CLXXXV, CLXXXVI, CLXXXVII, CLXXXVIII.

ORANGE, ORENGES, AURENGE. Chef-lieu d'arrond¹ du départ¹ de Vaucluse. LXIX, LXXI, LXXIII, CLIII, CCXXXI, CCCXCVI, CCCXCVII, CCCXCVIII, CD n, CDXXXIX, CDXLI, CDXLVII.

ORENGES (Prince D'). Philippe de Nasseau, prince d'Orenge, fils de Guillaume le Taciturne et d'Anne d'Egmont, enlevé par le duc d'Albe en 1568, prisonnier pendant vingt-cinq ans en Espagne, épousa Éléonore de Bourbon-Condé et mourut en 1618 sans postérité. CCCXCVI, CCCXCVII, CCCXCVIII.

ORGON, OURGON. Chef-lieu de cᵒⁿ, arrond¹ d'Arles (Bᶜʰᵉˢ-du-Rⁿᵉ). CLXXIII, CLXXIV.

ORNANO, COLONEL (LE), ALPHONSE, DORNANS. Alphonse Corse d'Ornano, fils de San Pietro et de Vanina d'Ornano, colonel des Corses, lieutenant général en Dauphiné (1589) et en Guyenne (1592), ép. Marguerite de Pontevez. LXIX, LXXIII, LXXV bis, LXXVI, LXXVIII, LXXXVIII n, LXXXIX, XCI, XCIV, XCV, XCVI, XCVIII, XCIX, CXIV, CXLII n, CLIII, CLV, CLVI, CLXVII, CLXXVIII, CLXXXI, CCII, CCVIII n, CCIX, CCXVI n, CCLVII n, CCLXIX n, CCLXX, CCCLXXIX n.

ORPIERRE. Chef-lieu de c^on, arrond^t de Gap (Hautes-Alpes). CL.

ORRES (LES), URRES (LES). Com^ne, c^on et arrond^t d'Embrun (Hautes-Alpes). LX, LXI, CIV, CV, CXXIII.

OSTE. *Voy.* AOSTE.

OULX, OURS. Com^ne, province de Suze (Italie), autrefois du Briançonnais. LXXIII, CXI, CXV, CXC, CCCXLVI, CCCXLVII, CCCLXXXIV.

OURAISON (D'). *Voy.* ORAISON.

OURGON. *Voy.* ORGON.

OURS. *Voy.* OULX.

PADIGLIA (DE). Pedro Padilla, officier espagnol. CDIV.

PAIS BAS. CCV, CCXII, CDXIV.

PALLINES. Officier espagnol au service du duc de Savoie; peut-être le même que Salinas (*Voy. ce nom*). CXV.

PAPARIN DE CHAUMONT. Pierre Paparin de Chaumont, évêque de Gap (1570-1600), originaire du Bourbonnais, ancien officier de cavalerie. CIII n, CVI, CVII.

PAPE (Terres du). *Voy.* COMTAT.

PAPE (LE). Grégoire XIII, pape (1572-1585), Boncompagno, né à Bologne en 1502, mort en 1585. VI.

PAPE (LE). *Voy.* CLÉMENT VIII.

PARAT. Pierre Parat, procureur et praticien de Gap, à partir de 1577 homme d'affaires et trésorier des réformés dans le Gapençais jusqu'en 1590. IV, LXXIX, CVI, CVIII, CIX, CXXXVII.

PARIS. LXIX n, CLIII n, CLIV, CCV, CCVIII n, CCCXLVII, CDXXIV, CDLIV, CDLXIX, CDLXX, CDLXXI.

PARMENYON (DON). Officier espagnol au service du duc de Savoie. CCXXXIII, CCXXXIV.

PASQUIERS. Charles Allemand de Pasquiers, dit le cadet de Pasquiers et le cap^ne Bonbain, lieutenant au gouvernement de Gap (1588), tué au siège de Grenoble (1590). LXIX, LXXV bis, CCXXIII n.

PASSAIGE (LE), PASSAGE (LE). Aymar de Poysieu, Sr du Passage, fils de Charles et Hélène de Grolée, gouverneur des citadelles de Valence, de Lyon, et lieutenant général en Provence et au marquisat de Saluces, épousa Françoise de Flotte. LXIX, CLXIII, CCCXLI n, CCCXCIII.

PAULO (DE). CDLXVIII.

PAVIE (Duc DE). Erreur de lecture : pour *Du Sauze*. Voir *l'Errata*.

PECCAYS. CLXXIII.

PELLAPRAT dit BASCOUD, PELLEPRA dit BASSEQOU. Jean Pellaprat dit Bascoud, cap^ne, sergent major de Montélimar. CCXXXI, CCCXLI n.

PELLEOUTIER. *Pellautier*, com^ne, c^on et arrond^t de Gap (Hautes-Alpes). CIX.

PELLISSIER (Dominique). Soldat des gardes de Lesdiguières. CDXXIII n.

PELLOUX. Membre du conseil des 40 notables de Grenoble. CXX.

PERAULT (DE). Humbert Perrault, Sr de la Chapelle et Montrevost, cap^ne de 50 hommes d'armes, chevalier des ordres du roi, gouverneur de Mâcon, fils de Philibert et de Guye de Macheco, épousa Rose Bourgeois. CLXXIII n.

PERDEYER. Claude de Perdeyer, seig^r de l'Argentière, gouverneur de Château-Queyras (1588-1622), fils de Claude et de Catherine Reynier. LXV n.

PERIGUEUX. Chef-lieu du départ^t de la Dordogne. V, VI.

PEROUSE, VALPEROUSE. *Perosa*, vallée, province de Pignerol (Italie). CXLVI, CXLVII, CLVIII, CCXCIX, CCCXLVI, CDXXXVII.

PERRINET. Gaspard de Perrinet, Sr du Barsac et Mison, B^on d'Arzeliers, trésorier des guerres, président de la Chambre des Comptes (1609), mort en 1654, fils de Laurent. CXCIV, CCXXXII.

PERROLIER. Personnage inconnu, député aux États de Grenoble (1579). XIX.

PERRON. Claude Perron, pasteur à Saint-Sébastien et à Prajella (1588-1617), député au synode de Gap, mort en 1618. LXXVIII n, CXI, CCXXXIII n, CCCXCVIII n, CDXVI n.

PERTUIS, PERTUYS. Chef-lieu de c^{on}, arrond^t d'Apt (Vaucluse). LXIX, CXV, CLXXII, CLXXIII, CLXXIV.

PESSE. Probablement mauvaise lecture du premier éditeur. V.

PEYPIN. Chef-lieu de c^{on}, arrond^t de Sisteron (Basses-Alpes). CLXXXIII n.

PEYRINS. Com^{ne}, c^{on} de Romans, arrond^t de Valence (Drôme). CLXXXVI n.

PEZENAS. Chef-lieu de c^{on}, arrond^t de Béziers (Hérault). CLXXIV n.

PHILIBERT (Prince). Philibert-Emmanuel de Savoie, grand prieur de Castille et Léon, grand amiral d'Espagne, fils de Charles-Emmanuel, duc de Savoie; mourut en 1624. CDLXXXIV.

PHILIBERT (Arnoux). Lieutenant au gouvernement de la citadelle d'Embrun, fils de Gaspard, épousa Jeanne Eyraud, mort en 1625. CDXVI.

PHILIBERT, CADET DE CHARANCE, MONTALQUIER (DE). François Philibert, surnommé le Sergent, puis le Cap^{ne} Cadet de Charance, cap^{ne} des gardes de Lesdiguières, gouverneur des citadelles d'Embrun et Puymore, Sr de Montalquier, anobli en 1592; naquit à Gap vers 1545 d'Étienne Philibert, épousa Catherine Rocques, puis Suzanne du Perier, et mourut en 1634. XLVIII, LI, LVIII, LXXV n, CCLVIII, CCCXIX, CCCXXXVIII, CDXI, CDLIV.

PHILIBERT. Henri Philibert, Sr de Venterol et l'Argentière, cap^{ne}, fils de François, cadet de Charance, et de Suzanne du Perier, ép. Jeanne de Perdeyer et mourut en 1624. CXCII, CCXXXVI.

PHILIPPE. Philippe VI de Valois. XVII.

PICARDIE. V, CCVI, CCXXII.

PIEDMONT, PIEMONT. CXV, CXXXV, CXLII, CXLIV, CXLVI, CXLVII, CL, CLIII, CLV, CLVI, CLIX, CLXI, CLXVII, CLXVIII, CLXXIV, CLXXXII, CLXXXV, CLXXXVI, CLXXXVII, CLXXXVIII n, CLXXXIX, CXCI, CXCIII, CXCIV, CXCV, CCVIII, CCXIV, CCXVII, CCXXXII, CCXL, CCXLVIII, CCLX, CCLXII, CCLXVII n, CCLXVIII, CCLXXX, CCLXXXIII, CCLXXXIV, CCLXXXV, CCXCIX, CCCXIII, CCCXLVI, CCCXLVII, CCCLX, CCCLXVn, CCCLXVII, CCCLXXIII, CCCLXXIV, CCCLXXVIII, CCCLXXXI, CCCLXXXIV, CCCLXXXV, CCCXCII, CCCXCVIII, CDXXIX, CDXXXVII, CDXLV, CDLXXXIV.

PIEDMORE. Voy. PUYMORE.

PIEGON (DE). Antoine de Seguins, Sr de Piegon, épousa Pirame Raffin; mort en 1610. CDLXIV, CDLXV, CDLXVI, CDLXVII.

PIERRE ANDRÉ. Pierre André Chervas, de Sisteron, cap^{ne} dans le régiment du Cte de Carces, puis sous les ordres de Lesdiguières. CLXXXIII.

PIERRELATTE. Chef-lieu de c^{on}, arrond^t de Montélimar (Drôme). LXII, LXIII, CXCVI, CDIII.

PIGNANS. Com^{ne}, c^{on} de Besse, arrond^t de Brignolles (Var). CXV.

PIGNEROL. Pinerolo, chef-lieu de la province de ce nom (Italie). CXLVII, CLIV n, CLXXXIX, CXCV, CCXCIX, CCCLXXIII. CDXXXVII.

PIN (LE). Quartier et ancien prieuré, com^{ne} de Claret (Voir ce mot). CLXII, CLXIX.

PIN. Aymar de Chevalier, Sr du Pin à Ancelle (H^{tes}-Alpes), capitaine. CCL.

PIPET (CHATEAU). L'un des châteaux de la ville de Vienne (Isère). LXXVIII n, LXXXI.

PIPETIERES. Claude de Virieu, seig^r de Pupetieres, Montravel, La Mure, Bressieu, fils de Claude et de Jeanne de Virieu-Torchefelon, épousa Marguerite de Bernard. CXXXII.

PLAINE (LA). Hameau, com^{ne} de Saint-Martin-d'Hères, c^{on} et arrond^t de Grenoble (Isère). LXXXIX, XCI, CDLII.

PLAIN PALAIX. Bourg de la banlieue de Genève. CCCXCIII n.

PLAN-DE-BAYS. Com^{ne}, c^{on} de Crest, arrond^t de Die (Drôme). CCLX.

PLANE (DE LA). Esprit de La Plane, capitaine ligueur. CCI.

PLOVIER. Bertrand Plouvier, premier président en la Chambre des Comptes de Dauphiné, seig^r de Quaix, fils de Claude. CXXXII.

POËT (LE ou DU), POUET, POYET. Louis de Marcel-Blayn, Sr du Poët, Bary, Mornans, Saou et Châteauneuf-de-Mazenc, lieutenant de Montbrun et Lesdiguières, gouverneur de Montélimar (1588), gouverneur de Briqueras (1592), lieutenant général au marquisat de Saluces (1593), fils de Pierre et de Marguerite de Blayn, ép. Jeanne d'Aillan et fut tué en duel par Gouvernet en 1598. I, II, XXIV, XLVIII, LXIX, LXXIII, CXXVII, CLIII, CLIV n, CCXV, CCLVII, CCCLXXIX n.

POËT (DU), POËT-SAVASSE (DU), POUEYT (DU). Louis de Marcel, neveu et héritier du précédent, Bon du Poët, Sr de Savasse, Mornas, etc., cap^{ne} de 50 hommes d'armes, gouverneur du Saou, gentilhomme de la Chambre du roi, épousa Justine de la Tour-Gouvernet, fille du célèbre Gouvernet. CCCXLI, CDXLII, CDLXIX.

POËT (Mme DU). Jeanne d'Aillan, femme en premières noces de Louis de Bologne, Sr de Sersson, et en secondes de Louis de Marcel-Blayn, Sr du Poët. CCLXXXV.

POËT D'ANPERCIP. *Le Poët-en-Percip* (Podium dominæ Percipiæ), com^{ne}, c^{on} du Buis, arrond^t de Nyons (Drôme). XLV.

POITIERS. Chef-lieu de la Vienne où fut promulgué l'édit de ce nom (1577). XIV n, XXIV n.

POIX. Chef-lieu de c^{on}, arrond^t d'Amiens (Somme). CCVI.

POLIENAT. *Poliénas*, Com^{ne}, c^{on} de Tullins, arrond^t de Saint-Marcellin (Isère). CXCVII.

POLIGNY. Jacques de Poligny, seig^r de La Fare et Poligny, fils de Pierre et de Jeanne de Roux, épousa Doucette de La Place; lieutenant de Lesdiguières, gouvern^r de Labâtie-Neuve et de Gap (1589-1592), il fut tué au siège de Beynes en Provence en 1592. LXXV *bis*, CXXIX.

POLLOMIEU. Gaspard de Baronat, Sr de Polleymieu et de Poliénas, lieutenant de la compagnie de Maugiron, épousa Laurence de Monteynard. CXXXII.

PONAT. Jean-Baptiste de Ponnat, conseiller du roi, conseiller au Parlement de Grenoble, fils de Pierre et de Marguerite de Fassion, épousa Anne de Garcin. CDXXXII.

PONCHARRA. *Voy*. PONTCHARRA.

PONSONNAS. Charles Borel, Sr de Ponsonnas. LXXIII n.

PONSONNAS. Jean Borel de Ponsonnas, chanoine de Notre-Dame de Grenoble et syndic de la ville; fils de Georges. CXX.

PONT. *Voy*. LA CHENAL.

PONT (DU). Antoine du Pont, de Romette, surnommé le cap^{ne} Pays. CCLII.

PONTAIS. *Pontaix*, com^{ne}, c^{on} et arrond^t de Die (Drôme). III, LXXIII.

PONTAULT. *Pont-Haut*, pont qui sépare les cantons de La Mure et de Corps, autrefois limite entre la Matésine et le Beaumont. LXXIII.

PONTAY. Hector de Marcel, seig^r de Pontaix, capitaine sous Des Adrets, tué au siège de Vienne (1589). LXXVIII n.

PONTCHARRA, PONCHARRA. Com^{ne}, c^{on} de Goncelin, arrond^t de Grenoble (Isère). CXXXV, CXXXVI n, CXLVI, CCXXX, CCXXXI n, CCXXXIII, CCXXXV, CCXXXVIII, CCXL, CCXLI, CCXLII, CCCXXXIX.

PONTCHARTRAIN. Paul Phelippaux, Sr de Pontchartrain et de La Vrillère, né en 1569, mort en 1621, fils de Louis et de Radegonde Ganot; sous-secrétaire d'État en 1610. CDLIII.

PONT DE BAYS (DU). Aymar de Forests, seig^r du Plan de Baix (*Voy. l'Errata*). XXI.

PONT-DE-BEAUVOISIN, BEAUVEZIN. Chef-lieu de c^{on}, arrond^t de la Tour-du-Pin (Isère). CCIII, CCXLIII n, CCLXXII, CCCXVIII n, CCCXXII, CCCXXIII, CCCLXXX, CDIV.

PONT-EN-ROYANS. Chef-lieu de c^{on}, arrond^t de Saint-Marcellin (Isère). XXVII.

PONTEVEZ (DE ou DU). Balthazard de Pontevez, Sr de Pontevez, premier consul d'Aix, procureur du pays (1609), fils de François et Marguerite de Villeneuve, épousa N... de Foresta (1575), puis Marguerite de Galeran (1592), puis Catherine de Clapiers (1605). I, II.

PONT-SAINT-ESPRIT. Chef-lieu de c^{on}, arrond^t d'Uzès (Gard). XLVI n.

PORTE NEUVE. Une des portes de Genève. CCCXCIII.

PORTES (DE). Antoine d'Urre de Cornillon, Sr de Portes, gouverneur du château de Pierrelatte, mort en 1595, fils d'Henri, Sr de Cornillon et du Puy-Saint-Martin. CXCVI.

PORTES. Hameau, com^{ne} de l'Étoile, c^{on} et arrond^t de Valence (Drôme). CCLXII.

PORTES. *La Porte*, hameau, com^{ne} de la Thuile, c^{on} de St-Pierre-d'Albigny, arrond^t de Chambéry (Savoie). CLVIII.

POUET (DU), POUEYT (DU). *Voy.* DU POET.

POURRÉS. Louis Michel Pourrés, muletier d'Espinasse. LXXXI.

POYET (DU). *Voy.* DU POET.

PRABAUD. *Voy.* BONNE PRABAUD.

PRADE (DE LA). Gouverneur de Châteaudouble (1580), puis de Droncro (1581), poignardé par ordre du maréchal de Bellegarde, à Saluces, la même année. VII, VIII, IX, XIX n, CXV n.

PRAGELA, PRAGELLA, PRAJELLA, PRAIALLA. *Pragellato*, com^{ne}, province de Pignerol (Italie), autrefois du Briançonnais. LXXIII, LXXVIII n, CXI n, CXXXIII, CCXXXIII, CCLXXXV, CCCXLVI, CCCXLVII, CCCLXIV, CCCLXXIII, CCCLXXXIV, CDXXXVII.

PRAMOL. *Pramolle*, vallée de la province de Pignerol (Italie). CCCXLVI.

PRÉ (LE). Étienne du Prat, dit cap^{ne} du Pré, capitaine de quartier à Gap. LXXV *bis*.

PREL. Claude Prel, notaire à Saint-Bonnet, vi-mistral du Champsaur et consul du Noyer, fils de Jean. XXXII, LVIII.

PREMIER PRÉSIDENT. *Voy.* YLLINS.

PRESSINS (DE). Gaspard Fléard, Sr de Pressins, Tullins, Voiron et le Pont-de-Beauvoisin, conseiller (1557), puis président au Parlement de Grenoble (1574), fils de Jean, 1er président des Comptes de Dauphiné. XCV.

PRESSINS (DE). Pierre Fléard, Sr de Pressins, fils de Jean et neveu de François Fléard, évêque de Grenoble. CDLII.

PRINCE (M. LE). *Voy.* CONDÉ.

PROCUREUR GÉNÉRAL (LE). François du Faure, procureur général au parlement de Grenoble (1594-1610), fils de François, également procureur général (1574-1584). CDXLVI.

PROCUREUR DU ROI A BRIANÇON. *Voy.* OLIVET.

PROVENCE, PROVANSE, PROUVANSE. V, VI, XI, LXI, LXIX, LXX, LXXIII, LXXV, LXXXIX, CIV, CXV n, CXVI, CXXXIII, CXXXV, CXXXIX, CXLI, CXLII, CXLVI, CLIII, CLV n, CLX n, CLXV, CLXVI, CLXVII, CLXVIII, CLXX, CLXXI n, CLXXIII n, CLXXIV, CLXXV, CLXXVI, CLXXX, CLXXXII, CLXXXIII, CXXXIV, CLXXXV, CLXXXVI, CLXXXVII, CLXXXIX, CXCII, CCI n, CCVII n, CCVIII n, CCLXXV, CCLXXX, CCCXV, CCCXVIII, CCCXLVIII, CCCXCVI, CDXXXI, CDXLVIII.

PRUNIER. *Voy.* SAINT-ANDRÉ.

PUISSANT. Théodore Puissant, membre du conseil des 40 notables de Grenoble. CXX.

PURPURAT. Gaspard Porporato, colonel au service du duc de Savoie. CLIV n, CLVIII.

PUY (DU). *Voy.* MAS (LE).

PUYMICHEL. *Puimichel*, com^{ne}, c^{on} des Mées, arrond^t de Digne (Basses-Alpes). CXV.

PUY MICHEL (DE). Joseph de Loques, Sr de Puimichel, conseiller à la Chambre des Comptes de Provence, épousa Sybille des Rollands de Reauville (1571), testa en 1580. LXIX, LXX n.

PUYMORE, PIEDMORE, PUYMAURE, PUYMORE-LEZ-GAP. Colline à l'ouest de Gap sur laquelle Lesdiguières avait fait élever une forteresse. XLII, LXV, LXIX, LXXV, LXXV *bis*, CV, CVI, CXIII, CXXVIII, CXXIX, CXXXVII, CXLIII, CXLV, CL, CLXII, CLXIX, CLXXXII, CXCIV, CCXLIII n, CCLXVII, CCCXIX, CCCXXXVIII, CDLIV, CDLXXIV.

PUY SAINT-MARTIN. Antoine Rostaing d'Urre, Sr du Puy Saint-Martin, Aiguebonne et Pont d'Ain, Mis de Treffort, lieutenant général des armées du roi en Italie, gouverneur de Casal, du Montferrat, lieutenant général en Provence, fils de Louis et d'Antoinette de la Baume-Suze. CCLVII n.

QUART (DE). Aymon de Quart, évêque de Genève de 1304 à 1311. CCCXCV n.

QUEIRAS, QUIRAS. *Queyras*, vallée du Briançonnais comprenant le canton d'Aiguilles et partie de celui de Guillestre (Hautes-Alpes). LXXIII, CXXXIII.

QUERASC. *Cherasco*, com^ne, province de Mondovi (Italie). CCXCIX.

QUIRIEU. Hameau de la com^ne de Bouvesse-Quirieu, c^on de Morestel, arrond^t de la Tour-du-Pin (Isère). CXXXII.

QUITRY. Jean de Chaumont, Sr de Guitry, Forest et Labecourt, conseiller et chambellan du duc d'Alençon, cap^ne de 50 hommes d'armes, chevalier de l'ordre, maréchal de camp, lieutenant général des armées du roi, né en 1532, mort en 1592, fils d'Antoine et de Jeanne d'Assy. CXVI.

RAMBAUD. Antoine Rambaud, avocat, syndic des communautés villageoises en Dauphiné, juge-mage à Die, né vers 1560, mort vers 1630. CCLXXVIII n.

RAMBAUD. Noël Rambaud, membre du conseil des 40 notables de Grenoble. CXX.

RAME (DE). Antoine de Rame, S^r des Crottes, Pallon, Freyssinières et Mison, cap^ne de 50 hommes d'armes, gouverneur de l'Embrunais (1585), fils de Gaspard et de Marguerite de Saint-Marcel d'Avançon, ép. Catherine de Dardaillan. LI n.

RAMÉE (LA). CCXII.

RAMEFORT (DE). Onuphre d'Espagne, Sr de Ramefort, colonel. CLXXXIV.

REAULMONT. Com^ne, c^on de Rives, arrond^t de Saint-Marcellin (Isère). CXXXII.

REBERET. *Ribeyret*, com^ne, c^on de Rosans, arrond^t de Gap (Hautes-Alpes). CCLXXIV.

REBOLET. Chanoine de Notre-Dame de Grenoble. CXX.

REGNARD, SAINT-JULLIEN, FLORENS. Florent de Renard, Sr de Saint-Jullien, secrétaire de Lesdiguières, puis premier président de la Chambre des Comptes (1597), fils de Jean de Renard, épousa Marguerite Bouvard. XLIX, LI, LII, LV, LVI, LXVI, LXVII, LXXV*bis*, CVIII, CX, CXIII, CXIV, CXXXIV, CLIII, CLV, CLVI, CLXVII, CLXVIII, CCII, CCLXIX n, CCCXXXVII, CCCXXXIX, CCCXLI, CCCXLII, CCCXLV, CCCXLVI, CCCLIX, CCCLXXIV, CCCLXXXIV,

CCCLXXXV, CCCXCII n, CCCXCIII, CCCXCIV, CCCXCVIII n, CD n, CDXVI n, CDXXIII n, CDXXIX n.

REMOLLON. Com^ne, c^on de Chorges, arrond^t d'Embrun (Hautes-Alpes). V, CCXXXVI.

REMUSAC. *Remuzat*, chef-lieu de c^on, arrond^t de Nyons (Drôme). CCXLIV.

RENCUREL. Com^ne, c^on de Pont-en-Royans, arrond^t de Saint-Marcellin (Isère). CCLX.

RENDE (DE). Étienne de Rende, capucin, chargé d'affaires du pape. CDXXXVII n.

REVEST (LE). Hameau, com^ne de Ste-Maxime, c^on de Grimaud, arrond^t de Draguignan (Var). CXXXIX.

REVILL, ROVILL, ROVILLE. *Revillet*, hameau, com^ne, de Verel-de-Montbel, c^on du Pont-de-Beauvoisin, arrond^t de Chambéry (Savoie). CCLXXII.

REVILLASC (DE). Guy de Revillasc, seig^r d'Aspres, Montbrand et Chabestan, fils de Jean, seig^r desdits lieux, et de Jeanne Berger, épousa Laurence de Ricou (1543-1600). CIII n.

REVOL. Antoine de Revol, archer de la garde du roi, anobli en 1591, époux de Benoite Chauvin. CCCVI, CCCVIII, CCCIXV.

REYNAUD (Marin). Bourgeois de Montmorin. CCXIV.

REYNIER. *Voy.* CHAMET.

RHIEZ. *Voy.* RIEZ.

RIBIERE. François Ysnel, S^r de La Ribière, capitaine, né à Embrun de noble Jean, S^r de La Ribière. CXXXIII.

RIBIERS. Chef-lieu de c^on, arrond^t de Gap (Hautes-Alpes). CXXXIII n, CLXX.

RICHELIEU. Premier ministre de Louis XIII. LXXV n.

RICOU. Alexandre de Ricou, cap^ne des gardes de Lesdiguières, fils de César et d'Espérance de La Colombière. CXXXIV.

RICQUE (DE). Antoine de Bernières, Sr de Ricque, capitaine, fils de François et de Françoise de Chaponnay. CCLIX.

RIEZ, RHIEZ, RIEYS. Chef-lieu de c^on, arrond^t de Digne (Basses-Alpes). CLXXI, CCVII. *Voy.* aussi TREYS et l'*Errata*.

RIGOT, RIGAULT. Robert Rigot, cap^ne, command^t le château de Montélimar. CCXXXI n, CCCXLI n, CCCLXVII.

RIMOND. *Rimond-en-Savel*, com^{ne}, c^{on} de Baillans, arrond^t de Die (Drôme). CCLX.

RIVE (LA). Bourgeois de Gap. LXXV *bis*.

RIVIÈRE (DE LA). Pierre de La Rivière, commissaire de l'extraordinaire des guerres, receveur des greniers à sel de Dauphiné; épousa Louise du Puy-Montbrun. CCLXX.

ROBERT. Pierre Robert, avocat et membre du conseil des 40 notables de Grenoble. CXX.

ROBOUD. Théodore Roboud, membre du conseil des 40 notables de Grenoble. CXX.

ROCHAS. Étienne Rochas, membre du conseil des 40 notables de Grenoble. CXX.

ROCHAS. Jean Rochas, bourgeois et consul de Gap. LXXV *bis*.

ROCHAS. Firmin Rochas, bourgeois de Gap, fils de Firmin, juge épiscopal à Gap en 1546. LXXV *bis*.

ROCHE (LA). Hameau près d'Annecy (Haute-Savoie). CCCLXXXV.

ROCHE (DE LA). Jean de Flotte, B^{on} de La Roche et Montmaur, fils de Georges et de Marguerite de La Tour de Sassenage, ép. Antoinette Artaud de Montauban, dame de Montmaur, et testa en 1590. CCCLXV.

ROCHE (Commandeur DE LA). Antoine de Flotte, chevalier de Malte, dit le Commandeur de La Roche, gouverneur de Grenoble (1588), frère du précédent. LXIX.

ROCHE (B^{on} DE LA), (Cte DE). Balthazard de Flotte, B^{on} puis Cte de La Roche des Arnauds, Bon de Montmaur, fils de Jean et d'Antoinette Artaud de Montauban, gouverneur de Romans, épousa d'abord Isabeau des Astars de Loudun, qu'il abandonna pour épouser Marthe de Clermont d'Amboise. Il tenta, en 1592, de livrer Romans au duc de Savoie, et eut la tête tranchée en 1614 pour assassinat. LXIX, CCII n, CCCLXV, CCCLXXIX, CD.

ROCHE-CHANDYEU (DE LA). Antoine de La Roche-Chandieu, théologien protestant, originaire du Dauphiné, né à Chabot en Mâconnais (1534), mort à Genève (1591). LXIX.

ROCHE (DE LA), ROCHE DE GRANE (DE LA).

Paul de La Roche, Sr de Grane, gentilhomme de la chambre du roi, colonel, fils d'Antoine, châtelain de Grane, et d'Antoinette Fayolle, ép. Jeanne de Gardin. CCXXXIX, CCXLIV, CCXLV, CCXLVII, CCXLVIII, CCXLIX, CCLIV, CCLV, CCLVII, CCLIX, CCLXII, CCLXIV, CCLXV, CCLXVI, CCLXXV, CCLXXVII, CCLXXIX, CCLXXXVI, CCLXXXVIII, CCXCII, CCXCV, CCXCVIII, CCCII, CCCIV, CCCL, CCCLX, CCCLXXXVI, CDIII, CDXIII, CDXIX, CDXXXVI, CDL, CDLXVIII, CDLXIX.

ROCHEMAURE, ROQUEMAURE. Chef-lieu de c^{on}, arrond^t de Privas (Ardèche). CDXXXVI.

ROCHE-SUR-BUYS. Com^{ne}, c^{on} du Buis, arrond^t de Nyons (Drôme) XXIV.

ROCHETTE (LA). Hameau, com^{ne} de Fontcouverte, c^{on} et arrond^t de Saint-Jean-de-Maurienne (Haute-Savoie). CXVI, CCXXI n.

ROCHETTE (LA). Com^{ne}, c^{on} du Buis, arrond^t de Nyons (Drôme). XLV.

ROCHETTE (LA). Alexandre de Bonne, S^r d'Auriac, La Rochette et Labâtie, Vte de Tallard, fils d'Étienne et de Madelaine de Rousset. Jusqu'à la mort de son père, vers 1630, il porta le nom de La Rochette. CCCXXVI.

ROCHETTE (DE LA). Président du Sénat de Savoie. CDXXXIII n.

ROCHE-GUION. Henri de Silly, Cte de La Roche-Guyon, chevalier des ordres du roi. CXXVII.

ROMANS. Chef-lieu de c^{on}, arrond^t de Valence (Drôme). VII, LXIX, LXXIII, CXXVII, CXXXVI n, CXCVII, CCII n, CCXCI, CCCXLI n, CCCLVI, CCCLXV n, CCCLXXII, CCCLXXIX, CDXLVI, CDLV.

ROME. CCCLXXXIV.

ROMILLY, ROUMILLY. Chef-lieu de c^{on}, arrond^t d'Annecy (Haute-Savoie). CLV, CCCII, CCCIII, CCCIV, CCCLXXIV, CCCLXXVIII, CCCLXXXI, CDXVIII.

RONDIN. CCXCIX.

ROSNE (DE). Chrestien de Savigny, Bon de Rosne, mari d'Antoinette d'Anglure, dame d'Estoges, mort en 1596 à Hultz, au service de l'Espagne. CCV.

ROQUE-ESPARVIÈRES. *Rocca Sparveria*, com^{ne}, province de Coni (Italie). CCXCIX.

ROQUEMAURE. *Voy.* ROCHEMAURE.
ROSANS, ROZANS, ROUZANS. Chef-lieu de c^{on}, arrond^t de Gap (Hautes-Alpes). XX, XXXIX, XLVII, XLIX, L, LI, LX, LXII, CXXXIII.
ROSANS (Cap^{ne}), IZE (D'), ROZAN. Jean-Antoine d'Yze, dit le Cap^{ne} Rosans, seig^r de Rosans et Miribel, gentilhomme de la chambre du roi, gouverneur d'Exilles, fils de Jean et Jeanne d'Orcières, mari de Marie de Rivière. CCXXXII n, CCLXXXI, CCXCI, CCXCVII, CCCXXII.
ROSET. Citoyen de Genève. CCCIX.
ROSNE, RHONE. Fleuve du Rhône. LXXVIII n, CLIII, CLXXIII, CCV, CCVIII n, CCXVI n, CCXXXI, CCXXXV, CCXLIII n, CCCXXXV, CCCLXXIV, CCCXCIII, CDII.
ROSNI (DE), ROSNY, LE GRAND MAISTRE DE L'ARTILLERIE. Maximilien de Béthune, Sr de Rosny, duc de Sully, surintendant des finances, ministre de Henri IV, grand maître de l'artillerie, fils de François et de Charlotte d'Annet, né en 1559, épousa Anne de Courthenay, puis Rachel de Cochefilet, mourut en 1641. CCCIX, CCCXVIII, CCCXXVI, CCCXLI.
ROSSET (DU), ROUSSET. Louis de Rousset, seig^r de Rousset, Prunières, coseig^r de Savine et Montorcier, fils d'Albert et de Louise de Grimaldi, épousa Philippine de Combourcier, dame du Monetier, puis N... de Castellanne; mort en 1611. LXXIII, CCXLVIII, CCLX.
ROSSET. Antoine Rosset, bourgeois de Voiron. CDLXII.
ROSSILLON. *Roussillon*, com^{ne}, c^{on} de Gordes, arrond^t d'Apt (Vaucluse). CLXXII.
ROSTAING. Yves Rostaing, membre du conseil des 40 notables de Grenoble. CXX.
ROSTAING. Greffier du Parlement de Grenoble, probablement Laurent Rostaing, fils de Mathieu et de Jeanne de Galles. XCI, XCIV, XCV, XCIX.
ROSTEIN. Gaspard de Rostaing, de Gap, cap^{ne} protestant. XL.
ROURE (LA), RIVIÈRE. CDX.
ROURE. Salomon Arabin, dit Cap^{ne} Roure, de Corps, frère de Laurent et Barthélemy, également capitaines, fils de Jean, hôtelier à Corps. LVIII.
ROUEN. CCV.
ROUMILLY. *Voy.* ROMILLY.
ROUSSAS. Château près de Châteaudouble, c^{on} de Chabeuil, arrond^t de Valence (Drôme). XIX.
ROUSSET. Charles des Alrics, Sr de Rousset, gentilhomme de la Chambre, gouverneur de Valréas, maistre de camp. I, II.
ROUSSET. *Voy.* ROSSET.
ROUX-PERRACHE. Lieutenant au gouvernement de Château-Dauphin (1588). LXV n.
ROVILL, ROVILLE. *Voy.* REVILL.
ROYNE (LA). *Voy.* CATHERINE.
ROYNE (LA). Marie de Médicis, reine de France. CDVII, CDLXXXI, CDLXXXIV.
ROZAN. *Voy.* ROSANS.
RUYNAT. XXIV.
SAINT-AGNAN. *Saint-Agnan-en-Vercors*, com^{ne}, c^{on} de La Chapelle, arrond^t de Die (Drôme). CCLX.
SAINT-AGREPVE. Com^{ne}, c^{on} et arrond^t de Grenoble (Isère). LXXVIII n.
SAINT-ANDRÉ-PRÈS-ROMANS. *Saint-André-en-Royans*, com^{ne}, c^{on} de Pont-en-Royans, arrond^t de St-Marcellin (Isère). CCCXLI n.
SAINT-ANDRÉ. Prieuré, aujourd'hui paroisse dans la ville de Gap. CVI.
SAINT-ANDRÉ-PRUNIER. Artus Prunier, S^r de St-André, de Royans et Virieu, conseiller (1571) et présid^t du Parlement de Grenoble, lieutenant général par intérim en Dauphiné (1590), premier président du Parlement de Provence, conseiller d'État (1590-1593), 1er président du Parlement de Grenoble (1603), fils d'Artus, receveur général du Dauphiné, et de Jeanne de La Colombière, épousa Honorade de Simiane; né en 1548, mort en 1616. LXXXVIII n, XCV, XCVI, CXVII, CXVIII, CXXVII, CXXXII, CCCXLI n, CDXXXVII, CDXXXIX.
SAINT-ANTOYNE. *Saint-Antoine-en-Viennois*, com^{ne}, c^{on} et arrond^t de Saint-Marcellin (Isère). CVI.
SAINT-AUBANS, SAINCT-AULBANS. Jacques Pape, Sr de Saint-Auban, lieutenant de Montbrun

et Lesdiguières, gouverneur du Comtat, fils de Gaspard et de Blanche de Poitiers, ép. Lucrèce de Piene et mourut le 15 janvier 1594. I, III, CLIII.

SAINT-AUBANS. Guy Pape, Sr de Saint-Auban, fils du précédent, épousa Mabille des Massues, dame de Vercoiran. CDXXXII.

SAINT-BARNARD DE ROMANS. Chapitre de la ville de Romans. CCCLVI.

SAINT-BENOIST. *San-Benedetto-Belbo*, com^{ne}, province de Coni (Italie). CLXXXVIII.

SAINT-BENOIT. Com^{ne}, c^{on} de Saillans, arrond^t de Die (Drôme). CCLX.

SAINT-BERNARD. Montagne qui sépare la Savoie de l'Italie. CCXXIII, CCCLXXII.

SAINT-BERON. Com^{ne}, c^{on} de Pont-de-Beauvoisin, arrond^t de Chambéry (Savoie). CCCXCIX, CD, CDXXXIII, CDXLIX.

SAINT-BONET. *Saint-Bonnet*, Chef-lieu de c^{on} de l'arrond^t de Gap (Hautes-Alpes). CDVI.

SAINT-BONNET. Henri de Chapponay, S^r de St-Bonnet, contrôleur général des finances. CCCLXXIV, CCCLXXVIII, CCCLXXX, CCCLXXXII.

SAINT-CANNAT. N... de Forbin, Sr de Saint-Cannat, gouverneur de Pertuis et du Puy-Sainte-Réparade (1588-1593). CLX.

SAINT-CESARY. Conseiller au Parlement de Provence. CLXXVI.

ST-CHAMOND-CHEVRIÈRES. *Voy*. CHEVRIÈRES.

SAINT-CLAUDE. Chef-lieu d'arrond^t du départ^t du Jura. CCCXXXV.

SAINT-DENIS. Sous-préfecture du départ^t de la Seine. CLIV.

SAINT-DONAT. Ancienne paroisse d'Embrun, aujourd'hui supprimée. CCLXXVI.

SAINTE-CATHERINE. Hameau, com^{ne}, c^{on} et arrond^t d'Annecy (H^{te}-Savoie). CCLXVIII.

SAINTE-CÉCILE. Ancienne paroisse d'Embrun, aujourd'hui supprimée. CCLXXVI.

SAINT-ESTÈVE (Mme DE). CDXXV.

SAINTE-EUPHEMIE, SAINTE-EUFEMIE. Com^{ne}, c^{on} du Buis, arrond^t de Nyons (Drôme). CCLVI, CCLXIII, CCLXXI.

SAINT-ÉTIENNE-D'AVANÇON. Com^{ne}, c^{on} de Labâtie, arrond^t de Gap (H^{tes}-Alpes). XX.

SAINTE-HELEINE. *Sainte-Hélène-du-Lac*, com^{ne}, c^{on} de Montmélian, arrond^t de Chambéry (Savoie). CCCLXXVIII.

SAINTETÉ (SA). *Voy*. LE PAPE.

SAINT-FERREOL. Hercule de Sibeud. S^r de St-Ferreol, gouverneur de Romans (1597), de Die (1622), fils d'Alexandre et de Louise de Laval, épousa Suzanne de Giraud, dame de Davajeu. XL, CCXXVII, CCCLXXII, CCCLXXIX n.

SAINT-FIRMIN, SAINT-FURMIN. Chef-lieu de c^{on}, arrond^t de Gap (Hautes-Alpes). CXLIV, CCLIX.

SAINT-FRONT. *Voy*. HERCULES.

SAINT-GENIS. *Saint-Genix*, chef-lieu de c^{on}, arrond^t de Chambéry (Savoie). CLV, CCXLVII, CCCIII, CCCLXIX, CCCLXXVIII, CCCLXXX, CCCXCVIII, CD, CDII, CDIV, CDXV, CDXLIX.

SAINT-GENIS, SAINT-GINIS. Jacques de Marsanne, Sr de Saint-Genis, fils d'Hugues et de Catherine de Manze, épousa Madelaine Froment. Son fils Jean épousa Jeanne Martin de Champoleon. CCLXII.

SAINT-GEORGES. *St-Georges-d'Espéranche*, com^{ne}, c^{on} d'Heyrieux, arrond^t de Vienne (Isère). LXXXI.

SAINT-GEORGES. *St-Georges-des-Hurtières*, com^{ne}, c^{on} d'Aiguebelle, arrond^t de Saint-Jean-de-Maurienne (Savoie). CCLXXII.

SAINT-GEORGES (DE). Guy de Saint-Georges, colonel espagnol. CDIV.

SAINT-GERMAIN. *San-Germano*, com^{ne}, province de Pignerol (Italie). CCCXLVI.

SAINT-GINIS. *Voy*. SAINT-GENIS.

SAINT-JACQUEMON. *Saint-Jacome*, hameau, com^{ne} de Thevesol, c^{on} et arrond^t d'Alberville (Savoie). CCC.

SAINT-JACQUES (FAUXBOURG). Faubourg de Grenoble. LXXIII.

SAINCTS-JALLES. *Sainte-Jalle*, com^{ne}, c^{on} du Buis, arrond^t de Nions (Drôme). LV.

SAINT-JAMES-DE-VALGODEMAR. *Saint-Jacques-en-Valgodemar*, com^{ne}, c^{on} de St-Firmin, arrond^t de Gap (Hautes-Alpes). CXLIV.

SAINT-JEAN. *San-Giovanni*, com^{ne} et vallée, province de Pignerol (Italie). CLVIII, CLXXXIX.

Saint-Jean. Honoré de Castellane, Sr de Saint-Jean, neveu de Lesdiguières, ép. Blanche de Castellanne, et fut tué en 1588 au combat du Mont-Genèvre près Briançon. LVIII, CCL.

Saint-Jean-d'Angely. Chef-lieu d'arrondᵗ (Charente-Inférieure). CLIV n.

Saint-Jean-de-Maurienne, Morienne, Murianne. Chef-lieu d'arrondᵗ du départᵗ de la Savoie. CCXVII, CCXVIII, CCXIX n, CCXXIII n.

Saint-Jean-d'Hérans. Comⁿᵉ, cᵒⁿ de Mens, arrondᵗ de Grenoble (Isère). XXXIX.

Saint-Juers, Saint-Jurs. Marc-Antoine de Castellanne, Sr de Saint-Jurs, fils incestueux d'Honoré et Blanche de Castellanne, frère et sœur, chevalier des ordres du roi, maréchal de camp, gouverneur de Seyne et Ries, mari de Diane du Mas de Castellanne, cousin de Lesdiguières. CCXXXIII, CCXXXIV, CCLXXX.

Saint-Jullien. Comⁿᵉ, cᵒⁿ et arrondᵗ de Saint-Jean-de-Maurienne (Savoie). CDXXXIII n, CDLXXIX.

Saint-Jullien. *Saint-Jullien-en-Vercors*, comⁿᵉ, cᵒⁿ de la Chapelle, arrondᵗ de Die (Drôme). CCLX.

Saint-Jullien. *Voy.* Regnard.

Saint-Jullin, Saint-Jullen, Saint-Julien. Gabriel de la Poype, Sr de Saint-Jullin, gouverneur de Gap et capⁿᵉ de 100 hommes d'armes. XLIII, LXVIII, LXXV bis, CXXXII, CLXXIV.

Saint-Jurs. *Voy.* Saint-Juers.

Saint-Laurent (De). Pierre de Berenger, prieur de Saint-Laurent en Beaumont, fils de Gabriel, Sr du Gua et d'Alix de Laire de Glandage. CDLI.

Saint-Laurens-de-Meures. Comⁿᵉ, cᵒⁿ d'Heyrieux, arrondᵗ de Vienne (Isère). CDXVIII.

Saint-Laurent. Faubourg de Grenoble sur la rive droite de l'Isère. CXVII n, CXXIII, CXXVII.

Saint-Laurent-du-Cros. Comⁿᵉ, cᵒⁿ de Saint-Bonnet, arrondᵗ de Gap (Hautes-Alpes). CXCVII.

Saint-Marc. Pierre de Saint-Marc, fils d'un aubergiste d'Avignon à l'enseigne de Saint-Marc, commandant des gendarmes de Maugiron, chevalier de l'ordre du roi, gouverneur de Vienne (1563-1577). LXXVIII n.

Saint-Marcellin. Chef-lieu d'arrondᵗ de l'Isère. LXXIII, CXLII, CDXLVI.

Saint-Martin. *San-Martino*, vallée, province de Pignerol (Italie). CXLVI, CLVIII, CCXCIX, CCCXLVI, CDXXXVII.

Saint-Martin. *Saint-Martin-en-Vercors*, comⁿᵉ, cᵒⁿ de La Chapelle, arrondᵗ de Die (Drôme). CCLX.

Saint-Martin (Tour de). Tour à Montélimar. CCCXLI n.

Saint-Martin. Jean de Moustiers, Sr de Saint-Martin, capitaine, bâtard de Charles, Sr de Ventavon, ép. Marguerite de Bosse, et fut décapité en 1596 pour crime de trahison. CC n.

Saint-Maur. Comⁿᵉ, cᵒⁿ de Charenton, arrondᵗ de Sceaux (Seine). CCVIII n.

Saint-Maximin. Chef-lieu de cᵒⁿ, arrondᵗ de Brignolles (Var). CXV.

Saint-Mesme. *Saint-Maxime*, comⁿᵉ, cᵒⁿ de Grimaud, arrondᵗ de Draguignan (Var). CLXXXVIII.

Saint-Michel. Chef-lieu de cᵒⁿ, arrondᵗ de Saint-Jean-de-Maurienne (Savoie). CCXVIII, CCXXII n.

Saint-Nazaire. Comⁿᵉ, cᵒⁿ et arrondᵗ de Grenoble (Isère). LXXIII, CCXLVIII, CCXLIX.

Saint-Oblas. Jean de Buthaud, Sr de Saint-Oblas dans le Viennois, et fils de Pierre, seigʳ du même lieu. I, II.

Saint-Pardon. Capitaine. CCXLI.

Saint-Paul-sur-Durance, Saint-Pol. Comⁿᵉ, cᵒⁿ de Peyrolles, arrondᵗ d'Aix (Bouches-du-Rhône). CXV, CLXXI n, CLXXIV.

Saint-Paul-Trois-Chateaux, Saint-Pol. Chef-lieu de cᵒⁿ, arrondᵗ de Montélimar (Drôme), autrefois siége d'un d'un évêché. L, LXIII, CDXXXVIII, CDXXXIX.

Saint-Piarre-d'Albigny. *Saint-Pierre-d'Albigny*, chef-lieu de cᵒⁿ, arrondᵗ de Chambéry (Savoie). CCCIII.

Saint-Pol. *Voy.* Saint-Paul-sur-Durance.

Saint-Pol. *Voy.* Saint-Paul-Trois-Chateaux.

Saint-Roman. Gouverneur de Salon pour la Ligue (1593). CXXXII, CCI n.

DES NOMS D'HOMMES ET DE LIEUX.   587

SAINT-SAUVEUR, SAINCT-SALVEUR. Com^ne, c^on et arrond^t d'Embrun (Hautes-Alpes). LX, LXI.

SAINT-SAUVEUR, SAINT-SAULVEUR. Jacques de La Tour, Sr de Saint-Sauveur, frère de Gouvernet (*voir ce nom*), ép. Jeanne de Sade. LXXIII, CXXVII.

SAINT-SAVOURNIN. Com^ne, c^on de Roquevaire, arrond^t de Marseille (Bouches-du-Rhône). CLXXII.

SAINT-SORLIN (Mis de), NEMOURS (Duc DE). Henri de Savoie, Mis de Saint-Sorlin, fils de Jacques, duc de Genevois, et d'Anne d'Este-Ferrare ; duc de Nemours et de Genevois après la mort de son frère (1595) ; né en 1572, épousa en 1618 Anne de Lorraine, mourut en 1632. XXXVIIIn, CXXXII, CCCXV, CCCXVIIIn, CCCLXXXI, CDLXX, CDLXXXIV.

SAINT-VINCENT. Com^ne, c^on de Noyers, arrond^t de Sisteron (Basses-Alpes). CLXXXIIIn.

SAINT-VINCENT. Ancienne paroisse d'Embrun, aujourd'hui supprimée. CCLXXVI.

SALASSE. *Salassa*, province d'Ivrée (Italie). CXXXV, CXLVI.

SALINAS, SALINES, SALINS. Sancho Sarmiento di Salinas y Villandrado, général espagnol au service du duc de Savoie. CCXVIIn, CCXVIII, CCXIX, CCXXXIII, CCXXXIV, CCCLXXX.

SALLEBERTRAN. *Salbertrand*, com^ne, province de Suze (Italie). CCCXLVII.

SALON. Chef-lieu de c^on, arrond^t d'Aix (B^ches-du-Rhône). CCIn.

SALUCES, SALUSSES, SALLUCES (Marquisat DE). Marquisat, fief relevant de la France sur le versant des Alpes, aujourd'hui Italie. XXIn, XXXn, LXIX, LXX, CXLVI, CLIVn, CCVIIIn, CCLXXII, CCLXXXIII, CCXCIX, CCCXXXIIIn, CDXXXVII.

SALLUSSES, SALLUCES, SALUCES. Forêt appartenant à Embrun, située sur le territoire de la commune des Orres. CXII.

SALUSSES. *Saluzzo*, capitale du marquisat et chef-lieu de la province de ce nom (Italie). CCXCIX.

SANCY (DE). Nicolas de Harlay, Sr de Sancy, né en 1546, mort en 1629, conseiller au Parlement, ambassadeur en Suisse, surintendant des finances, fils de Robert et de Jacqueline de Morvilliers, ép. Marie Moreau, dame d'Auteuil. CLV, CCXXVIII, CCCIX, CCCXIII, CCCXXI.

SAOU, SAVU. Com^ne, c^on de Crest, arrond^t de Die (Drôme). LXXIII.

SARRAZIN. Antoine Sarrazin, procureur et membre du conseil des 40 notables de Grenoble. CXX.

SARRAZIN. Jean Sarrazin, membre du conseil des 40 notables de Grenoble. CXX.

SARRAZIN. Jean Sarrazin, ingénieur de Lesdiguières, né à la Tour-d'Aigues en Provence, épousa Jeanne de Lanfrey ; fils de François, capitaine lorrain. LXXVn.

SAVASSE. Com^ne, c^on de Marsanne, arrond^t de Montélimar. (Drôme). LXXIII, CCXCII.

SAVERDUN. Chef-lieu de c^on, arrond^t de Pamiers (Ariége). XLII.

SAVILLAN. *Savigliano*, com^ne, province de Saluces (Italie). CCXCIX.

SAVOIE, SAVOYE, SCAVOYE. VI, LXXXVIIIn, LXXXIX, CXXXV, CXLII, CXLIV, CLIII, CLV, CLXI, CLXVIII, CLXIX, CLXXIII, CXCIV, CCIn, CII, CCIV, CCV, CCVIIn, CCVIII, CCXIV, CCXVII, CCXXXII, CCXXXIIIn, CCXXXV, CCXL, CCXLVIII, CCL, CCLIII, CCLX, CLXII, CCLXVIII, CCLXXXIII, CCLXXXIV, CCLXXXVII, CCXCIX, CCC, CCCIII, CCCV, CCCIX, CCCX, CCCXIII, CCCXV, CCCXVIII, CCCXXII, CCCXXIII, CCCXXVII, CCCXXXIII, CCCLX, CCCLXVII, CCCLXIX, CCCLXXIV, CCCLXXX, CCCLXXXI, CCCLXXXV, CCCLXXXVI, CCCXCII, CCCXCIII, CDI, CDII, CDVI, CDVII, CDXIV, CDXXIX, CDXXXIIIn, CDXXXVIII, CDXLVI, CDXLIX, CDLX, CDLXXIV.

SAVOYE (Le Duc DE). Emmanuel-Philibert dit Teste-de-Fer, duc de Savoie, fils de Charles III et de Béatrix de Portugal, épousa Marguerite de Bourbon et mourut en 1580. VIII, IX, XXX.

SAVOIE (Duc DE), SCAVOYE (DE), SON ALTESSE. Charles-Emmanuel, duc de Savoie, fils d'Emmanuel-Philibert et de Marguerite de Bourbon, épousa Catherine Michelle d'Autriche, fille de Philippe II ; monta sur le trône en 1580, mourut en 1630. XXXVII, XXXVIII, CXI n, CXIV, CXV, CXVI, CXLVI, CXLVII, CXLVIII, CLIII, CLIV, CLV, CLVII, CLVIII, CLIX, CLXVII, CLXVIII, CLXXIV, CLXXXII, CLXXXV, CLXXXVI, CLXXXVII, CLXXXIX, CXCI, CXCII, CXCIII, CXCV, CXCVII bis n, CCI, CCII, CCVII, CCVIII, CCIX, CCXI, CCXII, CCXVI n, CCXVIII, CCXIX, CCXXI n, CXXIII, CCXXIV, CCXXV, CCXXVI, CCXXVIII, CCXXXIII, CCXXXIV, CCXLII, CCXLIII, CCXLVI, CCLI, CCLII, CCLIII, CCLXVII, CCLXVIII, CCLXXII, CCLXXX, CCLXXXII, CCLXXXIII, CCLXXXV, CCLXXXVII, CCXCVI n, CCXCIX, CCCV, CCCVIII, CCCIX, CCCXI, CCCXII, CCCXIII, CCCXIV, CCCXV, CCCXVIII, CCCXXII, CCCXXIII, CCCXXVI, CCCXXVIII, CCCXXX, CCCXXXIII, CCCXXXV, CCCXXXVI, CCCXLI, CCCXLVI, CCCXLVII, CCCLIII, CCCLXV n, CCCLXXIII, CCCLXXVIII, CCCLXXX, CCCLXXXI, CCCLXXXV, CCCXCII, CCCXCIII, CCCXCVIII, CD, CDI, CDII, CDIV, CDVI, CDX, CDXV, CDXVI n, CDXXIII n, CDXXXIII, CDXXXVII, CDXLV, CDXLIX, CDLXX, CDLXXIV, CDLXXV, CDLXXIX, CDLXXXI, CDLXXXIV, CDLXXXV.

SAVOYE (Duchesse DE). Catherine Michelle d'Autriche, fille de Philippe II, roi d'Espagne, et d'Élisabeth de France, femme de Charles-Emmanuel, duc de Savoie ; morte en 1597. CCXLIII.

SAVU. *Voy.* SAOU.

SAVYON. CDLXXVI.

SAULSAC. Gabriel de Fay-Gerlande, Sr de la Motte-Galaure, Saulsac et Veztamise. XIX, XXVII, XXIX.

SAULT, SAUT. Com^{ne}, c^{on} et arrond^t de Carpentras (Vaucluse). LXXII, LXXIV, CLXVIII n.

SAULT (Ctesse DE), DE SAUX. Chrétienne d'Aguerre, Ctesse de Sault, épousa en premières noces Antoine de Créqui-Blanchefort, et en deuxièmes Louis d'Agoult, Cte de Sault. Elle était fille de Claude d'Aguerre et de Jeanne d'Haugert de Genlis, fut le véritable chef de la Ligue en Provence, et mourut en 1611. CLXV, CLXVII n, CLXXIV, CCXXVI.

SAUMON. Officier piémontais, gouverneur de Saint-Genis. CCCLXXX.

SAUSSE (LA), SAULSE (LA). *La Saulce,* com^{ne}, c^{on} de Tallard, arrond^t de Gap (H^{tes}-Alpes). XLII, LXXV, CCXLIV.

SAUZE (DU). Ministre plénipotentiaire de France près du duc de Savoie en 1574, mort en 1592. CXLIII.

SAUZE (Duc DE). Probablement Gaspard de Sosa, lieutenant du connétable de Castille. CLXXIII.

SAXE (BERAL DE). Ayeul fabuleux de la maison de Savoie. CCXXIII.

SCAVOYE (Le Duc DE). *Voy.* SAVOYE.

SEDERON. Chef-lieu de c^{on}, arrond^t de Nyons (Drôme). CX.

SEGUR (DE). François de Ségur, Sr de Pardaillan, gentilhomme de la chambre et surintendant de la maison du roi Navarre. XLI, L.

SEMERIE. Raphaël Semeria, de Nice, monnayeur de Livron pour les réformés. CLIII n.

SENAS. Com^{ne}, c^{on} d'Orgon, arrond^t d'Arles (Bouches-du-Rhône). CLXXIII, CLXXIV.

SENIS (MONT). *Voy.* MONT CENIS.

SEPTÈME. Com^{ne}, c^{on} et arrond^t de Vienne (Isère). CCXLIII n.

SERRE (Hercules DU). *Voy.* HERCULES (D').

SERRES. Chef-lieu de c^{on}, arrond^t de Gap (Hautes-Alpes). III, IV, XII, XV, XVI, XVII, XXIV, XXXIX, XLVII, XLIX, L, LI, LVII, LXII, LXIX, LXXIII, LXXIV, CIII, CX, CXLIV, CL, CLXVIII, CC, CCXXXVI, CCLXXXIX.

SERRES (DE). XLVIII.

SERVAINT (DE), SERVAIN. Pierre de Servaint, député du roi de Navarre pour négocier avec le duc de Savoie le mariage de Charles-Emmanuel, prince de Piémont, et de Marguerite de Navarre, puis son chargé d'affaires près des cantons suisses. XXXIV, XXXV, XXXVI, XXXVII, XXXVIII, XLIV, XLVI.

SERVES (DE). CXLII.

SERVIENT. Antoine Servient, procureur général

des États de Dauphiné, conseiller honoraire du Parlement de Grenoble, fils de Gérard et mari d'Anne de Bailly. CXX.

SERVIÈRES. Com^{ne}, c^{on} et arrond^t de Briançon (Hautes-Alpes). CLXI, CCCLXXXVIII.

SEYNES. Chef-lieu de c^{on}, arrond^t de Digne (B^{ses}-Alpes). CCXLIV.

SEZANNE. *Cezanne,* com^{ne}, province de Suze (Italie), autrefois capitale du marquisat de ce nom. CXV, CCCXLVI.

SIBLERAS (DE). Jean de Sibleyras, S^r dudit lieu en Vivarais, ép. Jeanne de Montgros (1590). CDLXIII.

SICILE, SICILLE. CLXXIII, CLXXIV, CDXLVI.

SIEUTAT. *La Ciotat,* chef-lieu de c^{on}, arrond^t de Marseille (Bouches-du-Rhône). CXL.

SIGOYER. com^{ne}, c^{on} de Tallard, arrond^t de Gap (Hautes-Alpes). LXXV.

SILLERY, SILLERI, LE GARDE DES SCEAUX. Nicolas Brulart de Sillery, garde des sceaux de France, fils de Pierre et de Marie Cauchon, mort en 1624. CXVI, CCV, CCCIX, CCCXVIII n, CDXLIV, CDLXXIX n.

SISTERON. Chef-lieu d'arrond^t du départ^t des Basses-Alpes. V, LXIX, CVIII, CIX, CXLI n, CLXXXII, CLXXXIV, CCCXLIV.

SIXTE (Le Pape). Sixte-Quint (1585-1590), pape, Félix Peretti, né en 1521 à Montalto, mort en 1590. CXVI.

SOISSONS (Cte DE). Charles de Bourbon, Cte de Soissons, mari d'Anne de Montafié, dame de Bourgoin ; gouv^r du Dauphiné. CCCXLVII.

SOIT. Fort dans la vallée de la Maïra (Italie), province de Coni. CCCXXXI.

SOLEURRE, SOLLEURE. Capitale du canton de ce nom (Suisse). CLIII, CCCLXXX.

SOLIERS, SOULLIERS. Palamède de Forbin, Sr de Solliers, député de la noblesse aux États d'Aix (1594), épousa Marguerite de la Garde, dame de Vins. CLXXIV, CC.

SOLLIERS. *Solliès-Pont,* chef-lieu de c^{on}, arrond^t de Toulon (Var). CXV.

SONAS. Donat Gerbais, Sr de Sonas, capitaine dauphinois au service de la Savoie, tué en 1602 à l'entreprise de Genève. CCCXCIII.

SONNYS. Guigues Sonnis, membre du conseil des 40 notables de Grenoble. CXX.

SOCHON. Notaire à Gap. CLIII n.

SPARRON DE PALLIÈRES. *Voy.* ESPARRON.

SPINOLA. Ambroise de Spinola, grand amiral d'Espagne, né en 1571, mort en 1630. CDI.

STRASBOURG. CXLVIII.

STURE. *Stura,* rivière qui prend sa source au col de la Madelaine et se jette dans le Pô (Italie). CCXCIX.

SUFFREN. Antoine de Suffren, conseiller au Parlement d'Aix, fils de Jean et de Mérande de Marck, épousa Louise de Chasteauneuf Molleges. CLXXIV.

SUYSSE, SUYSE. IX, CLV.

SUZE. Chef-lieu de la province de ce nom (Italie). CXVI, CXCI, CXCIII, CXCV, CXCVII, CCXIX, CCCXLVII, CCCLXXIII, CCCLXXIV, CCCLXXVIII, CCCLXXXIV, CCCLXXXV, CDI.

SYMONST. Hugues Symou, orfèvre, membre du conseil des 40 notables de Grenoble. CXX.

TALARD, TALLARD, TALLARE, TALLHARD. Chef-lieu de c^{on}, arrond^t de Gap (Hautes-Alpes). XXVII, XLII, LXIV, LXVIII, LXIX, LXXIII, LXXV, CXXVIII, CXXIX, CXXXVIII, CL, CLI, CLXII, CLXIX, CXCIV, CC, CCXXXVI, CCL, CCLII n, CCCLIII, CDXX, CDXXI, CDLVI.

TARANTAISE. Circonscription épiscopale de la Savoie, capitale Moustiers en Tarentaise. CCXVII, CCXIX.

TARASCON. Chef-lieu de c^{on}, arrond^t d'Arles (Bouches-du-Rhône). VI, CLXXIV.

TARNAVAS. CCXCIX.

TERNIER. Hameau, com^{ne}, c^{on} et arrond^t de Saint-Jullien (Haute-Savoie). CCCIX.

TERRES NEUVES DU COMTÉ DE NISSE. *Voy.* BARCELONETTE.

THARASCON. *Voy.* TARASCON.

THEUS. Com^{ne}, c^{on} de Chorges, arrond^t de Gap (Hautes-Alpes). CCXXXVI.

THEYS (Geniévre DE). Geneviève de Theys, fille de Gaspard, Sr de Clelles, Saint-Martin et Thorame, et de Jeanne du Puy-Montbrun ; épousa Anthoine de Thiennes. CII.

THÉZÉ. Messager des échevins de Lyon à Lesdiguières. CDXXII.

THIENNE (A). Antoine de Thiennes, Sr de Theys et Clelles, fils de Julio, conseiller aulique du duc de Wurtimberg, épousa Geneviève de Theys, nièce de Montbrun. I, II, CII.

THOLOUSE. CDXVII, CDXXIV.

THOMAS. Jean Thomas, membre du conseil des 40 notables de Grenoble. CXX.

THOMASSET. Hugues Thomasset, conseiller du roi, receveur des États et contrôleur général du Dauphiné (1588-1593). LXXIII, CXX.

THOMÉ. Jacques Thomé, chanoine de Gap. CVI.

THONNARD, TONNARD. Jean Tonnard, commis à la recette des finances et commissaire des guerres en Dauphiné, anobli en 1602. CXXXVI, CLXIV, CCCXXX, CCCLIV, CCCLXXII, CCCLXXX, CCCLXXXIII, CCCLXXXIV, CCCLXXXV, CDVIII, CDXXIII, CDXLV, CDLVIII.

THOU (DE). Jacques-Auguste de Thou, S^r d'Emery, maître des requêtes de la maison du roi, président au Parlement de Paris, célèbre historien et bibliophile. CDXXXVIII, CDLIX, CDLXXXIII.

THOUVET. Voy. TOUVET.

THURIN. Voy. TURIN.

THURIN (ARCHEVÊQUE DE). Carolo Broglia, archevêque de Turin de 1592 à 1617. CCCXLVII, CCCLXI, CCCLXII, CCCLXIII, CCCLXIV, CCCLXXIII.

TILLIER. Secrétaire de Lesdiguières (1606). CDLII.

TOC (Joan). Officier espagnol au service du duc de Savoie. CCXXXIII, CCXXXIV.

TOLÈDE (Roderic DE). Rodrigues de Toledo, des comtes d'Ayala, seig^t de Villosa, général espagnol au service de la Savoie, fils de Garcia Alvarez de Toledo et de Françoise de Barcarel. CLIII n.

TOLLON, TOULON. Chef-lieu d'arrond^t du départ^t du Var. LXIX, CC.

TONNARD. Voy. THONNARD.

TONNON, THONON. Chef-lieu d'arrond^t du départ^t de la Haute-Savoie. CCCIII.

TOUCHE (DE LA). Louis d'Urre, S^r de La Touche. CCLX.

TOUR (LA). *Torre di Pellice*, com^ne, province de Pignerol (Italie). CLVIII, CLXXXIX.

TOUR D'AIGUES (LA). Com^ne, c^on de Pertuis, arrond^t d'Apt (Vaucluse). LXXV n.

TOUR DE PASQUIERS (DE LA). Jean de La Tour, Sr de Pasquiers, capitaine. CCLVIII n, CCC.

TOUR DU PIN (LA). Chef-lieu d'arrond^t du départ^t de l'Isère. CDXIV.

TOUR DU PONT (LA). Hameau près de Ponte-Chianale, vallée de Château-Dauphin (Italie). CCLXXII.

TOURENNE. Voy. TERRES NEUVES DU COMTÉ DE NICE.

TOURNEON. Commissaire des guerres. CCCXXI.

TOURNON. Just-Henri de Tournon, Cte de Tournon et de Roussillon, sénéchal d'Auvergne, maréchal de camp, chevalier des ordres du roi, était fils de Just, Bon de Tournon, et de Claudine de la Tour d'Auvergne; il épousa Charlotte-Catherine de Levis-Ventadour. CLXIII, CCCXCV.

TOUVET. Chef-lieu de c^on, arrond^t de Grenoble (Isère). CCCXXVIII, CCCXXXIII, CCCXXXIV, CCCXXXV.

TRANS (DE). Jean de Villeneuve, Mis de Trans, Bon de Flayosc, Sr de Thoranne, fils de Claude et de Marguerite de Pontevez-Carces, épousa en 1595 Blanche de Forbin et mourut en 1626. CLXXV.

TRAVERSE. *Le Travers*, hameau, com^ne de Beaumont, c^on et arrond^t de Saint-Jullien (Haute-Savoie). CCCLXXX.

TREFFORT (DE), TRESFORT, TRAFFORT. Joachin de Rye, Mis de Treffort, lieutenant pour le duc de Savoie en Bresse et Bugey. CXLII, CLXXIII, CLXXIV.

TREMBLEY (DU). Conseiller du roi, trésorier général de l'extraordinaire des guerres. CXLV.

TREMINIS. Com^ne, c^on de Mens, arrond^t de Grenoble (Isère). VIII.

TRES-CLOITRES. Faubourg de Grenoble. CXXVII.

TRÈVE (DE). Réné le Macon, Sr de Trève, fils de Jean et de Jeanne de Juvigny, épousa en 1594 Andrée de Brée. LVIII.

TREYS. *Trets*, Chef-lieu de c^on, arrond^t d'Aix (Bouches-du-Rhône). CLXXIV.

TRIÈVES. Circonscription territoriale de l'ancien Dauphiné, comprenant à peu près les cantons de Corps, La Mure et Mens. LXIX.

TRINQUIER. Capitaine. CCL.

TRIPA. Secrétaire du duc de Savoie. CLVIII.

TRIVULCE (Théode). Jean-Jacques-Théodore Trivulce, prince de Mosocco, Cte de Melzi, officier au service de l'Espagne, puis cardinal (1620), fils de Charles-Emmanuel-Théodore et de Catherine de Gonzague, ép. Jeanne Grimaldi. CCCXXXIV, CDI.

TROULLONS. CDLXX.

TRUC. Gabriel Truc, bourgeois de Montmorin. CCXIV.

TULLETTE. *Tulette*, com^ne, c^on de Saint-Paul-Trois-Châteaux, arrond^t de Montélimar (Drôme). XXIV, CDLXIV, CDLXVI.

TURIN, THURIN. CLVIII, CCCXLVI, CCCLXXIII, CCCLXXX, CCCLXXXI, CCCLXXXV, CCCXCVIII n, CDI, CDIV.

VACHE (DU). N... du Vache, capitaine, Sr de Peyrins, fils de Claude, fut tué en 1594. CLXXIII, CLXXIV.

VACHE (Louis DU). *Voy.* ESTABLES.

VACHIÈRES (DE). Louis de Grammont, seig^r de Vachères et Saint-Martin. LXXIII.

VALAVOIRE. Antoine de Valavoire, Sr de Valavoire, gouverneur de Saint-Maximin, député de la noblesse (1593), fils d'Elzeord et d'Anne de Rodulphi de Châteauneuf, ép. Marguerite de Forbin-Janson. CLX.

VALCLUSON, VALLECLUSON. *Valle Clusone*, vallée de la province de Pignerol (Italie), autrefois à la France. LXXVIII, CXXXIII, CCLXVII, CCCXLVI, CCCXLVII, CCCLXI, CCCLXII, CCCLXIII, CCCLXIV, CCCLXXIII.

VAL DE BOURDEAUX. Chef-lieu de c^on, arrond^t de Die (Drôme). CCXLIV, CCXLV, CCXLVII, CCXLVIII.

VAL-D'IZÈRE (DE). Pierre de Duyn, chevalier de l'Annonciade, B^on puis Cte de Val-d'Isère, savoyard. CCCLXXIV, CCCLXXVIII, CCCLXXXI.

VALENCE, VALLANCE. Chef-lieu du départ^t de la Drôme. L, LXIX, CXXXVI n, CLIII n, CLXVIII, CCCXLI n, CCCXLVIII, CCCL, CDXXV, CDXXVI, CDXLI, CDLXIII.

VALENTIN (Le P.). Moine italien, probablement secrétaire de l'archevêque de Turin. CCCLXI.

VALETTE (DE LA). Bernard de Nogaret de La Valette, né en 1553 de Jean et de Jeanne de Saint-Lary-Bellegarde, gouverneur de Provence et amiral de France, épousa Anne de Bathernay du Bouchage, et fut tué en 1592 au siége de Roquebrune. LXIX, LXX, LXXII, CV, CXV, CXXXIII n, CLX n, CCCLXV n.

VALETTE (Louis DE LA). *Voy.* ESPERNON.

VALFENIÈRE. *Valfenera*, com^ne, province d'Asti (Italie). CCXCIX.

VALIER. XLIV.

VALLANCE. *Voy.* VALENCE.

VALLENTINOYS ET DIOYS, VALANTINOIS. Comté puis duché comprenant la plus grande partie des évêchés de Valence et Die (Drôme). XII, XXII, XXIV, XLII n, LXV n, LXXIII, CCV, CCXXXII.

VALLEY (Pays de). *Voy.* VAULX.

VALLINS. Jean de Vallin, seig^r de Rosset, fils de Faucon et d'Amblarde de Torchefelon, ép. Claudine de Solliers, dame de Rosset. CXXXII.

VALPEROUSE. *Voy.* PEROUSE.

VALSERRES. Com^ne, c^on de Labâtie, arrond^t de Gap (Hautes-Alpes). CCXXXVI.

VARCE (Mlle DE). Marie-Anne de Berenger du Gua, fille d'André et de Madeleine de Berenger-Pipet, ép. Antoine de Briançon, Sr de Varce; belle-sœur de Lesdiguières. XXXIII.

VASIEU. *Vassieux*, com^ne, c^on de la Chapelle, arrond^t de Die (Drôme). CCLX.

VATIZON (DE). Gentilhomme au service de Maugiron. XXI.

VAUJANY (Col de). Col qui conduit de l'Oisans dans la Maurienne. CCXVII. n.

VAULX (Pays de), VALLEY (Pays de). Canton du Valais (Suisse). CDXLIII, CDLXXIV.

VAYE. *Vaya*, rade sur la Méditerranée, province de Gênes (Italie). CCCLXXVIII.

VAYNE, VEYNE. *Veynes*, chef-lieu de c^on, arrond^t de Gap (Hautes-Alpes). XLII, CII.

VELLIER. CXXVII.

VENISE. CXLVII, CLIII, CLXXIV, CLXXXVIII n, CCI n, CCV, CCXVI n,

CCXXIn, CCXXIIIn, CCXXVI, CCXLIIIn, CCLXIXn, CCXCIXn, CCXXIIn, CCCXCVIn.
VENISE (Comtat de). *Voy.* COMTAT VENAISSIN.
VENTADOUR. Anne de Lévis, Cte de La Voulte, duc de Ventadour, chevalier du Saint-Esprit, pair de France, sénéchal et gouverneur du Limousin, gouverneur du Languedoc, fils de Gilbert et de Catherine de Montmorency, épousa Marguerite de Montmorency, mourut en 1622. CCLI.
VENTAVON. Com^{ne}, c^{on} de Laragne (Hautes-Alpes). LXIV, CC.
VENTEROL. Com^{ne}, c^{on} et arrond^t de Nyons (Drôme). CLXXIV.
VENTRON (DE). Tony ou Antoine de Ventron, personnage inconnu ; probablement soldat des gardes de Lesdiguières. XXXI.
VERACE (DE). Jean de Budé, Sr de Verace, fils de Jean et de Marie de Jouan, épousa Esther d'Allinges, dame de Boissy ; fut conseiller et syndic de Genève (1558-1610). CXLIII, CCCLXXXII, CDVIII.
VERCOIRAN. François de Massues, Sr de Vercoiran, d'Urre, Sainte-Euphémie et Châteaudouble, épousa Justine du Puy-Montbrun, sœur de Montbrun. I, II, III, V, XL.
VERDONNAY. Antoine Verdonnay, marchand et membre du conseil des 40 notables de Grenoble. CXX.
VERDUN (DE), VERDOIN. Jean de Gilbert, Sr de Verdun, colonel, gouverneur de Barraulx et Livron, fils de Guillaume, conseiller au Parlement, et de Laurence de Gras, épousa Françoise de Glane de Cugie. CCXCI, CCCIII, CCCXXI.
VERNAISON (Abbesse DE). Claudine de Grolée. CDLV.
VÉRONNE. Com^{ne}, c^{on} de Saillans, arrond^t de Die (Drôme). CCLX.
VERSOL. *Verzuolo*, com^{ne}, province de Saluces (Italie). CCXCIX.
VERPILLÈRE (LA). Chef-lieu de c^{on}, arrond^t de Vienne (Isère). CDXXXIV, CDXLVII, CDLXXXIII.
VERVINS. Chef-lieu d'arrond^t du départ^t de l'Aisne. CCLXVn, CCCIX.
VESIN (DE). Gentilhomme bernois. XXIII.

VEYNE. *Voy.* VAYNE.
VEYRON. Trésorier de l'extraordinaire des guerres, anobli en 1591. CXXXII.
VIAL. Vincent Vial, payeur de la compagnie de gendarmes de Lesdiguières, fils d'Antoine Vial, de Romette. CCX.
VIBAILLY DE BRIANÇON (LE). *Voy.* CHAILLOL.
VIC (DE). Dominique de Vic, vice-amiral de France, ambassadeur en Suisse, cap^{ne} des gardes de Henri IV, surnommé le cap^{ne} Sarred, fils de Raymond et de la Ctesse de Sarred, né en 1551, épousa Jeanne de Morainvilliers et mourut en 1610. CCLXXVIII, CCCXXII, CCCXLVI, CCCXLVII, CCCLXXX, CCCXCVIII.
VICE-LÉGAT (LE). Charles de Comitibus, prélat romain, vice-légat d'Avignon de 1599 à 1604, mort en 1615. CCCXL.
VICOZE. Secrétaire du roi de Navarre puis de Henri IV. LXIX, CXLII, CLIII.
VICTOLLYS. Alexandre Vitelly, lieutenant du Cte Martinengo, tué au combat d'Esparron (1591). CXXXIII.
VIENNE, VIENE, VYENNE. Chef-lieu d'arrond^t de l'Isère, ancien archevêché. LXXIII, LXXVIIIn, LXXXVIII, XCV, XCVI, XCVII, XCIX, C, CXXXII, CXXXVIn, CXLIn, CXLII, CLXXIII, CLXXIV, CLXXXVII, CCXLIII, CCCLXXI, CCCLXXVIII, CCCLXXX, CCCLXXXIV.
VIENNOIS, VYENNOIS. Circonscription territoriale et bailliage de l'ancien Dauphiné, comprenant les arrondissements de Vienne, Saint-Marcellin et la Tour-du-Pin. LXXIII, XCVII, CXLII, CLIII, CLXXIII, CLXXIV, CXCVII *bis* n, CDn.
VIDEL. Jacob Videl, châtelain et receveur des tailles à Briançon (1595-1626), fils de Laurent, de Serres, et mari de Claire Autard de Bragard ; père de Louis, historien de Lesdiguières. CCCLXXXVIII.
VIDEL. Louis Videl, secrétaire et historien de Lesdiguières, fils du précédent. CDXXIXn.
VIF. Chef-lieu de c^{on}, arrond^t de Grenoble (Isère). III, XXXIII, CCXXXVI.
VIGNON, VIGON. *Vigone*, com^{ne} de la province de Pignerol (Italie). CXLVI, CXLVII.

Vilene (Mis de). Don Juan Fernandes Pachecho, Mis de Vilena, duc d'Esclavonie, ambassadeur à Rome pour le roi d'Espagne. CDXIV.

Villar (Du), Villard, Villars. Gaspard de Montauban, Sr du Villar, Saint-André, Jarjayes, Ancelle et Montgardin, gouverneur de Serres (1577), de La Mure (1580), maître de l'artillerie de Lesdiguières (1590), gouverneur de Gap (1597), bailli des Montagnes (1597), général des armées de Genève (1602), syndic de la noblesse du Dauphiné, fils de Simon et de Marguerite Rambaud de Furmeyer, épousa Catherine Flotte, mourut en 1624. XXI, XCV, CXXX, CLIV n, CCCXCIII, CCCXCVIII, CCCXCIX, CD, CDXXXIII, CDXLIX.

Villar (Le). Pierre Villar dit capne Villar, de Gap. LXXV bis.

Villars (Le). Le Villar de Bobbio, comne, province de Pignerol (Italie). CLVIII.

Villars de Briançon. Le Villard-Saint-Pancrace, ou Grand-Villard, comne, con de Briançon (Hautes-Alpes). LII.

Villefranche près Mevillon. Comne, con de Séderon, arrondt de Nyons (Drôme). XXIX.

Villemur. Chef-lieu de con, arrondt de Toulouse (Haute-Garonne). CDXVII, CDXXIV, CDXXVIII, CDXXX, CDXXXIV.

Villeroy (De), Neufville (De). Nicolas de Neuville, duc de Villeroy, Sr d'Alincourt, ministre d'État, fils de Nicolas et de Jeanne Prudhomme, né en 1543, épousa Madeleine de l'Aubespine, mourut en 1617. CCLXXXIII, CCLXXXIV, CCLXXXV, CCCVIII, CCCXVIII n, CCCXXII, CCCXXXVI, CDVI, CDX, CDXLVI n.

Vincens. Daniel Vincent, avocat, docteur en droit, substitut du procureur du roi à Montélimar. CCCXLI n.

Vins. Humbert de La Garde, Sr de Vins, Bon de Forcalquieret, fils de Gaspard et d'Honorée de Pontevez-Carces, fut capitaine des galères, grand écuyer du duc d'Anjou, chef de la Ligue en Provence, épousa Marguerite d'Agoult-Montauban, et fut tué en 1589 au siége de Grasse. LXIX.

Vinsobres. Comne, con et arrondt de Nyons (Drôme). CCLXXIV.

Virieu, Viryeu. Étienne de Virieu, fils de Claude, conseiller et garde des sceaux du Parlement de Grenoble. CXXII, CDXXVIII.

Viriville (De). Jacques-Étienne de Grolée, Cte de Viriville, seigr de Chantonnay, Châteauvilain et Chapeaucornu, fils de Mérand et mari de Claudine de Clermont. CXVII, CXVIII, CXXVII, CCXVI n.

Viry (De). Bon de Viry, de Genève. CCLXVIII.

Vitalis. Esprit de Vitalis, Sr de Montfort, châtelain de Claret, fils de Jean. CLXII.

Vitrolles. Comne et vallée, con de Barcillonnette, arrondt de Gap (Hautes-Alpes). LXXV.

Vivarais, Viverets. XXI, LXXIII.

Vizille. Chef-lieu de con, arrondt de Grenoble (Isère). CXXVII n, CCLXXXVIII, CCCXXIV, CDXXIII n, CDXXIX.

Vogodemar. Valgodemar, vallée, autrefois mandement dans le Champsaur, aujourd'hui con de Saint-Firmin (Hautes-Alpes). CCLIX.

Voiron, Voyron. Chef-lieu de con, arrondt de Grenoble (Isère). CXVII n, CXXIII, CDLXII.

Volniere. Jean Volnière, capne à Tallard, fils d'Antoine, notaire. CCL.

Voreppe. Comne, con de Voiron, arrondt de Grenoble (Isère). LXXVII, CXCVII bis n, CCXLIV, CCCXXII.

Voux. Volx, comne, con de Manosque, arrondt de Forcalquier (Basses-Alpes). CLXXXVIII.

Voyron. Voy. Voiron.

Vulson. Probablement Guillaume Vulson, Sr de La Colombière, gouverneur de Morges, de Die, de Cognet, mort vers 1590. CXV, CXC.

Vulson. Marc Vulson, Sr du Collet, avocat au Parlement, puis conseiller à la Chambre de l'Édit de Grenoble, mort en 1640, fils de Guillaume, notaire. CLXXXV.

Vyenne. Voy. Vienne.

Vyennois. Voy. Viennois.

Upaix. Comne, con de Laragne, arrondt de Gap (Hautes-Alpes). XIV.

Urres. Voy. Les Orres.

Usez. Chef-lieu d'arrondt du départt du Gard. CLXXIV, CLXXVI.

YERRES. *Hières,* chef-lieu de c^{on}, arrond^t de Toulon (Var). LXIX.

YLLINS, ILLINS, ISLINS. Ennemond Rabot, seig^r d'Illins, fils de Laurent et de Mérande d'Aurillac, premier président au Parlement de Grenoble (1584), épousa Anne de Bellièvre; mort en 1603. LXVn, CLIII, CCLXXVIII, CCXCIX, CCCXX, CCCXLVI, CCCXLVII, CCCLVII n, CCCLXII, CCCLXIII, CCCLXIV, CCCLXXIII, CCCLXXVII n, CDXII n.

YSÈRE. *Voy.* IZÈRE.
YTALIE. *Voy.* ITALIE.
YVES. CXXXII.
YZE (D'). *Voy.* ROSANS.
ZAMET. Sébastien Zamet, Bon de Murat, financier célèbre, né à Lucques en 1549, mort en 1614, épousa Madelaine Le Clerc. CCIX, CCXI.
ZURICH. Chef-lieu du canton de ce nom (Suisse). CCCXXV, CCCXCVIII n.

ADDITIONS ET CORRECTIONS.

Pages.	Lignes.		
VI	—	1	*sur ce célèbre dauphinois,* lisez : *sur la vie de ce célèbre dauphinois.*
XXXI	—	24	*au commencement de l'année suivante,* lisez : *à la fin de l'année suivante.*
10	—	29	*Je ai communiqué,* lisez : *J'en ai communiqué.*
11	—	12	*déliberer,* lisez : *déliberé.*
	—	27	*que j'e,* lisez : *que je.*
	—	36	*de leur dit parti,* lisez : *de vostre dit.*
	—	39	*à qui,* lisez : *ce qui.*
	—	40	*en infin des aultres,* lisez : *une infinité d'aultres.*
	—	42	*et &,* supprimez : *et.*
	—	id.	*treuver,* lisez : *terminer.*
	—	43	*entretenir,* lisez : *entretuer.*
12	—	1	*en ruyne,* lisez : *et ruyner.*
	—	2	*place; à séparer,* lisez : *place à s'emparer.*
	—	10	*qu'attendant,* lisez : *entendant.*
	—	14	*y a eu,* lisez : *y a en.*
	—	25	*à vous aultres, telle,* lisez : *à vous, oultre celle* [1].

[1] Nous avons pu corriger toutes les fautes précédentes commises par le premier éditeur de la lettre de Bellegarde à Lesdiguières grâce à une copie du temps existant à la B. N. MS. F. 3902. n° 69.

ADDITIONS ET CORRECTIONS.

Pages. Lignes.
18 — Note. D'après Chorier, La Prade aurait été pendu ; mais les documents originaux, entre autres les mémoires de Calignon sur Bellegarde, permettent d'affirmer que La Prade s'enfuit au marquisat de Saluces, devint gouverneur de Dronero et fut poignardé par les ordres du maréchal de Bellegarde en 1580.
31 — 12 *Pont de Baix,* lisez : *Plan de Baix.*
44 — 31 à la note. *Il y mourut,* lisez : *il mourut.*
51 — 16 *le seigneur de Navarre,* lisez : *le seigneur roi de Navarre.*
58 — 1 *1581 — 5 décembre.* Cette pièce, dont la date est en partie lacérée, est postérieure à 1590, comme le démontre le titre qu'y prend Lesdiguières de commandant général pour le roy de là les montagnes.
97 — 1 *LXXV,* lisez : *LXXV*bis.
118 — Note. *Après la prise de Vienne par Saint-Chamond,* lisez : *par Nemours et Saint-Chamond.*
191 — 36 *de Dornans,* lisez : *d'Ornano.*
212 — 5 *13 mars,* lisez : *23 mars.* Cette date nous est donnée par la lettre au roi, p. 225, retrouvée en original.
— Note, l. 2. *Juillet,* lisez : *mai.*
221 — 21 *duc de Pavie,* lisez : *duc du Sauze.*
225 — 28 *1594 — Mai,* lisez : *18 mai.* L'original de cette lettre a été retrouvé B. N. MS. F. 6652, p. 333, et nous a permis de corriger les nombreuses fautes de la copie qui nous avait servi.
— 31 *XIIIe mars,* lisez : *XXIIIe mars.*
226 — 7 *pressé,* lisez : *poussé.*
— 11 *à tant de personnes,* lisez : *à tant de personnes d'honneur.*
226 — 23 *à me persuader,* lisez : *à me persuader d'estanter.*
— 27 *quoiqu'il,* lisez : *comme qu'il.*
— 33 *durant,* lisez : *dans.*
227 — 6 *Rieys,* lisez : *Treys.*
— 11 *repoussez,* lisez : *poussez.*
— 24 *le lendemain matin,* lisez : *le lendemain de matin.*
— 31 *que ce jour,* lisez : *que pour tout le jour.*
228 — 7 *en l'exécution,* lisez : *en exécution.*
— 15 *du service,* lisez : *du bon service.*
— 24 *servir et le mettre,* lisez : *servir pour le mettre.*
— 30 *en manière,* lisez : *de manière.*
229 — 11 *Mauprade,* lisez : *Mayrargues.*
— 12 *Cerest,* lisez : *de Croze.*
— 21 *de faire,* lisez : *pour faire.*
230 — 11 *et qu'ilz font,* lisez : *qu'ilz font.*
— 29 *sol,* lisez : *sou.*
— 31 *armées,* lisez : *armes.*
— 33 *ventes,* lisez : *deux escus par feu.*
231 — 2 *quelque part,* lisez : *nulle part.*
— 8 *assurer que,* lisez : *assurer, Sire, que.*
— 14 *quoiqu'il,* lisez : *comme qu'il.*
— 21 *d'estre tenu &,* lisez : *d'estre tenu, Sire, pour vostre très humble, très obeissant et très fidelle suget et serviteur. A Aix ce 18 de may 1594.*

Pages.	Lignes.	
231	— 24	*Moschen*, lisez : *Manosque*.
—	id.	*Suffren, de Bras*, lisez : *Suffren et de Bras*.
—	26	*Lamanon et Monsieur le Marquis : la supplique est de luy voulloir*, lisez : *Lamanon de ce que Monsieur le Marquis l'a supplié pour luy, qu'est de luy voulloir*.
—	28	*qu'il demande*, lisez : *qu'il vous demande*.
—	id.	*vous a fetz*, lisez : *vous a rendus*.
235	— 3	Des lettres semblables et de la même date existent adressées aux églises de Nîmes et Montpellier. *Voy.* B. N. MS. Dupuy, vol. 62.
264	— 13	*CXCVII*, lisez : *CXCVII bis*.
305	— 28	*messire*, lisez : *maistre*.
332	— 12	*CCLXIV*, lisez : *CCLXV*.
346	— Note.	Saint-Jurs était poursuivi pour homicide en duel de Henri de Moustiers, seigr de Ventavon. Les lettres de grâces accordées par le roi à la sollicitation de Lesdiguières furent enterinées par le Parlement qui maintint toutefois une amende de 1,000 écus.
425	— 6	*CCCLVII*, lisez : *CCCLXVII*.
441	— 8	*Sieur Bonnet*, lisez : *Sainct Bonnet*.
478	— 31	*confessserons*, lisez : *confesserons*.
513	— 28	*Gaspard Fléard*, lisez : *François Fléard*.
523	— 12	*Jacques André*, lisez : *Jacques, André*.
524	— Note, l. 4.	1608, lisez : *1698*.
528	— 26	Ajoutez : *Imprimée ; Album historique du Dauphiné, par Champollion-Figeac. Paris, 1846-1847, IIe partie, p. 27*.
536	— 6	Ajoutez : *Imprimé ; Album historique du Dauphiné, par Champollion-Figeac. Paris, 1846-1847, IIe partie, p. 27*.
567	—	V° *Genton. de Curbau*, lisez : *de Curban*.
572	—	V° *Rux. à Amboise*, lisez : *à Blois*.

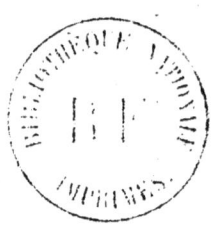

www.ingramcontent.com/pod-product-compliance
Lightning Source LLC
Chambersburg PA
CBHW050317240426
43673CB00042B/1435